Hanns Frericks

Was ist ein guter Roman:

Über den Autor

Prof. Hanns Frericks, geb. 1944, Studium der Philosophie, Germanistik und Politologie in Köln und Tübingen. Fachleiter für Deutsch und Bereichsleiter am Staatlichen Seminar für Didaktik und Lehrerbildung (BS), Stuttgart, bis zur Pensionierung 2008; langjähriger Vorsitzender der Lehrplankommission Ethik für berufliche Gymnasien. Veröffentlichungen in den Bereichen Ethik, Ethik-Unterricht, Germanistik, Deutsch-Didaktik, Philosophie-Didaktik.

Bibliografische Information der Deutschen Nationalbibliothek
Die Deutsche Nationalbibliothek verzeichnet diese Publikation in der Deutschen Nationalbibliografie; detaillierte bibliografische Daten sind im Internet über http://dnb.d-nb.de abrufbar.

© 2016 by opus magnum, Stuttgart (www.opus-magnum.de)
Version 1.01. Alle Rechte vorbehalten
Umschlagabbildung: Hanns Frericks
Layout und Satz: Holger Steinemann, Stuttgart
Herstellung: Books on Demand GmbH, Norderstedt
ISBN 978-3-95612-103-6

Hanns Frericks

Was ist ein guter Roman?

opus magnum – Edition Amici

Inhalt

Warming up 7

Vorwort 20

Auf der Suche nach Kriterien 26

Exkurs: Die Kriterienfrage im literaturwissenschaftlichen Diskurs 31

Erster (konventionell orientierter) Ansatz 51

    Interessanter Stoff 51

    Plausibilität 56

    Unterhaltung 71

Exkurs: Ästhetischer Genuss. Geschichte und Gegenwart 73

    Spannung 86

    Charaktere 90

    Gesprächsführung 100

    Gut konstruierte Fabel 105

Exkurs: Das Modell der jüngeren Narratologie 113

    Beginn und Ende des Romans 117

    Identifikationsmöglichkeit für den Leser 126

    Literatur und Moral 133

    Zur Darstellung von Gewalt 139

    Zur Darstellung von Sexualität 145

    Klare Struktur 154

    Ökonomie 162

    Stimmige Erzählperspektive 163

Exkurs: Noch einmal ein Blick auf die neuere Narratologie 173

Angemessene Sprache 184

Exkurs: Das Problem der Übersetzung 202

Allgemeine Aussage 209

„Schönheit" und Konsistenz 212

Vielschichtigkeit 217

Die Bedeutung des Lesers 226

Exkurs: Text und Textverstehen 231

Die Sicht von Autoren 240

Noch einmal: Literatur und Moral..244

Exkurs: Literaturkritik und Moral 248

Zweiter (experimentell orientierter) Ansatz..............................252

Dritter Ansatz: Innovationen...259

Exkurs: Postmoderne im Roman. Ein Rückblick 267

Exkurs: Zum Verhältnis von Mimesis und Avantgarde.................290

Exkurs: Ein Kanon der Weltliteratur? 303

Exkurs: Zur Geschichte und Theorie der Literaturkritik.
Friedrich Schlegel..309

Kriterien der Literaturkritik. Ein exemplarisches Resümee.................317

Anmerkungen 333

Warming up

Vorab eine Reihe von Zitaten aus der Geschichte des Lesens und der Kritik:

„Nehmet ein Buch in eure Hände, wie Simeon der Gerechte das Jesusknäblein in den Armen hielt und herzte und küsste. Habt ihr aber geendet, so schließet das Buch, und danket für jedes Wort, das ihr aus dem Munde des Herrn empfangen, denn ihr habt gefunden einen verborgenen Schatz im Acker des Herrn."
(Thomas a Kempis. Zit. nach: Alberto Manguel: Eine Geschichte des Lesens. Frankfurt/M 2012. S. 37)

„Manches Buch wirkt wie ein Schlüssel zu fremden Sälen des eigenen Schlosses."
(Franz Kafka am 09.11.1903 an Oskar Pollak. In: F. K.: Die Briefe. Darmstadt 2012. S. 19)

„Wie auch immer ein Leser sich ein Buch aneignet, es endet damit, dass Leser und Buch eins werden. Die Welt als Buch wird verschlungen vom Leser, der ein Buchstabe im Text der Welt ist: So entsteht eine zirkuläre Metapher für die Endlosigkeit des Lesens. Wir sind, was wir lesen."
(Alberto Manguel: Eine Geschichte des Lesens. Frankfurt/M 2012. S. 243f)

„Der Punkt, wo die Literatur das gesellige Leben am unmittelbarsten berührt, ist der Roman. Bei ihm offenbart sich daher am auffallendsten der ungeheure Abstand zwischen den Klassen der lesenden Menge, die man durch den bloß postulierten Begriff eines Publikums in eine Einheit zusammenschmelzt: hier können die Unternehmungen des Meisters, dessen Blick, seinem Zeitalter voraus, in grenzlose Fernen dringt, dem regsten und vielseitigsten Streben nach Bildung begegnen, so wie eben hier die stupide Genügsamkeit des Handwerkers, der nur denselben verworrnen Knäuel der Begebenheiten auf- und abzuwinden versteht, unaufhörlich für die Sättigung schlaffer Leerheit arbeitet. Die gesetzlose Unbestimmtheit, womit diese Gattung nach so unzähligen Versuchen immer noch behandelt wird, bestärkt in dem Glauben, als habe die Kunst gar keine Foderungen an dieselbe zu machen, und das eigentliche Geheimnis bestehe darin, sich alles zu erlauben; während sie doch vielmehr auf die Höhe der Aufgabe hindeutet, die wie eine irrationale Gleichung nur durch unendliche Annäherung gelöst werden kann."
(August Wilhelm Schlegel: Beiträge zur Kritik der neuesten Literatur. 1798. In: Athenaeum. Eine Zeitschrift von August Wilhelm Schlegel und Friedrich Schlegel I. Ausgewählt und bearbeitet von Curt Grützmacher. Reinbek 1969. S.82)

„Poesie kann nur durch Poesie kritisiert werden. Ein Kunsturteil, welches nicht selbst ein Kunstwerk ist, entweder im Stoff, als Darstellung des notwendigen Eindrucks in seinem Werden, oder durch eine schöne Form, und einen im Geiste der alten römischen Satire liberalen Ton, hat gar kein Bürgerrecht im Reiche der Kunst."
(Friedrich Schlegel. 117. Lyceums-Fragment. 1797)

„Nun komm' ich auf die Scharfrichter des Ruhms, auf die Zollbedienten des Neides; auf die Schweizergarde vor dem Tempel der Ehre; auf die Männer, welche die Fehler des Parnasses, gleich gewissen andern Leuten, die die Stadt vom Kothe reinigen, auf einem Haufen zusammenscharren; deren Tadel der verwüstenden Zeit vorgreift; deren Feder den keimenden Lorbeer mit fressender Dinte schwärzt, und unter welchen Männer sind, welche wahrlich lieber verläumden als verhungern – kurz auf die Sippschaft des Zoilus, d.h. auf die Kunstrichter (...) Manche selber beleidigte Feinde der Rezensenten haben mehr aus Spott und Bosheit als im Ernste behauptet, daß einem rechten Rezensenten eine gewisse Unwissenheit wenigstens in der Sache, die er eben beurtheile, unglaublich forthelfe; aber ich nehme dieß in wahrem Ernst bei den bessern Rezensenten an (...) Nicht blos die bürgerliche Gerechtigkeit sollte man mit verbundenen Augen malen (...). Auch die literarische Themis richtet ohne Augen mit den Schreibhänden, und die Welt schätzt das Gewicht des Kunstrichters blos nach der Schwere seiner Faust, wie das Gewicht des Ochsen nach der Schwere seiner Vorderpfote. Statt das Urtheil von den Augen abhängen zu lassen, braucht er ja nur dem Munde des Publikums sein Loben oder Tadeln abzuhorchen, und nur die Trompete der Fama mit seiner Pfeife zu akkompagnieren. Auch läßt sich ja leicht alles am Buche tadeln, sobald man nur einiges davon gelesen; und oft reicht eine Stelle hin. Nach der Vorrede schneidet man die Kritik des ganzen Buchs zu (...) Ja zuweilen kommt einem Kritiker die Rechtfertigung seines Urtheils zu theuer für die Lesung einer langen Vorrede zu stehen; daher mag ein ohngefährer Blick in das Buch für den Beweis seines Tadels sorgen. (...) Endlich ist ein Mangel an gewissen Einsichten ordentlich ein Hilfsmittel, wenn man kritisch entweder verläumden oder schmeicheln will. Den Neid, diesen Bastard unsers ersten Triebes, dieses Kind des Mangels, diese Kost der Schwindsucht, erwärmet ein fremdes Genie zum geifernden Leben. (...) Daß aber gefühlte Schwäche leicht zum Neid reift ist natürlich. Journale sind nun die Spritzenhäuser des Neides, Rezensenten sind die Leute, die wie gewisse alte Völker zur Geburt eines Kindes, so eines Buchs weinen und zu seinem Tode lachen, die wie die Priester eine Leichenpredigt mehr als eine Taufe lieben, und mit ihren Kugeln um den Fall wetteifern. (...) Zwar stirbt innerer Werth nicht oft an Kritik, aber doch sein äußerer Glanz (...) Darum spüren einige Rezensenten am Großen das Kleine auf, um

an diesem jenes zu verlachen. Andere, menschenfreundlicher, verläumden blos durch Stillschweigen. Einige geißeln durch verstelltes Lob die unbemerkten Fehler, ihre Arznei schadet mehr als die Krankheit, und mehr als Gift vergiftet ihr Gegengift. (...) Indeß malt der bessere Kritiker nicht nur wie der Neger, die Götter schwarz, sondern auch den Teufel weiß. Denn es ist schön, schwachen Köpfen durch Lob aufzuhelfen, und ihnen durch den Posaunenton des Beifalls neue Produkte abzufordern, wie Postknechte durch gefälliges Pfeifen ihren Pferden die Erleichterung der Harnblase abschmeicheln. Ein ächter Kunstrichter jauchzet da Land! Land! Wo die Entfernung dem Dunst und Nebel Gestalten leihet. Sein Mitleiden versüßet dem Ruhme die Sterbestunde durch Zusprache, und berauscht den Schriftsteller wie sonst die mitleidige Gerechtigkeit den Missethäter, durch Weihrauch zu einer glücklichen Fühllosigkeit für das Ende. (...)"*

(Jean Paul's sämmtliche Werke. Erste Lieferung. Fünfter Band: Grönländische Prozesse oder satirische Skizzen. Erstes Bändchen. Berlin 1826. S. 53–55, 57f, 59f)

Und noch einmal Jean Paul: aus den „Flegeljahren" (mit erläuternden Kommentaren):

„Auf die süßen Früchte und Rosen, die sie an der Wetterseite ihres Lebens zogen, blies wieder ein rauhes Lüftchen, nämlich Herr Merkel, der ihren Roman mit wahrer Verachtung zurückschickte, den Waltischen Anteil noch erträglich, den Vultischen aber nicht nur abgeschmackt fand, sondern gar dem Guckguck Jean Paul nachgesungen, welcher selber schon ohne die Guckgucks-Uhr der Nachahmung langweilig genug klinge. Dieses brachte den Flötenmeister dermaßen auf, dass er alle kritischen Blätter dieses Selbst-Redakteurs durchlief und darin bloß nach Ungerechtigkeiten, Bosheiten, Fehlschlüssen, Fehlgriffen und Fehltritten so lange nachjagte, bis er ihm gerade so viele, als man Delille in seinem homme aux champs Wiederholungen vorwarf, zum zweiten Einrücken zufertigen konnte in einem Briefe, nämlich sechshundertdreiundvierzig. Der ganze Brief war voll Ironie, nämlich voll Lob – Anfangs erwähnte Vult achtend der Kritik im allgemeinen, welche er eine nötige Zuchthäusler-Arbeit nennt, da sie im Polieren des Marmors, Schleifen der Brillen, Raspeln der Färbehölzer und Hanfklopfen für Stricke bestehe – machte glaublich, dass, insofern Genies nur durch Genies, Elefanten nur durch Elefanten zu bändigen und zu zähmen wären, ein kritischer Floh sich ganz tauglich dazu anstelle, da er sich von anderen Elefanten weder in der Gestalt noch, unter einem Vergrößerungsglase, in der Größe unterscheide und noch den Vorzug habe, sich leichter ins Ohr zu setzen und überall zu stechen und zu hüpfen – erklärte jedoch die gewöhnliche Regelgeberei bei Männern wie z.B. Goethe für ebenso unnütz als eine zurechtweisende Sonnenuhr auf der Sonne – rückte nun

Herrn Merkel nicht ohne Bosheit näher, indem er es erhob, dass er gerade an großen Autoren, die es am ersten und stillsten vertrügen, sich am meisten zeige durch kleine Ergießungen von Galle und Hirnwasser, so wie man nirgends (selten an kleine Privathäuser) so oft als an erhabene und öffentliche Gebäude wie Rats-, Opernhäuser und Kirchen pisset. – Er wunderte sich, dass das Publikum sich noch nicht die Qual und Arbeit genug vorgestellt, womit er ganz allein in den Frauenzimmer-Briefen das tote Musenpferd aus der Straße wegzuschleppen strebte, eine Marter, wovon ein Wasenknecht zu sprechen wisse, der mehrere Tage ganz allein, weil jeder Vorbeigehende sich zur Handreichung aus Vorurteil für zu ehrlich halte, an einem gefallenen Gaul abtrage – nahm davon Gelegenheit, dessen Stolz im vorteilhaften Lichte zu erblicken, da M. allerdings über die ungeheuren Riesenschenkel und den Riesenthorax seines Schattens vergnügt staunen müsse, den er auf die Märker-Fläche projektiere bei dem tiefen Stand der Morgensonne der neuen Zeit."

(Jean Paul: Flegeljahre. Kap. 61. In: Werke in zwölf Bänden. Hrsg. Von Norbert Miller. Bd. 4. München 1975. S. 1054f)

- Herr Merkel: Der Journalist Garlieb Merkel (1769–1850) war durch seine böswilligen Angriffe auf Goethe, Wieland und auch auf Jean Paul in der von ihm herausgegebenen Zeitschrift „Der Freimütige" (1803) und in „Briefen an ein Frauenzimmer über die neuesten Produkte der schönen Literatur in Deutschland" (26 Hefte, Berlin 1800–03) allgemein bekannt. Jean Paul hatte sich vor allem über Merkels gehässige Urteile zum „Titan" geärgert.
- Die Zwillingsbrüder Walt und Vult sind die Protagonisten in Jean Pauls „Flegeljahren".
- Der Flötenmeister ist Vult.
- Jacques Delille (1738–1813): franz. Dichter. Lange Zeit beim Publikum gefeiert, fiel er durch sein Lehrgedicht „L'Homme des champs ou les Georgiques francaises" bei der Kritik in Ungnade.
- Wasenknecht: Abdecker, Schinder
- Märker-Fläche: Ich vermute, dass hier die Mark Brandenburg gemeint ist; Merkel lebte seit 1799 in Berlin [H. F.].

„Denn was ist ein Rezensent? Eine einzelne, unbekannte Person, die nicht soviel Stimmen hat wie Mars im Homer oder wie die Seligen, die nach Lavater mit allen Gliedern reden werden."

(Jean Paul in einem Brief an Erhard Vogel vom 03.03.1785. Zit. nach Beatrix Langner: Jean Paul. Meister der zweiten Welt. Eine Biographie. München 2013. S. 96)

„*Zuvörderst gibt es zweierlei Schriftsteller: solche, die der Sache wegen, und solche, die des Schreibens wegen schreiben. Jene haben Gedanken gehabt, oder Erfahrungen gemacht, die ihnen mittheilenswert scheinen; diese brauchen Geld, und deshalb schreiben sie, für Geld. Sie denken zum Behuf des Schreibens. Man erkennt sie daran, daß sie ihre Gedanken möglichst lang ausspinnen und auch halbwahre, schiefe, forcirte und schwankende Gedanken ausführen, auch meistens das Helldunkel lieben, um zu scheinen, was sie nicht sind; weshalb ihrem Schreiben Bestimmtheit und volle Deutlichkeit abgeht. Man kann daher bald merken, daß sie um Papier zu füllen schreiben: bei unsern besten Schriftstellern kann man es mitunter: z.B. stellenweise in Lessings Dramaturgie und sogar in manchen Romanen Jean Paul's. Sobald man es merkt, soll man das Buch wegwerfen: denn die zeit ist edel. (…) Honorar und Verbot des Nachdrucks sind im Grunde der Verderb der Litteratur. Schreibenswerthes schreibt nur wer ganz allein der Sache wegen schreibt. Welch ein unschätzbarer Gewinn würde es sein, wenn, in allen Fächern einer Litteratur, nur wenige, aber vortreffliche Bücher existirten. Dahin aber kann es nie kommen, so lange Honorar zu verdienen ist. Denn es ist, als ob ein Fluch auf dem Gelde läge: jeder Schriftsteller wird schlecht, sobald er irgendes Gewinnes wegen schreibt. Die vortrefflichsten Werke der großen Männer sind alle aus der Zeit, als sie noch umsonst, oder für ein sehr geringes Honorar schreiben mußten. (…) Das ganze Gejammer der heutigen Litteratur in und außer Deutschland hat zur Wurzel das Geldverdienen durch Bücherschreiben.*"
(Arthur Schopenhauer: Ueber Schriftstellerei und Stil. In: A.S.: Parerga und Paralipomena. Kleine philosophische Schriften. Zweiter Band. Kap. XXIII. § 279. Berlin NO. S. 435f)

„*Gegen die gewissenlose Tintenklexerei unserer Zeit und gegen die demnach immer höher steigende Sündfluth unnützer und schlechter Bücher sollten die Litteraturzeitungen der Damm sein, indem solche, unbestechbar, gerecht und strenge utheilend, jedes Machwerk eines Unberufenen, jede Schreiberei, mittels welcher der leere Kopf dem leeren Beutel zu Hülfe kommen will, folglich wohl neun Zehntel aller Bücher, schonungslos geißelten und dadurch pflichtgemäß dem Schreibekitzel und der Prellerei entgegenarbeiteten, statt solche dadurch zu befördern, daß ihre niederträchtige Toleranz im Bunde steht mit Autor und Verleger, um dem Publiko Zeit und Geld zu rauben. In der Regel sind die Schriftsteller Professoren oder Litteraten, die, bei niedrigen Gehalten und schlechten Honoraren, aus Geldbedürfnis schreiben: da nun ihr Zweck ein gemeinsamer ist, so haben sie ein gemeinschaftliches Interesse, halten zusammen; unterstützen einander wechselseitig, und Jeder redet dem Andern das Wort: hieraus entspringen alle die lobenden Berichte über schlechte Bücher, welche den Inhalt der Litteraturzeitungen ausmachen, deren Motto daher sein sollte: ›Leben und leben lassen!‹ (Und das Publikum ist so einfältig, lieber das Neue, als das Gute zu lesen.)"*

(Arthur Schopenhauer: Ueber Schriftstellerei und Stil. Ebd. § 289. S. 442f)

„Ein verschmitzter und schlimmer, aber erklecklicher Streich ist es, der den Litteraten, Brodschreibern und Vielschreibern gegen den guten Geschmack und die wahre Bildung des Zeitalters gelungen ist, daß sie es dahin gebracht haben, die gesammte elegante Welt am Leitseile zu führen, in der Art, daß diese abgerichtet worden, a tempo zu lesen, nämlich Alle stets das Selbe, nämlich das Neueste, um in ihren Cirkeln einen Stoff zur Konversation daran zu haben. (...) Daher ist, in Hinsicht auf unsere Lektüre, die Kunst, nicht zu lesen, höchst wichtig. Sie besteht darin, daß man Das, was zu jeder Zeit so eben das größere Publikum beschäftigt, nicht deshalb auch in die Hand nehme (...); vielmehr denke man alsdann, daß wer für Narren schreibt allezeit ein großes Publikum findet, und wende die stets knapp gemessene, dem Lesen bestimmte Zeit ausschließlich den Werken der großen, die übrige Menschheit überragenden Geister aller Zeiten und Völker zu, welche die Stimme des Ruhmes als solche bezeichnet."

(Arthur Schopenhauer: Ueber Lesen und Bücher. Ebd. § 303. S. 479f)

„›Vergleichen wir nur‹ — mit diesen Worten ist die Katze aus dem Sack, und die wahre Komplexität des Lesens ist eingestanden. Der erste Prozess, Eindrücke mit dem äußersten Verständnis aufzunehmen, ist nur der halbe Prozess des Lesens; er muss ergänzt werden durch einen weiteren, wenn wir in den vollen Genuss eines Buches kommen sollen. Wir müssen aus diesen zahllosen Eindrücken ein Urteil gewinnen; wir müssen aus diesen flüchtigen Gebilden eines machen, das fest ist und dauert. Aber nicht sofort. Warten Sie, bis der Staub des Lesens sich legt, bis Zweifel und Widerstreit still werden; gehen Sie umher, reden Sie, zupfen Sie die welken Blätter von einer Rose oder schlafen Sie. Dann plötzlich, ohne unser Zutun, denn das ist die Art, wie die Natur solche Übergänge bewerkstelligt, wird das Buch zurückkehren, nur anders. Es wird im Bewusstsein an die Oberfläche treiben als ein Ganzes. Und das Buch als ein Ganzes ist etwas anderes als das beim Lesen Satz für Satz aufgenommene Buch. Einzelheiten fügen sich nun an ihrem Platz ein. Wir sehen die Form des Ganzen von Anfang bis Ende; es ist eine Scheune, ein Schweinestall oder eine Kathedrale. Nun also können wir Buch mit Buch vergleichen, wie wir Gebäude mit Gebäude vergleichen. Aber dieser Akt des Vergleichens bedeutet, dass unsere Haltung sich geändert hat; wir sind nicht länger die Freunde des Autors, sondern seine Richter; und so wie

wir als Freunde nicht zu mitfühlend sein können, ebenso wenig können wir als Richter zu streng sein. Sind es nicht Verbrecher, die Bücher, die uns Zeit und Mitgefühl gestohlen haben; sind sie nicht die heimtückischsten Feinde der Gesellschaft, Verderber, Schänder, die Schreiber falscher Bücher, schwindelhafter Bücher, Bücher, die die Luft mit Krankheit und Verwesung erfüllen? Lassen Sie uns dann also streng sein in unseren Urteilen; vergleichen wir jedes Buch mit den größten seiner Art. Da im Innern schweben sie uns vor, die Formen der Bücher, die wir gelesen haben, befestigt durch die Urteile, die wir über sie gesprochen haben – ›Robinson Crusoe‹, ›Emma‹, ›The Return of the Native‹. Vergleichen Sie Romane mit diesen – selbst der neueste und geringste Roman hat das Recht, an den besten gemessen zu werden. (...)

Nun wäre es töricht, so zu tun, als sei der zweite Teil des Lesens, zu urteilen, zu vergleichen, ebenso einfach wie der erste – den Geist weit zu öffnen für die rasch hereinströmenden unzähligen Eindrücke. Mit dem Lesen fortzufahren, ohne das Buch vor sich zu haben, ein Schattengebilde neben ein anderes zu halten, genügend breit belesen zu sein und genügend Verständnis zu haben, um solche Vergleiche lebendig und erhellend anzustellen - das ist schwierig; und noch schwieriger ist es, weiter vorzudringen und zu sagen, ›Das Buch ist nicht nur von dieser Art, sondern es hat diesen Wert; hier geht es fehl; hier ist es geglückt; dies ist schlecht; das ist gut‹. Diesen Teil der Leserpflicht zu erfüllen braucht so viel Vorstellungskraft, Einsicht und Kenntnis, dass es schwer ist, sich einen einzelnen Geist zu denken, der dafür ausreichend begabt wäre; unmöglich für die Selbstsichersten, mehr als den Keim solcher Kräfte in sich zu finden. Wäre es dann nicht klüger, diesen Teil des Lesens weiterzureichen und es den Kritikern, den pelzverbrämten, talarbekleideten Autoritäten der Bibliothek, zu überlassen, die Frage nach dem absoluten Wert des Buches für uns zu entscheiden? Doch wie unmöglich! (...) Und selbst wenn die Ergebnisse fürchterlich und unsere Urteile falsch sind, bleibt dennoch unser Geschmack, der sensorische Nerv, der elektrische Schläge durch uns hindurchsendet, unsere wichtigste Quelle der Erleuchtung; wir lernen durch Fühlen; wir können die uns eigentümliche Natur nicht unterdrücken, ohne sie ärmer zu machen. Aber mit der Zeit können wir vielleicht unseren Geschmack üben und bilden".
(Virginia Woolf: Wie sollte man ein Buch lesen? In: V.W.: Der gewöhnliche Leser. Essays. Bd. 2. Frankfurt/M 1990. S. 315–317)

„Bei der Feuilleton-Redaktion der ›Münchner Neuesten Nachrichten‹ bewarb ich mich um die Buchkritik und hatte Glück. Dort war der Herr Doktor Martens. Er antwortete sehr freundlich und bat, ihn in der Redaktion aufzusuchen. Gleich gab er mir Bücher mit. Ich las sie, schrieb die Rezension und verkaufte die Bücher. Auch

13

kleine Schnurren und Artikel unterm Strich brachte ich an. Das spornte mich an. Ich versuchte auch bei der ›München-Augsburger Abendzeitung‹ Rezensionen zu bekommen, und es gelang ebenfalls. Dort musste ich die Bücher stets mit der Kritik zurückgeben. Fünf bis sieben Mark bekam ich für so eine Besprechung. Ich wollte nun möglichst schnell und viel verdienen und las kein einziges Buch mehr. Ich lobte sie einfach und fertig. In die Buchhandlungen ging ich, ließ mir Prospekte geben und reimte irgendein plausibles Zeug zusammen. Es ging sehr gut. Gedruckt wurde alles, nur war es mitunter sehr gekürzt infolge Raummangels, und da nach Zeilen honoriert wurde, stimmte meistens meine Rechnung nicht. Das machte mich oft ärgerlich. Aber leichter Verdienst, sagte ich mir, und du bist eben doch schon mit einem Fuß in der Literatur.«
(Oskar Maria Graf: Wir sind Gefangene. Ein Bekenntnis aus diesem Jahrzehnt. München 1994
[= O.M.G.: Werkausgabe Bd. 1. Hrsg. Wilfried F. Schoeller]. S. 259)

»Wenn aber die gesellschaftsdienliche Berufsarbeit der Literaturkritiker darauf abzielt, für die Buchauswahl angesichts eines schier überdimensionierten Angebots, für die Bedürfnisse verschiedener Lesergruppen und schließlich auch für die Buchproduktion diejenigen Gesichtspunkte geltend zu machen, nach denen die Literaturindustrie arbeiten muss, um ihrerseits nicht nur gewinnbringend, sondern gemeinnützig zu sein, dann ist zweierlei dazu die Voraussetzung: Erstens eine Organisation der Arbeitsbedingungen und Materialhilfen, die heute gegeben sein müssen, um die Aufgaben und die Chancen einer gesellschaftsdienlichen Berufsarbeit überhaupt wahrnehmen zu können, und zweitens eine Verständigung oder zumindest ernsthafte Auseinandersetzung unter den Kritikern selbst darüber, welche leitenden politischen, sozialethischen und literarischen Kriterien in den divergenten Gesellschaftssituationen der Gegenwart jeweils vor anderem zum Maßstab der Literaturbeurteilung taugen.«
(Eberhard Lämmert: Über die zukünftige Rolle der Literaturkritik. In: Peter Gebhardt [Hrsg]: Literaturkritik und literarische Wertung. Darmstadt 1980. S. 330)

»Es gibt Schriftsteller, deren beste Werke offensichtlich den Stempel des Genies tragen – in der deutschen Epik der jüngsten Vergangenheit vor allem Robert Musil, Hermann Broch, Hanns Henny Jahn. Und es gibt Autoren, die nicht mehr erstrangig, doch Dichter, und deren Bücher noch Kunst sind, Literaten also zwischen talentiertem Durchschnitt und Genie – Theodor Storm zum Beispiel, Wilhelm Raabe, Conrad Ferdinand Meyer, oder, einer meiner Lieblingsdichter, Eduard von Keyserling; auch Hermann Hesse gehört hierher, aber bloß mit einem sehr kleinen

Teil seiner Produktion. Und es gibt Leute, die, großzügig gesprochen, ebenfalls noch Dichter, doch nur epigonale Dichter sind, und deren Werk Kunst ist wie ein Gedicht Geibels gegenüber einem Gedicht Goethes – und hier ist wiederum Hermann Hesse mit vielen Büchern und seiner gesamten Lyrik zu nennen, ferner Carossa, Wiechert, Bergengruen, kurz, die meisten nur mit den Mitteln der Tradition gestaltenden Autoren (...) Und schließlich gibt es noch Literatur, die künstlerisch gesehen belanglos ist. Zwischen diesen großen Gruppen wird man viele Stufen, Übergänge finden, Unterschiede, minimal oft und fast nicht zu taxieren; aber es gibt doch Kriterien, vermöge derer man zumindest zwischen absolutem Kitsch, konventioneller Kunst und hoher Dichtung unterscheiden kann."

(Karlheinz Deschner: Kitsch, Konvention und Kunst. Eine literarische Streitschrift. Ergänzte und überarbeitete Neuausgabe. Frankfurt/M 1980. S. 14f)

„Mithin wäre alle Kritik das, was man subjektiv heißt?- Ich denke, ja; aber ich weiß nicht, wie man daraus einen Einwand gegen sie erheben könnte. Man verlangt doch auch von der Malerei nicht, dass sie objektiv sei! Weshalb also dem Kritiker daraus einen Vorwurf machen wollen, dass es seine Augen sind, mit denen er sieht? Andere hat er nicht; zudem gäbe es keine Kritik ohne Unterschiede im Sehen. Ihren jeweiligen Wert entscheidet allein die Kunst, mit der dieses besondere Sehen sichtbar gemacht ist; und sie wird beurteilt schließlich nach dem Vergnügen, das sie zu lesen verschafft."

(Albrecht Fabri: Der schmutzige Daumen. Gesammelte Schriften. Frankfurt/M 2000. S. 627f)

„Ein Kritiker ist primär Schriftsteller. Zumindest sollte er's sein: eine Kritik, die nicht ein gutes, und das heißt widerständiges Stück Prosa ist, ist keine. (...) Ich muss hinzufügen, dass ich unter Schriftsteller etwas nicht eben Häufiges verstehe: den nämlich, der Schreiben als eine Methode benutzt, zu erkennen."

(Fabri: Der schmutzige Daumen. S. 79)

„Ein großer Kritiker ist ein enttäuschter Schriftsteller. Ein großer Kritiker weiß, dass er im Vergleich zu dem Schöpfer der Schatten eines Eunuchen ist. Glauben Sie, man würde Bücher über Dostojewski schreiben, wenn man eine Seite von ›Die Dämonen‹ schreiben könnte?"

(George Steiner: Die Logokraten. München 2009. S. 167)

„Von einem Literaturkritiker wünsche ich mir – und bekomme ich nur recht selten –, dass er mir besser, als ich selbst es könnte, sagt, warum mir die Lektüre eines bestimmten Buches ein Vergnügen verschafft, das sich durch kein anderes ersetzen

lässt. Ihr sprecht nur von dem, was nicht nur ihm eigen ist, und für mich zählt einzig und allein seine Eigenart. Ein Buch, das mich bezaubert hat, ist wie eine Frau, deren Reiz ich verfallen bin: zum Teufel mit ihren Vorfahren, ihrem Geburtsort, ihrem Milieu, ihren Beziehungen, ihrer Erziehung und ihren Freundinnen aus der Kindheit! Von eurem kritischen Gespräch erwarte ich nur diesen untrüglichen Tonfall, an dem ich fühle, dass ihr verliebt seid, auf die gleiche Weise verliebt wie ich: Ich brauche nur die Bestätigung und den Stolz, die der Verliebte angesichts der parallelen und luziden Liebe eines wohlmeinenden Dritten empfindet. Und was den ›Beitrag‹ des Buches zur Literatur angeht, die Bereicherung, die es mir angeblich bringen soll, so wisst, dass ich auch ohne Mitgift heirate."
(Julien Gracq: Lesend schreiben. Wien 1997. S. 164f)

„Der Kommentar des schönen Werkes wiederholt in und an sich die Geste der überflutenden Fülle, die dem Werk innewohnt."
(Jean-Francois Lyotard. Zit. nach Volker Hage: Propheten im eigenen Land. Auf der Suche nach der deutschen Literatur. München 1999. S. 20)

„Der US-Autor Jerzy Kosinski erhielt 1969 für seine Novelle ›Steps‹ den ›National Book Award‹. Sechs Jahre später tippte ein sonst unbekannter Autor mit Namen Chuck Ross die ersten zwanzig Seiten der Geschichte noch einmal mit Schreibmaschine herunter und schickte sie als ›Erik Demos‹ an vier bekannte Verlagshäuser. Alle lehnten eine Veröffentlichung ab. Zwei Jahre später hatte Ross das gesamte Buch abgeschrieben und schickte es an Random House, den Originalverlag von Kosinski. Der schickte das – unerkannte – preisgekrönte Manuskript eines Hausautors mit einem Formbrief zurück. Weitere vierzehn Verleger und dreizehn literarische Agenten waren nicht bereit, dieses Manuskript auf den Weg zu bringen."
(Rainer Schmitz: Was geschah mit Schillers Schädel? Alles, was Sie über Literatur nicht wissen. Frankfurt/M 2006. Sp. 303)

„Wir haben Angst. Gegenwartsliteratur, also die Summe nicht der geschriebenen, sondern der wahrgenommenen Texte, ist das Ergebnis einer merkwürdigen Auslese von Zufall, Publikumslaune und Kritikergeschmack. Ein Haus, aus dem man jederzeit wieder hinausgeworfen werden kann. Jedenfalls glauben das die Autoren. Ihre Existenzberechtigung im Betrieb müssen sie immer wieder neu verdienen. Durch das Absolvieren von Zugehörigkeitsriten. Durch das Stattfinden im Feuilleton, das Vortanzen auf Buchmessen, durch öffentliches Lügen im Rahmen von renommierten Poetikvorlesungen."
(Juli Zeh: Treideln. Frankfurter Poetikvorlesungen. Frankfurt/M 2013. S. 14)

16

„›Zuerst das Gute: Der neue Roman von Juli Zeh ist weniger lang als seine Vorgänger. Die Konstruktion der Rahmenerzählung ist ebenso bemüht, wie die Sprachfertigkeiten der Autorin begrenzt sind. Die Sprache ist ungelenk bis peinlich. Am meisten nervt die prätentiöse Geschwätzigkeit. Was dabei herauskommt, ist ein schauriges Gestotter und Gestöckel, schamlos versetzt mit brutalsten Kolportageelementen. Schwallmadame. Quatschnudel. Man könnte meinen, sie habe die Schulbank nicht wirklich verlassen und komme auch als Autorin nicht mehr aus ihrer Haut als ewig Klassenbeste. Streberin. Dauerpowerfrau. Apokalyptisch altkluge Angeberin. Juli Zeh nervt. Juli Zeh kann nicht schreiben. Die selbsternannte Kaiserin ist nackt. Wir befinden uns auf dem Schrottplatz der sprachlichen Überanstrengung. Der Plot wird mit derartiger Gewolltheit und Gewaltsamkeit zusammenkonstruiert, dass kaum etwas anderes als das strenge Urteil ›albern‹ am Platz ist. Pseudo-Roman. Literatur-Simulation. Nichts als Schlaumeierei. Dieses Buch stellt einen traurigen Fall dar. Das ist alles so fürchterlich, wie es klingt. Aufgesetzte Sozialkritik. Ein altklug klingender Schmöker. Ein recht kalkuliertes Stück Literatur. Es resultiert etwas, das im Einzelnen naseweis ist, und überdreht als Ganzes. Juli Zeh will sich nun, hört man, ihrer juristischen Doktorarbeit zuwenden. Da kann sie weiter Thesenklappriges aufeinanderstapeln. Und das Beste: Lesen muss es nur einer.‹

Das war eine kleine Zitatcollage aus Rezensionen der letzten Jahre, damit du ein Gespür für den Sound der zeitgenössischen Literaturkritik bekommst. Nicht alle Kritiker schreiben so. Aber viele. Früher glaubte ich, Literaturkritik sei so etwas wie eine Partnerschaftsvermittlung zwischen Mensch und Buch. Dazu würde als Grundhaltung allerdings ein wenig mehr Liebe zur Literatur gehören. In der zitierten Form ist Kritik ein Versuch der Literaturverhinderung. Der Leser soll davon abgehalten werden, zum Buch zu greifen, und die Autorin daran gehindert, ein weiteres zu produzieren. Als wäre die Tatsache, dass überhaupt Bücher geschrieben werden, den Kritikern ein Dorn im Auge. Jedes Jahr zwei Buchmessen. Jedes Jahr stapelweise neue deutsche Literatur. Jedes Jahr Gejammer, dass zu viel veröffentlicht werde. Alles schreit nach Aufmerksamkeit. Alles soll vom Kritiker gelesen und bewertet werden. Das nervt. Da braucht man gelegentlich ein Ventil. Frauen mit großer Klappe sind ein gefundenes Fressen. Gibt es eigentlich auch Männer mit großer Klappe? Müssen die auch auf altkluge, naseweise, vorlaute Schuljungen zurechtgestutzt werden?"

(Juli Zeh: Treideln. Franfurter Poetikvorlesungen. Frankfurt/M 2013. S. 120–122)

„Von 50 000 Publikationen des siebzehnten Jahrhunderts sind etwa einhundert nachgedruckt worden, von 80 000 des achtzehnten kaum dreihundert (...). Von 40 000 Romanen, die allein in Großbritannien zwischen 1800 und 1900 erschienen sind, rech-

nen wir (...) etwa zweihundert zu unserem Kanon: ein halbes Prozent (...) Wie viel bliebe da proportional von der Longlist des diesjährigen Buchpreises für das kommende Jahrhundert übrig? 38 Seiten."

(Jürgen Kaube: Über die Stromrechnung beim schwerelosen Lesen. In: FAZ. 16.10.2013. S. N 3)

„Über 91 100 neue Bücher haben die Verlage des deutschen Sprachraums im vergangenen Jahr auf den Markt geworfen. 32 Prozent davon waren belletristische Titel. Davon wiederum fast die Hälfte, nämlich 14,1 Prozent macht die deutschsprachige Literatur aus, das sind 12 845 Titel. Legt man sie Oberkante an Unterkante in eine Reihe, ergibt das rund 20 Kilometer, einen ausgedehnten Tagesspaziergang allein zur Titellektüre. Legt man sie aufeinander, hat man 257 Meter, dreimal so hoch wie der Turm zu Babel, aber immerhin alles Deutsch (...). Wie viele neue Romane unter den belletristischen Titeln sind, das weiß der Teufel, im Babelturm stecken ja auch Wiederauflagen, Erzählbände und anderes mehr. Die Aufgabe, die sich der Deutsche Buchpreis stellt, ist gewaltig und fragwürdig. Er soll ins Tohuwabohu der Romanproduktion Übersicht bringen. Er macht aus Tausenden Titel erst zwanzig, dann sechs und dann einen. (...) Ersthelfer sind dabei die Verlage. Sie reichen jeder maximal zwei Titel ein und empfehlen jeder maximal fünf weitere dazu. (...) In nackten Zahlen: In diesem Jahr haben 101 Verlage 164 Titel eingereicht und 70 weitere empfohlen." Verhängnisvoll *„ist, dass die Kritik die Fokussierung auf wenige Titel mitmacht (...). Das Ergebnis: Der Kreis der wahrgenommenen und gut verkauften Bücher verengt sich. Die wenigen Glücklichen und vor allem die Sieger stehen dafür in hellerem Licht. Für den Handel und fürs Partygespräch ist das gut. Für die Autorinnen und Autoren im Dunkeln ganz sicher nicht."*

(Ekkehard Knörer: Unser schlechtes Gewissen. In: der Freitag. 02.10.2013. S. 18)

„Da wir eine akademisch gebildete Runde waren, fingen wir an, das traurige Niveau des allgemeinen Geschmacks zu beklagen. Nur Schund schien sich zu verkaufen. Gab es denn keinen Bedarf für ernsthafte, intelligente, gut geschriebene Bücher? Konnte man nicht darauf bauen, dass ein gutes Buch ein bescheidenes, aber ausreichendes Publikum fand?
›Manchmal schon‹, erwiderte Onkel Richard.
›Wie viele solcher Bücher könnte man verkaufen?‹
Onkel Richard machte eine vorsichtig abwägende Geste.
›Wie viele muss der Verlag verkaufen, damit er auf seine Kosten kommt?‹
›Das hängt von Umfang und Preis ab. Von einem normalen Roman um die fünfunddreißigtausend.‹

›Und du sagst, selbst das ist schwer zu schaffen?‹
›Von zwei Dutzend schafft es einer.‹
Alle stöhnen laut auf, ich stöhne inwendig. Dahin der Traum vom kleinen, bescheidenen Erstlingsroman, der Zehntausende mit seiner Ironie und seinem Sinn für die Tragik des Alltags beeindruckt, dahin der Traum vom leichten Weg zum Erfolg.«
(Wallace Stegner: Zeit der Geborgenheit [1987]. München 2011. S. 206f)

„*Als man (…) Joseph Brodsky gefragt hat, was ein gutes Buch von einem schlechten unterscheide, hat er gesagt: Es geht um den Geschmack fürs Metaphysische. Ich glaube das auch. Ich sehe einen realen Menschen in seiner Zeit – und einen zweiten, ewigen Menschen. Die menschliche Natur.*"
(Die Nobelpreisträgerin Swetlana Alexijewitsch im Interview. In: Der Spiegel 50/2015. S. 130)

„*Der Blick in den Spiegel der Texte (…) zeigt eben immer vor allem das Gesicht dessen, der in ihnen liest.*"
(Ursula Scheer: Im Anfang waren die Worte. In: FAZ. 08.12.2015)

Vorwort

Zwei Vorstellungen haben mich viele Jahre begleitet: erstens die fixe Idee, dass es möglicherweise *den* Roman geben könnte, den eindeutig besten Roman aller Zeiten – und dass ich ihn nie lesen werde.[1] Daraus resultierte ein intensives, suchendes und wertendes Lesen von Romanen[2] hoher Qualität, verknüpft mit einem wachsenden Interesse an Beurteilungskriterien, die eine Wertung überhaupt erlauben. Zweitens – gewiss naiv – die geradezu selbstverständliche Annahme, dass mein eigenes Urteil doch von jedermann und jederfrau geteilt werden müsse; ich bin bis heute gelegentlich irritiert, wenn vor allem gute Freunde von den Romanen, die mich begeistern, wenig oder gar nicht beeindruckt sind. In seinem ›Literaturlexikon‹ *Was geschah mit Schillers Schädel? Alles, was Sie über Literatur nicht wissen* stellt Rainer Schmitz unter dem Stichwort „Abgelehnt" anekdotenhaft ähnlich irritierende Fakten im professionellen Feld zusammen: So hat Kurt Wolff, der sich als Verleger u.a. um den Expressionismus verdient gemacht hat, „den ›närrischen Herrn Professor‹ aus Triest, der ihm ›in schlechtem Deutsch‹ 1920 ein englisches Buch zur Übersetzung anbot, sich entgehen lassen. Es handelte sich um den Roman *Ulysses* (…). Der Amerikaner Lee Pennington (…) schrieb einmal ein Poem über William Faulkner. Er bekam es postwendend zurück mit den Sätzen: › Das ist das schlechteste Poem in englischer Sprache. Sie sind der mieseste Poet in englischer Sprache.‹ Pennington verbrannte diesen Brief, schickte das Gedicht an ein anderes Magazin. Das nahm prompt an und präsentierte es ›mit Stolz und Freude‹ als das beste Poem des Jahres. (…) Samuel Becketts Erstling, sein aus zehn Episoden bestehender Erzählband *Mehr Prügel als Flügel* erschien am 24 Mai 1934 in London. Das Manuskript war zuvor von zweiundvierzig Verlagen abgelehnt worden."[3] Und noch ein letztes Beispiel: „Marcel Prousts (…) *Auf der Suche nach der verlorenen Zeit* wurde im Frühjahr 1913 von verschiedenen Verlagen wegen seiner offenbaren Geschwätzigkeit abgelehnt. (…) Auch der Verlag Gallimard lehnte das Manuskript ab. Es war ausgerechnet André Gide, der damals als Lektor für das Haus arbeitete, der die Absage begründete. Daraufhin finanzierte Proust die Veröffentlichung aus eigener Tasche."[4] Anekdoten – und zugleich doch auch irritierend.[5] Das Resultat: Ich versuche, einen Kriterienkatalog aufzustellen, der es doch erlauben sollte, das undurchdringliche Dickicht, den Dschungel oder auch das Chaos der Romankritik zu lichten oder zu strukturieren, den möglicherweise herrschenden Subjektivismus auf die Chance und den Horizont klarer Intersubjektivität hin zu öffnen und zu verändern.

Noch eine klärende Bemerkung vorweg: Es geht mir – in der Sichtung oder bei der Lektüre vor allem gegenwärtiger Romanliteratur – um den besten europäischen Roman (aller Zeiten)! Hier folge ich zum einen Martin Mosebach und seiner Emphase: Er greift zurück auf Erich Auerbach und sein epochales Werk *Mimesis. Dargestellte Wirklichkeit in der abendländischen Literatur* und formuliert: „Er hat die Gründungssätze des nachantiken, des europäischen und damit auch des modernen Romans benannt; jeder kennt sie, sie stehen im zweiten Kapitel des Lukasevangeliums: ›Es begab sich aber zu jener Zeit, dass ein Gebot von dem Kaiser Augustus ausging, dass alle Welt geschätzet würde, ein jeglicher in seiner Stadt; da machte sich auch auf Joseph aus Galilea, aus der Stadt Nazareth nach der Stadt Davids, die da heißet Betlehem, in dem jüdischen Land, dass er sich schätzen ließe mit Maria, seinem angetrauten Weibe, die war schwanger.‹ Mit diesen Zeilen eröffnet sich die Möglichkeit eines neuen Blickes auf die Welt: Die ganz große Sphäre, die Weltpolitik, der vergöttlichte Gründer des römischen Kaisertums, dessen Wirkungen bis in die Gegenwart reichen, wird darin zusammengespannt mit einer armen Handwerkersfamilie aus einer vernachlässigten Kolonie des Römerreiches, und so etwas ist bis dahin undenkbar gewesen. Von nun an können Werke entstehen, die die alten Gattungsbegriffe der Antike aufheben. Bis zu diesem historischen Moment waren in der Literatur das Erhabene und das Alltägliche, die Sphären der Heroen und die der kleinen Leute, die großen Zeremonien und die formlose Banalität streng voneinander geschieden. Aber nun verschmolzen Sermo sublimis und Sermo humilis[6] zu einer Prosa, die die Sprache des europäischen Romans werden sollte.“[7] Ich folge zum zweiten Milan Kundera, der den Begriff des europäischen Romans definiert und begründet hat: Er meint damit nicht „in Europa von Europäern geschaffene Romane, sondern: Romane, die ein Bestandteil der Geschichte sind, die mit dem Beginn der Neuzeit in Europa eingesetzt hat.“[8] Diese Geschichte ist „supranational“: Der französische, englische, deutsche Roman, sie alle haben teil „an einer gemeinsamen supranationalen Geschichte (...), die einen einzigen Kontext bildet, in dem sich sowohl der Sinn der Entwicklung des Romans wie auch der Wert der einzelnen Werke offenbaren können. Während der verschiedenen Entwicklungsphasen des Romans haben verschiedene Nationen (...) die Initiative übernommen: zuerst Italien mit Boccaccio (...); dann Frankreich mit Rabelais; dann Spanien mit Cervantes und dem Schelmenroman; das 18. Jahrhundert des englischen Romans, und, gegen Ende des Jahrhunderts, die deutsche Intervention Goethes; das 19. Jahrhundert, das vollständig Frankreich gehört, mit, im letzten Drittel, dem Aufkommen des russischen und unmittelbar danach des skandinavischen

Romans. Schließlich das 20. Jahrhundert und sein mitteleuropäisches Abenteuer mit Kafka, Musil, Broch und Gombrowicz ... (...). Immer wieder neue historische Situationen", unterschiedlich verortet, trieben „die Kunst des Romans" voran, verliehen „ihr neue Inspirationen", boten „neue ästhetische Lösungen"[9]. Im gleichen Kontext entstünden neue Initiativen im 20. Jahrhundert erstmalig „außerhalb Europas: zuerst in Nordamerika in den zwanziger und dreißiger Jahren, später, in den sechziger Jahren, in Lateinamerika."[10] Kundera erstellt derart einen Holzschnitt, zu differenzieren und zu modifizieren auch im Detail, aber brauchbar zur Begründung des Begriffs „europäischer Roman", um ihn geht es mir.

Die Lektüre Franco Morettis, seines quantitativen Zugriffs auf die Literatur, nötigt zu einer Präzisierung; ich hole hier zunächst einmal aus und stelle Morettis Ansatz dar: Franco Moretti hat die Metapher vom ›Aufstieg‹ ›des Romans‹ statistisch überprüft für Großbritannien, Japan, Italien, Spanien und Nigeria mit folgenden Ergebnissen:

- Was sich in Großbritannien in der Zeit zwischen 1720 und 1740 ereignete, wiederholt sich nach ähnlichem Muster, zeitlich versetzt, in den anderen Ländern (in Nigeria zuletzt 1965–1980): „Innerhalb von jeweils ungefähr zwanzig Jahren steigt die Kurve" der Produktion von Romanen „von anfangs ungefähr fünf bis zehn Romanen pro Jahr, was einen neuen Roman alle ein bis zwei Monate bedeutet, auf einen neuen Roman pro Woche an. Damit aber verändern sich die Bedingungen des Lesens von Roman grundsätzlich. (...) Ein neuer Roman pro Woche (...), das ist bereits in ganzer Blüte das große kapitalistische Oxymoron der regelmäßigen Novität: Etwas Unerwartetes wird derart effizient und pünktlich produziert, dass die Leser nicht mehr ohne es leben können. Der Roman wird lebensnotwendig."[11]

- Exemplarisch untersucht hat Moretti die britische Romanproduktion zwischen 1710 und 1850: Hier „fallen drei große Phasen auf, die jede für sich aus einer ersten Periode raschen Wachstums und einer zweiten Periode der Stabilisierung bestehen (...): Ein plötzlicher Anstieg von 1720 bis 1740, eine Konsolidierung in den nächstfolgenden Jahrzehnten. Die zweite Phase (1770 bis etwa 1820) leitet mit dem andauernden Wachstum der Produktionszahlen eine einschneidende Umorientierung des Publikums ein: Gelesen wird von nun an Gegenwartsliteratur. (...) 1788 kommen 80 Romane auf den Markt, 1796 91 und im Jahr 1808 111. Damit ist der Beliebtheit älterer Publikationen schlagartig das Fundament entzogen. Die Romanleser interessieren sich von nun an ausschließlich und unumkehrbar für nichts als die aktuelle Buchsaison. Die dritte Phase beginnt um etwa 1820. (...) In dieser Zeit verändert sich die interne Struktur des Buchmarktes. Bis zum Beginn der Phase nämlich war der typische Romanleser ›Universalist‹ (...). Jetzt jedoch ermöglicht das Wachstum des Marktes die Herausbildung von Nischen für spezialisierte Leser und spezielle Genres".[12]

- Die Genres könnte man geradezu als die „Protagonisten" der Literaturgeschichte betrachten, Dynamik und Form treffen hier mit einem hoch interessanten Resultat aufeinander: Die grafische Darstellung Morettis zeigt „die Entwicklung des Briefromans von 1760 bis 1790, die des Schauerromans von 1790 bis 1815 und die des historischen Romans von 1815 bis in die vierziger Jahre des 19. Jahrhunderts. Jede Welle bringt (mehr oder weniger) gleich viele Romane pro Jahr hervor, dauert etwa 25 bis 30 Jahre lang an und erreicht ihren Höhepunkt erst, sobald die vorherige Welle abgeebbt ist".[13]
- Dieser Zyklik ist Moretti noch einmal nachgegangen: Er hat die Entwicklung der literarischen Genres der Romanliteratur in England zwischen 1740 und 1900 noch einmal untersucht, 44 [!] Genres kamen in Blick. Es „vollziehen sich fast schon geordnete Wechsel, bei denen ein halbes Dutzend Genres rasch von der Bühne abtritt und ebenso viele neue auftreten, um dann etwa für 25 Jahre präsent zu bleiben. Das System verändert sich also nicht fortwährend ein wenig, sondern verharrt über Jahrzehnte hinweg auf der Stelle und wird dann abrupt transformiert. Die Formen ändern sich schlagartig quer über das gesamte Feld hinweg und halten sich dann für zwei bis drei Jahrzehnte".[14] Den Grund dieser Regelmäßigkeit von Dauer und Wechsel sieht Moretti im Wechsel der Lesergenerationen.

Was folgt aus diesen empirischen Fakten für mein Vorhaben? Erstens scheint es nicht länger sinnvoll, von ›dem Roman‹ und der Entwicklung ›des Romans‹ zu sprechen. „Sowohl in diachroner als auch in synchroner Perspektive ist der Roman (...) das System seiner Genres"[15], eine Vielfalt. Gleichwohl halte ich begrifflich am Terminus ›der Roman‹ fest, aus zwei Gründen: Im Blick habe ich die Romane, die in den Feuilletons der Zeitungen rezensiert werden als die neuen Romane, die in den Literaturdiskurs kommen wollen/sollen; der genrespezifische Aspekt ist hier ausgeblendet. Ich nehme nicht den Wechsel der Genres wahr, es wechseln die Themen, das Genre scheint mir mehr oder weniger identisch: Romanliteratur von hohem Anspruch, und hier kommen unterschiedliche, inhaltlich orientierte Akzentuierungen in Blick: Liebesromane, Eheromane, Entwicklungsromane, Gesellschaftsromane; unterschiedliche Akzentuierungen, die sich überlappen: kennzeichnend dafür z.B. John Williams' *Stoner* (1965), ein Campusroman, ein Entwicklungsroman, ein Eheroman, ein Gesellschaftsroman gleichermaßen. Daneben gibt es zweifellos zahlreiche (?) Genres, mutiert zu konstant gehaltenen Nischen für ein spezifisches Publikum: Kriminalromane, Science Fiction, Fantasy ... . Die zweite naheliegende Konsequenz aus Morettis Fakten: In der Tat stehen im Zentrum auch des gegenwärtigen Diskurses jeweils die neuen Romane. Auch heute werden ältere Romane vermutlich weniger gelesen: Romane aus dem 20. Jahrhundert, weniger aus dem 19. Jahrhundert, massiv weniger aus dem 18. Jahrhundert und nur mehr vereinzelte noch ältere Klassiker der Weltliteratur. Gleichwohl möchte ich mich bei meinen Beispielen nicht nur auf in weitem Sinn gegenwärtige Literatur konzentrieren. Ich erinnere an das berühmte Bild der Zwerge auf den Schultern der Riesen, erstmalig vermutlich in Blick auf die Antike von Bernhard von Chartres um 1120 geprägt, seither immer wieder aufgegriffen, z.B. von Isaac Newton, Herder, Umberto Eco im *Namen der Rose* bis hin zur Rockband Oasis.

Eine letzte Vorbemerkung: Die folgende Untersuchung veränderte sich prozessual; ursprünglich zugrunde lagen erste eigene Überlegungen, erwachsen aus vielen Jahren des Lesens, mit Beginn der Erarbeitung des vorliegenden Textes veränderte sich indes zunehmend seine Struktur: Ausgehend von einer Fragestellung (was ist ein guter Roman?) und einer Hypothese (es gibt eindeutige Kriterien zur Beurteilung), habe ich mich auf den Weg gemacht durch die mutmaßlich hilfreiche Literatur; ich habe alle möglichen Texte gesichtet, von denen ich mir Aufschlüsse erwartete, und hilfreiche Informationen oder Teilresultate notiert und gesichert. Das Resultat: Der Text hat einerseits den Charakter eines Essays, es ist ein Spaziergang, der vom Hauptweg gelegentlich abweicht, verweilt, einen Nebenweg betritt, wieder zurückkehrt zum Ausgangspunkt – konkret, es finden sich Schleifen, Wiederaufnahmen und Wiederholungen, theoretische, mitunter wohl auch theorielastige Exkurse, die inhaltlich ergänzen, vertiefen[16], ein thematischer Aspekt wird berührt, wieder verlassen, später noch einmal aufgegriffen; das Resultat sind stilistisch unterschiedliche Aussagemodi: sehr persönliche, sachlich konkrete und allgemeine, theoretisch wissenschaftlich orientierte Aussagen wechseln ab. Die suchende und absichernde Recherche führte andererseits hinein in die in weitem Sinn sekundär zu nennende Literatur, die Folge ist – ganz und gar untypisch für den Essay – eine Vielfalt von Zitaten und Anmerkungen in unterschiedlicher Funktion. Die Fülle der Zitate möchte ich wiederum mit einem Zitat begründen: „Bei dem, was ich anderwärts borge, achte man darauf, ob ich etwas auszuwählen verstanden habe, wodurch die Erfindung gehörig gehoben und unterstützt wird, welche allemal von mir herrührt. Denn ich lege andern, nicht nach ihrer, sondern nach meiner Willkür, dasjenige in den Mund, was ich, sei es aus Mangel meiner Sprache, sei es wegen Schwäche meiner Kenntnisse, nicht so gut ausdrücken kann."[17] Eine Differenz allerdings zu Montaigne: Viele „Erfindungen" rühren inzwischen durchaus nicht „von mir her", ich habe in diesem Such-Prozess, „Recherche" in der Tat, viel gefunden, entdeckt und gelernt – und biete es gleichsam polyphon auch an.

Auf der Suche nach Kriterien

Gewiss naiv waren meine beiden eingangs genannten Annahmen, gleichwohl: Es gibt Unterschiede in der Bewertung, in der Niveaustufe, im Rang, ganz eindeutig formuliert von Marcel Reich-Ranicki – und seiner überraschenden Eindeutigkeit wegen mit dem Anspruch auf allgemeine Gültigkeit möchte ich ihn zitieren: *„Berlin Alexanderplatz* ist ein Jahrhundertroman, die Erzählung *Ermordung einer Butterblume* kann und muss man als bahnbrechend bezeichnen. Auch im *Wallenstein* und in einigen anderen Romanen lassen sich herrliche Kapitel finden. Dennoch gehört Döblin ebenso wie Jahnn zu den oft unkontrolliert produzierenden Vielschreibern. So ist seine im Exil entstandene und zuerst dort auch publizierte Tetralogie *November 1918* aus thematischen Gründen wichtig und interessant, aber zum großen Teil schauderhaft geschrieben. Das gilt leider für die meisten Romane Döblins. (...) Bei dieser Gelegenheit möchte ich gleich einen Erzähler nennen, der nun kein Genie war, den ich gleichwohl sehr liebe: Joseph Roth. Er hat zur Entwicklung der Romankunst so gut wie nichts beigetragen, er war überhaupt nicht daran interessiert, neue Wege zu beschreiten. Nie würde ich auf die Idee kommen, ihn auf eine Stufe mit Joyce, Kafka oder Proust zu stellen."[18]

Die Stelle ist aus mehreren Gründen interessant: ihrer Klarheit im Urteil wegen, ihrer erkennbaren Kriterien wegen – und der Tatsache wegen, dass Reich-Ranicki bei der Kriterienfrage zunächst nahezu abblockt: Im Gespräch mit Peter von Matt berichtet dieser von einer Äußerung Bölls, er finde bei seinem Kritiker Reich-Ranicki die „Messlatte" nicht und sprach von „Willkür". Reich-Ranicki kontert: „Gott sei Dank! Ein Kritiker mit einer Messlatte – das ist ein Unglück, eine Katastrophe." Eine Messlatte sei „doch wohl ein Normensystem, das man zur Beurteilung literarischer Werke verwendet. Wer kann es haben? Nur einer, der an eine Ästhetik glaubt, aus der sich ein derartiges Normensystem ableiten ließe. Ich kenne keine solche Ästhetik und also kein solches System, an das ich glauben könnte."[19] Er nennt exemplarisch eine Reihe berühmter Kritiker, die allesamt „konstante Normen" nicht gehabt hätten. Das bedeute aber „keineswegs Willkür der Kritik, Chaos oder Zufall. (...) Ich muss mir (...) die Kriterien selber schaffen, ich muss sie aus dem zur Debatte stehenden Gegenstand ableiten. (...) ich reagiere mit meiner ganzen Person auf ein neues Buch, das heißt, mit Bildung und Erfahrung, mit meinen Erlebnissen und meinen Vorlieben, meinen Schwächen, Tugenden und Untugenden."[20] In seinem Essay *Die Kunst des Romans* (1884) schreibt Henry James: „Nichts wird sicherlich den Platz der guten alten Mode einnehmen, dass jemanden ein Kunstwerk ›gefällt‹ oder nicht gefällt; die vortrefflichste Kritik wird dieses primitive, dieses ultimative Kriterium nicht abschaffen."[21] Allerdings meint James dies ironisch[22]. Offenbar gibt es dabei einen Unterschied zwischen der angelsächsischen und der deutschen Tradition: „In der angelsächsischen Welt versteht man unter ›criticism‹ eine vernünftige und systematische, dem ›Common sense‹ verpflichtete Erörterung der Künste, die deren Werke und Techniken erklärt und bewertet. Solcher ›criticism‹ soll sich von subjektiver ästhetischer Erfahrung, Wahrnehmung und Wertschätzung deutlich durch seine Begründungspflichten unterscheiden. (...) In Deutschland wird Literaturkritik seit langem anders aufgefasst. Dort soll die Kritik einem unmittelbaren Reagieren auf literarische Reize entspringen; im Zentrum stehen Urteil und Wertung einer Kritikerpersönlichkeit, deren Empfindlichkeit, Erfahrung und Autorität einen starken Einfluss auf das Lesepublikum anstrebt und die literarische Entwicklung gleichsam strategisch zu lenken versucht."[23] Hier, in Deutschland, scheint geradezu ein Konsens zu bestehen: Literaturkritik erschließe sich einen „Raum, in dem als Maßstab vor allem eines gilt: die eigene, unverstellte Subjektivität. Deshalb ist es müßig, über objektive Kriterien diskutieren zu wollen."[24]

In seiner Einleitung zu der *ZEIT-Bibliothek der 100 Bücher*, einer Anthologie doch von immerhin dem Anspruch, zum Lesen erzählender Literatur anregen zu wollen, ausgewählt von fünf Juroren, betont Fritz Raddatz, dass auch diese „Liste nur subjektiv – sozusagen eine fünfmal addierte Subjektivität – sein" kann. Und „so subjektiv die Auswahl, so subjektiv gewiss auch die Präsentation des einzelnen Buches" in den empfehlenden Rezensionen. „Wovon hier in jedem Einzelfall berichtet wird, ist die eigene, höchstpersönliche Leseerfahrung."[25] Reinhard Baumgart sieht darin gerade die Differenz zwischen Literaturkritik und Literaturwissenschaft: „Der Kritiker gibt einem Werk nur eine, eben seine subjektiv zu begründende und zu verantwortende Bedeutung, der Fachmann dagegen, oder genauer: der Literaturwissenschaftler, hätte alle nur möglichen Bedeutungen eines Werkes zu entfalten."[26] Mir erscheint beides falsch, bezogen auf Literaturkritik: Die subjektive Sicht ist zweifellos häufig gegeben, ähnlich der Sicht des Lesers, aber gerade deshalb Anlass und Ausgangspunkt der Forderung nach Transparenz, und das meint den Versuch, Kriterien zu erstellen und zur Diskussion zu stellen. Mir ergeht es nicht anders als Hermann Lenz, der sich bei seinem Auftritt in der Gruppe 47 „wieder einmal darüber wunderte, dass jeder nur das aufnehmen kann, was ihn selbst betrifft."[27] Wenn das so ist, ist es überfällig, die Kriterienfrage aufzuwerfen.

Was übrigens Marcel Reich-Ranicki angeht, möchte ich ihn in Blick auf seine Rezensionen gegen den von ihm selbst in Anspruch genommenen Subjektivismus in Schutz nehmen – auf zweierlei Weise:

- Ich werde in einem ersten kleinen Schritt das sehr gründliche Vorgehen dieses Kritikers – und ich verstehe ihn und seine Arbeitsweise exemplarisch – skizzieren und in einem zweiten Schritt
- aus einer begrenzten Menge an Literatur und angeregt durch sie Kriterien diskutieren, die über das einzelne Werk hinaus Geltung beanspruchen können. Dies tue ich, obwohl Marcel Reich-Ranickis Abwehr eines Kriterienkatalogs massive Unterstützung erhält: In seinem Überblick *Literaturkritik* schreibt Wolfgang Albrecht: Der „Abschied (...) von der Fiktion einer normierbaren oder jedenfalls auf Normen beruhenden Literaturkritik" sei „eindeutig vollzogen (...) in allen Richtungen heutiger Kritik belletristischer Literatur."[28] Möglicherweise liegt nur ein Sprachproblem vor, das der semantischen Differenz zwischen Normen und Kriterien, jedenfalls verzichtet aber auch Albrecht darauf, Kriterien gegenwärtiger Literaturkritik zu nennen, zu prüfen, zu diskutieren. Ich halte an meinem Vorhaben trotzdem fest in der Überzeugung, dass sich ohne Kriterien nicht kritisieren und rezensieren lässt und dass sich diese Kriterien nicht immer aktuell erst aus der Lektüre des zu rezensierenden Werkes ergeben, sondern vorab schon vorliegen und zur Anwendung kommen. Dabei entwickle ich zwei Ansätze, der erste ist eher traditionell orientiert, der zweite schließt zum Teil die Kriterien des ersten Ansatzes aus, vielleicht könnte man ihn eher experimentell nennen. Ich setze dann noch ein drittes Mal an, fokussiert auf einen einzigen ergänzenden Aspekt: Innovation. Die Ansätze sind Diskussionsvorschläge, Anregungen, Einladungen auch zum Widerspruch, zu einer wie immer auch zu führenden Debatte. Formal sind die Kriterien unterschiedlich lang oder intensiv erläutert, zum Teil also mit Erörterungen und Beispielen verknüpft, zum Teil nur mehr aufgezählt. Die Anregungen, die ich der Literatur verdanke, möchte ich konkret auch präsentieren durch explizite und gelegentlich ausführliche Zitation.
- In einem dritten Schritt möchte ich zunächst die Entwicklung der Literaturkritik und das Selbstverständnis der Literaturkritiker skizzieren und dann die literaturkritische Praxis thematisieren: Unterschiedliche Kritiken werde ich auf zugrunde liegenden Kriterien durchleuchten und ihrerseits kritisch analysieren, exemplarisch reduziert.

Wie also geht der Kritiker methodisch vor? Er liest das Buch, das zur Rezension ansteht, „immer mit dem Bleistift in der Hand", markiert positive wie negative Auffälligkeiten, wesentliche Informationen; er liest jedes Buch dann – entweder in wesentlichen Auszügen oder zur Gänze noch einmal, manche Bücher auch dreimal. Es folgt „die zusätzliche Lektüre": andere Bücher desselben Autors, Kritiken. Das alles führt zu einer Fülle von Notizen, die wiederum „werden in bestimmte thematische Gruppen eingeteilt"[29]; dann entsteht die Kritik, die von mindestens zwei Redakteuren gegengelesen wird. Hier ist zwar nicht von Kriterien die Rede – möglicherweise in den thematischen Gruppen zu vermuten –, aber doch von einigen Filtern und Korrekturen des subjektiven Eindrucks, die den Horizont deutlich erweitern.

Soweit der professionelle Kritiker. Die Lektüre des Laien erfolgt anders, wir lesen in der Regel nur einmal[30] und kommen am Ende oder auch schon vorher zum Urteil. Was findet bis zu diesem Schritt statt? Hilfreich erscheinen hier Überlegungen Karl Heinz Bohrers zur „›Antizipation‹ beim literarischen Werturteil". Die Antizipation ist kein Kriterium, sie beeinflusst unser Urteil gleichwohl und ist jetzt in unserem Zusammenhang ein erster Beleg für das Gewicht des Lesers, besser der Leser in ihrer Unterschiedlichkeit. Was ist damit gemeint? „Die ästhetische Reaktion, die zum Wert-Urteil führt, ist immer schon ein synthetischer Akt", ein Prozess, „der in verschiedene Phasen zerfällt (...) Die erste, methodologisch vor allem relevante Phase nennen wir Antizipation. (...) Sie ist ein Ereignis zwischen Subjekt und Objekt, bei dem die ganze diffuse Komplexität des Subjekts antizipierend in Kraft tritt", eine „nur als intuitiv-imaginative Handlung beschreibbare erste Phase", derart, „dass wir lange vor einem intellektuell begründeten Urteil schon in ein elementares Wertverhältnis treten, das sich auf keines der später gefundenen Kriterien stützt."[31] Es ist dies „eine Souveränitätserklärung des Subjekts unter Anwesenheit aller seiner lebenspraktischen Interessen."[32] Die Tatsache subjektiv differenter Urteile kann damit nicht mehr überraschen, wenn dieser „fortschreitende intentionale Akt"[33] der Antizipation eine Korrektur – durch Reflexion, durch bewusste Reflexion auf bestimmte Kriterien z.B. – nicht mehr zulässt.[34]

Bevor ich mich auf die Kriterienfrage einlasse, möchte ich den Rahmen abstecken, innerhalb dessen Literatur, zumal Romanliteratur sich bewegt: Was ist Sinn oder Zweck von Literatur? In seinem Gespräch mit Marcel Reich-Ranicki gibt Peter von Matt darauf eine etwas schematisierte, aber einleuchtend einfache Antwort: „Literatur vermittelt Wahrheit, die Wahrheit über die Welt und die Menschen. Das ist die eine Möglichkeit, die philosophische. Literatur zeigt mir, wie ich leben soll und schreckt mich von dem falschen Weg ab. Das ist die zweite, die pädagogische Definition. Drittens: Literatur verschafft mir Lust und Vergnügen. Das ist die epikuräische Definition. Sie verschafft mir Denkvergnügen, Spiellust, erotisches Vergnügen, Lust als Aggressionsabfuhr usw. Alle drei Möglichkeiten können sehr simpel oder sehr hoch entwickelt sein. Wahrheit, Erziehung oder Lust".[35] Traditionell sind im Horazschen „prodesse" oder „docere" und „delectare" diese Funktionen – vielleicht bis auf die pädagogische oder moralische Variante – schon benannt. Und die antike Tradition lebt bis heute: Romane wurden seit dem 18. Jahrhundert gelesen „zum ästhetischen Vergnügen und zur geistigen Einsicht"[36]. Die drei Varianten können natürlich auch kombiniert sein, es stellt sich eher die Frage der Akzentuierung denn der Alternative – gleichviel, die Kriterien knüpfen daran an oder lassen sich – konkretisierend – daraus entwickeln.

(Ein reichlich abstrakter) **Exkurs: Die Kriterienfrage im literaturwissenschaftlichen Diskurs**[37]

Ich leite ein mit einem Zitat aus dem Jahr 1976: „Wer sich auf die Wertungsdiskussion einlässt, läuft Gefahr, sich bald im Dickicht der Begriffe zu verfangen. Da ist die Rede von Multivalenz, Lebens- und Erkenntnisbedeutsamkeit, Stimmigkeit, Gefügecharakter, Stil, Originalität, Zeitgemäßheit, Fülle, Dichte, Beziehungsreichtum, interpretatorischer Ergiebigkeit; es wird unterschieden zwischen echt und unecht, ursprünglich und nicht-ursprünglich, gestaltet und geredet; man spricht vom Öffentlichen, Höheren, Menschlichen, Ganzen, Wahren, vom Kontinuum der Reflexion, von der Einheit des Schönen, Wahren und Guten, gesellschaftlicher Relevanz, polyphoner Harmonie, Widerspiegelung der Realität, Allgemeingültigkeit, Vollkommenheit usw. Die Zahl der in Umlauf befindlichen Wertungskriterien ist nahezu unüberschaubar, sie können sich oft überschneiden, einander ergänzen oder sich ausschließen und beziehen sich oft auf ganz verschiedene Aspekte des Wertungsproblems."[38]

Weitgehend kontrovers diskutiert werden folgende Fragen:

- Was ist die Struktur literarischer Wertung?
- Welche – berechtigt und begründbar oder nicht – Kriterien lassen sich empirisch feststellen? Wie lassen sie sich systematisch fassen und strukturieren?
- Ist eine allgemein gültige Wertung von Literatur überhaupt möglich, gibt es ahistorische Kriterien?
- Abhängig davon: Sind Kriterien im Gegenstand selbst, im Text begründet oder resultieren sie nicht immer kommunikativ aus dem ›Dialog‹ zwischen Autor, Text und Leser oder dem ›Dialog‹ zwischen Text und Leser?

Was ist die Struktur literarischer Wertung?

Zunächst ist das ebenso einsichtig wie einfach dreistellig: „›Ein Wertender (1) (…) beurteilt einen Gegenstand (2), der in der Wertung werthaft dargestellt wird und richtet sich appellativ (…) an Wertungsadressaten (3), deren Zustimmung‹ erbeten wird. Das gilt strukturell auch schon für einen Satz wie „Der Roman *Ein weites Feld* ist misslungen."[39] Diese Struktur lässt sich indes entfalten, ich skizziere exemplarisch die Ansätze von Rainer Grübel, Monika Schrader und Simone Winko:

- Die Wertung kann sich begründen lassen durch ein Wertungskriterium.
- „Die Wertung kann ihrer Art nach absolut oder relativ (vergleichend), sie kann positiv, neutral oder aber negativ und schließlich auch subjektiv oder aber objektiv gesetzt sein."
- Es lassen sich Wertungsgattungen unterscheiden, z.B. ästhetisch, epistemisch, moralisch, praktisch, ludisch (Spielwert), religiös.
- „Die Wertungs-Ordnung (…) legt fest, wie sich ein bestimmter Wert im Bewerteten zu anderen (…) Werten verhält (…). ›Polyvalenz‹ heißt die Vereinigung von inkompatiblen Werten in einem Gegenstand, ›Heterovalenz‹ die Verteilung inkompatibler Werte auf verschiedene bewertete Erscheinungen" …
- Die Wertungs-Situation ist monologisch, dialogisch oder antithetisch beschreibbar.
- Wertungen lassen sich in einem Beziehungsgeflecht, einem Feld verorten: Die Werte gehören z.B. einer oder mehreren Gattungen an.
- Es lassen sich Wert-Ebenen unterscheiden: „Der Materialwert bestimmt die Eignung des künstlerischen Materials (…). Der künstlerische Wert bestimmt die Eignung des Kunstwerks, (…) den Leser (…) zum Herstellen des (…) ästhetischen Gegenstandes zu bewegen."[40]
- Schließlich lassen Werthierarchien erstellen: z.B. „›Letztwerte‹ (z.B. Überleben, Lust, Spiritualität)" von „›habituellen Werten‹ (z.B. Reflektiertheit, Originalität) und ›situativen Werten‹ (z.B. Ablenkung, Spannung)".[41]

Monika Schrader kommt in der Zusammenfassung ihrer Untersuchung zu einer anders ansetzenden Strukturierung, ich selektiere:

- In unterschiedlichen „Wertungsansätzen wird Literatur jeweils aus unterschiedlicher Perspektive thematisch: als Sprache bzw. Zeichen und als soziale Praxis (…), als Resultat von Rezeptionsprozessen (…), als Form der Darstellung von Wirklichem".
- „Der Begriff des literarischen Werts wird unterschiedlich verwendet:" z.B. als funktional, historisch, kommunikativ oder ontologisch (das „Sein" der Kunst betreffend) zu bestimmende Größe[42].

Simone Winko geht aus von dem Diskurs um wertende Aussagen in der sprachanalytischen Philosophie und versucht kognitivistische und nonkognitivistische Werturteilsdefinitionen zu vermitteln, konkret: Gegen eine starke kognitivistische Position, die die empirische Verifizierbarkeit auch der Objektseite behauptet, spricht: „Das Urteil ›Der neue Gedichtband Sarah Kirschs enthält Texte von großer sprachlicher Schönheit‹ beispielsweise lässt sich nicht ohne Bedeutungsänderung in eine Aussage wie ›Der neue Gedichtband Sarah Kirschs enthält Texte, deren Sprache ein allgemeines ästhetisches Wohlgefallen hervorruft‹ übersetzen oder in eine vergleichbare Aussage, in der das evaluative Satzelement durch Paraphrasen ersetzt wird, die (…) als deskriptiv gelten können." Gegen eine emotivistische Position auf der anderen Seite, die in diesem Bereich nur subjektive Aussagen behauptet, spricht: Würde „z.B. das literaturkritische Urteil ›Der letzte Roman Heinrich Bölls ist ein Meisterwerk‹ nicht mehr besagen als ›Mir gefällt der letzte Roman Heinrich Bölls ganz besonders gut‹ (…) so erübrigt sich die Frage nach ihrer Rechtfertigung." Wir geraten „in die Nähe des Willkürlichen und Irrationalen."[43] Simone Winko differenziert: „Das Urteil ›Die symmetrische Komposition des Gemäldes drückt die unserer Zeit leider verlorengegangene Harmonie klassischer Kunstideale aus‹ setzt sich u.a. zusammen aus der Zuschreibung deskriptiver Eigenschaften (›symmetrische Komposition‹) zu einem Objekt, einem attributiven Wert (›Harmonie‹), einem zugrundeliegenden Wertprinzip (z.B. ›Klassische Kunstideale sind der höchste Maßstab eines jeden Kunstwerks‹) sowie der Annahme, der Wert bzw. die als werthaltig angesehene Eigenschaft ›Harmonie‹ lasse sich mit Hilfe einer symmetrischen Bildkomposition realisieren. Über solche Annahmen, dass Werte sich in bestimmten Objekteigenschaften ausdrücken, können sich Sprecher mit nicht-wertenden Aussagen verständigen. Mit den Argumenten, die sie zu diesem Zweck heranziehen, rekurrieren sie auf Tatsachenbehauptungen oder andere hypothetische Aussagen."[44] Des Weiteren bezieht Winko psychologische und sozialwissenschaftliche Werttheorien ein, um die Bewertungshandlungen in literarischen Texten adäquat zu fassen; ich führe das nicht aus.

Welche Kriterien lassen sich empirisch feststellen? Wie lassen sie sich systematisch fassen und strukturieren?

Renate von Heydebrand und Simone Winko haben eine nahezu maximal komplexe Systematik vorgestellt, eine „Typologie axiologischer Werte". Es ist ein empirischer Befund, diese Kriterien lassen sich nachweisen; über ihren Geltungsanspruch oder ihre historisch kulturelle Reichweite ist damit nichts ausgesagt[45]:

- Formale Werte:
  - Selbstreferenz und Wirklichkeitsreferenz
  - Polyvalenz versus Eindeutigkeit
  - Offenheit versus Geschlossenheit
  - Schönheit:
    - Stimmigkeit und Ganzheit
    - Komplexität versus Einfachheit
    - Intensität und Dichte
    - Ästhetische Gestaltung der Sprache
- Inhaltliche Werte:
  - Welthaltigkeit
  - Wahrheit, Erkenntnis
  - Moralität:
    - Eine ›schöne Figur‹
    - Gerechtigkeit
    - Humanität
    - Gesellschaftskritik
- Relationale Werte:
  - Abweichung oder Normbruch
  - Originalität, Innovation oder auch Variation vorgegebener Muster (in vor-autonomen Kunstauffassungen, z. B. im Barock)
  - Fortschritt und Emanzipation
  - Angemessenheit:
    - Realismus, Wirklichkeitsnähe, Wahrheit
    - Zeitgemäßheit, Repräsentativität
    - Gesellschaftliche Relevanz
- Wirkungsbezogene Werte:
  - Individuelle Werte:
    - Kognitive Werte (Erkenntnisbedeutsamkeit und Reflexionsanregung)
    - Praktische Werte (Lebensbedeutsamkeit: Betroffenheit, Handlungsorientierung, Sinnstiftung)
    - Affektive Werte (Rührung, Mitleid; Identifikation versus Distanz; Kommunikativer Wert: Kontakt zu anderen Menschen bzw. Lesern)
      - Hedonistische Werte (Betroffenheit: Lust, Unterhaltung, Spannung oder Ruhe/Harmonie)

- Gesellschaftliche Werte:
    - Ökomischer Wert
    - Prestigewert

Beurteilungskriterien sind – das scheint Konsens – das Resultat von oder zumindest vermittelt mit dem Verständnis von Literatur: Unterschiedliche Literaturkonzepte führen zu unterschiedlichen Kriterien. Ich gebe einen grob knappen Überblick:

- Norbert Mecklenburg unterscheidet 1977 vier Konzeptionen; ich fasse sie in drei Gruppen zusammen:
    - Das ›historistische‹ Literaturverständnis der „historisch-hermeneutischen Geisteswissenschaften" rückt ins Zentrum die „›Universalität des Menschlichen‹ in der Fülle der historischen Objektivationen"; hier besteht die Gefahr der relativistischen „Leerformelhaftigkeit".
    - Das ›modernistische‹ Literaturverständnis versucht „das Maß der ›Ästhetizität‹ von Texten zu bestimmen" mittels „unterschiedlicher Kriterien wie ›Verfremdung‹, ›Innovation‹, ›Komplexität‹, ›Polyfunktionalität‹"; Mecklenburg sieht hier die Gefahr einer formalistischen Einseitigkeit.
    - Das ideologiekritische Verständnis „einer kritischen Literaturwissenschaft" versucht in gesellschaftskritisch-geschichtsphilosophischer Reflexion die „›Zeitadäquatheit‹ der Texte" zu ermitteln, fragt unter diesem Aspekt nach ihrer Funktion und Wirkung. Diesem Ansatz gibt Mecklenburg den Vorrang – unter Einbezug der anderen Konzepte. Hier ordne ich zu das politische Verständnis einer praktisch engagierten Literaturwissenschaft, ihr geht es um das „›emanzipatorische Potential‹ von Literatur" und klare Stellungnahme, „›Parteilichkeit‹"; naheliegend ist hier die „Gefahr einer dogmatischen Fixierung"[46].
- Renate von Heydebrand und Simone Winko differenzieren 1996 etwas anders[47]:
    - Die „Wertung nach traditioneller Hermeneutik":
    Im Zentrum steht Wolfgang Kaysers Buch *Das sprachliche Kunstwerk*; die „ästhetische Form" ist der höchste Wert, das meint „Einheit", „Ganzheit", „Stimmigkeit aller Formelemente" in Orientierung an der „eigenen Intentionalität" des Werkes; davon abgeleitet sind ästhetische „Betroffenheit", die das Kunstwerk als Kunstwerk ausweist, und „Erkenntnisgewinn" durch „Distanz", eingeschlossen ist davon wie-

derum das „implizite Sprechen", das meint: „Der Gehalt des Kunstwerks ergibt sich nur vermittelt durch seine Gestalt."[48]

Der Ansatz wurde bis in die 1960er Jahre ergänzt durch andere, geistesgeschichtlich orientierte Autoren: Anerkannt wurden als Kriterien die „Lebensbedeutsamkeit" und die Relevanz für die jeweilige „Kulturgegenwart".

Seit 1970 werden im wissenschaftlichen Diskurs objektivistisch orientierte Ansätze abgewiesen, Literatur wird nicht mehr gesehen als objektives Gebilde, das in seinem ›So-Sein‹ zu ermitteln, zu interpretieren und zu bewerten ist, sondern dynamisch, in historisch, sozial und letztlich individuell bestimmten Rezeptionsprozessen erst definitiv zu fassen, zu reflektieren und zu bewerten:

○ Die „ideologiekritische Wertung":
Höchster Wert ist „Emanzipation" als „Aufhebung menschlicher Fremdbestimmung", „Herrschafts-" und „Gesellschaftskritik" folgen daraus; was die Texte selbst betrifft, steht zur Diskussion ihr utopisches Potential versus „Kompensation", „Fortschrittsorientiertheit" versus „Regression".

○ Die „strukturalistische Wertung" in der Nachfolge und in Auseinandersetzung mit den russischen Formalisten:
Abgeschnitten wird meist der Bezug auf Wirklichkeit, dominant gesetzt ist die „ästhetische Funktion", formale Komplexität und Innovation sind wichtig.

○ Die „rezeptionsästhetische Wertung":
Zentral ist „eine Werkstruktur, die dazu anreizt, in immer neuen Rezeptionen endlos immer neue Bedeutungen hervorzubringen."[49]

○ Poststrukturalismus und Dekonstruktion:
Programmatisch liegt eine radikale Absage an Wertung überhaupt vor, in Orientierung an Paul de Man: „Die Bedeutung von Zeichen lässt sich nicht fixieren, auch nicht im Bezug auf ›Kollektivsubjekte‹ und definierte soziale oder institutionelle Kontexte; Texte sind ›unlesbar‹. Wo bestimmte Bedeutung zugewiesen wird, sind Ideologie und Macht im Spiel. Die Vorstellung von ›Werken‹ als Objekten der Analyse und Wertung ist Schein: Alle Zeichen stehen in einem unendlichen ›Text‹, in einer netzartigen ›Intertextualität‹. ›Identität‹ ist eine Fiktion, die letztlich in der Metaphysik wurzelt; das gilt nicht nur für die ›Objekte‹, sondern auch für die ›Subjekte‹. Individuelle oder kollektive

Erfahrung und Intention kann ihnen nicht zugeschrieben werden. Eine analoge Fiktion ist ›Totalität‹, die Ganzheit und Einheit von Objekten oder Subjekten, von Erfahrung, Sinn, Geschichte u.a.m. ›Struktur‹ und ›System‹ als Organisationsformen von Zeichen sind demzufolge Ergebnis einer ideologischen Sichtweise; sie werden (speziell in literarischen Texten) innerhalb des Textes selbst unterminiert. (…) Der ›Gegenstand‹ der Wertung kann danach nicht einmal als ›ästhetisches Objekt‹ (…) identifiziert, geschweige denn wissenschaftlich intersubjektiv analysiert werden; er löst sich in den Prozess seiner ständigen Neukonstituierung durch beliebige, in sich selbst nicht identische Subjekte auf.“[50] Zugleich, was die Praxis angeht, „wird in jedem Lesen unausweichlich Sinn und Wert zugewiesen. Lesen ist daher notwendigerweise ›im Irrtum‹ und darüber hinaus ›ideologisch‹: Denn alle Sinnzuweisung beruht auf Vereinbarungen, auf Sprach- und Deutungskonventionen, durch die Machtstrukturen aufrecht erhalten werden.“[51]

o „Wertung in der feministischen Literaturwissenschaft“:
Es gilt ein höchster Wertmaßstab: „Aufwertung der Frau“, des „Weiblichen“; daraus abgeleitet sind „Authentizität“, „Aktualität“, „Darstellung typisch weiblicher Erfahrung“, „Aufklärung über die Herrschaft des Patriarchats“.

Ist eine allgemein gültige Wertung von Literatur überhaupt möglich, gibt es ahistorische Kriterien?

„Seit Herder und Friedrich Schlegel“ ist diese Frage „zu einem Schlüsselproblem der modernen Literaturkritik geworden“, zu der Frage nämlich, „wie die beiden wesentlichen Merkmale von Kritik, ihr Apriori der Geschichtlichkeit und der Anspruch ihrer Wertungen auf Allgemeingültigkeit – beides keine Selbstverständlichkeiten, sondern historische Errungenschaften – zu vereinbaren seien.“[52]

Im 19. Jahrhundert hat Wilhelm Dilthey einen Ansatz entwickelt, der unabhängig von den historisch wechselnden Konkretionen dichterischer Produktion eine allgemeingültige Wertung erlauben soll: Dichtung ist die Verwandlung realer Gegebenheiten in ästhetische, und in der Natur des Menschen finden sich die Gesetzmäßigkeiten, die diesen Prozess bestimmen; es sind dies Prinzipien oder Techniken, die der Komposition oder auch der sprachlichen Gestaltung von Literatur, auch erzählender Literatur zugrunde liegen: „So nennt Dilthey als Prinzipien künstlerischer Metamorphose des Wirklichen: Synthese, Symbolisierung, Spannung, Steigerung, Aussonderung des Zufälligen, Wiederholung, Verdichtung, Analogie, Verallgemeinerung, Idealisierung."[53] Damit sind wir noch weit entfernt von einem Kriterienkatalog, aber eine – anthropologische – Basis ist behauptet, die es erlaubt, sprachliche Kunst zu verstehen.[54]

Wolfgang Kayser vertritt mit einem ganz anderen Ansatz ebenfalls eine ahistorische Position, begründet in der Phänomenologie des ›sprachlichen Kunstwerks‹ in der Linie Roman Ingardens, seinerseits ein Schüler Edmunds Husserls. Aus der phänomenologischen Analyse des konkreten Werks als eines Kunstwerks folgt die rein werkimmanente Wertung mit objektivem, im Werk begründeten Anspruch.

Im Ergebnis steht das Konzept erkennbar in der Tradition der Autonomieästhetik des 18. Jahrhunderts, deren Vertreter – ich nenne exemplarisch Herder, Goethe, Schiller – sich in der Genese und Entwicklung ihrer Konzeption durchaus ihrer historischen Situation bewusst waren und gleichwohl einen normativen Anspruch und Horizont entwickelten, der allgemeine Gültigkeit beanspruchte; grundsätzlich ist das auch kein Widerspruch: Genese und Geltungsanspruch sind nicht identisch, die historisch verortbare Genese schließt den Anspruch auf Allgemeingültigkeit nicht aus.

Allerdings wurde der Anspruch der klassischen Ästhetik schon in der Romantik in Frage gestellt und durch andere ästhetische und poetische Konzepte ersetzt. Näher liegt daher ein anderer – geistesgeschichtlicher oder geschichtsphilosophischer – Ansatz, kennzeichnend für die traditionelle Hermeneutik: „Literarischer Wert und literarische Tradierung folgen aus den Poetiken und Ästhetiken, die im Horizont der je historischen Weltdeutung durch Theologie und Philosophie entworfen werden und auf Produktion und Rezeption gleichermaßen einwirken."[55] Renate von Heydebrand und Simone Winko greifen exemplarisch einen zentralenästhetischen Wert heraus, ›Schönheit‹, und verfolgen die inhaltliche Veränderung und den Stellenwert dieses Werts vom 15. Jahrhundert bis zum Poststrukturalismus. Das Ergebnis, sehr allgemein und distanziert formuliert: „Literatur, literarische Gattungen wie einzelne Werke werden im Zusammenhang mit weltanschaulichen Vorannahmen bis ins einzelne hinein unterschiedlich gewertet; Kriterium für Kanonwürdigkeit ist aber der autonom-ästhetische Wert der ›Wahrheit‹ der Literatur."[56]

Weniger abständig, sondern kritisch engagiert wird die Möglichkeit ahistorischer Kriterien zunächst grundsätzlich bestritten von Seiten historisch-materialistischer oder ideologiekritischer Literaturtheorie: Ahistorischen Kriterien zugrunde liege die „Verdrängung der realen Herrschaftsstrukturen, mit denen sie vermittelt sind." Exemplarisch: „An der Kontinuität des Wertkriteriums der ›Ganzheit‹, das in der werkimmanenten Poetik zur ›Stimmigkeit‹ reduziert wird, ließe sich zeigen, dass dessen ›Überzeitlichkeit‹ nichts anderes ist als die Entleerung einer Vorstellung (…) von ihrem realgeschichtlichen Kontext zu einem Strukturprinzip, das als Qualitätsmerkmal von Kunst schlechthin gelten soll."[57] Norbert Mecklenburg benennt den realgeschichtlichen Kontext: „In ähnlichem Sinn wie von Stimmigkeit, Einstimmigkeit und Ganzheit wird noch von Harmonie, Organismus, Bündigkeit, Ordnung, Integration, geschlossenem Gefüge gesprochen. Solchen Begriffen aber ist die Herkunft aus der klassischen Ästhetik leicht anzusehen."[58] Schulte-Sasse fasst kritisch zusammen: „Die herkömmliche Wertungstheorie (…) hat (…) die Tendenz, das historisch relative Modell in ein a priori gültiges umzuwandeln. Sie müsste (…) ein Wertungsmodell entwickeln, das auch folkloristische Texten, mittelalterlicher Literatur, Formen wie der Commedia dell'arte usw. gerecht würde"[59] Maximilian Nutz eröffnet dann aber doch eine Option zumindest für die neuzeitliche Literatur: „›Überzeitlichkeit‹ (…) als Kontinuität von Rezeptionserwartungen und Intentionen, in denen sich Bedürfnisse artikulieren, deren Realisierungsanspruch verkürzt wird" – z.B. um die utopischen Aspekte einer Kunst als Vorschein sozialer Ideale. Nutz konzediert derart „die relative Kontinuität literarischer Normen", sieht sie aber „gebunden an die realgeschichtliche Möglichkeit der Kontinuität solcher Identifikation."[60]

Folgenreich bis in die gegenwärtige Diskussion sind Positionen der Prager Strukturalisten: Jan Mukarovsky, Felix Vodicka und Miroskav Cervenka[61]:

- Mukarovsky setzt zeichentheoretisch an: Syntagmatisch ist „zu klären, inwieweit der ästhetische Wert durch das materielle Artefakt bestimmt ist", paradigmatisch „wird der ästhetische Wert als Resultat individueller und soziohistorisch bedingter Konkretisationen analysiert." Einerseits also ist er im Kunstwerk selbst fundiert, orientiert an invarianten Gesetzen „künstlerischer Gestaltung (…), die als Grundlage objektiver ästhetischer Wertbestimmung gelten können. Andererseits aber" ist „der im Artefakt gegebene Wert jeweils nur potentiell gegeben" und wird erst „in konkreten Rezeptionsvorgängen zum aktuellen Wert". Hier vor allem liegt der Akzent: „Es sind die aus den überindividuellen – historischen, gesellschaftlichen, literarischen – Normsystemen resultierenden Sinn- und Wertorientierungen der Leser, die mit der Generierung des ästhetischen Objekts zugleich die des ästhetischen Werts leisten". Damit ist indes das Problem des objektiven ästhetischen Werts nicht gelöst, er muss „›wenn es ihn gibt, im materiellen Artefakt gesucht werden, das allein ohne Veränderung andauert, während das ästhetische Objekt veränderlich ist‹". Dieser Wert gründet in der Eigenschaft des Kunstwerks, „außerästhetische Werte in innerästhetische Beziehungszusammenhänge zu transformieren". Kriterien sind z.B. „dynamische Ganzheit, Bedeutungsvielfalt, Spannungsfülle"; sie setzen „allgemeingeltende Gesetzmäßigkeiten künstlerischer Gestaltung" voraus, die aber wiederum immer „auf ihre Realisation durch bestimmte Rezipienten verwiesen" bleiben. Der „relative Konsens über die klassischen Werke der Weltliteratur" ist „ein Beleg dafür, dass es objektive ästhetische Werte geben müsse." Letztlich aber bleibt „das Problem der Vermittlung von Allgemeingültigkeit und Wandelbarkeit ästhetischer Wertungen (…) ungelöst."[62]

- Vodicka bestimmt den ästhetischen Wert „über die Reihe seiner ästhetischen Konkretisationen", verstanden als ›evolutionäre Wandlungen‹. „Drei Typen des literarischen Werts" lassen sich unterscheiden: „›der evolutionäre Stellenwert (feststellbar durch die Wandlungen der literarischen Struktur[63]) über den aktuellen ästhetischen Wert (der in einem bestimmten konkreten Moment vom wahrnehmenden Individuum oder Kollektiv geschaffen wird) zum universellen Wert, der durch das Werk, d.h. durch seine semantischen Voraussetzungen für die aktuelle Wertung gegeben ist‹". Vodicka interessiert vor allem der erste Wert, es geht „um die Analyse der evolutionären Entwicklung von Werten und Wertungen innerhalb der Literaturgeschichte." Gleichwohl bleibt die Frage nach dem „universellen Wert jenseits aller variablen Wertungen" wichtig: „Als Kriterien für den universellen ästhetischen Wert werden ›Lebenskraft‹ und ›dauernde ästhetische Wirksamkeit‹ eines literarischen Werks genannt". Die Möglichkeit dessen oder die Basis ist eine anthropologische: Kunst als „›Gesamtreaktion des Subjekts auf die Umwelt‹" ist bezogen „auf eine ›unveränderliche, allgemein-humane Verfassung des Menschen‹"; der universelle ästhetische Wert ist anthropologisch „›lebendige Energie‹ (…), die das ›Allgemein-Humane‹ im Menschen auf immer neuen Wegen zu verwirklichen sucht."[64] Vodicka bleibt hier mit Recht sehr allgemein. Die Position Cervenkas skizziere ich später.

- Benjamin Specht ist der Genese des immer wieder ins Spiel gebrachten Kriteriums ›Polyvalenz‹ nachgegangen. Zunächst seine – starke – Definition: „Polyvalenz bezeichnet die Art und Weise, mit der in Texten eine multidimensionale Verarbeitung pragmatisch kodiert wird" mit der Konsequenz, dass bestimmte Textindikatoren es „als angemessen oder gar zwingend erscheinen lassen, nicht mehr nur routiniert nach einer einzigen und möglichst ökonomischen Möglichkeit der Kohärenzbildung zu fahnden, sondern die Koexistenz gleich mehrerer möglicher in Rechnung zu stellen." Mehrere Optionen bestehen, „alle gleichermaßen geeignet, Stimmigkeit zwischen relevanten semantischen Signalen herzustellen", ohne dass sie aber „zu einer übergreifenden Synthese" konvergieren. Polyvalenz resultiert entweder aus „Mehrfachkodierung und Überkomplexität", exemplarisch dafür steht Goethes *Märchen* (1795) oder auch Novalis' Klingsohr-Märchen aus *Heinrich von Ofterdingen* (1800); oder sie entsteht gegenteilig aus „Unterbestimmtheit"[65], exemplarisch dafür einige parabolische Texte Kafkas. Polyvalenz ist nicht neu: „Der Mehrdeutigkeitsdiskurs um 1800" hat zahlreiche Vorfahren in der antiken und neuzeitlichen Geistesgeschichte, Polyvalenz gewinnt aber jetzt eine „neue Qualität", sie wird „zur Bedingung der Möglichkeit von Dichtung überhaupt erklärt, von einer ästhetischen Eigenschaft unter vielen zu einer kardinalen ästhetischen Norm erhoben." Diese Entwicklung ist „aufs Engste korreliert mit der Herausbildung der ›Autonomieästhetik‹"[66], wie Specht dann nachweist. Im Kontext seiner Problemstellung stellt sich für Benjamin Specht die Frage, „warum der autonomieästhetischen Literatur bei der Herausbildung des deutschsprachigen Kanons besonderer Erfolg beschieden war,"[67] Erfolg bis heute: „Weil autonomieästhetische Texte aufgrund ihrer Polyvalenz keine direkten Rückschlüsse auf bestimmte Deutungsmuster oder Trägergruppen zulassen, lässt sich mit ihnen die Verknüpfung von Individuum und Gesellschaft auf eine verhältnismäßig zwanglose Weise gestalten. Der autonomieästhetische Kanon ist damit besonders geeignet, einerseits eine gewisse diskursive Einheit herzustellen, andererseits aber auch eine besondere Fülle an individuellen Spielräumen zuzulassen." Er erfüllt damit eine der Bedingungen, „auf die es im Projekt der Moderne ankommt."[68] Meine Frage ist eine andere: Warum behauptet das Kriterium der Polyvalenz bis heute seine Gültigkeit? Es ist verknüpft mit „gedanklich und gestalterisch elaborierte[n] Texte[n], die ihrem konkreten historischen Umfeld nicht allzu erkennbar verhaftet sind und aufgrund ihrer Machart sowohl oberflächlichere als auch eingehendere Lektüren zulassen"[69]. Polyvalenz ist textuell ein Maßstab für anspruchsvoll fordernde Lektüre und rezeptionell ein hohes Maß an ästhetischer Lust. Das erklärt seine bleibende Gültigkeit. Mit dem Aufweis seiner Genese, mit seiner historischen Verortung ist

die Frage der Gültigkeit nicht schon beantwortet, Genese und Geltungsanspruch sind nicht zu verwechseln, sind verschieden.

**Sind Kriterien im Gegenstand selbst, im Text begründet oder resultieren sie
nicht immer kommunikativ aus dem ›Dialog‹ zwischen Autor, Text und Leser
oder dem ›Dialog‹ zwischen Text und Leser?**

Als Ergebnis des damaligen Forschungsstandes hält Renate Löffler 1975 fest zwei
Grundtendenzen: eine (ältere) werkzentrierte und eine (neuere) kommunika-
tionszentrierte Betrachtungsweise.[70] Exemplarisch für die erste Gruppe stehen
„geschlossener Gefügecharakter", „Struktur", „Stimmigkeit", Funktionalität der
Materialien", „Vielschichtigkeit", „Intentionalität"; kommunikationszentrierte
Kriterien sind nach Löffler „Engagement" oder auch „Distanz" auf der Seite des
Autors, „Seinserhellung" und „Erfüllung" oder auch „Nichterfüllung der Erwar-
tung" auf der Seite des Lesers.

Die objektbezogenen, werkimmanenten Wertungstheorien sind eng mit
der Interpretation verknüpft: Die Analyse der einzelnen Elemente des literarischen Werks – „von der äußeren Form, Klang, Rhythmus, Wort, Wortschatz,
sprachlichen Figuren, Syntax, Geschehnissen, Motiven, Symbolen, Gestalten
zu Ideen und Gehalt, Aufbau, Perspektive, Erzählweise, Atmosphäre"[71] – führt
zur Wertung, orientiert an Kriterien wie „Stimmigkeit, Ganzheit, Harmonie der
Teile (Kayser, Staiger), Spannungsfülle, interpretatorische Ergiebigkeit (Wehrli),
Ambivalenz (Seidler), complexity, ambiguity (New Criticism)", orientiert an einem spezifischen Begriff von Literatur: „›Gehalt-Gestalt-Einheit‹ bzw. ›bedeut-
same Form‹"[72]. Dieser Literaturbegriff steht indes in einer bestimmten historischen Tradition, Kunst als Triade des Wahren, Guten, Schönen, das Schöne als
„Ausdruck von Harmonie, Proportion, Stimmigkeit, Ordnung"[73] – und die Geschichtlichkeit dieses Konzepts wird nicht thematisiert.

Bis Ende der 1960er Jahre wurden „Konzepte der Vermittlung von ästhetischer und historischer Wertung" entwickelt: z.B. von Hans Egon Hass, Wilhelm
Emrich und Walter Müller-Seidel. „Es geht darum, die innerhalb der werkimmanenten Theorien scheinbar verlorene lebensweltliche Dimension als den Grund
aller Kunst zurückzugewinnen."[74] Relevant wird diese Dimension allerdings nur
insoweit, als sie im Werk selbst thematisiert und dargestellt wird[75]. Grundsätzlich geht es um den Wirklichkeitsbezug von Kunst, um den Unterschied zwischen Kunst und „anderen Formen menschlicher Aktivität", in der Literatur um
ihre humane, sinnstiftende, wirklichkeitsgestaltende Bedeutung.

- Hans Egon Hass[76] versteht seinen Ansatz als Synthese ästhetischer und außerästhetischer Faktoren und nennt als Beurteilungskriterien für den Rang von Literatur z.B. „Wirkungsdauer, Universalität, Fülle, Totalität, Lebensbedeutsamkeit, Einheit von Geschichtlichkeit und Übergeschichtlichkeit, Erkenntnisbedeutsamkeit"; die Objektivität der Wertung resultiert aus dem „consensus sapientium (…) als Maßstab für das Werturteil des Einzelnen". Derart mündet das Wertungskonzept „in eine Theorie ästhetischer Erziehung und kultureller Bildung."[77]
- Für Wilhelm Emrich[78] resultiert der Rang eines Kunstwerks „aus dem Grad der durch Literatur vollzogenen Verwandlung außerästhetischer Gegebenheiten in innerästhetische Bedeutungszusammenhänge: (…) Je weiter die durch Kunst entworfenen Sinnkonzepte über begrenzte historische und gesellschaftliche Inhalte hinausführen, desto größer ist das durch Kunst ausgelöste Kontinuum der Reflexion und damit der Wert der Kunst." Es geht sowohl um die künstlerische Formung wie um ihre „Inhalte, Stoffe, Bezüge. Die Art dieser Form-Gehalt-Einheit wird mit den Wertungskriterien der Ganzheit, Einheit, Totalität, Vieldeutigkeit, Spannungsfülle, Ambivalenz, Paradoxie näher charakterisiert." Der zentrale Orientierungsbegriff des Reflexionskontinuums ist ontologisch fundiert: Kunst als Einheit von Mimesis und produktiver Phantasie zielt auf die Darstellung der Natur des Menschen – als humaner Natur in Orientierung am Wahren, Guten und Schönen. Hier liegt die Basis einer objektiven, allgemeingültigen Wertung jenseits historischer Relativität.
- Walter Müller-Seidel[79] geht es ebenfalls um übergeschichtliche Normen in der Geschichtlichkeit. Bezugspunkt ist die Umsetzung der Realität in die Literatur, gemessen an fünf Kriterien:
  - das ›Öffentliche‹; gemeint ist „die soziale Bedeutung aller Kunst", d.i. „Verbindlichkeit, Repräsentanz, Gültigkeit im Gegensatz zu unverbindlichen, nur privaten Äußerungsformen";
  - das ›Höhere‹; gemeint ist der Bezug über den Alltag hinaus, nicht etwa das identisch Ewig-Menschliche, sondern „je nach Zeit und Kunstauffassung unterschiedlich zu bestimmen". Müller-Seidel konkretisiert von Goethe bis Brecht und Max Frisch;
  - das ›Ganze‹; hier geht es um den Gefüge-Charakter des Werks wie um den historisch unterschiedlichen „Sinnentwurf" in der Verwandlung der „außerästhetischen Gegebenheiten in innerästhetische Zusam-

menhänge". Kriteriell positiv können dann auch sein in Differenz zur klassischen Ästhetik „Elemente des Widerspruchs, des Stilbruchs, der Zusammenhanglosigkeit, der Dissonanz", wenn es „die der Zeit gemäßen Ausdrucksformen" sind;

o das ›Wahre‹; hier „geht es um den Erkenntnischarakter der Literatur" in doppelter Hinsicht: zur Frage stehen einmal die poetische oder ästhetische Glaubwürdigkeit und zum anderen der Realitätsbezug, die nicht partikulär, sondern umfassend intendierte „Wiedergabe des Bewusstseins einer Zeit";

o das ›Menschliche‹; gemeint ist „die notwendig ethische bzw. soziale Fundierung von Literatur (…). Als künstlerisches Stilprinzip bedeutet das Erfordernis des Menschlichen den Verzicht auf eine ästhetisierende Darstellung von hässlichen, grausamen, unmenschlichen Szenen um ihrer selbst willen. Zwar müssen Grauen, Mord, Verbrechen, Gewalt usw. durchaus Gegenstand von Kunst sein; sie gehören unverzichtbar zum Wesen guter Kunst hinzu." Aber ihre Darstellung darf nicht dem Effekt dienen, sondern muss „mit dem ›Bewusstsein des Unmenschlichen‹ die Möglichkeit des Menschlichen" begründen; gefordert ist „eine künstlerische Form, durch die das Unmenschliche als Widerspruch und ›universal gewordene Spannung‹ des Menschlichen dargestellt wird."[80]

Nach beiden Seiten offen – text- wie rezipientenorientiert – stellt sich die marxistisch ideologiekritische Sicht dar[81]. Der Maßstab „Emanzipation" bezieht sich einerseits auf die Texte in ihrem historischen Kontext: Sie sind entweder affirmativ, herrschaftsstabilisierend oder kritisch, emanzipatorisch, utopisch fortschrittsorientiert zu bewerten; diese Bewertung wiederum bezieht sich einmal informativ auf den Inhalt und/oder die Position des Autors, sie kann sich darüber hinaus aber auch auf die ästhetischen Formen und Strukturen beziehen, mittels derer Realität dargestellt ist: konventionell epigonal oder innovativ auf der Höhe der Zeit. Der Maßstab „Emanzipation" bezieht sich andererseits auf die Wirkung auf den Leser, sehr klar formuliert von Christa Bürger: „Den Maßstab für die Wertung literarischer Werte setzt demnach die Frage: Greift das Werk in das Wirklichkeitsverständnis der gesellschaftlich handelnden Individuen ein?"[82]

Die tschechischen Strukturalisten öffnen noch einmal mehr den Horizont für ein kommunikatives Verständnis des literarischen Werks:

- Nach Jan Mukarovsky ist das Werk „durch eine ›zweifache semiologische Bedeutung, eine autonome und eine kommunikative‹ gekennzeichnet." ›Kommunikativ‹ meint hier den Bezug auf Realität, Literatur teilt uns etwas mit über Realität; „als autonomes Zeichen erscheint Kunst jedoch gleichzeitig als ›Negation‹ einer wirklichen Mitteilung", bezogen auf sich selbst als ästhetisches Phänomen. „Der literarische Wert gilt als das Prinzip, mit dem die außerästhetischen Werte des Kollektivs in innerästhetische Beziehungszusammenhänge transformiert werden." Konkretisieren lässt er sich nur in der Rezeption, im faktisch vorhandenen Werk existiert er nur potentiell, die konkrete, historisch und sozial differente Rezeption realisiert erst das ästhetische Objekt. Jede Begründung eines ästhetischen Urteils kann „›nur im Hinblick auf das Verhältnis zwischen dem Werk und der Gesellschaft (…) gelten, aus deren Sicht das Urteil gefällt wurde‹"[83].

- Felix Vodickas Interesse gilt „einer historisch orientierten Wertungstheorie: Es geht darum, literaturgeschichtliche Entwicklungen als Prozesse von Wertungen und Umwertungen literarischer Strukturen zu thematisieren". Wir haben den „›im Werk eingeschlossenen Strukturzustand auf der einen Seite‹" – seinerseits „Teilstruktur" einer „kontextuellen Struktur" aus „übergeordneten sozialen, historischen und literarischen Zusammenhängen" – „›und die Entwicklungsreihe der sich wandelnden literarischen Norm auf der anderen Seite‹". Derart erscheint ein „Prozess der Hierarchisierung und Umorganisation der im Werk angelegten Strukturen, wobei je nach Leser und historischem Zusammenhang unterschiedliche ›Dominanten‹ gesetzt werden können"[84].

- Miroslav Cervenka setzt noch einmal stärker an beim Werk selbst: Die „innerhalb der Prager Schule ungelöste Problematik steht im Vordergrund, inwieweit die Transformationen des ›Artefakts‹ zum ›ästhetischen Objekt‹ durch die Eigenschaften des ›materiellen‹ Werks bedingt sind. Wertungstheorie ist mit einer Theorie des Bedeutungsaufbaus literarischer Werke verknüpft", ihrerseits verstanden „nicht als Theorie immanenter Textkonstitutionen", sie zielt vielmehr „auf die in den literarischen Werken gegebene Beziehung zwischen Bedeutung und Objekt, Literatur und Wirklichkeit."[85] Auch für Cervenka realisieren sich die Bedeutungen erst in den Konkretisationen durch die Rezipienten, realitätsverändernd, Cervenka: „Die Bedeutungen des konkreten literarischen Werkes treten so in die unterschiedlichsten Lebenskontexte ein und erfüllen in der geistigen Welt der Rezipienten die unterschiedlichsten Funktionen. Auf dieser Basis bringt die Literatur einen gewissen Wertzuwachs in den Bereich des gesellschaftlichen Bewusstseins ein: ein Komplex von Bedeutungen, die in Einzelwerken gegeben, in unzähligen Akten ihrer Rezeption realisiert (…), wird im Bereich des gesellschaftlichen Bewusstseins neu systematisiert"[86].

In der deutschsprachigen Diskussion hat die Rezeptionsästhetik den kommunikativen Charakter literarischer Wertung betont, es war dies der Ansatz der ›Konstanzer Schule‹, exemplarisch:

- Programmatisch formulierte Hans Robert Jauß seine Kritik an einer objektorientierten Literaturgeschichtsschreibung und seinen Gegenwurf: „Im Dreieck von Autor, Werk und Publikum ist das letztere nicht nur der passive Teil (…), sondern selbst wieder eine geschichtsbildende Energie. (…) Denn erst durch seine Vermittlung tritt das Werk in den sich wandelnden Erfahrungshorizont einer Kontinuität, in der sich die ständige Umsetzung von einfacher Aufnahme in kritisches Verstehen, von passiver in aktive Rezeption, von anerkannten ästhetischen Normen in neue, sie übersteigende Produktion vollzieht. Die Geschichtlichkeit der Literatur wie ihr kommunikativer Charakter setzen ein dialogisches und zugleich prozesshaftes Verhältnis von Werk, Publikum und neuem Werk voraus. (…) Das Verhältnis von Literatur und Leser hat sowohl ästhetische als auch historische Implikationen. Die ästhetische Implikation liegt darin, dass schon die primäre Aufnahme eines Werkes durch den Leser eine Erprobung des ästhetischen Wertes im Vergleich mit schon gelesenen Werken einschließt. Die historische Implikation wird daran sichtbar, dass sich das Verständnis der ersten Leser von Generation zu Generation in einer Kette von Rezeptionen fortsetzen und anreichern kann, mithin auch über die geschichtliche Bedeutung eines Werkes entscheidet und seinen ästhetischen Rang sichtbar macht."[87] Der Gefahr des rezeptiven Subjektivismus tritt Jauß entschieden entgegen, zu klären ist der „transsubjektive Horizont des Verstehens" im Sinn einer Objektivierung des Erwartungshorizonts „aus drei allgemein voraussetzbaren Faktoren (…): erstens aus bekannten Normen oder der immanenten Poetik der Gattung, zweitens aus den impliziten Beziehungen zu bekannten Werken der literarhistorischen Umgebung und drittens aus dem Gegensatz von Fiktion und Wirklichkeit (...). Der dritte Faktor schließt ein, dass der Leser ein neues Werk sowohl im engeren Horizont seiner literarischen Erfahrung als auch im weiteren Horizont seiner Lebenserfahrung wahrnehmen kann."[88] In ihrer Würdigung des Ansatzes betont Monika Schrader den Begriff des Erwartungshorizontes, „weil in ihm bestimmte Voraussetzungen – Bildungsstand des Lesers, literarische Kenntnisse, ästhetische Sensibilität – wieder als Basis literarischer Werterziehung einbezogen werden."[89]

- Einen Schritt weiter noch geht Wolfgang Iser: Der literarische Wert resultiert nicht aus der „Repräsentationsleistung" der Literatur, sondern aus der Funktion, „kommunikative Prozesse in Gang zu setzen. (...) Als ›Symbolorganisation‹ richtet sich fiktionale Rede nicht auf ›empirische Objekte‹." Vielmehr „wird konkret Gegebenes aus seinen ursprünglichen Zusammenhängen gelöst und in die Beziehungsvielfalt ikonischer Zeichen transformiert". Der ästhetische Wert als „›Strukturierungsenergie‹", als „›negative Größe‹." zeigt sich in dem, „›was sie bewirkt‹". Derart wird er gedacht als „Kategorie des Werks und des Lesers. Wertung wird als dialogisches Kommunikationsverhältnis zwischen Text und Leser definiert." Kriterien zur Beurteilung der Werke werden nicht gegeben, denn ästhetische Werte finden „erst im Subjekt ihre Aktualität", das Werk kommt in Blick „immer nur als Variable seiner Wirkung und Rezeption"[90].

- Ein grundsätzliches Plädoyer für einen kommunikativen Ansatz formuliert Peter Gebhardt: „Kritik" ist Interpretation wie „Eingriff in den Erkenntnisgegenstand, bestimmte Negation, Herstellung von Nichtidentität in der Identität, Dekonstruktion von Evidenz, Irritation und Abweichung" als „produktive, schöpferische Kritik"; sie sollte sich verstehen als „Beitrag zu einem Diskurs, in dem unterschiedliche Perspektiven diskutiert, gegeneinander abgewogen und auch vervollständigt werden", ein „kommunikatives Verhalten" zwischen mir als kritischem Leser, dem Text und anderen Lesern.[91]

In meiner Sicht ist dies der konsensuale Trend bis heute: Wertung resultiert kommunikativ im Dialog zwischen Text und Interpreten/Lesern, bei unterschiedlichen methodischen oder Interpretationsansätzen entscheidet der Diskurs. Vereinzelt nur finde ich paradigmatische Kritik an diesem Konzept, dann aber sehr grundsätzlich oder allgemein orientiert am Begriff von Literatur überhaupt[92].

Ohne den literaturwissenschaftlichen Diskurs zu thematisieren, unmittelbar und konkret geht Hans-Dieter Gelfert das Problem literarischer Wertung an: „Spannende Unterhaltung", „Bildungswert", „Lebenshilfe", „emotionale Ergriffenheit" und „Aktualität" scheidet er rasch aus, da diese Kriterien nicht geeignet seien, „ein höherwertiges Werk von einem geringerwertigen zu unterscheiden."[93] Es kommen zwölf Kriterien näher in Blick, als ungeeignet oder problematisch ebenfalls verworfen werden:

- „Vollkommenheit"; das Kriterium scheitert an der Bandbreite der Gattung, löst sich als zu diffus auf;
- „Expressivität"; es ist dies eher eine Frage des persönlichen und epochalen Geschmacks;
- „Stimmigkeit"; bei gegebenen – und zugestandenen – disparaten Inhalten, Strukturen und Formen[94] bleibt hier minimal der Anspruch auf „eine einheitsstiftende Intention", letztlich aber abhängig von der Beurteilung durch den ›verständigen‹ Leser[95];
- „Widerständigkeit"; ich zitiere: Widerständigkeit bedeutet, „dass die Negation des Bestehenden (...) wichtiger ist als die Affirmation. Trotzdem sollte man aus der Negation keinen Fetisch machen." Der „Leser hat Anspruch auf Kunst, die ihm das Leben in seiner ganzen Buntheit zeigt. Es gibt nicht den geringsten Grund für die Annahme, dass gute Literatur die Welt als Jammertal darstellen muss und dass ein positives Bild als solches schlecht ist"[96].

Die kritische Prüfung bestehen:

- „Welthaltigkeit"; hier gilt es eine Querachse von einer Längsachse zu unterscheiden, die gesellschaftliche Bandbreite etwa bei Thackereys *Vanity Fair (Jahrmarkt der Eitelkeit)* (1848) einerseits, die individuelle oder psychische Tiefe in Thomas Hardys *Jude the Obscure (Im Dunkeln)* (1895) andererseits;
- „Interessantheit"; gemeint ist die intellektuelle Herausforderung durch einen Roman, „eine Neugierspannung, die das natürliche menschliche Streben nach Sinnerkenntnis für den Lesegenuss aktiviert"[97];
- „Originalität"; Gelfert schränkt hier indes ein: Er verweist auf die Entwicklung der Literatur im Kontext der Entstehung einer bürgerlichen Gesellschaft im 18. Jahrhundert, auf die epochale Wirkung von Edward Youngs *Conjectures on Original Composition (Gedanken über die Original-*

Werke) von 1759 und resümiert: „Dass Originalität ein Wert schlechthin sei, ist (...) ein ideologisch begründetes Vorurteil. Schon die Tatsache, dass es vor der Renaissance diesen Wert nicht gab und dass er in anderen Kulturen wie z.B. der chinesischen so gut wie ganz fehlt, zeigt, dass es sich hier um ein kulturelles Konstrukt handelt"[98];

- „Komplexität"; hier sehe ich nicht recht, worin der Unterschied zum Kriterium „Interessantheit" liegt: Es geht um die Herausforderung und Leistung der Reduktion von Komplexität, die Befriedigung verschafft, ein intellektuelles Vergnügen. Exemplarisch Vladimir Nabokovs *Lolita* (1955): „Diesen Roman kann man in einem Zug herunterlesen und dabei das Gefühl haben, alles zu verstehen. Erst wenn man die von A. Appel kommentierte Ausgabe zur Hand nimmt, wird man merken, dass der Roman von einem raffinierten Gewebe von Zitaten, Anspielungen und Querverweisen durchzogen ist"[99];

- „Ambiguität"; im Kontrast zur eindeutigen Aussage eines Romans geht es um seine „Mehrdeutigkeit und innere Widersprüchlichkeit"[100], von Hans-Dieter Gelfert aufgezeigt schon an Goethes *Leiden des jungen Werthers* (1774);

- „Authentizität"; im Zentrum steht die formale und sprachliche Leistung, Authentizität ist das, was ich Innovation nennen möchte – ich komme darauf zurück;

- „Grenzüberschreitung"; auch hier möchte ich ausführlicher zitieren: „Auch wenn Kunst formal nicht hat notwendig originell sein muss, erwarten wir von ihr stets, dass sie – und sei es mit bewährten Mitteln – dem Meer des Ungestalteten neues Land abtrotzt und mit dem Deich einer vollendeten Form umgibt. Deshalb ist ein wesentliches Qualitätskriterium das Maß der Grenzüberschreitung ins Offene hinein. Gute Literatur darf sich nicht in Wiederholungen früherer Eindeichungen erschöpfen. Vielmehr erwarten wir von ihr, dass sie neue Gegenstände, Themen und Sichtweisen gestaltet und für den Leser erfahrbar macht."[101] Grenzüberschreitung ist offensichtlich ein erster Aspekt von Innovation.

- Ein letzter, grundsätzlicher Aspekt, dem ich zustimmen möchte: „Entschieden leichter als die Qualitäten lassen sich die Fehler eines Romans beurteilen. Hier kommt die Literaturkritik voll zu ihrem Recht, wenngleich auch sie durch die Vorzüge eines Buches blind für seine Fehler werden kann." Gelfert nennt folgende, häufige oder typische Mängel: mangelnde Glaubhaftigkeit, „übergroße Länge bei nicht ausreichender

Substanz", „Klischeehaftigkeit" in den Motiven und Handlungskonstellationen, „allzu unmittelbare Aktualität und allzu allgemeine ewige Wahrheit" und „Mängel des Stils"[102].

Was ist für mich das Resultat des Exkurses? Im Blick auf diese Recherche werde ich im Folgenden Romankriterien nennen und reflektieren, die erstens weitgehend einen Anspruch auf allgemeine Gültigkeit erheben und zweitens weitgehend in den Texten selbst begründet sind. Der Anspruch auf allgemeine Gültigkeit begründet sich thematisch oder vom Gegenstand her: Es geht nicht um Dichtung oder Kunst überhaupt, sondern um den Roman und innerhalb dieser vielgestaltigen Gattung um den Roman der Moderne unter Akzentuierung der Gegenwart. Die Begründung durch die Texte selbst, die Objekte mithin, soll keineswegs die Bedeutung des Lesers, also des subjektiven Faktors ausschließen, aber sie richtet sich doch gegen die Dominanz rezeptionsästhetischer, intersubjektiver und kommunikativer Konzepte; damit ist indes die Thematisierung und Auseinandersetzung mit diesen Konzepten an dieser Stelle nicht abgeschlossen. Kritik als Wertung oder Beurteilung bezieht sich dem gemäß „auf ein objektives Merkmal, das der Nachprüfung offen zugänglich ist", „›in der Sache präsent für diejenigen, die mit der Fähigkeit und Übung ausgerüstet sind, durch die allein‹" es „›wahrgenommen werden kann‹"[103].

Erster (konventionell orientierter) Ansatz

Interessanter Stoff

Ein interessanter Stoff – und gleich ein Einwand: „Kein Thema[104] ist per se gut oder schlecht in der Literatur. Alle Themen können beides sein, das hängt nicht vom Thema ab, sondern davon, in was sich ein Thema verwandelt, wenn es mit Hilfe einer Form, also der narrativen Sprache und Erzählstruktur, zu einem Roman wird. An der Form zeigt sich, ob eine Geschichte originell oder trivial, tiefgehend oder oberflächlich, komplex oder simpel ist. Sie entscheidet über Dichte, Doppeldeutigkeit, Glaubwürdigkeit der Personen oder macht aus ihnen leblose Karikaturen oder Kasperlepuppen. Das ist eine (...) der wenigen Regeln in der Literatur, die keine Ausnahmen erlaubt: Die Themen an sich bedeuten in einem Roman nichts."[105] Grundsätzlich stimme ich zu, gleichwohl: In der Auswahl der Romanlektüre gilt dem Stoff – und damit in einem ersten konkreten (Vor-)Griff auch: dem Thema – die erste Überlegung: Interessiert er mich? Allerdings: Was ist für wen interessant? Individuell vermutlich höchst different, bedingt durch die je eigene biographische Erfahrung und Situation. Bündig hat das Sartre formuliert: „Die vom Autor getroffene Wahl eines bestimmten Weltaspekts entscheidet über den Leser, und umgekehrt entscheidet der Schriftsteller über sein Sujet, indem er seinen Leser wählt."[106]

Ein Aspekt erscheint mir, ich formuliere vorsichtig, im Ansatz verallgemeinerungsfähig: Das **Thema** in seiner Konkretion und Entfaltung im **Stoff** muss **welthaltig** sein; was ich damit meine, hängt zusammen mit einem auch von Hans-Dieter Gelfert genannten Sachverhalt: die Romanlektüre als Ersatzhandlung, „Kunst als Erlebnissurrogat"[107]; wenn ich hier noch einmal reflektierend ansetze: Was kann zum Erlebnissurrogat werden? Ein Stoff, den ich, erstens, selbst nicht kenne, und mit dem ich mich, zweitens, was Handlung oder Personenkonstellation angeht, identifizieren könnte. Damit bewegen wir uns indes nach wie vor primär im Bereich individueller Differenzen und Präferenzen.

Davon möchte ich mich lösen, setze den Akzent daher allgemeiner: Thema und Stoff dürfen nicht zu eng geführt sein. Welthaltigkeit, in ihrem Essay *Wie sollte man ein Buch lesen?* (1925) verdeutlicht Virginia Woolf dies eindringlich, an den Leser gerichtet: „Wenden Sie sich (...) zu den Anfangsseiten irgendeines großen Romanciers – Defoe, Jane Austen, Hardy. (...) Nicht bloß, dass wir uns in der Gegenwart einer anderen Person befinden – Defoe, Jane Austen oder Thomas Hardy –, sondern dass wir in einer andern Welt leben. Hier, im *Robinson*

Crusoe, stapfen wir auf ebener Straße; eines geschieht nach dem anderen; das Faktum und die Ordnung des Faktums ist genug. Wenn aber freie Luft und Abenteuer Defoe alles bedeuten, Jane Austen bedeuten sie nichts. Ihr Feld ist der Salon, Menschen, die reden und durch die vielen Spiegelgläser ihrer Rede ihr Wesen enthüllen. Und wenn wir, nachdem wir uns im Salon mit seinen Spiegelungen eingewöhnt haben, zu Hardy kommen, werden wir erneut um die eigene Achse gedreht. Um uns herum sind Moor und Heide und über uns die Sterne. Die andere Seite des Gemüts ist nun bloßgelegt – die dunkle Seite, die sich in der Einsamkeit hervorkehrt, nicht die helle, die sich in Gesellschaft zeigt. Beziehungen haben wir nicht zu Menschen, sondern zu Natur und Schicksal. Doch so verschieden diese Welten sind, jede ist in sich stimmig. Der Baumeister einer jeden ist darauf bedacht, die Gesetze der eigenen Perspektive zu wahren, und wie groß die Anspannung sein mag, die sie uns abverlangen, sie werden uns nie in Verwirrung stürzen, wie es weniger bedeutende Erzähler so häufig tun, indem sie in ein und dasselbe Buch zwei verschiedene Arten von Wirklichkeit einführen. Von einem der großen Romanciers zum anderen zu gehen – von Jane Austen zu Hardy, von Peacock zu Trollope, von Scott zu Meredith – heißt also herausgerissen und entwurzelt werden, erst in eine Richtung geworfen werden, dann in die andere.“[108]

Welthaltigkeit schließt ein Reichtum, Intensität: „Natürlich kann man sagen, dass *Moby Dick* die Geschichte eines ›alten Seebären‹ erzählt, der besessen ist von einem weißen Wal, den er über alle Weltmeere verfolgt, und dass *Don Quijote* die Abenteuer und Missgeschicke eines halbverrückten Edelmannes beschreibt, der versucht, in den Ebenen der Mancha die Heldentaten aus den Ritterromanen nachzuleben. Aber würde jemand, der diese beiden Werke gelesen hat, in der Beschreibung ihrer Thematik die unendlich reichen und subtilen Welten, die Melville und Cervantes geschaffen haben, wiedererkennen?“[109] In seiner Rezension von Elizabeth Strouts Roman *Das Leben, natürlich* (2013) schreibt Thomas Leuchtenmüller nicht ohne Ironie: „Natürlich weiß Elizabeth Strout, (...) was einen Roman zum ›Pageturner‹ macht: Neben einem Skandal und plastischen Naturimpressionen sind dies ein aktuelles soziales Thema – die Integration von Flüchtlingen – ein Diskurs, der letztlich jeden betrifft – Vor- und Nachteile des Wohnens auf dem Land und in der Stadt – sowie zeitlose menschliche Themen wie Einsamkeit, Affären, Verluste, Krankheit, Sucht, Therapie und Tod, und all dies im Umfeld einer Familie.“[110]

Dieter Wellershoff versteht Literatur zentral als „eine Simulationstechnik (...), sie ist ein der Lebenspraxis beigeordneter Simulationsraum, Spielfeld für ein fiktives Handeln, in dem man als Autor und als Leser die Grenzen seiner praktischen Erfahrungen und Routinen überschreitet, ohne ein wirkliches Risiko dabei einzugehen."[111] Literatur eröffne dem Leser „neue Erfahrungsmöglichkeiten", welche „die Enge und Abstraktheit der Routine durchbrechen, auf die er in seiner alltäglichen Praxis angewiesen bleibt." Sie vertritt „die unausgeschrittenen und verdrängten Möglichkeiten des Menschen und die Unausschöpfbarkeit der Realität und bedient damit offenbar Bedürfnisse nach mehr Leben, nach weiteren und veränderten Erfahrungen", erlaubt es dem Leser, „fremde Verhaltens- und Denkweisen in seinen Erfahrungsspielraum mit einzubeziehen"[112].

Das impliziert zugleich auch die Kategorie des Repräsentativen oder Exemplarischen, die dem Stoff seine Legitimation liefert. In der Tradition war mehr noch damit verbunden: Symbolisierung, Präsentation des Ganzen im einzelnen Erzähl-Beispiel. Reinhard Baumgart setzt hier in Blick auf gegenwärtiges Erzählen kritisch an: Misstrauen gegenüber dem Versuch, Welt repräsentativ darzustellen; den konsequentesten Erzählern bleibe „das Einzelne immer nur Einzelnes."[113] Mir scheint indes die Frage der Stoffauswahl, des Realitätsausschnitts zwingend verbunden mit einem exemplarischen Anspruch in der Traditionslinie Friedrich Engels – Franz Mehring – Georg Lukács – Bertolt Brecht. Bernhard Schlink greift den Begriff des Typischen auf und macht aufmerksam auf die möglicherweise damit verbundene „Gefahr der Schaffung von Stereotypen (...); denn die Welt ist eher vielfältig als einförmig", und im Blick auf Jonathan Littells Roman *Die Wohlmeinenden* (2006) spitzt er zu: „Den typischen Bösewicht zu präsentieren ist so vereinfachend und irreführend wie die Schaffung jedes anderen Stereotyps."[114] Noch einmal grundsätzlich: „Man schützt die Wahrheit nicht, wenn man die Darstellung auf das Typische beschränkt. Das Atypische ist ebenso Teil der Wahrheit – solange es als das dargestellt und erklärt wird, was es ist: atypisch."[115] Zugestanden, aber es bleibt: Der Autor muss auch stofflich begründen, warum er die Erwartung hat, es könnten sich Leser für sein Werk – und wir reden hier von der großen Form, von Romanen – interessieren[116]; in Blick auf Reinhard Baumgart, die Innovation allein – radikale perspektivische Subjektivierung, Darstellung bizarren, abweichenden Verhaltens, formales und sprachliches Experimentieren – leistet dies nicht. Ich komme auf diesen Punkt zurück.

Hier greift vermutlich das erste der beiden traditionellen Kriterien von Dichtung überhaupt: das „prodesse" oder „docere": Dichtung muss nützlich sein, muss lehren, belehren, Wissen vermitteln, Kenntnisse erweitern (– und dies auf unterhaltsame Weise = delectare).

Welthaltigkeit. Ich versuche einen zweiten Ansatz oder Anspruch zu gewinnen, der die offene Frage eines interessanten Stoffs näher zu bestimmen erlaubt: Welche Welt ist es, die der Roman aufgreift? Es ist „das konkrete Leben des Menschen", mit Milan Kundera das, was die Phänomenologen „Lebenswelt" nannten – und Kundera holt weit und dezidiert aus: Es sind „alle großen existentiellen Themen, die Heidegger in *Sein und Zeit* analysiert, (...) in einer über vier Jahrhunderte gehenden Entwicklung des Romans (...) aufgezeigt, vorgeführt und beleuchtet worden (...): Mit Cervantes' Zeitgenossen wirft er die Frage des Abenteuers auf, mit Samuel Richardson beginnt er zu untersuchen, ›was sich im Innern abspielt‹ und weist auf die Geheimnisse des Gefühlslebens hin; mit Balzac entdeckt er die Verwurzelung des Menschen in der Geschichte; mit Flaubert erforscht er ein bis anhin unbekanntes Gebiet, die terra incognita des Alltäglichen, mit Tolstoj befasst er sich mit dem Irrationalen menschlicher Entscheidungen und Verhaltensweisen. Dann lotet er die Zeit aus: mit Marcel Proust den ungreifbaren, verflossenen, mit James Joyce den ungreifbaren gegenwärtigen Augenblick. Mit Thomas Mann untersucht er die Rolle uralter Mythen, die unsere Schritte fernsteuern."[117] Um Missverständnisse zu vermeiden, möchte ich Kunderas großen Bogen um einen grundsätzlichen strukturellen Aspekt ergänzen oder grundieren: Es geht hier nicht um die „Reduktion auf rein existentiale (=gesellschaftslose) Erfahrung"[118], selbstverständlich ist jedes der von Kundera genannten Themen im Roman kontextuell entwickelt und kontextuell auch nur zu entdecken und zu entwickeln, und das meint jeweils den historischen Kontext. Jetzt aber mit Kundera die anspruchsvolle Zuspitzung: „Die einzige Existenzberechtigung eines Romans besteht darin, dass er einen unbekannten Aspekt des Lebens entdeckt."[119] Schärfer noch als unter dem Stichwort Welthaltigkeit geht es hier um das docere: Der Roman ist dann interessant, wenn er mir etwas zeigt oder mich etwas lehrt, was ich bisher nicht wusste; er vermittelt mir dann eine **neue Erkenntnis**, zeigt mir eine Seite menschlicher Existenz, menschlicher Lebenswelt in einer **neuen Sicht**, einem neuen Licht. Um noch einmal aus der Sicht eines weiteren Autors abzusichern, Urs Widmer dazu: „Dient das Schreiben der Erkenntnis, wenigstens? Ach, Ziel des Schreibens, ein Ziel, ist wohl tatsächlich so etwas wie Erkenntnis, das genauere Erkennen jener dunklen Bereiche, die bislang diffus und unformuliert in uns und um uns herum waren und die erst durch ihre Formulierung ins Licht des Wirklichen eintreten."[120] Ganz optimistisch äußert sich schließlich Jurek Becker: „Ich wage zu behaupten, dass, wenn es um Genauigkeit von Kenntnissen und Tiefe von Eindrücken geht, das eigene Erleben oft mit dem Lesen nicht mithalten kann." Und er belegt aus eigener Erfahrung: „Als ich Kafkas *Schloss* gelesen hatte, wusste ich mehr über das Wesen von Abhängigkeiten als je zuvor. Bei Gontscharows *Oblomow* begriff ich plötzlich die Tragik von Bindungslosigkeit. Bei der Lektüre von Arno Schmidts *Steinernem Herz* erhielt ich zum ersten Mal eine Ahnung von der lebenserhaltenden Wirkung der Neugier. Als ich *Das Kalkwerk* von Thomas Bernhard las, wurde mir auf einmal das Unglück der Talentlosigkeit bewusst, obwohl ich doch vorher weiß Gott genug Gelegenheit dafür gehabt hätte. Und die Lektüre von Fontanes *Effi Briest* ließ mich deutlich wie nie zuvor die Macht von Konventionen erkennen, obwohl doch kaum ein Tag in meinem Leben vergangen war, da ich Konventionen nicht zu spüren gekriegt hatte."[121] Dieter Wellershoff weitet aus: „Neue Erfahrungen sind nur zu erwarten von einer Krise der bisherigen Schemabildung oder zumindest ihrer Korrektur. Das eben erwarte ich vom Lesen, nicht die Bestätigung fest gewordener Vorstellungen, wie sie der Unterhaltungsroman seinen Lesern bietet, sondern ihre Veränderung. Entlastet von praktischen Zwecken, nicht verpflichtet zum Erfolg, kann ich mich einlassen auf imaginäre Versuchsbewegungen und jedes Risiko der Irritation." Es geht um ein elementares Bedürfnis: den „Wunsch nach mehr Leben, nach einer Ausweitung der Existenz, der unbefriedigt bliebe durch Harmonisierungen, in denen die Bewegung zur Ruhe kommen soll."[122]

Ein dritter, jetzt kritischer Aspekt beim gleichen Ansatz: Welthaltigkeit und Erkenntniszugewinn, die Kehrseite ist die thematische, stoffliche oder auch Handlungs-**Überfrachtung**. Ich nenne ein Beispiel: Hisham Matars *Geschichte eines Verschwindens* (2011) ist kein Politthriller – wie der Titel es vielleicht nahelegt: Der Vater des Ich-Erzählers wird in Genf vom libyschen Geheimdienst entführt – der Junge ist vierzehn Jahre alt – und bleibt fortan verschwunden. Es ist eher die Geschichte des Zurückgebliebenen, ein Entwicklungsroman auf der Suche nach Gewissheit und Aufklärung über den frühen Tod der Mutter – der Junge war zehn – und dem verborgenen Leben des Vaters. *Anatomy of a Disappearance* lautet der englische Titel: „Mit ›Anatomie‹ ist ein erzählerisches Verfahren beschrieben, in dem mit schmerzlichen Schnitten aus dem Kadaver der Vergangenheit thematische Stränge herauspräpariert werden, um sie forschend zu betrachten, um zu begreifen, was geschah."[123] In diesem Kontext ist es eine stoffliche Überfrachtung, wenn der erwachsen gewordene Protagonist erfahren muss, dass er nicht der Sohn seiner Mutter, sondern des Kindermädchens ist. Der Roman muss stringent sein; dieser Aspekt führt uns zum nächsten Kriterium: Plausibilität.

Plausibilität

Peter Bichsel schreibt in seinen Frankfurter Poetik-Vorlesungen: „Einem Schrift-steller – einem Stadtschreiber von Bergen zum Beispiel – werden in der Knei-pe dauernd Geschichten angeboten: Lebensgeschichten, Abenteuer. Sie sind, so glaube ich, in der Regel zwar wahr, aber sie sind zu unwahrscheinlich, als dass ich damit etwas anfangen könnte."[124]

Plausibilität meint also zunächst eine **realistisch glaubhafte Handlung**, realistisch: Vom Genre des phantastischen oder surrealen Romans einmal abgesehen, heißt das erstens, den Naturgesetzen nicht widerstreitend[125], zweitens – und jetzt wird die Forderung schon problematischer –, ein Verhalten der Personen, das psychologisch nachvollziehbar erscheint: Gregor Samsa findet sich als Käfer, die Reaktionen seiner Familie müssen aber sein und sind in der Tat psychologisch nachvollziehbar. Aber, zugegeben, hier liegt grundsätzlich ein weites Feld individuell differenter, also subjektiver Einschätzung; die Basis darf indes nicht sein die Verlängerung der eigenen individuellen, sozial und historisch geprägten Vorstellungen von Normalität. Ich versuche, Linien zu ziehen:

Die Handlungsplausibilität impliziert zunächst etwas scheinbar Banales: **Stimmigkeit in den Details**. Daniel Kehlmann erzählt eine Geschichte von Nabokov: Dieser hatte in einer seiner frühen Kurzgeschichten vergessen, dass er einen Gesprächspartner seines Dialogs „aus Nervosität ein kleines Streichholz in zwei Stücke" brechen und etwas später diese Stücke „in ein leeres Glas fallen" ließ; am Ende der Geschichte „schenken sich die beiden Wein ein und trinken". Nabokov kommentiert dies später: Es „scheint jeder das Streichholz im Weinglas vergessen zu haben – etwas, das ich heute nicht mehr zulassen würde." Was heißt das? „Details sind nicht nur egal. Details sind alles. Wenn solch eine Einzelheit nicht stimmt, hat die Geschichte als Ganzes einen Fehler; die Welt, die sie auf-zubauen vorgibt, ist in sich nicht schlüssig."[126] Ähnlich schreibt Henry James über die „Treue im Detail (...), dass das Air von Realität (die Solidität der Einzel-heiten)" ihm „die höchste Tugend des Romans zu sein scheint – das Verdienst, von dem all seine anderen Verdienste (...) hilflos und willfährig abhängen."[127] In Martin Mosebachs Roman *Das Blutbuchenfest* (2014) benutzen einige Perso-nen das Handy, errechnen lässt sich nun aber, dass das Geschehen in den Jahren 1990/1991 stattfindet: Damals gab es noch keine Handys. Ist das nun ein grober „Realismusschnitzer", wie einige Kritiker das monierten? Ursula Merz plädiert für die Trennung von empirischer und poetischer Wahrheit: „Diese Trennung ist, wenn das Recht der Literatur auf Illusion und Imagination weiterhin gültig sein soll, nun mal unverzichtbar. Die Kernfrage muss folglich lauten: ist der Illusionscharakter von Mosebachs Roman in toto so ausgeprägt, intakt und einleuchtend, dass er das Handy legitimiert?" Ursula März sieht darin kein Problem: „Martin Mosebachs Handy (…) klingelt in einem Illusionsraum, der als Ganzes intakt ist. Denn das (…) Handy ist (…) keineswegs das einzige Zeichen, das Mosebachs Werk als Produkt der Imagination charakterisiert. Wer in der Innenstadt von Frankfurt am Main einen Garten sucht, der dem gleicht, in dem sich das titelgebende Blutbuchenfest ereignet, kann wahrscheinlich lange suchen."[128] Von Flaubert andererseits ist bekannt: „Bei jedem Detail hatte er große Sorgen um das Reale. Unentwegt habe er Stiche, zeitgenössische Journale, Bücher und Menschen befragt, erzählt Emile Zola. ›Jede Seite kostet ihn für die Kostüme, die historischen Ereignisse, die technischen Fragen, die Dekoration tagelangen Studien.‹"[129]

Plausibilität meint darüber hinaus, in einer **historischen Dimension**, einen Stoff oder Inhalte, die **zeitgemäß** sind: auch dies ein schwieriges Feld. Ich nenne ein Beispiel: studentisches Milieu, ich setze jetzt den Zeitrahmen 1967/68, abendlich nächtliche Feste, es wird leidenschaftlich auch diskutiert – nicht aber mehr über die Differenz zwischen Heidegger und Jaspers. Dies mag tatsächlich der Fall gewesen sein, es scheint mir aber nicht länger mehr exemplarisch oder typisch für die historische Situation – wie es fünf oder acht Jahre zuvor der Fall gewesen wäre. Exemplarisch und damit historisch richtig, authentisch wären politische Diskussionen oder linksphilosophische Debatten von Marx bis zum späten Sartre (sofern ich hier mit Recht behaupten darf, dass das Milieu der Studentenbewegung erstens die historische Relevanz der Jahre 1967/68 beanspruchen konnte und dies zweitens in der genannten thematischen oder politischen Zuspitzung). Es ergibt sich damit der merkwürdige Befund, dass das möglicherweise biografische Beglaubigte, Richtige gleichwohl historisch falsch ist. Unter dem Begriff des Typischen war das das Thema der Brecht-Lukács-Debatte in den 30er Jahren des 20. Jahrhunderts. Einerseits. Andererseits kennen wir seit Ernst Bloch den Begriff der Gleichzeitigkeit des Ungleichzeitigen, ein historisch überholtes Phänomen, unzeitgemäß mithin, ist nach wie vor existent, Realität nicht länger mehr prägend, aber nach wie vor vorhanden. Unter dem Terminus des ›Zeitgeistes‹ hat Levin L. Schücking den Sachverhalt thematisiert, seine Lösung, exemplarisch begründet: „Es gibt gar keinen Zeitgeist, sondern es gibt sozusagen eine ganze Reihe von Zeitgeistern. Immer werden sich durchaus verschiedene Gruppen mit andersgerichteten Lebens- und Gesellschaftsidealen aussondern lassen. Zu welcher von diesen aber die jeweilig vorherrschende Kunst die nächsten Beziehungen hat, hängt von mancherlei Umständen ab."[130] In seinem historisch orientierten Aufsatz zur Kategorie des Zeitgemäßen von Herder bis in die 1970er Jahre bestimmt Lothar Pikulik die „mancherlei Umstände" in seinem Resümee näher: Die Forderung nach Zeitgemäßheit ist „nicht nur mit bestimmten vorstellungen von ›zeit‹ und ›gemässheit‹ verbunden, sondern auch mit bedürfnissen und interessen."[131] Jede literaturhistorische Periodisierung, sofern sie in irgend einer Weise inhaltlich orientiert ist, stößt auf dies Problem. Ich komme darauf zurück.

Plausibilität meint eine realistisch glaubhafte Handlung, Wahrscheinlichkeit – und „**Motivierung**": Peter von Matt zitiert zur „Verletzung der Glaubwürdigkeit" Boileau, 17. Jahrhundert.: „Nie dürft ihr dem Zuschauer [es geht um die Tragödie] etwas Unglaubwürdiges vorsetzen: Und sogar das Wahre kann gelegentlich unwahrscheinlich sein."[132] Und weiter: v. Matt nennt die „Kunst des Autors, das Handeln seiner Figuren dem Publikum plausibel zu machen", „Motivierung": „Motivation meint die Feinstruktur des Willens und der Entschlüsse in einer handelnden Figur, das, was die Person bewegt[133]; Motivierung meint die Kunst des Autors, das Handeln seiner Figuren dem Publikum plausibel zu machen. (...) Motivierungsarbeit als poetische Leistung meint nichts anderes als die Leistung, die Wahrscheinlichkeit der Ereignisse vor dem Urteil des Lesers zu sichern. Diese Wahrscheinlichkeit – Jakob Michael Reinhold Lenz nennt sie in seinem Hamlet-Aufsatz ›die erste, unverletzlichste, heiligste Grundregel aller Poeterey‹ – ist ein Ereignis der Evidenz, das nie einfach durch die Sache selbst zustande kommt, wie die meisten meinen, sondern allein durch erfahrene und wissende Kunst. Diese Kunst besteht also – beispielsweise – nicht darin zu zeigen, wie eine Frau und ein Mann zusammen den König ermorden, der bei ihnen zu Besuch weilt, sondern es völlig einleuchtend, ja zwingend erscheinen lassen, dass die beiden den König ermorden. Erst dadurch wird *Macbeth* zu einem Kunstwerk, das mehr ist als ein Trivialspektakel. (...) Dem Ereignis die **Evidenz** der inneren und äußeren Notwendigkeit zu geben, es so überzeugend zu machen, dass man es ergriffen annimmt: Ja, so musste es kommen, und anders konnte es nicht sein! Das ist so selten wie alle vollkommene Kunst. Es war, einmal mehr, Aristoteles, der die Kategorie der Wahrscheinlichkeit und damit die ästhetische Regel der Motivierung als erster trennscharf in die Theorie geholt hat. Das 9. Kapitel seiner *Poetik* beginnt mit dem einfachen Satz, der von keiner Literatur- und Fiktionstheorie mehr übertroffen wurde: ›Es ergibt sich also, dass es nicht Aufgabe des Dichters ist mitzuteilen, was wirklich geschehen ist, sondern vielmehr, was geschehen könnte, d.h. das nach den Regeln der Wahrscheinlichkeit (eíkos) und Notwendigkeit (anankáion) Mögliche.‹"[134] „**Notwendigkeit**" meint zunächst die logische Notwendigkeit, in einem weiteren Sinn innere Folgerichtigkeit. Darin liege der Unterschied zum Historiker: „Der Geschichtsschreiber und der Dichter (...) unterscheiden sich (...) dadurch, dass der eine das wirklich Geschehene mitteilt, der andere, was geschehen könnte. Daher ist die Dichtung etwas Philosophisches und Ernsthafteres als Geschichtsschreibung; denn die Dichtung teilt mehr das Allgemeine, die Geschichtsschreibung hingegen das Besondere mit. Das Allgemeine besteht darin, dass ein Mensch von bestimmter Beschaffenheit nach der Wahrscheinlichkeit oder Notwendigkeit bestimmte Dinge sagt oder tut – eben hierauf zielt die Dichtung (...). Das Besondere besteht in Fragen wie: Was hat Alkibiades getan oder was ist ihm zugestoßen?"[135]

Aktuell greift das z.B. Milan Kundera einerseits auf: „Ein Historiker berichtet Ereignisse, die stattgefunden haben. Raskolnikows Verbrechen hat dagegen nie stattgefunden. Der Roman untersucht die Existenz, nicht die Realität. Und die Existenz ist nicht das, was sich abgespielt hat; sie ist das Feld der menschlichen Möglichkeiten, ist all das, was der Mensch werden kann, wessen er fähig ist. Die Romanciers zeichnen die Karte der Existenz, indem sie diese oder jene menschliche Möglichkeit aufdecken."[136] Andererseits weist Kundera bei *Don Quijote* (1605/1615) auf „eine Häufung von Koinzidenzen und Begegnungen, die absolut unwahrscheinlich sind" und erklärt historisch: „Die damaligen Romane hatten noch keinen Pakt der Wahrscheinlichkeit mit dem Leser geschlossen. Sie wollten keine Wirklichkeit simulieren, sie wollten Vergnügen bereiten, verblüffen, überraschen, bezaubern. Sie waren spielerisch, und darin bestand ihre Virtuosität. Der Beginn des 19. Jahrhunderts bringt eine enorme Veränderung in der Geschichte des Romans mit sich. (...) Die Nachahmung des Wirklichen als Imperativ macht die Schenke von Cervantes[137] mit einem Mal lächerlich.[138] Das 20. Jahrhundert revoltiert oft gegen das Erbe des 19. Jahrhunderts. Trotzdem ist die einfache Rückkehr zur Cervant'schen Schenke nicht mehr möglich. Die Erfahrung des realistischen 19. Jahrhunderts hat sich zwischen sie und uns geschoben, so dass das Spiel der unwahrscheinlichen Koinzidenzen nicht mehr unschuldig sein kann. Es wird entweder absichtlich komisch, ironisch, parodierend (...) oder phantastisch, traumhaft. Das ist bei Kafkas erstem Roman der Fall: *Amerika*."[139] Damit greift Milan Kundera einen letzten Aspekt von Plausibilität auf, den Zufall. Er argumentiert historisch – und durchaus plausibel: Ich erinnere an die Aussage von Peter Bichsel zu Beginn des Abschnitts.

Wir kennen literarhistorisch berühmte Beispiele, die den **Zufall** inszenieren und thematisieren, Lessing, insbesondere in *Emilia Galotti* (1772), und Kleist, in seinen Dramen, vor allem in der *Familie Schroffenstein* (1803), aber auch, nahezu durchgehend, in seinen epischen Texten, vom *Erdbeben in Chili* (1807) über *Die Marquise von O* (1808) bis zu *Michael Kohlhaas* (1808). Der Zufall ist jeweils thematisiert, ist zu interpretieren als ein Element oder eine Aussage über die Beschaffenheit der Wirklichkeit. Derart wird der Zufall über Kunderas historische Argumentation hinaus gerechtfertigt, ohne dass damit das Kriterium der Plausibilität, der psychologischen Plausibilität wie auch der Orientierung an der Verfasstheit oder Struktur von Realität indes an Bedeutung verliert, wie auch die folgenden Beispiele zeigen:

Bei Jean Paul findet sich in der *Unsichtbaren Loge* (1793) ein ironisch spielerisch witziger Umgang mit dem zentralen Kriterium der Plausibilität: „›Das schönste Beet‹ – sagt' ich – ›ist in diesem Eden das, dass mein Werk kein Roman ist: Die Kunstrichter ließen sonst fünf solche Personen auf einmal wie uns nimmermehr ins Bad, sie würden vorschützen, es wäre nicht wahrscheinlich, dass wir kämen und uns in einem solchen Himmel zusammenfänden. Aber so hab' ich das wahre Glück, dass ich bloß eine Lebensbeschreibung setze und dass ich und die andern sämtlich wirklich existieren, auch außer meinem Kopfe.‹"[140] Navid Kermani greift dies seinerseits ironisch auf: „Noch einmal der Reihe nach: Ein Romanschreiber, der an einigen Stellen Jean Paul genannt wird, behauptet, dass der Roman kein Roman sei und die darin auftretenden Personen sämtlich wirklich existierten, auch außer seinem Kopfe. Und sein Argument ist, dass ein Roman auf Wahrscheinlichkeit beruhe, also einer Ordnung, die Unwahrscheinlichkeiten nur in dem Maße zuließe, dass sie nicht als Regel erscheinen. Hingegen in der Wirklichkeit geschähen so viele Zufälle, dass es in einem Roman für unwahrscheinlich gehalten würde und also ausgeschlossen sei."[141]

Abgesehen vom ironischen Spiel greift Kermani – im Blick auch auf seinen eigenen Roman *Dein Name* (2011) – unter den Aspekten „Roman/Romanwelt und Realität", „Kunst und Wirklichkeit", „Realismus im Roman" sehr ernsthaft auf Jean Paul zurück: Er setzt an bei er geradezu chaotischen Struktur der Romane Jean Pauls und argumentiert: „Nicht nur in ihrer Unordnung, der Gleichzeitigkeit und Gleichgültigkeit der Wahrnehmung gleichen sich Jean Pauls Romane der Struktur unserer Wirklichkeit an und übertreffen so in ihrem Kunstcharakter jeden Realismus – auch in der Entschlossenheit zum Alltäglichen (...). Nichts wird der Phantasie überlassen, jeder Nebenaspekt muss noch in seinen Nebenaspekten aufs Genaueste geschildert, in den *Flegeljahren* noch die dritte und vierte Tischrede vollständig zitiert sein, sodass sie genau jene Langeweile erzeugen, jenes Weghören, Abschweifen der Gedanken, die sich bei Tischreden nun eben einstellen. (...) Eben in dem Sinne, dass das Leben mitunter langweilt, langweilt Jean Paul, dass die Tage mal erfüllter, mal weniger erfüllt vergehen, vergehen die Kapitel bei Jean Paul, dass die eigenen Gedanken abschweifen und sich wieder konzentrieren, schweift Jean Paul ab und konzentriert sich meistens wieder. (...) Nicht zufällig nennt Jean Paul seine Romane gern Biographien, weil in Biographien nichts vorherzusehen ist. In einem Roman ist es unwahrscheinlich, dass sich auf Seite 200 etwas Gravierendes ereignet, was weder vorher noch nachher irgendeine Bedeutung hat. Im Leben geschieht es andauernd. Romane beruhen auf Wahrscheinlichkeiten, damit auf einer Ordnung. Die Wirklichkeit hingegen scheint voller Zufälle."[142]

Jean Paul dreht das Rad allerdings noch weiter: Sein Spiel mit dem Erzähler, der als erfundene Figur und Jean Paul in die Romane eingefügt wird, der als Jean Paul sich authentisch, biografisch stimmig, zur Welt seiner Romane in diesen Romanen äußert, ist kunstvolle Dialektik, kaum mehr zu übertreffen: „Unter dem Anschein der höchsten Gewissenhaftigkeit in der Berichterstattung wird nur die absolute Freiheit der Erzählweise proklamiert."[143] Jean Paul besetzt sich in seinen Romanen als handelnde Figur, Chronist, Leser und Kommentator gleichermaßen. „Die Versicherung, wahrheitsgetreu zu verfahren, entspringt dem Eifer, die Erzählung in der realen Welt fiktiv zu verankern. Das aber ist das Gegenteil von aller Nachahmung. Der Erzähler erscheint immer wieder als Zeuge, den er selbst erfunden hat, um die Erfindung als Wirklichkeit ausgeben zu können."[144] Und zugleich hat das Werk einen hohen Grad von biografischer oder autor-psychologischer Authentizität: Jean Pauls Leben wird insgesamt „wie das eines Balzac aufgesogen von der Graphomanie. (...) Es gelingt diesem Erzähler zuweilen, die Zeichenhaftigkeit der Sprache fast bis zur Identität mit dem von ihm imaginierten Dasein hochzutreiben, so dass die Darstellung zur Inkarnierung (nicht Beschreibung) von Zuständen wird, in denen sich die Wahrheit der Seele offenbart. Denn die überprüfbare Wirklichkeit, die schließlich auch einem Werk Jean Pauls zugrunde liegen könnte, ist fast nichts, alles aber die in der Sprache gestaltete fiktive Welt."[145]

Die „Wahrheit der Seele": Beatrix Langner resümiert in ihrer überzeugenden Biografie: „Die treibende Kraft hinter dem Werk (...) ist der Wunsch nach vollständiger Poetisierung seiner Existenz. (...)Von Friedrich Richter soll nichts bleiben als Jean Paul (...). Alle seine Figuren sind Protuberanzen *einer* Individualität, die sich in poetischen Molekülketten vervielfältigt hat."[146] Langner zitiert aus Jean Pauls *Selberlebensbeschreibung* (1826): „Wenn ihr wüsstet, wie wenig ich nach J.P.F Richter frage, ein unbedeutender Wicht; aber ich wohne darin, im Wicht." Und noch einmal, verallgemeinernd: „Alle meine Schreiberei ist eigentlich innere Selbstbiographie und alle Dichtwerke sind Selbstlebenbeschreibungen, denn man kennt und lebt eben kein anderes Leben als das eigene."[147] Eine kühne Behauptung? „Wie wurden nicht Shakespeare und noch mehr Cervantes vom Leben durchwühlt und gepflügt und gefurcht, bevor in beiden der Blumensame ihrer poetischen Flora durchbrach und aufwuchs! Die erste Dichterschule, worein Goethe geschickt wurde, war nach seiner Lebensbeschreibung aus Handwerkerstuben, Malerzimmern, Krönungssälen, Reicharchiven und aus ganz Meß-Frankfurt zusammengebauet. So bringt Novalis – ein Seiten- und Wahlverwandter der poetischen Nihilisten, wenigstens deren Lehenvetter – uns in seinen Romanen gerade dann eine gediegene Gestalt zu Tage, wenn er uns den Bergmann aus Böhmen schildert, eben weil er selber einer gewesen."[148]

Zurück noch einmal zum Zufall – und Stimmigkeit: In ihrer Rezension von John Banvilles Roman *Im Lichte der Vergangenheit* (2014) fällt Ursula März die außerordentliche Beanspruchung des Zufalls auf, und „nicht nur Zufälle, auch Selbstreferenzen, Figurenspaltungen und Vexiermotive greifen in Banvilles Roman so eng ineinander wie die Rädchen einer übermächtigen Schicksalsmaschine, die an der Grenze der Unwahrscheinlichkeit postiert ist." Einerseits arbeite Banville „an einer atemberaubend ausgefeilten Romanmechanik" von Bezügen, Namen wie Figuren betreffend, er lege es geradezu darauf an, „sein Referenzpuzzle auf die Spitze zu treiben". Es betrifft dies indes nur die Rahmenhandlung, andererseits nämlich steht im Zentrum die Erinnerung „einer pubertären Liebespassion" zwischen dem Protagonisten als Fünfzehnjährigem und der Mutter seines Freundes. Hier setzt Ursula März an: „Ist das realistisch? Ist es vorstellbar, glaubwürdig, dass sich eine solche jede Moralgrenze übersteigende Geschichte im streng katholischen Irland der sechziger Jahre zutrug? Vielleicht. Vielleicht auch nicht. Nur kommt es darauf, auf die empirische Wahrscheinlichkeit, überhaupt nicht an" – meint März. „Die unerhörte Liebesgeschichte ist von Banville ganz einfach wunderbar erzählt. Sie ist bis in die kleinste Seelenregung hinein nachvollziehbar. Sie ist in sich, als literarische Fiktion, vollkommen plausibel." So weit so gut? „Der Ernst dieser fatalen, wahrhaft tragischen Jugendliebe verträgt sich schlecht mit der postmodernen Spielerei der Rahmenhandlung, samt ihren übertüftelten Namens- und Identitätsüberschneidungen. Hier sitzt das Problem des Romans. Sein Illusionsraum ist gestört. Und das hat Folgen für die poetische Wahrheit. Denn die eine Hälfte des Romans bringt jeweils die andere in Schieflage und letzten Endes um ihre literarische Glaubwürdigkeit."[149]

Grundsätzlich formuliert dazu Hans Blumenberg: „Der Zufall ist konstitutiv für die Struktur des Romans; zugleich steht er in engem Zusammenhang mit seiner Realitätsproblematik. Daraus ergibt sich nur scheinbar ein Widerspruch, wenn der Wirklichkeitsbegriff der ›Konsistenz‹ der den Roman fundierende Wirklichkeitsbegriff ist. Denn Konsistenz und Zufall sind nicht zu trennende Korrelatbegriffe." Zwei Varianten dieses Korrelats präsentieren *Don Quijote* (1605/1615) und *Wilhelm Meister* (1795): „Don Quijote gibt sich dem Zufall preis, indem er auf die Straße geht. Der Zufall ist das, was als Geschehen begegnet, die Konsistenz das, was in das Geschehen mitgebracht wird, die chimärische Weltkonzeption des Helden. In den *Lehrjahren* dagegen liegt das Kontingente nicht dem, was dem Helden begegnet, sondern in einem dem jungen Meister von außen vorgezeichneten Lebensplan. Dass das Kontingente in dem vom Vater Aufgegebenen liegt, wird verständlich im Hinblick auf Goethes Vertrauen in die begegnende Realität, dass sie dem Menschen die Möglichkeit gewährt, sich selbst an ihr zu vollenden."[150]

Den Zusammenhang von Realität und Fiktion, von Zufall und aristotelischer Notwendigkeit reflektiert komplex und dialektisch Javier Marias: Wenn ein Autor den Anschein zu erwecken versucht, seine Roman oder seine Geschichte beruhe auf wahren Begebenheiten, werde er misstrauisch und fühle sich im Vorfeld schon gelangweilt: „Der Gedanke, der mir dann kommt, ist ungefähr der folgende: „›Was muss das für eine abwegige Geschichte sein, wie unwahrscheinlich, aberwitzig, willkürlich und billig, damit man sie mir, da sie in der Wirklichkeit geschehen ist, erzählen will und mir auch noch einredet, dass ich sie unbedingt glauben muss, bloß weil sie sich tatsächlich zugetragen und so stattgefunden hat, ob es mir gefällt oder nicht?‹" Ich erinnere an die Aussagen von Jean Paul. Ich zitiere weiter Marias, er hält dafür, „dass sich Wahres nur unter der eleganten, schamhaften Maske einer Erfindung erzählen lässt, weil sich derjenige, der erfindet oder dichtet - sofern er es gut und bedachtsam tut oder sich zumindest nicht dumm anstellt -, niemals den vulgären, bizarren Auflagen der Wirklichkeit beugen wird. Ich erinnere mich, dass ich vor einigen Jahren in einem Interview gesagt habe, dass die Wirklichkeit eine erbärmliche Schriftstellerin ist, weil sie weder auswählt noch ordnet oder dosiert; weil sie ohne Widerrede alle Zufälle schluckt – was bleibt ihr übrig, wenn sie doch in ihr geschehen –; weil sie alle Unwahrscheinlichkeiten hinnimmt, selbst solche, bei denen wir in einem Roman oder Film ärgerlich ausrufen würden ›Komm schon! Wie unverschämt, wer soll das glauben?‹, weil sie weder filtert noch verschweigt oder hinauszögert, wenn sie doch gerade filtern, verschweigen oder hinauszögern müsste; weil sie ohne weiteres imstande ist, ein Geheimnis oder einen Zweifel zu beseitigen und Ängsten den Boden zu entziehen; weil sie jeder Absicht entbehrt, schlimmer noch, jeden Stils; weil sie entweder keine Pausen kennt oder sie übermäßig in die Länge zieht, bis wir den Faden und das Interesse verloren haben; weil sie voller banaler Figuren und Situationen ohne jede Spannung ist und uns unaufhörlich mit überflüssigen, ja öden Einzelheiten versorgt, etwa mit dem kompletten Menü eines jeden Gastes im Laufe eines Mittagessens; weil sie auf alles mal allzu viel Licht, mal allzu viel Dunkel wirft, weshalb das, was eine Geschichte zu sein schien, gar keine mehr ist, denn man erfährt entweder alles auf einen Schlag, oder man hat keine Chance, etwas zu begreifen, je nachdem; weil es ihr oft an Rhythmus fehlt, sie voll toter Zeit ist (…)“. Die Aufzählung scheint unmittelbar – im Kontrast zur Realität und ihrer direkten Wiedergabe – zur schriftstellerischen Kompositionsarbeit zu führen, indes, Javier Marias vollzieht noch eine Volte: Der Romancier erzähle „seine Geschichte zu Anfang niemand anderem als sich selbst, und wenn ich sie bereits von vorne bis hinten kenne, wie soll ich mich da nicht langweilen – und, schlimmer noch, es die Leser spüren lassen –, da ich mich beim Schreiben auf etwas Mechanisches beschränke, es mit Form, Pausen, Stil und Rhythmus versehe, ohne dass für mich eine Überraschung oder Entdeckung dabei ist, ohne dass ich bei dieser Arbeit etwas erfahre oder ergründe, das heißt, etwas erfinde, denn entdecken, finden, ergründen sind die Bedeutungen des lateinischen Verbs invenire, von dem unser spanisches ›inventar‹ abstammt, ebenso inventer, to invent oder inventare?“ Die Konsequenz: Er lege sich „beim Schreiben das gleiche Erkenntnisprinzip“ auf, „das auch das Leben regiert. Da wir mit zwanzig tun, was wir tun, ohne zu wissen, ob uns das mit vierzig immer noch gelegen kommt, und da wir mit vierzig keine andere Wahl haben, als uns an das zu halten, was wir mit zwanzig getan haben, es weder auslöschen noch verbessern können, schreibe ich, was ich auf Seite 5 eines Romans schreibe, ohne eine Vorstellung davon zu haben, ob mir das auf Seite 200 immer noch gelegen kommt, und weit entfernt davon, in einer zweiten und dritten Version die Seite 5 dem anzupassen, was, wie ich inzwischen weiß, auf Seite 200 vorkommen wird, ändere ich nichts, sondern halte mich an das, was ich versuchsweise, intuitiv, dem Zufall oder der Laune geschuldet, zuerst geschrieben hatte. Nur dass ich im Gegensatz zum Leben – und eben deshalb ist es in der Regel ein so schlechter Romancier – dem, was ursprünglich keine Bedeutung hatte, am Ende eine gebe. Ich zwinge mich, das Zufällige, ja Überflüssige in etwas Notwendiges zu verwandeln, so dass es im Nachhinein weder zufällig noch überflüssig ist. Ich zwinge mich, dem Sinn zu verleihen, was eingangs keinen hatte und bloß ein in die Luft geworfener Würfel zu sein schien."[151] Jetzt sind wir wieder bei Aristoteles, jetzt sind wir bei der Komposition, bei der Kunst des Romans.

Ein weiterer Aspekt zum Thema Plausibilität: Bei aller Anerkennung anthropologischer oder auch kulturanthropologischer Konstanten im Bereich der Literatur – der Begriff der klassischen Literatur, und er umfasst Werke der die Antike bis zum 18. Jahrhundert, setzt diese Konstanten mehr oder weniger voraus; noch klarer gilt das für den Begriff des Klassikers – gleichviel: In ihrer Konkretion ist Plausibilität nicht eine universale, sondern eine **historisch relative Kategorie**; ihre konkrete Erscheinungsform wandelt sich im historischen Prozess. Ich greife auf Erich Auerbach zurück, der diese Einsicht am Beispiel der klassischen Tragödie in Frankreich entwickelt – und in der Tat, Plausibilität ist nicht eine Kategorie, die nur für epische Texte von Bedeutung ist. „Die klassische Tragödie der Franzosen stellt das äußere Maß von Stiltrennung dar, von Loslösung des Tragischen vom Wirklich-Alltäglichen, das die europäische Literatur hervorgebracht hat. Ihre Auffassung vom tragischen Menschen und ihr Sprachausdruck sind das Ergebnis einer ganz speziellen, auf sehr komplizierten und vielschichtigen Traditionen beruhenden, und vom durchschnittlichen Leben welcher Epoche auch immer sich weit entfernenden ästhetischen Hochzucht." Im Selbstverständnis der zeitgenössischen Theorie stellt sich das allerdings ganz anders dar: „Sie brauchte, um die Tragödie Racines und ähnliche Werke zu begründen, zu loben und zu verteidigen, Ausdrücke wie Natur, Vernunft, gesunder Menschenverstand und Wahrscheinlichkeit. (...) Ein solches Urteil (...) ist heute nicht mehr einsichtig. Ist es vernünftig und natürlich, die Menschen derart zu überhöhen, sie in derart stilisierter Weise reden zu lassen? Ist es wahrscheinlich, dass Krisen in so kurzer Zeit und so ungestört sich entwickeln, und ist es etwa wahrscheinlich, dass sich alles Wichtige daran im gleichen Raum abspielt?" Es lässt sich dies „nur aus der Perspektive der Zeit selbst erklären; sie hatte andere Maßstäbe als wir für das Vernünftige und Natürliche." Man verglich Racine mit der Kunst der voraufgegangenen Generationen und stellte fest, dass Racines Tragödie aus wenigen, einfachen, klar miteinander zusammenhängenden Ereignissen besteht"; so hatte man schon – vor Racine – „die Einheitsregeln übernommen, hauptsächlich aus einer Auffassung von Wahrscheinlichkeit heraus, die uns nicht mehr geläufig ist: Man fand es unwahrscheinlich, dass in den wenigen Stunden einer Aufführung, auf der räumlich beschränkten und nur wenige Schritte vom Zuschauer entfernten Bühne, sich Ereignisse abspielten, die in Zeit und Raum weit auseinanderliegen."[152]

Mit zwei Gegenwartsautoren möchte ich zunächst schließen: Sten Nadolny formuliert sehr klar: „›Welt‹ ist Ziel und Mittel eines Romans." Und „die Welt eines Romans muss erarbeitet werden. Da muss man einen Landstrich, ein Dorf, eine Stadt, ihren speziellen Mief, oder eine Arbeitswelt, eine Branche, eine Tonart zwischen den Menschen in dieser Umgebung erkennen und einigermaßen wahrheitsgemäß nacherfinden. Mit einem Franklin muss man in die Seefahrt und deren Verhaltenskodex gehen, mit *Forrest Gump* muss man in den Vietnamkrieg und in die Colleges davor."[153] Das wirft noch einmal die Frage auf nach der Authentizität: Eugen Ruges *Cabo de Gata* (2013) legt nahe, gelesen zu werden „als die wahrheitsgetreue Niederschrift einer Lebenskrise"[154]; wie Ulrich Greiner ausführt, gibt es „eine enge Verwandtschaft zwischen dem Ich des Romans und Eugen Ruge. (...) Es könnte aber sein, dass die literarische Figur der Erinnerungstreue, die Ruge strikt und stringent entwickelt, nur eine besonders wirkungsvolle Konstruktion darstellt. Die Fiktion der Nichtfiktion ist ja ein ehrwürdiges literarisches Mittel. Ruges Text zielt auf die Überzeugungskraft des Authentischen: So ist es gewesen. Dabei weiß man, wie sehr Erinnerungen trügen, und kein Leser kann überprüfen, ob der Barmann nicht vielleicht doch ein paar Sätze gesagt hat. Das ist auch vollkommen gleichgültig (...): Die Wahrheit eines Romans kommt nicht aus seiner Realitätsnähe, sondern aus seiner Glaubwürdigkeit. Wir lesen diese Geschichte voller Neugier, weil sie so wirkt, als wäre sie nicht erfunden. Ob das der Fall ist, weiß vielleicht nicht einmal Ruge selbst."[155] Ähnlich fragt und resümiert Sandra Kegel in ihrer Rezension: „Wie weit trägt die Frage nach dem Wahrheitsgehalt? Denn auch wenn Ruge mit dem autobiographischen Hintergrund spielt, geht es hier doch viel weniger darum, ob sich etwas so zugetragen hat. Die Frage ist, ob es sich so zugetragen haben könnte."[156] Womit wir wieder bei Aristoteles angekommen wären; der Kreis hat sich geschlossen[157].

Im erzähltheoretischen Diskurs wurde das positive Plausibilitätskriterium seit Wayne C. Booths *The Rhetoric of Fiction* von 1961, erweitert erschienen 1983, kritisch negativ gewendet, es wurde unter dem Terminus „unzuverlässiges Erzählen" erörtert. Der Akzent liegt hier auf der **Unzuverlässigkeit des Erzählers** selbst, das ist nicht identisch mit meinem Ansatz geforderter Plausibilität, wie wir gleich sehen werden. Ich möchte den Diskurs nicht etwa insgesamt noch einmal aufgreifen, ich konzentriere mich auf sein (vorläufiges) Resultat und folge der Darstellung von Christoph Bode[158]. „Unzuverlässiges Erzählen ist ein Erzählen, das begründete Zweifel auslöst und eine Glaubwürdigkeitslücke offenbar werden lässt."[159] Bode geht in seinen Überlegungen am Ende davon aus, dass „Unzuverlässigkeit eine Rezeptionskategorie ist, die aber nicht ohne textlichen Anlass ins Spiel gebracht wird". Naheliegend ist es dann, eine Liste textueller Signale zusammenzustellen, „die einzeln oder gehäuft dazu führen, dass die Glaubwürdigkeit des Erzählers in Zweifel gezogen wird"; das ist geschehen, exemplarisch:

- „explizite Widersprüche des Erzählers und andere interne Unstimmigkeiten innerhalb des narrativen Diskurses;
- Diskrepanzen zwischen den Aussagen und den Handlungen eines Erzählers;
- Divergenzen zwischen der Selbstcharakterisierung des Erzählers und der Fremdcharakterisierung durch andere Figuren;
- Unstimmigkeiten zwischen den expliziten Fremdkommentaren des Erzählers über andere und seiner impliziten Selbstcharakterisierung bzw. unfreiwilligen Selbstentlarvung;
- ..."[160]

Das Problem: „Kein einziges dieser Signale muss Unzuverlässigkeit indizieren (auch nicht in der Häufung)"; alle sind als legitime Mittel des Erzählens denkbar: bewusst geplant und eingesetzt, spielerisch oder ironisch intendiert. Andererseits aber kann jedes Signal „beim Leser in einem konkreten Fall die Zuschreibung ›unzuverlässig‹ auslösen." Es lassen sich indes die Bedingungen angeben, auf die Leser kritisch reagieren: „Entweder der Erzähler hat einen Grund, die Geschichte anders zu erzählen, als sie sich wirklich zugetragen hat, (...) etwa um seine Rolle in ihr zu beschönigen, sich zu entlasten usw., und der Leser kommt ihm auf die Spur" durch Widersprüche oder Implausibilitäten. Oder der Erzähler ist „geistig gar nicht in der Lage (...), zuverlässig zu erzählen (...), er ist mehr oder minder eingeschränkt zurechnungsfähig"[161]. Wenn es sich nicht um tatsächliche Fehler des Autors handelt, sind diese beiden Varianten intendierte, inszenierte Entscheidungen:

- Ein klassisches Beispiel ist Kleists *Michael Kohlhaas* (1808): Kohlhaas gerät in das Räderwerk einer weit verzweigten Mafia, der Tronka-Kallheim-Sippe, die den sächsischen Hof mitsamt den Kurfürsten über seine Geliebte Heloise, der Frau seines Kämmerers, beherrscht; die Winkelzüge dieses Clans zur Vernichtung Kohlhaas' werden vom Erzähler verharmlost, z.T. nicht verstanden (er unterstellt als Handlungsmotiv des positiv verzeichneten Kurfürsten Freundschaft). Diese Haltung des Erzählers schlägt nach zwei Seiten durch. „Während er über die weltliche und geistliche

Autorität, über den sächsischen Kurfürsten und Luther, keinerlei respekt-
widriges Urteil wagt, spricht er vom Volk gern mit einer moralisierenden
Schreiberdistanz."[162] Was ist Kleists Intention? Er „fordert den Leser durch
Wahrnehmung der problematischen Erzählerperspektive zum kritischen
Selbstdenken heraus. Er aktiviert ihn zur Erkenntnis der tatsächlichen
Verhältnisse sowie einer Mentalität, die diese Verhältnisse zu verschleiern
droht. Indem der Leser sie beim Erzähler als eine nicht permanent, aber
doch immer wieder aus dem Vorurteil der Autoritätsgläubigkeit (...) ent-
springende Mentalität diagnostiziert und zunächst selber der Gefahr der
Beeinflussung durch sie unterliegt, erkennt er, dass sowohl die dargestellte Wirklichkeit als auch das unzulängliche Bewusstsein reformbedürftig
ist. Demnach steht nicht nur das Erzählte zur Debatte; zur Debatte steht
auch der Erzähler (...), sofern er seine kritische Funktion in der Zeit nicht
angemessen erfüllt." Der Leser ist derart gefordert, „die existenzbedrohen-
den wirtschaftlichen und rechtlichen Missstände" zu durchschauen; „im
Medium dieser Missstände" kann sich dann „der Radikalisierungsprozess
vollziehen, der auch den Leser bis an eine äußerste Grenze treibt."[163]

- Ein großes Spiel mit unzuverlässigem Erzählen inszeniert Kafka im *Schloss*
(1926): K. kommt spät abends im Dorf an, findet im Wirtshaus einen
Platz auf einem Strohsack, wird geweckt, informiert darüber, dass er eine
Aufenthaltserlaubnis des Schlossherrn braucht, fragt offenbar erstaunt
nach – und behauptet dann unvermittelt und dreist, der vom Grafen
bestellte Landvermesser zu sein, eine offensichtliche Lüge. Auf telefoni-
sche Nachfrage wird dies auch bestätigt, dann aber widerrufen; K. wird
am Ende als Landvermesser und nicht als Landstreicher identifiziert. Zu
Beginn des zweiten Kapitels werden K. zwei Männer zugewiesen, die sich
bei seiner Nachfrage als seine alten Gehilfen bezeichnen – ohne Apparate
und ohne Kenntnis der Landvermessung. Und weiter: Man teilt K. aus
dem Schloss mit, dass er ins Schloss nicht kommen dürfe. K. ruft selbst
an, meldet sich als Gehilfe des Landvermessers, bei Nachfrage als Josef,
er wird korrigiert, widerspricht, er sei der alte Gehilfe. „›Nein!‹ schrie es
nun. ›Wer bin ich also?‹ fragte K. (...) ›Du bist der alte Gehilfe.‹"[164] Klaus
Hoffer erklärt realistisch: K. ist Landstreicher, der sich im Bereich des
Schlosses eine Existenz zu sichern sucht. „In der Folge verhält sich das
Schloss ihm gegenüber so, wie man es tunlichst gegenüber dergleichen
Personen tut, – Betrunkenen, Verrückten, kleinen Ganoven. Ihnen zu
widersprechen ist nicht ratsam, und an diese Verhaltensmaßregel halten

sich das Schloss und seine Vertreter im Dorf konsequent."[165] Der Roman gewinnt seine Faszination daraus, dass wir diesen „Kampf"[166] zwischen K. und dem Schloss weitgehend empathisch aus der Sicht K.s erleben und miterleben, empathisch also aus der Sicht des unzuverlässigen Erzählers.

- In Leo Perutz' *Der Meister des jüngsten Tages* (1923) berichtet der „Herausgeber" in seinen „Schlussbemerkungen" über den Erzähler „Gottfried Adalbert Freiherr von Yosch und Klettenfeld" unter anderem, dass er „feststellen musste, dass von einem bestimmten Punkt an seine Erzählung jeden Zusammenhang mit der Wirklichkeit verliert" und stellt den wahren Sachverhalt – ein ehrloses Verhalten des Freiherrn – klar. Er legt also als Erklärungsmuster nahe die erste Variante, die absichtliche Irreführung des Lesers, spekuliert über die näheren Gründe für die beobachtete Abbiegung „ins Phantastische"[167] und lässt sie offen. Das alles ist aber das Spiel des Autors mit uns: Wir können uns darauf einlassen, wir können den Roman, den Bericht des Erzählers, des Freiherrn, unabhängig von den Erklärungsversuchen des Herausgebers aber auch als authentischen Bericht eines Wahnsinnigen oder authentischen Bericht über etwas Übernatürliches lesen. Es hängt dies letztlich ab von den Erwartungen, die wir mitbringen, wenn wir einen – hier im Untertitel schon ausgewiesenen – phantastischen Roman lesen. Was bedeutet das für das unzuverlässige – Erzählen? Christoph Bode hält fest: „Unzuverlässiges Erzählen braucht (...) den Realismus, denn nur über ihn sind die (lebensweltlich fundierten) Wahrscheinlichkeitsannahmen des Lesers zu aktivieren."[168] Ich komme auf das Plausibilitätsproblem im Kontext des phantastischen Romans zurück.

- Ein (neo)klassisches Muster des – vom Autor inszenierten – unzuverlässigen Erzählers ist Humbert Humbert in Nabokovs *Lolita* (1955). Ich zitiere Bode: Er „hat sowohl einen Grund, die Leser – seine ›Jury‹ – in die Irre zu führen, als auch einen psychischen Schaden, der ihn schon viermal für insgesamt mehrere Jahre in Heilanstalten gebracht hat, lange bevor er wegen eines schlimmen Verbrechens inhaftiert wurde." Es liegen hier also beide Varianten zur Erklärung vor, die absichtliche Irreführung wie der gestörte Wirklichkeitsbezug. In seiner Verteidigung setzt er „auf eine dreifache Strategie: Er gibt sich nämlich (a) als armes, übersensibles Opfer gewissenloser, dämonischer Nymphchen aus (...); er versucht (b) (mit windigen Argumenten) die Normalität einer Beziehung zwischen einem reifen Mann und einem allenfalls frühreifen Teenager zu beweisen (...), und er schildert sich (c) als reumütigen Perversen, als tierisches Monster, das äußerste Abscheu über seine früheren Untaten empfindet." Das Resultat: Die drei Strategien heben sich wechselseitig auf, „untergraben (...) radikal seine Glaubwürdigkeit". Zugleich wird hier deutlich „ein zentrales Paradox des unzuverlässigen Erzählens (...) – es ist das Paradox der Evidenz. (...) Jede Argumentation des Musters ›Aber das sagt doch Humbert Humbert!‹ unterminiert sich selbst, weil sie früher oder später an irgendeiner Stelle – anderes Material liegt ja nicht vor – dann doch die Glaubwürdigkeit (und sei es nur eines Elements) seiner Erzählung voraussetzen muss, deren Unglaubwürdigkeit sie aber bestreiten möchte."[169]

Was impliziert dies grundsätzlich? „Solche Texte thematisieren paradoxal unsere Abschätzung von Wahrscheinlichkeiten."[170] Präziser verortet: „Historisch tritt unzuverlässiges Erzählen spätestens seit der Romantik als Möglichkeit der Inszenierung von (...) devianter oder idiosynkratisch geprägter Subjektivität auf oder als Möglichkeit, die Erkennbarkeit und Rekonstruierbarkeit von Realität, Wahrheit, Vergangenheit zu hinterfragen." Es ist „ein in seiner Effizienz kaum zu überbietendes Mittel der Leseraktivierung". Es „thematisiert die Wahrscheinlichkeits- und Glaubwürdigkeitsannahmen des Lesers, das ist das Hauptthema dieser Romane. Das Hauptthema dieser Romane sind wir. (...) Diese Bücher lesen uns. Und wir beobachten das, im Vollzug – beobachten uns bei dem Versuch, Sinn zu machen. Das ist ja Lektüre eigentlich immer, wenn sie gut ist: Selbstbegegnung in der Begegnung mit einem anderen."[171] Das wiederum ist ein weiteres Kriterium guter Romane, schwerlich aber objektivierbar. Im Zusammenhang mit Überlegungen zur Bedeutung des Lesers wird es in anderer Form wieder begegnen.

Unterhaltung

Marcel Reich-Ranicki nennt – leserorientiert – das sehr allgemeine Kriterium der **Unterhaltung** (= delectare): „Das Unterhaltungsbedürfnis veranlasst die Menschen, zu Romanen zu greifen oder zu Erzählungen."[172] Darauf nehme „ziemlich konsequent Rücksicht (...) die zeitgenössische nordamerikanische Literatur", z.B. Saul Bellow, John Updike, Philip Roth, Joyce Carol Oates. „Alle diese Autoren verachten das Publikum nicht, und anders als viele deutsche Autoren vergessen sie den Leser nie."[173] Ich werde auf dieses Kriterium explizit immer dann unter dem Stichwort „delectare" zurückgreifen, wenn es sich bei einem anderen Aspekt, in einem konkreteren Zusammenhang stellt. Reich-Ranicki holt weit aus: Die englischen, französischen, russischen Romanautoren des 19. Jahrhunderts waren „Publikumsschriftsteller (...). Die Kluft zwischen dem Roman und dem Publikum gab es damals noch nicht, sie beginnt erst mit der Moderne"[174], ein Phänomen des 20. Jahrhunderts. Peter von Matt fragt Reich-Ranicki in ihrem Gespräch, wo für ihn das Hauptgewicht beim Lesen liege – Wahrheit, Erziehung oder Lust. Die Antwort fällt klar aus: „Beim Vergnügen, bei der Lust." Ein Bonmot über Thomas Mann in diesem Zusammenhang: „Thomas Mann wurde einmal (...) gefragt, was denn das ›eigentliche Ziel‹ seiner Arbeit sei. (...) Seine Antwort lautete: ›Ich sage einfach: Freude.‹" Und Reich-Ranicki: „Ich pfeife auf die Wahrheit in der Literatur und die in ihr enthaltene Philosophie, wenn mich diese Literatur langweilt."[175]

Diese Position ist nicht selbstverständlich: In der seriösen Literaturkritik und zumal in der Literaturwissenschaft sind Unterhaltung, Lust, Vergnügen eher ein Kriterium minderer literarischer Qualität, ein Kriterium von Bestsellern, „Unterhaltungs"- und Trivialliteratur. Thomas Anz sieht hier ein Defizit, sein Buch *Literatur und Lust*[176] ist eine erste Aufarbeitung. Noch bei Freud klingt der Vorwurf eines Fluchtverhaltens an: „Wer für den Einfluss der Kunst empfänglich ist, weiß ihn als Lustquelle und Lebenströstung nicht hoch genug einzuschätzen. Doch vermag die milde Narkose, in die uns die Kunst versetzt, nicht mehr als eine flüchtige Entrückung aus den Nöten des Lebens herbeizuführen"[177]. Ähnlich Kurt Tucholsky, der doch das Lesen als rauschhaftes Glückserlebnis geschildert hat: „Manchmal, o glücklicher Augenblick, bist du in ein Buch so vertieft, dass du in ihm versinkst – du bist gar nicht mehr da. Herz und Lunge arbeiten, dein Körper verrichtet gleichmäßig seine innere Fabrikarbeit, - du fühlst ihn nicht. Du fühlst dich nicht. Nichts weißt du von der Welt um dich herum, du hörst nichts, du siehst nichts, du liest. Du bist im Banne eines Buches." Aber:

„Plötzlich lässt die stählerne Bindung um eine Spur nach, das Tau, an dem du gehangen hast, senkt sich (…). Das ist, wie wenn man aus einem Traum aufsteigt. Rechts und links an den Buchseiten tauchen die Konturen des Zimmers auf, noch liest du weiter, aber nur mit dreiviertel Kraft, du fühlst dumpf, dass außerhalb des Buches noch etwas anderes ist: die Welt. (…) Guten Tag, Zimmer. Das Zimmer grinst, unhörbar. Du schämst dich ein bisschen."[178] Als uneingeschränkt positiv wird die Leselust in der Postmoderne gesehen: „Du schickst dich an, den neuen Roman *Wenn ein Reisender in einer Winternacht* von Italo Calvino zu lesen. Entspanne dich. Sammle dich. Schieb jeden anderen Gedanken beiseite. Lass deine Umwelt im Ungewissen verschwimmen. Mach lieber die Tür zu, drüben läuft immer das Fernsehen. Sag es den anderen gleich: ›Nein, ich will nicht fernsehen!‹ Heb die Stimme, sonst hören sie's nicht: ›Ich lese! Ich will nicht gestört werden!‹" Es folgen Anweisungen, die „zur dauerhafteren Freude am Akt als solchen führen" sollen, „das heißt am Lesen des Buches."[179]

Exkurs: Ästhetischer Genuss. Geschichte und Gegenwart

Gehen wir zurück an den meistzitierten Ursprung dieser Tradition: „Entweder nützen (prodesse) oder erfreuen (delectare) wollen die Dichter, oder zugleich, was erfreut und was nützlich fürs Leben ist, sagen. (…) Was man des Vergnügens wegen (voluptatis causa) erfindet, sei dicht an der Wahrheit"[180]. Und weiter: „Dichtungen ohne Belehrung verwirft der gesetztere Bürger; ernsten Gesängen verschließt sich der jüngere Ritter voll Hochmut. Wenn man Belehrung verknüpft mit Ergötzung, wenn man dem Leser Winke erteilt und ihn gut unterhält, so ist jeder befriedigt."[181] Lust oder Lehre, Horaz geht es gleichermaßen um beides, noch einmal enger am Text: „Jede Stimme erhielt, wer Süßes (dulce) und Nützliches (utile) mischte, indem er den Leser ergötzte und gleicherweise belehrte."[182] Die Wirkungsgeschichte dieser Doppelbestimmung ist kolossal: „Die Geschichte der Ästhetik lässt sich beinahe als ein dialektischer Vorgang zusammenfassen, in dem das horazische dulce und utile, Dichtung ist süß und nützlich, als These und Gegenthese wirken."[183]

Die Lust allerdings war inhaltlich nicht näher reflektiert; dies erfolgt bei Kant, der Corpus seiner *Kritik der Urteilskraft* (1790) beginnt mit folgendem Satz: „Um zu unterscheiden, ob etwas schön sei oder nicht[184], beziehen wir die Vorstellung nicht durch den Verstand auf das Objekt zum Erkenntnisse, sondern durch die Einbildungskraft (…) auf das Subjekt und das Gefühl der Lust oder Unlust desselben." In diesem ästhetischen Urteil „wird die Vorstellung gänzlich auf das Subjekt, und zwar auf das Lebensgefühl desselben, unter dem Namen des Gefühls der Lust oder Unlust, bezogen"[185]. Diese Lust oder – synonym – dieses „Wohlgefallen" bestimmt Kant als nicht ziel-, zweck- oder interesseorientiert. Interesseorientiert ist in Differenz dazu einmal das Wohlgefallen am Angenehmen, von dem Kant differenzierend daher auch nicht sagt, dass es „gefällt", sondern „vergnügt", verknüpft mit der Begierde danach, Gegenstände dieser Art zu besitzen oder sie sich einzuverleiben. Interesseorientiert ist zweitens auch das Wohlgefallen am Guten: Wir wollen, dass das, was wir für gut halten, weil es z.B. nützlich ist oder auch weil es moralisch gefordert ist, auch realisiert wird. Kant spricht in beiden Fällen von Interesse als „Wohlgefallen am Dasein eines Objekts oder einer Handlung"[186].

In Differenz zum Angenehmen und Guten also bestimmt Kant zunächst das Schöne: Es ist der Gegenstand eines freien, ganz und gar uninteressierten Wohlgefallens. Dieses interesselose Wohlgefallen resultiert aus einer spezifischen Verfasstheit der ästhetischen Wahrnehmung: Kant spricht vom freien Spiel der

Vorstellungskräfte, von der wechselseitigen Zusammenstimmung, der Harmonie des Verstandes mit der Einbildungskraft.

Es enthält dies Konzept der ästhetischen Lust noch ein zweites Moment: Kant bestimmt das ästhetische Urteil des Subjekts als apriorisch allgemein gültig. In seiner Rehabilitierung der ästhetischen Lust greift Hans Robert Jauß ausdrücklich darauf zurück: Die ästhetische Distanz ist Freisetzung aus den alltäglichen Gewohnheiten und Interessen für andere Erfahrungen: „für das produzierende Bewusstsein im Hervorbringen von Welt als seinem eigenen Werk, für das rezipierende Bewusstsein im Ergreifen der Möglichkeit, die Welt anders wahrzunehmen, und schließlich – damit öffnet sich die subjektive auf intersubjektive Erfahrung – in der Beipflichtung zu einem vom Werk geforderten Urteil oder", wenn es um die moralische Beurteilung von Handlungsweisen der Protagonisten geht, „ in der Identifikation mit vorgezeichneten und weiter zu bestimmenden Normen des Handelns."[187] „In Ansehung des Angenehmen bescheidet sich ein jeder: dass sein Urteil, welches er auf ein Privatgefühl gründet und wodurch er vom Gegenstand sagt, dass er ihm gefalle, sich auch bloß auf seine Person einschränke. Daher ist er es gern zufrieden, dass, wenn er sagt: Der Kanariensekt ist angenehm, ihm ein anderer den Ausdruck verbessere und ihn erinnere, er solle sagen: er ist mir angenehm (…). Dem einen ist die violette Farbe sanft und lieblich, dem andern tot und erstorben. Einer liebt den Ton der Blasinstrumente, der andre den von Saiteninstrumenten. (…) Mit dem Schönen ist es ganz anders bewandt. Es wäre (gerade umgekehrt) lächerlich, wenn jemand, der sich auf seinen Geschmack etwas einbildete, sich damit zu rechtfertigen gedächte: Dieser Gegenstand (das Gebäude, was wir sehen, das Kleid, was jener trägt, das Konzert, was wir hören, das Gedicht, das zur Beurteilung aufgestellt ist) ist für mich schön. Denn er muss es nicht schön nennen, wenn es ihm bloß gefällt (…); wenn er aber etwas für schön ausgibt, so mutet er anderen eben dasselbe Wohlgefallen zu: Er urteilt nicht bloß für sich, sondern für jedermann und spricht alsdann von der Schönheit, als wäre sie eine Eigenschaft der Dinge. Er sagt daher, die Sache ist schön; und rechnet nicht etwa darum auf anderer Einstimmung in sein Urteil des Wohlgefallens, weil er sie mehrmalen mit dem seinigen einstimmig gefunden hat, sondern fordert es von ihnen. Er tadelt sie, wenn sie anders urteilen, und spricht ihnen den Geschmack ab, von dem er doch verlangt, dass sie ihn haben sollen"[188].

Dieses Urteil gründet weder in der Logik des Begriffs noch des kategorischen Imperativs, sondern der Zumutung des konkreten Beispiels und seiner Mitteilbarkeit – in Analogie zu Rousseaus Gesellschaftsvertrag, worauf Hans Robert

Jauß aufmerksam macht, denn Kant formuliert: „Auch erwartet und fordert ein jeder die Rücksicht auf allgemeine Mitteilung von jedermann, gleichsam als aus einem ursprünglichen Vertrage, der durch die Menschheit selbst diktiert ist"[189]. Manfred Engel hat versucht, Kants Ansatz zu konkretisieren und zu aktualisieren: „Kant hat weiterhin (…) erste Spezifika von Werken genannt, die zur ästhetischen Erfahrung besonders geeignet sind. In die Autonomieästhetik eingegangen sind sie als Privilegierung des formalen Aspekts gegenüber den Inhalten (§ 6), als Wertkriterium der Stimmigkeit, des nicht auf eine einfache Formel reduzierbaren, also komplexen Zusammenspiels von Einzelelementen wie Verfahren (§ 10-17), und der semantischen Polyvalenz (§ 49)."[190]

Theodor W. Adorno konzediert: „Kant hat als erster die seitdem unverlorene Erkenntnis erreicht, dass ästhetisches Verhalten von unmittelbarem Begehren frei sei (…). Die Aussonderung der ästhetischen Sphäre aus der Empirie konstituiert die Kunst."[191] Dann aber setzt – dialektisch entwickelt – seine Kritik an: „Interesselosigkeit entfernt sich von der unmittelbaren Wirkung, die das Wohlgefallen konservieren will, und das bereitet die Brechung von dessen Suprematie vor. Denn bar dessen, was bei Kant Interesse heißt, wird Wohlgefallen zu einem so Unbestimmten, dass es zu keiner Bestimmung des Schönen mehr taugt. Die Doktrin vom interesselosen Wohlgefallen ist arm angesichts des ästhetischen Phänomens"[192]. Schärfer noch: Kant werde „Ästhetik, paradox genug, zum kastrierten Hedonismus, zu Lust ohne Lust, gleich ungerecht gegen die künstlerische Erfahrung, in der Wohlgefallen beiher spielt, keinesfalls das Ganze ist, und gegen das leibhafte Interesse, die unterdrückten und unbefriedigten Bedürfnisse, die in ihrer ästhetischen Negation mitvibrieren und die Gebilde zu mehr machen als leeren Mustern."[193] Konkret: „Sicherlich erweckt Kafka nicht das Begehrungsvermögen. Aber die Realangst, die auf Prosastücke wie die Verwandlung oder die Strafkolonie antwortet, der Schock des Zurückzuckens, Ekel, der die Physis schüttelt, hat als Abwehr mehr mit dem Begehren zu tun als mit der alten Interesselosigkeit, die er und was auf ihn folgt kassiert. (…) Autonom ist künstlerische Erfahrung einzig, wo sie den genießenden Geschmack abwirft. Die Bahn zu ihr führt durch Interesselosigkeit hindurch; die Emanzipation der Kunst von den Erzeugnissen der Küche oder der Pornographie ist irrevokabel. Aber sie kommt in der Interesselosigkeit nicht zur Ruhe. Interesselosigkeit reproduziert immanent, verändert, das Interesse. In der falschen Welt ist alle hedoné (=Lust, Vergnügen) falsch. Um des Glücks willen wird dem Glück abgesagt. So überlebt Begehren in der Kunst."[194] Damit in der Tat haben wir uns von Horaz wie von Kant weit entfernt, sind eher auch inhaltlich orientiert bei

75

Begriffen wie Realitäts- und Gesellschaftskritik, Kunst als Negation einer Welt, die alles zur Ware pervertiert, Aussagekraft von Kunst und Literatur; es sind dies Aspekte oder Kriterien, die ich gar nicht in Widerspruch und noch weniger gar alternativ stellen möchte zum Kunstgenuss. Auch Adorno gesteht an einer Stelle: „Wäre (…) die letzte Spur von Genuss exstirpiert, so bereitete die Frage, wozu Kunstwerke überhaupt da sind, Verlegenheit."[195] Dominant nicht nur, sondern absolut gesetzt wird gleichwohl die Kategorie des Widerspruchs, der Negativität: „Objektiv aber ist der immanente Prozesscharakter der Kunstwerke, schon ehe sie irgend Partei ergreifen, der Prozess, den sie gegen das ihnen Auswendige, das bloß Bestehende anstrengen. Alle Kunstwerke, auch die affirmativen, sind a priori polemisch. Der Idee eines konservativen Kunstwerks haftet Widersinn an. Indem sie von der empirischen Welt, ihrem Anderen emphatisch sich trennen, bekunden sie, dass diese selbst anders werden soll"[196].

Adorno steht in seiner Zuspitzung exemplarisch nicht nur für eine ideologiekritische, sondern auch für eine darüber hinausgreifende, wirkmächtige Tradition, der Genuss und Lust eher ein Zeichen anspruchslos unkritischer Literatur waren. Hans Robert Jauß setzt daher in seiner Rehabilitation des ästhetischen Genusses und Rekonstruktion ästhetischer Erfahrung kritisch bei Adorno an mit zwei Argumenten: „Auch Werke negativen Charakters pflegen im Prozess ihrer Rezeption ihre ursprüngliche Negativität in dem Maße einzubüßen, wie sie selbst wieder ›klassisch‹ werden (…) und schließlich als Bildungserbe jene autoritative Tradition wieder befestigen, deren Geltung sie bei ihrem Erscheinen verneinten oder durchbrachen." Gerade „Klassizität ist das ausgezeichnete Paradigma der Einverleibung von Negativität in Traditionen gesellschaftlicher Affirmation."[197] Das zweite Argument ist grundsätzlicher noch: „Ästhetische Erfahrung wird um ihre primäre gesellschaftliche Funktion verkürzt, solange sie im kategorialen Rahmen von Negation und Affirmation belassen und die konstitutive Negativität des Kunstwerks nicht mit Identifikation als ihrem rezeptionsästhetischen Gegenbegriff vermittelt wird."[198]

Identifikation als Gegenbegriff, gekoppelt mit Vergnügen, Lust, Freude: Wie komplex diese Empfindungen sind, macht schon ein rezeptionsästhetisch und psychoanalytisch verengter Ansatz deutlich, den Jochen Schulte-Sasse rekapituliert[199]: Die Inhalte von Literatur vermögen Verhaltensmuster und Wunschvorstellungen aus frühen Phasen unserer psychischen Entwicklung auf der Ebene des Es zu aktivieren, auch libidinöse und aggressive Wünsche auf der Ebene unseres Ichs und ihre Transformation in ihrerseits befriedigende Wertungen auf der Ebene des Über-Ichs: „Ästhetisches Vergnügen ist in dieser Perspektive primär als Transformations- und Integrationserlebnis zu deuten."[200] Hinzu kommt als Ich-Leistung die Entdeckung bestimmter motivischer, thematischer Muster, Wiederholungsmuster, des Spiels mit Motiven, möglicherweise auch Zitate, Anspielungen, Verweise, intra- wie intertextuell, die im Prozess ihrer Entdeckung Vergnügen bereiten und Erwartungshaltungen wecken, die Entdeckung formaler Muster und Strukturen, möglicherweise – ich ergänze – auch die Entdeckung neuer Aspekte von Wirklichkeit etc – alles das „löst Gefühle der Befriedigung aus."[201]

Mit dem letztgenannten Aspekt, Ich-Leistung, ist nun offensichtlich der Schritt in den Bereich des „docere" getan. Das gleiche vermutlich meint auch „literarisches Lesen" als „selfgratifying: Ihre Belohnung besteht im Genuss, den man sich selbst bereiten kann, der Genugtuung, sich auf eine intellektuelle und emotionale Herausforderung der eigenen Vorstellungskraft und Kombinationsgabe eingelassen zu haben und sie (wie irritiert, konsterniert, aufgewühlt, reifer, weiser, gelangweilt, angeödet, erregt, amüsiert, bestätigt oder unterfordert auch immer) bestanden zu haben."[202] In den Begriffen Gelferts: Das Reizniveau wird – durch formale, sprachliche oder auch inhaltliche Komplexität – angehoben, erfordert unsere Anstrengung, und umso größer ist unsere Befriedigung oder ästhetische Lust, wenn wir die Komplexität durchschaut haben. Wir suchen angesichts eines vermeintlichen Chaos nach „Sinnmustern und Ordnungsstrukturen, die das Chaos bändigen. Doch soll uns der Text das schwermachen. Denn entdecken wir die Ordnung zu leicht, ist das Muster zu simpel, dann empfinden wir den Text als langweilig, abstrakt und trivial."[203] Poetisch und schön gleichermaßen beschreibt Eduard Mörike den Zusammenklang von docere und delectare, das ästhetische Erleben – Kant steht gleichsam hinter ihm: „Vor Einschlafen les ich gegenwärtig *Wilhelm Meister* wieder. Das Buch ist in der Tat unausschöpflich und, was künstliche Komposition betrifft, unendlich lehrreich. So oft ich eben eine Seite lese, wird es heller Sonnenschein vor meinem Geist, und ich fühle mich zu allem Schönen aufgelegt. Es setzt mich wunderbar in Harmonie mit der Welt, mit mir selbst, mit allem. Das, dünkt mich, ist das wahrste Kriterium eines Kunstwerks überhaupt. Das tut Homer auch und jede antike Statue."[204] Bertolt Brecht formuliert ebenso einfach wie dialektisch: „Die Betrachtung der Kunst kann nur dann zu wirklichem Genuss führen, wenn es eine Kunst der Betrachtung gibt."[205]

Friederike Worthmann bestätigt diesen Befund in ihren kognitionspsychologisch fundierten Überlegungen: „Lust des Lesers an der eigenen kognitiven Tätigkeit (…). Ästhetische Lust am Text ist (…) die Lust des Lesers, jene kognitiven Prozesse der Textrezeption durchzuführen, die am Vorgang des Verstehens, das heißt an der Sinn- und Bedeutungskonstitution, beteiligt sind und es ermöglichen, ein sinnkonstantes mentales Textmodell herzustellen: Prozesse der Selektion, Klassifikation und Elaboration, der Entscheidungsfindung, Problemlösung und Schlussfolgerung. (…) Ästhetische Lust am Text erweist sich so als Lust am vollen Einsatz unserer Fähigkeiten. (…) Sie kommt zustande, wenn die Lektüreanforderungen mit den Lektürefähigkeiten des jeweiligen Lesers in einem harmonischen Gleichgewicht stehen."[206]

Docere und delectare, die beiden Felder greifen ineinander über: Umberto Eco – hier Leser wie Praktiker – gibt ein Beispiel: „*Robinson Crusoe* will seinen Idealleser unterhalten, indem er von Buchhalteroperationen erzählt, von Alltagsverrichtungen eines braven homo oeconomicus, der diesem Leser sehr ähnelt. Doch der Robinson-Ähnliche soll, während er sich an der Lektüre seiner selbst in *Robinson Crusoe* ergötzt, auch etwas mehr über sich selbst begreifen und damit ein anderer werden. Er soll, während er sich unterhält, etwas lernen. Ob der Leser etwas über die Welt oder etwas über die Sprache lernen soll, ist eine Frage, in der die Poetiken der erzählenden Kunst divergieren, aber das ändert nichts an der Grundidee. Der Idealleser von *Finnegans Wake* soll sich am Ende genauso gut unterhalten wie der Leser von *Winnetou*. Zumindest genauso gut. Allerdings auf andere Weise."[207]

Finnegans Wake (1939) oder, allgemeiner angesetzt, Bücher, die – postmodern – den Leser herausfordern durch ihre Anspielungen, versteckten und offenen Zitate, durch Unbestimmtheit und Vieldeutigkeit – Hans Robert Jauß bestreitet, dass das Vergnügen der Kenner „am Aufdecken eines Verfahrens oder eines zweiten Kodes" ein spezifisch ästhetisches ist, er hält vielmehr dafür, dass es „sich in jeder theoriebildenden Tätigkeit einzustellen pflegt"[208], und sieht darin eher eine „Purgierung der ästhetischen Erfahrung von aller emotionellen Identifikation"[209] in der traditionellen Linie der Abwertung von Genuss; um dessen Rehabilitierung aber geht es ihm: „Das genießende Verhalten, das Kunst auslöst und ermöglicht, ist die ästhetische Erfahrung par excellence (…), sie muss wieder Gegenstand theoretischer Reflexion werden"[210].

Im Rückgriff auf Kant bestimmt er das genießend ästhetische Verhalten – ich wiederhole und zitiere noch einmal – zunächst als „Freisetzung des Betrachters aus den Verhaftungen seiner alltäglichen Praxis (…) durch das Imaginäre"[211] und derart zugleich Freisetzung für andere Erfahrungen. Entfaltet wird dieser Ansatz in drei Hinsichten: „Ästhetisch genießendes Verhalten, das zugleich Freisetzung von und Freisetzung für etwas ist, kann sich auf drei Ebenen vollziehen: für das produzierende Bewusstsein im Hervorbringen von Welt als seinem eigenen Werk, für das rezipierende Bewusstsein im Ergreifen der Möglichkeit, die Welt anders wahrzunehmen, und schließlich – damit öffnet sich die subjektive auf intersubjektive Erfahrung – in der Beipflichtung zu einem vom Werk geforderten Urteil oder in der Identifikation mit vorgezeichneten und weiter zu bestimmenden Normen des Handelns." Drei Hinsichten oder Ebenen, Jauß greift auf traditionelle Begriffe zurück: „Poiesis" meint „die ästhetische Grunderfahrung, dass der Mensch sein allgemeines Bedürfnis, in der Welt heimisch und zu Hause zu sein, durch das Hervorbringen von Kunst befriedigen kann, indem er der Außenwelt ihre spröde Fremdheit benimmt, sie zu seinem eigenen Werk macht und in dieser Tätigkeit ein" spezifisches „Wissen" erreicht. „Aisthesis" benennt „die ästhetische Grunderfahrung, dass ein Kunstwerk die durch Gewohnheit abgestumpfte Wahrnehmung der Dinge erneuern kann". Und „Katharsis" benennt dann „die ästhetische Grunderfahrung, dass der Betrachter in der Aufnahme von Kunst aus den praktischen Interessen und affektischen Verstrickungen seines Alltags gelöst und über das ästhetische Vergnügen für kommunikative Identifikation oder – nach Kant – für die Beipflichtung zu einem Geschmacksurteil freigesetzt werden kann."[212] In der Folge gibt Jauß Stichworte zur Geschichte der ästhetischen Erfahrung, der produktiven, rezeptiven und kommunikativen Theorie und Praxis seit Platon. Uns interessieren vor allem Überlegungen zur Aisthesis und Katharsis; ich greife eine Position heraus:

Der russische Formalist Victor Sklovskij fordert in seiner Schrift *Kunst als Verfahren* (1916) eine neue Wahrnehmung mittels verfremdender Technik der Darstellung: „Um das Empfinden des Lebens wieder herzustellen, um die Dinge zu fühlen, um den Stein steinern zu machen, existiert das, was man Kunst nennt. Ziel der Kunst ist es, ein Empfinden des Gegenstandes zu vermitteln, als Sehen, und nicht als Wiedererkennen"; denn „Dinge, die man mehrere Male wahrnimmt, beginnt man durch Wiedererkennen wahrzunehmen; der Gegenstand befindet sich vor uns, wir wissen davon, aber wir sehen ihn nicht". Das „Verfahren der Kunst" ist daher „das Verfahren der ›Verfremdung‹ der Dinge und das Verfahren der erschwerten Form"[213]. Jauß betont, dass es Sklovskij nicht um bloße Innovation gehe, die vom „Automatismus" der Gewöhnung „befreite, ästhetische Wahrnehmung" schließe „das entdeckende oder bestätigende Sehen dessen ein, was bisher verdeckt, verleugnet oder verdrängt war."[214] Das spezifische Wissen der Aisthesis ist ihr Wahrheitsanspruch in Differenz zum begrifflichen Wissen.

Exemplarisch für diese Forderung und singulär steht Prousts Zyklus *Auf der Suche nach der verlorenen Zeit* (1913). Schon seinen ersten Interpreten fiel die wunderbare Genauigkeit der Aussage auf; Ernst Robert Curtius formuliert: „Prousts Stil ist ein Präzisionsinstrument der Erkenntnis"[215] und analysiert diesen Stil in seinen Häufungen, seiner Bildlichkeit und Metaphorik, seiner Rhythmik und anderen Eigenarten. Jauß akzentuiert Prousts Verfahren: Die unmittelbare Wahrnehmung führt nicht zur Erkenntnis, die „Wirklichkeit kann sich aber dem Bewusstsein nach dem Durchgang durch die Erinnerung im Medium der Kunst erschließen." Die wirklichkeitserschließende Kraft des reinen Sehens findet statt in der Erinnerung, nicht aber als Leistung des intellektuellen Gedächtnisses, vielmehr ist „die Fähigkeit zur Entdeckung von Wahrheit an das unfreiwillig Erfahrene gebunden (…), das der Willkür des beobachtenden Verstandes und des ihm botmäßigen Gedächtnisses entzogen bleibt."[216]

Bleibt die dritte Ebene, die Katharsis: „Ästhetische Erfahrung geht nicht im geschlossenen Kreis von Texterfahrung und Selbsterfahrung auf, sondern schließt auch Fremderfahrung ein, die sich auf der Ebene primärer Identifikationen wie: Bewunderung, Erschütterung, Rührung, Mitweinen, Mitlachen vollzieht, über das Exemplarische in moralische Identifikation übergehen und damit praktisches Verhalten vororientieren kann."[217] Ich greife die Ebene der Katharsis später noch einmal auf, im Kontext des Textverstehens. Jetzt möchte ich zurückführen zum Ausgangspunkt, zur Frage der Lust und des Genusses:

Roland Barthes entwickelte 1973 in seinem Buch *Die Lust am Text* anregend, ermutigend, allerdings auch höchst komplex das Lustprinzip als Kriterium der Kritik. Ich referiere, gleichsam ein Exkurs im Exkurs. Barthes unterscheidet die Schreiblust und die Leselust, zunächst zur Schreiblust:

- Der schriftstellerische Umgang mit dem Wort, der Sprache ist als kreativer Akt, der die Grenzen der Sprache erweitert und verschiebt, lustvoll: „Die Sprache ist eine Wollust an Fabrikation und Funktionieren. Sie verweist auf eine Psychoanalyse der Lust und zugleich auf eine Dynamik des Funktionierens und Verbindens der einzelnen Teile miteinander, die im gleichen Maße einzwängend und nachgiebig ist. Man könnte hier auch von einer Stereophonie sprechen. (…) Sie ist ein Raum, sie setzt das Denken und die Gefühle gemäß unterschiedlicher Entfernungen und Lautstärken in Gang. Gewiss, wenn ich sage ›Treten Sie ein und schließen Sie die Tür‹, dann ist das kein Satz, der eine große Stereophonie enthielte. Ein literarischer Text aber ist wirklich stereophon."[218] Lust des Schreibens, ich ergänze mit Urs Widmer: Die Lust des Lesers „rührt daher, dass der Dichter in sich den Sieg der Form über den Inhalt feiert." Hier setzt Widmer auch die Lesers an: Der Autor feiert „den Sieg der Form über den Inhalt. Der Leser mit ihm, weil er (...) das Buch lesend im Kopf mitschreibt. Literatur entsteht in dem Moment, wo das unbegrenzte, diffuse Leben Struktur bekommt. Dieser ästhetische Sieg löst eine ungeheure Erleichterung aus, er ist ein Triumph über das böse Leben, auch wenn danach das böse Leben weitergeht."[219]

- Zurück zu Roland Barthes: Die Leselust als „Lust am Text" wird durch folgende Stichworte gekennzeichnet: „Klassiker. Kultur (je mehr Kultur, desto größer, diverser wird die Lust sein). Intelligenz. Ironie. Feingefühl. Euphorie. Beherrschung. Sicherheit: Lebenskunst. (...) Außerordentliche Verstärkung des Ich"[220]. Eine Begriffsreihung, die zum assoziativen Nachvollzug einlädt. An anderer Stelle notiert Barthes: „Text der Lust: der befriedigt, erfüllt, Euphorie erzeugt; der von der Kultur herkommt, nicht mit ihr bricht, gebunden ist an eine behagliche Praxis der Lektüre."[221]

- Voraus geht die Wahl des Textes, verknüpft mit der Freiheit, nach eigenen Vorstellungen mit dem Text umzugehen; Barthes nennt diese Freiheit, eine Voraussetzung oder gar Quelle der Leselust, „Tmèse": „Wir lesen nicht alles mit derselben Lektüreintensität; es bildet sich ein Rhythmus heraus, ungeniert, von geringem Respekt gegenüber der Integrität des Textes; unsere Gier nach Erkenntnis treibt uns, bestimmte (als ›langweilig‹ verdächtigte) Passagen zu überfliegen oder zu überspringen, um so schnellstmöglich die heißen Stellen der Anekdote [= Fabel] zu finden (die stets ihre Artikulationen sind: das, was die Enthüllung des Rätsels oder des Schicksals vorwärtsbringt): Wir überspringen (...) Beschreibungen, Erklärungen, Überlegungen, Konversationen (...). Die Tmesis, die Quelle oder Figur der Lust, stellt hier zwischen zwei prosaischen Seiten Blickkontakt her; das, was für die Erkenntnis des Geheimnisses nützlich ist, stellt sie dem entgegen, was dafür unnütz ist; (...) sie entsteht nicht in der Struktur der Sprachen selbst, sondern allein im Augenblick ihres Konsums (...). Und gleichwohl ist es gerade der Rhythmus zwischen dem, was man liest, und dem, was man nicht liest, der die Lust an den großen Erzählungen ausmacht: Hat man jemals Proust, Balzac, *Krieg und Frieden* Wort für Wort gelesen?"[222]

- „Daraus ergeben sich zwei Modi der Lektüre: Der eine zielt direkt auf die Artikulation der Anekdote, betrachtet die Ausdehnung des Textes, übergeht die Sprachspiele (wenn ich einen Jules Verne lese, mache ich schnell

[...]); die andere Lesart lässt nichts aus; sie ist schwergewichtig, klebt am Text, sie liest, wenn man so sagen kann, mit Beflissenheit und einem Fortgerissensein (...): Nicht die (logische) Ausdehnung fesselt sie, die Entblätterung der Wahrheiten, sondern das Blätterwerk der Signifikanz"[223].

- Die zweite Lesart entspreche „dem modernen Text, dem Grenz-Text. Lesen Sie einen Roman von Zola langsam, lesen Sie alles, so wird Ihnen das Buch aus den Händen fallen; lesen Sie einen modernen Text schnell, in einzelnen Brocken, so wird dieser Text für Ihre Lust opak, verschlossen: Sie wollen, dass etwas passiert, und nichts passiert; denn was der Sprache passiert, (...) der Zwischenraum der Wollust, geschieht (...) im Vorgang des Aussagens, nicht in der Abfolge des Ausgesagten: nichts verschlingen, nichts verschlucken, sondern abweisen, sorgfältig abgrasen, zum Lesen dieser heutigen Autoren die Muße der alten Lektüren wiederfinden: um aristokratische Leser zu sein."[224]

- Barthes setzt mit heutigen Autoren und modernen Texten – 1973 ist *Die Lust am Text* erschienen – die Avantgarde jener Jahre in der Nachfolge und Weiterentwicklung etwa von Broch, Döblin, Musil, Joyce an, ich komme unter dem Stichwort Innovation darauf zurück. Barthes unterscheidet in diesem Zusammenhang unter dem Stichwort der Lust am Text den Text der Lust – und, überraschend, steigernd, den „Text der Wollust: der in den Zustand des Sichverlierens versetzt, der Unbehagen auslöst (vielleicht bis hin zu einem gewissen Überdruss), die historischen, kulturellen, psychologischen Grundfeste des Lesers, die Konsistenz seiner Vorlieben, seiner Werte und seiner Erinnerung erschüttert, seine Beziehung zur Sprache in eine Krise stürzt."[225] An anderer Stelle heißt es, diese Texte lägen „außerhalb jeder vorstellbaren Finalität (...) – sogar jener der Lust (die Wollust zwingt nicht zur Lust; sie kann sogar scheinbar langweilen)." Und: „Der Text der Wollust ist absolut intransitiv." Die Wollust sei definiert durch das Extrem: „das stets deplazierte Extrem, das leere, mobile, unvorhersehbare Extrem."[226] Zur Konkretion: „Ganze Abende lang lese ich Zola, Proust, Verne, *Monte Christo* (...). Das ist meine Lust, aber nicht meine Wollust: Diese hat bei nur beim absolut Neuen eine Chance, denn nur das Neue erschüttert (entkräftet) das Bewusstsein"[227]. Stichwort Innovation.

- Das Resultat: „Es ist daher ein anachronistisches Subjekt, das beide Texte in seinem Feld und in seinen Händen die Zügel der Lust und der Wollust hält, denn es hat zugleich und widersprüchlich Anteil am tiefen Hedonismus jeder Kultur (...) und an der Zerstörung dieser Kultur: Es genießt die Konsistenz seines Ich (das ist seine Lust) und sucht nach einem Verlust (das ist seine Wollust). Es ist ein zweifach zerklüftetes, zweifach perverses Subjekt."[228]

- Roland Barthes beschreibt radikal und provokant, spitzt zu. Mit historischem Abstand, vermittelnd, glättend, bemüht, das Verständnis zu erleichtern[229], fasst Elise Clement zusammen: In der Intimität des Lesens, in der Tmése/Timesis „kann sich der Leser entweder der Rekonstruktion oder der Auflösung, der Dekonstruktion des Textes widmen. So wird das Lesen zu einem kreativen Akt, wird selbst zum Schreiben, ein Schreiben, das in den Text eingreift, ihn verändert, ihn personalisiert. (...) Nach Barthes sucht der Leser das Wort, den Satz, den Abschnitt, der dazu gemacht ist, ihn zu berühren. Der Text wird zum Körper, [dessen] sich der Leser bemächtigt (Lust) oder der sich seiner bemächtigt (Wollust)."[230] Hier werden Stichworte angesprochen, die ich später explizit aufgreife: Identifikation und die Rolle des Lesers.

Ich beschließe den Aspekt der Lese-Lust mit dem „Ausblick", den Thomas Anz in seinem Buch gibt: „Wer liest, will Lust." Oder: „Vergnügen, Spaß, Genuss, Entspannung, Wohlgefühl, Freude, Glück. (...) Es gibt eine Vielzahl von Bedürfnissen, die sich mit Literatur lustvoll befriedigen lassen: das Begehren nach Schönheit, nach emotionaler Erregung, nach befreiendem Lachen, nach kontemplativer Ruhe, nach moralischer Erbauung oder auch nach dem Glück der Erkenntnis."[231] Ein Fokus allerdings scheint sich abzuzeichnen: „In den vielfältigen Auskünften, die Menschen im Verlauf der Kulturgeschichte über Lust- und Glückserfahrungen gegeben haben, kehrt eine Komponente immer wieder: die Befreiung. Glücks- und Lustgefühle scheinen mit Gefühlen der Befreiung ganz eng assoziiert zu sein: allgemein mit der Befreiung von Unlust, konkreter mit der Erlösung von diversen Übeln: des Schmerzes, der Angst oder auch der Langeweile, mit der kathartischen Reinigung von unliebsamen Affekten, mit der Befreiung von Anstrengung, mit Entlastung und Erleichterung, der Ersparnis von Aufwand, der Auflösung von Spannungen und Zwängen. (...) Wo Kunst und Literatur als Spiel begriffen werden, ist es zum einen die Freiwilligkeit, die als Basis ästhetischer Lust hervorgehoben wird, und zum anderen die Entlastung von alltäglichen Realitätszwängen"[232]. „Wer liest, will Lust." Daraus folgt: „Die Grenze zur ästhetischen Gleichgültigkeit kann nicht ungestraft überschritten werden." Sie ist möglicherweise markiert durch „schockartige Neuheit, ungenießbare Verfremdung und irritierende Vieldeutigkeit", Stichwort Innovation als Selbstzweck, sie ist andererseits markiert durch hoch gesetzte „Anforderungen experimentierender Kunst an historische Bildung, geschulte Interpretationstechnik oder Ausdauer in der Entschlüsselung, die nur noch von einem esoterischen Kreis von Rezipienten eingelöst werden können. Der Abbau der Erzählfunktionen kann zum inhaltslosen Sprachexperiment, die Entgegenständlichung zur montonen Wahrnehmungsaskese, die Vieldeutigkeit zum Richtungslosen beliebiger Lösungen übersteigert werden. Mit alledem wird nicht selten ein letzter Rest an Leserinteresse vergeben."[233]

Ein letzter Punkt: Hans Robert Jauß hat daran erinnert, in seinen Äußerungen zur Katharsis klang es schon an, dass die ästhetische Lust traditionell immer auch schon einherging mit – Moral! Es geht dabei allerdings nicht so sehr um die normativ präskriptive Moral, sondern um die deskriptive, „besser gesagt: explorative Moral"; sie fragt nicht ›Was soll ich tun?‹, sondern „nach der Eigentümlichkeit menschlichen Verhaltens" in seinen ›mores‹, den Sitten; sie fragt „›Wie ist das Verhalten der anderen zu beurteilen?‹, um der Realität fremden Willens gerecht zu werden." Derart bezogen „auf das vielfältig Besondere", verlangt sie „keine allgemeine Geltung, sondern die Unterscheidung des Eigenen vom Fremden wie auch die Erprobung der Vereinbarkeit eigener mit fremden Normen des Handelns."[234] Das ist die eine Seite, für Jauß die Hauptseite. Zugleich konzediert er, dass Literatur und Kunst immer schon „in der Ambivalenz von Botmäßigkeit und Insubordination" standen. „Das Ästhetische konnte sowohl moralische Lehren verbildlichen, exemplifizieren und beglaubigen, als auch – im Schutze der Fiktion – das Selbstverständliche ihrer Geltung in Frage und zur Disposition stellen." Letzteres, „der Bruch mit der herrschenden gesellschaftlichen Moral" im Namen des Humanen und der „poetischen Gerechtigkeit", „hat die Gemüter im Falle des *Tartuffe*, der *Nouvelle Héloise*, der *Leiden des jungen Werthers*, der *Madame Bovary*, oder der *Fleurs du Mal* leidenschaftlich erregt"[235]. Abgesehen aber von diesen skandalös empfundenen Fällen, und sie beginnen in der Tat schon in der Antike, etwa mit Sophokles' *Antigone*, sieht Jauß den Grund der Verschwisterung von ästhetischer Lust und Moral im Ästhetischen selbst, seine These ist, „dass sich die eigentümliche, nicht präskriptive Moral des Ästhetischen aus seinem Vermögen begründen lässt, Verstehen zu eröffnen, zu vertiefen und zu problematisieren."[236] Die implizite Moral des Ästhetischen „macht institutionalisierte Normen und moralische Prinzipien diskutierbar, bringt ihre Widersprüche in der Kasuistik des alltäglichen Lebens zum Vorschein und fordert damit Urteil, Beipflichtung oder Missbilligung heraus."[237]

Jauß erläutert den moralischen Anspruch des Ästhetischen an historischen Beispielen, ein wichtiger Baustein ist dabei Kants Versuch, das ästhetische Urteil als ein notwendig allgemeines Urteil zu begründen; zwei Begründungsstrategien lassen sich bei Kant beobachten: Neben dem oben schon dargestellten erkenntnistheoretischen Ansatz gibt es einen moralphilosophischen Ansatz; dieser gipfelt mit § 59 der *Kritik der Urteilskraft* in der berühmten Aussage: „Das Schöne ist das Symbol des Sittlichguten; und auch nur in dieser Rücksicht (einer Beziehung, die jedermann natürlich ist und die auch jedermann andern als Pflicht zumutet) gefällt es mit einem Anspruch auf jedes andern Beistimmung"[238]. Jauß eröffnete damit noch einmal den Diskurs über den Zusammenhang von Kunst und Moral, Ästhetik und Ethik[239].

Spannung

Marcel Reich-Ranicki hatte als negatives Kriterium Langeweile genannt: Ein Gegenteil von Langeweile ist **Spannung**, Handlungsspannung; im Bereich erzählender Literatur ist der Begriff allerdings strittig, sein adversatives Pendant ist das narrative Verweilen – und es gibt große Autoren, die keinerlei Handlungsspannung kennen: Proust, Joyce, Musil. Wir werden sehr bald aber auch sehen, dass sich der Begriff der Spannung nicht in dem der Handlungsspannung erschöpft.

Die Lust an Spannung hat ihre Basis in der realen Lebenspraxis: „Unüberschaubare, widersprüchliche Situationen versetzen uns in Spannung. Umgekehrt erzeugen Alltagstrott, dauernde Wiederholung des Gleichen, Risikolosigkeit und Voraussehbarkeit Langeweile. (…) Die Menschen antworten auf ihre zivilisatorische Befriedigung und Domestikation, indem sie sich künstliche Risiken und Herausforderungen schaffen, (…) auch Abenteuer des Geistes und der Phantasie, bei denen sie sich aus dem Schutz ihrer alltäglichen Routinen weit hervorwagen. So ist es die Hauptstrategie der Literatur, die gut definierten Situationen in Frage zu stellen und aufzulösen und das Undefinierte, Unabsehbare an ihre Stelle zu setzen. (…) Weil jede Ordnung nicht nur Sicherheit gewährt, sondern auch einengt, empfindet man es als einen belebenden Freiheitsreiz, wenn eingeübte Erfahrungsmuster in der Fiktion durchbrochen werden oder sogar außer Kraft geraten."[240] Zugleich gilt andererseits, Stichwort kognitive Dissonanz, „dass Widersprüche zwischen Einstellungen und tatsächlichem Verhalten, zwischen alten und neuen Erfahrungen oder Inkonsistenzen zwischen Überzeugungen als unangenehm wahrgenommen werden und daher das Bedürfnis erzeugen, sie zu vermeiden oder zu reduzieren." Auch solche „Dissonanzspannungen und Lustgefühle bei ihrer Auflösung fließen (…) in die Lektüre literarischer Texte ein."[241] Zwar im Blick auf Heinrich von Kleist, aber grundsätzlich kann daher Thomas Mann formulieren: „Erzählen heißt spannen".[242]

Spannung entsteht, wenn der Text – durch Auslassungen (Ellipsen) oder Leerstellen, durch Andeutungen oder Vorgriffe, oder durch Überraschung – die Neugier auf den weiteren Verlauf der Handlung weckt; Spannung ist „das Kanalisieren der Neugier, also das Spiel mit den Affekten des Lesers."[243] Eine erste Möglichkeit: „Informationen werden ausgelassen oder sind unvollständig, sodass der Text Fragen aufwirft", sie „fesseln den Leser, geben ihm Rätsel auf"[244], fordern auf zur Hypothesenbildung. Neben der Ellipse weckt die vorgreifende Andeutung die Neugier. Intensiver noch wirkt die Überraschung, sie resultiert aus einer unerwarteten Information, die uns zu einer Revision unserer bisherigen Sicht oder Deutung zwingt, nach Erklärungen für die unerwartete Wendung zu suchen[245]. Auch die Überraschung beruht auf einer Leerstelle, „die uns" allerdings „erst nachträglich bewusst wird. Denn erst im Moment der Überraschung wird der Leser gewahr, dass seine bisherige Vorstellung von der erzählten Welt unvollständig war, weil ihm wichtige Informationen vorenthalten worden sind"[246]. Generell gilt – und das bestimmt auch unser Leseverhalten – „die Reduktion von Unbestimmtheit"[247] als ein elementares menschliches Bedürfnis. Dieter Wellershoff gibt ein einfaches Beispiel: „Eine Spur von (...) Spannung liegt über jedem Anfang. Das gilt sogar für einen so trivialen und simplen Satz, wie ihn Patricia Highsmith an den Anfang ihres Romans *Der Stümper* gestellt hat: ›Der Mann in der dunkelblauen Hose und dem moosgrünen Sporthemd wartete ungeduldig in der Reihe.‹ (...) Die Bruchstückhaftigkeit und Unselbstständigkeit des" – zunächst bedeutungslos klingenden – „Satzes stellen (...) seine weiterdrängende Kraft dar. Mindestens vier Fragen sind in ihm enthalten, die uns zum Weiterlesen anregen: Wer kleidet sich so? Worauf wartet dieser Mann? Wo und in was für einer Reihe steht er? Und wer sieht diese Szene?"[248] Ein zweites, berühmtes Beispiel: „Wenn irgendeine hinfällige, lungensüchtige Kunstreiterin in der Manege auf schwankendem Pferd vor einem unermüdlichen Publikum vom peitschenschwingenden erbarmungslosen Chef monatelang ohne Unterbrechung im Kreise rundum getrieben würde, auf dem Pferde schwirrend, Küsse werfend, in der Taille sich wiegend, und wenn dieses Spiel unter dem nichtaussetzenden Brausen des Orchesters und der Ventilatoren in die immerfort weiter sich öffnende graue Zukunft sich fortsetzte, begleitet vom vergehenden und neu anschwellenden Beifallsklatschen der Hände, die eigentlich Dampfhämmer sind – vielleicht eilte dann (...)[249]" Hier erst erfolgt die syntaktische wie inhaltliche Ergänzung oder Füllung des Satzes. Thomas Anz nennt neben Kafka die Syntax in Kleists Erzählungen und Thomas Bernhards Romanen, in denen uns ähnliche Strukturen begegnen.

Anz weitet aus mit dem Begriff der Dissonanz. Solche Dissonanzen können in der Literatur „durch unaufgelöste Brüche, Widersprüche, Inkonsistenzen und Paradoxien formaler wie inhaltlicher Art, den Widerstreit konträrer Perspektiven, Konflikte zwischen oder innerhalb von Figuren, die Differenz zwischen Figuren- und Rezipientenwissen oder die Unvereinbarkeit gleichrangiger Werte erzeugt werden."[250] Noch einmal anders, psychologisch, formuliert: „Literarische Texte erzeugen also Spannung, indem sie im Leser, oft über die Identifikation mit einer Figur des Textes, die Erfahrung eines Mangels stimulieren, die wiederum das Begehren hervorbringt, den Mangel zu beseitigen. Dieses Begehren stößt auf Hindernisse und wird dadurch wachgehalten oder sogar noch gesteigert." Thomas Anz verweist in diesem Zusammenhang auf narrative Grundmuster: Ruhe, Störung, Wiederherstellung des Gleichgewichts sind die Phasen oder Bausteine, ihre Reihenfolge kann wechseln. Auch an den Aufbau des klassischen Dramas und hier insbesondere an die Funktion des retardierenden Moments wäre zu denken. „Der Verlust des Gleichgewichts ist mit Mangel- bzw. Unlusterfahrungen verbunden; die Wiederherstellung des Gleichgewichts mit Lust."[251] Ähnlich Hans-Dieter Gelfert: Grundsätzlich „lassen sich zwei Formen von Lust unterscheiden: Erwartungslust und Befriedigungslust. Erwartungslust besteht in der Anhebung des Reizniveaus durch Antizipation von Befriedigungslust, und diese besteht in der Auflösung der psychischen Erwartungsspannung und der dadurch freigesetzten (...) psychischen Energie,"[252] , vergleichbar der Katharsis in der klassischen Tragödie. Gelfert resümiert: „Kunst, die in uns keine emotionale Reaktion auslöst, ist langweilig."[253]

Nun ist Spannung nicht gleich Spannung; schon Thomas Mann unterscheidet: „Des Erzählers Kunst ist, zu unterhalten noch mit dem, was eigentlich langweilig sein müsste, zu spannen selbst mit dem der Sache nach Altvertrauten, dessen Verlauf und Ausgang jeder schon kennt. Nicht dieser Art ist die Spannung, die Kleist, der Erzähler erzeugt: Er hält es mit dem Wortsinn des Namens ›Novelle‹, der ›Neuigkeit‹ heißt. Was er mit unbeweglicher Miene vorbringt, sind Neuigkeiten, unerhört; und die Spannung, in der sie den Leser halten, hat etwas unheimlich Spezifisches. Sie ist Besorgnis, Schrecken, das Grauen vor dem Rätselhaften, Zwiespalt der Vernunft, der ängstliche Eindruck, dass Gott sich irrt, – ›Verwirrung des Gefühls‹. Es ist nicht zu viel gesagt: Er weiß, auf die Folter zu spannen – und es fertig zu bringen, dass wir's ihm danken."[254] Ähnlich, scheint mir, unterschied Bertolt Brecht zwischen der „Spannung auf den Gang" der Handlung im epischen und der „Spannung auf den Ausgang" im aristotelischen, Brecht spricht vom dramatischen Theater[255]. Inzwischen wird vielfältig differenziert: Unterschieden wird die „Zukunftsspannung", gerichtet auf den Ausgang, von der „Rätselspannung", bezogen auf bereits geschehene, aber noch nicht hinreichend geklärte Ereignisse, oder die Spannung des „Ob überhaupt" von der Spannung des „Wie"[256]. Hans-Dieter Gelfert trennt die „Longitudinalspannung" als Handlungsspannung, zentral in der Unterhaltungsliteratur, vor allem relevant z.B. im Kriminalroman als „reine Neugierspannung auf den Ausgang hin" von der „Transversalspannung, die quer zum Handlungsverlauf wirkt"[257]; exemplarisch: In Sophokles' *Antigone* steht die Protagonistin zwischen zwei widersprüchlichen Forderungen, in Büchners *Danton* stehen sich mit Danton und Robespierre zwei Charaktere und politische Positionen gegenüber, desgleichen in Thomas Manns *Zauberberg* mit Naphta und Settembrini. Ein beliebtes traditionelles Erzählmuster ist die Spannung durch Trennung: Von Homers *Odyssee* bis in nahezu alle Liebesromane hinein – und noch weiter: „Dem Entwicklungsmuster ›ursprüngliche Einheit – Trennung bzw. Entzweiung – Suche nach neuer Einheit‹ folgen die Dichtungen und Dichtungstheorien Schillers, Goethes, der gesamten Romantik und der idealistischen Philosophie."[258] Ein traditionelles Muster, dagegen steht: „Nicht die Auflösung, sondern die Aufrechterhaltung der Spannung über das Textende hinaus erscheint der Ästhetik der Moderne angemessener."[259]

Charaktere

Wie werden Personen eingeführt, beschrieben, was erfahren wir über sie? Ich beginne mit einem Beispiel: Pierre Michon oder der Ich-Erzähler erinnert sich in *Leben der kleinen Toten* (2013) an seine Großeltern, im Zentrum steht „Clara, meine Großmutter, eine lange, bleiche, hohlwangige Frau, Inbild des angstvollen Todes, resigniert, aber voller Feuer, eine eigenartige Mischung aus einer ungeheuer lebendigen, lebhaften Mimik und der Totenmaske, auf der sich jene abspielte; ihre langen, zerbrechlichen Hände hielten sich auf dem mageren Knie umklammert; ihre Lippen, deren Konturen zwar mit dem Alter schmaler geworden waren, aber makellos klar umrissen blieben, verbreiterten sich, wenn sie mich ansah mit einem vor unaussprechlicher Schwermut verschwommenen Lächeln, das zugleich eindringlich war und bezaubernd, das Lächeln einer blutjungen Frau; ich fürchtete die Schärfe ihrer sehr blauen, schmerzlich anmutigen Augen, die lange auf mir ruhten, mich lasen, wie um meine Züge unauslöschbar in ihr altes Gedächtnis zu graben; was ich in diesem Blick erahnte, steigerte vielleicht noch mein Unbehagen: Ihre Zärtlichkeit war nicht nur mir gewidmet, sie durchforschte, was hinter meinem Kindergesicht lag, auf der Suche nach den Zügen des falschen Toten, meines Vaters – ein vampirischer und zugleich mütterlicher Blick, dessen Zwiespältigkeit mich verwirrte, wie mich auch das feine Urteilsvermögen verwirrte, das ich dieser imposanten Figur zu Recht oder zu Unrecht zuschrieb, so furchterregend und verführerisch erschien sie mir, vertraut mit den Geheimnissen, für die ihr seltener Vorname und ihre magische Berufsbezeichnung, sage-femme (weise Frau = Hebamme), sie prädestinierten, ein Wort, dessen Bedeutung mir damals in Mourioux vollständig verborgen blieb und das mir ihr allein vorbehalten schien." Nach einem Einschub über den Großvater fährt er fort: „Ich ›mochte ihn gern‹; aber ich glaube, wenn ich je einen von den beiden geliebt habe, dann ist es Clara, deren schmerzlicher und im Ungefähren sich verlierender, die Dinge nur streifender und doch liebkosend sich aneignender, unter der Last der im selben Moment schon wieder eingedämmten Schwermut stockender Blick mir das Herz zusammenzog."[260] Ich hätte exemplarisch für diesen Aspekt, die Darstellung von Personen, auch Proust zitieren können: Michon erinnert mich auch in seiner sprachlichen Komplexität und Genauigkeit an diesen großen Autor.

Ein weiterer Aspekt: Wie werden Personen vom Erzähler oder Autor gesehen? Liebevoll, ironisch liebevoll oder distanziert, kühl bis kalt sezierend, gar verurteilend? „Als vor Jahrzehnten ein englischer Kritiker bemerkte, Patricia

Highsmith schreibe über ihre Figuren so, wie eine Spinne über Fliegen schreiben würde, hatte sich eine Lesart durchgesetzt, die man sicherlich auch auf andere Art, jedoch kaum eleganter ausdrücken kann."[261]

Grundsätzlich ist in der Personengestaltung geradezu ein Mysterium gegeben, in der Formulierung George Steiners: „Wie ist es möglich, dass (...) oft kaum leserliche Feder- oder Bleistiftsstriche auf einem vergänglichen Stück Papier eine persona – eine Beatrice, einen Falstaff, eine Anna Karenina – darstellen, deren Substanz für unzählige Leser (...) in ihrer Realität, in ihrer phänomenalen Präsenz, in ihrer verkörperten und sozialen Langlebigkeit das Leben selbst übertrifft? Dieses Rätsel der fiktiven persona (...) – welcher Mann oder welche Frau ist so schön wie Helena, so kompliziert wie Hamlet, so unvergesslich wie Emma Bovary? – ist die zentrale, aber auch die schwierigste Frage der Poetik und Psychologie."[262] Die Folge: Im Gespräch über Romane stehen häufig die Personen im Zentrum: Handelt es sich um beeindruckende Charaktere? Warum haben sie sich so wie dargestellt verhalten, lässt sich das psychologisch verstehen, nachvollziehen? Die Personengestaltung ist ein wichtiges Kriterium unserer Beurteilung; ist sie psychologisch stimmig/plausibel – oder : interessant oder beeindruckend – oder auch: irritierend? Prägnant formuliert Julia Voss; „Es gibt zwei Arten von guten Romanen. Solche, die durch ihre Sprache und die Geschichte bestechen, die den Leser mitreißen, einen Sog entwickeln und uns die Welt vergrößern. Und dann gibt es solche Romane, die alles das auch können, aber darüber hinaus einen Typus erschaffen, eine exemplarische Person. Nach Lektüre dieser Romane wird die Vorstellung, dass es vorher eine Welt gegeben haben soll, in der diese Menschen noch nicht lebten, fast abwegig. Tom Ripley, Patricia Highsmiths getriebener Mörder, ist so eine Person. Elizabeth Costello, J. M. Coetzees tierrechtsbewegte Schriftstellerin, eine weitere. Und von nun an gibt es einen neuen unvergesslichen Charakter: Harriet Burden."[263] Sibylle Lewitscharoff zitiert den walisischen Romancier John Cowper Powys, er habe es für sich zum Programm erhoben, „dass eine Romanfigur eine größere charakterliche Schwankungsbreite aufweisen müsse, als ein habhafter Mensch sie besitzt."[264] Plausibilität oder irritierende, zumindest interessante Bandbreite? Die Frage wurde schon in der poetologischen Tradition differenziert reflektiert:

Jean Paul betont in der *Vorschule der Ästhetik* (1804) zunächst die Plausibilität, die innere Stimmigkeit: „Jeder Charakter (...) muss eine Grundfarbe als die Einheit zeigen, welche alles beseelend verknüpft (...) Konnte der Dichter dieses geistige Lebenszentrum nicht lebendig machen sogleich auf der Schwelle des Eintritts. So helfen der toten Masse alle Taten und Begebenheiten nicht in die

Höhe; sie wird nie die Quelle einer Tat, sondern jede Tat schafft sie selber von neuem. Ohne den Hauptton (tonica dominante) erhebt sich dann eine Ausweichung nach der andern zum Hauptton." Und Jean Paul urteilt auf dieser Basis entschieden: „Dieser regierende Lebenspunkt fehlt (...) dem Franz Moor und dem Marquis Posa, aber nicht der Fürstin von Eboli."[265] Die geforderte Einheit ist indes nicht spannungslos gedacht: „Oft hält die körperliche Gestalt die innere unter dem Elementenstreite kräftig vor und fest (...). Daher hilft im Homer die Wiederkehr seiner leiblichen Beiwörter die Festigkeit seiner Erscheinungen verstärken. Sogar der Widerspruch der Gestalt mit dem Charakter gibt diesem Lichter, z.B. dem Helden Alexander die kleine Statur (...). Sogar der Zwiespalt des inneren Verhältnisses (...) gibt mehr Licht, z.B. bei Cäsar die Milde dem Heldencharakter, oder bei Henri IV der Leichtsinn (...). Ist dieses Herz und Gemüt eines Charakters geschaffen, ist gleichsam dieser Polarstern an den Himmel gesetzt: dann gewinnt die Wahrheit und das Feuer des Wesens gerade durch dessen Wechsel von Polhöhe und Poltiefe. Ich meine dies: jede lebendige Willens-Kraft wird, wenn sie eine edle ist, bald eine göttliche, bald eine menschliche Natur annehmen; und wenn eine unedle – so bald eine menschliche, bald eine teuflische. Der Charakter sei z.B. Stärke oder Ehre, so muss er bald in der Sonnennähe höchster moralischer Standhaftigkeit gehen, welche sich und sein eignes Glück aufopfert, bald in die Sonnenferne grausamer Selbstsucht geraten, welche den Göttern das fremde schlachtet."[266]

E(dward) M(organ) Forster legt in seinen – inzwischen klassischen – *Ansichten des Romans* (1927) einen Schwerpunkt auf die Frage der Personengestaltung:

- Was macht die Realität einer Person im Roman aus? „Sie ist real, wenn der Autor alles über sie weiß. Er mag es nicht richtig finden, uns alles, was er weiß, zu sagen. (...) Der Autor wird uns aber das Gefühl geben, dass die Person, wenngleich nicht bis ins Letzte erklärt, doch erklärbar ist, und wir gewinnen daraus eine Realität, wie wir sie im Leben nie antreffen."[267] Denn in der menschlichen Realität könnten wir „einander nicht verstehen, es sei denn in groben Umrissen und höchst flüchtig; wir können, selbst wenn wir es möchten, uns nicht rückhaltlos geben; was wir Intimität nennen, ist nur ein Notbehelf; völliges Vertrauen ist eine Illusion. Im Roman aber können wir die Menschen durch und durch kennenlernen und können (...) einen Ausgleich für ihre Undurchschaubarkeit im wirklichen Leben finden. (...) Aus diesem Grunde kann Moll Flanders nicht unter uns sein, aus diesem Grund können Amelia und Emma nicht unter uns sein. Sie sind Menschen, deren Geheimstes sichtbar ist oder sein kann: Wir aber sind Menschen, deren Geheimstes unsichtbar ist."[268] Forster lässt hier offen, ob die Figur eines Romans ganz und gar transparent dargestellt sein darf; dies sollte, klärt er an anderer Stelle, nicht der Fall sein, vielmehr sollte der Leser vor der Aufgabe stehen, Charaktere zu verstehen, zu deuten. George Steiner verweist in Blick auf die Gestaltung der Personen im Roman auf „Henry James im Atelier seiner Notizbücher. Selbst im ersten, undeutlichen Licht ist die im Werden begriffene Gestalt, ob Mann, Frau oder Kind, ob sprachlos oder beredt, durch James' Skrupel eingeschränkt, durch ein Provisorisches, durch eine Weigerung, die verborgenen Umrisse der Individualität bloßzulegen. Bei der Bearbeitung seines Tons scheint James mit einer rätselhaft kompensatorischen Technik sowohl die Skala des vorgeführten, artikulierten Bewusstseins bei der geschilderten Person als auch das Gewicht, die Schwere des Undurchsichtigen, dessen, was sich ihm entzieht, zu vermehren. Und in dieser Auslassung liegt die Quelle der ›Animation‹ der Gestalt"[269]. Es ist dies auch die Position Forsters, wie sich zeigen wird.[270]

- In der Gestaltung seiner Personen stehen dem Romancier nach Forster zwei Varianten zur Verfügung: „Charaktere lassen sich einteilen in flache und runde":

Flache Charaktere sind Typen oder Karikaturen. „In ihrer reinsten Form haben sie als Gerüst eine einzige Idee oder Eigenschaft"[271]. Konkret: „Es gibt viele flache Charaktere bei Proust, wie etwa die Prinzessin von Parma oder Legrandin. Sie lassen sich in einem einzigen Satz ausdrücken; bei der Prinzessin lautet er: ›Ich muss besonders darauf achten, freundlich zu sein.‹ (...) Flache Charaktere bieten den großen Vorteil, dass sie, wann immer sie auftreten, leicht kenntlich sind (...) für das innere Auge des Lesers. (...) Für den Autor ist es bequem, (...) denn sie brauchen nie aufs Neue eingeführt zu werden, laufen nie davon, man braucht nicht über ihre Entwicklung zu wachen (...). Ein zweiter Vorzug flacher Charaktere ist, dass der Leser sich später leicht ihrer erinnern kann. (...) Wir alle (...) sehnen uns nach Dauer. (...) Wir alle wünschen uns Bücher, die Dauer verbürgen und Zuflucht bieten, und ihre Gestalten sollen sich gleich bleiben. In dieser Beziehung sind flache Charaktere in sich gerechtfertigt. (...) Ein Roman, der in sich ein komplexes Gebilde ist, verlangt sowohl flache wie runde Charaktere."[272] Von Dickens etwa sagt Forster: „Fast alle seine Gestalten sind flach." Flache Gestalten wirkten am besten, „wenn sie komisch sind."[273] Gelegentlich, macht Reinhard Baumgart bewusst, ist ein wenig Gewalt des Autors nötig, um die Figuren „auf ein oder zwei Merkmale zu fixieren, so [bei] Dickens oder Thomas Mann durch die Monotonie ihrer Leitmotive. Da wackelt dann Lotte Buffs Kopf auf ewig, da darf Grünlichs goldgelber Backenbart nie bleichen, damit wir sie an diesen Etiketten gleich wiedererkennen mögen."[274]

Flache Charaktere sind entweder die „Verkörperung einer Idee" (Uriah Heep z.B. in Dickens' *David Copperfield* (1850) steht für unterwürfig durchtriebene Heuchelei) oder verkörpern soziale, geschlechtsspezifische, nationale oder religiöse (Stereo-)Typen, definiert durch „Merkmalskomplexe", entscheidend, sie sind „ent-individualisiert"[275] . – In seinen Frankfurter Poetik-Vorlesungen spielt Peter Bichsel eine Personenbeschreibung exemplarisch durch und resümiert: „Die Verständigung zwischen Schreiber und Leser funktioniert nicht nur über die eigentlichen Beschreibungen, sondern über Klischees, über das Typische. Am raffiniertesten und hinterhältigsten finde ich das Beispiel, das Agatha Christie geliefert hat. Eine junge Frau wird bei ihr so beschrieben: ›Sie sah aus wie eine untypische Kindergärtnerin.‹"[276]

Im Unterschied zu ihnen stehen die **runden Gestalten**: „Nur runde Gestalten haben auf die Dauer das Zeug zur Tragik und die Fähigkeit, überhaupt unser Gefühl zu wecken, nicht freilich für Humor und Typik."[277] Exemplarisch: „Wodurch bieten Jane Austens Figuren bei jedem Auftreten ein neues Reizmoment, im Gegensatz zu dem nur in der Wiederholung liegenden Reiz einer Dickensschen Gestalt? Warum ergänzen sie sich so gut im Gespräch, holen gegenseitig ihre Konturen schärfer heraus, und alles ganz unauffällig? (...) Ihre Gestalten, obwohl kleiner angelegt als die seinen," sind „höher organisiert. Sie sind rund in ihren Reaktionen"[278] Über runde Gestalten brauche definitorisch nichts weiter gesagt zu werden, es genüge, einige Beispiele zu geben: „Alle Hauptpersonen in *Krieg und Frieden*, alle Gestalten bei Dostojewski und einige bei Proust – zum Beispiel die alte Dienerin der Familie, die Herzogin von Guermantes, Monsieur de Charlus und Saint Loup; Madame Bovary (...); einige Gestalten bei Thackery – zum Beispiel Becky und Beatrix; einige bei Fielding – Parson Adams und Tom Jones; und einige bei Charlotte Bronté, ganz besonders Lucy Snowe"[279]. Was haben sie gemeinsam? „Das Kennzeichen für einen runden Charakter ist, ob er uns in überzeugender Weise zu überraschen vermag. Überrascht er uns nie, ist er flach. Überzeugt er nicht, ist er flach und gibt nur vor, rund zu sein."[280] Ich gebe ein konkretes, knapp gehaltenes Beispiel: „Er war ein großer Mann mit welligen, glänzenden grauen Haaren und einem glatten, aber nicht mehr jungen Gesicht. Ein gut aussehender Mann, dem die Kraft seines guten Aussehens irgendwie abhanden gekommen war – durch schlechte Gesundheit oder Pech im Leben oder mangelndes Rückgrat. Aber er besaß immer noch eine abgenutzte Höflichkeit, eine Art, sich Frauen zuzuwenden, die andeutete, die Begegnung werde ein Vergnügen sein, für sie und auch für ihn."[281] So wird von Alice Munro eine Nebenfigur eingeführt, die Informationen, die wir durch die Ich-Erzählerin, einer Studentin zu diesem Zeitpunkt, erhalten, erscheinen in ihrer Mischung von Beschreibung und Vermutung komplex, machen neugierig; im Laufe des Mittagessens – das ist die Situation – erfahren wir noch etwas mehr über diesen Mann, Fragen bleiben offen.

Eine besondere Anforderung an runde Charaktere formuliert Hans-Dieter Gelfert: „Einmalige, unverwechselbare Individuen zu schaffen, die dennoch etwas Allgemeingültiges repräsentieren" – fast unmöglich; und „dennoch zeichnet gerade dies die größten literarischen Werke aus." Es sind dies „Charaktere wie Shakespeares Hamlet, Goethes Tasso, Kleists Kohlhaas, Flauberts Madame Bovary, Tolstois Anna Karenina oder Fontanes Effi Briest (...). Einige Charaktere der Weltliteratur sind geradezu zu mythischen Verkörperungen menschlicher Seinsweisen schlechthin geworden. Figuren wie Robinson Crusoe, Faust, Don Juan, der bereits genannte Hamlet, Parsifal und (...) Odysseus (...) sind solche Charaktere." Es geht darum, „einer Figur wirkliches Leben einzuhauchen und sie gleichzeitig als Repräsentanten universaler Möglichkeiten des Menschen erscheinen zu lassen."[282]

Ich folge der inzwischen üblich gewordenen Terminologie Forsters, sie ist allerdings missverständlich: Insbesondere gegen die mit den Termini „flach" und „rund" verknüpfte Wertung bei Foster, die Abwertung der flachen Charaktere, hat man sich gewehrt.[283] Und was Forster mit „rund" meint, könnte man besser mit „eckig" bezeichnen. Martin Walser beklagt z.B. „die leicht begreifliche Rundheit" mancher Romanfiguren; ausgehend von der Realitätserfahrung jedes Lesers „in seinem eigenen Leben" fordert er, man „sollte die Unerkennbarkeit des Menschen und auch die nicht überschaubare Wirklichkeit" im Roman einbeziehen, er fordert vom Romancier genau die „Ehrlichkeit und Genauigkeit", die Proust entwickelt hat, der in seinem Roman „die Erkennbarkeit des Menschen" grundsätzlich in Frage stelle.[284] Prousts Figuren erscheinen eher das Produkt der Wahrnehmung von außen, der Wahrnehmung Marcels, verändern sich „in der Tat dann auf unerwartete Weise" und rätselhaft, ausgelöst gelegentlich „durch kleinste Gesten"[285]. Wood nennt exemplarisch das Bild, das der Erzähler von Monsieur Legrandin entwirft; es verändert sich durch die Beobachtung der Art und Weise, wie sich Legrandin in einem Gespräch verbeugt: Es ließ dies „in meinem Bewusstsein plötzlich die Ahnung von einem ganz anderen Legrandin aufkommen, als wir ihn bis dahin kannten."[286] Dieter Wellershoff verweist neben Dostojewski vor allem auch auf Knut Hamsun, der geradezu eine „Psychologie der Inkonsequenz" entwickelt habe, in der Destruktion von Schemata ganz und gar kennzeichnend für gute und moderne Literatur[287]. Das Gleiche gilt für Flaubert: „Die Figuren des Romans *Madame Bovary* haben eines gemeinsam: Immer sind sie gemischte Charaktere, in denen sich verschiedene Eigenschaften überlagern, unrein, inkonsequent, und gerade darin liegt ihre lebendige Überzeugungskraft und Stärke."[288] Mehrdimensionale Figuren überraschen uns mit ihrem Verhalten, „das wir nachträglich aber als kohärent erkennen (...), d.h. sie zwingen uns zu einer Modifikation ihrer Konzeption, zu einer prozessualen Ausdifferenzierung unserer Vorstellung von ihnen. Mehrdimensionale, dynamische Figuren halten den Leser auf Trab." Hier liegt eine Spannung, ein Problem: Überraschung einerseits, Kohärenz andererseits. Die Basis jener „prozessualen Ausdifferenzierung" sind Annahmen „seitens des Lesers" über Plausibilität, „über die Wahrscheinlichkeit eines Verhaltens menschlicher Wesen im realen Leben"[289].

Die Überraschung mag dabei schon beim Autor selbst beginnen: „Künstler und Schriftsteller haben vehement Zeugnis von den Autonomien, von der widerständigen Konkretisierung abgelegt, welche die Figuren, die sie malen oder schnitzen, die Gestalten, die sie konstruieren, an den Tag legen. Pirandellos Stück *Sechs Personen suchen einen Autor* ist eine Allegorie auf dieses Bewusstsein. Tolstoi spricht für viele Schriftsteller, wenn er seinem Verleger von dem rebellischen, unvorhersehbaren Betragen Anna Kareninas erzählt, mit dem sie die Gussform des Romans zu zerbrechen oder sie zumindest völlig von dem Plan, den Tolstoi angekündigt hat, abzulenken droht."[290] Einige jüngere Beispiele: Michael Köhlmeier sagt in einem Gespräch mit Michael Maar über seinen großen Roman *Abendland* (2007) über den Großvater seines Protagonisten Carl Candoris: „Ich hätte gern mehr über Carls Großvater erfahren. Carl hat mir nicht mehr von ihm erzählt."[291] Erstaunlich für mich, was Uwe Timm in seiner Frankfurter Poetikvorlesung berichtet: Ullrich Krause ist der Protagonist in Timms erstem Roman, *Heißer Sommer* (1974), in dem Roman *Rot* (2001) „machte dieser Krause auf eigentümliche Weise wieder auf sich aufmerksam. Der Autor fragte sich, wo er ihn finden könnte, eine sonderbare Frage, die zeigt, dass die fiktiven Figuren auch für den Urheber eine geisterhafte Präsenz behalten. Und sonderbarerweise war es die Vorstellung des Autors, dass dieser Krause als Lehrer in die sogenannten neuen Bundesländer, in die ehemalige DDR, gegangen sein müsse, wo er das, was er einmal aus fehlendem Erleben heraus verklärt hatte, jetzt abzutragen habe. Der Autor wehrte sich eine Zeit lang gegen diese Vorstellung, da er sich dachte, es käme einer Strafversetzung gleich. Das wurde durch die Vorstellung entkräftet, Krause fühle sich dort, in Vorpommern, mit seiner norwegischen Frau recht wohl, betreibe als Lehrer in Anklam nebenher ein Antiquariat und sei damit beschäftigt, ein Archiv der Protestbewegung aufzubauen."[292] Ähnlich Clemens Setz über seinen Roman *Die Stunde zwischen Frau und Gitarre* (2015), die Protagonistin ist Natalie: „Für diesen Roman habe ich zum ersten Mal versucht, eine Figur zu schaffen, die intelligenter ist als ich. (…) Sie ist vielschichtiger als ich, auch interessanter und empathischer. Es ist, als hätte ich vor vier Jahren, als ich den Roman begann, die Leine ausgeworfen, und irgendwann hat dieser riesige Fisch angebissen, der mich ins offene Meer hinausgezogen hat, in dem ich verschwunden bin. Ich habe die letzten vier Jahre mit Natalie gelebt. Sämtliche Ideen in diesem Roman sind gar nicht meine Ideen, sondern Natalies. Sie kommen aus ihrem Innenleben, aus ihrem Verhältnis zur Welt."[293] Drei Aspekte fallen auf: die Intention zur Kreation einer Figur, die Identifikation des Autors mit ihr und ihre Verselbstständigung. Verblüffender noch formuliert Andrea Bajani die Hauptschwierigkeit eines Romans: „Dass ich mich wochenlang in der Gewalt meiner Hauptfigur befunden hatte (…). Sie wollte partout nicht so, wie ich wollte. Ihre hartnäckige Verweigerung versetzte mich in einen trostlosen Zustand ohne Ausweg. Ich hockte in einer Mansarde im siebten Stock und starrte verzweifelt auf den Computermonitor. Ich war jetzt seit einem Monat Opfer meines Protagonisten. Er sollte, so mein Plan, nach den ersten zwanzig Seiten nach Russland fahren. Er wollte aber partout nicht nach Russland. Ich stand morgens auf, fing an, in die Tasten zu hauen, aber abends war mein Protagonist noch keinen Schritt weiter gekommen, hatte weder seinen Koffer gepackt noch auch nur Reiseabsichten geäußert. Ich war inzwischen so weit, dass ich abends vor dem Einschlafen Bittschriften an ihn verfasste. Er war mein bockbeiniger, widerspenstiger Gott geworden, ein verzogener, kindischer, boshafter und sadistischer Gott, vor dem ich mit gefalteten Händen auf die Knie ging."[294] Bajani bezieht sich hier auf seinen Roman *Liebe und andere Versprechen* (2010). In der kritischen Reflexion seines ersten Romans benennt Peter Stamm entscheidende Fehler, darunter: Der Roman war „von Anfang bis Ende durchgeplant. Ich wusste im Voraus, wie viele Kapitel er haben würde und was in jedem von ihnen passieren sollte. Das führte dazu, dass mir beim Schreiben jede Spannung fehlte und dass meine Figuren keine Chance hatten, sich zu entwickeln und eigene Entscheidungen zu fällen, eigene Wege zu gehen."[295]

Ganz anders, nahezu anekdotisch dokumentiert, Vladimir Nabokov; Dieter Zimmer fragte ihn in einem Gespräch, das er dann auch unter dem Titel *Despot in meiner Welt* veröffentlichte, ob er, Nabokov, auch schon einmal die Erfahrung gemacht habe, dass sich ein Buch anders entwickle als geplant: „Diese Erfahrung habe ich nie gemacht. Romanciers, denen dergleichen passiert, müssen entweder sehr unbedeutend sein oder geistesgestört. Nein, der Entwurf eines Buches steht in meinem Kopf fest, und jede Figur geht den Weg, den ich mir für sie ausgedacht habe. In der Phantasie eines Künstlers gibt es kein Parlament, keine Volksvertretung. In dieser privaten Welt bin ich der absolute Despot"[296]. Ich komme auf diese Unterschiede in der Arbeitsweise unter dem Aspekt der Rezeption durch den Leser noch einmal zurück.

Eine Variante anderer Art ist die Weiterentwicklung von Nebenfiguren, die dann ihre eigene Geschichte in einem anderen Roman bekommen: Balzac. Aber auch Hauptfiguren können sich weiter entwickeln: Frank Bascombe ist der Protagonist in drei Romanen Richard Fords, *Der Sportreporter* (1986), *Unabhängigkeitstag* (1995) und *Die Lage des Landes* (2006). John Updike verfasste im Abstand von jeweils zehn Jahren einen neuen Roman bzw. abschließend eine Erzählung zum Leben Harry „Rabbit" Angstroms, *Hasenherz* (1960), *Unter dem Astronautenmond* (1971), *Bessere Verhältnisse* (1981), *Rabbit in Ruhe* (1990) und *Rabbit, eine Rückkehr* (2001); Rabbit ist darin ebenfalls jeweils um zehn Jahre gealtert. Philip Roth ist in dieser Hinsicht bisher unerreicht: David Kepesh ist die Hauptfigur in der Trilogie *Die Brust* (1972), *Der Professor der Begierde* (1977) und *Das sterbende Tier* (2001); Nathan Zuckerman taucht in insgesamt zehn Romanen auf, als Protagonist in der Trilogie *Der Ghostwriter* (1979), *Zuckermans Befreiung* (1981) und *Die Anatomiestunde* (1983), dann noch einmal in *Amerikanisches Idyll* (1997), *Mein Mann der Kommunist* (1998), *Der menschliche Makel* (2000) und abschließend in *Exit Ghost* (2007).

Soweit zunächst, gedanklich mehr oder weniger konsensual entwickelt, die Anforderungen an die Figuren oder Charaktere des Romans. Wir werden später sehen, Stichwort Innovationen, dass dieses Konzept als überholt, als Ausdruck einer psychologisch orientierten Romankonzeption, abgelehnt werden kann, Milan Kundera z.B. formuliert das sehr entschieden[297]. Ich halte gleichwohl daran fest, einmal empirisch begründet in Blick auf die gegenwärtige Romanproduktion, zum Zweiten sachlich begründet, denn es scheint eine Untersuchung wert, inwieweit Kunderas Protagonisten – auf der Grundlage anderer Erzähltechniken – in der Wahrnehmung des Lesers nicht auch die Plausibilität gewinnen, die er allein dem psychologischen Roman zuspricht.[298]

Gesprächsführung

„Das Gespräch ist, meiner Ansicht nach, die lohnendste und natürlichste Übung unseres Geistes: Keine andere Lebensbetätigung macht mir so viel Freude. (...) Das Bücherlesen bringt nur eine matte und schwache Erregung, die nicht warm macht, während das Diskutieren Belehrung und geistige Bewegung zugleich verschafft."[299] Montaigne spricht hier vom agonalen Diskurs; er begegnet uns im Roman eher selten: Spontan erinnere ich nur Thomas Manns *Zauberberg* (1924), die erbitterten Diskussionen zwischen Settembrini und Naphta. Im Roman überwiegt wohl – in Widerspiegelung unseres Alltagslebens – das gesellschaftliche oder überhaupt das Alltagsgespräch. Und zweifellos hat Montaigne insgesamt Recht: Das Gespräch ist eine Hauptseite menschlicher Existenz. Es gibt daher wohl keinen Roman ohne Gespräche[300], es gibt hingegen Romane, die nahezu nur aus Dialogen bestehen, exemplarisch William Gaddis' *JR* (1975) oder – hoch komplex und raffiniert – Philip Roths *Täuschung* (1990): Ein Schriftsteller schreibt einen Roman über seinen Ehebruch an seiner Frau; diese findet den Text und fordert eine Erklärung, sie scheint einfach: Es sei alles fiktiv, Roman eben. Der Text besteht nur aus Dialogen, derart aber, dass der Leser entscheiden muss, wer mit wem spricht, und damit zugleich auch, auf welcher Ebene der ›Täuschung‹ sich das Gespräch bewegt: Fiktion des Romans oder Realität, z. B. ein Telefonat des Autors mit seiner Geliebten. Das zentrale Kriterium einer gelungenen Gesprächsführung scheint mir wiederum die Plausibilität. Ich muss als Leser einsichtig, glaubhaft, eben plausibel nachvollziehen können, dass sich die Personen des Romans in welcher Situation auch immer so und nicht anders unterhalten haben. Die Situationen sind unendlich vielfältig: das philosophische Gespräch (in Goethes *Wahlverwandtschaften* [1809]), das Gespräch gesellschaftlicher Etikette (bei Proust), die gesellschaftlich gepflegte Plauderei (bei Fontane), das Gespräch unter Ehepaaren (bei Fontane), die hämische Nachrede und gesellschaftliche Verurteilung eines Abwesenden, der Dialog bei Trunkenheit, Streit und Konfliktgespräche – hier sind keine Grenzen gesetzt.

In diesem Zusammenhang möchte ich eine Beobachtung oder ein Untersuchungsergebnis des russischen Literaturwissenschaftlers Michail M. Bachtin stellen: Er entwickelte 1929 in seiner Analyse der Romane Dostojewskis in Analogie zur Musik den Begriff des polyphonen Erzählens; gemeint ist damit eine Mehrzahl von Stimmen, intentional selbstständig und gleichwertig, die Stimmen des Erzählers und seiner Figuren, wie sie in Form des Dialogs in der direkten Rede sich äußern. Dostojewski suche in seinen Romanen geradezu die Auseinandersetzung mit anderen Positionen, einer Vielfalt von Denkweisen, verstehe sich als „Organisator und Teilnehmer eines großen Dialogs"[301]. Intention ist die Gleichwertigkeit der unterschiedlichen Denk- und Sichtweisen; daraus folgt auf der einen Seite die Zurückhaltung des Erzählers: „Sich selbst behält Dostoevskij niemals ein wesentliches mehr an bedeutungsvollem Wissen vor, sondern nur jenes Minimum an rein pragmatischer Information, das für den Gang der Erzählung notwendig ist."[302] Die Konsequenz ist andererseits die Zunahme der direkten Rede auf Seiten der Figuren, der Dialog gewinnt gegenüber der Handlung an Bedeutung: „Hauptgegenstand" der „Darstellung ist das Wort selbst"[303], Ausdruck immer eines konkreten Sprechers, subjektiv und gleichwertig den anderen Subjekten: „Das Moment der Anrede ist jedem Wort bei Dostoevskij eigen, dem Wort der Erzählung in gleichem Maße wie dem des Helden. In der Welt Dostoevskijs gibt es überhaupt nichts Dingliches, keinen Gegenstand, kein Objekt, es gibt nur Subjekte. Deshalb gibt es auch kein Wort, das gleichzeitig Urteil wäre, kein Wort über ein Objekt, kein gegenstandsbezogenes Wort ohne Adressaten, sondern es gibt nur das Wort als Anrede, das Wort, das sich mit dem anderen Wort dialogisch berührt, das Wort über ein Wort, das an ein Wort gerichtet ist."[304] Bachtin verknüpft seine Analyse mit einer Anforderung an modernes Erzählen: Dostojewski habe mit diesem multiperspektivischem Erzählen ein innovatives Paradigma geschaffen, das die traditionelle Form auktorial monologischen Erzählens, exemplarisch dafür der Entwicklungsroman, ablöse. Erkenntnistheoretisch liege allen Formen dialogischer Prosa – im Hintergrund stehen vor allem die philosophischen Dialoge von Platon bis zu Cusanus – „die Vorstellung von der dialogischen Natur der Wahrheit und des menschlichen Denkens zugrunde, das diese Wahrheit sucht. (…) Nicht im Kopf eines einzelnen Menschen entsteht und lebt die Wahrheit, sondern sie entsteht zwischen Menschen, die gemeinsam, in dialogischer Kommunikation, nach ihr suchen."[305] Historisch relevant werde dieser Ansatz in Situationen des Umbruchs, gekennzeichnet durch den Verlust eines einheitlichen und verbindlichen Weltbildes, hier habe auch Dostojewskis Entwicklung des polyphonen Romans ihre Basis: „Tatsächlich konnte der polyphone Roman nur in der kapitalistischen Epoche entstehen. Mehr noch, er fand den günstigsten Boden in Russland, wo der Kapitalismus fast wie eine Katastrophe hereinbrach (…) und eine unberührte Mannigfaltigkeit sozialer Welten und Gruppen vorfand, deren individuelle Geschlossenheit nicht, wie im Westen, beim allmählichen Vormarsch des Kapitalismus geschwächt worden war."[306] Dostojewskis dialogische Erzähltechnik sei die Antwort auf eine reale weltanschauliche Polyphonie oder Multiperspektivität – und eine „Lösung für die literarische Repräsentationskrise der Moderne"[307]. Ein dritter Aspekt: Die Vielzahl subjektiver und zwar tendenziell gleichwertiger Stimmen verweise auf die ethische und „lebenspraktische Dimension eines weltanschaulichen Pluralismus, werde gleichsam zum „Modellfall zwischenmenschlicher Begegnung und Kommunikation"[308].

Bachtins Plädoyer für dialogisch polyphones Erzählen mittels Dialogizität ließe sich zum Beurteilungskriterium verhärten oder dogmatisieren, so weit möchte ich indes nicht gehen. Es bleibt das Stichwort Plausibilität. Das ist nun nicht eben viel an Wertungsmaßstab. Umberto Eco macht auf eine Technik aufmerksam, die Aussage intentional zu präzisieren:

- „›Wie geht es dir?‹ – ›Nicht schlecht, und dir?‹"
- „›Wie geht es dir?‹ fragte Hans besorgt. – ›Nicht schlecht, und dir?‹ gab Peter strahlend zurück."
- „Da fragte Hans: ›Wie geht es dir?‹ – ›Nicht schlecht‹, erwiderte Peter mit tonloser Stimme und fügte mit undefinierbarem Lächeln hinzu: ›Und dir?‹"

Eco spricht von der ›Enunziationsinstanz‹: Der Erzähler „interveniert mit einem persönlichen Kommentar, um dem Leser zu suggerieren, welchen Sinn die Worte der beiden annehmen können."[309]

Hinzu kommt sprachliche oder formale Kompetenz in der Gestaltung des Dialogs. Ich konkretisiere exemplarisch:

- Charlotte beendet das erste Kapitel der *Wahlverwandtschaften* (es geht um einen Brief, den Eduard dem Hauptmann schreiben soll) wie folgt: „›Und doch ist es in manchen Fällen‹, versetzte Charlotte, ›notwendig und freundlich, lieber nichts zu schreiben als nicht zu schreiben.‹"[310] Alberto Manguel bemängelt den insgesamt „künstlichen Tonfall" dieses Gesprächs und insbesondere die Sentenzen als etwas, „was von Lichtenberg oder aus einer Sprüchesammlung stammen könnte"[311].
- „›Und du wirst fleißig Tag und Nacht einen ganz besonderen Bahnhof für mich bauen?‹ ›Genau‹, sagte Tsukuru. ›Denn ich liebe dich von ganzem Herzen und will mit dir zusammen sein.‹ ›Ich liebe dich auch sehr. Jedes Mal, wenn wir uns sehen, gefällst du mir besser.‹" Stefan Kister nennt Dialoge dieser Art „hölzern", sie erinnerten „an in Prosa verwandelte Manga-Comics"[312]. Sie sind nicht authentisch, weil zu naiv, vor allem,

weil syntaktisch vollständig. Ein Gespräch erfolgt indes nicht in immer grammatisch vollständigen Sätzen: Plausibilität, Realität ist das Kriterium.

- Juli Zehs *Spieltrieb* (2004) wurde von der Kritik z.T. hoch gelobt – ein Schulroman, der mit der Realität, die er zu fassen vorgibt, nur wenig zu tun hat: unrealistisch die Handlung, unrealistisch die Protagonisten, Lehrer wie Schüler, unrealistisch in der Konsequenz dann auch die Dialoge: (a) So gehen beide Seiten nicht miteinander um; (b) die Sprache der SchülerInnen ist inhaltlich wie formal maßlos überzogen, intellektualisiert.[313]

- Oliver Jungen schreibt in seiner Rezension von Carsten Kluths Debütroman *Wenn das Land still ist* (2013): „Ärgerlich unbeholfen (...) wirkt es, wenn die Inquit-Formeln immer wieder erweitert werden, um noch ein wenig Innenleben abzubilden: ›sagte Kronauer und lachte unsicher‹; ›sagte er und versuchte, seine Stimme fest klingen zu lassen‹; ›fragte Kronauer eifrig, um sich vom Fehlschlag mit Kabir abzulenken‹; ›sagte Johanna, ohne das Glas zu beachten‹.“[314]

- Von Flaubert ist bekannt, wie genau er an jedem Detail seiner Romane arbeitete, belegt vor allem für *Madame Bovary* (1857) durch die Briefe an Louise Colet; das gilt entschieden auch für seine Dialoge, z.B. für das zweite Kapitel des zweiten Teils, der Ankunft des Ehepaares Bovary in Yonville-l'Abbaye. Wolfgang Matz hat dieses Gespräch analysiert und würdigt positiv: „Während mit dem zweiten Kapitel Monsieur und Madame Bovary Yonville-l'Abbaye betreten, ist (...) nahezu das gesamte Romanpersonal (...) gegenwärtig – mit der bezeichnenden Ausnahme des Monsieur Rodolphe Boulanger, der Emmas erster Ehebrecher sein wird. (...) Das folgende Gespräch zwischen Neuankömmlingen und Alteingesessenen, eingewoben darin der separate Dialog von Emma und Léon, ist (...) eine konzentrierte Vorwegnahme des Geschehens, eine Genreszene im neuen Ort, in der alles neu zu sein scheint und doch nur die Wiederkehr des Gleichen ist. Die Romanze zwischen Emma und Léon entspringt nämlich nur einem: dem Ennui, und sie ernährt sich aus den gleichen Trivialitäten, Gemeinplätzen und Kitschfloskeln, die Emmas gesamte Existenz grundieren. (...) Flaubert hat sich die Einführung neuer Figuren mit äußerstem Bedacht aufgespart auf diesen späten Zeitpunkt." Es ermöglicht ihm, „den individuellen Einzelfall zu verallgemeinern und tatsächlich ein neues Thema daraus zu entwickeln (...); die zahlreiche Gesellschaft, in der sich die Bovarys nun wiederfinden, wird zu einem Miniaturbildnis der bürgerlichen Gesellschaft."[315]

- Höchst sensibel und genau trifft John Williams Milieu und Situation in den Dialogen seines Romans *Stoner* (1965).[316]

Gut konstruierte Fabel

Was meint das, was sind ihre Elemente? Zuvor eine allgemeine Bemerkung: Objekt jeder Romananalyse ist „das Wie des Was"[317]: Es „muss jede Analyse eines Romantextes über eine möglichst genaue Bestimmung seiner Machart, seiner erzählerischen Funktionsweise erfolgen und gerade nicht über das, was auf den ersten Blick sein nacherzählbarer ›Inhalt‹ zu sein scheint. Paraphrase wäre, auch bei Erzähltexten, Häresie."[318] Es gilt dies nicht nur von der Analyse erzählender Texte, sondern im Grundsatz auch für die Romankritik. Sehr energisch hat sich 1957 schon Karlheinz Deschner dafür eingesetzt. „Was den Stoff betrifft, geht es in der Kunst primär niemals um das Was, sondern immer um das Wie. (...) Diese These ist unumstößlich und so evident, dass man sich wundert, wie hartnäckig, ja fanatisch oft das Gegenteil behauptet wird. (...) Schreibt ein kleiner Literat die Geschichte eines ganzen Volkes, Felix Dahn etwa in seinem Kampf um Rom, ergibt das ein Opus, das man mit fünfzehn vielleicht verschlingt, doch keine Dichtung. Erzählt ein großer Autor, wie etwas Wind weht, der Mond scheint und man den Wald durchwandert, wie Stifter im Hochwald, entsteht ein Kunstwerk. Nicht die Bedeutung des Vorwurfs also, sondern die Art der Ausführung entscheidet, nicht das Thema, sondern seine Darstellung."[319] Es wird gleich deutlich, warum ich diese allgemeine Bemerkung hier einfüge. Gut konstruierte Fabel:

- Forster unterscheidet die Geschichte (=story) von der Fabel (= plot): „›Der König starb und dann starb die Königin‹ ist eine einfache **Geschichte**" ein „Erzählen von Begebenheiten in zeitlicher Folge. (...) ›Der König starb, und dann starb die Königin aus Kummer‹ ist eine **Fabel**" eine „Erzählung von Begebenheiten, wobei der Ton auf dem Kausalzusammenhang liegt. (...) ›Die Königin starb, niemand wusste wieso, bis sich herausstellte, dass der Kummer über den Tod des Königs die Ursache war.‹ Das ist eine Fabel, die ein Geheimnis birgt. (...) Sie hebt die Zeitfolge auf." Es sei dies eine spannende und „höchst entwicklungsfähige Form."[320] Um noch schärfer zu differenzieren: Die Geschichte gleicht der Inhaltsangabe (in Romanführern z.B.), die Fabel aber ist – Stichwort Form, Machart – „die tatsächliche literarische Gestaltung oder Präsentation dieser story in einem bestimmten, gegebenen Text: eben das, was dem Leser konkret vorliegt – oder in David Lodges Worten: ›the representation of that story in an aesthetically motivated discourse, with all the gaps, elisions, rearrangements, repetitions, and empases which invest the story with meaning.‹"[321]

- Bei der einfachen Geschichte „fragen wir ›und dann?‹. In einer Fabel fragen wir ›warum?‹"[322] Für die Geschichte werde vom Leser lediglich Neugierde gefordert, und es gebe für sie „nur ein Versagen: wenn sie ihr Publikum nicht neugierig auf das Kommende macht."[323] (= delectare) „Eine Fabel aber fordert außerdem Intellekt und Gedächtnis."[324]

- Zugleich gilt indes auch: Die Fabel liegt vor wie sie ist, die story, die Geschichte liegt in erzählenden Texten in der Regel nicht vor, „sondern muss erst aus der Erzählung abstrahiert werden", sie „ist das Ergebnis bestimmter Operationen des Lesers."[325] Christoph Bode betont diesen Aspekt: Die story „eines Romans" ist „ein Konstrukt, das der Leser während und nach der Lektüre verfertigt. Denn es gibt in fiction gar keine ›eigentliche‹ Geschichte, die dann irgendwie manipuliert wird. Es gibt nur dies hier: den narrativen Diskurs. Und es gibt die Möglichkeit, das Gelesene zu abstrahieren und umzustellen, zu rekonfigurieren – aber damit wird kein ›ursprünglicher‹ Zustand wiederhergestellt, es wird (...) etwas konstruiert. (...) Ein reales Ereignis (event) ereignet sich auch außerhalb einer Erzählung (...) – ein fiktionales Ereignis jedoch ereignet sich ausschließlich im narrativen Diskurs, nirgendwo sonst."[326]

- „Der intelligente Romanleser nimmt jedes neue Faktum (...) geistig in sich auf. Er sieht es von zwei Standpunkten: isoliert und in Beziehung zu anderen Fakten, die er auf den Seiten davor gelesen hat." Die Beziehung der Fakten zueinander klärt sich oft erst vom Ende her: Es entsteht derart ein bedeutsames „Element von Überraschung oder Rätselhaftigkeit. (...) Es entsteht durch Aufhebung der Zeitfolge"[327]. Das Element der **Überraschung** halte ich für wichtig: Die Handlung darf nicht vorhersehbar sein und ihre kausale Erklärung ebenso wenig; die Lesererwartungen müssen durchbrochen werden.

- Ähnlich, aber nicht identisch mit dem letzten Aspekt: „Gutes Erzählen ist für mich **elliptisch**, braucht Lücken, nicht Auserzähltes", sagt Ursula Krechel [328]. Ähnlich George Steiner: „Der Dramatiker oder der Romancier, der alles erzählt, vermittelt Gescheitheit, nicht Wissen. Er richtet in seiner Schöpfung das Geheimnis der unabhängigen Vitalität zugrunde."[329] **Lücken** und **Leerstellen** sind anregend, fordern die kreative Empathie und Intelligenz des Lesers. Tschechows Erzählung „*Die Dame mit dem Hündchen*" besteht fast völlig aus Einzelheiten, die sich nicht selbst erklären, und das passt zur Geschichte, weil sie von einer Liebesbeziehung handelt, die auf etwas unerklärliche Weise die beiden Liebenden sehr glücklich macht..“[330] „Einzelheiten, die sich nicht selbst erklären“: Olmo, einer der Protagonisten in Andrea Bajanis Roman *Liebe und andere Versprechen,* ein Greis, den die Beteiligung an Kriegsverbrechen des Zweiten Weltkrieges in Russland nicht loslässt, öffnet sich dem Ich-Erzähler und beginnt zu erzählen und gibt ihm Bücher: „Die Geschichten in diesen Büchern waren dieselben wie die, die Olmo mir erzählte, manchmal sogar in denselben Worten, über dieselben Erlebnisse, die eigentlich gar nicht seine waren, aber durch ständiges Erzählen seine geworden waren (…). Sogar die Brücke von Nikolajewka, von der hatte er Dutzende Male erzählt (…), in Nikolajewka war Olmo nie gewesen.“ So weit, so gut. Der nächste Satz allerdings heißt: „Aber er wollte nicht außerhalb der Geschichte stehen, und so hatte er anderer Menschen Geschichte für sich übernommen.“[331] Auf den Punkt hat das in seinen *Betrachtungen zum Werk Nikolai Lesskows* Walter Benjamin gebracht: „Es ist nämlich schon die halbe Kunst des Erzählens, eine Geschichte, indem man sie wiedergibt, von Erklärungen freizuhalten. Darin ist Lesskow Meister (…). Das Außerordentliche, das Wunderbare wird mit der größten Genauigkeit erzählt, der psychologische Zusammenhang des Geschehens aber wird dem Leser nicht aufgedrängt. Es ist ihm freigestellt, sich die Sache zurechtzulegen, wie er sie versteht, und damit erreicht das Erzählte eine Schwingungsbreite, die der Information fehlt.“[332]

- Ich weite aus und greife den Überlegungen zur Rolle und Bedeutung des Lesers vor: Dem Leser muss Raum gegeben sein für seine Assoziationen oder auch Abschweifungen. Das Werk realisiert sich erst vollständig in diesem Prozess. Volker Hage zitiert prägnant Hesse: „In der Stunde, wo unsere Phantasie und Assoziationsfähigkeit auf voller Höhe sind, lesen wir ja überhaupt nicht mehr, was vor uns auf dem Papier steht, sondern schwimmen im Strom der Anregungen und Einfälle, die uns aus dem Gelesenen zukommen.“[333] Nicht minder wert zu zitieren Peter Handke: „Die besten sind jene Bücher, die einen immer wieder dazu bringen, innezuhalten, aufzuschauen, in die Gegend zu schauen, tief einzuatmen, sich von der Sonne bescheinen zu lassen – auch wenn diese gar nicht scheint (das einzige, was ich jemanden wie Simenon ›vorwerfe‹: dass ich ihn zu schnell lese)“[334]. Der Satz in Klammern macht bewusst die unterschiedliche Funktion von leseraktivierenden, -anregenden Stellen und (elliptischen) Techniken: Sie können als fehlende Information oder Erklärung der Spannung dienen oder gegenteilig verlangsamen, den Leser zu sich selbst kommen lassen. – Leerstellen und Ellipsen, sie aktivieren den Leser, zugleich müssen sie sich, meine ich, aber auch auflösen lassen, dies gilt zumal für das Ende des Romans[335]; der nächste Aspekt geht darauf näher noch einmal ein.

- Möglicherweise: Handlungsspannung und **Auflösung** als Entspannung am Schluss (= delectare). Peter von Matt greift hier auf das antike Konzept der Anagnórisis (= Erkennung), den Augenblick der Wahrheit, zurück: „Die letzte Steigerung der Spannung fällt in ihr mit der erlösenden oder aber endgültig niederschmetternden Entspannung zusammen."[336] Das gilt schon bei Aristoteles nicht etwa nur für das Drama, v. Matt zitiert Aristoteles: ›Die Tragödie enthält alles, was auch das Epos enthält‹ und ›das Epos bedarf nämlich auch der Peripetien und Anagnorísen‹. „Damit sind Phänomen und Theorie der Anagnórisis durch Aristoteles selbst aus der bis heute üblichen Beschränkung auf das Drama befreit und zu einem literarischen Basisereignis überhaupt erklärt. (...) Wie immer man sie fassen will, gewiss ist, dass der unveränderliche Kern einer universalen Ästhetik der Anagnórisis im Ereignis des beseitigten Unwissens, des zerrissenen Schleiers, der fallenden Maske liegt. Noch einfacher gesagt: Der Kern liegt in der Wahrheit als plötzlichem Ereignis."[337]

E. M. Forster übrigens weist die Orientierung an Aristoteles im Aufbau der Fabel – Verwicklung, Krisis und Lösung – entschieden zurück: Die Fabel stoße auf die Charaktere, und sie „stößt auf sie als ungeheure, schattenhafte und unbändige Wesen, die überdies wie ein Eisberg zu drei Vierteln unsichtbar sind.[338] Vergebens weist sie [die Fabel] diese ungefügen Geschöpfe [die Charaktere/Personen] auf die Vorteile des dreifachen Prozesses von Verwicklung, Krisis und Lösung hin." Wenn der Autor dieser Forderung folgt, so sei „das Ergebnis (...) ein Roman, der eigentlich ein Theaterstück hätte sein können."[339] Die Differenz zwischen v. Matt und Forster erscheint vermittlungsfähig: Beide betonen das Moment der Überraschung in der Auflösung und fordern die Auflösung am Schluss. Forster wendet sich eher gegen einen schematisch verstandenen Dreischritt.

Hilfreich vielleicht ist hier eine Aussage Daniel Kehlmanns: „Handlung ist zweckbestimmte Kausalität. Ein Ereignis folgt aus dem anderen, zugleich aber wirkt auf die Ereignisse noch eine Kraft von außen: der Wille des Erzählers. Wie chaotisch und wirr eine Erzählung auch sein mag, es ändert nichts an der Tatsache, dass jemand sie erzählt, also formt und arrangiert. (…) Wird der ordnende Wille des Autors zu deutlich, wirkt eine Geschichte zurechtgemacht und konstruiert. Der Grund dafür ist eben der Umstand, dass es Handlung nur in Geschichten gibt und nicht in der Wirklichkeit. Dinge stoßen uns zu, Tag für Tag, Stunde für Stunde, ihnen folgen andere Dinge – aber wir sind nicht in einer Geschichte."[340]

- Zu ergänzen wäre, ebenfalls in Orientierung an Aristoteles, die Notwendigkeit narrativer **Verzögerungen**, die Aristotelische Forderung von Peripetien und retardierenden Momenten in der klassischen Dramentheorie. Umberto Eco hebt in dieser Hinsicht Alexandre Dumas hervor: Er sei „ein Meister im Ersinnen von narrativen Verzögerungen, um etwas zu erzeugen, was ich eine ›Zeit des Bangens‹ nennen würde, eine Zeit des Händeringens mit angehaltenem Atem, um den Eintritt der dramatischen Lösung hinauszuzögern – und in diesem Sinn ist der *Graf von Monte Christo* (1844) ein Meisterwerk."[341] Spannung durch Verzögerung: Auf der anderen Seite stehen Jean Pauls Romane, prägnant ins Bild gebracht von Navid Kermani: „Wo ich in anderen Romanen auf eine Leinwand starre, die meinen Blick beengt, stehe ich bei Jean Paul auf einer weiten Ebene, auf der ringsum alles Mögliche verstreut liegt, das Höchste und das Niederste, Philosophie und Neunmalkluges, Poetik und Alltagsbeobachtungen, ohne dass die Seiten einer inneren Notwendigkeit zu folgen scheinen, die begreifbarer wäre als die Logik eines jeden Lebens selbst. (…) Jean Pauls Romane bersten aus einem Übermaß an Einfällen und Vorfällen, ein Strang legt sich in den anderen, die Verwicklungen jagen sich gegenseitig." Man gewinnt den „Verdacht, dass Jean Paul geradezu der Ehrgeiz getrieben haben könnte, Übersicht unmöglich zu machen. Die Abschweifungen zum Beispiel, die er Digressionen nennt, sind so zahlreich, dass sie allein jeden Anflug von Spannung vertrieben, den es ohnehin nicht gibt. (…) Jean Pauls Romane sind der permanente Verfremdungseffekt."[342] Kermani verweist auf den großen Erfolg der frühen Romane Jean Pauls, vor allem wohl des *Hesperus* (1795), und vermutet, „dass die Erwartungshaltung des breiten Publikums noch nicht auf Identifikation und Spannung ausgerichtet war, wie wir es seit langem voraussetzen."[343]

Dieser Erwartung entsprach und er löste sie ebenso erfolgreich ein: Stefan Zweig. In seinen Erinnerungen fragt er sich, „in welcher besonderen Eigenschaft meiner Bücher ihr für mich so unvermuteter Erfolg eigentlich begründet war. Letzten Endes, glaube ich, stammt er von einer persönlichen Untugend her, nämlich dass ich ein ungeduldiger und temperamentvoller Leser bin. Jede Weitschweifigkeit, alles Schwelgerische und Vage-Schwärmerische, alles Undeutliche und Unklare, alles Überflüssig-Retardierende in einem Roman, einer Biographie, einer geistigen Auseinandersetzung irritiert mich. Nur ein Buch, das ständig, Blatt für Blatt, die Höhe hält und bis zur letzten Seite in einem Zuge atemlos mitreißt, gibt mir einen vollkommenen Genuss. Neun Zehntel aller Bücher, die mir in die Hand geraten, finde ich mit überflüssigen Schilderungen, geschwätzigen Dialogen und unnötigen Nebenfiguren zu sehr in die Breite gedehnt und darum zu wenig spannend, zu wenig dynamisch."[344]

So weit Stefan Zweig. Gleichwohl gilt: Das narrative Verweilen ist ein Grundbestandteil erzählender Literatur: Beschreibungen von Dingen, Personen, ihren Empfindungen und Reflexionen, Reflexionen auch des Erzählers, Beschreibungen von Landschaften ... – die Frage stellt sich, welche Funktion sie jeweils haben.

- Intellekt und Gedächtnis fordert die Fabel: „Indem der Schriftsteller seine Fabel knüpft, setzt er bei uns das Erinnerungsvermögen voraus, und wir erwarten, dass er keine losen Enden stehen lässt. In der Fabel zählt jede Handlung und jedes Wort"[345]. Wir erwarten, ich wiederhole, dass er **keine losen Enden** stehen lässt: Wir erwarten die Auflösung – und sei es als Resultat eigener gedanklicher Arbeit.

In seinen „Regeln und Winken für Romanschreiber" geht Jean Paul auf das „Knötchen-Knüpfen und -Lösen" ein: Es dürfe sich im Roman keine „Gegenwart ohne Kerne und Knospen der Zukunft zeigen. Jede Entwicklung muss eine höhere Verwicklung sein. (...) im ersten oder Allmacht-Kapitel muss eigentlich das Schwert geschliffen werden, das den Knoten im letzten durchschneidet. (...) So wird z.B. in Fieldings Tom Jones der Knoten durch das Entlarven einer frühen eigennützigen Lüge des heuchelnden Blifils überraschend aufgebunden. (...) Kurz; der Knoten gehe bloß durch Vergangenheit, nicht durch Zukunft auf."[346] Eine gut verknüpfte Fabel, so E.M.Forster, führt am Ende zu einer Vollkommenheit, „auf die es der Romancier nie absehen sollte, obwohl er versagt, wenn er sie nicht erreicht": Forster spricht von „Schönheit" (...) als Teil einer vollkommenen Fabel." Die Erinnerung des Lesers „erwägt und ordnet stets alles noch einmal neu, sie sieht neue Fäden, neue Ketten von Ursache und Wirkung, und das Gefühl am Ende (...) ist nicht Faden oder Kette, sondern etwas ästhetisch sehr Konkretes (...). Wir kommen hier auf die Schönheit."[347]

- „Eine Fabel", so Forster, „muss überraschen." Einerseits. Andererseits: Das „Geschehen entspringt aus dem Charakter und wirkt als Geschehnis auf diesen Charakter zurück. Menschen und Ereignisse hängen eng zusammen"[348]. Forster spricht daher vom „aussichtslosen Kampf, den die Fabel gegen die Charaktere führt"[349]. Es berührt dieser Aspekt wieder das grundlegende Kriterium der Plausibilität: Die Figuren oder **Charaktere** müssen stimmig sein, ihr Verhalten muss zu dem Bild passen, das im Kopf des Lesers entsteht. Schon Jean Paul betonte: „Der Charakter spricht sich durch Handlungen und durch Rede aus (...). Im Leben erklärt die Tat das Herz, im Dichten das Herz die Tat (...). Eine innere Notwendigkeit gerade dieser bestimmten Handlung muss sich vor oder mit ihr entdekken; und diese muss weniger den Charakter als dieser sie bezeichnen und bestimmen."[350] Andererseits spricht auch Jean Paul in Blick auf das Verhältnis von Charakter und Fabel von „Entgegen- und Voraussetzung"[351]. Die Folge in der erzählerischen Praxis: „Manchmal hat eine Fabel zu ausschließlich die Vorherrschaft. Die Charaktere müssen ihre Eigenart bei jeder Gelegenheit aufgeben, oder sie werden vom Lauf des Schicksals derart mitgerissen, dass unser Gefühl für ihre Realität beeinträchtigt wird."[352] Exemplarisch stehe dafür Thomas Hardy: Seine Romane seien „von einer enormen Höhe konzipiert. Sie sind als Tragödien oder Tragikomödien angelegt (...). Hardy arrangiert seine Ereignisse so, dass aller Nachdruck auf dem Kausalzusammenhang liegt, die Grundanlage ist eine Fabel, und die Charaktere haben sich ihren Erfordernissen zu fügen. (...) Das ist (...) der Sprung, der sich durch Hardys Romane zieht: Er hat den Kausalzusammenhang stärker betont, als die Kunstgattung zulässt."[353] Christoph Bode weist darauf hin, dass eine lange Tradition um die Frage kreist, „ob die **Figuren** der **Handlung** unterzuordnen seien oder ob die Handlung der sukzessiven Entfaltung und Entwicklung einer Figur (...) zu dienen habe."[354] Er verweist auf Henry James, der zu dieser Debatte in seinem Essay *Die Kunst des Romans* gleichsam das Schlusswort geschrieben habe: „Es gibt eine überholte Unterscheidung zwischen dem Charakterroman und dem Ereignisroman (...). Sie scheint mir die Sache genauso wenig zu treffen wie die gleichermaßen gerühmte Unterscheidung zwischen dem Roman und der ›Romanze‹ - sie entspricht ebenso wenig jeder Realität. Es gibt schlechte Romane und gute Romane wie es schlechte Bilder und gute Bilder gibt, doch das ist die einzige Unterscheidung, in der ich einen Sinn sehe, und ich kann mir ebenso wenig vorstellen, von einem Charakterroman zu sprechen, wie ich es mir vorstellen kann, von einem Charakterbild zu sprechen. Wenn man Bild sagt, sagt man Charakter, wenn man Roman sagt, sagt man Ereignis, und diese Begriffe können nach Belieben übertragen werden. Was ist Charakter anderes als die Bestimmung von Ereignis? Was ist Ereignis anderes als die Illustration von Charakter? Was sind ein Bild oder ein Roman, die ›nicht‹ Charakter sind? Was sonst suchen und finden wir denn in ihnen?"[355] Andererseits ist die Unterscheidung zwischen plot driven und character driven gängig: Das Genre des Abenteuerromans z.B. ist massiv handlungsorientiert, also plot driven.

Die faktische Folge des Verhältnisses von Charakter und Fabel nach Forster: „Fast alle Romane lassen gegen Ende nach. Das kommt daher, weil die Fabel zum Abschluss gebracht werden muss" – häufig durch Tod oder Heirat[356]. Denn der Autor muss „zu seinem Unglück (...) die Dinge abrunden, gewöhnlich sterben ihm die Personen unter den Händen (...). Ich wüsste nicht, wie der Durchschnittsschriftsteller einen Roman schließen sollte, wenn nicht mit Tod und Heirat. Beinahe die einzige Verbindung zwischen seinen Personen und der Fabel bilden Tod und Heirat"[357]. Die kritische Konsequenz: Wir sollten „uns fragen, ob die so hervorgebrachte Fachwerk-Konstruktion die bestmögliche für einen Roman ist. Warum muss (...) ein Roman nach einem Plan gearbeitet sein? (...) Warum muss er einen Schluss haben wie ein [klassisches] Theaterstück? (...) Die Fabel ist reizvoll und mag herrlich sein, ist sie aber nicht vielleicht ein Fetisch, beim Drama ausgeliehen (...)? (...) Moderne Autoren halten es für möglich".[358] Das Problem ist nicht neu: „Das auf *einen* Menschen zusammengedrängte Drama" muss „die strengere Bindung in Zeit, Ort und Fabel unterhalten, wie es ja uns allen die Wirklichkeit macht. Für den tragischen Helden geht die Sonne auf und unter; für den epischen ist zu gleicher Zeit hier Abend, dort Morgen; das Epos darf über Welten und Geschlechter schweifen und (nach Schlegel) kann es überall aufhören, folglich überall fortfahren; denn wo könnte die Welt-, d.h. die Allgeschichte, aufhören? Daher Cervantes' epischer Roman nach dem ersten Beschlusse noch zwei Fortsetzungen erhielt, eine von fremder, eine von eigner Hand."[359]

Exkurs: Das Modell der jüngeren Narratologie

Die jüngere Narratologie präferiert ein anderes Modell, sie unterscheidet vier narrative Ebenen – das **Geschehen**, die **Geschichte**, die **Erzählung** und die **Präsentation** der Erzählung:

- Wann wird aus einem **Geschehen** eine Geschichte? Ein Geschehnis ist eine Zustandsveränderung, erwartbar und regelmäßig wie der Wechsel der Tageszeiten oder auffällig (= markiert) im Kontext, unvorhersehbar: Gregor Samsa erwacht eines Morgens als Käfer, es ist dies ein Ereignis. Geschehen meint die Gesamtheit aller Geschehnisse und Ereignisse. Noch einmal komplexer angesetzt: „Das Geschehen ist die amorphe Gesamtheit der Situationen, Figuren und Handlungen, die im Erzählwerk explizit oder implizit dargestellt oder logisch impliziert sind. Das so verstandene Geschehen bildet ein räumlich grundsätzlich unbegrenztes, zeitlich unendlich in die Vergangenheit verlängerbares, nach innen unendlich zerkleinerbares und in unendlich vielen Eigenschaften konkretisierbares Kontinuum."[360]
- Eine **Geschichte** wiederum ist die chronologische Folge der „Teilmenge des Geschehens, die für die Bedeutungsabsicht des Erzähltextes relevant ist; in der Regel umfasst die Geschichte alle Ereignisse, aber nicht alle Geschehnisse."[361] Sie ist also das Resultat einer Auswahl aus dem Geschehen mit Anfang und Ende, jedoch (noch) in der natürlichen Abfolge, „im ordo naturalis."[362] Wolf Schmid macht deutlich, dass auf dieser Ebene in der Auswahl der Geschehensmomente „eine Sinnlinie durch das Geschehen"[363] gelegt wird, dass dabei neben ersten Überlegungen zu Raffung und Dehnung der Erzählung, neben Unbestimmtheits- und Leerstellen auch schon über die Perspektive entschieden wird. Die Folge sind Anforderungen an den Leser: „Der Leser, der die für eine Geschichte konstitutive Sinnlinie nachzuzeichnen sucht, ist aufgefordert, die Selektion in ihren beiden Seiten zu erfassen, nicht nur als Position (als Auswahl bestimmter Momente), sondern auch als Negation: als Abweisung anderer Möglichkeiten der Wahl. Erst vor dem Hintergrund des Nicht-Gewählten erhält das Gewählte seine Identität und seine Sinnfunktion. Eine Geschichte als sinnhaftes Ganzes zu erfahren heißt: die Logik ihrer Selektivität zu erschließen." Drei Modi der Negation sind dabei zu erkennen und zu unterscheiden:

- Erstens „die Nicht-Auswahl von Geschehensmomenten und Eigenschaften, die für die Geschichte irrelevant sind."[364] Es sind dies irrelevante Unbestimmtheitsstellen.
- Zweitens „Ansätze für traditionelle Sinnlinien (...), denen jedoch nicht zu folgen ist, da sich der Sinn der Geschichte nicht in diesen angedeuteten Linien erschließt" – mithin „Fallen für den Leser, die die Abweisung suggerierter fremder Motive für die Ausfüllung der Leerstellen erfordern"[365]. Schmid nennt exemplarisch Alexander Puschkins Erzählung *Der Stationsaufseher* (bzw. *Der Posthalter* in älteren Übersetzungen) aus den *Geschichten des verstorbenen Iwan Petrowitsch Belkin* (1831): Hier werden biblische und romantische Handlungsmuster trügerisch suggeriert, etwa das Gleichnis vom verlorenen Sohn oder des guten Hirten, die nicht eingelöst werden.[366]
- Drittens „die aufzuhebende Negation", sie betrifft die Leerstellen, Lücken, die zur Konstruktion der Sinnlinie zu füllen sind, etwa die relevante Frage der Handlungsmotivation des Helden. „Die aufzuhebende Nicht-Wahl ist zu einem Merkmal der neueren Erzählprosa geworden. In dem Maße, wie die Erzählprosa ihre Helden mit einer komplexen, mehrschichtigen Psyche ausstattet und die Geschichte vom Standpunkt der erzählten Figur darbietet, werden die Bewusstseinshandlungen, die die die Tat- und auch die Sprechhandlungen motivieren, zum Problem."[367] Vargas Llosa spricht von ›unterschlagener Information‹[368], die der Leser rekonstruieren muss, um zu verstehen; er nennt Faulkner, Hemingway und Robbe-Grillet als die Autoren, die auf diese Technik in ihrem Spiel mit dem Leser vorzüglich und gekonnt zurückgreifen.

- Die **Erzählung** ist „die ästhetisch geformte Geschichte; sie transformiert die Geschichte durch das ›Wie‹ des Erzählens. Die Ereignis- und Geschehenselemente können in einer anderen Reihenfolge als die der Geschichte erscheinen." In der Formulierung Schmids: „Die Erzählung ist das Resultat der Komposition, die die Geschehensmomente in einen ordo artificialis bringt."[369] Bei unterschiedlichen Handlungsorten kann die Geschichte Episoden enthalten, die gleichzeitig stattfinden: Die Transformation zur Erzählung muss „die Linearisierung des Simultanen" gestalten, effektvoll z.B. in *Anna Karenina* (1877): Das Pferderennen wird zweimal erzählt, „einmal aus der Perspektive Vronskijs, ein zweites Mal aus der Perspektive Karenins, der allerdings nicht das Pferderennen selbst beobachtet, sondern auf die Reaktionen seiner Ehefrau achtet und aus ihnen schließt, dass sie Vronskij liebt." Darüber hinaus ist die Umstellung der Episoden, „die Ersetzung des ordo naturalis durch einen ordo artificialis" in vielfältiger Weise möglich, sinnkonstituierend und für den Leser zentral: Wann teilt uns der Erzähler was und warum zum jeweiligen Zeitpunkt in Abweichung von der Chronologie der Geschichte mit? Mario Vargas Llosa greift auf seinen Begriff der unterschlagenen Information zurück und spricht von ›unterschlagener Information durch Umstellung‹. Das herausragende Beispiel moderner Romane[370] ist für ihn Faulkners *Die Freistatt* (1931): Durch beide Techniken unterschlagener Informationen – „dieses abscheuliche Schweigen" – entsteht die Atmosphäre des Romans: „eine Atmosphäre aus Gewalt, sexueller Repression, Angst, Vorurteilen, primitivem Verhalten, die Jefferson, Memphis und den anderen Schauplätzen der Geschichte einen symbolischen Charakter verleiht, sie zu einer Welt des Bösen, der Verderbtheit und des Verfalls der Menschheit im biblischen Sinne macht."[371]

- Am Ende steht der **Erzähltext** als „der konkrete sprachliche Ausdruck, in dem die Erzählung präsentiert wird."[372] Hier realisieren sich konkret die Perspektive, die Anteile und unterschiedlichen Möglichkeiten der Erzähler- und Figurenrede. Ich komme darauf zurück. Diese letzte Ebene „ist als einzige der Ebenen der empirischen Beobachtung zugänglich"[373], die anderen sind vom Leser nur durch Abstraktion zu gewinnen oder zu rekonstruieren.

Das **Resümee**: „Die Bedeutung eines literarischen Textes liegt (...) in dem Maße, in dem er uns dazu anstiftet, verschiedene Sinnfigurationen auszuprobieren. Ist das Maß gering, ist nicht viel zu holen; liegt alles offen zutage, nicht viel zu tun." Exemplarisch: Wenn wir uns selbst dabei beobachten, „wie wir etwa Henry James' Novelle *The Turn of the Screw* (1898) mal als Geistergeschichte, mal als ›Neurotisches-Kindermädchen-terrorisiert-die-Kleinen‹-Geschichte konstruieren, so kann uns klar werden, dass herausragende fiction dies selbstverständlich immer mitliefert: eine Problematisierung nicht nur der Konstruktion fiktionaler Wirklichkeiten, sondern der Möglichkeit ihrer Konstruktion, sowohl im Sinne von Possibilität als auch ihrer Kontingenz. Ohne Sinnvermutungen geht es nicht (...) Deshalb wird man sagen können: Die Bedeutung eines Romans ist das Ensemble der erzählerischen Verfahren, die er aufwendet, um mich gedanklich-imaginativ zu stimulieren. Begreifen, was da vor sich geht, heißt: Erkennen, was dieses oder jenes Verfahren, dieser oder jener Kniff, für einen Unterschied macht im Feld der Möglichkeiten, damit aber auch im Feld der Wirkungen, Reaktionen."[374] Ich erinnere an die Vorbemerkung zu Beginn dieses Kriteriums, der Überlegungen zur Fabel: Objekt der Romananalyse wie seiner Beurteilung ist das „Wie des Was".

Beginn und Ende des Romans

Ich setze hier noch einmal an mit Überlegungen zum Beginn wie zum Schluss des Romans. Der Romanbeginn, das Incipit, muss Aufmerksamkeit erregen, muss Glaubwürdigkeit vermitteln, überzeugen: Unter Umständen entscheidet der Leser hier schon, ob er weiterliest. „Wie Scheinwerferlicht schlägt der erste Satz in vollkommenes Dunkel. Was hätte in unserer Erfahrung vergleichsweise so deutlich Anfang und Ende wie Romane? Nicht einmal eine Geburt geschieht so jäh, ist so ohne Vorgeschichte wie der erste Romansatz. Kein Bewusstsein erwacht so ohne Übergang."[375] Wir erleben den Romananfang wohl nicht immer so dramatisch, aber es gilt in der Tat: „Das ist jedes Mal die Spannung des Anfangs, wenn man ein neues Buch aufschlägt und herauszufinden versucht, was das für ein Text ist. Wird er mich ansprechen, was erwartet er von mir, in welche Einstellung muss ich mich von ihm bringen lassen, um ihn richtig zu erfassen? Immer, wenn man kein sekundäres Leseinteresse hat, etwa eine wissenschaftliche Fragestellung, die den Blickpunkt schon durch eine Vorentscheidung festlegt, findet am Anfang diese ganz subjektive Wahl statt: Das ist jetzt ein Buch für mich, das nicht."[376] Der aus der Kognitionsforschung bekannte primary effect, die nachhaltige Wirkung des ersten Eindrucks, schlägt hier durch. Der Anfang des Romans ist zugleich eine Schlüsselstelle: Hier werden zentrale Entscheidungen getroffen über den Stoff, seine zeitliche und räumliche Verortung, das Personal, die Erzählperspektive, die Sprache, zugespitzt: Der Anfang des Romans enthält schon **das Ganze in nuce**.[377]

Berühmt ist Paul Valérys ironischer Vorschlag „eine möglichst große Anzahl von Romananfängen in einer Anthologie zusammenzustellen, da er sich von ihrer Unsinnigkeit einige Wirkung versprach. Die berühmtesten Autoren sollten dazu herangezogen werden. Ein solcher Einfall macht Paul Valéry (...) Ehre, (...) der mir einmal in Bezug auf den Roman versicherte, er selbst würde sich immer weigern zu schreiben: ›Die Marquise ging um fünf Uhr aus.‹" So erinnert sich André Breton[378] nicht minder spöttisch als Valéry selbst, wohl wissend, dass Valéry hier auf Balzac anspielt. Breton hält Sätze dieser Art für ›bloße Information‹, ganz und gar typisch für Romane; „der Ehrgeiz der Autoren" sei „offensichtlich nicht sehr hochgespannt (...) Der vom Zufall bedingte, unnötig detaillierte Charakter jeder ihrer Feststellungen" regt ihn sichtlich auf: „Die einzige Entscheidungsfreiheit, die mir noch bleibt, ist die, das Buch zu schließen, was ich, bei der ersten Seite etwa, zu tun denn auch nicht verfehle."[379] Die zitierte Äußerung Valérys hat Geschichte gemacht[380]: Julien Gracq greift, seinerseits offensichtlich über Valérys ironisches Diktum erzürnt, den Satz überprüfend auf, um zu belegen, dass dieser Satz weder willkürlich noch folgenlos, sondern sehr reflektiert formuliert ist.[381] Grundsätzlich gilt: „Das kommende Ganze behält es sich vor, den Teil vollständig in sein Spiel aufzunehmen, diesen zunächst ins Leere ragenden Verbindungsstein einzubauen, und ein solcher Satz kann nicht als willkürlich verworfen werden, weil über den Roman kein anderes Gericht gehalten werden kann als das jüngste. Der Mechanismus eines Romans ist ebenso präzise und subtil wie der Mechanismus eines Gedichts".[382]

- „Emma Woodhouse, hübsch, klug und reich, mit einem behaglichen Zuhause und einem glücklichen Naturell ausgestattet, schien vom Schicksal in mancherlei Hinsicht begünstigt und hatte nun schon fast einundzwanzig Jahre auf dieser Welt verbracht, ohne großen Ärger oder Verdruss zu erfahren."[383] Zwei Signalstellen markieren diesen ersten Satz kontrastiv: „schien" und „Ärger und Verdruss", Christoph Bode kommentiert: „Die allzu glatte Oberfläche dieses ersten Satzes schreit geradezu nach einer Störung, und der Rest des Romans dient dann auch dazu (...), die Titelheldin in ihrer arroganten Selbstbezogenheit und in ihrem mangelnden Einfühlungsvermögen vorzuführen, aber auch, einen Ausweg aus dieser Egozentrik zu weisen."[384]
- Terry Eagleton beklagt, dass das Gespräch über Romane häufig und vorschnell ein Gespräch über Inhalte und Charaktere wird, gelegentlich derart im psychologisierenden Verstehen-Wollen und Urteilen, als handle es sich um lebende Personen. Dem hält er entgegen die Literarizität, die „literariness" dieser Bücher: „Literary works are pieces of rhetoric as well as reports. They demand a peculiarly vigilant kind of reading, one which is alert to tone, mood, pace. Genre, syntax, grammar, texture, rhythm, narrative structure, punctuation, ambiguity – in fact to erverything that comes under the heading of ›form‹."[385] Er formuliert dies im ersten Kapitel seines Buchs – zu den Romananfängen.
- Exemplarisch analysiert er den Beginn von E.M. Forsters *A Passage to India* (1924); schon der erste Satz fällt ihm sprachlich auf: „The four phrases of the first sentence are almost metrical in their rhythm and balance. In fact, it is possible to read them as trimeters, or lines of verse with three stresses each: ›Except for the *Mara*bar *Caves* / and *they* are *twenty* miles *off* /the city of *Chan*drapore / presents *not*hing ex*traor*dinary‹." Und weiter zur Wortwahl: „The word ›presents‹ is significant. It makes Chandrapore

sound like a show put on for the sake of a spectator, rather than a place to be lived in. ›Presents nothing extraordinary‹ to whom? The answer is surely the tourist. The tone of the passage – disenchanted, slightly supercilious, a touch overbred – is that of a rather snooty guidebook. It sails as close as it dares to suggesting that the city is literally a heap of garbage."[386] In der Tat, der Erzähler fährt fort: „Edged rather than washed by the river Ganges, it trails for a couple of miles along the bank, scarcely distinguishable from the rubbish it deposits so freely. There are no bathing-steps on the river front, as the Ganges happens not to be holy here"[387]. Eagletons „vigilant kind of reading" macht uns aufmerksam auf die dreifache Alliteration in der Phrase „happens not to be holy here": „It represents a wry poke at Hindu beliefs on the part of a skeptical, sophisticated outsider. The alliteration suggests a ›cleverness‹, a discreet delight in verbal artifice, which puts a distance between the narrator and the poverty-stricken city."[388] Der übernächste Satz bei Forster: „The streets are mean, the temples ineffective, and though a few fine houses exist" …[389]. Möglicherweise zu kritisch und scharfäugig analysiert Eagleton: „The syntax of this is a little too self-consciously contrived, too obviously intent on a ›literary‹ effect." Auffallend ist zweifellos das Wort „ineffective" an dieser Stelle, „it strikes the reader like a mild smack in the face. The term assumes that the temples are there not for the inhabitants to worship in, but for the observer to take pleasure in. They are ineffective in the sense that they do nothing for the artistically-minded tourist. The adjective makes them sound like flat tyres or broken radios."[390] Zurück noch einmal zum ersten Satz: Der Roman eröffnet mit einem Dementi: „Except for the Marabar Caves (...), the city of Chandrapore" … Offenbar sind die Höhlen von Marabar tatsächlich außergewöhnlich, aber die folgenden Sätze sind syntaktisch akzentuiert und stehen im Widerspruch dazu: „The Caves are more fascinating than the city, but the syntax seems to suggest the opposite. (...) The Caves are no sooner mentioned than whisked away, which serves only to heighten our interest in them."[391] Es liegt eine ironische Struktur vor – und das genau ist der Grundcharakter des Romans: „This ambiguity (…) lies at the heart of *A Passage to India*. In an shadowy way, the very core of the book is distilled in is opening words – ironically, even teasingly so, since the reader cannot possibly be aware of this yet."[392] Derart entwirft Forster ein präzises Bild seines Erzählers und der Erzählweise schon im Romanbeginn, und derart erhellt es und macht es uns bewusst Eagletons genaues Lesen dieses Romananfangs.

- „Call me Ishmael." Ich teile die Begeisterung Mario Vargas Llosas: „Ein phantastischer Anfang, nicht wahr? Mit nur drei Wörtern erweckt Melville in uns eine kribbelnde Neugierde für diese geheimnisvolle Erzählerfigur, deren Identität sich uns verbirgt und von der nicht einmal sicher zu sein scheint, dass sie Ismael heißt. Der räumliche Blickwinkel ist allerdings sehr wohl definiert. Ismael spricht in der ersten Person."[393] Er ist, wie sich bald zeigt, eine Figur der Geschichte, Beteiligter und Augenzeuge.[394]
- Der berühmteste Romananfang im 20. Jahrhundert ist wohl Kafkas erster Satz in *Der Proceß* (1925): „Jemand musste Josef K. verleumdet haben, denn ohne dass er etwas Böses getan hätte, wurde er eines Morgens verhaftet." Ein ganz und gar unvermittelter Beginn, ein überraschender Einbruch in das Leben des Protagonisten, auch später wird die Vorgeschichte dieses Einbruchs nicht aufgeklärt. Neunzehn Worte, die es in sich haben. Eine überzeugende Interpretation hat Frank Schirrmacher in der FAZ geliefert. Ich zitiere sie in Auszügen. „*Der Prozess* erzählt sich in seinem ersten Satz. Je tiefer man in dessen Stoff eindringt, desto sichtbarer wird, worin Kafkas literarisches Genie bestand: in der absoluten Kontrolle über den mehrfachen Schriftsinn nicht nur fast jeden Satzes, sondern fast jedes Wortes. Er schreibe ›mit ganzen Orchestern von Assoziationen‹, hat Kafka einmal bemerkt und die Willkür der Assoziationen dem Ordnungsprinzip der Musik unterworfen. Das schließt Zufälle aus." Wir folgen den Assoziationen Schirrmachers: „Das stärkste Wort dieses Satzes ist ›etwas Böses‹. Der Roman macht seinen ersten Atemzug, und schon beim zweiten ist das Böse in der Welt. Wie in der Bibel hat auch in Kafkas Welt das Böse keine Zeit. Und nun hat das Orchester der Assoziationen schon begonnen. (...). Zunächst das Leitmotiv: Nichts Böses getan zu haben und dennoch verhaftet zu werden ist einerseits Realismus und andererseits nichts als die Definition der Erbsünde. Bis zum letzten Satz redet der Roman auf beiden Ebenen, er kombiniert Allerweltssätze mit allem, was nicht von dieser Welt ist. (...) Die erste Person des Romans ist ›Jemand‹, der Josef K. verleumdet haben musste." Üblicherweise wird „Jemand" als Hinweis auf die völlige Anonymität der Instanzen verstanden, mit denen K. konfrontiert ist, ähnlich die Vermutung K.s als Signal der Unerklärbarkeit dessen, was K. begegnet, ebenso das Passiv des Verhaftungssatzes. Schirrmacher setzt bei „Jemand" anders an: „Im August 1913 hatte Kafka mit großem Eifer Gustav Roskoffs *Geschichte des Teufels* gelesen. Darin steht: ›Satan, Teufel. Ein wie das andere bedeutet einen Verleumder, einen nicht schlechtweg

Ankläger; sondern falschen, im gerichtlichen Verstande.‹ Josef K. ist in diesem ersten Satz nichts anderes als Josef K., eine bürgerliche Existenz, wie sich später herausstellt, ein Bankprokurist, der am Morgen seines dreißigsten Geburtstags verhaftet wird. Doch das Initial J.K. spielt bereits auf einen anderen Dreißiger an. Die Lehre des Juden Jesus (›Kristos‹), ungefähr im gleichen Alter verhaftet wie Josef K. und angetreten, um von der Erbsünde zu erlösen, wird im Roman ebenso durchgespielt werden wie Talmud, Neues Testament und jene geistesgeschichtliche Überlieferung, die am Bösen, das den Tod verschuldete, sich abarbeitete. Den Umkreis dieser Reflexion bezeichnet das letzte Substantiv des letzten Satzes des Romans. Auch dieser Begriff ist untrennbar mit dem Sündenfall verbunden und lautet: ›Scham‹ (›Es war, als sollte die Scham ihn überleben‹). Die Scham ist in der Genesis bekanntlich das Kennzeichen des erfolgten Sündenfalls. Der Verleumder, J.K., das Böse, die Scham – mit diesen Worten, die Wiedererkennungszeichen sind, ruft Kafka eine Überlieferung in seinen Roman, auf der Synagogen und Kathedralen und philosophische Gebäude errichtet wurden und die materiell doch immer nur das war, was auch der *Prozess* ist: ein Buch – und sei's das Buch der Bücher. Das alles steckt in diesem einen, ersten Satz. Kafkas Genie aber liegt darin, dass er die religions- und geistesgeschichtlichen Hämmer auf den Kopf eines Bankprokuristen einschlagen lässt. (...) Seinen immer noch unterschätzten Humor bezieht der *Prozess* daraus, dass die bürgerliche Vernunft mit dem Anspruch einer religiösen Überlieferung konfrontiert wird, in der alle Menschen unterschiedslos zum Tode verurteilt sind." Der Prokurist vermag diesen Kontext nicht zu fassen, er vermag in der Verhaftung „nur eine ›Komödie‹ zu erkennen. (...) Dem säkularen Kopf ist die religiöse Deutung" – mit der er beim Untersuchungsrichter buchstäblich in Form der Bibel konfrontiert wird – „›unzugänglich‹ geworden."[395]

• Faszinierend bleibt Peter Handkes Einstieg in *Die Angst des Tormanns beim Elfmeter* (1970): „Dem Monteur Josef Bloch, der früher ein bekannter Tormann gewesen war, wurde, als er sich am Vormittag zur Arbeit meldete, mitgeteilt, dass er entlassen sei." Der Satzbau erinnert an die Komplexität und Genauigkeit Kleists, auch inhaltlich eine präzise Aussage. „Jedenfalls legte Bloch die Tatsache, dass bei seinem Erscheinen in der Bauhütte, wo sich die Arbeiter gerade aufhielten, nur der Polier von der Jause aufschaute, als eine solche Mitteilung aus und verließ das Baugelände." Der erste Satz wird widerlegt durch den zweiten: Die genaue Darstellung der realen Umstände und ihrer Wahrnehmung durch Bloch bricht mit ihrem Verständnis durch den Protagonisten, Wahrnehmung und Verstehen von Wirklichkeit kontrastieren. „Auf der Straße hob er den Arm, aber das Auto, das an ihm vorbeifuhr, war – wenn Bloch den Arm auch gar nicht um ein Taxi gehoben hatte – kein Taxi gewesen. Schließlich hörte er vor sich ein Bremsgeräusch; Bloch drehte sich um: Hinter ihm stand ein Taxi, der Taxifahrer schimpfte; Bloch drehte sich wieder um, stieg ein und ließ sich zum Naschmarkt fahren.“[396] Weiterhin wird die Wirklichkeit vermeintlich präzise beschrieben (der erste Wagen ist kein Taxi), jetzt allerdings stimmt auch ihre Wahrnehmung durch Bloch nicht mehr (das Bremsgeräusch vor ihm?), ebenso irritierend sein Verhalten (warum schimpft der Taxifahrer, wo läuft Bloch? Dreht er sich zweimal um?). Die, prägnant auf den Punkt gebracht, „radikale Parabel über Sinn-, Realitäts- und Persönlichkeitsverlust“[397] ist mit dem Beginn der Erzählung schon markiert.

- Ein Beispiel junger Provenienz: „Meine Mutter war nicht wirklich. Sie war ein früher Traum, eine Hoffnung. Sie war ein Ort. Mit Schnee, wie hier, und kalt. Ein Holzhaus auf einem Hügel über einem Fluss. An einem verhangenen Tag, die alte weiße Farbe an den Gebäuden irgendwie heller durch das gefangene Licht, und ich kam gerade aus der Schule. Zehn Jahre alt, ich ging über schmutzige Schneeplacken im Hof, hinauf zur schmalen Veranda. Ich weiß nicht mehr, was für Gedanken ich damals hatte, weiß nicht mehr, wer ich war oder was ich fühlte. Das ist alles weg, ausradiert. Ich machte die Haustür auf, und meine Mutter hing von den Dachsparren. Entschuldigung, sagte ich, trat zurück und machte die Tür zu. Ich stand wieder auf der Veranda. Das hast du gesagt?, fragte Rhoda. Du hast gesagt, Entschuldigung? Ja.“[398] So beginnt David Vanns Roman *Die Unermesslichkeit* (2011). Und es ist dies nicht nur ein Paukenschlag, es wird damit das Thema angeschlagen: Am Ende des Romans wird Rhoda, die Tochter der Protagonistin, ihre Mutter, die den Eingangsmonolog formuliert, genau so in einer Hütte finden.

- Mit einem Paukenschlag beginnt ebenfalls Peter Stamm seinen Roman *Agnes* (1998): „Agnes ist tot. Eine Geschichte hat sie getötet. Nichts ist mir von ihr geblieben als diese Geschichte. Sie beginnt an jenem Tag vor neun Monaten, als wir uns in der Chicago Public Library zum erstenmal trafen. Es war kalt, als wir uns kennenlernten.“[399] Am Ende des Romans erfahren wir, in welchem Maß der erste Satz zutrifft, und uns ist auch klar geworden, dass Kälte – als Metapher zwischenmenschlicher Beziehung und als metereologisches Faktum – ein zentrales Motiv des Romans ist.

- Im Urbild großräumigen Erzählens, bei Homer, bedarf der Anfang einer göttlichen Legitimation durch ein Ritual, worauf Volker Klotz aufmerksam gemacht hat: „Den Zorn künde, o Göttin, des Peleiaden Achilleus, / Ihn, der entbrannt den Griechen unnennbaren Jammer erregte" und „Ihn, den Mann sage mir, o Muse, den vielbewanderten, / Der so weit umhergeirrt, nach des heiligen Trojas Zerstörung": in beiden Epen mithin „ein liturgisches Responsorium (...) zwischen dem bittenden (...) Rhapsoden und der gewährenden Muse", denn nach dieser Eingangsbitte beginnt dann auch die Erzählung. Auffallend und traditionsprägend für das Epos ist auch die Reihenfolge dieser Ouvertüre: „vorneweg das Thema des Ganzen [der Zorn des Achill, der Mann (Odysseus)]; danach die angerufene Muse mit der Bitte um Beistand."[400] Schon bei Homer stellen sich hier Fragen: „Wenn denn das Epos eine wohlgeformte Ouvertüre benötigt, um sein Publikum hineinzuführen in die erzählte Welt, wieso dann nicht auch ein ebenso wohlgeformte Finale? (...) Wieso wird die Muse, die der Rhapsode so ehrfürchtig einlädt und begrüßt, weil anders offenbar die epische Weltschöpfung minder reibungslos gelänge, wieso wird dieselbe Muse am Schluss der Erzählveranstaltung nicht mit ebenso ehrfürchtigem Dank verabschiedet?"[401]

Der Grund: Der Erzählvorgang kennt kein Ende, hat keinen Schluss; das gilt für alles großräumige Erzählen, auch das **Romanende** ist immer tendenziell problematisch. Volker Klotz argumentiert zunächst empirisch: In der gesamten Weltliteratur finde sich kein „restlos einleuchtendes Finale (...). Nirgends findet sich ein schlüssiger Schluss, der jener poetischen Stringenz gerecht würde, die das jeweilige Werk von Anfang an aufweist"[402]. Den Erklärungsgrund habe – selbst betroffen von dieser leidigen und beklagten Erfahrung – Alfred Döblin in seinen Überlegungen zum *Bau des epischen Werks* (1928) formuliert: die grundsätzliche Unbegrenztheit der epischen Großform. Auch nicht der Tod des Protagonisten[403] setze einen „unüberschreitbaren Schlusspunkt": „Wie draußen in der gelebten Welt ist auch in der epischen kein Ende abzusehen, nicht einmal in noch so ferner Zukunft." Denn „weder das erzählte Geschehen im Epos und Roman noch der Hergang des Erzählens lässt sich ein strikte Non plus ultra gefallen."[404] Es lässt sich immer weiter und weiter erzählen; die Fortsetzungsromane von eigener oder auch fremder Hand belegen dies konkret, initiiert durch das Verlangen des Publikums, zu erfahren, wie es denn nun weiter geht. Rolf Vollmann schließlich macht – in Blick auf die Romane Jean Pauls, wie ich einschränken möchte – aus der Not eine Tugend: „Nein, es ist ein Vorurteil, dass alles einen Anfang und ein Ende haben muss. Größer ausholend könnte man sagen, dass so etwas wie Modernität in diesen offenen Schlüssen liegt; aber das muss ja nicht sein. Man muss einfach lesen und sich dann ins nächste Buch tragen lassen, das ist alles"[405].

Für die Kriterienfrage folgt daraus gleichwohl der Anspruch auf einen überzeugenden Romanbeginn wie einen weitgehend auch gelungenen Romanschluss:

- In seiner Frankfurter Poetikvorlesung stellt Uwe Timm drei Bücher vor: die Bibel, *Die Wahlverwandtschaften* (1809) und *Die Pest* (1947); er analysiert auch ihr Ende und kommt zu folgendem Resultat: Alle drei Bücher „haben am Schluss eine Botschaft und damit eine im weitesten Sinn didaktische Intention. Es sind Kosmogenien, die ein göttliches jenseits, bei Goethe eine überdauernde Sittlichkeit und bei Camus eine diesseitige Welt ohne Transzendenz behaupten. Das Ende ist in allen drei Fällen der Abschluss einer gerichteten Handlungsbotschaft. Das Ende, die abschließende Botschaft, ist wie der Setzstein in einem Gewölbe."[406]
- Bei gleichem Anspruch formuliert Peter von Matt ein gegenläufiges Kriterium. Er geht aus von der Frage, ob in der Tat das Resultat im letzten Satz stecke und zitiert exemplarisch „wunderbare letzte Sätze": „›Kein Geistlicher hat ihn begleitet.‹ Oder: ›Ach, Luise, lass … das ist ein zu weites Feld.‹ Oder: ›Und es ist auf seinem Grabe ein recht frisches und grünes Gras gewachsen.‹ Verdichtet sich das Erkenntnispotential des *Werther* (1774), der *Effi Briest* (1894), des *Grünen Heinrich* (1855) in diesen Schlusssätzen? Sie sind unvergesslich, aber weit mehr wegen ihrer flackernden Zweideutigkeit, als weil sie einer langen Rede kurzer Sinn wären." Das gelte auch für *Die Wahlverwandtschaften*: „Nachdem die zwei Liebenden so elend zugrunde gegangen sind, wie man auf dieser Erde nur zugrunde gehen kann, heißt es: › … und welch ein freudiger Augenblick wird es sein, wenn sie dereinst wieder zusammen erwachen.‹ Ist das Zynismus oder frommer Mimikry? Mit Sicherheit ist es nicht der Schlüssel zum Roman. Im Gegenteil: Es ist ein Akt gegen das Resultat in der Literatur." Das Resümee: „Die Resultate der Literatur stehen nie ausformuliert im Text. Die Resultate der Literatur entwickeln sich in uns, den Leserinnen und Lesern. Deshalb sind sie immer neu und brandaktuell. Die fla-

ckernde Zweideutigkeit so vieler Schlusssätze aber hat den Zweck, dieser schöpferischen Produktion mit einem letzten, provokanten Stoß nachzuhelfen."[407]

Identifikationsmöglichkeit für den Leser

Jochen Schulte-Sasse macht darauf aufmerksam, dass „Identifikation" ein psychoanalytischer Begriff ist und dass Freud die Lust an der Identifikation des Lesers mit literarischen Figuren auch aus der frühkindlichen und kindlichen Sozialisation erklärt[408]: Die frühkindliche Identifikation mit Mutter oder Vater sei schon ein erster, wichtiger emanzipativer Akt der Auflösung der ursprünglichen Einheit des Säuglings mit der Mutter in der oralen Phase, der Differenzierung einer Außenwelt, der Subjekt-Objekt-Trennung; die Identifikation mit der Mutter kompensiert diesen Verlust. Jenes ursprüngliche „ozeanische Gefühl" gehe aber nicht verloren, es tritt im Erwachsenen noch auf „als allgemeine Sehnsucht nach einem verwirkten Paradies" einerseits und „als inneres Gefühl der Teilung, des Verlustes, der Verlassenheit" andererseits. Und noch dem Erwachsenen werde die „Identifikation mit literarischen Figuren (...) unter dieser Perspektive zu einer notwendigen Ersatzerfahrung für ein in psychisch ursprünglicher Form nicht mehr erfahrbares ozeanisches Gefühl."[409] In Freuds Sicht ein notwendiges Surrogat angesichts der realitätsorientierten, das meint konkurrenzorientierten, auf Abgrenzung der eigenen Identität bedachten Umgangsweise miteinander. In Freuds Formulierung: „Ich bin der Meinung, dass alle ästhetische Lust, die uns der Dichter verschafft, (...) dass der eigentliche Genuss des Dichtwerks aus der Befreiung von Spannungen in unserer Seele hervorgeht."[410] Schulte-Sasse resümiert: „Literatur ist Reintegrationsmedium menschlicher Erfahrung; sie bringt u.a. genetisch ältere und jüngere Schichten menschlicher Psyche in ein Gleichgewicht, indem sie entgrenzende Erlebnisweisen gegen die Anforderungen intellektueller Ichleistungen reaktiviert"[411]. So weit zur Genese der Identifikation mit Literatur oder literarischen Figuren.

Es geht dabei nicht nur um Lust (delectare), auch hier ist ein Lernprozess eingeleitet oder gegeben (docere). Schon Freud betont: „Von der Identifizierung führt ein Weg über die Nachahmung zur Einfühlung, das heißt zum Verständnis des Mechanismus, durch den uns überhaupt eine Stellungnahme zu einem anderen Seelenleben ermöglicht wird."[412] Jochen Schulte-Sasse führt diesen Aspekt weiter: „Wir identifizieren uns, zumindest in der Regel, nicht mit einer einzelnen literarischen Figur, sondern mit einem Interaktionsgeflecht von Verhaltensweisen, Handlungen, Meinungen, mit Konfigurationen also, die von sich aus ein Gleichgewicht zwischen höheren Ichfunktionen und emotionalen Identifikationen zu begünstigen vermögen. Die individualpsychologische Wirkung von Literatur wird so vermittelbar mit ihrer potentiellen gesellschaftlichen Wirkung."[413]

Das Epos konzipierte konventionell den Protagonisten als tragischen oder als gottgleichen Helden: Jener erregt Sympathie aus Mitleid, dieser aus Bewunderung. „Die gesamte abendländische Poetik und insbesondere die Figurenkonzeption ist von dieser Dichotomie geprägt. Zwischen ihren Polen hat die Vorstellung von einer poetic justice Gestalt angenommen, also die Vorstellung, dass das Schicksal fiktiver Figuren mit den etablierten Werten und Normen im Einklang stehen muss."[414] Das Konzept der poetischen Gerechtigkeit ist in den Poetiken des 17. Und 18. Jahrhunderts selbstverständlich; begründet wird es emotional mit der Identifikation des Lesers oder Zuschauers: „Dann wann/in Schauspielen/ die Tugend nicht belohnt/und die Laster nicht gestrafft erscheinen/so ist solches ärgerlich", heißt es in der Barock-Poetik Sigmund von Birkens[415]. Thomas Anz erinnert, dass Schiller in seiner Schrift *Über den Grund des Vergnügens an tragischen Gegenständen* (1792) ausdrücklich von „moralischem Vergnügen" oder „moralischer Lust" spricht.[416] Ausdruck dieser Empfindung ist die angsterfüllte Besorgnis des Lesers um einen sympathischen, d.h. einen moralisch vorbildlichen Protagonisten, dem Gefahr droht. (...) Insofern ist die (...) Sympathielenkung auch an das Moment der Spannung gekoppelt. Die Sympathien des Lesers werden mit Hilfe der Informationsverteilung gelenkt, der dann um ›seine‹ Heldin oder ›seinen‹ Helden‹ fiebert."[417]

Peter von Matt spricht von einem „**moralischen Pakt**" zwischen Text und Leser: „Ein Prinzip allen Erzählens, ein Prinzip allen Lesens und Hörens von Erzähltem" ist „der moralische Pakt, den der literarische Text mit dem Leser schließt, den die Leserin und der Leser im Vollzug der Lektüre mit dem literarischen Text schließen. Der Vollzug der Lektüre (...) führt (...) nicht einfach dazu, dass für den Leser ein moralischer oder ethischer Normenzusammenhang sichtbar wird, von dem er halten kann, was er will. Vielmehr ist es so, dass alle Lust und alles Vergnügen, die vom Text offeriert werden, nur zu gewinnen sind, wenn der Leser zu dem Normenzusammenhang ja sagt. Der moralische Pakt ist (...) ein wichtiges Ingrediens der Texterfahrung und ›Pakt‹ wird er genannt, weil er zu gleichen Teilen aus einer Aktivität des Textes und aus einer des Lesers besteht. Er beruht auf empirisch erforschbaren und nachweisbaren Gegebenheiten des Textes. Er wurzelt nicht im Bewusstsein oder der Seele des Autors. (...) Wenn ich zu lesen anfange: ›Unter allem Unglück das schmerzhafteste verursachte dem König sein eigener nichtswürdiger Sohn Absalom‹, (...) entwickle ich in meiner fühlenden Brust und meinem denkenden Kopf einen Zusammenhang von Mitgefühl und Abneigung, Erwartung böser Taten mit gerechter Bestrafung, Spektakellust, Aggressionsimpulsen und Vorfreude auf deren Ableitung. Die

Vorausdeutung, die in dem Satz geschieht, ist" wesentlich auch „ eine Ankündigung über das, was in mir, dem Leser, emotional geschehen wird, mit meinem Rechtsgefühl". Der Pakt „besteht darin, dass dieser Satz die implizite Bedeutung formuliert: ›Wenn du, Leser, (...) diesen Sohn ebenfalls nichtswürdig findest, den Vater aber des Mitleids wert, dann wird dir dafür all jenes Vergnügen teil, das der Text freizusetzen imstande ist.‹"[418] Ein Ausschnitt aus Angelika Klüssendorfs *Das Mädchen* (2011) zeigt diese moralisch geprägte Identifikation des Lesers in einer einfachen, noch ganz und gar naiven Form, die Protagonistin ist zwölf Jahre alt: „Sie hat sich schon lange in der Bücherei angemeldet; atemlos verschlingt sie *Der Graf von Monte Christo*. Sie möchte das Buch besitzen, deshalb schreibt sie Kapitel für Kapitel in ein Heft ab. Sie schwört Rache für ihren Helden Edmond Dantès, der so schmählich um Liebe und Jugend betrogen wurde. Wäre sie Mercedes, die Braut des jungen Mannes gewesen, niemals hätte sie sich von den heimtückischen Schurken täuschen lassen."[419]

Identifikation ist grundsätzlich eine Bedingung des Lesens, eine unerlässliche, wie auch Sartre betont: Das literarische Objekt hat „keine andere Substanz als die Subjektivität des Lesers: Die Erwartung Raskolnikoffs ist meine Erwartung, die ich ihm leihe; ohne diese Ungeduld des Lesers blieben nur nichtssagende Schriftzeichen übrig; sein Hass gegen den Untersuchungsrichter, der ihn vernimmt, ist mein Hass, den die Schriftzeichen in mir wecken und mir abschmeicheln, und der Untersuchungsrichter selbst würde ohne den Hass, den ich durch Raskolnikoff hindurch gegen ihn hege, gar nicht existieren; dieser Hass macht ihn lebendig, er ist sein Fleisch und Blut."[420] Die Identifikation mit Raskolnikoff erfolgt nun nicht gerade naiv: „Raskolnikoff wäre nur ein Schatten ohne jene Mischung von Widerwillen und Mitgefühl, die ich für ihn empfinde und die ihm zum Leben verhilft."[421] Er fordert uns als Leser, er fordert uns heraus in unserer Freiheit und moralischen Autonomie. Das Beispiel Raskolnikoff macht deutlich, dass Identifikation nicht zwingend meint „Hineingerissenwerden oder Hingerissensein" des Lesers, „Trance der Einempfindung" in eine Figur[422], möglich ist eben auch die Vermittlung von Empathie und Distanz, von Emotion und Kritik. Der moralische Pakt ist komplex strukturiert. Er ist komplex strukturiert, weil der Welthaltigkeit der Literatur oder des Romans als „konkrete, anschauliche Repräsentanz ebenso konkreter, materieller Praxis"[423] die umfassende Realitätserfahrung und Lebensgeschichte des Lesers begegnet, der immer schon sozial vermittelt und eingebunden ist: „Im 18. Jahrhundert war es üblich, Romane in kleinem Kreise vorzulesen, ihre emotionale Wirkung gemeinsam auszuhalten, ohne Scheu vor den Tränen, die dabei flossen, um anschließend die

Unmittelbarkeit emotiver Wirkung durch ein gemeinsames Gespräch zu brechen und damit auf eine andere Ebene zu heben." Diese „Institutionalisierung eines gemeinschaftlichen Umgangs mit Literatur vermittelte ehemals noch die Erfahrung authentischer und zugleich lebenspraktischer Kommunikation im Medium von Literatur."[424] Ähnliches kennen wir noch heute oder erneut jenseits der üblichen isolierten, individualistischen Lektüre in allenthalben aufblühenden literarischen Zirkeln, öffentlichen Lesungen – und allen Gesprächen über Literatur, privat oder öffentlich initiiert.

Dieter Wellershoff erinnert an den rituellen Traditionshintergrund, das rituelle Erbe der Identifikation mit fiktionalem Geschehen und seinen Figuren: „An den fiktionalen Figuren wird demonstrativ vollzogen, was wir selbst fürchten und bannen möchten. Sie sind die stellvertretenden Sündenböcke, denen wir alle Lasten und alle Schuld des Daseins aufbürden, damit sie, wie bei einem rituellen Tanz, uns unser Leben und seine Gefährdungen vor Augen führen, um am Ende vom Autor als dem regieführenden Zeremonienmeister begnadigt oder getötet zu werden. Dann kann der Leser das Buch schließen und befreit erkennen, dass er nicht gestorben ist, sondern eine fremde Figur, in der er sich vorübergehend dargestellt sah und mit der er vorübergehend durch mimetische Einfühlung verschmolzen ist, um dann immer deutlicher die Unterschiede zu erkennen, die es ihm erlauben weiterzuleben. Diese Unterscheidung ist das Ende der mimetischen Kur. Doch sie kann nur wirksam sein, wenn sie durch Phasen der mimetischen Identifikation hindurchgegangen ist. Ich bin es, ich bin es nicht, muss der Leser immer wieder denken. Und nicht anders erfährt es der Autor, der sich, oder Teile, Möglichkeiten seiner selbst, in seinen fiktionalen Figuren aus sich herausstellt, um ihnen einen Prozess zu machen, der mit dem Todesurteil enden kann." Derart stehe „die Literatur in der Nachfolge eines blutigen rituellen Erbes[425] (…). Aber in meinen Augen macht gerade das ihre Kraft und ihre Bedeutung aus. Abgeschwächt und humanisiert durch die Fiktionalisierung, die aus der realen Handlung ein imaginäres Probehandeln macht, lebt in ihr noch ein Echo alter, gefährlicher Formen der rituellen Feste, bei denen es ursprünglich einmal um Leben und Tod ging. Dieses Erbe lebt weiter im mimetischen Element der Literatur, das den Leser zur Einfühlung in Person und Leben der fiktionalen Figuren herausfordert oder auch verführt, um ihnen eine leibhaftigere und umfassendere Erfahrung zu ermöglichen, als es ihnen ein bloß intellektuelles oder kunstsinnig gebildetes Verständnis der Texte bieten kann."[426] Im Hintergrund des ganz zu Beginn unserer Überlegungen diskutierten Kriteriums, interessanter Stoff, steht schon die Frage oder eine erste Prüfung einer möglichen Identifikation mit der Handlung und den Figuren.

Orientiert am Bild des „Helden", hat Hans Robert Jauß ein System möglicher Identifikationen entwickelt; ich verkürze auf die positiven Reaktionen: Der vollkommene Held vermag eine admirative Identifikation auszulösen mit dem möglichen Ziel einer Nachfolge; der leidende oder bedrängte Held führt u.U. zur kathartischen Identifikation: Erschütterung und moralische Reflexion sind die möglichen Folgen; der unvollkommen alltägliche Held führt zur sympathetischen Identifikation, sie löst u.U. Mitleid aus mit tatbereiter Solidarität[427]; der Antiheld führt zur ironischen Identifikation, er befremdet und führt möglicherweise zur kritischen Reflexion[428]. Dieter Wellershoff nimmt im gleichen Band Stellung zu Jauß' Ansatz: Er hält dagegen mit zwei Argumenten; zum einen „ist die Beziehung des Lesers zu einer literarischen Figur auch Veränderungen unterworfen. Er stellt sich dauernd neu ein, kommt ihr näher, solidarisiert sich, unterscheidet sich, kritisiert sie und so weiter. (…) Am Ende will ich auf jeden Fall über die partiellen Perspektiven der fiktionalen Figuren hinausgelangen." Zum anderen „kann ich auch so lesen, dass dieser Lernprozess der Aneignungs- und Distanzierungsarbeit gerade vermieden wird. Ich kann als literarischer Fachmann, als Wissenschaftler lesen und den Text einer theoretischen Fragestellung unterwerfen, die mich gegen ihn isoliert. Ich setze ihn nicht mit mir in Beziehung, sondern mit anderen literarischen Texten (Figuren, Problemen, Motiven, Schreibweisen, Strukturen) und leite ihn so an meiner Person vorbei." Kurz: „Man liest mit mehreren Schichten seiner Person und bringt sie, vermittelt durch den Text, untereinander in Kontakt."[429]

Zurück zu den Stichworten „Identifikation" und „moralischer Pakt": In diesem Zusammenhang taucht allerdings ein **Problem** auf: das des akzentuiert **unsympathischen** oder gar widerlichen **Protagonisten**; es taucht auf, weil wir uns in der Regel mit der oder einer der Hauptfiguren identifizieren können und in der Rolle des naiven Lesers diese Möglichkeit der moralischen Identifikation auch erwarten. Wenn uns das nicht gelingt, verweigern wir uns: „Ich kann nein sagen zum moralischen Pakt, den der Text mir vorschlägt. Dann gibt es nur noch zwei Möglichkeiten. Ich werfe das Buch in die Ecke, oder ich lese auf eine ganz andere Art. Eine Lektüre, die den moralischen Pakt verweigert, wird zu einer kritisch beobachtenden (…). Ich beobachte dann die Listen des Textes, einen moralischen Pakt zu formulieren und beliebt zu machen. Auch das kann zu Vergnügen führen, zu Erkenntnislust (…). Aber es ist ein Lesen gegen die eigentliche Beschaffenheit des Textes, ein asketisches Lesen auch – um meiner Moral willen, das auf die breite Palette der angebotenen Vergnügen verzichtet."[430] Ganz auf der Ebene des delectare, genauer, orientiert am Lustgewinn, suchen wir möglicherweise einen Ausweg: „Der Mensch ist ein genusserpichtes Wesen, und es fällt ihm, wie Freud sagt, nichts schwerer als der Verzicht auf eine einmal erfahrene Lust. Deshalb hat er zusätzlich eine etwas zweideutige, ans Perverse streitende Form der Lektüre entwickelt, die man das ironische Lesen nennen könnte. Dieses saugt den Honig aus einem fragwürdigen Text und glaubt sich doch dabei moralisch nichts zu vergeben. Es schließt den moralischen Pakt, aber unter Vorbehalt, mit heimlich gekreuzten Fingern, wie die Kinder beim Lügen. So liest beispielsweise der Erwachsene eines Tages den alten Karl May wieder, stundenlang, zwei, drei Bände lang vielleicht, und mit einer Hälfte seiner Person schließt er den Pakt, findet die Unholde abscheulich, Old Shatterhand aber edel, hilfreich und gut, findet edel, hilfreich und gut, was immer Old Shatterhand dafür erklärt, und ist entsetzt über die Abgründe von Bosheit, die sich auftun, wo immer sie Old Shatterhands hellblaues Auge sich auftun sieht. Die eine Hälfte dieses Erwachsenen erfreut sich zuchtlos all dessen, was die andere Hälfte abstoßend, ja skandalös findet. Die gleiche Person also kann beim ironischen Lesen des *Winnetou* kummervoll denken: das sind frühfaschistische Muster des Verhaltens und Argumentierens, diese Phantasien von Machtvollkommenheit und unbeschränktem Recht zu töten, von Verachtung des Andersartigen und Verklärung des germanisch Blonden, Starken, Guten sind eines Tages eingegangen in die Konzepte der Nazis; und sie kann gleichzeitig mit tiefem Vergnügen verfolgen, wie der Blonde, Starke, Gute den fletschenden Schurken erledigt, im offenen Duell, mit zwei Wurfbeilen, die er so zu schleudern versteht, kurz nacheinander und traumschnell berechnet, dass der Schuft, dem einen blinkenden Sausen ausweichend, genau in das andere hineinläuft. Sage keiner, ihm mache dabei nur die Erfindung Spaß, die immer neuen Einfälle Old Shatterhands beim Liquidieren seiner Gegner. Ohne das moralische Urteil über den Schurken mitzutragen, den Pakt also so oder anders zu schließen, kann es auch für den Erwachsenen zu keiner behaglichen Stunde mit Karl May kommen. Der Aufbau dieses moralischen Urteils aber, die Formulierung gewissermaßen des Pakts, der dann im Lektürevollzug besiegelt wird, ist im Text empirisch nachweisbar, ist ein Ereignis dieses Textes schwarz auf weiß, auf das ich den Finger legen kann."[431]

Das Problem verschärft sich, abgesehen jetzt einmal von Karl May, wenn der Roman perspektivisch aus der Sicht des unsympathischen oder unmoralischen Protagonisten erzählt ist, personal oder ich-perspektivisch. Ein berühmtes Beispiel findet sich bei Proust: Der Ich-Erzähler in seiner Verlogenheit, seinen manifesten Vorurteilen gegen Homosexuelle und Lesben, seinem Eifersuchtssyndrom lädt nicht gerade ein zur Identifikation. Ein neueres Beispiel bietet Judith

Schalanskys Inge Lohmark im *Hals der Giraffe* (2011), eine Biologielehrerin, erfüllt vom Hass auf ihre Schüler und überzeugt von einem kruden Sozialdarwinismus. Selbstverständlich ist es möglich, zwischen Autor und Erzähler oder Erzählperspektive zu trennen, aber das Lesevergnügen ist dann entweder aufgehoben, gebrochen, irritiert oder es modifiziert sich zu einem intellektuellen Vergnügen, emotional jedenfalls zerstört, nicht mehr gegeben.[432] Grenzüberschreitend, das meint, die Grenzen des moralisch wie ästhetisch Zulässigen überschreitend, erscheint mir Bret Easton Ellis' *American Psycho* (1991), von der Literaturkritik als zwar monströses Buch überwiegend hoch gelobt: Der Ich-Erzähler (!) ist ein Massenmörder, der seine Opfer auf grausamste Weise zu Tode quält, ein pathologisches Monster des Bösen, im Übrigen aber beruflich sehr erfolgreich und gesellschaftlich anerkannt. Ähnlich Jonathan Littells Ich-Erzähler (!) Maximilian Aue in *Die Wohlgesinnten* (2006), ähnlich schon 200 Jahre zuvor Marquis de Sade, z.B. mit *Juliette oder Die Wonnen des Lasters* (1797): Auch hier ist die Protagonistin, die sehr bald ihre Lehrmeister an sexuell sadistischer Phantasie und an zum grausamen Foltertod der Opfer führenden Praktiken übertrifft, zugleich die Ich-Erzählerin. Wir stehen damit vor dem Problem **Literatur und Moral**. Darf die Literatur alles, oder hat sie sich zu begrenzen?

Literatur und Moral

Auf den ersten Blick eindeutig nimmt Milan Kundera Stellung, wenn er in Blick auf Rabelais' *Gargantua und Pantagruel* (1532–1564) hervorhebt, dass dieses Buch nicht zuletzt deshalb als einer der ersten europäischen Romane gelten kann, weil in ihm „das moralische Urteil aufgehoben ist. (…) Die Schaffung eines imaginären Raums, in dem das moralische Urteil aufgehoben ist, war eine Leistung von unermesslicher Tragweite: Nur dort können Romanfiguren sich entfalten"[433]; Kunderas Position relativiert sich – scheint mir – durch den Kontext: Wie in der europäischen Musik unterscheidet Kundera auch in der Geschichte des europäischen Romans gleichsam „zwei Halbzeiten", die Zäsur trete hier auf „zwischen dem 18. und dem 19. Jahrhundert, das heißt zwischen Laclos und Sterne auf der einen, und Scott und Balzac auf der anderen Seite." Die Zäsur unterscheide zwei verschiedene Möglichkeiten des Romans, „die nicht gleichzeitig, parallel genutzt werden konnten, sondern nur nacheinander", und „der Graben zwischen der Ästhetik der zwei Halbzeiten gibt Anlass zu einer Vielzahl von Missverständnissen."[434] Eines dieser Missverständnisse betrifft den moralischen Anspruch des heutigen Lesers: Nabokov moniert an Cervantes' *Don Quijote* (1605) die Fülle unerträglicher Grausamkeiten, so verliert Sancho Pansa z.B. bei verschiedenen Prügeleien fünfmal alle seine Zähne. „Nabokov hat Recht: Sancho verliert zu viele Zähne, aber wir sind nicht bei Zola, wo eine exakt und detailliert geschilderte Grausamkeit zum wahren Dokument einer sozialen Realität wird; bei Cervantes befinden wir uns in einer Zauberwelt, in der der Erzähler erfindet, übertreibt und sich von seinen Phantasien, seinen Maßlosigkeiten mitreißen lässt: Sanchos einhundertdrei zerbrochene Zähne darf man nicht wörtlich nehmen"[435]. So weit Kundera. Mag sein, dass er mit der romangeschichtlichen Zäsur Recht hat derart, dass sich das Problem Literatur und Moral erst seit dem 19. Jahrhundert stellt: Einhundertdrei zerbrochene Zähne bleiben trotzdem einhundertdrei in Prügeleien herausgeschlagene Zähne.

Das Problem stellt sich noch schärfer, wenn die Aussage des Textes insgesamt, die Intention des Autors selbst und nicht die einer seiner Figuren, die Grenzen der Moral überschreitet. Ein ihn überraschendes Beispiel nennt Alberto Manguel: Joseph Conrads Roman *Das Herz der Finsternis* (1899) wurde „von dem nigerianischen Schriftsteller Chinua Achebe als rassistischer Text gelesen – Achebe zeigte sich entsetzt darüber, dass ein solches Buch als ›englischer Klassiker‹ betrachtet wird." Manguel zitiert eine Stelle, in der der Ich-Erzähler Marlow eine Gruppe von Afrikanern beschreibt, und konstatiert: „Alles, was Achebe als rassistisch empfindet, steht tatsächlich in Conrads Roman."[436] Indes: „Das Herz der Finsternis ist im wesentlichen nicht Afrika selbst, sondern die Perspektive des weißen Mannes auf diesen Kontinent oder auf die schwarzen ›Wilden‹, die in der anstößigen Passage beschrieben werden. Im Herzen der Finsternis befindet sich Kurtz. (...) Es wäre arrogant, den Leseeindruck, den Chinua Achebe gewonnen hat, zurückzuweisen – die rassistischen Passagen stehen da, sie gehören zur Welt von Marlow und Kurtz und konstituieren sie"[437]. Kurtz wie Marlow mögen „an die große Lüge des Imperialismus glauben, dass der Täter schließlich das eigentliche Opfer ist. Was *Das Herz der Finsternis* zu einem großen Roman macht, ist ungeachtet des Leseeindrucks von Achebe der Umstand, dass er den Horror nicht übertüncht, weder den Horror, den Kurtz erlebt, noch den Horror der ganzen Welt, den die gesamte Menschheit entfesselt, In Europa und in Afrika und überall. In diesem Sinne ist der Roman (...) eine eindrucksvolle Anklage gegen den Rassismus, der hoffnungslos mit dem System verquickt ist, dem er entstammt. Und ob Conrad derselben Ansicht war oder nicht, spielt keine Rolle. Ein großes Kunstwerk überragt immer seinen Schöpfer."[438] Eine wohlwollende Sicht, mir ist unbehaglich dabei. In seinem Gespräch mit Peter von Matt sagt Marcel Reich-Ranicki: „Nehmen wir mal an, es erscheint ein grandios geschriebener Roman mit einer eindeutig antisemitischen Tendenz. Das wäre ein schwieriger Fall für mich, und ich würde versuchen, beides zu zeigen, die Tendenz des Buches und seine Qualitäten."[439] Dies ist eine liberale Haltung und vielleicht besser als der Ruf nach der Zensur – ich bin da nicht sicher. Ich denke an den hasserfüllten Antisemitismus von Louis-Ferdinand Céline, ich denke an die Gewaltorgien in *American Psycho*, ich denke an einige extrem sexistische und frauenfeindliche Gedichte Brechts, z.B. *Über die Verführung von Engeln* (1948). Literatur und Moral, schauen wir nach weiteren Beispielen der Problemstellung:

- Zum Beispiel Mario Vargas Llosa: Alberto Manguel rühmt seine Romane, rühmt den Schriftsteller Llosa im Unterschied zu dem Politiker Llosa. Anders allerdings sei es bei seinem Roman *Tod in den Anden* (1993): „Hier erstarren seine Figuren, insbesondere die indianischen, zu Karikaturen, zu Klischees, die genauso leblos sind wie Agatha Christies schwärzliche Bösewichte oder Rider Haggards wilde Afrikaner. (...) Der Roman *Tod in den Anden* (...) scheitert nicht daran, dass er rassistisch ist, sondern der Rassismus hindert Vargas Llosa daran, einen guten Roman zu schreiben – er hält den Autor davon ab, seinen Gestalten, selbst denen, die er verabscheut, eine Seele einzuhauchen, wie es ihm in *Die Stadt und die Hunde* gelang."[440] Die ästhetische und die moralische Wertung kommen hier überein, und Manguel formuliert vorsichtig und akzentuiert die moralische Seite: „Es könnte sein, dass die große Literatur (...) irgendwie ohne das moralisch Hässliche des Vorurteils auskommt, dass große Literatur nicht zugleich Hassliteratur sein kann. Es könnte sein, dass ein Autor, der sich dem Vorurteil beugt, die Gewalt über sein Metier verliert, dass die Wörter ihm entgleiten, dass ihm nur noch die Versatzstücke und Hülsen der Sprache bleiben. So ergeht es Neruda in seinen Anti-Nixon-Gedichten, Chesterton in seinen antisemitischen oder rassistischen Ausrutschern, Strindberg in seinen Ausfällen gegen die Frauen, Peter Handke in seinen Rechtfertigungen für die serbischen Greueltaten, so ergeht es auch Ezra Pound, Céline und vielen anderen."[441]

- Zum Beispiel Céline: George Steiner gesteht ihm zunächst zu, „einige der bedeutendsten Prosawerke und dokumentarischen ›Tatsachen-Romane‹ nicht nur dieses Jahrhunderts, sondern der gesamten westlichen Literaturgeschichte geschaffen"[442] zu haben und begründet dies nicht nur an der *Reise ans Ende der Nacht* (1932). Dann aber stellt er scharf das Problem: „Kann ästhetische Kreativität, und sei sie noch so bedeutend, jemals die zustimmende Darstellung von Unmenschlichkeit rechtfertigen? Ganz zu schweigen von systematischer Aufhetzung? Ist Literatur, die zu Rassismus aufruft, die den sexuellen Missbrauch von Kindern als verlockend darstellt und dazu auffordert, der Veröffentlichung, des Studiums, kritischer Beachtung wert? (...) Das liberale Bekenntnis zur Freiheit von jeglicher Zensur ist oft scheinheilig. Wenn seriöse Literatur und die Künste unsere Sensibilität heranbilden, unsere Wahrnehmung erhöhen, unsere moralischen Unterscheidungen verfeinern können, so sind sie ebenfalls in der Lage, unsere Vorstellungskraft und unseren Nachahmungsdrang zu verderben, zu entwürdigen und zu verrohen. Ich habe lesend, schreibend und lehrend an die vierzig Jahre mit diesem Rätsel gerungen. Der ›Fall‹ Celine (...) ist beispielhaft für beide Wirkungsweisen. Im Vergleich dazu sind Ezra Pounds Biertischfaschismus, der eingefleischte Antisemitismus T. S. Eliots oder W. H. Audens Ruf nach dem ›notwendigen Mord‹ (in diesem Fall im Namen der Linken) seichte Materie. Das schiere Ausmaß von Celines rassistischen Schmähungen, ihr handgreiflicher Aufruf zum Blutbad, die Abwesenheit jeglichen Bedauerns, es sei denn höhnischer oder unberechenbarer Art, verwoben mit einem strukturellen Genie für psychologische Enthüllung und dramatische Darstellung, nötigen die oben gestellte Frage auf. (...) Glücklicherweise kommen die unverhüllten Barbareien erst nach der Reise und verunstalten nicht, es sei denn auf eine fast possenhafte, vielleicht gewollt verrückte Art, das Beste in *Von einem Schloss zum andern* und *Norden*. Diese Erfindungen sind es, die zu Recht Celines Aufnahme in die Bibliothèque de la Pleiade, Gipfel des französischen Parnass, zum Zeitpunkt seines Todes sicherstellten. Nichtsdestoweniger kann man dem gigantischen Schund seiner mittleren Jahre oder dem Gleichklang aus Hass und Verachtung für Frauen und Juden im Herzen seines Werkes nicht entfliehen. In seinem Fall zumindest können wir die kausalen, gar zu straffen Bezüge zwischen dem Menschen und seinem Werk erkennen. (...) Ich habe keine Antworten. Mein Instinkt sagt mir, dass *Mort à crédit* (Tod auf Kredit) und die *Bagatellen* auf den Regalen der Büchereien vermodern sollten. Kürzliche Neuauflagen erscheinen mir als unverzeihliche Ausschlachtungen, ob nun aus politischen oder merkantilen Gründen. Die großen ›Tatsachen-Romane‹ haben Bestand. Ihre wilden Gesänge bringen die Sprache zum Leben und erneuern sie. Der Mensch Destouches bleibt unentschuldbar."[443]

Eindeutig – und mir näher – positioniert sich Sartre in dieser Frage: „Wenn man mir diese Welt mit ihren Ungerechtigkeiten darbietet, dann nicht, damit ich [als Leser] diese kalt betrachte, sondern ich sie mit meinem Unwillen belebe, damit ich sie enthülle und sie in ihrer Natur als Ungerechtigkeiten und Missbräuche erschaffe."[444] Literatur und Moral, dies schließt ein – das Sartre-Zitat macht es deutlich – die soziale und die politische Dimension: Ein Roman, der sozial oder politisch reaktionäre Verhältnisse nicht entlarvt oder kritisiert, sondern idealisiert, der Ideologien verbreitet, ist kein guter Roman.[445] In diesem weiten Sinn gemeint ist „Literatur und Moral". Das bedeutet: Ein Roman also, der – ich möchte kritisch formulieren, nicht gegen die political correctness, aber gegen die moral correctness verstößt, ist kein guter Roman, soweit Sartre? Ich stimme zu: Die **moralische Bewertung** ist ein Kriterium.

Es bleibt die Frage der Beurteilung des Autors, seiner in weitem Sinn moralischen Haltung. Trennen wir Autor und Werk, sollten wir trennen? Ich setze dem folgenden Zitat ein „eigentlich" voraus, wollen wir, „dass Literatur und Wirklichkeit übereinstimmen, und sind verstört, wenn Aristoteles Argumente zur Rechtfertigung der Sklaverei beisteuert oder wenn Virginia Woolf, die Autorin der *Mrs. Dalloway*, ihrem Gatten ›Füttere die Juden!‹ zuruft, während der die Schüssel an ihre angeheirateten Verwandten weiterreicht; oder wenn der

›unerlöste Revolutionär‹ [Vargas Llosa], der uns mit seinem Roman *Die Stadt und die Hunde* so sehr aufwühlte, eine Amnestie für Folterer befürwortet und die Auslöschung der indianischen Kulturen vorschlägt. Wir wollen, dass der Künstler seinem Werk gerecht wird und der Edelmensch ist, der wir selber gerne sein würden."[446] Krass ist George Steiners letztes Beispiel: Im Unterschied zu dem Armenarzt Destouches bzw. dem Autor Céline war sein „Bewunderer, Zeitgenosse und Gefährte der Kollaboration Lucien Rebatet" wirklich ein Mörder; „Rebatet mordete wirklich, ein Jäger, der Juden, Kämpfer der Resistance und Gaullisten zur Strecke brachte. Während er auf die Hinrichtung wartete (er wurde später begnadigt), vollendet Rebatet *Les deux étendards* (noch nicht [...] übersetzt). Dieser umfangreiche Roman gehört zu den geheimen Meisterwerken unserer Zeit. Es ist zudem ein Buch von unfehlbarer Menschlichkeit, bis zum Rand gefüllt mit Musik (Rebatet war kurzzeitig Frankreichs führender Musikkritiker), mit Liebe, mit Einfühlung in den Schmerz. Die junge Frau an der Nahtstelle der Erzählung wird ebenso von den leidenschaftlichen Verwirrungen des Heranreifens geformt wie die Natascha aus *Krieg und Frieden*. Was in aller Welt könnte einen verständigen Zugriff gestatten auf die Zusammenhänge zwischen dem verabscheuenswerten, verdrehten Rebatet und dem Wunder seiner Prosa? Wo sind die Brücken im Labyrinth dieser Seele?"[447] Céline, Rebatet, auch Genet? Literatur und Moral. Ich komme auf diesen Punkt noch einmal zurück.

Die nächsten beiden Kriterien haben ebenfalls den Charakter von „das darf nicht sein", von Verboten; sie berühren ebenfalls und schränken ein den Freiheitsanspruch von Kunst – problematisch, ich weiß. Ich schicke voraus eine Passage aus Henry James' *Kunst des Romans*: „Mir scheint, dass niemand je einen ernsthaften künstlerischen Versuch unternommen haben kann, ohne sich – in einer Art Offenbarung – einer ins Unermessliche wachsenden Freiheit bewusst geworden zu sein. Man wird dann (...) dessen inne, dass das Gebiet der Kunst alles Leben, alles Fühlen, alle Beobachtung, alle Vision ist (...), es ist alle Erfahrung. Das ist eine hinreichende Antwort an jene, die behaupten, dass sie die traurigen Dinge des Lebens nicht berühren dürfe, die in ihren himmlisch unbewussten Busen an Stöckchen befestigte kleine Verbotsschilder stecken, solche, wie wir sie in öffentlichen Parks sehn - ›Es ist verboten, den Rasen zu betreten; es ist verboten, die Blumen zu berühren; es ist nicht gestattet, Hunde mitzubringen oder nach Anbruch der Dunkelheit zu bleiben; es wird gebeten, sich rechts zu halten.‹ Der junge Anfänger auf dem Gebiet der Prosadichtung (...) wird nichts ohne Sensibilität tun, denn sonst wäre ihm seine Freiheit von wenig Nutzen, aber es wird der erste Vorteil seiner Sensibilität sein, ihm die Absurdität der kleinen Stöckchen und Schildchen zu offenbaren."[448] Wir sind im 19. Jahrhundert: Inhaltlich hat James andere Phänomene im Blick, als ich sie jetzt thematisiere. Strukturell stellt sich die gleiche Situation.

Zur Darstellung von Gewalt

Mein Kriterium heißt: **Verzicht** auf sadistische oder voyeuristische, – entscheidend – detaillierte **Beschreibung von Gewalt:** Ein zentraler Aspekt des Feldes „Literatur und Moral" ist zweifellos die Darstellung von Gewalt. Ellis' *American Psycho* und de Sades *Juliette* stehen hier exemplarisch. Ich lehne die detaillierte Darstellung von Gewalt ab; ein überzeugendes Gegenbeispiel ist mir nicht bekannt.

Ich möchte meine Position illustrieren und möglicherweise, ich bin dessen nicht sicher, historisch relativieren, durch zwei Textbeispiele.

- In Rabelais' *Gargantua* ist der Mönch Hans Hackepeter bei einem Angriff gefangen genommen worden, zwei Bogenschützen bewachen ihn, nehmen ihm aber nicht sein Schwert ab: „Da sprach er bei sich: ›Diese Leute sind ungeübt im Waffenhandwerk, sonst hätten sie mir das Ehrenwort abgefordert und mir nicht meinen Degen gelassen.‹ Plötzlich zieht er ihn und versetzt damit dem Bogenschützen, der ihm zur Rechten stand, einen Hieb, der diesem die jugularen Venen und sphagitiden Arterien am Hals wie die Kehle bis zu den beiden Halsdrüsen mitten durchschnitt, beim Zurückziehen aber das Rückenmark zwischen dem zweiten und dritten Wirbelknochen bloßlegte, so dass der arme Teufel tot zu Boden fiel. Dann, sein Pferd herumwerfend, stürzte er sich auf den anderen, der, sobald er sah, dass sein Gefährte tot auf der Erde lag und der Mönch auf ihn zukam, mit lauter Stimme rief: ›Ach, Herr Prior, liebster Herr Prior, bester Herr Prior, ich ergebe mich!‹ Wogegen der Mönch ebenso laut schrie: ›Ach, Herr Posterior, liebster Herr Posterior, bester Herr Posterior, ich werde dir's auf deine Posteriora geben!‹" Der Dialog geht in dieser Art weiter und endet: „›Mein guter, lieber, allerschönster Herr Prior, ich gebe mich gefangen!‹ - ›Und ich dich dem Teufel‹, sagte der Mönch. Damit spaltete er ihm den Schädel, indem er die Schuppe über dem Felsbein durchhieb, Stirnbein und Hinterhauptbein, Pfeilnaht nebst einem großen Teil des Scheitelbeins mitnahm, die beiden Hirnhäute durchschnitt und die beiden hinteren Gehirnventrikel vollständig bloßlegte, so dass ihm der abgetrennte Kopf an der Haut des Perikraniums hinten auf der Schulter hinabhing wie ein Doktorhut, auswendig schwarz, inwendig rot. Ohne einen Mucks von sich zu geben, stürzte er tot zu Boden."[449] Die Situation: Wir befinden uns im Krieg. Es wird getötet, auch der Feind, der sich ergeben hat! Er wird getötet trotz seines Flehens. Getötet wird jeweils mit einem, unmittelbar zum Tode führenden Hieb. Nüchtern und medizinisch detailliert beschrieben wird jeweils die Konsequenz dieses Hiebs, Rabelais, wissen wir, war Arzt.

Rabelais wurde geboren um 1494, Shakespeare 1564, gleichwohl erscheint mir das, was Neil MacGregor zum historischen Hintergrund der Gewaltszenen in Shakespeares Dramen ausführt, übertragbar auch auf die Welt Rabelais': „Die grausigsten Zeilen in Shakespeares Stücken stehen häufig nicht im Text, sondern in den Bühnenanweisungen (...): ›Demetrius und Chiron kommen mit der geschändeten Lavinia; ihr sind die Hände abgehauen und die Zunge ausgeschnitten‹ (...). In Londoner Theatern und ihren Nachmittagsvorstellungen um 1600 waren Verstümmelungen, das Abtrennen von Gliedern und Exekutionen gang und gäbe. In Shakespeares Welt war das Abschlachten von Menschen Teil des Lebens. Wer über die London Bridge schlenderte, um sich im Globe oder im Rose ein Stück anzuschauen, den konnte dieser Weg an den Spießen vorbeiführen, auf denen die Köpfe von Verrätern steckten. Die Hinrichtung von Verbrechern war (...) öffentliches Spektakel. Man konnte frühmorgens nach Tyburn gehen, um einer Hinrichtung durch den Strang beizuwohnen, dann, nach dem Mittagessen, ins Theater wandern und zuschauen, wie Macbeth den Kopf verliert oder der Graf von Gloucester beide Augen. Das Leiden von Verbrechern oder Verrätern dem Volk vorzuführen, war ein wesentliches Element des Gerichtswesens, und nicht anders als das Theater zogen auch Hinrichtungen ein großes, aus allen Schichten gemischtes Publikum an."[450]

Historisch noch ein Schritt zurück – zu Dante: Nicht nur in den tiefsten Höllenkreisen der *Commedia* (1321) finden sich abscheuliche Grausamkeiten, die ewig fortdauern sollen; Ähnliches – hier dann zeitlich begrenzt – begegnet auch im Purgatorio. Kurt Flasch kommentiert zunächst: „Dante unterwarf sich nicht nur" dem von der Kirche verfügten „System von Strafe und Schmerzzufügen, sondern entfaltete in dessen Darstellung seine Phantasie. Sein Interesse an Quälerei stört."[451] Interessant in diesem Zusammenhang ist die grundsätzlich andere Einschätzung körperlicher Gewalt als bestrafenswerte Fehltat: Die genaue Gliederung des *Infernos* zeigt „drei Grade zunehmender Verwerflichkeit: Am wenigsten böse ist die Unbeherrschtheit der Affekte [sexuelle Begierde, Gaumenlust und Zorn], dann folgt die Gewalt, zuletzt die verschiedenen Grade von Betrug. Vergil erklärt diese Reihenfolge, die uns überrascht: Je geistiger eine Fehlhaltung ist, um so spezifisch menschenartiger und umso böser ist sie. Zugeständnisse an die Animalität sind weniger schlimm als intellektuell gesteuerte und bewusst gewählte Fehler." Vergil beruft sich erklärend „ausdrücklich auf die Ethik des Aristoteles: Deine Ethik, mahnt Vergil seinen Schüler, erklärte dir doch die drei Dispositionen, die dem Himmel missfallen (11, 80). Das heißt: Die Höllenstruktur entspricht der *Nikomachischen Ethik* des Aristoteles. (...) Vergil setzt voraus, sein Schüler kenne die Hauptwerke des Aristoteles. Dante, der Schriftsteller, setzt voraus, dass sein Leser sie auch kennt. Dantes Lasterkatalog beruht auf der *Nikomachischen Ethik*."[452] Mit Aristoteles erklärt Kurt Flasch auch die Grausamkeiten und Quälereien im Strafsystem: Er verweist auf „die Bilder der Nacht, der Zerstörung, des Schreckens"; das *Inferno* „versammelt das Personal vieler europäischer Albträume:" Charon und Cerberus, die Furien, Pluto und Medusa, „Visionen des Grauens: brennenden Sand, Feuerregen. Gewalttäter schwimmen im kochenden Blutstrom. (...) Das alles schafft eine Atmosphäre gebändigten Grauens, gestalteten Unmaßes. Das ist poetisch-aufgehobenes Chaos – Chaos der menschlichen Seele in der gar nicht so rationalen europäischen Tradition." Und jetzt der zentrale aristotelische Begriff: „Katharsis durch ausgehaltenes Grauen, übersichtlich gemacht mit Hilfe des Aristoteles."[453]

- Patrick Bateman hat sich mit Bethany, einer Bekannten, verabredet; sie sind in seinem Apartment. Als sie das Bolzenschussgerät in seinen inzwischen behandschuhten Händen sieht, „rennt sie laut schreiend zur Vordertür, vergeblich. (...) Mühelos springe ich vor sie, schneide ihr den Fluchtweg ab und schlage sie mit vier Hieben auf den Kopf mit dem Bolzenschussgerät nieder. Ich zerre sie zurück ins Wohnzimmer, lege sie auf den Boden auf ein weißes Voilacutro-Baumwolllaken, dann strecke ich ihre Arme aus, lege ihre Hände flach mit den Handflächen nach oben auf dicke Holzbretter und nagele wahllos drei Finger jeder Hand an den Spitzen aufs Holz. Das bringt sie wieder zu Bewusstsein, und sie fängt an zu schreien. Nachdem ich ihr Tränengas in die Augen, den Mund und in die Nasenlöcher gesprüht habe, lege ich einen Kamelhaarmantel von Ralph Lauren über ihren Kopf, der die Schreie einigermaßen dämpft. Ich schieße noch mehr Nägel in ihre Hand, bis beide ganz bedeckt sind (...). Endlich, im Todeskampf, beginnt sie zu betteln, versucht es wenigstens (...). ›Patrick, o Gott, hör auf, bitte, o Gott, nicht mehr weh tun ...‹ (...)

Die Finger, die nicht festgenagelt sind, versuche ich abzubeißen, was mir bei ihrem linken Daumen fast gelingt, immerhin kann ich alles Fleisch abnagen, bis der Knochen offen daliegt (...). Ich (...) reiße ihr den Mund auf, schneide mit der Schere ihre Zunge heraus, die sich leicht aus dem Mund ziehen lässt (...). Dann ficke ich sie in den Mund, und nachdem ich abgespritzt und meinen Schwanz rausgezogen habe, gebe ich ihr noch mehr Tränengas."[454] Der Roman erschien erstmalig 1991. Ich verzichte auf eine Kommentierung bis auf den Satz: Dergleichen will ich nicht lesen.

Alberto Manguel versucht ein Resumée: „Natürlich sind Grausamkeit und Schrecken in der Literatur so alt wie die menschliche Phantasie. Die Gattung Mensch will nicht ruhiggestellt und besänftigt sein, mehr als die Blüte interessiert uns der Wurm, der an ihr nagt. Sterben und Todesqual ziehen sich durch die Literatur, seit sie ihre ersten Krächzer von sich gab. Als würden wir auf die Magie der Worte bauen, erwarten wir von den Dichtern, dass sie unsere schlimmsten Albträume auf dem Papier zum Leben erwecken, dass sie zu Karthographen eines unentdeckten Kontinents werden und uns in Versen und Phantasien erfahrbar machen, was wir für undenkbar hielten. Seit Jahrhunderten sind Vergil und Dante unsere Führer durch die finstersten Ecken der menschlichen Phantasie"[455]: Reisen in die Unterwelt in der Antike, Berichte „über die Leiden gefolterter Märtyrer" im Mittelalter, „Kindesmord, Kannibalismus und Vergewaltigung" bei Shakespeare und seinen Zeitgenossen, „Vampirismus und Nekrophilie"[456] in den Schauerromanen des 18. Und 19. Jahrhunderts, exzessive Sexual- und Gewaltphantasien bei de Sade, weiter zu nennen Poe, die Surrealisten, Kafka ... . Jeweils aber gebe es „Hintergründe, die uns ermöglichen, die beschriebenen Grausamkeiten als Ausdruck einer ästhetischen oder philosophischen Theorie zu verarbeiten" – und genau das fehle bei Bret Easton Ellis. „Wenn Marsyas in Ovids *Metamorphosen* bei lebendigem Leibe gehäutet wird, wenn Lukians Hexe in den *Bürgerkriegen* dem Toten, den sie küsst, in die Zunge beißt, wenn Lady Macbeth davon spricht, ihrem Säugling die Brust zu entreißen und den Kopf zu zerschmettern, wenn Kafkas Delinquent in der *Strafkolonie* langsam zu Tode gefoltert wird, indem ihm eine Nadel das ungenannte Verbrechen in den Leib eingraviert, wenn Winston in Orwells *1984* unter der Drohung, von Ratten angefallen zu werden, schreit: ›Macht es mit Julia! Reißt ihr das Gesicht ab, nagt sie ab bis auf die Knochen!‹, wenn Dr. Noyes in Timothy Findleys *Not Wanted on the Voyage* seine Schwiegertochter mit dem Horn eines

Einhorns vergewaltigt, ist es zwar möglich, dies aus dem Kontext herauszulösen, zu lesen wie einen pornographischen Text, aber der Kontext ist trotzdem vorhanden, er verleiht der Gewaltszene Färbung und Hintergrund, erlaubt eine Lösung oder Bewältigung, führt zum Verstehen."[457]

Dies ist eine sehr allgemein gehaltene und in meinen Augen liberal milde Rechtfertigung: Ich anerkenne die historischen Differenzen, Stichwort Epoche Shakespeares. In dem Zusammenhang erinnere ich indes an das Opus Magnum von Norbert Elias, *Über den Prozess der Zivilisation*[458] (1939). Bei aller Kritik im Detail, was z.B. Schamgrenzen angeht, ist eine Generalthese Elias' unbestritten: Die europäische Kultur – und dies meint der Begriff Zivilisation – ist durch einen zunehmenden Abbau alltäglich erlebter und ungehemmter Gewaltausübung und Rohheit im Umgang miteinander gekennzeichnet. Ich möchte daher engere Maßstäbe zur Legitimation setzen auf der Basis einer Begründung eines Vetos von Gewaltdarstellungen, sie müssen sich jeweils mit spezifischen, mit guten Gründen als Ausnahmen von der Regel rechtfertigen lassen. Eine nach wie vor überzeugende Begründung liefert schon Karl Rosenkranz in seinem Abgesang auf die idealistische Ästhetik 1853: Er definiert „Brutalität" als eine Haltung, die „an dem Zwang, den sie der Freiheit anderer antut, ein Vergnügen hat. (…) Die Gemeinheit (…) vollendet ihre Roheit darin, dass sie in andern zur Genugtuung ihres Egoismus Leiden hervorbringt. (…) Die Brutalität ist roh, weil sie gegen die Freiheit mit gewaltsamer Willkür, also grausam verfährt und weil sie in diesem Verhalten zugleich Lust empfindet. Grausamkeit wird im Brutalen zur Wollust, Wollust zur Grausamkeit. Je berechneter die Gewalt in ihrer Grausamkeit, je raffinierter die Schwelgerei in ihrer Wollust, um so brutaler werden sie – und ästhetisch umso hässlicher (…). Die Brutalität missbraucht die Gewalt des Stärkern gegen den Schwächern (…). Der Zwang, den die Übermacht in ihrer Selbstsucht gegen den Schwachen ausübt, ist das Himmelschreiende in der Brutalität."[459] Eine Konsequenz aus dieser Position: Im Kontext auch eines möglicherweise gar nicht intendierten, in der Rezeption durch Leser aber realisierten Appells „zur sozialen und politischen Aggression", zu Intoleranz stellt sich dann „das zutiefst ärgerliche und problematische Dilemma der **Zensur**."[460]

Ich wechsle das literarische Genre: „Was ist das eigentlich für eine Welt, in der ein Mörder lebenden Mädchen Taubenflügel annäht, um sie in Engel zu verwandeln, bevor er sie tötet? (…) Was ist das für eine Welt, in der ein Serienmörder seine Opfer in Tinte ertränkt oder bei lebendigem Leibe mit Beton umhüllt? Wo Paare entführt und gezwungen werden, einander zu töten? (…) Die Beispiele sind willkürlich ausgewählt aus dem aktuellen Mainstream: der Amazon-Top-100 der meistverkauften Krimis und Thriller. (…) Lars C. Schafft, der Chef der einflussreichen Webseite Krimi-Couch.de, sagt: ›Es gibt da ein gewisses blutiges Höher-Schneller-Weiter. Im Thriller reicht es nicht, wenn einfach nur ein Mord passiert, da muss schon noch etwas kommen, darum wird das immer kruder und abseitiger. (…) Ein Thriller braucht ein Alleinstellungsmerkmal, um sich durchzusetzen. Und viele Tötungsarten sind halt schon ausgelutscht.‹ Daher also die Gehäuteten, in Druckluftkammern Gequälten, lebendig Begrabenen.“ Ein erschreckender Trend! Wie lässt er sich erklären? Lotta Olsson, „führende schwedische Krimikritikerin, sieht Wut als zentrale Erklärung für die Gewaltexzesse zumindest in den besseren Thrillern. Sie hält Gewalt für ›ein psychologisches Symbol‹: die Verdichtung komplexer gesellschaftlicher Ungerechtigkeiten in brutalen Thrillertaten.“ Ähnlich eine andere Kritikerin: „›Wir leben in einer Welt, die so blutrünstig ist, dass die Krimigewalt eine Erholung ist. Weil es am Ende, anders als bei den Nachrichten, eine Erlösung gibt und weil die Opfer aus ihrer Anonymität geholt werden.‹“[461]

Zur Darstellung von Sexualität

Auch hier ist das Kriterium: **Verzicht** auf die detaillierte **Darstellung sexueller Praktiken**. Vorausschicken will ich allerdings – in einem längeren Zitat – einige Thesen George Steiners: „Eros und Sprache verschmelzen überall miteinander. Copula und Copulation, Sprachverkehr und Geschlechtsverkehr sind Teilbereiche der übergeordneten Gegebenheit menschlicher Kommunikation. Beider Ursprung ist die Lebensnotwendigkeit für das Ich, über sich selbst hinauszugreifen und zu begreifen – nämlich ein anderes Ich. Der sexuelle Akt ist ein zutiefst semantischer. Wie die Sprache ist er der formenden Kraft von gesellschaftlichen Konventionen, Verfahrensregeln und angesammelter Vergangenheit unterworfen. Sprechen und lieben bedeutet, eine bestimmte zweiseitige Allgemeinheit in die Tat umzusetzen. Beide Kommunikationsformen sind Universalien der menschlichen Physiologie wie auch der sozialen Evolution. Es ist sehr wahrscheinlich, dass Sexualität und Sprache sich in engverknüpfter gegenseitiger Beeinflussung entwickelt haben. Beide gemeinsam bringen die Geschichte des Selbstbewusstseins hervor, das heißt, den (…) Prozess, durch den wir auf die Idee des Selbst und des anderen gekommen sind. (…) Die genetische und die gesellschaftliche Struktur menschlicher Erfahrung werden von zwei Funktionen beherrscht: Befruchtung und Sinngebung. Diese beiden Funktionen machen zusammen die Grammatik des Seins aus. Das Ineinandergreifen von Sexualität und Sprache begleitet unser ganzes Leben. (…) Die vielfältigen, höchst diffizilen Wechselbeziehungen zwischen Sprachfehlern und Schwächen des Nerven- und Drüsenapparates, der sexuelle und andere Ausscheidungen kontrolliert, sind längst bekannt, zumindest auf der Ebene des volkstümlichen Fäkalwitzes. Ejakulation ist nicht nur ein physiologischer, sondern auch ein linguistischer Begriff. Impotenz und Sprachhemmungen, vorzeitiger Erguss und Stottern, unfreiwilliger Erguss und der Wort-Strom der Träume sind Phänomene, deren Verknüpfungen auf einen zentralen Knotenpunkt unseres Menschseins zurückweisen. Ausscheidungen, Samen und Wörter sind kommunikative Produkte. Sie bezeichnen Wege vom Selbst, im Inneren seiner Haut, zur Wirklichkeit draußen. Ihre symbolische Bedeutung, die Riten, Tabus und Phantasien, die sie beschwören, sind mit einigen von den sozialen Kontrollen, durch die sie in Schach gehalten werden, untrennbar an der Wurzel verwachsen."[462] An anderer Stelle spricht Steiner vom „parasympathischen Nervensystem" und fährt fort: „Es sieht jetzt allmählich so aus, als sei dies der entscheidende Bereich, in dem sich das, was wir ›Denken‹ nennen, und das, was wir ›Leib‹ nennen, miteinander verzahnen. Die

Sexualität scheint auf dieser osmotischen Verwerfungslinie zu liegen: Erektionen und Orgasmen sind zum Teil bewusst, zum Teil unbewusst, und bei den meisten Menschen sprechen sie unerhört auf verbale Stimulierung an. Jede Sprache zieht die Tabugrenze an ganz anderen Stellen. Dinge, die in der einen Sprache das endgültige wilde Privileg des Schlafzimmers sind, werden in der anderen Sprache beinahe öffentlich gebraucht und umgekehrt. (...) Das ist ein absolut unerforschtes Gebiet, und wenn wir mehr darüber lernen, werden wir vieles über die Interaktionen des Biosomatischen erfahren: bios und soma, Semantik und das Somatische, das Semiotische und der Same, die Art und Weise, in der sie aufeinander einwirken. Schwule und lesbische Sprache beispielsweise muss tiefgreifende Auswirkungen auf das Wesen des Geschlechtsakts haben."[463]

Für mich eine überraschende Verknüpfung, die Steiner herstellt, erhellend? Gleichwohl: Verzicht auf die detaillierte Darstellung sexueller Praktiken. Ich zitiere Sibylle Lewitscharoff: „(...) bei Brentano und den anderen Schriftstellern seiner Zeit, die Liebesverwicklungen in ihre Schriften eingebaut haben: Über sexuelle Praktiken erfährt man bei ihnen selten Genaues; Liebesglanz wie Enttäuschungsfuror bleiben diesbezüglich dezent."[464] Und weiter: „Mit etwa fünfunddreißig Jahren fiel mir zum ersten Mal auf, dass die Autoren, die mir viel bedeuten, in ihren Schriften eher keusch zu Werke gingen."[465] Sie nennt Kafka: Leni und Josef K., Josef K. und Fräulein Bürstner, den Landvermesser K. und das Schankmädchen, die sich hinter dem Tresen des Herrenhofs in einer Bierpfütze wälzen, es bleibt dies aber „eigentümlich unkörperlich, von einer tumultuarischen Sexszene jedenfalls meilenweit entfernt." Und weiter: „Bei Thomas Bernhard, der sich wahrlich für keine Drastik zu schade war, (...) – nach einer Sexszene sucht man bei ihm vergebens."[466] Und Nabokovs *Lolita* (1955)? „Es ist schon kurios: ein Buch, das von verbotener Sexualität handelt und alle Register zieht, um die Anziehungskraft des Objekts der Begierde in Szene zu setzen, bleibt bemerkenswert keusch, sobald es um sexuelle Berührungen geht, die zweifellos stattfinden. Kein einziges obszönes Wort fällt darin."[467] Lutz W. Wolff betont die Bedeutung der Sexualität in F. Scott Fitzgeralds *Der große Gatsby* (1925): „Tatsächlich wird der Roman gerade deshalb von sexueller Spannung getrieben, weil man nicht ›alles‹ (ja, eigentlich gar nichts) erfährt. Es sind die ›romantischen Möglichkeiten‹, die uns bezaubern, nicht irgendwelche konkreten Beschreibungen. Der nötige Diskretionsabstand wird durch die Perspektive des Erzählers geschaffen, der als Außenseiter an den ›eigentlichen‹ Ereignissen nicht teilnimmt und gerade dadurch die Fantasie des Lesers beflügelt."[468] Ganz entschieden auch George Steiner: „Erwachsene Dramen oder Dichtungen taumeln nicht ins Schlafzimmer. Sie sind nicht voyeuristisch. Es ist nicht ihre Sache, die Männer und Frauen, die sie uns vor Augen stellen, zu demütigen und ihnen so ihr integrales Leben zu nehmen."[469] Steiner wendet sich gegen den „ausgestellten Erotizismus", die „total zergliederte Animalität" der Literatur, des Theaters und des Films im ausgehenden 20. Jahrhundert.[470]

So weit meine Sicht[471]. Mir ist bewusst, dass ich hier eine strittige Position vertrete; die Gegenposition ist klar begründbar: Wir wissen, „dass die Tabuisierung der Sexualität zu seelischer Verkrüppelung führen kann. Deshalb ist es ethisch geboten, den Schleier des Tabus zu entfernen und ihn da, wo Domestizierung des Tierischen im Menschen erforderlich ist, durch Aufklärung und rationale Kontrolle zu ersetzen. Für die Literatur bedeutet das, dass das Verschweigen der Sexualität ebenso unwahrhaftig und damit unethisch ist wie das Überbewerten durch Dämonisierung oder Ästhetisierung."[472] Marcel Reich-Ranicki z.B. vertritt diese Gegenposition, gesteht aber zu: „Erotik und Sexualität sind in der Literatur (...) sehr schwer darstellbar." Er verweist auf die riesige Tradition in der Thematisierung der Erotik – und eben darauf, dass Sexualität, wenn überhaupt, nur angedeutet werde. Sein Beispiel ist das Liebesverhältnis von Francesca da Rimini und Paolo in der *Göttlichen Komödie* (1321); der Leser erfährt lediglich: „An jenem Tage lasen wir nicht weiter ..." (V, 136). Die radikalste Ellipse begegnet uns bei Heinrich von Kleist, radikal, insofern nicht einmal als Ellipse markiert, eine implizite Ellipse, nämlich nur ein Gedankenstrich: In Kleists Novelle *Die Marquise von O...* (1808) rettet ein russischer Offizier die Protagonistin aus den Händen seiner Soldaten und „bot dann der Dame, unter einer verbindlichen, französischen Anrede den Arm, und führte sie, die von allen solchen Auftritten sprachlos war, in den anderen, von der Flamme noch nicht ergriffenen, Flügel des Palastes, wo sie auch völlig bewusstlos niedersank. Hier – traf er, da bald darauf ihre erschrockenen Frauen erschienen, Anstalten, einen Arzt zu rufen; versicherte, indem er sich den Hut aufsetzte, dass sie sich bald erholen würde; und kehrte in den Kampf zurück."[473] Die Schwierigkeit in der Darstellung sexueller Prozesse, wenn sie denn über die Beschreibung rein physischer Prozesse hinausgehen will (und soll), liege – so Reich-Ranicki – darin , dass unsere Sprache „sinnlichen Wahrnehmungen nur in sehr begrenztem Umfang gewachsen" sei. Es lasse sich kaum beschreiben, „was ein Mensch, ob Mann oder Frau, während des Sexualaktes fühlt."[474] Schon Jean Paul hatte in seiner *Vorschule der Ästhetik* (1804) erklärt: „Der stärkste Einwand gegen die Ausmalerei der sinnlichen Liebe ist kein sittlicher, sondern ein poetischer. Es gibt nämlich zwei Empfindungen, welche keinen reinen freien Kunstgenuss zulassen, weil sie aus dem Gemälde in den Zuschauer hinabsteigen und das Anschauen in Leiden verkehren, nämlich die des Ekels und die der sinnlichen Liebe. (...) Unsittliche Frechheit könnte man mit dem Arseniksublimat vergleichen, das die Farbenstoffe glänzender macht, am Ende aber den Zeug zerfrisset und dessen Träger gelinde vergiftet." Und später noch einmal eine klare Aussage: „Der Mensch wird besiegt und das Tier befreiet"[475]. Jean Paul – vor 200 Jahren. Die Situation hat sich kulturhistorisch spätestens seit der zweiten Hälfte des 20. Jahrhunderts mit der Enttabuisierung der Sexualität verändert. Aber auch Volker Hage mahnt in seinem *Versuch über literarische Pornographie*: Die Sexualität nimmt unter allen darstellbaren Gegenständen im (literarischen) Text eine Sonderstellung ein. Jede andere Identifikation mit dem Dargestellten – sei das eine schöne Landschaft, ein Abenteuer, eine Reise, selbst Speis und Trank – fesselt *an* den Text (...). Die Erregung, die eine erotische Darstellung auslösen kann, führt *aus* dem Text heraus." Und auch er äußert den Verdacht, dass die „Schilderung sexueller Akte und Aktivitäten (...) nur an der Oberfläche des Sicht- und Hörbaren" bleibt.[476]

Gleichwohl bleibt die Forderung: Ein Roman von heute solle „die Erotik und die Sexualität von heute zeigen."[477] Denn die Literatur ist „nicht nur Medium der Libertinage, sondern auch Reflex darauf." Ein wenig kühn behauptet Volker Hage: „Das Geheimnis der menschlichen Sexualität ist eines der großen Themen der Literatur dieses [des 20.] Jahrhunderts – es war auch vorher schon *das* literarische Thema, nur hat sich dessen Darstellung aus dem Verborgenen ins Offene und Aggressive gewendet."[478] Bernhard Schlink erinnert in seinen *Heidelberger Poetikvorlesungen* an die liebenden Paare, die er in seiner Epik dargestellt hat und nennt das immer wieder erneut gestellte Problem, „wie sich über Sexualität schreiben lasse. Ich finde es nicht einfach. Wenn ich sexuelle Begegnungen und Erlebnisse beschrieben sehe, bin ich neugierig, wie andere Autoren das Problem lösen, und ich habe den Eindruck, auch sie finden es nicht einfach. Wenn einer es sich einfach macht und forsch über Schwanz und Möse oder Schwengel und Muschi oder Penis und Vagina schreibt, finde ich das peinlich. Vielleicht offenbart die Grenze der Sprache eine Grenze des Intimen, an der Behutsamkeit guttut."[479]

Hans-Dieter Gelfert macht das von Volker Hage schon genannte Kriterium zum entscheidenden, unterscheidenden Punkt: Pornographie will die Lüsternheit des Lesers wecken, will sexuell stimulieren „durch die Steigerung von Quantität und Intensität", sie „befriedigt ihre Rezipienten durch die Vielfalt der Geschlechtsakte und durch die Stärke der gezeigten Wollust", erotischer Literatur gehe es hingegen um die „Verfeinerung der Qualität", sie strebe „nach

148

differenzierter Darstellung der Gefühle, die zwischen dem ersten Begehren und der endgültigen Befriedigung auftreten." Die Mittel seien „poetische Formalisierung wie z.B. in Goethes *Venezianischen Epigrammen* (...), reflektierende Distanz wie in D.H. Lawrences *Lady Chatterley's Lover* oder in extremer Form (...) amoralische Obszönität wie bei Henry Miller. (...) Obszöne Literatur" – in Differenz zu Pornographie – „reißt die Tabus nieder und hat insofern befreiende Wirkung, auch wenn das nicht nach jedermanns Geschmack ist."[480] Ein problematisches Argument, was auch Gelfert bewusst ist: „Bei aller Toleranz muss man sich aber dennoch klar darüber sein, dass selbst die künstlerisch gerechtfertigte Darstellung von Sexualität stimulierend wirkt"[481]. Das ist nun nicht unmoralisch, aber wohl auch kein positives Kriterium anspruchsvoller Romanliteratur.

Exemplarisch zitieren werde ich zunächst zwei Stellen:

- Ich beginne mit Michael Köhlmeier aus seinem Opus Magnum, *Abendland* (2007), mit Sebastian Lukassers erster sexueller Begegnung mit seiner amerikanischen Geliebten Maybelle: „›Steck ihn mir rein‹, sagte sie, ›und hinterher sind wir lieb zueinander.‹ Mit zwei Handgriffen schlüpfte sie aus allem, was sie noch anhatte, öffnete meinen Gürtel, und ich zerrte und trat meine Hose von den Beinen. Sie setzte sich breitbeinig auf den Rand des Bettes, hielt mich an den Hüften, nahm kurzerhand meinen erigierten Penis in den Mund und warf sich zurück, und ich war in ihr. Sie gab einen so atemlosen Rhythmus vor, dass ich fürchtete, es werde mir bereits nach wenigen Stößen kommen. ›Du brauchst nicht zu warten‹, sagte sie. ›Komm einfach!‹ (...) In der Nacht wachten wir auf und befriedigten uns gegenseitig mit der Hand. Maybelle wollte es so, und hinterher sagte sie und hatte dabei die Augen geschlossen: ›Lies mir etwas vor, Luke!‹"[482]
- Ich setze dagegen Kafka, Sibylle Lewitscharoff hatte darauf verwiesen, die erste sexuelle Begegnung zwischen K. und Frieda im *Schloss* (1926): „Sie umfassten einander, der kleine Körper brannte in K.s Händen, sie rollten in einer Besinnungslosigkeit, aus der sich K. fortwährend, aber vergeblich, zu retten suchte, ein paar Schritte vor, schlugen dumpf an Klamms Tür und lagen dann in den kleinen Pfützen Biers und dem sonstigen Unrat, von dem der Boden bedeckt war. Dort vergingen Stunden, Stunden gemeinsamen Atmens, gemeinsamen Herzschlags, Stunden, in denen K. immerfort das Gefühl hatte, er verirre sich oder er sei so weit in der Fremde, wie vor ihm noch kein Mensch, einer Fremde, in der selbst die Luft keinen Bestandteil der Heimatluft habe, in der man vor Fremdheit

149

ersticken müsse und in deren unsinnigen Verlockungen man doch nichts tun könne als weiter gehen, weiter sich verirren."[483]

Ein Kommentar erscheint fast müßig: Köhlmeier beschreibt, besser, benennt in Kürze einen physiologischen Vorgang, wir erfahren dabei nicht wenig über Maybelle als Person. Kafka beschreibt das nicht; vielleicht greift Milan Kundera etwas zu hoch, wenn er hier von „schwindelerregender Dichte" spricht: „drei verschiedene existentielle Entdeckungen (das existentielle Dreieck der Sexualität), die uns in ihrer unmittelbaren Aufeinanderfolge verblüffen: der Schmutz; die betörende dunkle Schönheit der Fremdheit; und die ergreifende, angstvolle Sehnsucht."[484] Der Unterschied jedenfalls – und damit will ich Köhlmeier keinesfalls bloßstellen, mir ist völlig bewusst, dass nicht nur fast 100 Jahre gesellschaftlicher Enttabuisierung und Liberalisierung zwischen den Texten liegen, dass, und hier zögere ich schon, vermutlich auch intentionale Differenzen gegeben sind, – gleichviel, der Unterschied ist krass, inhaltlich wie sprachlich.

- In der Literaturkritik durchgehend gefeiert wurde Péter Nádas mit seinem großen Roman *Parallelgeschichten* (2005), insgesamt ein körperbetontes Werk, ich greife eine Szene heraus, die ich schlicht für abstoßend halte: „Er spuckte in die Handfläche, verstrich die von den Pflaumen süße Spucke auf die Eichel, machte sie für seine harte Hand noch empfänglicher. Da lief es wie geschmiert. Er leckte sich den Geschmack seines Schwanzes von der Hand, der starke Arschgeruch störte ihn nicht. Aber er wagte es noch nicht, sich ins Loch zu greifen. Ein bisschen fürchtete er immer, auf weiche Scheiße zu stoßen (...). Mit der Fingerspitze konnte er ein wenig in den Harnleiter hineinpiksen, was schauderhaft wehtat, aber die Lust erhöhte. (...) Er versuchte sich Frauen vorzustellen (...). Sah aber nur weibliche Geschlechtsteile, etwas anderes war ihm nicht möglich, nur geöffnete Mösen, die er mit dem Schwanz ausfüllte, sonst war da weder ein Gesicht noch ein Lustgestöhn, sie bestanden nur noch daraus. Jetzt brauchte er niemanden mehr, auch keine Phantasien. Die andere Hand ließ er, bevor es zu spät war, in seine Arschspalte kriechen, sie blieb dort an der langen, dreckigen Behaarung stecken, aber mit dem Zeigefinger fand er gleich in die Falten des heißschlüpfrigen Schließmuskels hinein. Jetzt gab es kein Halten mehr, es war zu spät, er winselte, brüllte langanhaltend (...)."[485]

150

- Historisch vermittelnd zwischen Kafka und der Gegenwartsliteratur steht Arno Schmidt, ich zitiere eine Stelle aus *Seelandschaft mit Pocahontas* (1955): „Unsere Flüster durchirrten sich; unsere Hände paarten : sich ! Ich musste erst das rote Gitter ihrer Arme durch brechen, Fingergezweige zurückbiegen, ehe ich die Tomate mit den Lippen am dünnen kurzen Stiel fasste, dass sie sehr meuterte, vil michel ungebaere, und verschluckte sie dann ganz, dass sie süß empört aufwollte (aber ja nicht konnte); so schrie sie nur einmal schwächlich und lüstern; dann klemmte wieder die mächtige Schenkelzange. (Wir ritten sausend aufeinander davon: durch haarige Märchenwälder, Finger grasten, Arme natterten, Hände flogen rote Schnapphähne, (Nägel rissen Dornenspuren), Hacken trommelten Spechtsignale unter Zehnbüscheln, in allen Fußtapfen schmachteten Augen, rote Samtmuscheln lippten am Boden, kniffen mit Elfenbeinstreifen, aus denen Buchstaben schimmerten, Flüster saugten, Säfte perlten, abwechselnd, oben und unten.)"[486] Arno Schmidt erhielt mit dieser Geschichte, einer flüchtigen Sommerliebe, eine Strafanzeige – wegen Pornographie!

Ein mögliches Fazit formulierte Volker Hage und zitiert eine Stelle aus Ralf Rothmanns Roman *Wäldernacht* (1994): „Das Resümee einer Romanfigur könnte für viele Versuche mit dem Sexus in der deutschen Gegenwartsliteratur stehen: ›Hol's der Henker, das ganze Gevögel. Am Ende ist es nur ein trauriger Haufen Ärsche, Titten, Mösen. Gute Nacht.‹"[487] Genau da möchte ich noch einmal mit Alberto Manguel ansetzen; er sieht die Schwierigkeit, Sexualität literarisch darzustellen, sprachlich begründet – in der grundsätzlichen Tabuisierung dieses Feldes: „Alles, was verboten und aus der Öffentlichkeit verbannt ist, bekommt auch keine Bezeichnung zugewiesen, mit deren Hilfe es angemessen erfasst werden könnte. (...) Die englische Sprache macht es uns besonders schwer, weil sie einfach kein erotisches Vokabular besitzt. Die einschlägigen Bezeichnungen werden den Biologiebüchern oder der Vulgärsprache entlehnt. Wörter, mit denen wir die Schönheiten des menschlichen Körpers und die Verzückungen der sinnlichen Lust preisen wollen, verurteilen, töten ab oder ziehen in den Schmutz, was der Gegenstand des Staunens und unserer Bewunderung sein sollte. Das Spanische, das Deutsche, Italienische und Portugiesische leiden ebenfalls unter diesem Mangel.[488]. Die Gründe liegen in der europäischen Religions- und Kulturgeschichte, im brisanten Erfolg des Christentums in Differenz zur Antike: Sexualität wird patriarchalisch definiert und tabuisiert[489], literarisch zunächst in die Pornographie verbannt: Hier „darf das Erotische kein Bestandteil der Welt sein, in der Mann und Frau, Hetero- und Homosexuelle, nach einer vertieften Wahrnehmung ihrer selbst und des anderen streben. Um pornographisch zu wirken, muss das Erotische von seinem Kontext abgeschnitten werden und sich einer klinisch strengen Definition des Verbotenen unterwerfen. Die Pornographie muss getreulich die offiziellen Begriffe der Normalität beachten, um sie zum Zweck der sexuellen Erregung zu unterlaufen. Die veraltete englische Bezeichnung ›licentiousness‹ für Pornographie verweist auf den Zusammenhang, denn es leitet sich von ›license‹ ab – der ›Erlaubnis‹ (von einem Gesetz abzuweichen). Die Gesellschaft räumt also der Pornographie (...) sauber abgesteckte Freiräume ein, aber sie verfolgt eifrig jeden künstlerischen Ausdruck auf dem Gebiet der Erotik (...). Während die Verleger des *Ulysses* der Obszönität angeklagt wurden, konnte man unbehelligt Schmuddelmagazine kaufen, wenn sie nur diskret in eine braune Tüte verpackt waren."[490] Manguel gibt für diese Doppelmoral noch weitere Beispiele aus dem Bereich des Films; zur Eigenart pornographischer Literatur zitiert er Nabokov aus dem Nachwort zu *Lolita*: „›So muss in pornographischen Romanen die Handlung auf die Kopulation von Klischees beschränkt werden. Stil, Struktur, Bilder dürfen den Leser nie von seiner dumpfen Lust ablenken.‹"[491]

So weit zur pornographischen Variante des Themenfeldes; ich würde es dabei auch bewenden lassen, wenn es nicht – provokant und heftig, unter dem Stichwort Postmoderne – Widerspruch gegeben hätte: „Die Standardformen sexueller Kopulation, normal oder ›poetisch‹ vermittelt, sind verflucht altmodisch, wenn nicht gar ein bisschen lächerlich; wir fordern Fellatio, Analverkehr und Flagellation, um sicherzugehen, dass wir Pornographie vor uns haben und keine Liebesgeschichte." Exemplarisch nennt der amerikanische Anglist Leslie A. Fiedler Norman Mailer mit ... *am Beispiel einer Bärenjagd* (1967), Mailer insistiere hier „auf schmutziger Sprache und Skatologie, die offensichtlich um ihrer selbst willen herrscht", ähnlich *Ein amerikanischer Traum* (1965) von Mailer, problematisch schon Philip Roth' *Portnoys Beschwerden* (1969), einerseits damit Laureat „der Masturbation und oralgenitalen Liebespraxis – deutlich, vulgär, fröhlich, plump und pathetisch" artikuliert, andererseits notdürftig und verschämt begründet, derart zugleich verurteilt als „Bekenntnis vor einem Psychiater." Fiedler fordert provokante Offenheit. „Über solche Bücher mit einem Begriffsapparat zu sprechen, der Dostojewski angemessen erscheint, (...) ist widersinnig. (...) Dieses Eingeständnis bedeutet zugleich, dass die alten Unterscheidungen nichts mehr hergeben und dass Kritiker einen Autoritätsanspruch finden müssen, der unserer Zeit angemessener ist als die ausgediente Fähigkeit, zwischen hoher und niedriger Kunst zu unterscheiden."[492]

Mit Manguel lässt sich gegenhalten: „Die erotische Literatur ist subversiv, die Pornographie (...) ist reaktionär." Erstere „muss, wenn sie Erfolg haben will, neue Konventionen errichten, ihre Wörter aus einer Sphäre beziehen, die sich gegen die neue Verwendung dieser Wörter empört, und sie muss ihren Lesern eine Welt nahebringen, die ihrer Natur nach intim ist und bleibt. Die Erkundung der Welt aus dieser zentralen und zutiefst persönlichen Perspektive verleiht der erotischen Literatur ihre unvergleichliche Kraft."[493] Ein programmatischer Anspruch, dem ich zustimmen könnte. Mein Problem als Leser, möglicherweise mein Problem als individueller, subjektiver Leser Hanns Frericks, ich sehe diesen Anspruch weitgehendst nicht realisiert. Mein Fazit: Das Thema „Sexualität in der Literatur" erscheint mir interessant weiterhin – einer Untersuchung wert, die meine Prämisse oder meine These überprüft, verifizierend oder auch falsifizierend im Resultat.[494]

Klare Struktur

Klare Struktur, Proportioniertheit, nachvollziehbare Gliederung: Malcolm Lowry reagierte auf die Kritik seines Verlegers an dem Manuskript seines Romans *Unter dem Vulkan* (1947) mit einer interpretierenden Erklärung vor allem des ersten Kapitels, im Vorwort der französischen Ausgabe geht er darauf ein: „Da in den Augen meines Lesers der Hauptschuldige das erste Kapitel zu sein schien, beschränkte ich mich auf die Analyse dieses langen ersten Kapitels, das alle Themen und Gegenthemen des Buches einführt, das den Ton setzt und die Akkorde greift der im Buch benutzten Symbolik.“[495] Er geht darauf ein und fasst seinen damaligen Brief noch einmal zusammen, um den Leser vorzubereiten auf das Buch insgesamt und die ihm selbst offenbar unproportioniert erscheinende Länge des ersten Kapitels. Und in der Tat: Der Romanbeginn, wir erinnern uns, die ersten Sätze eines Romans enthalten häufig schon das Ganze in nuce, informieren über die Erzählstruktur und Sprache, sind für uns als Leser ebenso wichtig wie der erste Eindruck eines Menschen, den wir noch nicht kennen. Das gilt im Grunde auch für das gesamte erste Kapitel: Es entscheidet häufig, ob wir weiterlesen oder abbrechen. Jaume Cabré präsentiert in seinem umfangreichen Erfolgsroman *Die Stimmen des Flusses* (2004) gleichsam vier Romananfänge oder erste Kapitel, im Nachhinein werden die unterschiedlichen Schauplätze und Personen zwar verknüpft und in ihrem Zusammenhang erhellt, aber gleichwohl fehlt es hier an klarer Struktur.

Struktur: Die Unterscheidung von Story und Plot, Geschichte und Fabel, greift hier, deutlich schon im Prototyp europäischer Erzählkunst, der *Odyssee:* Hier gibt es eine lineare Story, Troja und Ithaka sind die räumlichen und zeitlichen Eckpunkte, durch Irrfahrten, unterschiedlichste Begegnungen und Gefahren, die Gefangenschaft bei Kalypso auf zehn Jahre gestreckt. Anders der Plot der *Odyssee:* Die Erzählung Homers beginnt mit der Gefangenschaft bei Kalypso, erst nach seinem Schiffbruch, bei seinem Aufenthalt bei den Phäaken erzählt Odysseus seine Geschichte in einer langen Rückblende von fünf Gesängen, dann geht es linear weiter zum Schluss.

Systematisch zunächst einfach angesetzt: Es geht um die zeitliche Ordnung der Fabel. Wenn sich die Abfolgen von Story und Plot, Geschichte und Fabel nicht decken, liegt – in der Terminologie Gérard Genettes[496] – eine Anachronie vor. Zwei Möglichkeiten sind denkbar: ein Vorgriff (eine Prolepse) – oder eine Rückblende (eine Analepse). Umberto Eco hat das Verhältnis von Story und Plot in Gérard de Nervals Erzählung *Sylvie. Erinnerungen an das Valois* (1853) untersucht und grafisch dargestellt, höchst komplex und interessant das Verhältnis von Rückblenden und erzählerischer Gegenwart; es stellt sich heraus, „dass alle diese Rückblenden einer Ordnung folgen, dass diese zeitlichen Aus- und Einkupplungen oder Gangwechsel und diese jähen Rücksprünge in die erzählerische Gegenwart einen Rhythmus haben", der gleichsam zur Vernebelung des Geschehens zu einer traumhaften, zeitlich nicht mehr genau definierbaren Wirklichkeit und einem „Gefühl von Verlorenheit" führt. Nerval sei es „gelungen, seine Nebeleffekte anhand einer Art musikalischer Partitur zu erzeugen. Es ist wie bei einer Melodie, die man zuerst wegen ihrer spontanen Wirkungen genießt und die einem später zu entdecken erlaubt., dass es eine Reihe von unerwarteten Intervallen war, die jene Wirkung erzeugt hat."[497] Ganz offensichtlich liegt in dieser Struktur der Reiz der Erzählung, ihr Reiz – und ihre Qualität, ihr Rang. Das wiederum gilt andererseits aber wohl nicht immer; das Wertungskriterium lautet nicht grundsätzlich: je komplexer, desto besser.[498]

Eberhard Lämmert unterscheidet, den erzählerischen Aufbau grundsätzlich betreffend, vier zunehmend komplexe Möglichkeiten:

- das einsinnige Durcherzählen der Geschichte, kennzeichnend für (Entwicklungs-)Romane mit herausgehobener Hauptfigur;
- die Umstellung der Fabel in großen Blöcken, in einfachster Form „das Nachholen einer früheren Handlungspartie zu späterem Zeitpunkt oder die frühe Vorwegnahme des Endes"[499], Jean Paul plädiert z.B. für die erste Variante, Mörikes *Maler Nolten* und Storms *Immensee* seien klassische und unterschiedliche Beispiele für die zweite Variante;
- die „Ausfächerung und Verzweigung der Geschichte in Einzelverläufe und -zustände", in einfacher Form der Wechsel von Handlung und Gegenhandlung, z.B. in Jean Pauls *Flegeljahren* (1804/05) und – gebrochen – im *Titan* (1800-1803), komplex entfaltet zu mehreren Handlungssträngen z.B. von Thornton Wilder in *Die Brücke von San Luis Rey* (1927);
- die „Aufsplitterung in disparate Erzählmomente"[500], die ihren Zusammenhalt dann nur mehr – extravertiert – in einer „panoramischen Milieuschilderung" oder – introvertiert – in der „Bewusstseinsassoziation einer Person" finden; eine dritte Variante dieser Form ist die „forcierte, scheinbar ungesteuerte Ideenassoziation des Erzählers selbst"[501]: Laurence Stern und Jean Paul, berühmt beide wegen ihrer digressiven Schreibweise: Abschweifungen, Unterbrechungen des Erzählflusses und Einmischungen durch den Erzähler.[502]

Lämmert stellt diese vier Möglichkeiten dar; sie stehen dem Autor zur Verfügung, er wählt aus und entscheidet – und bis heute begegnen uns Romane, die in dieser Hinsicht ganz unterschiedlich konzipiert sind.

Anders Milan Kundera, er wertet: Er fordert von gegenwärtigen Romanen (Stichwort Innovation) die „neue kontrapunktische Kunst des Romans (bei der Philosophie, Erzählung und Traum zu einer einzigen Musik verschmelzen).“[503] Er begründet historisch mit einer Linie von der Unilinearität zur entfalteten Polyphonie: „Der Roman versucht seit den Anfängen seiner Geschichte der Unilinearität zu entkommen und Breschen in die kontinuierliche Erzählung einer Geschichte zu schlagen. Cervantes berichtet von Don Quijotes ganz linearer Reise. Aber unterwegs begegnet Don Quijote anderen Personen, die ihre eigene Geschichte erzählen. Im ersten Band ist das viermal der Fall. (...) Es handelt sich um in der ›Schachtel‹ des Romans ›eingeschachtelte‹ Novellen. Diese Methode der ›Einschachtelung‹ findet sich bei vielen Romanciers des 17. und 18. Jahrhunderts.

Das 19. Jahrhundert hat eine andere Weise entwickelt, die Linearität zu überschreiten; man könnte sie (...) polyphonisch nennen“[504]: mehrere Handlungsstränge, die sich simultan entwickeln und im Personal miteinander verzahnt sind[505]. Hermann Broch schließlich entwickle in seiner Trilogie *Die Schlafwandler* (1930–32) die neue kontrapunktische Technik: „Die Gattungen seiner fünf Stränge[506] [sind] von Grund auf verschieden. Roman, Novelle, Reportage, Gedicht, Essay[507]. Diese Einbeziehung nicht-romanesker Gattungen ist Brochs revolutionäre Neuerung.“[508] Die Entfaltung des romanesken Kontrapunkts gelinge dann, wenn – in Analogie zur Musik – die jeweiligen Stränge ausgewogen behandelt seien und ein unteilbares Ganzes bildeten; das sei Broch noch nicht hinreichend gelungen. Die Konsequenz dieser kontrapunktischen Komposition ist die Aufgabe der Einheit der Handlung: „Ich glaube (...), dass die Kohärenz eines Romans tiefer, nämlich durch die thematische Einheit begründet ist.“ Exemplarisch: „Die drei Erzählstränge, auf den *Die Dämonen* (1871/72) beruhen, sind durch die Technik der Handlungsführung, aber vor allem durch das gleiche Thema verbunden: das Thema der Dämonen, die vom Menschen Besitz ergreifen, wenn er Gott verliert.“[509] Polyphonie und kontrapunktische Komposition: „Das 19. Jahrhundert hat die Kunst der Komposition ausgearbeitet, aber unser Jahrhundert [das 20.] hat dieser Kunst die Musikalität hinzugefügt.“[510] Kundera zeigt exemplarisch an Salman Rushdies Roman *Die satanischen Verse* (1988), dass dem Buch strukturell ein Rondo zugrunde liegt; er selbst stellt sich mit seinen Romanen sehr bewusst in diese Linie, und er steht damit nicht allein:

Unabhängig von ihm beschreibt Paul Nizon sein Vorgehen und seine Konzeption sehr ähnlich.[511]

Mario Vargas Llosa hebt eine raffinierte und subtile Technik im Aufbau hervor, die „kommunizierenden Röhren: Zwei oder mehr Episoden, die sich auf verschiedenen Ebenen der Zeit, des Raumes und der Realität abspielen, werden durch Entscheidung des Erzählers zu einer narrativen Einheit, damit die Nähe oder Vermischung sie gegenseitig befruchtet und jede einzelne um einen Sinn, eine Atmosphäre, eine Symbolik bereichert, die sie nicht hatten, wenn sie voneinander getrennt erzählt würden."[512] Flaubert verknüpft in *Madame Bovary* (1857) in der „Jahresversammlung der Landwirte"[513] „die Beschreibung der Messe oder des ländlichen Festes (...) mit der Szene im Sitzungssaal des Rathauses, aus dem man die Festlichkeit überblickt und in dem Emma Bovary den glühenden Liebesworten lauscht, mit denen der Galan Rudolf ihr den Hof macht. (...) Die Verführungsszene erhält eine andere Dimension, eine andere Textur, und dasselbe kann man von dem Fest sagen, das unter dem Balkon stattfindet, auf dem das zukünftige Liebespaar seine zärtlichen Worte austauscht. Die Festszene wirkt weniger grotesk und pathetisch durch die zwischengeschaltete Liebesszene, deren Empfindsamkeit den Sarkasmus dämpft. (...) Andererseits mildert das heitere Element des ländlichen Festes mit seiner karikierenden (...) Ironie die überschwängliche, vor allem rhetorische Sentimentalität der Verführung Emmas. (...) Aus dem Amalgam entstand eine reiche und originale narrative Einheit."[514]

Einschachtelung, polyphonische und kontrapunktische Komposition, kommunizierende Röhren, musikalische Strukturen ... . Kundera erhebt dafür den Anspruch einer historischen Entwicklungslinie, in die sich Romane einfügen, die sie weiterführen – oder hinter die sie als unzeitgemäß zurückfallen. Dies erscheint mir zu scharf oder eng gesehen, ich möchte den Horizont kompositorischer Möglichkeiten offen halten. Im Kontext von Begriffen wie Avantgarde, Innovation, Weltliteratur komme ich darauf noch einmal zurück.

Ein letzter, grundsätzlicher Aspekt des Aufbaus, der Struktur: Es lässt sich fragen nach der Relation zwischen der Fabel und anderen erzählerischen Elementen, der „Verteilung von reiner Geschehensdarbietung, umgreifender Raum- und Milieuerfassung, der Wiedergabe innerseelischer Zustände und Entwicklungen oder abstrakten Ideengutes."[515] Ähnlich der Rhythmisierung im Drama zwischen dramatisch drängenden und ruhigen, eher lauten und leisen Phasen auf der Bühne gibt es im Roman **handlungsorientierte** und ruhige, **deskriptive Phasen**.

In den deskriptiven Phasen vor allem geht es um die Darbietung und Beobachtung von **Details**. Die Welthaltigkeit epischer Darstellung schließt sie seit jeher ein, für Jean Paul ist dies eine seiner „Regeln": „Der Schriftsteller (...) trägt und bürdet gern das eigne Ausfärben der im großen vorgezeichneten Freudenszenen, auf deren Darstellung der Leser sich bändelang gefreut, diesem selber auf. Ich wüsste nicht, sagt der Schriftsteller, was hier der Leser nicht wüsste und nicht statt meiner sich selber sagen könnte. Aber der Leser, schon als Kind, weiß z.B. bei Robinson Crusoe nach der Begründung der Verhältnisse fast alle kleinen Verhältnisse voraus, womit sich der Schiffbrüchige behilft und beglückt. Er will sie aber doch ausführlich beschrieben lesen"[516]. James Wood sieht hier eine historische Zäsur im „Realismus des neunzehnten Jahrhunderts (...), beginnend bei Balzac". Das neunzehnte Jahrhundert habe im Unterschied zu den vorhergehenden Epochen von *Don Quichote* bis zu Jane Austen „einen solchen Detailreichtum hervorgebracht, dass der moderne Leser in der erzählenden Literatur mittlerweile immer einen gewissen Überfluss, eine eingebaute Redundanz erwartet und mehr Details als nötig"[517], gemessen an Kriterien wie Funktionalität oder Symbolik. Das Resultat: „Während des neunzehnten Jahrhunderts wurde der Roman (...) malerischer."[518] Ein Grund dafür liege in der Intention realistischen Schreibens: „Die Romanliteratur nimmt eine Menge überschüssiger Details in sich auf, so wie das Leben voller überschüssiger Details ist."[519] Ein zweiter Aspekt: Die Details werden gebraucht, „um den Eindruck verstreichender Zeit hervorzurufen"; im Unterschied zu antiken epischen Texten einschließlich der Bibel, in denen die Zeit in Sprüngen oder „zwischen den Zeilen" vergeht, habe der Roman eine in der Literatur neue Aufgabe, „die Organisation von Zeitlichkeit."[520] Die Berechtigung überschüssiger Details: Ihre kritische Beurteilung umfasst die Bandbreite von Realismus und genauer Beobachtung bis zur „Überbetonung des wahrnehmenden Auges" und zum „Ästhetizismus"[521].

Ästhetizismus: Ein Kritikpunkt an Bodo Kirchhoffs *Liebe in groben Zügen* (2012) z.B. ist für Ulrich Greiner die genaue und überbordende Aufzählung von Details[522]. Den Gegenpol dazu bildet, ich greife zurück, wieder Stefan Zweig: Er beschreibt seinen Arbeitsprozess als ständige Kürzung und Verknappung: „Kaum dass die erste ungefähre Fassung eines Buches ins Reine geschrieben ist, beginnt für mich die eigentliche Arbeit, die des Kondensierens und Komponierens, eine Arbeit, an der ich mir von Version zu Version nicht genug tun kann. Es ist ein unablässiges Ballast-über-Bord-Werfen, ein ständiges Verdichten und Klären der innersten Architektur; während die meisten sich nicht entschließen können, etwas zu verschweigen, was sie wissen, und mit einer gewissen Verliebtheit in jede gelungene Zeile sich weiter und tiefer zeigen wollen, als sie eigentlich sind, ist es mein Ehrgeiz, immer mehr zu wissen, als nach außen sichtbar wird. Dieser Prozess der Kondensierung und damit der Dramatisierung wiederholt sich dann noch einmal, zweimal und dreimal bei den gedruckten Fahnen (...). Innerhalb meiner Arbeit ist mir die des Weglassens eigentlich die vergnüglichste. (...) Und wenn ich mir irgendeiner Art der Kunst bewusst bin, so ist es die Kunst des Verzichtenkönnens, denn ich klage nicht, wenn von tausend geschriebenen Seiten achthundert in den Papierkorb wandern und nur zweihundert als die durchgesiebte Essenz zurückbleiben.“[523]

Ganz und gar grundsätzlich wieder hakt Milan Kundera hier ein, er fordert von gegenwärtigen Romanen (Stichwort Innovation) die „neue Kunst der radikalen Knappheit (...). Um die Komplexität der Existenz in der modernen Welt zu erfassen, ist meiner Meinung nach eine elliptische Technik erforderlich, eine Technik der Verdichtung. Sonst gerät man in die Falle endloser Länge. (...) Die Kunst der **Ellipse** (...) erfordert, dass man immer direkt auf das Zentrum der Dinge lossteuert.“[524] Man müsse sich heute freimachen von den Konventionen – ich schließe kurz – des überschüssigen Details. Ich setze dagegen: Konkret jeweils bleibt zu prüfen, inwieweit der Reichtum an Details oder die Verknappung zum Text passen, zumal Kunderas Romane wären unter diesem Aspekt noch einmal zu sichten. Ein letztes Beispiel: Lutz-W. Wolff schreibt im Nachwort seiner Übersetzung von F. Scott Fitzgeralds *Der große Gatsby*: „Der Reiz des Textes entspringt (...) auf unterschwellige Weise dem Unausgesprochenen. Er habe noch nie so viel weggelassen wie bei diesem Roman, hat der Autor bekannt“, und Wolff betont noch einmal, „dass das ›Weglassen‹, das ›Nicht-alles-sagen‹ das vielleicht entscheidende Stilmittel dieses Romans ist.“[525] Es ist dies die heutige Sicht in Anerkennung von Fitzgeralds Meisterwerk, bei seinem Erscheinen war der Roman alles andere als ein Erfolg – mit knapp 200 Seiten war er seinen Lesern zu dünn!

Klare Struktur: Abgesehen vom Aufbau insgesamt, hier insbesondere vom Ansatz der digressiven Schreibweise, stellt sich – in der Nah- oder Mikroperspektive – die Frage der **Übergänge** zwischen den erzählerischen Abschnitten, ein weites Feld an unterschiedlichen Möglichkeiten: problematisch, wenn es sich nicht um chronologische Linienführungen handelt? Ich gebe drei Beispiele:

- „Das Haus, in dem Nina und Lewis wohnten, war in den Jahren um 1840 gebaut worden, nah am Bürgersteig im Stil jener Zeit. Wenn man sich im Wohnzimmer oder im Esszimmer aufhielt, konnte man nicht nur die Schritte, sondern auch die Gespräche der Passanten hören. Nina rechnete damit, dass Lewis das Zuschlagen der Autotür gehört hatte. Sie ging ins Haus und pfiff Händel, so gut sie konnte. ›Sieh, es kommt der siegreiche Held.‹ „Ich hab gewonnen. Ich hab gewonnen. Wo bist du?" [Absatz] Aber während ihrer Abwesenheit war Lewis gestorben. Er hatte sich nämlich umgebracht."[526] Verwirrung, zumindest Überraschung des Lesers. Ein Bruch? Der Leser ist zu diesem Zeitpunkt oder an dieser Stelle der Lektüre ebenso wenig auf den Tod von Lewis vorbereitet wie – ganz offensichtlich – die Protagonistin. Stück für Stück wird im Folgenden erst enthüllt, dass diese Selbsttötung, von Alice Munro inhaltlich kontrastiv und sprachlich brutal („umgebracht") akzentuiert, nicht eigentlich überraschend, sondern als Entscheidung angesichts einer letalen Erkrankung abgesprochen war. Alice Munro liebt eine derartige analytische Erzählweise, sie gilt als eine ihrer erzähltechnischen Künste.

- Das zweite Beispiel aus der gleichen Erzählung, wenig später: Nina sucht lange nach einer Nachricht oder einer letzten Notiz von Lewis an sie und findet nichts: „Sie stand auf, um die Vorhänge zuzuziehen, doch stattdessen knipste sie überall das Licht aus. [Absatz] Nina war etwas über eins achtzig groß, sie ging schon auf die zwanzig zu, als Sportlehrer, Studienberater und besorgte Freundinnen ihrer Mutter sie drängten, etwas gegen ihren krummen Rücken zu tun." Jetzt erfolgt der Rückblick, der am Ende erhellt, wie Nina und Lewis sich kennenlernten, die Vorgeschichte mithin.

- Das dritte Beispiel, aus Goethes *Wilhelm Meisters Lehrjahre* (1795/96): Im zehnten Kapitel des ersten Buches bereitet Wilhelm seine Abreise vor, sein Freund Werner kommt herein und es entwickelt sich ein Gespräch, durch eine längere Ausführung Werners zum menschlichen Glück abgeschlossen. Das elfte Kapitel beginnt: „Es ist nun an der Zeit, dass wir auch die Väter unserer beiden Freunde kennenlernen: ein paar Männer von sehr verschiedener Denkungsart, deren Gesinnungen aber darin übereinkamen, dass sie den Handel für das edelste Geschäft hielten und beide höchst aufmerksam auf jeden Vorteil waren, den ihnen irgendeine Spekulation bringen konnte."[527] Erich Trunz kommentiert hier, dass auch die Passagen des ersten Buches, in denen nicht Wilhelm Meister selbst im Zentrum steht, „nur um seinetwillen"[528] da seien.

Goethe lässt seinen auktorialen Erzähler explizit formulieren und – minimal, eher formal nur – begründen, warum zu diesem Zeitpunkt der Blick auf die Väter der beiden fällt, warum also jetzt ein Teil der Vorgeschichte erzählt wird. Munro erzählt in der zitierten Stelle nicht minder auktorial, überlässt es aber dem Leser, die Brücke zum vorhergehenden Absatz zu bilden. Stichwort Ellipsen? Zwei unterschiedliche Verfahrensweisen in ähnlicher Funktion, in gleicher Weise sinnvoll – zugleich widerspiegelt sich hier wohl auch die Differenz der Schreibweisen zwischen dem 18. Und dem 21. Jahrhundert. Was sind die Kriterien bei Rückblicken, Klärungen der Vorgeschichte, von Zusammenhängen, auch überraschenden Geschehnissen, was sind die Kriterien für erzählerische Übergänge? Der Leser muss die Chance erhalten, sofort oder später, einen Gesamtzusammenhang zu erkennen, sei es durch eigene Rekonstruktion oder auch vom Erzähler geführt.[529]

Ökonomie

Ökonomie im Sinn der **richtigen Länge:** Nun ja, Marketingexperten empfehlen für Romane eine Länge von 300 Seiten, in den letzten fünf Jahren ist das Doppelte oder gar mehr üblich geworden, von den Riesen Thomas Mann, Joyce, Musil, gar vom Sonderfall Proust einmal zu schweigen. Was also ist die richtige Länge? Die Leserempfindung signalisiert: Der Roman tritt auf der Stelle, Langeweile tritt ein, wenn der Roman seinen Umfang überzieht. Marcel Reich-Ranicki formuliert exemplarisch und deutlich: „Hanns Henny Jahn (...) hat es sich als Schriftsteller zu leicht gemacht (...). Aus ihm sprudelten die Worte hinaus. Er hatte nicht die geringste Lust, an seinen Manuskripten zu arbeiten, ja er wollte sie überhaupt nicht mehr lesen. (...) ich glaube nicht recht an Autoren, die sich vornehmlich als Rohstofflieferanten betätigen."[530] Und wenig später noch einmal: Bei Döblin ließen sich „herrliche Kapitel finden. Dennoch gehört Döblin ebenso wie Jahnn zu den oft unkontrolliert produzierenden Vielschreibern. (...) An einem Text zu arbeiten war seine Sache nicht".[531] Sten Nadolny – exemplarisch hat er im Blick seinen Roman *Die Entdeckung der Langsamkeit* (1983) – betont die „Souveränität und Verantwortung des Erzählers (...), der entscheidet, was er vom Vorgefundenen erzählt und was er weglässt. Zum Beispiel war John Franklin (...) Kommandeur einer Fregatte im Mittelmeer. Es war einer der Höhepunkte seines Lebens, er war erfolgreich und beliebt, alles gelang ihm. Ich habe das weggelassen aus erzählungsökonomischen [!] Gründen."[532]

Auf der anderen Seite stehen Erzählungen, Kurzgeschichten und Kürzestgeschichten. Italo Calvino bekennt: „Ich würde gern eine Sammlung von Kürzestgeschichten herausgeben, von Erzählungen, die nur aus einem einzigen Satz bestehen oder gar, wenn das möglich ist, nur aus einer einzigen Zeile. Aber bisher habe ich noch keine gefunden, die die folgende des guatelmalketischen Autors Augusto Monterroso an Kürze überträfe: ›Cuando despertó, es dinosauro todavía estaba allí.‹ (Als er erwachte, war der Dinosaurier immer noch da.)"[533]

Stimmige Erzählperspektive

Meint das logisch konsequent, in sich stimmig, ohne Bruch, also entweder auktorial oder ich-perspektivisch oder personal, um ein grobes Raster zu nennen? Der Autor kann „seine Gestalten entweder als unparteiischer oder parteiischer Zuschauer von außen beschreiben, kann Allwissenheit annehmen und ihr Inneres schildern, oder er kann sich selbst in eine der Gestalten versetzen und sich über die Motive der anderen unwissend stellen; schließlich gibt es (...) Zwischenstufen."[534] E.M Forster nun hält dafür und gibt überzeugende Beispiele, dass der Autor seinen Standort, wie er es nennt (1927), wechseln darf: Dickens in *Bleak House*[535] (1852/53), Tolstoi in *Krieg und Frieden* (1869). „Ein Romancier kann seinen Standort wechseln, wenn es sich so ergibt, und es ergab sich so bei Dickens und Tolstoi. Ich halte die Fähigkeit, die Wahrnehmung zu weiten und zu verengen (...), dieses Recht auf zeitweilig aussetzende Erkenntnisfähigkeit, für einen der großen Vorteile der Romanform"[536]. Zugestanden, dann aber liegt vor die **auktoriale Perspektive**, die sich selbstverständlich auch der engen Dimension einer personalen oder rein von außen beobachtenden Sicht bedienen kann. Schon der möglicherweise erste europäische Roman, Cervantes' *Don Quijote* (1605), greift das Spiel von Fiktion und Wirklichkeit, was den Erzähler angeht, geradezu verwirrend auf[537] und begründet damit eine Traditionslinie: Rabelais spielt souverän und witzig mit der Bandbreite auktorialen Erzählens, wenn er in unterschiedlicher Funktion, häufig zur Bekräftigung des „Wahrheitsgehalts", den Erzähler ins Spiel bringt.[538] Wenn ich recht sehe, liegt bei Jean Paul – in der Nachfolge Laurence Sternes – noch einmal eine Ausweitung auktorialen Erzählens vor im Spiel mit Masken, Fiktionen und Realitäten. Ich erinnere: Jean Paul führt sich selbst als biografisch verfahrenden Autor, als Erzähler oder auch als Figur seiner Romane ein mit authentischen Eigenschaften und Daten, mit Ansprachen an den Leser, mit Auszügen aus Briefwechseln mit seinem Verleger – ein Verwirrspiel, das „die Grenzen zwischen Kunst und Leben verwischt."[539] Meist unterstreichen derartige Metalepsen, Grenzüberschreitungen zwischen den verschiedenen Welten in Erzähltexten, die Fiktionalität der erzählten Geschichte; sie signalisieren das Gegenteil der Herausgeberfiktion, die den fiktionalen Text als historisch authentischen Text erscheinen lassen will.

Ein Beispiel für das ironische Spiel mit Fiktionalität und Realität greife ich aus der Tradition des englischen Romans heraus: Einer der Protagonisten in William M. Thackerays *Jahrmarkt der Eitelkeiten* (1847/48) ist Josef Sedley, „Beamter der Ostindischen Compagnie, und zu der Zeit, von der wir schreiben, erschien sein Name in der bengalischen Spalte des Ostindischen Anzeigers unter dem Titel eines Steuereinnehmers von Boggley Wollah, was ein angesehener und einträglicher Posten ist, wie jedermann weiß. Für Josefs weitere Karriere wird der Leser auf die gleiche Zeitschrift verwiesen."[540]

Mario Vargas Llosa macht darauf aufmerksam – ohne darin allerdings ein Problem zu sehen –, dass eine perspektivische Unstimmigkeit vorzuliegen scheint in Melvilles *Moby Dick* (1851): Ismael ist „Zeuge und Beteiligter eines großen Teils der Abenteuer, die er erzählt. Was er nicht selbst erlebte, kennt er vom Hörensagen und teilt es dem Leser mit. Dieser Blickwinkel" – Vargas Llosa spricht nicht von ›Erzählperspektive‹, sondern von ›räumlichem Blickwinkel‹ – „wird vom Autor die ganze Geschichte hindurch rigoros respektiert, allerdings nur bis zur Schlussszene. Bis dahin herrscht eine uneingeschränkte Kohärenz des räumlichen Blickwinkels, denn Ismael kennt und erzählt nur das, was er aus eigener Erfahrung als an der Geschichte beteiligte Person kennen kann. Diese Kohärenz verstärkt die Überzeugungskraft des Romans." Am Schluss allerdings, in der tödlichen Katastrophe, müsste Ismael ebenfalls untergehen, könnte also die Geschichte nicht mehr erzählt haben. Die Konsequenz: Melville lässt Ismael „auf wundersame Weise überleben. Das erfahren wir aus einem Nachtrag zu der Geschichte. Dieser Epilog stammt nicht von Ismael, sondern von einem allwissenden Erzähler, der sich außerhalb seiner erzählten Welt befindet."[541] Es stellt sich jedoch die Frage, ob der auktoriale Erzähler nicht schon vorher und immer wieder einmal ins Spiel gekommen ist bei den Exkursen und Abschweifungen, die sich im Roman finden; ich halte das einmal offen, habe es nicht überprüft.

Die neuere Narratologie – ich komme noch einmal auf das Stichwort „Plausibilität" zurück – unterscheidet die Geschehensillusion und die Erzählillusion: Die Art und Weise, wie der Erzähler sich präsentiert oder wie der Erzählakt sich darstellt oder auch bewusst thematisiert wird, kann für die Geschehensillusion, für unser Eintauchen in die fiktionale Welt eine stützende Funktion übernehmen, ein Beispiel, der Beginn des ersten Kapitels von *Don Quijote*: „An einem Orte der Mancha, an dessen Namen ich mich nicht erinnern will, lebte vor nicht langer Zeit ein Junker, einer von jenen, die einen Speer im Lanzengestell, eine alte Tartsche [= Rundschild aus Leder] , einen hagern Gaul und einen Windhund zum Jagen haben."[542] Was liegt vor? Der Relativsatz „an dessen Namen ..." entwirft eine Erzähl- oder Sekundärillusion: Wir können uns einen Erzähler und seine Zuhörer vorstellen; danach entfaltet sich Satz für Satz die Primärillusion des erzählten Geschehens. Die Erzählillusion lässt sich entfalten zur Selbstreflexion des Erzählens bis hin zur Dekonstruktion jeglicher Illusion – es begegnet uns dies schon im *Don Quijote*: Das „Ich" des Erzähleingangs hat sich am Ende des achten Kapitels bei der Schilderung eines hoch dramatischen Kampfes offenbar mangels weiterer Quellen verabschiedet, wie uns ein zweiter Verfasser mitteilt; dieser wiederum erzählt im neunten Kapitel den Kampf noch einmal, gestützt auf eine arabische Quelle eines gewissen Sidi Hamét Benegeli – ein dritter Verfasser taucht damit auf und zugleich noch eine vierte Instanz, da sich der zweite Verfasser den arabischen Text übersetzen lassen musste. Benengeli wird indes unterstellt, dass er als Araber notorisch lüge, kurz, die „immer abstruser werdende Konstruktion läuft so auf eine komplette Dekonstruktion jeder Erzählillusion hinaus (...). Wer den Roman jetzt noch als Geschehensillusion lesen will, muss dies aus freien Stücken tun"[543] – obwohl doch vier Erzählerinstanzen als Bürgen auftraten.

Grundsätzlich noch einmal formuliert: Wenn es der Romankritik wesentlich um das Wie des Was gehen sollte, ist es hoch interessant zu fragen: Was können wir über den Erzähler ermitteln? Was verschweigt er? Was ist seine Weltsicht? Was sind seine politischen und ideologischen Positionen und Wertvorstellungen? Und selbstverständlich beginnen diese Fragen auch schon bei dem allwissend und ubiquitär auktorialen Erzähler, dem der Leser zunächst einmal blind und naiv vertraut, dessen Urteile er in der Regel übernimmt: „Der auktoriale Erzähler sagt: Es war so. Und dann war es auch so. Er muss es ja schließlich wissen, er hat diese ganze Welt in ihrer Totalität erschaffen (Und ist selbst nicht von dieser Welt)." Zugleich schweigt und verschweigt der auktoriale Erzähler, es ist dies „geradezu eine Grundvoraussetzung solcher Erzähltexte"[544]: Der Erzähler des *Tom Jones* (1749) etwa verschweigt bis zum Schluss die wahre Abkunft des Protagonisten und hält uns bis dahin im Irrtum. Christoph Bode macht darauf aufmerksam, dass der auktoriale Erzähler häufig nach dem Bild des Autors selbst gestaltet ist; exemplarisch hat dies Mario Vargas Llosa an Victor Hugos *Die Elenden / Les miserables* (1862) gezeigt: Der auktoriale Erzähler ist im modernen Roman „unsichtbar oder hält sich zumindest diskret zurück, im klassischen hat er eine herausgehobene, manchmal so überwältigende Präsenz, dass es scheint, als erzählte er die Geschichte nicht nur uns, sondern auch sich selbst, als würde sie ihm nur als Vorwand für seine übersteigerte Selbstdarstellung dienen."[545]

In ihrer Struktur betrachtet, ist die auktoriale Erzählsituation in sich widersprüchlich oder, wie Bode sie nennt, paradox. Warum? „Weil von einem (wie anders?) menschlichen Standpunkt aus eine übermenschliche Perspektive entworfen und suggeriert wird, deren Anspruch auf Zugriff auf die Totalität der erzählten Welt (...) gerade darauf beruht, dass eine solche Perspektive eine menschenunmögliche ist. (...) Der herausgestellte oder unterstellte höhere Wahrheitsanspruch der auktorialen Erzählsituation beruht also darauf, dass ihre Perspektive unmöglich ist." Sie „versucht, eine übermenschliche Instanz zur Vermittlung menschlichen Sinnes zu simulieren." Mit einem völlig unrealistischen Verfahren hat diese Erzählsituation gleichwohl „die größten Triumphe des Realismus hervorgebracht"[546]. Zugleich – und dies von Anfang an: Cervantes' *Don Quijote* – ist ein Kennzeichen auktorialen Erzählens die Ironie, zumindest hat diese Erzählsituation eine Affinität zur Ironie, aus zwei Gründen: Einmal kann Ironie „immer gelesen werden als Zeichen des Durchschauens – und keiner Erzählsituation kommt das Durchschauen eher zu als der auktorialen."[547] Zweitens aber – und das scheint interessanter – lädt die widersprüchlich paradoxe Struktur auktorialen Erzählens ein zum ironischen Spiel damit und zur dialektischen Übersteigerung oder Selbstaufhebung: ironische Verrätselung des fiktiven Erzählers und Fiktionalisierung des Autors selbst bei Cervantes, bei Rabelais und immer wieder bei Jean Paul.

Der Doyen der Erzähltheorie im deutschsprachigen Raum, Franz K. Stanzel, wertet dergleichen Spiel als narratologischen Bruch, er macht ihn exemplarisch fest in William M. Thackerays *Vanity Fair* (1848): Der Erzähler mischt sich unter seine Figuren, tritt auf als Ich-Erzähler.[548] Stanzel sieht den Grund dafür nicht in einem bewussten, ironischen Spiel mit der Erzählsituation, sondern in dem Bedürfnis, aus der abstrakten Funktion des – allwissenden, eine Welt schaffenden – Erzählens einen Menschen, eine konkrete Gestalt zu machen. In Sichtweise und Bewertung folgt Christoph Bode hier der kritischen Einschätzung Stanzels: Der auktoriale Erzähler kann versuchen, seine paradoxe Struktur aufzulösen, dies in zwei Richtungen, einmal in Richtung Konkretisierung oder Personalisierung des auktorialen Erzählers, anders gesagt, in Richtung des Ich-Erzählers. Bode argumentiert: „Die dahinter stehende Wirkungsabsicht ist offensichtlich: Es gilt, durch Verpersönlichung der auktorialen Erzählinstanz eine Glaubwürdigkeitslücke zu schließen, die durch die epistomologische Unmöglichkeit der auktorialen Erzählsituation gerissen worden ist. Der auktoriale Erzähler (...) kommt dem Leser nun menschlich (...) durch die Art und Weise seines Erzählens, seine Wortwahl, seine Kommentierung, seiner Wertungen usw.", vorstellbar „als Person, als Mensch mit angebbaren Konturen und Zügen". Und jetzt die kritische Wertung: Andererseits nämlich hat dieser Erzähler „kaum etwas von seinen auktorialen Privilegien aufgegeben (...): ein zur Person ausstaffierter auktorialer Erzähler, eine ›Ganz-Mensch‹-Inkarnation einer übermenschlichen Idee – eigentlich ein Unding. (...) Die Perspektive ist nicht so subjektiv-limitiert wie in der Ich-Erzählsituation, aber der verpersönlichte Erzähler bindet den Leser mit seinen Wertungen und Bemerkungen, mit seiner persönlich besonderen Art, die Dinge zu erzählen, viel leichter und stärker ein". Es ist dies „der Versuch, das Beste zweier Welten zugleich haben zu wollen. Erkauft wird der unbestreitbare erzählerische Gewinn (denn das Modell funktioniert erfolgreich, schon im *Tom Jones*) durch ein noch stärkeres Hervortreten der ‚Unmöglichkeit' der auktorialen Erzählsituation (...). Romane, die in dieser Erzählsituation gehalten sind, wollen das eine, ohne das andere zu lassen (...), und niemand ist da, es dem Autor zu verwehren – niemand außer dem Leser, der aber, gerade wenn er die Haltung und die Wertungen des verpersönlichten auktorialen Erzählers teilt, sich nicht groß an der erzähllogischen Illegitimität stoßen wird." Das Fazit dieses Versuchs der Auflösung der widersprüchlichen Struktur: „Die auktoriale Erzählsituation kann den ihr inhärenten Widerspruch nicht auflösen, sondern nur aufreißen und noch evidenter machen."[549] Bode wertet scharf – ähnlich negativ bewertet er „das Erzählen mit systematischer ‚Du-Anrede'", wie es etwa Italo Calvinos *Wenn ein Reisender in einer Winternacht* (1979) präsentiert; er konzediert aber zugleich, „dass der Effekt gleichwohl ein auf intelligente Weise amüsanter sein kann"[550]. In der Tat, naheliegender scheint es mir, erzähllogische Widersprüche dieser Art unter dem Aspekt ironischen Spiels des Autors mit dem Leser zu sehen, wenn es denn funktioniert.

Wenn es denn funktioniert: Es funktioniert dann nicht mehr, wenn der Leser die impliziten oder auch expliziten Wertungen und Ideologeme des Erzählers nicht teilt – und möglicherweise, nicht zwingend, auch dies kann zum Spiel des Autors mit dem Leser gehören, möglicherweise aber sind es zugleich auch die Wertungen des Autors. Ein Beispiel ist Stratis Myrivilis' *Die Madonna mit dem Fischleib*, 1949 erschienen. Hier begegnet uns ein auktorialer Erzähler in unverhohlenem Rassismus. Schauplatz des Romans ist Lesbos, zu Beginn noch in konfliktfreiem Kontakt mit den Griechen und Türken auf dem kleinasiatischen Festland; es ändert sich dies mit der Vertreibung der Griechen ab 1922, Lesbos wird überflutet von flüchtigen Festlandsgriechen. Zunächst lesen wir: „An den Küsten hallen die großen christlichen Städte wider vom fröhlichen Lärm ihrer zahllosen Einwohner. Die Griechen lebten glücklich mit ihren östlichen Nachbarn, und Gott segnete sie und vermehrte ihre Güter." Zum Handel kamen aus den Wäldern und Bergen die Türken herunter: „Es waren friedliebende und freundliche Menschen aus dem Wald (...) Manchmal nahmen sie einen Jungen auf ihrem Reittier mit, damit er die Läden der Christen mit ihren hängenden Öllampen aus Messing und die Kaffeehäuser mit den Bildern des Königspaares im goldenen Rahmen bewundere, damit sie die zauberhaften Drehorgeln sähen mit einem blonden Mädchen, das auf die Glasscheibe gemalt war und um deren weißen Hals eine Kette aus falschen Goldmünzen, aufgereiht auf einem goldenen Faden, hing. (...) Ein Wunder. (...) Hatten sie ihre Aufgabe erledigt, versammelten sich die Türken und ruhten sich aus, ohne zu sprechen. Sie tranken nur Kaffee oder stark gesüßten Sorbet in kleinen Schlucken und schlürften dabei. Sie rülpsten laut und dankten Gott für die große Gabe des Lebens. (...) Und plötzlich brach der Krieg aus. (...) Seit jenem Tag nannten die Leute von Murjá und die Fischer von Skala das nahe Anatolien nicht mehr ›drüben‹. ›Ausland‹ schrieben jetzt die Zeitungen, und sie nannten es auch so. (...) Und dennoch: Aus diesem weit entfernten ›Ausland‹ weht die Meeresbrise in der ruhigen Nacht das dumpfe Dröhnen der großen Trommeln Asiens herüber, die die Zeybeken auf der einen Seite mit einem Schlegel und auf der anderen mit einer dünnen, weißen Gerte schlagen. Und wenn der Ramadan zu Ende geht, leuchten im Dunkeln grell die Minarette, triumphierende Fackeln, die bis zum Himmel gebaut wurden, um das Firmament in Brand zu setzen. Dort wohnt der Gott Asiens, ein Gott mit hervorstehenden Wangenknochen und einem Krummsäbel im Gürtel."[551] Was liegt vor? Eine anfängliche Harmonie zwischen Menschen unterschiedlichen kulturellen Niveaus, deutlich hierarchisch gewertet, nach Kriegsausbruch der Umschlag: eine fremde und bedrohliche Welt, bedrohlich schon in ihrer Gottheit. Und weiter: Die Flüchtlinge berichten. „Die Einheimischen hörten (...) geduldig zu. (...) Sie wussten, dass drüben alle Vermögenderen in Arbeitslagern verschwunden, verbrannt oder niedergemetzelt worden waren. Die Flüchtlinge hier waren nur der Abschaum des Meeres. Ein Haufen armseliger Fischer, die von der Hand in den Mund lebten. (...) ›Was ist denn aus Manolis Mitaftsis, dem Bäcker, geworden?‹ ›Nun, sie haben ihn geschnappt, ihn mit seiner Frau zusammengeschnürt, sie haben seinen Sohn gepackt und alle in den brennenden Ofen geworfen. Sie haben sie mit Stacheldraht zusammengebunden."[552] Es mag dergleichen tatsächlich geschehen sein, es stellt sich erstens die Frage nach seiner exemplarischen Relevanz und zweitens das Problem von fiktionaler Literatur und Moral.

Ich greife zurück: Die Personalisierung der allwissenden Erzählfunktion war ein Versuch, die strukturale Widersprüchlichkeit aufzulösen. Der konsequente Rückzug des Erzählers ist eine zweite Möglichkeit, in zwei Varianten.

- Zwei Stufen lassen sich in der ersten Variante unterscheiden: Der auktoriale Erzähler mutiert zum **neutralen Erzähler**, er verzichtet auf Analepsen und Prolepsen, er verzichtet darauf, in das Innenleben seiner Figuren hineinzuschauen, er reduziert sich auf die Perspektive eines anonymen Augenzeugen – allseits und allerorten aber noch gewärtig. Das Strukturproblem, wenn wir es denn ernst nehmen wollen, bleibt ungelöst. In radikaler Schwundform ergibt sich aus diesem erzähltechnischen Konzept die **rein szenische Darstellung**, die Auflösung des Erzählens in den Dialog. Christoph Bode nennt als Beispiel dafür Henry James' *The Awkward Age* (1899) – soweit ich sehe, noch nicht ins Deutsche übersetzt; ein weiteres Beispiel eines dann konsequent als Dialog realisierter Roman ist William Gaddis' *JR* (1975). Was Henry James angeht, macht Bode darauf aufmerksam, dass der Verzicht auf den Erzähler den Leser vor Probleme stellt; er muss erschließen, „was unter der geschliffenen Oberfläche der Konversation der feinen Gesellschaft lauert, (...) wenn die gesellschaftlichen Umgangsformen das Eigentliche kaschieren, die Rede der Figuren also der Dissimulierung dient."[553]

- Die zweite Variante des auktorialen Erzählers, das Problem zu lösen, ist die Reduktion in die Perspektive nur mehr eines der Protagonisten: die Auflösung der Figur des Erzählers in die personale Erzählsituation hinein. Dazu später.

Zunächst zu der Perspektive, die der auktorialen näher liegt, ihre Personalisierung in die **Ich-Erzählsituation**:

Hier sind grundsätzlich die Grenzen deutlich enger gesetzt.[554] Immerhin aber lassen sich das erzählende Ich und das erzählte oder erlebende Ich, und damit zwei differente Zeitebenen noch unterscheiden. Daraus resultiert zugleich aber ein erzähllogisches Problem: Das erzählende Ich – ›ich heute‹ – weiß immer mehr als das erlebende Ich – ›ich damals‹; vor allem weiß es, ganz abgesehen einmal von nachträglich erfahrenen Informationen, immer auch schon den Ausgang seiner erzählten Geschichte. Davon kann es aber, abgesehen von gelegentlichen Präskriptionen, kaum Gebrauch machen, denn erstens ist jedes Erzählen ein sukzessives, es lebt „vom Aufschub, von der Verzögerung (...) Im dosierten Aufschub liegt die Wirkung jeder Erzählung." Zweitens aber – erzähllogisch interessanter – würde es damit den „Authentizitätsanspruch der Ich-Erzählung" nahezu aufheben, besser, zerstören, „genau das zerstören, was doch die Situation des damals erlebenden Ich gerade ausmachte. Nämlich dieses alles nicht zu wissen, noch nicht gewusst haben können."[555] Schärfer noch spricht Christoph Bode von „grundsätzlicher Aporie" und Paradoxie auch der Ich-Erzählung: Die auf den ersten Blick doch „›natürlichste‹ aller Erzählsituationen kann nur funktionieren, indem sich erst einmal das unteilbare Individuum spaltet; sich dann entweder in seinem erzählenden Teil dümmer stellt als es ist oder aber seine Geschichte so erzählt, wie sie es damals bestimmt nicht erlebt hat."[556] D.h., es sind zwei Varianten möglich: Der Schwerpunkt liegt entweder auf der Ebene des Erlebten, Erinnerten oder reflexiv auf der Ebene der Gegenwart, dem Akt des Erzählens selbst.

Für beide Varianten gibt es erfolgreiche Beispiele: Bode nennt *Robinson Crusoe* (1719) und die *Bekenntnisse des Hochstaplers Felix Krull* (1954) für den ersten Typus, *Tristam Shandy* (1759-1767) und Siegfried Lenz' *Deutschstunde* (1968) als Muster des zweiten. Subtil spielt Marcel Proust mit den beiden Ebenen: Wie Luzius Keller zeigt, überarbeitet Proust die Druckfahnen u.a. auch in Blick auf diesen Aspekt: „Er führt einen Perspektivenwechsel zwischen Erzähler und Held ein, was grammatikalische Folgen hat: Die Ereignisse werden jetzt bald in der Vergangenheit, bald in der Zukunft der Vergangenheit erzählt: ›Mein einziger Trost war [était], wenn ich schlafen ging [montais me coucher], dass Mama, wenn ich im Bett läge [serais], heraufkommen [viendrait] und mir einen Kuss geben würde. [… Der Augenblick, als Mama kam,] kündigte bereits den nächsten an [annoncait], der auf ihn folgen sollte, wo sie mich verlassen haben [aurait] und unten sein würde [serait].‹ So erlebt der Leser die Ängste des Romanhelden nicht aus der Distanz des erwachsenen Erzählers, sondern aus der Unmittelbarkeit des Kindes heraus."[557]

Zurück zu Christoph Bodes Aporie: Sie erscheint einsichtig, es bleibt auch hier die Frage, warum die Form der Ich-Erzählung überhaupt – und in der Regel problemlos und erfolgreich – funktioniert; Bode lässt sie offen. Es liegt vermutlich daran, dass es sich hier in der Tat um die natürlichste Situation des Erzählens handelt: Wenn wir – nicht fiktional – etwas erzählen, machen wir davon Gebrauch, ihrer Aporie ebenfalls nicht achtend. Und auch unsere Hörer wollen durchaus – sofern wir spannend zu erzählen vermögen – nicht sofort das Resultat wissen, sondern setzen auf die Spannung des Geschehens. Stichwort delectare. Lea Beiermann macht in ihrer Rezension von Saskia Goldschmidts Roman *Die Glücksfabrik* (2014) darauf aufmerksam, wie wichtig denn auch die Wahl der Figur ist, aus deren Perspektive erzählt wird: Der Protagonist Mordechai de Paauw sei die langweiligste, unreflektierteste Gestalt des Romans, seine Sicht verflache das ganze Werk[558].

Es wurden Möglichkeiten entwickelt, die die Aporie der Ich-Erzählung aufzuheben bemüht waren: der Briefroman, heute der Email-Roman, der Tagebuchroman. Letzterer nähert sich perspektivisch schon der dritten Grundform des fiktionalen Erzählens: dem **personalen Erzählen**. Bode setzt es unter die Schlagworte „Abschaffung des Erzählens im Erzählen" und „Illusion der Unmittelbarkeit"[559]:

Stanzel macht die Eigenart dieser dritten Grundform an der „Reflektorfigur" fest: „Eine Reflektorfigur reflektiert, d.h. spiegelt Vorgänge der Außenwelt in ihrem Bewusstsein wider, nimmt wahr, empfindet, registriert, aber immer stillschweigend, denn sie ›erzählt‹ nie (...) Der Leser erhält, wie es scheint, unmittelbar, das heißt durch direkte Einschau in das Bewusstsein der Reflektorfigur, Kenntnis von den Vorgängen der Reaktionen, die im Bewusstsein der Reflektorfigur einen Niederschlag finden."[560] ›Reaktionen‹ im Bewusstsein erscheint mir zu eng, Prozesse unterschiedlicher Art können es sein: sinnliche Wahrnehmungen, Gefühle, Gedanken, Reflexionen, Assoziationen, Erinnerungen ... Entscheidend: Es gibt vielleicht Sorgen und Befürchtungen, nie aber Prolepsen, der Wissenshorizont ist massiv begrenzt auf den subjektiven Reflektor zum jeweils thematisierten Zeitpunkt im Prozess des Geschehens, begrenzt auf die Erlebens-Gegenwart des Reflektors. Die Konsequenz: Auch der Leser weiß daher nicht mehr. Eine zweite Konsequenz: Hier wird nicht zusammengefasst, gerafft, erklärt oder kommentiert – es fehlt (scheinbar[561]) an Selektion. Es gibt keine erzählerische Distanz, die Unmittelbarkeit des subjektiv Wahrgenommenen und Erlebten lässt noch nicht objektiv oder im Nachhinein erst erkennbar Wichtiges und Unwichtiges unterscheiden und entsprechend selektieren. Das bedeutet: „Die personale Erzählsituation ist (...) vorzüglicher als andere geeignet, Verhältnisse vorzuführen, die noch nicht durchschaut und begriffen sind"[562].

Ihre mögliche Leserassoziation trifft zu: Franz Kafka. Es lässt sich jetzt exemplarisch zumindest andeuten, warum es wichtig ist, sich die vom Autor gewählte Erzählsituation genau anzuschauen: Sie muss passen in ihrer Funktion. Konkret: Kafkas *Schloss* (1926) handelt „eigentlich von nichts anderem als von der Frage nach dem Verhältnis K.s zum Schloss. Die personale Erzählsituation lässt durchaus zu, dass dieses primum mobile des Erzähltextes nicht aufgedeckt wird, nicht ent-deckt zu werden braucht – denn da das Bewusstsein der Reflektorfigur nicht kommuniziert, besteht überhaupt keine Notwendigkeit, diese Leerstelle so oder so zu füllen. (...) Bedenkt man, dass Kafka die ersten Kapitel des *Schlosses* zunächst als Ich-Erzählung verfasst hatte, so wird offenbar, welch konstituve Wirkung sein Entschluss zur Umarbeitung für diesen Text (...) hatte: ›Als Reflektor ist K. dem Anspruch des Lesers auf Aufklärung der zahllosen unerklärlichen und mysteriösen Umstände, die den Helden hier wie in den anderen Romanen Kafkas umgeben, entzogen.‹"[563] Die personale Perspektive im *Schloss* wie im *Prozess* (1925) schafft die Undurchschaubarkeit, die bedrohliche Intransparenz dieser Romanwelten.

Neben Kafka ist ein zweites klassisches Beispiel weitgehend personalen Erzählens Virginia Woolfs *Mrs Dalloway* (1925): erzähltechnisch ganz anders angesetzt, nämlich multiperspektivisch, und funktional auch anders zu interpretieren.[564]

Ich möchte noch einmal zurückkommen auf den Begriff der „stimmigen
Erzählperspektive" als Kriterium. Stimmig meint ein Doppeltes: zum einen
erzähllogische Stimmigkeit und Konsistenz; und in dieser Hinsicht lässt sich
über die Relevanz diskutieren – wir erinnern uns. Zum zweiten die funktionale
Stimmigkeit, die gewählte Erzählhaltung muss interpretativ stimmen, muss thematisch stimmen. Das erscheint mir wichtiger zur Beurteilung eines erzählenden Textes. Und es erlaubt wohl auch Mischformen: E.M. Forsters *A Passage to
India* (1924) ist auf den ersten Blick auktorial erzählt, zunehmend aber werden
„Reflektorfiguren eingesetzt, innere Monologe und erlebte Reden[565] werden (...)
großzügig eingestreut". Die Erzählsituation verschiebt sich zu einem multiper-
spektivischen personalen Erzählen. Christoph Bode interpretiert: Die Veränderung „wird dem Thema des Romans durchaus gerecht, geht es doch um eine
fundamentale Relativierung verschiedener individueller und kultureller Stand-
punkte, aus der aber gerade nicht eine multikulturelle Versöhnung folgt, sondern
eine resignierte Einsicht in die (jetzt noch) bestehende, noch nicht aufhebbare
Inkommensurabilität von Orient und Okzident. (...) Die erzählerische Form (...)
ist also thematisch – alles andere wäre auch ein performativer Widerspruch."[566]

Exkurs: Noch einmal ein Blick auf die neuere Narratologie

Drei typische Erzählsituationen oder -perspektiven habe ich skizziert, inhaltlich und terminologisch orientiert an der durch Franz K. Stanzel initiierten Tradition. In Blick auf die weiteren Beispiele dafür, dass die Analyse der Erzählsituation hoch relevant ist für das Verstehen sowohl wie für die kritische Beurteilung erzählender Literatur, ist es sinnvoll, eine inhaltliche wie vor allem terminologische Alternative einzuführen; sie macht sich fest an Gérard Genette[567] und seine Nachfolger und Kritiker[568]:

Vorab möchte ich einige, wenige Begriffe einführen oder transformieren: Die erzählte Welt ist die „Diegesis" (griech. Erzählung), „diegetisch" bedeutet „zur erzählten Welt gehörend"; die Welt des Erzählers ist die Exegesis (griech. Erklärung). Der auktoriale Erzähler ist daher ein nichtdiegetischer Erzähler; in der Tradition auktorialen Erzählens, etwa bei Fielding oder auch bei Dickens begegnet uns aber auch ein erzählendes Ich, das sich gelegentlich an den Leser wendet, ein auktorialer Ich-Erzähler, der nichtdiegetisch bleibt. Der Ich-Erzähler, wie er uns in der Regel begegnet, hat gleichermaßen Anteil an der Diegesis als erzähltes Ich und an der Exegesis als erzählendes Ich; der personale, oder vielleicht in der Tat weniger missverständlich, der figurale „Erzähler" oder die Reflektorfigur ist ausschließlich eine Figur der Diegesis.

Genettes Vorwurf lautet: Häufig werde die Frage „Wer ist der Erzähler? Wer spricht?" verwechselt mit der Frage „Welche Figur liefert den Blickwinkel für die narrative Perspektive? Wer sieht und nimmt wahr?"

Die erste Frage – und nur um sie soll es jetzt gehen – bezieht sich auf den Erzähler, Genette nennt ihn Stimme. Es stellt sich noch die Frage, in welchem Verhältnis der Erzähler zu seiner Geschichte steht, hier geht es um die Unterscheidung von Ebenen: Ein primärer Erzähler ist jeder Erzähler erster Ordnung, der eine Geschichte erzählt; taucht innerhalb seiner Erzählung eine Figur auf, die wiederum eine Geschichte (zweiter Ordnung) erzählt, so ist das in Bezug auf die Erzählung erster Ordnung ein sekundärer Erzähler. „Was ich zu berichten beabsichtige, ist mir vor reichlich einem halben Jahrhundert im Hause meiner Urgroßmutter, der alten Frau Senator Feddersen, kundgeworden, während ich, an ihrem Lehnstuhl sitzend, mich mit dem Lesen eines in blaue Pappe eingebundenen Zeitschriftenheftes beschäftigte; ich vermag mich nicht mehr zu entsinnen, ob von den ›Leipziger‹ oder von ›Pappes Hamburger Lesefrüchten‹. Noch fühl ich es gleich einem Schauer, wie dabei die linde Hand der über Achtzigjährigen mitunter liebkosend über das Haupthaar ihres Urenkels hinglitt. Sie selbst und jene Zeit sind längst begraben; vergebens auch habe ich seitdem jenen Blättern nachgeforscht, und ich kann daher um so weniger weder die Wahrheit der Tatsachen verbürgen, als, wenn jemand sie bestreiten wollte, dafür aufstehen; nur so viel kann ich versichern, dass ich sie seit jener Zeit, obwohl sie durch keinen äußeren Anlass in mir aufs neue belebt wurden, niemals aus dem Gedächtnis verloren habe. – Es war im dritten Jahrzehnt unseres Jahrhunderts, an einem Oktobernachmittag – so begann der damalige Erzähler –, als ich bei starkem Unwetter auf einem nordfriesischen Deich entlangritt."[569] So beginnt Storms Novelle *Der Schimmelreiter* (1888): Der Urenkel von Frau Feddersen ist der primäre Erzähler, er gibt einen Zeitschriftenartikel wieder, in dem der sekundäre Erzähler erzählt oder berichtet – das mehrfach erzählte Erzählen läuft weiter –, „dass ihm in einem nordfriesischen Wirtshaus ein alter Schulmeister – der tertiäre Erzähler – einmal die Geschichte von Hauke Haien erzählt hat." Aufklären möchte dieser derart, was es „mit der dunklen Gestalt auf sich hat, die dem Besucher Nordfrieslands kurz zuvor auf dem Deich entgegengeritten ist. (...) Besonders kunstvoll wird die Schachtelung durch die verschiedenen Arten der Übermittlung"[570]: Ein Kind liest einen Zeitungsbericht, diesem sekundären Erzähler wird eine Geschichte mündlich erzählt, sie resultiert wiederum aus verschiedenen Berichten und Quellen. Binnenerzählungen können unterschiedliche Funktionen haben: Bei Storm ist die Erzählung des Schulmeisters explikativ, erklärend. Unterschiedliche Funktionen haben auch Rahmenerzählungen, im *Schimmelreiter* scheint eine Beglaubigungsfunktion intendiert: „Der Schulmeister lebt dort, wo auch Hauke Haien als Deichgraf gewirkt hat. Der sekundäre Erzähler ist Publizist und hat seinen Erlebnisbericht in einer Zeitschrift mit Reputation veröffentlicht."[571] Der primäre Erzähler unterstreicht den unvergesslichen Eindruck, den dieser Bericht auf ihn gemacht hat.

Die Stimme einer Erzählung klärt derart erstens die Gerichtetheit des Erzählens, den Adressaten und zweitens die Identifizierung und Überlagerungen von Ebenen des Erzählens, damit aber auch Brüche: fehlende Übergänge, Vermischungen unterschiedlicher Art. Christoph Bode nennt Beispiele: „etwa wenn der Erzähler Tristam Shandy im 8. Kapitel des 2. Buches wieder einmal Erzählzeit und erzählte Zeit vermischt, indem er dem Leser sagt, es sei jetzt gut anderthalb Stunden Lesezeit her, dass der Diener Obadiah ausgeschickt wurde, D. Slop zu holen, er könne doch jetzt gut zurück sein, oder wenn Figuren aus ihrer Erzählung heraus- und in die [nicht]diegetische Existenz des Erzählers eintreten (...) oder wenn ein offensichtlich [nicht]diegetischer Erzähler auf einmal, wie im 62. Kapitel von *Vanity Fair*, unter seinen Figuren steht."[572]

Die Frage „Wer sieht oder nimmt wahr?" führt Genette zu Phänomenen der „Fokalisierung" (Fokus als Brennpunkt). Er geht hier von drei Varianten aus: Erzähler › Figur (der Erzähler weiß mehr als die Figur), Erzähler = Figur (der Erzähler sagt nicht mehr, als die Figur weiß) und Erzähler ‹ Figur (der Erzähler sagt weniger, als die Figur weiß). Der erste Typus ist die Nullfokalisierung, der zweite die interne Fokalisierung, der dritte die externe Fokalisierung: Wir nehmen wahr, was der Protagonist äußerlich wahrzunehmen vermag, nehmen ihn selbst in seinen Aktionen und Aussagen wahr, nie aber in seinen Gedanken oder Gefühlen; man hat diese Fokalisierung treffend camera eye technique genannt. Dashiell Hammett z.B. hat sie in seinen Romanen gewählt, die Verfilmung des *Malteser Falken* (1930) mit Humphrey Bogart (1941) setzt sie konsequent ins Bild, eine literarische „Technik, die den Reiz der undurchdringlichen, reinen Oberfläche entdeckt hat."[573] Die externe Fokalisierung hat man in der Linie Stanzels als neutrales Erzählen bezeichnet und meint einen auktorialen Erzähler gleichsam in einer Schwundstufe, Stanzel selbst tendierte dazu, sie dem personalen Erzählen zuzuordnen – sie passt nicht recht in seinen Typenkreis.

Wahrnehmen und Darstellen/Erzählen sind nicht identisch: „An einem Herbstmorgen ging Ivan Dmitric, mit hochgeschlagenem Mantelkragen und durch den Schmutz schlurfend, durch Gassen und Hinterhöfe zu einem Kleinbürger, um einen Vollstreckungsbefehl auszuführen. Seine Stimmung war düster, wie immer am Morgen. In einer Gasse kamen ihm zwei Häftlinge in Ketten entgegen, die von vier Soldaten mit Gewehren begleitet wurden. Früher war Ivan Dmitric sehr oft Häftlingen begegnet, und jedes Mal hatten sie in ihm Mitleid und Verlegenheit erweckt, diesmal aber machte diese Begegnung auf ihn einen besonderen, eigentümlichen Eindruck. Es wollte ihm auf einmal scheinen, man könne auch ihn in Ketten legen und auf die gleiche Weise durch den Schmutz ins Gefängnis abführen."[574] In der Linie Stanzels würde man ein personales oder figurales Erzählen feststellen, der Erzähler oder die Erzählinstanz weiß oder nimmt nur wahr, was Dmitric weiß oder wahrnimmt: Das ist der Fokus, zu bestimmen als Mitsicht, hier intern fokalisiert. Auffallend aber ist die erzählerische oder sprachliche Darstellung: Sie ist eher distanziert und kritisch („durch den Schmutz schlurfend"), mit Genette formuliert: Die Stimme ist eine andere.

- A.F.Th. van der Heijden wählt in seinem Roman *Das Gefahrendreieck* (1985) weitgehend einen diegetischen Erzähler, den Protagonisten Albert; Stimme und interne Fokalisierung greifen, so scheint es, ineinander. Alberts Onkel Egbert tauscht seine schwere BMW, die seinen Besuch von weitem schon immer ankündigte, eines Tages – ohne dies mitzuteilen – gegen eine nahezu geräuschlose Solex, um unbemerkt von der Familie seines Neffen eine Geliebte in unmittelbarer Nachbarschaft besuchen zu können. Zufällig begegnet er dabei Albert: „Allmählich ging Albert auf, warum Egbert sich diese fast geräuschlose, in den schmalen Gängen des Labyrinths so wendige Solex angeschafft hatte. Von welcher Seite die BMW auch in die Textielstraat einbog, sie wäre immer zu hören gewesen. Und für die Gassen dahinter war das Ungetüm zu unhandlich. Außerdem wäre es bei Boezaardts nie durch die Pforte gegangen … . Dass eine derartige Umsicht nun gerade Egberts schuldbewusste Liebe zu dem Jungen ausmachte, kam Albert nicht in den Sinn. Er fühlte sich verraten. Der Mann war auf dem Weg zu seiner Maya, seiner ›Maai‹, seiner Leichenmade mit ihrem betörendem mit ihrem betörenden Akkordeon …"[575] Deutlich wird an dieser Stelle inhaltlich, dass Stimme und Fokus differieren, der diegetische mutiert zum nichtdiegetischen Erzähler; und vermutlich ist der letzte Satz auch nicht mehr die Sprache Alberts, eines etwa zehnjährigen Jungen.

Christoph Bode erprobt an zwei Romanen die Brauchbarkeit der Unterscheidung von „wer spricht?", der Stimme, und „wer nimmt wahr?", dem Fokus, an Romanen von Henry James, der in den meisten seiner Romane dem Leser seine erzähltechnischen Entscheidungen ausdrücklich begründet.

- Zunächst *Die Gesandten* (1903): Im Nachwort der deutschen Ausgabe von 1956 reflektiert James, dass die wichtigste „Forderung", vor der ihn dieses Projekt stellte, darin bestand, „nur einen Mittelpunkt zu verwenden und alles innerhalb des Bereiches meines Helden zu halten." Andere Personen sollten zahlreich auftreten, „aber ich würde sie nur durch Strethers mehr oder weniger im Dunkeln tastende Erkenntnis erfassen, da gerade das Ertasten zu seinen interessantesten Bewegungen zählen würde." James erwägt, „ihn gleichzeitig zum Helden und Erzähler" zu machen – und lehnt das entschieden ab: „Es genüge, der Kürze wegen, zu sagen, dass die Form der ersten Person bei einem längeren Werk zur losen Unbestimmtheit verurteilt ist und dass lose Unbestimmtheit nie eigentlich meine Sache war, und nie weniger, als bei diesem besonderen Anlass."[576] Bode geht der Sache weiter nach: Im Vorwort der New Yorker Ausgabe wird James deutlicher: Die diegetische Erzählung hätte dem Protagonisten zu einem Mitteilungsdrang genötigt, der zu seinem Charakter, zu seiner Person nicht passt. Die Konsequenz: James entscheidet sich für eine interne Fokalisierung bei allerdings nichtdiegetischer Erzählung, weil – ein letzter Grund – derart der Wert oder die Bedeutung der Erfahrungen Strethers für ihn selbst unausgedrückt bleiben, „so dass der eigentliche Gegenstand des Erzählens die tastenden Versuche des Helden sind, aus seinen Erfahrungen einen Sinn zu machen. (...) Der Erzähler zeichnet also Interpretationsmöglichkeiten in einem subjektiv limitierten und subjektiv strukturierten Wahrnehmungsfeld nach und profitiert von der Intensität und Frische der Eindrücke der fokalen Figur, ist aber in seiner Artikulation der Deutungsmöglichkeiten nicht an die unsinnige Vorgabe gebunden, die fokale Figur müsse das so für sich fertig formuliert haben. Der ästhetische Mehrwert dieses Verfahrens ist also, dass wir es mit einer Verdoppelung der Interpretationsmöglichkeiten zu tun haben"[577]: Strethers Erfahrungen und Sichtweise der Wirklichkeit, der Fokus – die tastend nachzeichnende Interpretation durch den nichtdiegetischen Erzähler – die Interpretation beider Ebenen durch uns als Leser, wenn wir uns auf die die von James gewählte Erzählstruktur erkennend einlassen.

- Das zweite Beispiel ist *Maisie* (1897), die Geschichte und Entwicklung eines Mädchens zwischen ihrem sechsten und bis dreizehnten Lebensjahr, sie erlebt die Scheidung ihrer Eltern und den darauf folgenden Beziehungskrieg. Der Titel lautet original *What Maisie knew*, und darum geht es: Fokale Figur ist Maisie, alles wird mit ihren Augen gesehen, die die Bedeutung dessen, was sie erlebt, natürlich noch nicht abschätzen kann. Der Roman beginnt folgendermaßen: „Es hatte den Anschein gehabt, als ob der Prozess nie ein Ende nehmen würde, und er war tatsächlich kompliziert gewesen; aber bei der Berufung war das Urteil des für Ehescheidungsfragen zuständigen Gerichts, was die Zuweisung des Kindes anbetraf, bestätigt worden. Dem Vater, der, obgleich von Kopf bis Fuß mit Schande beladen, noch gut weggekommen war, wurde, und damit kostete er die Früchte seines Sieges, es auferlegt, das Kind zu behalten"[578]. Was liegt erzähltechnisch vor? So spricht kein Kind. Henry James sagt in seinem Vorwort: Ich entschloss mich, „alles darzustellen, die gesamte Situation, die sie in ihrer Umwelt vorfindet, aber nur so weit, wie sie sich ihrem unmittelbaren Beteiligtsein und ihrer aufmerksamen Beobachtung zuweilen darbot (...) so dass wir Mit-Augenzeugen (...) uns durchaus in das Ganze eingeweiht fühlen würden. (...) Der Unterschied hier ist nur ganz gering: Ihre Beziehung, ihre geistige Aktivität bestimmt unsere ganze Teilnahme – wir ziehen aus alledem nur mehr Vorteil als sie selbst."[579] James nennt Maisie das „ironische Zentrum"[580] des Romans, ironisch meint die Differenz zwischen ihrem Verständnis der Realität und dieser selbst in ihrer Bedeutung. Wir schauen uns den Schluss des Romans an: „ (...) umgeben von dem ruhigen Meer, hatte Mrs. Wix den Mut zu bemerken: ›Ich habe nicht zurückgeschaut – du etwa?‹ ›Ja, er war nicht dort‹, sagte Maisie. ›Nicht auf dem Balkon?‹ Maisie wartete einen Augenblick lang, dann sagte sie wiederum schlicht: ›Er war nicht dort!‹ Mrs. Wix schwieg gleichfalls eine Weile. ›Er ist zu ihr gegangen‹, sagte sie schließlich. ›Ach, ich weiß!‹ erwiderte das Kind. Mrs. Wix blickte sie von der Seite an. Sie musste sich von neuem darüber wundern, was Maisie wusste."[581] Maisie ist der Fokus, aber in einer nichtdiegetischen Erzählung. Was weiß Maisie? „Das bleibt offen, (...). Denn wenn der Erzähler ihr auch den Fokus gibt, er respektiert jenen Bereich in ihrem Inneren, in dem sie sich einen Reim auf das Wahrgenommene macht. Die Diskrepanz zwischen ihrer Art der Wahrnehmung und unseren Mutmaßungen darüber, was ,wirklich' geschah, ist (...) eine Diskrepanz zwischen (...) unerfahrener Wahrnehmung einerseits und unserer erfahrungsgesättigten ,Verrechnung' dieser naiv verzeichneten Daten andererseits. Gerade weil der Erzähler nicht sagt, was Maisie eigentlich weiß, haben wir Raum, das auszudeuten, zu spekulieren, uns das auszumalen. (...) Und weil das wiederum eine Frage der Pragmatik der Rezeption ist, kann es nicht verwundern, dass hier die Interpretationen unglaublich streuen."

Christoph Bode resümiert: „Nirgends, scheint mir, ist Genettes Ansatz Stanzels so überlegen wie hier, denn die Differenzierung in Stimme und Fokalisierung bestimmt exakt die eigentümlichen Verhältnisse in dieser Art von Erzähltexten."[582] Stanzels System könne Genettes Unterscheidung nicht fassen, es komme bei dem Typus interne Fokalisierung + nichtdiegetischem Erzähler „zu absurden Verzeichnungen"[583].

Wolf Schmid hat aus einem Gedankenexperiment überzeugend ein differenziertes Konzept der Erzählperspektive entwickelt, dem Gedankenexperiment unterschiedlicher Zeugen eines Autounfalls; er entwickelt daraus fünf Parameter: die räumliche Perspektive (buchstäblich der point of view), die ideologische Perspektive (Wissen, Denkweise, Wertungen, geistiger Horizont), die zeitliche Perspektive (die Distanz zwischen Erleben und Darstellung), die sprachliche

Perspektive, die perzeptive Perspektive (das Prisma [einer Figur], durch das das Geschehen wahrgenommen wird; wenn ich recht sehe, ist dies Genettes Konzept der Fokalisierung). Orientiert an der Relevanz dieser Parameter für das fiktionale Erzählen, „ergibt sich folgende Reihung: (1) Perzeption, (2) Ideologie, (3) Raum, (4) Zeit, (5) Sprache."[584] Dieses Konzept erlaubt die genaue Erfassung der Parameter: Die Perspektive ist kompakt, wenn alle Parameter identisch entweder auf Seiten des Erzählers (= narrational) oder der Figur (= figural) bestimmt sind; sie ist distributiv, wenn die Entscheidungen unterschiedlich ausfallen. Ich zitiere zwei von Schmids Beispielen:

- Im ersten Beispiel geht es um die zeitliche Perspektive: Kennzeichnend sind für das Jetzt der Figur deiktische Zeitadverbien wie „jetzt", „heute", „gestern"; für den zeitlichen Stand des Erzählaktes, narrational also, sind anaphorische Adverbien üblich, also Wendungen wie „in diesem Moment", „am vorausgegangenen Tag", Wendungen, „die sich auf einen im Text bereits fixierten Zeitpunkt beziehen und nicht die Definition des Jetzt einer Figur voraussetzen." In Dostojewskis Erzählung *Die Sanfte* (1876) findet sich folgende Passage: „Das war gestern Abend, und am nächsten Morgen ... . Am nächsten Morgen?! Wahnsinniger, dieser nächste Morgen war ja heute, noch vor kurzem, gerade vorhin! Hören Sie und versuchen Sie zu verstehen". Was liegt vor? Schmids Klärung zeigt wieder einmal, wie wichtig diese formal analytischen Aspekte für das Verständnis des Textes sind: „Anfangs berichtet der diegetische Sprecher aus narrationaler Perspektive, d.h. vom zeitlichen Standpunkt des Erzählakts (das deiktische ›gestern Abend‹ bezieht sich auf das Jetzt des Erzählens). Innerhalb desselben Satzes zum Bericht über den folgenden Tag übergehend, versetzt sich der Sprecher in die zeitliche Perspektive des erzählten Ich, benutzt aber nicht eine deiktische, sondern eine anaphorische Angabe: ›am nächsten Morgen‹. Warum nimmt der Sprecher diesen Perspektivwechsel vor? Warum sieht er sein Heute als den nächsten Morgen des erzählten Ich? Er scheut offensichtlich die Besinnung auf die entsetzliche Gegenwart, in der die Ehefrau aufgebahrt auf dem Tisch liegt, und zieht es vor, in der Vergangenheit vor der Katastrophe zu verweilen. Die Einnahme der figuralen Position soll eine Einsicht verdrängen, die unausweichlich wird, wenn die Vergangenheit in die Gegenwart mündet, das erzählte mit dem erzählenden Ich verschmilzt. Die Identität des erzählten Moments (›am nächsten Morgen‹) mit dem Moment des Erzählens begreifend und seine Gegenwartsvergessenheit verurteilend (›Wahnsinniger‹), kommt der Sprecher jedoch noch nicht zum Schuldbekenntnis, sondern sucht den Hörer, den imaginären Richter, in seine Apologie hineinzuziehen (›Hören Sie und versuchen Sie zu verstehen‹)."[585]

- Im zweiten Beispiel geht es um die sprachliche Perspektive: Wolf Schmid greift eine Stelle aus Dostojewskis Novelle *Der Doppelgänger* (1846) heraus: „Wenden wir uns lieber Herrn Goljadkin zu, dem einzigen und wahren Helden unserer durchaus wahrheitsgetreuen Erzählung. Die Sache ist die, dass er sich jetzt in einer sehr seltsamen Lage, um nicht mehr zu sagen, befindet. Er ist, meine Herrschaften, auch hier, das heißt: nicht direkt auf dem Ball, aber doch so gut wie auf dem Ball; er ist, meine Herrschaften, ganz in Ordnung; er befindet sich, wenngleich er ein Mensch für sich ist, in dieser Minute auf einem nicht ganz geraden Weg; er steht jetzt – es ist sogar seltsam, das zu sagen –, er steht jetzt im Flur, auf der Hintertreppe zur Wohnung Olsufij Ivanovics. Das macht nichts, dass er hier steht; er ist ein Mensch für sich. Er steht, meine Herrschaften, in einem Winkel, hat sich an einem Plätzchen verkrochen, das zwar nicht wärmer ist, dafür aber dunkler, steht, teilweise verdeckt durch einen riesigen Schrank und alte Wandschirme, zwischen allerlei Gerumpel, Plunder und Kram, verbirgt sich vorläufig und beobachtet vorerst den Verlauf des Ganzen in der Eigenschaft eines außenstehenden Zuschauers. Er beobachtet, meine Herrschaften, jetzt nur; er kann, meine Herrschaften, auch eintreten ... warum auch nicht? Er braucht nur einen Schritt zu tun, und er tritt ein, tritt höchst geschickt ein." Was liegt vor? Der Erzähler übernimmt die sprachliche Perspektive seines Helden „auch dort, wo die perzeptive Perspektive gar nicht die der Figur ist (...). Der Erzähler reproduziert dann die Sprache seines Helden, nicht nur in der Lexik, in den feierlichen, pathetischen, manchmal archaischen Benennungen, sondern auch in der Syntax, die einerseits durchsetzt ist mit kanzleisprachlichen Wendungen, geschraubten Phrasen und pseudopoetischen Figuren, andererseits aber Sprachnot zeigt, die stereotype Wiederholung von Ausdrücken und einen umgangssprachlich-defekten Satzbau, der sich in seinen Ellipsen und Aposiopesen[586] der Aphasie, also einer Sprachstörung, nähert."[587]

Mikroskopisch genau – wir berühren damit schon das nächste Kriterium – schaut auch James Wood auf den Roman und unterscheidet drei Sprachen, es sind dies „die persönliche Sprache des Autors, sein Stil, seine Wahrnehmungsweise etc., dann die unterstellte Sprache der Figur, ihr Stil und ihre Wahrnehmungsweise und schließlich das, was man die Sprache der Welt nennen könnte – die Sprache, die ein Roman zur Verfügung hat, bevor er seinen literarischen Stil daran ausbildet, die Sprache alltäglicher Rede, der Zeitungen, der Büro- und Geschäftswelt, der Werbung, der Blogs oder SMS": Vor allem in der Gegenwartsliteratur sei diese „Welt in unser persönliches Denken und Fühlen, in unsere innerste Subjektivität eingedrungen"[588], ein Autor kann sie aufgreifen, darstellend aufnehmen, ironisch überzeichnen ... . Wood lenkt den Blick vor allem auf die Möglichkeiten der erlebten Rede und exemplarische Schwächen im Umgang mit ihr[589]. Die erlebte Rede ist einmal ein Kriterium sprachlicher Plausibilität in der Identifikation der Figurensprache, zum Zweiten und zugleich ein Mittel der liebevollen oder spöttischen Ironie des Autors[590] und schließlich eine Möglichkeit der Distanzierung oder der stilisierenden Überlagerung durch die Spannung zwischen Autor- und Figurensprache[591]. In der Tat, es ist nicht genau zu entscheiden, ob ein isolierter Satz im Modus der erlebten Rede „Bewusstseinsinhalt einer Figur oder kommentierender Beitrag des Erzählers ist." Beide – sich ausschließenden – Zuordnungen sind häufig möglich, kontextorientiert entscheidet man sich für die eine oder andere Option. „Erlebte Rede ist damit en miniature ein Modell des Lesens mehrdeutiger, literarischer Texte, weil immer die Spur der nicht-präferierten Möglichkeiten erhalten bleibt."[592]

Schon 1929 hat der russische Literaturtheoretiker Michael M. Bachtin auf die Zweistimmigkeit vor allem der erlebten Rede aufmerksam gemacht: Der Erzähler ist der Sprecher, zugleich scheinen die Gedanken der jeweiligen Figur unmittelbar formuliert: zwei Aussagen, Redeweisen, Sinn- und Wertungshorizonte. Wolf Schmid spricht von Textinterferenz zwischen Figurentext (FT) und Erzählertext (ET). Die direkte Rede ist reiner Figurentext; die Verwendung der dritten Person, Tempus, Modus und Syntax in der indirekten Rede verweisen auf den Erzählertext; nur mehr die Person und das Tempus weisen in der erlebten Rede auf den Erzählertext.[593] Sie ist die komplexeste Form der Textinterferenz: „ein Segment der Erzählerrede, das Worte, Gedanken, Gefühle, Wahrnehmungen (...) einer der erzählten Figuren wiedergibt, wobei die Wiedergabe des FT weder grafisch noch durch irgendwelche explizite Hinweise" (verba dicendi u.ä.) „markiert ist."[594] Ich zitiere noch einmal den Ausschnitt aus Angelika Klüssendorfs *Das Mädchen* (2011), die namenlose Protagonistin ist zwölf Jahre alt: „Sie hat sich schon lange in der Bücherei angemeldet; atemlos verschlingt sie *Der Graf von Monte Christo*. (...) Sie schwört Rache für ihren Helden Edmond Dantès, der so schmählich um Liebe und Jugend betrogen wurde. (...) Aber noch kann sie ihre Bereitschaft zur Liebe nicht unter Beweis stellen. Kein Junge beachtet sie, und in der Klasse gibt es nur einen, der ihr gefällt."[595] Es liegt vor eine erlebte Rede – im Präsens, dem Tempus des inneren Monologs, sprachlich dominiert der Erzählertext, eindeutig gegeben spätestens im vorletzten Satz des Auszugs.

Abhängig von der Syntax und Wortwahl, lässt sich eine figural und eine narrational akzentuierte Variante der erlebten Rede unterscheiden; lässt sich keine eindeutige Zuordnung treffen, ist die Opposition zwischen den Varianten neutralisiert. „Jemand musste Josef K. verleumdet haben, denn ohne dass er etwas Böses getan hatte, wurde er eines Morgens verhaftet." Kafka spielt hier meisterhaft mit den Möglichkeiten der erlebten Rede: Der erste Satz ist figurativ, es ist die Vermutung Josef K.s, der Schlusssatz ist narrational: Josef K. kann zu diesem Zeitpunkt noch nicht wissen, dass er verhaftet wurde. Es ist dies kein Bruch der Erzählperspektive, der narrationale Satz ermöglicht es dem Leser, die Situation als Verhaftung zu identifizieren, ihren Ablauf und das Verhalten K.s zu beobachten; wir wissen, was K. noch nicht realisiert hat.

Was ist die Funktion der Textinterferenz, zumal in der erlebten Rede? Schmid spricht akzentuierend von hybriden Formen, „bei denen Unklarheit über die verantwortliche Instanz besteht"[596], von „Uneindeutigkeit und Bitextualität"[597]; sie ermöglichen Empathie und Distanzierung gleichermaßen, ein Beispiel für Bitextualität aus Dostojewskis Erzählung *Eine dumme Geschichte* (1862): „Also damals, an einem klaren, frostigen Winterabend – übrigens ging es schon auf zwölf – saßen in einem behaglich, ja sogar reich ausgestatteten Wohnraum eines schönen zweistöckigen Hauses auf der Petersburger Seite drei überaus ehrenwerte Herren beisammen in ernstem und bedeutsamem Gespräch über ein ungemein interessantes Thema. Alle drei Herren hatten es schon bis zur Exzellenz gebracht. Sie saßen um einen runden Tisch in schönen Polstersesseln und schlürften während des Gesprächs dann und wann gemächlich und genüsslich ihren Champagner."[598] Vor allem in den Attributen wird die Textinterferenz deutlich zwischen Selbstverständnis der Protagonisten einerseits und dem ironischen, vielleicht noch liebevollen Spott des Erzählers. Wolf Schmid resümiert, bezogen auf die erlebte Rede: „Der Leser hat nicht nur die Aufgabe, aus der Erzählerrede den latenten FT herauszuhören, er ist auch aufgerufen, zu entscheiden, welchen Wertungsstandpunkt der Erzähler gegenüber dem Inhalt und dem Ausdruck des FT einnimmt."[599]

Eine gewisse Uneindeutigkeit kann auch dem inneren Monolog eignen: Am isolierten Satz ist nicht erkennbar, ob es sich um eine personale oder Ich-Erzählsituation handelt. In der ersten Person und im Präsens werden „deren

Bewusstseinsabläufe wiedergegeben: ungeordnet, chaotisch, assoziativ, mit Brüchen und (...) ‚falschem‘ oder ungehörigem Sprachgebrauch"[600] – und daran möglicherweise auch schon identifizierbar: Ein Ich-Erzähler würde sich – seinen Möglichkeiten entsprechend – um ein korrektes Schriftdeutsch bemühen. Das zweite Kriterium ist noch klarer: Im inneren Monolog, dem stream of consciousness, wird nicht erzählt, wir „belauschen"[601] ihn nur. Das gilt aber nicht immer: „Nicht selten stoßen wir auf eine ›entpersönlichte‹ Variante des direkten inneren Monologs, in der die Gedanken und Reflexionen der Figur syntaktisch narrational überarbeitet sind."[602] In Tolstois *Krieg und Frieden* (1869) z.B. ist das weitgehend der Fall. Und weiter: Der innere Monolog „kann auch in der Schablone der erlebten Rede wiedergegeben sein. Dann haben wir es mit einem erlebten inneren Monolog zu tun." Ein Beispiel aus Dostojewskis Roman/Novelle *Der Doppelgänger* (1846), einer der inneren Monologe Goljadkins: „Er hatte wirklich allen Grund, so die Fassung zu verlieren. Dieser Unbekannte war ihm jetzt tatsächlich bekannt erschienen. Aber das allein hätte noch nicht viel besagt. Aber er hatte ihn jetzt vollkommen erkannt, diesen Menschen! Er hatte ihn schon gesehen, ja, hatte ihn irgend einmal gesehen, sogar vor ganz kurzer Zeit. Aber wo? – Und wann? War es nicht erst vor einem Tag gewesen?"[603]

Angemessene Sprache

Wem angemessen? Dem Stoff, dem Thema, dem Inhalt, der gewählten Erzählperspektive, den Figuren ... . Machen wir uns vorab bewusst, die Sprache ist –
auch im Roman – in der Regel das Resultat konzentriertester Erarbeitung und
mehrfacher Überarbeitung; ich gebe ein Beispiel: Arno Schmidt schreibt über
Wieland: „Die meisten seiner Werke schrieb er mehrmals ganz ab und um –
mit der Hand; vergessen Sie das nie! So allein den *Oberon*: viermal! Von dem
gleichen Stück bekennt er einmal: ›Ich habe drittehalb Tage über einer einzigen
Stelle zugebracht, wo im Grunde die Sache auf einem einzigen Worte, das ich
brauchte und nicht finden konnte, beruhte. Ich drehte und wandte das Ding
und mein Gehirn nach allen Seiten, weil ich natürlicherweise gern die nämlich
bestimmte Vision, welche vor meiner Stirn schwebte, auch vor die Stirn meiner
Leser bringen möchte, und dazu oft von einem einzigen Zuge oder Reflex Alles
abhängt.‹ Der alte Goethe wusste sehr wohl, warum er schrieb: ›Es ist nicht zu
viel gesagt, wenn wir behaupten, dass ein verständiger fleißiger Literator allein
aus den stufenweisen Correcturen dieses unermüdet zum Besten arbeitenden
Schriftstellers die ganze Lehre des Geschmacks würde entwickeln können.‹"[604]
Intensiver noch in der Überarbeitung war Isaac Babel, Paul Nizon zitiert ihn,
der berichtet, dass er – in mühsamer, qualvoller Arbeit – der Überarbeitung der
Erstfassung einer Erzählung bis zu 22 Varianten erstellt, bis der Text steht: „Und
schließlich zeigt sich dann, dass zwischen der ersten und der letzten Variante ein
ebensolcher Unterschied besteht wie zwischen einem schmutzigen Stück Pack-
papier und Botticellis Primavera." Nizon kommentiert: „Babel ist Stilist."[605]
Rainer Schmitz hat eine Reihe von Belegen für die Sorgfalt sprachlicher Arbeit
zusammengestellt, exemplarisch: „Bis zu zehn Versionen eines einzigen Satzes
legte sich Joseph Conrad zurecht, ehe er sich für den gelungensten entschied."[606]
Es gilt dies wohl immer für den anspruchsvollen Autor: Italo Calvino schreibt:
„Genau wie für den Verse schreibenden Dichter liegt auch für den Prosaschrift-
steller das Gelingen im geglückten verbalen Ausdruck, der sich manchmal durch
jähe Inspiration ergeben mag, in der Regel aber eine geduldige Suche nach dem
mot juste erfordert, nach dem Satz, in dem kein Wort ersetzbar ist, nach der
Zusammenstellung von Lauten und Begriffen, aus der sich die größte Wirk-
kraft und Bedeutungsdichte ergibt. Ich bin überzeugt, dass Prosaschreiben nicht
anders sein sollte als das Schreiben von Lyrik: In beiden Fällen handelt es sich
um die Suche nach einem notwendigen, einzigartigen, dichten, knappen und
einprägsamen Ausdruck." Im Grunde ein ungeheurer Anspruch! Und Calvino

fährt auch fort: „Es ist schwer, eine Anspannung dieser Art in sehr langen Werken durchzuhalten"[607].

Ich hatte von angemessener Sprache gesprochen, Mario Vargas Llosa wählt zunächst einen anderen Begriff, den der Wirksamkeit. Sie hänge ab „von zwei Merkmalen: ihrer inneren Stimmigkeit und einer Art Notwendigkeit." Innere Stimmigkeit, dies meint Kohärenz: „Ein Beispiel ist der Monolog der Molly Bloom am Ende des *Ulysses* von Joyce: ein chaotischer Sturzbach aus Erinnerungen, Empfindungen, Gedanken, Emotionen, dessen Zauberkraft in der Prosa liegt. Die Rede wirkt zusammenhanglos und holperig, zeigt aber unter ihrem linkischen und anarchistischen Äußeren eine strenge Kohärenz, eine strukturelle Gestaltung, die einem System von Regeln und Normen gehorcht, von dem sie nicht abweicht (...) [,] eine literarische Erfindung, die so überzeugend ist, dass wir glauben, den unruhigen Geist der Molly vor uns zu haben"[608]. Schwieriger zu beschreiben sei „der Charakter der inneren Notwendigkeit, der unabdingbar ist, damit die Sprache eines Romans überzeugend klingt". Vargas Llosa macht mehrere Versuche: „Am besten erklärt er sich vielleicht durch sein Gegenteil: durch den Stil, der versagt, weil er den Leser auf Distanz und im klaren Bewusstsein hält, dass er etwas ihm Fremdes liest, statt die Geschichte zu erleben und sie mit ihren Figuren zu teilen." Ein zweiter Ansatz: Der Stil unterschiedlicher Autoren in guten Romanen „überzeugt uns, weil die Sprache, die Personen und Dinge eine Einheit bilden, die zu trennen uns niemals in den Sinn käme. Diese perfekte Integration von ›Inhalt‹ und ›Form‹ meine ich, wenn ich von der inneren Notwendigkeit der kreativen Sprache rede."[609]

Das Resultat, die Sprache in erzählenden Texten, im Roman, ist in aller Bandbreite unterschiedlich denkbar; ich zitiere für diese Bandbreite Hans-Dieter Gelferts Beispiel für sechs unterschiedliche Sprachregister[610]:

- „Gespreizt: Er hat die ewige Ruhe gefunden.
- Gewählt: ... ist heimgegangen.
- Förmlich: ... ist verschieden/verstorben.
- Neutral: ... ist gestorben.
- Salopp: ... hat den Löffel abgegeben.
- Vulgär: ... ist abgekratzt."[611]

Die Sprache darf, um eine andere Unterscheidung zu nennen, überborden oder auch lakonisch, knapp sein, nicht aber sollte sie – ein Versuch, etwas konkreter zu werden – **rhythmisch** verarmen, reizvoller ist das **Wechselspiel**: „Gerade

in Rhythmusbelangen (...) ist das Wechselspiel viel reizvoller: langzügige Satzperioden, die etliche Nebensatzkurven und -schleifen nehmen und unentwegt
allerlei reflektorisches Gepäck aufladen, dabei alle Zeitformen durchlaufen und
sich vom Konjunktiv zu möglichen Schwindelbetrachtungen verleiten lassen –
solche Perioden mit Hilfe kurzer Stoppelemente, die wie hineingehauen wirken,
ins Widersetzliche oder Paradoxale zu bürsten, das fesselt die Aufmerksamkeit
ungleich mehr als ein unentwegt mäandernder Satzfluss oder umgekehrt, ein
von Stoppzeichen zu Stoppzeichen stolpernder Satzbau."[612] Sten Nadolny spricht
davon, „dass Rhythmen, Plötzlichkeit und Dauer, Ritardando und Accelerando
sich abwechseln müssen"[613]. Ähnlich Paul Nizon, er spricht von einer „musika-
lischen Sprachgebung" und meint eine Sprache, die „mit Worttreppen, Wortkaskaden und dann wieder Pausen arbeiten kann, mit Ober- und Untertönen,
melodischer Linienführung, Haupt- und Nebenmotiven, Verschlingung und
Auflösung, Untermalung und Ausschweifung, mit Tempiwechsel, Orches-
trierung – wie in der Musik."[614]

Das gilt sicher nicht absolut, relativiert und bedingt durch die Erzählperspektive und die Wahl der Figuren oder Akteure: Agota Kristofs konsequent lakonisch knappe und verarmte Sprache im ersten Teil ihrer Trilogie, die Sprache der
Zwillinge Claus und Lucas in *Das große Heft* (1986), die Sprache erst entdecken
und entwickeln müssen, einerseits und Thomas Bernhards *Auslöschung. Ein Zerfall* (1986) mit den endlosen Tiraden seines Protagonisten Franz-Josef Murau
andererseits stehen z.B. überzeugend dagegen. Was das „Wechselspiel" angeht,
nicht allein rhythmisch, ausgeweitet vielmehr, auch stilistisch verstanden, Joyce
ist hier wohl kaum mehr zu übertreffen: „Der Mensch als Fluss seiner Sprache,
das Subjekt montiert aus Redeweisen und jenen Sorten von Text, jenen Worten und Sätzen, die zu gegebener Zeit in einem Kopf herumrauschen und sein
konkretes Dasein veranschaulichen" – und noch mehr: „eine Reise durch die
sprachlichen Strukturen der Gegenwart des 16. Juni 1904: Bibliothek und Glosse, Privatkram und hohe Politik, ärztliche Diagnose und vulgäres Gelaber im
Wechsel der Stimmungen, die einen befallen, und der Orte, an die man während
eines Tages, dieses Tages, gerät."[615]

„Musikalische Sprachgebung". Von Flaubert ist bekannt, dass er seine Sätze
laut vorsprach, orientiert an klanglichen Beziehungen (es ist daher im Grunde
nicht möglich, ihn adäquat ins Deutsche zu übersetzen). Ähnlich betont – ebenfalls Franzose – Julien Gracq, dass es für einen Schriftsteller wichtig sei, neben
der pragmatisch semantischen Beziehung zur Sprache einen zweiten Bezug zu
entwickeln, einen „Tastsinn für das Wort, seine Obertöne und seine verborge-

nen Korrespondenzen," um „Resonanzen unter den Wörtern zu erzeugen." Und noch weiter: Neben dem „klanglichen Aspekt" habe das Wort für den Schriftsteller „auch einen visuellen, typografischen Aspekt. Die Grund- und Abstriche dieses oder jenes Buchstabens bilden ein Gleichgewicht und lassen sich vom Wort nicht trennen. Das Wort ist auch ein Bild."[616] Zurück noch einmal zu Flaubert, in seinen Briefen, zumal an seine Geliebte Louise Colet finden sich genaue Reflexionen seiner schriftstellerischen Tätigkeit, und dies über Jahre: Alles müsse sich „aus der Konzeption ergeben" und „noch das kleinste Komma" hänge ab „vom allgemeinen Plan"[617]; und an George Sand schreibt er am 10. März 1876 „Wenn ich in einem meiner Sätze eine schlechte Assonanz oder eine Wiederholung finde, bin ich sicher, dass ich im Falschen herumplansche."[618] Das kleinste Komma, es ist dies keine Phrase, Flaubert war extrem genau[619]. Ich komme auf Flauberts Arbeitsweise und Selbstverständnis noch einmal zurück.

Ich nehme den Begriff des Wechselspiels auf, jetzt nicht mehr in Blick auf den sprachlichen Rhythmus, sondern auf die Stilebene, die Tonlage oder die Diktion (der Sprachgebrauch differiert): James Wood führt den musiktheoretischen Begriff des „**Registers**" ein: „Beim Schreiben bedeutet ein ›Register‹ lediglich eine Diktion, also eine bestimmte, besondere Art, etwas zu sagen – so sprechen wir von ›hohen‹ und ›tieferen‹ Registern (etwa die hohe Tonlage ›father‹, die tiefere ›dad‹), von hochsprachlicher und mundartlicher, pseudoheroischer oder klischeehafter Diktion und so weiter."[620] Die Stilebene oder das Register bezeichnet bei Hans-Dieter Gelfert vornehmlich eine Differenzierung „nach sozialer Akzeptanz, Stilart differenziert nach ästhetischer Intention", Gelfert gibt zwei Beispiele:

- „Stahlblau und leicht, bewegt von einem leisen, kaum merklichen Gegenwind, waren die Wellen des Adriatischen Meeres dem kaiserlichen Geschwader entgegengeströmt, als dieses, die mählich anrückenden Flachhügel der kalabrischen Küste zur Linken, dem Hafen Brundisium zusteuerte, und jetzt, da die sonnige, dennoch so todesahnende Einsamkeit der See sich ins friedvoll Freudige menschlicher Tätigkeit wandelte, da die Fluren, sanft überglänzt von der Nähe menschlichen Seins und Hausens, sich mit vielerlei Schiffen bevölkerten, mit solchen, die gleicherweise dem Hafen zustrebten, mit solchen, die aus ihm ausgelaufen waren, jetzt, da die braunseligen Fischerboote bereits überall die kleinen Schutzmolen all der vielen Dörfer und Ansiedlungen längs der weißgespülten Ufer verließen, um zum abendlichen Fang auszuziehen, da war das Wasser beinahe spiegelglatt geworden; perlmuttern war darüber die

187

Muschel des Himmels geöffnet, es wurde Abend, und man roch das Holz-
feuer der Herdstätten, sooft die Töne des Lebens, ein Hämmern oder ein
Ruf von dort hergeweht und herangetragen wurden."[621] Es ist dies der
erste Abschnitt von Hermann Brochs *Der Tod des Vergil* (1945). Gelfert
kommentiert kritisch: „Das ist der ambitionierte, bewusst nach höchstem
Niveau strebende Stil, der von deutschen Kritikern und Bildungsbürgern
bis zur Mitte des vorigen Jahrhunderts als Qualitätsmerkmal angesehen
wurde. Doch in einer demokratischen Massenkultur hat er etwas Anachronistisches. Nur wenn er wie bei Thomas Mann mit Ironie gewürzt
ist, verliert er den Charakter des stilistischen Schauturnens."[622] – Ich teile
diese Kritik nicht: Ihre Begründung lehne ich ab[623].

- „Zuerst ging ein großes, gelbes, tragisches Gesicht an ihnen vorbei, das
war der General. Der General sah müde aus. Hastig trug er seinen Kopf
mit den bläulichen Tränensäcken, den gelben Malariaaugen und dem
schlaffen, dünnlippigen Mund eines Mannes, der Pech hat, an den tausend Männern vorbei. Er fing an der rechten Ecke des staubigen Karrees
an, blickte jedem traurig ins Gesicht, nahm die Kurven schlapp, ohne
Schwung und Zackigkeit, und sie sahen es alle: Auf der Brust hatte er
Orden genug, es blitzte von Silber und Gold, aber sein Hals war leer,
ohne Orden. Und obwohl sie wussten, dass das Kreuz am Halse eines
Generals nicht viel bedeutete, so lähmte es sie doch, dass er nicht einmal das hatte. Dieser magere, gelbe Generalshals ohne Schmuck ließ an
verlorene Schlachten denken, misslungene Rückzüge, an Rüffel, peinliche, bissige Rüffel, wie sie hohe Offiziere untereinander austauschten, an
ironische Telefongespräche, versetzte Stabschefs und einen alten. Müden
Mann, der hoffnungslos aussah, wenn er abends den Rock auszog und
sich mit seinen dünnen Beinen, dem ausgemergelten Malariakörper auf
den Rand seines Bettes setzte, um Schnaps zu trinken."[624] In der Tat,
der Anfang von Heinrich Bölls Roman *Wo warst du, Adam?* (1951) lässt
eine andere Stilart, einen anderen Ton erklingen, lakonisch-nüchtern,
wie Hans-Dieter Gelfert meint, wohl zwar in der Aussage, nicht aber in
der Stilart: Nicht Hemingway, eher der Expressionismus steht hier im
Hintergrund.

Stilebene, Stilart und Stilhaltung lassen sich unterscheiden: In letzterer geht es
um „den Grad der inneren Anteilnahme"[625]. Ich gebe wieder zwei Beispiele,
Romananfänge ebenfalls:

- „Der liebe Vaterlandsboden gibt mir wieder Freude und Leid. Ich bin jetzt alle Morgen auf den Höhn des Korinthischen Isthmus, und, wie die Biene unter Blumen, fliegt meine Seele oft hin und her zwischen den Meeren, die zur Rechten und zur Linken meinen glühenden Bergen die Füße kühlen. Besonders der eine der beiden Meerbusen hätte mich freuen sollen, wär ich ein Jahrtausend früher hier gestanden. Wie ein siegender Halbgott wallte da zwischen der herrlichen Wildnis des Helikon und Parnass, wo das Morgenrot um hundert überschneite Gipfel spielt, und zwischen der paradiesischen Ebene von Sicyon der glänzende Meerbusen herein, gegen die Stadt der Freude, das jugendliche Korinth, und schüttete den erbeuteten Reichtum aller Zonen vor seiner Lieblingin aus. Aber was soll mir das? Das Geschrei des Schakals, der unter den Steinhaufen des Altertums sein wildes Grablied singt, schreckt ja aus meinen Träumen mich auf. Wohl dem Manne, dem ein blühend Vaterland das Herz erfreut und stärkt! Mir ist, als würd ich in den Sumpf geworfen, als schlüge man den Sargdeckel über mir zu, wenn einer an das meinige mich mahnt, und wenn mich einer einen Griechen nennt, so wird mir immer, als schnür' er mit dem Halsband eines Hundes mir die Kehle zu."[626] Hölderlins *Hyperion* (1797) befremdet heute wohl eher durch seine emphatisch-pathetische Schreibweise, Stichwort historischer Abstand oder Historizität auch der Romanliteratur.

- „Indem ich die Feder ergreife, um in völliger Muße und Zurückgezogenheit – gesund übrigens, wenn auch müde, sehr müde (sodass ich wohl nur in kleinen Etappen und unter häufigem Ausruhen werde vorwärtsschreiten können), indem ich mich also anschicke, meine Geständnisse in der sauberen und gefälligen Handschrift, die mir eigen ist, dem geduldigen Papier anzuvertrauen, beschleicht mich das flüchtige Bedenken, ob ich diesem geistigen Unternehmen nach Vorbildung und Schule denn auch gewachsen bin. Allein, da alles, was ich mitzuteilen habe, sich aus meinen eigensten und unmittelbarsten Erfahrungen, Irrtümern und Leidenschaften zusammensetzt und ich also meinen Stoff vollkommen beherrsche, so könnte jener Zweifel höchstens den mir zu Gebote stehenden Takt und Anstand des Ausdrucks betreffen, und in diesen Dingen geben regelmäßige und wohlbeendete Studien nach meiner Meinung weit weniger den Ausschlag als natürliche Begabung und eine gute Kinderstube. An dieser hat es mir nicht gefehlt, denn ich stamme aus feinbürgerlichem, wenn auch liederlichem Hause;"[627] Auf den ersten Blick eine ähnlich pathetisch überzogene Stilhaltung, geprägt durch das Bemühen um Anspruch und rhetorische Figuren; sehr bald aber wird dem Leser die Distanz des Autors, das Spannungsverhältnis zwischen Autor und Ich-Erzähler deutlich, die kräftige, wenn auch liebevolle Ironie, die einen großen Teil des Lesevergnügens ausmacht.

In der Prosa des 18. Jahrhunderts wurden gelegentlich auf engem Raum höchst kunstvoll verschiedene Stilarten und -haltungen gemischt: Neben Lawrence Sterne und Jean Paul wäre z.B. auch Jane Austen zu nennen, Ironie und komische Effekte sind die leitende Intention.

„Der Tag wogt gelb mit all seinen Ähren." Ein weiterer Aspekt zur Sprache: die **Bildlichkeit** und **Metaphorik**. Das Zitat stammt aus Virginia Woolfs *Wellen* (1931); Wood interpretiert diesen Satz und zieht das Fazit: „Acht einfache Wörter evozieren Farbe, Hochsommer, die Lethargie der Hitze, Reife."[628] Ein Beispiel aus Shakespeares *Macbeth* (1606): Macbeth bittet den Arzt der Lady: Kannst du nicht „die Qualen löschen, die ins Hirn geschrieben?" Ein gewaltiges Bild[629]. Jeder Vergleich, jede Metapher „bedeutet eine kleine fiktionale Explosion innerhalb der größeren Fiktion des Romans", setzt „eine konkurrierende Wirklichkeit" frei[630]. Vier unterschiedliche Beispiele:

- „Als Parzival den roten Ritter erschlug, nur weil er dessen Rüstung tragen wollte, war der König traurig, und die Hofdamen weinten; aber man konnte Parzival so wenig einen Vorwurf machen wie dem Kätzchen, das stolz sein erstes Rotkehlchen mordet. Die Tat ist alles: rote Federn, rotes Blut, graues Gedärm und Gestank. Grausam? Ja. Nutzlos? Ganz und gar nicht. So übt man sich. Als ein gewisser Schlafwandler sich der Braunhemden entledigte, hatte er natürlich seine Gründe! Und doch ratterte sein Herz wie ein Maschinengewehr, weil es ihm noch so neu war. Er stand noch am Anfang; er war noch kätzchenhaft. Das Telefon läutete. Wir haben Röhm in Gewahrsam, sagte es. Sprechen Sie weiter. Jawohl, mein Führer. Wir haben ihn im Bett erwischt. Mit einem Mann. Sie gaben einander Abschiedsküsse. Das Kätzchen musste nicht erst nachdenken; Parzival sah die rote Rüstung und wusste sofort, was ihn glücklich machen würde, der Schlafwandler aber zögerte. Röhm war sein Freund gewesen. Röhm hatte ihm geholfen ... Nun, diesmal würden keine Hofdamen weinen. Er stieg auf das rote Pferd; er stülpte sich die rote Rüstung über, so rot, dass man rot sah, wenn man sie erblickte."[631] Thema ist Hitlers Befehl der Verhaftung und Erschießung Ernst Röhms am 01.07.1934, vorab verglichen mit einem natürlichen und einem mythischen Ereignis aus der Hochliteratur des Mittelalters: Der Rahmen wird weit gestellt und scharf kontrastiert, vormoralisches Verhalten und Handeln einerseits, amoralisches Handeln andererseits, das am Beginn einer Kette von Entscheidungen steht, die ganz Europa in Blut versinken lassen; das rote Blut des Rotkehlchens, des roten Ritters und seiner Kriegsrüstung verschmelzen darin – und zugleich zitiert der Schluss dieses Abschnitts Wolframs von Eschenbach *Parzival und Titurel*: „All seine Rüstung war so roth, / Daß sie den Augen Röthe bot." Die Welt in Blut getaucht hat ein blutbesudelter Schlächter, nicht ein Träumer, sondern ein „Schlafwandler", dessen Zerrbild von Wirklichkeit diese zum Albtraum macht.

- Der Großvater des Protagonisten in Pierre Michons Novelle *Die Elf* (2009) war ein durch die Kanalbauten unter Colbert reich gewordener Unternehmer und Ingenieur; von ihm heißt es: „Im Alter von sechzig Jahren hielt er inne mit seinen Säcken voller Ecus unter diesem französischen Himmel und heiratete ein Mädchen aus altem Adel mit geringem Vermögen, das Juliette hieß. Aus ihrer Verbindung ging um 1710 Suzanne hervor, die Mutter des Malers – geboren also gleichsam aus den Scharen von Limousins [= Lohnarbeiter aus der Region Limousin], braungebrannten schwarzen missgestalteten Kreaturen, von den Leitern gefallen, im Schlamm ertrunken, einander am Tag des Herrn stockbesoffen die Kehle durchschneidend, die aber für eine dritte Person aus all diesem Schlamm wie durch Zauberei Gold gemacht hatten – und geboren auch aus dem großen, unumschränkten, magischen Appetit, der auf diesen Körpern aus Schlamm die großen schnurgeraden Deiche, die makellosen Schleusen errichtet hatte; gleichsam geboren, Monsieur, sowohl aus dem Bild des ruhigen Himmels über den ruhigen Wassern des Kanals, dem einzigen Bild des einzigen Himmels, als auch aus den vielen darunter begrabenen und in alle Ewigkeit unbesänftigten Körpern, grimassierend, in alle Ewigkeit mit ihrem Messer in der Hand und der örtlichen Beleidigung auf den Lippen, am Tag des Herrn; und geboren schließlich von einer schönen, aber farblosen, fröstelnden Tochter alten Provinzadels, die kein anderes Schicksal kannte, als auf die Lust und den Samen eines Greises ohne Glauben und Moral zu warten und Lust und Samen dann zu empfangen, eines Greises, genauer, dessen einziger Glaube und einzige Moral darin bestanden hatten, diesen Samen mit überaus heftiger Lust in einen blaublütigen weißen Leib zu ergießen."[632] Eine Kaskade von Bildern, Bilder vor allem, von vier großen Metaphern („geboren") umspannt. „Schreibt er noch, oder malt er schon? Diese Frage könnte man sich beim Lesen des Romans *Die Elf* schon ab der ersten Seite stellen. Als hätte der französische Autor Pierre Michon, statt ihn zu schreiben, mit Farbpalette und Pinseln ausgerüstet im langen Kittel (und mit Baskenmütze) vor einer Leinwand gestanden – dem leeren Blatt Papier –, und ein kunstvolles Gemälde angefertigt. Michons Sätze sind wie Pinselstriche, seine Worte wie Farbkleckse. Präzise gesetzte, versteht sich. Auf dem Papier entstehen magische Konturen, Kontraste und Schattierungen, die komplexe labyrinthische Komposition eines Werkes, das auf den ersten Blick aus dem legendären Siècle des Lumières zu stammen scheint."[633]

- „Wenn wir mal Streit hatten, haben wir die Fenster zugemacht, damit uns niemand hört, und dann erst unseren aufgestauten Zorn hinausgefaucht. Bald war der Raum zum Bersten voll mit unserer Wut, die Wände wölbten sich, das Zimmer wurde zur Höhle, nach jedem Brüllen ein Extra-Fauchen, die Mauern strebten seitwärts, die Decke hob sich. Und wir dachten an die Dame einen Stock höher und an ihren Enkel, denen sich bestimmt gerade der Boden unter den Füßen bog. Wenn wir zu Ende gestritten hatten, machten wir das Fenster wieder auf, unser Zorn flog zu einem einzigen bebenden Fauchen geballt nach draußen, die Wände zogen sich wieder zurecht, der Boden auch. Und wir traten mit unsrem breitesten Lächeln auf den Balkon und grüßten jeden, den wir sahen, mit einem freundlichen: Guten Tag, wie geht's?"[634] Ein einziges Bild nur wird entfaltet zu einem Vorgang, der den Raum phantastisch verändert, realistisch konkret entwickelt und abgeschlossen, suggestiv eindringlich, ein großes Bild über einen ganzen Abschnitt.

- „Ich lernte Harry in einem vollgesudelten, an den Ecken umgeknickten, an den Rändern bekritzelten, fleckigen und eingerissenen Kapitel meines Lebens kennen."[635] Hier ist die inzwischen geläufige metaphorische Rede von den Kapiteln des Lebens auf der Bildebene wörtlich genommen und konkret ausgestaltet, den Leser überraschend, weil die umfangreiche Attribuierung das zugehörige, erhellende Bezugssubstantiv erst spät folgen lässt.

Bildlichkeit, Jean Paul begründet: „Wenn der Stil Werkzeug der Darstellung (...) sein soll: so vermag er es nur durch Sinnlichkeit, welche aber – da in Europa bloß der fünfte Sinn, das Auge, am Schreibpulte zu gebrauchen ist – nur plastisch, d.h. durch Gestalt und Bewegung, entweder eigentlich oder in Bildern daran erscheinen kann."[636] Ich komme auf Nabokovs Streichholzgeschichte zurück[637]: Nabokov kommentierte, ein Fehler dieser Art würde ihm nicht mehr passieren. Warum nicht? „Weil er später gelernt hat, die gesamte Szene zu sehen. (...) Prosa hat mit Sätzen zu tun, erzählende Prosa aber immer auch mit Bildern. (...) Es geht also darum, diese Bilder zu sehen. Wenn man sich beim Schreiben bemüht, alles zu sehen, jede Einzelheit, jede Bewegung, jede Geste, selbst jene, die man nicht beschreibt, dann geschehen gewisse Fehler nicht. Und seltsamerweise sind dann auch viel weniger Beschreibungen nötig, man kann im Visualisieren sparsamer sein (...) Ereignis und Aussehen sind eines, und wenn der Autor eine Szene sieht, dann sieht sie auch der Leser."[638]

- Gelegentlich gerät die Bildlichkeit auch in großen Romanen aufgrund ihrer Intensität grenzwertig, exemplarisch eine Stelle aus Musils *Mann ohne Eigenschaften* (1930): Über den ›kleinen Negersklaven, oder auch Negerfürst‹ Soliman heißt es: „Er war Herr in allen Zimmern wie ein Hirsch im Walde. Das Blut drängte wie ein Geweih mit achtzehn dolchscharfen Sprossen aus seinem Kopf. Die Spitzen dieses Geweihs streiften Wände und Decke. Es war Haussitte, dass in allen Zimmern, wenn sie augenblicklich nicht benutzt wurden, die Vorhänge zugezogen wurden, damit die Farben der Möbel nicht unter der Sonne litten, und Soliman ruderte durch das Halbdunkel wie durch Blätterdickicht. Es machte ihm Freude, das mit übertriebenen Bewegungen auszuführen. Sein Trachten war Gewalt."[639] Ich habe Mühe, das Wortfeld „Blut" mit „Geweih" zusammenzudenken.[640]
- Ein letztes Beispiel noch für eine großartig gelungene Bildlichkeit aus Grass' *Blechtrommel* (1959): Kurtchen und Oskar streiten um einen ›Bonbon‹, das Parteiabzeichen Matzeraths, am Ende steckt dieser es in den Mund aus Angst vor Entdeckung durch die eingefallenen russischen Soldaten, in einer dramatischen Szene wird Matzerath, der das Parteiabzeichen zu schlucken versucht, erschossen. „Während mein mutmaßlicher Vater die Partei verschluckte und starb, zerdrückte ich, ohne es zu merken oder zu wollen, zwischen den Fingern eine Laus, die ich dem Kalmücken kurz zuvor abgefangen hatte."[641] Silke Lahn und Jan Christoph Meister kommentieren: „Die Partei als ganzes ist hier als Synekdoche (totum pro parte) für das „bunte runde Ding", das Parteiabzeichen zu verstehen, das seinerseits metonymisch (pars pro toto, d.h. als Teil für das Ganze ste-

hend) auf die individuelle Parteizugehörigkeit hinweist." Hinzu kommt
bei dem Tod Matzeraths „eine implizite metaphorische Beziehung (...):
Oskar beobachtet den Tod seines verhassten Vaters nicht nur; er vollzieht
ihn geradezu symbolisch als Tötung der Laus mit"[642], die er dem Mörder
seines Vaters „kurz zuvor abgefangen hatte".

Sinnlichkeit: Jean Paul begründet knapp die Dominanz des Auges. Es ist dies
nicht zwingend; ich gebe zwei Gegenbeispiele:

- „Zu der Zeit, von der wir reden, herrschte in den Städten ein für uns
  moderne Menschen kaum vorstellbarer Gestank. Es stanken Straßen nach
  Mist, es stanken die Hinterhöfe nach Urin, es stanken die Treppenhäuser
  nach fauligen Holz und nach Rattendreck, die Küchen nach verdorbenem
  Kohl und Hammelfett; die ungelüfteten Stuben stanken nach muffigem
  Staub, die Schlafzimmer nach fettigen Laken, nach feuchten Federbetten
  und nach dem stechend süßen Duft der Nachttöpfe."[643] Die Aufzählung
  geht noch erheblich weiter: Patrick Süßkind entwickelt aus diesem Motiv
  nahezu seinen Roman, Jean-Baptiste Grenouille ist ein Genie, die Wahrnehmung von Gerüchen und die Erzeugung von Düften betreffend.
- Süßkind hat, ich möchte es einmal so sehen, einen Vorläufer. Auch
  hier zitiere ich nur einen verhältnismäßig kleinen Ausschnitt aus dem
  Motivfeld. Die Szenerie ist der Bereich der Warenspeicher im Anschluss
  an das Marktgelände am Hafen: „Und da wechselte nochmals der Geruch: man roch das ganze Schaffen des Landes, man roch die ungeheuren
  Lebensmittelmengen, die hier vorbereitet waren, vorbereitet zum Aus-
  tausch innerhalb des Reichsgebietes, immer aber dazu bestimmt, ob da
  oder dort, sich nach Kauf und Verkauf zuletzt durch den Menschenkör-
  per und deren Eingeweideschlangen hindurchzuschlacken, und man roch
  die trockene Süße des Getreides, dessen Feimen vor den schwarzen Silos
  sich häuften, wartend, dass sie hineingeschaufelt würden, man roch die
  staubige Trockenheit der Kornsäcke, der Weizensäcke, der Hafersäcke, der
  Dinkelsäcke, man roch die säuerliche Milde der Öltonnen und Ölkufen,
  und ebenso die beizende Herbheit der Weinlager, die sich die Kais entlang hin erstreckten, man roch die Zimmermannswerkstätten, die Massen
  der irgendwo im Dunkel gestapelten Eichenstämme, deren Holz niemals
  stirbt, man roch ihre Rinde" – die Aufzählung geht noch weiter, Horizont
  ist „der Kreislauf des Schaffens"[644].

Karlheinz Deschner hält die sprachliche Qualität für ganz entscheidend in Abwägung mit anderen Kriterien, ich zitiere sein erstes Beispiel, seine Bewertung von Werner Bergengruens *Der Großtyrann und das Gericht* (1935): „ein Roman, glänzend durchkomponiert, kein Kapitel, keine Szene zu viel oder zu wenig, die Fabel virtuos durchdacht, alles fein abgewogen und abgestuft, und der Ausgang bleibt, hier leider wesentlich, bis zuletzt offen; in seinem Aufbau, seinem Ablauf: perfekt. Dennoch ist dies (freilich auch in [...] seinem gedanklichen Gehalt schwache Werk) für mich (...) nicht mehr als ein ausgezeichneter Kriminalroman. (...) Und für niemand, keinen Kenner, kann der *Großtyrann* Dichtung, kann er Kunst sein, weil Bergengruen hier wie stets eine Sprache handhabt, die schon hundertfünfzig Jahre vor ihm Goethe und Heinrich von Kleist geschaffen haben. Eine, von allerlei Schnitzern und Schwächen abgesehen, gewöhnlich korrekte, doch absolut unschöpferische, für einen Schriftsteller des 20. Jahrhunderts durch und durch undichterische Sprache."[645] Deschner kontrastiert: „Nun das Gegenstück: Thomas Wolfe. Etwa *Von Zeit und Strom* (1935): Ein beängstigendes Monstrum, ein tausendseitiger, ursprünglich noch viel dickerer Wälzer, der aber auch heute zu lang ist; ohne jede aus dem Stoff sich ergebende dramatische Spannung, ein Roman wie ein unbehauener Klotz. In seiner Struktur das Gegenteil von Bergengruens *Großtyrann*. Doch von Zeit zu Zeit, und durchaus nicht zu selten, eine unerhörte dichterische Sprache, eine Prosa voll von trunkener Versunkenheit und schicksalhafter Rasereien, von lyrischem Schimmer und hymnischem Schwung, ja eine Partie wie der grandiose Monolog ›Oktober wird's wieder ...‹ ist von solcher Genialität heimgesuchter und heimsucherischer Beschwörung, dass man ihr wohl wenig in der Weltliteratur zur Seite stellen kann."[646] Was macht den Unterschied konkret aus? Gibt es hier klare Kriterien? Abgesehen von „sprachlichen Schnitzern" und verunglückten Bildern geht es negativ wohl um verbrauchte, abgegriffene Wendungen, Einfallslosigkeit oder auch Redundanz und damit verknüpften Leerlauf, auch um manierierte Verkünstelung oder emotional hoch geladenen Schwulst gegenüber innovativer Bildlichkeit, Intensität und Präzision. Deschner hat offensichtlich eine Vorliebe für eine starke Bildkraft – Hanns Henny Jahn ist einer seiner ganz hoch geschätzten Autoren. Die Alternative wäre eine nüchtern lakonische, nahezu verarmte Sprache: Wolfgang Borchert, Agota Kristof in ihrer Trilogie, zumal dem ersten Band *Das große Heft*. Ich stelle fünf unterschiedliche Beispiele vor, die Kriterien sind Bildkraft, Präzision und Kargheit:

- „Vom geweihten Wasser berührt, schrumpft mit entsetzlichem Zischen Christine zusammen wie Wolle im Feuer, wie Kalch im Wasser, schrumpft

zischend, flammensprühend zusammen bis auf die schwarze, hochauf-
geschwollene, grauenvolle Spinne in ihrem Gesichte, schrumpft mit dieser
zusammen, zischt in diese hinein, und diese sitzt nun gifttrotzend, trotzig
mitten auf dem Kinde und sprüht aus ihren Augen zornige Blitze dem
Priester entgegen."[647] Daniel Kehlmann hat auf diese Passage aufmerksam
gemacht. Er kommentiert knapp (und lässt Gotthelfs Rhetorik – Satzbau,
Anaphern und Alliterationen – außen vor): „Wurde je ein unmöglicher
Vorgang knapper und überzeugender glaubhaft gemacht als in diesem
langen Satz? Wurde je eine Wiederholung kunstvoller gesetzt als dieses
mehrfache ›schrumpft zusammen‹? Und ist Christine nun eigentlich die
Spinne? Hat sie sich auf gute alte Weise verwandelt, oder gibt es Christine
nicht mehr?"[648]

- Als zweites folge ich Karlheinz Deschners Empfehlung: „Nun ist der Oktober wiedergekommen, der bei uns zu Hause anders ist als der Oktober in anderen Landen. Der reife goldene Monat ist wiedergekommen
und in Virginia fallen die Chinkapins. Die Musik der Jahreszeiten klingt
heller und schärfer und klarer vom Frost, und alles was auf Erden sein
Leben hat, wendet sich heimwärts. Amerika ist so groß, dass du nicht
sagen kannst, es hätt ein und denselben Oktober. In Maine kommt der
Frost schnell und heftig, als triebe er Nägel ein: Auf eine Woche oder zehn
Tage flackern die Wälder auf mit dem grellen, bittren Laub: die Ahorne
ein herbes Hochrot und die Blätter anderer Bäume ein lebendiges Gelb;
und wenn du durch die Wälder gehst, fallen die Blätter herunter wie kleine Sonnenfetzen, und dann kannst du nicht sagen, ob da das Sonnen-
licht auf dem Waldboden zittert und huscht oder das frischgefallene Laub.
An den Palisaden des Hudson schmelzen währenddessen die Farbmassen
bunt und bunter zusammen, die Jahreszeit schwingt sich über die Landschaften hin, und ein wenig später fangen in den Südstaaten die dichten
Hügelwälder an weich zu erglühen, und wenn in Ohio ein Rauch von
brennendem Holz in der Luft liegt, dann sagen die Kinder: ›Da ist sicher
ein Waldbrand in Michigan.‹ (...). Der Oktober ist am reichsten von allen
Zeiten des Jahres: Die Felder sind abgemäht, die Kornhäuser sind voll,
die Vorratskammern sind bis oben beladen und aus der Apfelkelter quillt
das üppig-braune Sickergemisch der ›York Imperial‹. Die Biene bohrt
ihren Stachel in den Bauch der gelbreifen Traube, die Fliege wird alt und
fett und blau, sie summt laut, krabbelt langsam und kriecht sich an den
Fensterbrettern und Zimmerdecken zu Tode. In Blut und Pollen geht die

Sonne unter über den bronzenen Stoppelfeldern des alten Oktober. Die Maiskolben sind enthülst; sie hängen in hartgelben Reihen an den großen roten Scheunen in Pennsylvania, bereit für die gelblichen, großen, malmenden Zähne der Pferde. Die trägen Hufe knallen hart gegen die Verschläge im Stall und in Scheune und Stall duftet es süß nach Heu und Leder, nach Äpfeln und Holz. (...)“[649]

- „Die Luft war wie ein plötzlich erblindetes Auge. Das Fuhrwerk und seine Last rollten nicht mehr entlang der horizontalen Scheide zwischen Hell und Dunkel, sondern waren rundum in eine elastische Masse von farbloser Blässe eingebettet.“[650]

- „Ein schmaler Seitenweg führte zu der Tür des Hauses hinauf, das, mit blauen und grünen Farben leuchtend bemalt, einem Puppenhause ähnelte. Blaue und weiße Hyazinthen wuchsen in Massen zu beiden Seiten des Pfades, und ihr Geruch, festgehalten über jenem eingeschlossenen Raum schwebend, barg eine ermattende ekstatische Wollust, die im Gegensatz stand zu der gezierten Sauberkeit ringsum. (...) Darnley Otter war in jeder Beziehung mehr typischer ›Gentleman‹ als Solent. Er trug einen gepflegten, spitzen Van-Dyck-Bart von hellkastanienbrauner Farbe. Seine Fingernägel waren erlesen gepflegt. Seine dunkelblau schattierte Krawatte war offenbar sehr sorgfältig ausgewählt worden. Sein grauer Tweedanzug, weder zu abgetragen noch zu neu, passte seiner schlanken Gestalt wie angegossen. Seine Züge waren scharf geschnitten und sehr fein modelliert, seine Hände schmal und kräftig und muskulös. Wenn er lächelte, verzog sich sein ziemlich ernstes Gesicht in tausend freundliche Fältchen, aber er lächelte sehr selten, und aus irgendeinem Grund war es Wolf unmöglich, sich ihn lachend vorzustellen. Eine Gewohnheit des Mienenspiels hatte er, die Wolf (...) ein wenig verwirrend fand, die Gewohnheit, den Kopf zu neigen und die Lider beim Sprechen über die Augen zu senken. Diese Gewohnheit war so ständig, dass Wolf erst bei der Unterredung mit dem Kellner feststellen konnte, wie Mr. Otters Augen aussahen. Sie waren von einer Farbtönung, die Wolf vorher in keinem menschlichen Gesicht noch gesehen hatte. Sie glichen den blauen Flecken auf den Seiten frisch gefangener Makrelen. (...) Der Abend selbst, durch den sie fuhren, (...) war schön, in einer ausnehmenden Art von Schönheit. Es war einer jener Frühlingsabende, die weder golden sind von den direkten Strahlen der sinkenden Sonne noch opalisierend durch deren indirekte, zerstreute Widerstrahlung. Ein kühler Wind hatte sich erhoben und den westlichen Himmel, in den sie hineinfuhren, mit einer dichten Wolkenbank bedeckt. Das Resultat dieser völligen Verlöschung des Sonnenuntergangs war, dass die Welt zu einer Welt wurde, in der jeder grüne Gegenstand an ihrer Oberfläche eine fünffache Verstärkung seines Grüns erfuhr. Es war, als ob eine enorme grüne Flutwelle, bestehend aus einer Substanz, durchsichtiger als Wasser, über die ganze Erde gebrandet wäre; oder eher, als ob irgendeine diaphane Essenz all des durch lange Regentage geschaffenen Grüns an diesem einen Mittag verdampft wäre, nur um mit der Annäherung des Zwielichts in kaltem, dunklem, smaragdfarbenem Tau niederzusinken."[651]

- „Unsere Großmutter ist die Mutter unserer Mutter. Bevor wir zu ihr zogen, wussten wir nicht, dass unsere Mutter noch eine Mutter hatte. Wir nennen sie Großmutter. Die Leute nennen sie die Hexe. Sie nennt uns ›Hundesöhne‹. Großmutter ist klein und mager. Sie hat ein schwarzes Tuch auf dem Kopf. Ihre Kleider sind dunkelgrau. Sie trägt alte Militärschuhe. Wenn schönes Wetter ist, geht sie barfuß. Ihr Gesicht ist voll Runzeln, brauner Flecke und Warzen, aus denen Haare sprießen. Sie hat keine Zähne mehr, wenigstens keine sichtbaren Zähne. Großmutter wäscht sich nie. Sie wischt sich den Mund mit dem Zipfel ihres Kopftuchs ab, wenn sie gegessen hat oder wenn sie getrunken hat. Sie trägt keine Unterhose. Wenn sie urinieren muss, bleibt sie stehen, wo sie sich gerade befindet, macht die Beine breit und pisst auf die Erde unter ihren Röcken. Natürlich tut sie es nicht im Haus. Großmutter zieht sich nie aus. Wir haben abends in ihr Zimmer geschaut. Sie zieht ihren Rock aus, es ist ein anderer Rock darunter. Sie zieht ihre Bluse aus, es ist eine andere Bluse darunter. So legt sie sich hin. Sie nimmt ihr Kopftuch nicht ab. Großmutter spricht wenig."[652]

Christoph Bode zitiert Anthony Burgess mit klaren Unterscheidungskriterien: „Novelists, like poets, work in the medium of language, but some may be said to work in it more than others. There is a kind of novelist (…), in whose work language is a zero quantity, transparent, unseductive, the overtones of connotation and ambiguity totally damped (…). To the other kind of novelist (...) it is important that the opacity of language be exploited, so that ambiguities, puns and centrifugal connotations are to be enjoyed rather than regretted"[653]. Für Burgess ist damit ein eindeutiger Wertunterschied verknüpft, Christoph Bode neigt eher dazu, die Differenz in ihrem scharfen, kategorischen Anspruch zu relativieren.

Ein weiterer Aspekt, er springt dem Leser sofort und sehr bald ins Auge: die assoziative Aussagekraft des **Titels** und der **Namen**. Exemplarisch steht hier – nahezu wie kein anderer – Jean Paul: *Des Amts-Vogts Josuah Freudel Klaglibell gegen seinen verfluchten Dämon – Des Rektors Florian Fälbels und seiner Primaner Reise nach dem Fichtelberg – Leben des vergnügten Schulmeisterlein Maria Wutz in Auenthal – Leben des Quintus Fixlein, aus funfzehn Zettelkästen gezogen*, allesamt mehr oder weniger gestörte Idyllen oder Gegenidyllen; von seinen Romanen nenne ich nur zwei: *Hesperus, oder 45 Hundposttage. Eine Lebensbeschreibung* und *Blumen-, Frucht- und Dornenstücke; oder Ehestand, Tod und Hochzeit des Armenadvokaten F.St.Siebenkäs im Reichsmarktflecken Kuhschnäppel*. Nicht minder sprechend sind die Namen, z.B. Gottwalt/Walt und Vult Harnisch aus den *Flegeljahren*, Attila Schmelzle aus *Des Feldpredigers Schmelzle Reise nach Flätz mit fortgehenden Noten*, der Dichter Theudobach von Nietz aus *Dr. Katzenbergers Badereise*, der Zuchthausprediger Frühauf Süptitz aus *Der Komet, oder Nikolaus Marggraf. Eine komische Geschichte*. Die Namen wecken zunächst Assoziationen, konkretisiert dann durch die entsprechenden Charaktere und ihre Beziehungen zueinander; häufig aber sind die Namen Chiffren, haben Bezug auf Realien: Exemplarisch, der Hund, der im *Hesperus* dem Erzähler Informationen überbringt, heißt Spitzius Hoffmann, gemeint ist „einer der eifrigsten Geheimagenten der Gegenaufklärung (...): Leopold Alois Hoffmann, der Herausgeber der *Wiener Zeitschrift*. Absender der Briefe ist ein gewisser Knef, dessen Name ein Anagramm des wilden Doktor Fenk aus der *Unsichtbaren Loge* ist. Als kemateph oder kneph, ›der seine Zeit vollendet hat‹, oder als Kneph-Amun, ›der Verborgene‹, kennt man ihn in der ägyptischen Mythologie. Weltgeist und Schöpfergott, steht er ranggleich neben dem griechisch-römischen Zeus-Jupiter. In dem von Cagliostro begründeten ägyptischen oder Memphis-Ritus der Freimaurerei wurde der fünfundneunzigste und höchste Meistergrad als ›Kneph‹ bezeichnet, symbolisiert im geflügelten Weltei als Sinnbild der Schöpfung, das von neun Sternen umgeben ist. Selbst die Anzahl der Hundspostbriefe (es sind fünfundvierzig) ist eine Chiffre, da sie das Fünffache der Zahl neun ist. Fünf steht für die verlorenen Söhne[654], neun für die Neunheit der Schöpfung, die in den neun Sternen des Schöpfungssymbols von Atum-re, dem Gott der Neunheit, symbolisiert ist. Auch der Name des Lordkanzlers Horion ist von einem ägyptischen Hauptgott abgeleitet, von Horus, dem Beschützer der Kinder. Denn um Kinder geht es wieder in diesem satirischen Haupt- und Staatsroman: um die verlorenen Söhne des 18. Jahrhunderts."[655]

So weit zu Jean Paul. Gegenläufig und durchaus (halb) ernst gemeint äußerte sich Umberto Eco zum Romantitel als Problem des Autors (Eco): „Ein Erzähler darf das eigene Werk nicht interpretieren, andernfalls hätte er keinen Roman geschrieben (...). Doch eins der Haupthindernisse bei der Verwirklichung dieses noblen Vorsatzes ist gerade der Umstand, dass ein Roman einen Titel braucht. Ein Titel ist leider bereits ein Schlüssel zu einem Sinn. Niemand kann sich den Suggestionen entziehen, die von Titeln wie *Rot und Schwarz* oder *Krieg und Frieden* ausgehen."[656] Zum eigenen Roman *Der Name der Rose* (1980): „Die Rose ist eine Symbolfigur von so vielfältiger Bedeutung, dass sie fast keine mehr hat: rosa mystica, Krieg der Rosen, Roman de la Rose, die Rosenkreuzer, die Anmut der herrlichen Rosen, und Rose lebte das Rosenleben, la vie en rrrose, eine Rose ist eine Rose ist eine Rose, Röslein, Röslein, Röslein rot ... Der Leser wird regelgerecht irregeleitet, in alle möglichen Richtungen (also in keine) gewiesen"[657].

Silke Lahn und Jan Christoph Meister haben exemplarisch den Namen des Protagonisten in Bret Easton Ellis' *American Psycho* analysiert: Patrick Bateman. „Auffällig ist zunächst, dass der Vorname ›Patrick‹ die erste Silbe mit dem Wort ›pathologisch‹ teilt." Bateman ist in der Tat „ein psychopathische Yuppie". ›Bateman‹, rückwärts gelesen, bedeutet „›nametab‹ (Namensschild, Etikett) und spiegelt somit die krankhafte Fokussierung des Namensträgers auf Lifestyle, Markenprodukte und Konsumismus wider." Weiter klingen an: „Norman Bates aus Alfred Hitchcocks Film *Psycho* und die Comicfigur Batman – zwei zentrale Typen der amerikanischen Fiktion: Serienmörder und Superheld. (...) Beide Figuren haben eine doppelte Identität (...). Die Eltern beider Figuren sind gestorben, was bei beiden ein Trauma zur Folge hatte. Die geheimen Identitäten beider Figuren werden bestimmt durch Gewalttätigkeit – Bates' Gewalttaten sind monströs (...); Batmans Gewalttätigkeit hingegen wird akzeptiert, weil sie der guten Sache dient. Die Parallelen zum Protagonisten aus *American Psycho*, Patrick Bateman, sind zahlreich. Auch er ist elternlos und insgeheim ein gewalttätiger Sadist."[658]

Aus der Sicht des Praktikers fordert Dieter Wellershoff allerdings: „Die Namen literarischer Texte" sollten „unaufdringlich und alltäglich sein, damit sie nicht jedes Mal, wenn eine Figur unter ihrem Namen erscheint, wie ein lautes Trompetensignal eine unveränderliche Bedeutung in den Text hineintragen. Nicht der Name soll die Person prägen, sondern die Person den Namen." Das Problem: „Wie kommt man zu Namen, die natürlich, zufällig und unbestimmt genug sind (…)? Auf keinen Fall sollte man sie erfinden. Man verfängt sich dabei unweigerlich in einem Schema und landet im Bedeutungsvollen, Kuriosen, Aparten oder auch, indem man das alles zu vermeiden sucht, in langweiliger Simplizität." Wellershoff empfiehlt statt des alphabetisch geordneten Telefonbuchs: „Man braucht nur die Klingelschilder eines größeren Mietshauses zu lesen, wenn man eine vom Leben selbst zusammengestellte Namensauswahl will. Seine Zufallsregie macht das wesentlich besser als die menschliche Phantasie."[659]

Es bleibt im Kontext der Sprache ein letzter Aspekt, gelegentlich schon angemerkt, jetzt zentral aufzugreifen:

Exkurs: Das Problem der Übersetzung

Einleiten möchte ich mit einem völlig unverständlichen Beispiel, das das Problem ganz krass stellt: Patrick Modiano schließt seinen Roman *Die Gasse der dunklen Läden* (1978) mit einer Vorstellung des Ich-Erzählers, die ein Foto in ihm auslöst, ein Foto eines kleinen Mädchens, vor langer Zeit an südrussischen Strand aufgenommen: „Ein kleines Mädchen kehrt in der anbrechenden Abenddämmerung an der Hand ihrer Mutter vom Strand zurück." Im Original folgt: „Elle pleure pour rien, parce qu'elle aurait voulu continuer de jouer. Elle s'éloigne. Elle a déjà tourné le coin de la rue, et nos vies ne sont-elles pas aussi rapides à se dissiper dans le soir que ce chagrin d'enfant ?"[660] Wörtlich übersetzt: „Sie weint für nichts, weil sie gerne weiter gespielt hätte. Sie langweilt sich. Sie ist schon um die Straßenecke gebogen, und unsere Leben, sind sie nicht genauso schnell dabei, sich am Abend zu zerstreuen wie der Kummer des Kindes?" Der – renommierte – Übersetzer Gerhard Heller lässt den letzten Satz weg: „Sie weint leise vor sich hin, sie hätte gern noch ein bisschen weitergespielt. Die beiden entfernen sich und sind schon um die nächste Straßenecke gebogen."[661]

George Steiner hat die sprachphilosophisch antithetischen Grundpositionen des Übersetzens in seinem Buch *Nach Babel* (1975) noch einmal historisch nachgezogen, abstrakt stehen sich gegenüber eine universalistische und eine relativistische, im Extrem monadische Auffassung: Im Mythos des Turms von Babel begegnen sich die monistische Sehnsucht nach einer universalen Ursprache und das Faktum polyglotter Verfassung menschlicher Kultur. „Die verschiedenen Sprachen sind (…) verschiedene, in sich schöpferische Gegenvorschläge zu den Zwängen, zu den einschränkenden Universalien unserer biologischen und ökologischen Verfassung. Sie sind die Instrumentarien für die Hortung und Weitergabe des Vermächtnisses an Erfahrung und imaginativer Gestaltung in einer gegebenen Gemeinschaft", jeweils markiert nach außen „in Abgrenzung und willentlicher Undurchschaubarkeit."[662] Zugleich sind wir indes in der Lage, „mehrere Sprachen zu lernen und zu bewohnen."[663] Einerseits. Andererseits wiederum ist Sprache „in wesentlichen Punkten des Gebrauchs und des Verstehens Idiolekt. Jeder Mensch beschreibt, wenn er spricht, einen Teil seiner Welt. Kommunikation hängt von einer mehr oder weniger vollständigen, mehr oder weniger bewussten Übersetzung dieser ›Parteilichkeit‹ ab, von ihrer mehr oder weniger gelungenen Übereinstimmung mit anderen ›Parteilichkeiten‹"[664] – nur tendenziell und in Annäherung möglich. Übersetzen ist wesentlich eine Kunst:

Eine Kunst des Verstehens, „der Hermeneutik des Vertrauens, des Eindringens, der Eingemeindung und der Restitution"[665]; „Vertrauen" meint die „idealistische Prämisse" der Kohärenz der menschlichen Welt, die Überzeugung, „dass Homologie und Rationalität universal sind", dass „die Ähnlichkeiten der Menschen viel größer" sind „als ihre Verschiedenheiten."[666] „Restitution" meint ein Doppeltes: Zum einen „bleibt dem Original ein dialektisch-enigmatischer Rest", es hat „einen Verlust, einen ›Bruch‹ erlitten", aber – dialektisch – dieser Rest ist auch positiv: „Das übersetzte Werk hat zugenommen,"[667] an Reichweite, an Gewicht; dem Original wird auch ersetzt, „was es verloren hat."[668] Ein Ungleichgewicht herrscht immer: Der Übersetzer verfehlt oder überzeichnet das Original, unabhängig davon, ob er sich orientierte am Ansatz der Wörtlichkeit, der Paraphrase oder der freien Nachahmung. Ein einfachstes Beispiel: Gen I,3 „Fiat lux. Et facta est lux." – „Sia luce. E fu luce." – „es werde Licht. Und es ward Licht." – „Let there be light: and there was light." – "Que la lumière soit; et la lumière fut." Unterschiede in der Anzahl der Silben, der Interpunktion, des Artikels und der Wortstellung. Komplexer natürlich stellt sich das Problem „mit der steigenden Zahl verbaler Einheiten und grammatischer Komplikationen sowie dem Auftauchen von Ambiguität und vielfältigen Bedeutungsmöglichkeiten."[669]

Übersetzung lässt sich definieren als der Versuch, einen Text so wiederzugeben, wie ihn „der fremde Dichter jetzt oder mehr oder weniger jetzt in seiner (des Übersetzers) Sprache geschrieben hätte."[670] Aus dieser einfachen Definition lässt sich die Struktur oder Phänomenologie dieser Aufgabe, ihrer Schwierigkeiten allenfalls erahnen:

- Es sind nicht nur kulturell räumliche, sondern auch zeitliche Grenzen zu überwinden.
- „Die Schranken zwischen den Sprachen sind ›lebendig‹. Sie sind dynamische Konstanten, die jede Seite im Verhältnis zur anderen, aber nicht weniger zu sich selbst abgrenzen." Dies erklärt die Erfahrung, „dass die Beherrschung einer Zweitsprache die der eigenen vertieft und klärt. Differenz zu erfahren, den spezifischen, stofflich handfesten Widerstand dessen, was verschieden ist, zu spüren, bedeutet, dass man die eigene Identität neu erfährt."
- „Die Differenz des Englischen vom Französischen für den Franzosen, des Französischen vom Englischen für den Engländer (...) ist in jedem sprachlichen Detail so dicht und vielfältig, dass sie sich jeder formalen Beschreibung verweigert. Die Differenzen (...) sind ein Kompositum aus

Elementen von Übereinstimmung, Ausschließung, partieller Deckungs-gleichheit, Nachahmung, Verweigerung und abgestufter Vermittelbarkeit, das historisch und symbolisch, überkommen und idiosynkratisch, gewollt und unbewusst sein kann."

- „Der französische Übersetzer eines englischen Textes muss (…) eine Art Neudefinition, ja einen Neuerwerb des Französischen nach außen keh-ren und vorführen." Es entsteht daraus „ein ›Französisch‹, das heißt, ein Konstrukt aus Analogie, Metaphrase, Innovation, mehr oder weniger ver-deckter Unzulänglichkeit, Mischformen, das nicht dasselbe ›Französisch‹ ist wie das eines französischen Übersetzers beispielsweise aus dem Deut-schen. (…) Jede Differenzierung erzeugt die ihr eigene Dynamik innerer Umgruppierung".

- „Jede Übersetzung von Rang muss einen möglichst präzisen Sinn für das mit sich führen, was ihr widersteht, für die mitten im Verstehen unüber-schreitbaren Grenzen."[671]

- Von Gewicht ist immer auch der subjektiv individuelle Faktor[672]: „Jeder Text hat einen Anteil, der sich objektiv beschreiben lässt, der Rest vari-iert mit der individuellen Wahrnehmung. Mein Textverständnis und die Wirkung auf mich als Übersetzer beeinflussen also entscheidend, wie ich den Text in meiner Sprache neu schreibe, und mein individuelles Sprach-gefühl, meine spezifische Reaktion auf den Text äußern sich in dem nicht ohne weiteres objektivierbaren Anteil meiner Übersetzung." Und weiter: „Wenn ich meine, ein guter Übersetzer zu sein, heißt das nicht, ich könn-te jeden literarischen Text gut übersetzen, für manchen Ton habe ich nicht die Stimme. Wenn ich als 50-Jähriger keine Romane von Debütanten Mitte 20 mehr übersetze, so nicht, weil ich mir nicht einen gewissen Jar-gon oder Slang qua Recherche draufschaffen könnte, sondern weil mein Sprachgefühl bei der Einfühlung in diesen Blick auf die Welt unsicher wird und sich schwer tut mit dem Urteil, welche Ausdrucksmittel in mei-ner Sprache dafür passen könnten."[673]

Einige Beispiele für diese Schwierigkeiten und Grenzen:

- Nach Francescas von Riminis Bericht über ihre Liebe und ihren Tod am Schluss des fünften Gesangs der *Commedia* bricht Dante zusammen, von Mitleid überwältigt (V, 142): „Und ich sank hin, gleich wie ein Toter hin-sinkt" in der Übersetzung von Ida und Walther von Wartburg 1963[674];

„ich stürzte hin, wie ein toter Körper fällt" in der Übersetzung von Kurt Flasch 2011. Im Original lesen wir: „E caddi come corpo morto cade." Flasch kommentiert: „Dieser Schlussvers mit dem dreifachen harten K-Laut und den dunklen Vokalen a und o kann allein schon einen Menschen zum Lernen des Italienischen bewegen. Zugleich beweist er, dass Poesie sich nicht übersetzen lässt."[675]

- Katja Petrowskaja schreibt über ihre Erfahrungen, „gemeinsam mit zahlreichen Übersetzern aus aller Welt (…), das fremde Deutsch" ihres Romans *Vielleicht Esther* (2014) „in alle anderen Sprachen zu verwandeln". Zwei Stellen greife ich heraus: „Zum ersten Mal verstehe ich, dass ich bereits vieles verloren hatte, als ich russische Rhythmen hörte und auf Deutsch schrieb. (…) Der Prolog spielt am Berliner Hauptbahnhof und erst jetzt, zusammen mit den Übersetzern, begriff ich, dass das Schlüsselmotiv von einem russischen Wort ausgelöst worden war. Das Wort ›Bahnhof‹ heißt auf Russisch ›woksal‹, es ist abgeleitet von eim berühmten Konzertsaal im Londoner Stadtteil Vauxhall – Vox, Stimme, Voxsaal, ein Saal für Stimmen, etymologisch falsch, poetologisch ein Geschenk, denn es ruft so viele Verbindungen auf (…). Die Reise im Buch ist also eine Stimmprobe, es geht um die Suche nach einem Resonanzraum, eine Suche nicht nur nach sich selbst, sondern nach den und dem Anderen, nach einer anderen Rolle und einem anderen Schicksal".

- Und weiter schreibt sie: „Auch das russische ›strelka‹, Pfeil, verbindet eine ganze Kette von deutschen Wörtern: Der Zeiger eines Geräts, der Weichensteller am Bahnhof, der Pfeil, der Achilles trifft, ja selbst das Wort ›schießen‹, das in meinem Buch viel zu oft vorkommt, sie alle gehen im Russischen auf dieselbe Wurzel zurück: strelka, Strelochnik, strela, streliat. Sie erschaffen ein Motiv der Bewegung, ein Umschalten, einen Seitenwechsel, Maß und Schuld, und sie umklammern den Text auf der morphologischen Ebene – aber nur auf Russisch, im Deutschen sind diese Assonanzen weder hör- noch sichtbar. Wie übersetzt man dieses Dazwischen, diese Funktion des Weichenstellers?"[676]

- Kein Zufall vielleicht, dass auch bei dem Versuch, einen Text des Russen Dostojewski ins Deutsche zu übersetzen, ein (ohne entsprechende Anmerkung unlösbares) Problem auftrat: In der skurrilen Erzählung *Das Krokodil* (1865) wird ein Petersburger Bürger, Iwan Matjewitsch, von einem Krokodil verschlungen: „Ein deutsches Ehepaar, das die Bestie gegen Geld zur Schau stellt, fürchtet nun finanziellen Verlust, die Ehefrau des Verschlungenen dagegen ist wenig erfreut über den Verlust des Gatten. Es bricht aus ihr heraus: ›Aufschlitzen, aufschlitzen, aufschlitzen!‹ Man kann die Frau verstehen. Doch die beiden Deutschen verstehen sie nicht, und das liegt daran, dass Dostojewski im Original ›rasporot‹ benutzt, einen Begriff, der eine weitere Bedeutung hat, nämlich den einer körperlichen Züchtigung, durchaus im juristischen Sinne. Also fürchten die Besitzer eine Verurteilung ihres Krokodils, statt sich Sorgen darum zu machen, dass es getötet werden könnte, um Iwan Matwejitsch wieder zu befreien. In solchen Missverständnissen liegt Dostojewskis größter Witz, doch Christiane Pöhlmann hat im Deutschen keinen ähnlich doppeldeutigen Begriff zur Verfügung (was nicht ihre Schuld ist), verzichtet aber auch auf jede Erläuterung der nun wiederum für die hiesigen Leser denkbar missverständlichen Szene (was eindeutig ein Versäumnis ist).“[677]

- Peter Stamm berichtet über seine Zusammenarbeit mit Nicole Roethel, seiner französischen Übersetzerin: In *Blitzeis* (1999) bietet eine Krankenschwester einem Journalisten einen „Brottrunk“ an; Die französische Übersetzerin Nicole Roethel fragt nach, was das sei: „Ein deutscher Freund habe ihr gesagt, das sei ein Schnaps. Nein, schrieb ich zurück, Brottrunk sei ein Getränk, das in Reformhäusern verkauft werde. Die Krankenschwester sei jemand, dem Gesundheit wichtiger sei als Genuss. Schwer zu verstehen für Nicole. Dann gingen wir in Reformhäuser, sie in Paris, ich in Winterthur. Ich fand das Wort Kwas, aber Kwas, deutsch Kwass, kommt aus Russland und ist eine Art Brotbier, das Alkohol enthält und gut schmeckt. Kwass hätte nicht zu meiner Krankenschwester gepasst. Schließlich schlug ich Nicole Sojamilch vor, die zwar nichts mit Brottrunk zu tun hat, aber bei uns dieselben freudlosen, säuerlich-gesunden Assoziationen auslöste. Auch beim Titel von *Blitzeis* gaben wir dem Klang den Vorzug vor der Genauigkeit. Er wurde in der französischen Übersetzung nicht zu ›Pluie Glaciale‹, sondern zu ›Verglas‹, Glatteis.“[678]

- „›Not to be crass but I sense an impending sizable contribution.‹ Es gab diesen einen Satz, zwölf verschiedene Übersetzungen, mindestens drei grundsätzliche Fragen – wie kriegt man die Lakonik hin, den verrutschten Ausdruck (›not to be crass‹), ohne dass er falsch übersetzt klingt, und die bürokratische Steifigkeit, die sich so schön mit dem modern-gefühligen ›sense‹ reibt. Die Diskussion bewegte sich zwischen der braveren Paraphrase – ›Ich will mich ja nicht als Prophet aufspielen, aber ich habe das Gefühl, dass er eine hübsche Summe spenden wird‹ – und der wagemutigeren Variante ›Bei aller Kirche im Dorf – ich spüre einen unmittelbar bevorstehenden beträchtlichen Betrag‹. Und natürlich wurde die Debatte um den einen Satz im Licht des gesamten Textes und seines Tons geführt: Wie können Redewendungen und Zungenschläge des Deutschen den literarisch verarbeiteten Kontext einer anderen Kultur vermitteln? Ein atemberaubender Moment der Spracharbeit, in dem der Zoom aufs Detail und die Totale gleichzeitig präsent sein mussten.‟[679]

- ›I told her she'd better bear in mind which side of the bread her butter was on. She said whichever side it was on it wasn't enough to shake a stick at.‹[680] „Ein Ehepaar streitet über das mäßige Gehalt des Mannes. Die Verschraubung und Verschiebung zweier Redewendungen (›to know which side one's bread is buttered‹ – ›wissen, wo der Bartel den Most holt‹ – und ›more than you can shake a stick at‹ – ›eine erkleckliche Menge‹) ist typisch für den Autorenstil, und man kann versuchen, das mehr oder weniger nachzubilden (…): ›Ich hab ihr gesagt, sie soll mal nicht vergessen, wo sie ihren Most hergeholt kriegt. Sie hat gesagt, das wär eh nur Geklecker, egal wo der herkommt.‹ – ›Ich habe ihr gesagt, sie soll nicht vergessen, wer hier die Brötchen verdient. Sie hat gesagt, dass die paar Brötchen nun wirklich nicht der Rede wert sind.‹ – ›Ich sagte ihr, sie solle bedenken, wo ihr Vorteil liegt. Sie meinte, ihr sei gleich, wo der liege, wenn er unterm Strich ohnehin zu vernachlässigen sei.‹ Die Debatte über verschiedene Lösungsvorschläge beginnt fast immer bei der spontanen Reaktion des Sprachgefühls (…). Das eigene Sprachgefühl ist einem selbst verständlich, selbstverständlich, wie kann irgendwer das anders empfinden? Das individuelle Sprachgefühl entsteht aus einer Sedimentierung von Elementen des sprachlichen Heranwachsens, der Lektüreerfahrungen, der Diskurse einer Generation, des Sprachstands der Gesellschaft.‟[681]

- Burkhard Müller lobt Paul Theroux' Novelle *Der Fremde im Palazzo d'Oro* (2004) und stößt auf folgendes Problem: „Das Original heißt *The Stranger at the Palazzo d'Oro*. Stranger, das kann Mann oder Frau sein. Der Übersetzer Gregor Hens hat sich, da ihm hier die deutsche Sprache die Pistole auf die Brust setzt, zu „Der Fremde" entschlossen und damit diese Titelrolle dem Erzähler zugesprochen, die doch mit gleichem Recht auch der Gräfin [der Protagonistin] zukäme. Selbst in den scheinbar kleinsten Entscheidungen in der anderen Sprache steckt notwendig eine Interpretation mit unabsehbaren Folgen.‟[682]

- Ein vorletztes Beispiel, subtil, es entwickelt sich, unbemerkt vermutlich vom Autor selbst. Marcel Proust hat, wie wir wissen, sein Typoskript während des Druckprozesses bis zum Schluss immer wieder überarbeitet, verändert. Der junge Marcel wird im ersten Band der *Recherche* in seiner kleinen Dachkammer von einem Fliederbusch empfangen, aus dem Fliederbusch wird ein wilder Johannisbeerstrauch und später ein wilder schwarzer Johannisbeerstrauch, „un cassis sauvage"; Luzius Keller kommentiert: „Dabei hat er [1913] wohl kaum vorausgesehen, wohin dieses Motiv noch führen wird, nämlich zu dem Cassis, den im letzten Band der *Recherche* Marcel in einem Männerbordell zu sich nimmt, und zu dem Ausdruck ›me faire casser le pot‹ (mir es von hinten besorgen zu lassen), der Albertine herausrutscht und Marcel in Entsetzen versetzt (*Die Gefangene,* 483). Doch schon für die wenig später in der kleinen Kammer spielende Masturbationsszene schafft der Wechsel von dem lieblichen Wort lilas zu dem harten Wort cassis und von dem wohlriechenden Flieder zu dem etwas spezielleren Blütenduft der schwarzen Johannisbeere gute Voraussetzungen."[683] Diese subtilen Bezüge des Französischen lassen sich nicht ins Deutsche übersetzen.[684]
- Das letzte Beispiel ist kein Beispiel, vielmehr nur ein Hinweis auf als unübersetzbar geltende Bücher: Bekannt sind *Ulysses* und *Finnegans Wake*, in der einzigen deutschen Übersetzung von Dieter H. Stündel *Finnegans Wehg* mit dem Untertitel „Kainnäh ÜbelSätzUng des Wehrkeß fun Schämes Scheuß"[685]. Dazu gesellt sich – unübersetzbar aus ähnlichen und wiederum anderen Gründen, der anders als Joyce ansetzenden Kreation einer eigenen Sprache – neuerlich Stefano D'Arrigos *Horcynus Orca* (1975), nach zweijähriger Lektüre in über achtjähriger Arbeit ins Deutsche ›übersetzt‹ von Moshe Kahn, er selbst schreibt von seiner Arbeit „als Umgestaltung, als Anverwandlung, als Fährmannstätigkeit zwischen zwei entfernten Ufern."[686]

Allgemeine Aussage

Eine allgemeine Aussage? Dahinter steht die zur Karikatur eines belächelten Deutschunterrichts herunter gekommene Frage „Was will der Dichter uns sagen?" Es geht um docere in einem elementaren Sinn, um Sinn. Klar und einfach formuliert das Peter Stamm: „Wer etwas lesen will, was er noch nicht weiß, der kauft sich die Zeitung. Literatur lesen wir, um die Welt, in der wir leben, um uns selbst zu erkennen. Literatur lesen wir, um in einer chaotischen und unverständlichen Welt Formen zu erkennen und vielleicht einen Sinn."[687] Vielleicht [!] einen Sinn: Peter Stamm blickt zurück auf seinen ersten Roman: „Mein schlimmster Fehler war wohl, dass ich die berüchtigte Frage: ›Was will der Autor uns sagen?‹ sehr gut hätte beantworten können. Andreas, meine Hauptfigur, war mein Sprachrohr. Statt einer Frage hatte ich eine Antwort."[688] Marcel Reich-Ranicki spricht von der „Zeichenhaftigkeit", dem „doppelten Boden"[689], dem „Gleichnishaften"[690], das ein literarischer Text aufweisen müsse im Unterschied zu einer 1:1-Umsetzung von Leben in Literatur. Im Zentrum von Max Frischs *Montauk* (1975) z.B. stehe zweifellos der Schriftsteller Max Frisch, zugleich aber seien „große Teile dieses sehr persönlichen Buches (...) zugleich parabolisch."[691] Orhan Pamuk spricht von dem (geheimen) Zentrum des Romans: „In geschickt konstruierten Romanen steht alles in Bezug zueinander, und dieses Beziehungsnetz schafft die Atmosphäre des Buchs und verweist auf sein geheimes Zentrum. Nach jenem Zentrum fahnden wir mit größter Aufmerksamkeit, und darin besteht auch die Haupttätigkeit unseres Geistes, wenn wir einen Roman lesen (...). Der Roman unterscheidet sich von anderen literarischen Gattungen darin, dass er ein geheimes Zentrum hat, oder genauer gesagt basiert er auf unserer Überzeugung, dass da irgendwo ein solches Zentrum ist, nach dem wir beim Lesen suchen müssen."[692] Jenes Zentrum vermittle eine „eine tiefe Einsicht ins menschliche Leben (...) Ein Romancier schreibt, um dieses Zentrum auszuloten, es auf seine Implikationen zu prüfen, und wir sind uns bewusst, dass auch der Lesevorgang ähnlich abläuft. (...) Als Romancier bewegt man sich instinktiv, erregt und unablässig von Detail zu Detail fort von Objekt zu Objekt und von Bild zu Bild, um ans Ende der Geschichte zu gelangen und denkt dabei kaum an das geheime Zentrum des Romans."[693] Er erkenne es „als eine Intuition, einen Gedanken, ein bestimmtes Wissen, auf jeden Fall etwas, das ihn zu seiner Arbeit inspiriert. Zugleich weiß er aber, dass die Inspiration sich während des Schreibprozesses und neue Richtungen und Formen annehmen kann. Das Zentrum schält sich oft erst heraus, während der Roman geschrieben wird."[694]

Und weiter: „Die profunden Lebenseinsichten, die ein Autor in seinem Roman vermitteln will (...) kristallisieren sich aus den Details, der Gesamtform und den Figuren heraus, die sich, während der Roman Gestalt annimmt, immer weiter entwickeln."[695]

Ich greife zurück auf Milan Kundera und seine Überlegungen zur Kohärenz des Romans; ich vermute, beide Autoren haben den gleichen Aspekt im Blick: „Dieses abstrakte Etwas, das ich Thema nenne, gibt dem Roman insgesamt eine innere Kohärenz, die kaum sichtbar, aber besonders wichtig ist."[696] Kundera plant seine Romane allerdings sehr reflektiert: „Ich baue meine Romane seit jeher auf zwei Ebenen auf: Da ist einmal die Ebene der Komposition einer romanesken Geschichte; darüber entwickle ich die Themen. Sie werden ohne Unterbrechung in der romanesken Geschichte und durch sie hindurch verarbeitet. Wo ein Roman von seinen Themen abkommt und sich damit begnügt, eine Geschichte zu erzählen, wird er platt. (...) Ein Thema ist eine existentielle Fragestellung. Und mir wird immer mehr bewusst, dass eine solche Fragestellung letztlich auf die Prüfung einzelner Wörter, Wörter als Themen, hinausläuft."[697]

Anders, so scheint es, Pamuks Arbeitsansatz, schon sprachlich: Er vergleicht das Zentrum mit einem Licht, das gleichsam den ganzen Wald des Romans ausleuchtet: „jeden Baum, jeden Pfad, die Lichtungen, die wir schon hinter uns haben, die Waldwiesen, auf die wir noch zusteuern, das Dornengebüsch und das dunkelste, undurchdringlichste Unterholz. Nur solange wir seine Präsenz verspüren, kommen wir auch voran."[698] Licht und Zentrum sind oft schwer „zu verorten", aber das sei „nicht schädlich, sondern ganz im Gegenteil eine Qualität, die wir als Leser sogar einfordern, denn sobald das Zentrum zu eindeutig ist und das Licht zu grell, liegt die Bedeutung des betreffenden Romans unmittelbar zutage, wodurch das Lesen zum repetitiven Akt verkommt.[699] Pamuk schätzt in diesem Kontext Romane, „in denen ein fein austariertes Gleichgewicht zwischen Klarheit und Vieldeutigkeit herrscht, zwischen Kontrolle und Interpretationsfreiheit, Aufbau und Fragmentierung."[700] Julian Barnes' wundervolle Novelle eher als Roman *Vom Ende einer Geschichte* (2011) lässt einige Fragen offen, vor allem der Schluss lässt sich nicht auflösen, ein Ärgernis für das Leserbedürfnis nach Klarheit, gleichwohl höchst anregend – zum Gespräch. Das Gegenteil liegt vor bei Philipp Roths *Nemesis* (2010) und aus diesem Grund für manchen Leser ein Ärgernis, exemplarisch die Aussage eines Freundes: „Eine lebloses, fürchterlich moralisierendes Werk mit arg vordergründiger Parabolik und einer Erzählkonstruktion, die mich geärgert hat: Am Schluss bekommt der dumme Leser vom Ich-Erzähler noch einmal alles erklärt."

Jenes Zentrum oder Licht, die Lebenseinsicht oder die Intention des Romans muss dem Autor durchaus nicht gleichsam als gestaltendes Interesse klar und bewusst sein: Malcolm Lowry zitiert im Vorwort zu *Unter dem Vulkan* (1947) Julien Green über seinen Roman *Minuit* (1936): „Meine Absicht war und ist mir auch während des Schreibens dunkel geblieben." Lowry fährt dann fort: „Die Absicht, die ich mit dem vorliegenden Buch verfolgte, das ich mit sechsundzwanzig Jahren begann (und ich bewege mich auf die vierzig zu) und vor fünf Jahren beendete, schien mir zu Anfang nicht dunkel zu sein, obgleich sie es dann in den folgenden Jahren immer mehr geworden ist."[701]

Allgemeine Aussage, Sinnlinie: Daniel Kehlmann sieht genau hin bei Jeremias Gotthelfs *Schwarzer Spinne* (1842): „Die Misogynie [Frauenfeindlichkeit] dieser Novelle ist bodenlos" – und er belegt eindeutig. Später urteilt er milder: „Es ist leicht zu verstehen und nicht sehr interessant, was Gotthelf sagen will: Kenne die Tradition, glaube den Alten, interessiere dich dafür, was einst geschehen ist, sonst passiert es wieder. Gebt nicht die alten Rollen auf. Seid fromm. Lasst Euch nicht mit dem Teufel ein, ihr könnt ihn nicht betrügen." Eindeutig: Die Intention der *Schwarzen Spinne* ist ultrakonservativ, moralisch (!) problematisch nicht nur, sondern verwerflich, was das Frauenbild und die starre Orientierung an patriarchalischer Herrschaft angeht. Und dennoch: „Wer erfindet denn eigentlich die aus einem Gesicht wachsende Spinne, von wem stammen all die Visionen des puren Grauens. (...) Gotthelf selbst ist es, der Autor, der den Frieden zerstört, der Spinnen wuchern und Krebsgeschwüre zum Leben erwachen lässt, (...) ja letztlich ist der Spinnenalbtraum nicht so sehr der Gegensatz der frommen Idylle, sondern deren untrennbarer Bestandteil."[702] Was die Schlussaussage Kehlmanns angeht, ein modernes, gegenwärtiges Textverstehen: Dialektik zwischen Text- oder zumindest Autorintention und kritischer Rezeption. Und zuvor: eine Abwägung zwischen der inhaltlichen Aussage, der Intention einerseits und ihrer kreativen, auch sprachlich eindringlichen Umsetzung andererseits. Literatur und Moral.

„Schönheit" und Konsistenz

Was ist damit gemeint? „Im literarischen Roman geht es (...) nicht darum, den Mörder zu erraten, sondern herauszufinden, was das eigentliche Thema des Buchs ist. Erreicht ein Roman einen derartigen Grad an Komplexität und Subtilität, so gewinnt die **Erzählform** die Oberhand gegenüber dem vordergründigen Thema."[703] Es bleibt mir offen, was genau Pamuk mit „Erzählform" meint. Forsters Begriff der „**Schönheit**" als Teil oder besser als Resultat der vollkommenen Fabel scheint mir hier zumindest nahezuliegen. Leserorientiert spricht Sartre von der „**ästhetischen Freude**", auf die der Autor wie jeder Künstler abzielt, und „diese Gemütsverfassung, wenn sie auftaucht," sei „ein Zeichen für die Vollendung des Werkes".[704] Der Aspekt des delectare erhält hier seinen spezifisch anspruchsvollen Inhalt.[705] Im Hintergrund leuchtet auf, so scheint es, die traditionelle Hermeneutik, z.B. Wolfgang Kaysers Buch *Das sprachliche Kunstwerk* (1948): Die „**ästhetische Form**" ist der höchste Wert, das meint „Einheit", „Ganzheit", „Stimmigkeit aller Formelemente" in Orientierung an der „eigenen Intentionalität" des Werkes; davon abgeleitet sind ästhetische „Betroffenheit", die das Kunstwerk als Kunstwerk ausweist, und „Erkenntnisgewinn" durch „Distanz", eingeschlossen ist davon wiederum das „implizite Sprechen", das meint: „Der Gehalt des Kunstwerks ergibt sich nur vermittelt durch seine Gestalt."[706]

Ich versuche zu konkretisieren mit dem Rückgriff wieder auf Forster: Das „**Modell**" als perfekt durchstrukturierte Form: „ein ästhetischer Aspekt des Romans, der, obgleich er aus allem und jedem im Roman – Charakter, Szene, Worten – seine Nahrung ziehen kann, hauptsächlich von der Fabel genährt wird."[707] Der Roman als geschlossenes Ganzes, entwickelt geradezu zu einer geometrischen Form: *Thais* (1890) von Anatole France z.B. realisiere oder erinnere in seiner Struktur an eine Sanduhr, *Roman Pictures* (1923) von Percy Lubbock an das Bild des Reigens. Ich erinnere an die Forderungen Milan Kunderas im Abschnitt „Klare Struktur", Forster hat wohl Ähnliches im Blick, kommt aber zu einer anderen Wertung: Unter dem Aspekt des Modells genauer untersucht und beurteilt werden *Die Gesandten* (1903) von Henry James; der Roman gleiche ebenfalls in der formalen Anlage einer Sanduhr. An der Fabel weist E.M. Forster dies nach und wertet: „Die Schönheit, die über *The Ambassadors* ausgegossen liegt, ist der Lohn, den ein glänzender Schriftsteller sich hart erarbeitet. (...) Doch um welchen Preis!" Im Interesse der Form liege hier die drastische Beschneidung der Zahl von Menschenwesen wie auch ihrer Eigenschaften. „Je mehr James schrieb, umso fester wurde er überzeugt, dass ein Roman ein geschlossenes Ganzes sein solle – nicht unbedingt geometrisch wie *The Ambassadors*. Doch solle er sich um ein bestimmtes Thema, eine Situation, eine Gebärde ranken, wodurch die Charaktere festgelegt würden und eine Fabel sich ergeben müsse (...). Eine Form muss sich ergeben, und alles, was herausragt, muss als zügellose Abschweifung weggeschnitten werden. Was aber wäre zügelloser als Menschenwesen? Man versetze Tom Jones, Emma (...) in ein Buch von Henry James – und es wird zu Asche verbrennen".[708] In seiner Wertung dieses Aspekts gelangt Forster zu einem sehr kritischen Resultat: Das streng durchgeführte Modell, „wenn es nur Einheit bedeutet. Ist das mit dem unermesslichen Reichtum des Lebens zu vereinbaren?" Das starre Modell, es „schlägt die Tür zum Leben zu (...). Der Roman verträgt nicht so viel künstliche Entwicklung wie das Drama; seine Menschlichkeit (...) steht dagegen."[709] Festzuhalten bleibt aber der Begriff der **Konsistenz**.

Konsistenz entsteht u.a. durch **Motive**: Forster spricht von „Rhythmus", und definiert ihn als „Wiederholung plus Abwandlung". Entscheidend, das Motiv/ der Rhythmus müsse bedeutungs- und gewichtungsvariabel sein: „Schlecht gemacht, ist Rhythmus höchst unerfreulich; er verhärtet sich zum Symbol und lässt uns stolpern"[710]. Forsters Beispiel ist Proust: „Das Buch ist chaotisch, hat einen schlechten Aufbau, es hat keine äußere Gestalt und will sie nicht haben; und doch hat es einen Zusammenhalt, weil es von innen genäht ist, weil es Rhythmen enthält" – z.B. die minutiöse Darstellung der Großmutter, die Eifersucht bei den Protagonisten. Das wichtigste Beispiel, „unter dem Gesichtspunkt des inneren Zusammenhangs, ist die ›kleine Phrase‹ in der Musik von Vinteuil. Mehr als irgend etwas anderes – mehr auch als die Eifersucht, die nacheinander Swann, den Helden selbst und Charlus verzehrt – lässt die kleine Phrase uns fühlen, dass wir in einer homogenen Welt sind. (...) Die kleine Phrase geht wieder und wieder durch das Buch, nur als Echo, als Reminiszenz"[711]. Sie habe ihre „Kraft darauf verlegt (...), Prousts Buch innerlich zusammenzunähen, und darauf, Schönheit aufzurichten und die Erinnerung des Lesers zu entzücken. Es gibt Augenblicke, wo die kleine Phrase (...) für den Leser jede mögliche Bedeutung annimmt, dann Augenblicke, wo sie nichts besagt und in Vergessenheit gerät. Und das scheint mir die Funktion des Rhythmus in der Erzählung zu sein: (...) uns durch ihr reizvolles Zunehmen und Hinschwinden zu überraschen, zu beleben und mit Hoffnung zu erfüllen."[712] Ähnlich formuliert Martin Mosebach: „Auch der schwärzeste Roman, der von der tiefsten Hoffnungslosigkeit erfüllt ist, verzichtet nicht auf diese Erzeugung einer bedeutungsvollen Ordnung, er stellt seine Figuren in ein Beziehungsnetz, und bestehe es nur aus Wörtern, das ihnen ein über sie selbst hinausweisendes Format gibt."[713] Das

Resultat kann Horizonte eröffnen: „Die Mauern der sinnlichen Erfahrung werden durchlässig, jede Erscheinung wird vorläufig, die Bezüge der Gegenstände verfilzen sich. Eine solcherart angestachelte Phantasie, die sich von jeder Erscheinung aus ins Grenzenlose assoziieren kann, erblickt dann mühelos in der Gestalt eines jüdischen Anzeigenakquisiteurs aus Dublin den homerischen Odysseus und in dem bourgeoisen Häuschen der Tante Leonie in einer langweiligen französischen Provinzstadt das Paradies, aus dem die ersten Menschen vertrieben worden sind."[714]

In seinen *Frankfurter Poetikvorlesungen* geht Wilhelm Genazino daher konsequent begrifflich noch einen Schritt weiter hin zum **Symbol:** „Immer wieder sind die Protagonisten in meinen Büchern unterwegs auf der Suche nach solchen leistungsstarken Symbolen, in die sie ihr wackeliges Innenleben einklinken und dann gestärkt von dannen ziehen können. Häufig bieten sich Gegenstände an, die anstelle der überforderten Erzähler deren heikle Befindlichkeiten ausdrücken. In dem Roman *Die Kassiererinnen* (1998) steht der Satz: ›Überhaupt übernahmen die Dinge die Darstellung der Situation.‹ Mal sind es, in einem Krankenzimmer, drei dürftige Salatblätter, die den baldigen Tod eines Patienten ankündigen; mal ist es ein Löffel im Anzug eines Mannes, der dessen zerfetztes Leben ausdrückt, oder es ist ein Strumpf, der im Erzähler die Empfindung der Lächerlichkeit seines Lebens auslöst. Ein besonderer Gefühlsbegleiter ist der Koffer."[715] Und in der Tat: „Die Sprichwörtlichkeit des Koffermotivs ist in der Moderne repräsentativ geworden; jeder kennt die Rede vom Koffer, der plötzlich auf dem Speicher gefunden wird, ebenso die Rede vom Koffer, den wir im Nirgendwo zurückgelassen haben, ebenso die Rede vom Koffer, den wir ganz rasch mit dem Allernötigsten haben füllen müssen, ehe wir aufgrund bösartiger neuer Machtverhältnisse haben fliehen müssen von irgendwo nach irgendwo."[716] Last not least, wie Genazino mit dem Verweis auf Freud erinnert, seit der Bibel ist die Hohlraum-Phantasie dem weiblichen Geschlecht zugeordnet: „Das Weib ist ein schwaches Gefäß."[717]

Ein eindringliches Beispiel nennt Italo Calvino: „Ein komplexeres Symbol, das mir die größten Möglichkeiten gegeben hat, die Spannung zwischen geometrischer Rationalität und dem Gewirr der menschlichen Existenzen auszudrücken, ist das der Stadt. Mein dichtestes Buch, in dem ich glaube, am meisten gesagt zu haben, bleibt *Die unsichtbaren Städte* (1972), weil es mir darin gelungen ist, in einem einzigen Symbol alle meine Reflexionen, Erfahrungen und Mutmaßungen zu konzentrieren; und weil ich eine facettenreiche Struktur errichtet habe, in der jeder kurze Text den anderen nahe bleibt in einer Abfolge, die keine Folgerichtigkeit und auch keine Hierarchie impliziert, sondern ein Netz, auf dem man vielerlei Routen verfolgen kann und vielerlei vielfach verzweigte Schlussfolgerungen ziehen kann."[718]

Die Stadt als Symbol. Generell ist in diesem Zusammenhang von Interesse der Raum in erzählenden Texten: Der Erzähler von Albert Camus' Roman *Die Pest* (1947) beschreibt zu Beginn die Stadt Oran und ihre Bewohner zunächst als „eine ganz gewöhnliche Stadt, nichts mehr und nichts weniger als eine französische Präfektur an der algerischen Küste." Von den „vielen anderen Handelsstädten auf dem ganzen Erdball" unterscheidet sie sich allerdings als eine Stadt, „die keine Tauben, keine Bäume und keine Gärten besitzt, in der weder Flügelschlag noch Blätterrauschen zu hören ist". Insgesamt „ein farblos nüchterner Ort! Einzig am Himmel ist der Wechsel der Jahreszeiten abzulesen. (...) Eine bewährte Art, eine Stadt kennenzulernen, besteht darin, herauszufinden, wie ihre Bewohner arbeiten, wie sie lieben und wie sie sterben. In unserem Städtchen vermengt sich dies alles und geschieht mit der gleichen Maßlosigkeit, doch ohne innere Anteilnahme."[719] Der Ort wird semantisiert zu einem „Ort der Leblosigkeit (...). Noch bevor also in der Stadt die Pest ausbricht, erscheint die Stadt als ein gewissermaßen toter Ort."[720]

In der neueren Romantheorie wird der Begriff des Symbols erweitert: Es geht nicht um das Symbol im Unterschied zur Allegorie, zur Metapher oder etwa Metonymie[721]. Leserperspektivisch gesehen kann ein Symbol „vorliegen, wenn einem etwas besonders auffällt, ins Auge sticht, sei es durch den Nachdruck, mit dem es erwähnt wird, sei es durch die Häufigkeit, mit der es auftaucht."[722] Ausgehend von magischen Gegenständen in Märchen, Sagen und mittelalterlichen Ritterromanen verlängert Italo Calvino die Linie: „ Im realistisch-bürgerlichen Roman wird Mambrinos Helm zur Schüssel eines Barbiers, verliert aber dadurch weder an Wichtigkeit noch an Bedeutung; ebenso wird allen Gegenständen, die Robinson Crusoe aus dem havarierten Schiff retten kann, sowie denen, die er mit seinen Händen herstellt, größte Wichtigkeit beigemessen. Ich würde sagen, sobald in einer Erzählung ein Gegenstand auftaucht, lädt er sich mit einer besonderen Kraft auf, wird gewissermaßen Pol eines Magnetfeldes, ein Knoten in einem Netz von unsichtbaren Beziehungen. Die Symbolik eines Gegenstandes kann mehr oder weniger deutlich ausgeprägt sein, vorhanden ist sie immer. Wir können geradezu sagen, in einer Erzählung ist ein Gegenstand immer ein magischer Gegenstand."[723] Christoph Bode verallgemeinert: „Hier bedeuten Zeichen über ihren wörtlichen Sinn hinaus offensichtlich auch noch mehr und etwas anderes", und weiter noch: „Der literarische Text ist der symbolische Text, weil er immer schon, als ganzer, mehr und anderes bedeutet, als er sagt: *Robinson Crusoe* schildert nicht nur einen ,tatsächlichen' Schiffbruch und das Überleben danach. (...) Literarische Texte lesen heißt: darauf zu achten, was sie sonst noch alles bedeuten können und welche Angebote zur Sinn-Stiftung sie unterbreiten."[724]

Exemplarisch: „In E.M. Forsters *A Room with a View* (1908) geht es anfangs nur darum, dass die junge, unerfahrene Lucy Honeychurch während ihres Florenzbesuchs kein Hotelzimmer mit Aussicht, d.h. mit Blick auf den Arno bekommen hat. Im Laufe des Romans wird dann bald deutlich (...), dass es auch um freie Sicht und eigene Ansichten und Meinungen geht, also um die (schließlich erfolgreiche) Emanzipation der Lucy Honeychurch aus einengenden Konventionen und Bevormundungen. Wenn sie am Ende, wieder in Florenz, ein Zimmer mit Aussicht hat, weiß man, dass sie viel, viel mehr als nur einen Blick auf den Arno gewonnen hat."[725]

Die Bestimmung des Symbols in der (erzählenden) Literatur und das Beispiel lenken den Blick in zwei Richtungen: einmal zurück in das Kriterium, das ich „verwertbare Aussagen" genannt habe, und einen Schritt weiter in das weite, unterschiedlich konkretisierte Feld symbolisch aufgeladener oder semantisierter Räume – von J.R.R. Tolkiens *Herr der Ringe* (1954/55) bis zu Kafkas *Schloss* (1926).

Vielschichtigkeit

Malcolm Lowry liefert im Vorwort seines Romans *Unter dem Vulkan* (1947) Interpretationshinweise, besser gesagt, Hinweise auf die Vielschichtigkeit des Werkes, romangeschichtlich wohl einzigartig: Wir kennen Thomas Manns Buch *Die Entstehung des Doktor Faustus* (1949), wir kennen zu Umberto Ecos *Der Name der Rose* das Vorwort *Natürlich, eine alte Handschrift* und die *Nachschrift zum ›Namen der Rose‹* (1983), unbesehen davon gilt für Eco wie für Mann: „Ein Erzähler darf das eigene Werk nicht interpretieren, anderenfalls hätte er keinen Roman geschrieben, denn ein Roman ist eine Maschine zur Erzeugung von Interpretationen"[726]. Umso überraschender Lowrys Vorgehen, ich zitiere daher einmal ausführlich:

- „Die Erzählung", so erinnert Lowry einen Brief an den Verleger, „beginnt am Tag der Toten im November 1939, in dem Hotel Casino de la Selva (selva in der Bedeutung von Wald), und vielleicht ist es nicht unwichtig zu erwähnen, dass das Buch ursprünglich auf eine ziemlich anmaßende Weise auf dem ewig währenden Modell der *Toten Seelen* von Gogol und wie der erste Teil einer trunkenen *Göttlichen Komödie* konzipiert war. Das Fegefeuer und das Paradies sollten folgen, und der Protagonist, wie Tschitschikow, von Etappe zu Etappe etwas besser oder, je nach Ansicht, etwas schlechter werden. (Obschon nach einem jüngeren Gewährsmann, dem unglaublichen Vladimir Nabokov, die von Gogol postulierte Folge eher lauten müsste: Verbrechen, Sühne, Erlösung. Gogol warf Sühne und Erlösung fast ganz ins Feuer.) Das Thema des dunklen Waldes, das im siebten Kapitel noch einmal angedeutet wird, wenn der Konsul die unheilkündende cantina El Bosque, was auch Wald heißt, betritt, löst sich im neunten Kapitel, das vom Tod der Heldin berichtet und in dem der Wald zur Wirklichkeit und zum Verhängnis wird.
  Dieses erste Kapitel wird durch die Augen eines französischen Filmregisseurs, Jacques Lamelle, gesehen. Er nimmt eine Art Ortsbestimmung vor, so wie er auch den langsamen, melancholischen und traurigen Rhythmus Mexikos anstimmt, jenes Mexikos, in dem mehrere Rassen zusammentrafen, jener antiken Arena politischer und sozialer Konflikte, wo ein dunkelhäutiges und geniales Volk, Waldo Frank hat es – glaube ich – nachgewiesen, eine Religion ausübt, die man eine des Todes nennen kann. Es ist der ideale Schauplatz für den Kampf eines Menschen gegen die Mächte der Finsternis und des Lichts.

Nachdem Jacques Lamelle das Casino de la Selva verlassen hat, findet er sich vor der barranca wieder, die eine große Rolle in der Geschichte spielt und auch die Schlucht ist, jener verflixte Abgrund, den sich jeder rechtschaffene Mensch heutzutage leistet, und natürlich auch, je nach dem Geschmack des Lesers, einfach die Gosse.

Das Kapitel endet in einer anderen cantina, wohin die Menschen vor einem unerwarteten Sturm geflüchtet sind, während überall sonst auf der Welt die Menschen auf allen vieren nach einem Schutz vor Bomben suchen, dann gehen die Lichter aus, während sie auf der ganzen Welt schon ausgegangen sind. Draußen, in der Sturmnacht, dreht sich das Lichterrad ... Dieses Rad ist ein auf dem Marktplatz errichtetes Riesenrad, aber auch, so ihr wollt, vieles andere: das Rad des Gesetzes, das Rad Buddhas, es ist auch die Ewigkeit, das Symbol der ewigen Wiederkehr. Dieses Rad, das auf die Form des Buches selbst hinweist, kann auch, auf eine selbstverständlich kinematographische Weise, als das Rad der Zeit betrachtet werden, das sich rückwärts zu drehen beginnt, bis wir das vorhergehende Jahr erreichen. Denn der Anfang des zweiten Kapitels bringt uns zu dem Tag der Toten des vorigen Jahres zurück, zum November 1938.“

Und weiter: Das Buch „setzt sich aus zwölf Kapiteln zusammen, und der Kern der Erzählung ist in einem einzigen Tag von zwölf Stunden enthalten. Desgleichen besteht ein Jahr aus zwölf Monaten, und das ganze Buch ist in den Grenzen eines Jahres eingeschlossen, während jene tiefe Schicht des Romans oder des Gedichts, die zum Mythos gehört, sich auf die jüdische Kabbala bezieht, in der die Zahl zwölf von höchster Bedeutung ist. Die Kabbala wird für poetische Zwecke genutzt, da sie das geistige Streben des Menschen darstellt. Der Baum des Lebens, ihr Emblem, ist eine Art komplizierte Leiter, deren oberste Sprosse sich Kether nennt oder Licht, während in ihrer Mitte irgendwo ein Abgrund klafft. Der geistige Bezirk des Konsuls dürfte Qliphot sein, die Welt der Schuppentiere und Dämonen, dargestellt durch den gestürzten Lebensbaum und von Beelzebub beherrscht, dem Gott der Fliegen. (...) In der jüdischen Kabbala wird der Missbrauch magischer Kräfte mit der Trunkenheit verglichen oder dem Missbrauch des Weins. Das hebräische Wort sod bezeichnet, wenn ich mich recht entsinne, diesen Zustand. Dem Wort sod schreibt man auch die Bedeutung von Garten oder verwahrlostem Garten zu, und die Kabbala selbst wird mitunter als Garten angesehen (vergleichbar natürlich dem Garten, in dem der Baum mit der verbotenen Frucht wächst, die uns die Wissenschaft vom Guten und Bösen lehrte), in dessen Mitte der Lebensbaum eingepflanzt ist. Wie immer, diesen Dingen mögen viele unserer Legenden entspringen, die vom Ursprung des Menschen handeln, und William James, wenn nicht Freud könnten sich mit meiner Behauptung einverstanden erklären, dass die Agonien des Säufers eine sehr exakte Entsprechung in den Agonien des Mystikers finden, der seine Kräfte missbraucht hat. Der Konsul hat dies alles auf eine grandios trunkene Weise zusammengebraut: In Mexiko ist der Mescal ein Getränk vom Donner Gottes, das jedoch in jedweder cantina leichter zu haben ist als, sagen wir, schottischer Whisky in der Impasse des Deux-Anges. (Wenn ich damit dem Mescal und Tequila Unrecht tue, Getränke, die ich sehr schätze, sollte ich mich dafür vielleicht bei der mexikanischen Regierung entschuldigen.) Aber der Mescal ist auch eine Droge, die man in der Form von ›Mescal-körnern‹ zu sich nimmt, und das Transzendierende seiner Wirkungen ist eine der bekannteren Prüfungen, die Okkultisten zu bestehen haben. Es scheint, als sei der Konsul dort angelangt, wo er beide Zustände verwechselt, und nach allem hat er damit vielleicht nicht unrecht.

Dieser Roman hat, mit den Worten Edmund Wilsons, die Mächte zum Thema, die den Menschen belagern und ihn in Schrecken vor sich selbst versetzen. Sein Thema ist auch der Sturz des Menschen, seine Gewissensqual, sein unaufhörlicher Kampf für das Licht unter dem Gewicht des Vergangenen, sein Verhängnis. Die Allegorie ist die des Garten Eden, jenes Gartens, der die Welt darstellt, aus der wir heute mehr Gefahr laufen, vertrieben zu werden, als zu der Zeit, da ich das Buch schrieb. Auf einer Ebene des Buches soll die Trunkenheit des Konsuls die allumfassende Trunkenheit der Welt symbolisieren, während des Krieges, während der Zeit, die ihm vorausging, zu allen Zeiten. Das Schicksal meines Helden kann im Verlauf der zwölf Kapitel immer in Beziehung gesehen werden zu dem Schicksal der Menschheit.

›Ich lege Wert auf die Zahl 12‹, fuhr ich [in jenem Brief an den Verleger] fort. ›Es ist, als hörte ich eine Uhr Mitternacht schlagen für Faust; wenn ich den langsamen Fortgang der Kapitel bedenke, dann spüre ich, dass es dazu bestimmt ist, 12 Kapitel zu haben, und nichts mehr oder weniger wird mich befriedigen. Was das Übrige betrifft, so ist das Buch auf zahlreichen Ebenen geschrieben. Mein Vorgehen bestand darin, soweit wie möglich zu klären, was sich mir anfangs als kompliziert und esoterisch darstellte. Der Roman kann einfach als eine Geschichte gelesen werden, bei der man einiges überschlagen kann, wenn man will. Er kann aber auch als eine Geschichte gelesen werden, von der man mehr haben wird, wenn man nichts überschlägt. Er kann als eine Art Symphonie betrachtet werden, oder in anderer Hinsicht als eine Art Oper- oder sogar als Wildwest-Film. Ich wollte aus ihm eine Hot Music, ein Poem, ein Chanson, eine Tragödie, eine Komödie, eine Farce und noch mehr machen. Er ist oberflächlich, tiefgründig, unterhaltend, todlangweilig – je nach Geschmack. Er ist eine Prophetie, eine politische Warnung, ein Kryptogramm, ein irrer Film, ein Menetekel, eine Wandparole. Man kann ihn als eine Art Maschine ansehen: er funktioniert, das können Sie mir glauben; ich habe es am eigenen Leib erfahren. Für den Fall, dass Sie denken, ich hätte alles andere geschrieben als einen Roman, antworte ich, dass ich wirklich einen Roman schreiben wollte – einen verdammt ernst gemeinten dazu.‹

Mit einem Wort: ich strengte mich schrecklich an, um die Idee zu erklären, die ich mir von meinem unglückseligen Schmöker machte, ich führte einen gewaltigen Kampf um das Buch, so wie es war und wie es dann auch gedruckt wurde. Und erinnern Sie sich daran, dass ich dies alles in Mexiko geschrieben habe, am gleichen Ort, wo ich vor zehn Jahren das Buch begonnen hatte und wo ich letzten Endes aus den Händen des gleichen kleinen Briefträgers, der dem Konsul seine verspätete Karte brachte, die Nachricht erhielt, dass es angenommen war.

Nach diesem langen Vorspruch wäre es vielleicht ehrlich zu gestehen, dass die Idee, die meinem Herzen teuer war, darin bestand, ein in seiner Art bahnbrechendes Werk zu verfassen und endlich eine authentische Trinkergeschichte zu schreiben. Ich weiß nicht, ob mir das gelungen ist. Und nun bitte ich Sie, lieber Freund, Ihren Spaziergang fortzusetzen und das Buch in die Fünf-Groschen-Kiste des Antiquars zurückzulegen, dorthin, wo Sie es gefunden haben.

Malcolm Lowry, Paris September 1948"[727]

Was heißt das nun? Gewinnt der Roman dadurch an Qualität gegenüber einem schlichten Erzählen? Gehört er zur Weltliteratur wegen seiner Vielschichtigkeit? Muss Weltliteratur derart vielschichtig sein, auf unterschiedlichen Verständnis- oder Bedeutungsebenen gelesen werden können? Ich assoziiere neben Umberto Ecos *Der Name der Rose,* Thomas Manns *Die Bekenntnisse des Hochstaplers Felix Krull,* James Joyce mit *Ulysses* und *Finnegans Wake* oder die Romane Kafkas. Weltliteratur. Drei andere Beispiele:

- Ernst Wilhelm Händler: *Fall* (1997). Ich zitiere zunächst eine der überwiegend bewundernden Kritiken und nehme danach Stellung:

„Es gibt Schriftsteller wie Franz Kafka, die eine ganze Kultur geprägt haben. Thomas Bernhard hat mit seiner Rhetorik der Wiederholung und Übertreibung einen ganzen Schwarm von Autoren in seinen Bann gezogen. Ein Bernhard-Epigone ist sicherlich der 1993 verstorbene Gert Hofmann. Autoren wie er orientieren sich an großen Vorbildern, studieren sie genau, lehnen sich an, schöpfen Kraft, erwerben sich Fähigkeiten. Sie zeigen, woher sie kommen - und machen dann doch etwas ganz und gar Eigenständiges. Der neue Roman des Schriftstellers Ernst Wilhelm Händler, genannt *Fall*, lehnt sich stilistisch und inhaltlich eng an große Erzählwerke unserer Zeit an. Selbstbewusst tritt er in die Stapfen der Großen – und geht mit ihnen seinen eigenen Weg. Bis in die Figurenkonstellation, die Raumsemantik, die Erzählsituation hinein orientiert er sich vor allem an zwei Romanen: An Thomas Bernhards *Auslöschung* und an Gert Hofmanns *Auf dem Turm*. Beide Texte und ihre dargestellten Welten bilden das Ausgangs- und Spielmaterial von Händlers Roman. Gegeben ist eine Hauptfigur, Georg Voigtländer, seit dem Tod seines Vaters Geschäftsführer eines Familienbetriebs. Der Familienbetrieb soll aus wirtschaftlichen und rechtlichen Erwägungen in eine andere Gesellschaftsform umgewandelt werden. Der ›Geschäftswelt‹, die ganz originär auf Händler zurückgehen dürfte, steht eine künstlerisch-literarische Welt gegenüber, und zwar dergestalt, dass Voigtländer mit den Figuren aus Bernhards und Hofmanns Romanen gesellschaftlich verkehrt. Auf seinen Geschäftsreisen nach Italien begegnet Voigtländer Gambetti, Spadolini und Murau (aus Bernhards *Auslöschung*), sowie einem Schriftsteller-Ehepaar (entliehen aus Hofmanns Roman *Auf dem Turm*, dann einigen Transformationen unterworfen). Händler sagt es nicht ganz explizit, dass er diese Figuren aus anderen literarischen Werken abgeleitet und ihnen hier ein gleichfalls literarisches Weiterleben beschert hat. Aber er hat vielfältige und deutliche Spuren ausgelegt, die aufmerksamen Lesern nicht verborgen bleiben dürften, und er hat sich, zumindest was Bernhard betrifft, auf einen in unserer Kultur kanonischen Text bezogen, so dass er davon ausgehen kann, dass sein Spiel mit Fremdtexten erkannt wird. Auf einen weiteren wichtigen Referenztext, der nicht so bekannt sein dürfte, auf Paul Wührs *Das falsche Buch*, hat er sogar explizit hingewiesen – dieser Roman hat aber einen anderen Status für Händlers Fiktion, insofern die Akteure des *Falschen*

Buchs bei Händler selbst keine Rolle spielen. Es ist ein ›Strategiespiel‹ aus dem *Falschen Buch*, das hier eine tragende Funktion bekommt.

Händlers Roman heißt *Fall*: Das ist einmal im Wittgensteinschen Sinne (von dem auch das Motto des Romans stammt) zu verstehen: ›Die Welt ist alles, was der Fall ist‹, gleichgültig, ob es eine literarisch präfigurierte oder ›reale‹ Welt ist (auch in der Literatur ist diese Unterscheidung keineswegs obsolet). *Fall* ist wörtlich und metaphorisch zu verstehen: Gert Hofmann erzählt in seinem Roman *Auf dem Turm* die Geschichte eines tödlichen Sprungs in die Tiefe. Voigtländer erlebt seinen Sturz in der Hierarchie der eigenen Firma. Auch als Schriftsteller erlebt Voigtländer ein Desaster: Sein Verleger Franz Greno aus Nördlingen ist mit seinem anspruchvollen Programm zu Fall gekommen und muss Konkurs anmelden. Voigtländers Roman, obwohl schon ausgedruckt, kann nicht erscheinen. Für genau dieses Fallen aus großer Höhe, für dieses Abstürzen in den wörtlichen oder metaphorischen Tod braucht Händler *Das falsche Buch*. Paul Wühr, so hat Händler in einem Gespräch mit dem DeutschlandRadio („Studio LCB") gesagt, sei ein Autor, dessen Methode es sei, ›an den Sachen zu drehen‹. Im ›Todesversteckspiel‹ des *Falschen Buchs* läßt Paul Wühr seine Figuren in eine Art ›Überlebensturm‹ einziehen. Die aus Gert Hofmanns Roman bekannte tödliche Fallhöhe wird hier durch ständiges ›Umdrehen‹ des Turms neutralisiert. Das Innere des Turms, das Innere des Romans schlechthin, erscheint plötzlich dem Weltmodell des Demokrit vergleichbar, in dem die Atome durch den leeren, endlosen Raum fallen, aber ständig ihre Fallrichtung ändern – und damit auch ihre Intention.

Kein Zweifel, es ist riskant, was Händler hier versucht: Ein virtuoses Palimpsest auf der Basis von Einzeltexten und literarischen und philosophischen Diskursen (›Kafka‹ und ›Wittgenstein‹ scheinen immer präsent zu sein) zu entwerfen. Aber es ist auch legitim: Im Zeitalter der technischen Reproduzierbarkeit des Kunstwerks muss es erlaubt sein, das originale Werk zu verändern und zu erweitern. Dadurch geht es ja nicht verloren, sondern wir besitzen es weiterhin plus einer Variante von ihm: Zwei Kunstwerke, die wiederum reproduziert werden können, die nebeneinander existieren, die aufeinander verweisen und sich gegenseitig interpretieren. Händler ist auch nicht der erste Autor, der das wagt: Jean Améry etwa publizierte 1978 seinen Romanessay *Charles Bovary, Landarzt*, in dem er Flauberts Charakterstudie dieses ›einfachen Mannes‹ korrigierte. In ähnlicher Weise verändert Händlers ›Roman aus Romanen‹ ständig sein Ausgangsmaterial, zum Beispiel die Fabel der *Auslöschung*: Der Privatgelehrte Murau aus Bernhards Roman schenkt das ererbte Landgut Wolfsegg nicht der Israelitischen Kultusgemeinde in Wien, wie von Thomas Bernhard beschrieben, sondern er spielt das Todesversteckspielregelspiel – er vermacht es Georg Voigtländer und entzieht es ihm wieder.

Noch Fragen? Nach allem, was man jetzt über Händlers Roman weiß, und es ist wenig genug, wird man sich vielleicht des Eindrucks nicht erwehren können, es handle sich bei *Fall* nur um bloße ›Literaturliteratur‹. Etwas für Eingeweihte. Dem ist nicht so. Aber Händlers Buch scheint mir wie kein anderes dazu geeignet zu sein, unser Leseverhalten und die Bedingungen des Marktes auf die Probe zu stellen. Denn er fordert uns in einer Weise, die – ganz bewusst – gegen die Mechanismen des Literaturbetriebs arbeitet. Zum einen fordert sein Roman, zumindest vom seriösen Kritiker, auch die Referenztexte zu lesen bzw. erneut zu lesen. Denn niemand dürfte Bernhards *Auslöschung* und Hofmanns *Auf dem Turm* oder gar Paul Wührs ›Todesversteckspielregelspiel‹ so parat haben, dass er sofort bestimmen könnte, wie Händler mit diesen Texten arbeitet. Händler also stellt die Rezeption seines Buches unter die Postulate der Genauigkeit, Gewissenhaftigkeit, Gründlichkeit und – Langsamkeit. Dieses Buch stellt sich damit quer zum Literaturbetrieb, der Bücher eigentlich nur noch dann durchsetzen kann, wenn sie sich von Werbung und Kritik schnell, griffig und plakativ verschlagworten lassen. Erfolg bei der Kritik und ökonomischer Erfolg von Literatur ist denn auch ein wichtiges Thema von Händlers Roman. Wie bereits angesprochen hat Georg Voigtländer, der Kaufmann, der den größten Teil seines privaten Lebens in einer Literaturwelt verbringt, einen Roman geschrieben, der bei Greno erscheinen soll. Voigtländer muss mitansehen, wie Greno zwar als Märchenprinz von den Medien gefeiert wird, zur gleichen Zeit aber ökonomisch scheitert. Auch Voigtländer scheitert im ökonomischen Raum, weil er sich nicht an die Spielregeln der ›Corporate world‹ hält, sondern zu sehr den Regeln der Literaturwelt unterworfen bleibt.

Letztlich sind es die ästhetischen Qualitäten, die überzeugen müssen. Händler stellt uns in *Fall* die harte Geschäftswelt dar, den versteckt und verbissen geführten Machtkampf innerhalb einer Firma, die Zynismen, die den modernen Consultingbereich dominieren, und er überträgt die strategischen Trockenübungen und operativen Planspiele aus den Chefetagen dieser Welt auf die allgemein erfahrbare Lebenswelt seiner Figuren.

Und das ist, so kühl-distanziert und ausgeklügelt diese Übertragung hier quasi durchdekliniert wird, eine ungeheuer spannende Leseerfahrung. Über die Machtkämpfe in der Firma erfährt der Leser vor allem aus Sitzungs- und Gedächtnisprotokollen, Geschäftsbriefen und dergleichen – aber diese diplomatischen und genau abgezirkelten, geregelten Redeformen vibrieren unterschwellig so stark, dass man sich ihrer Spannung nicht entziehen kann. Hier erfährt der Leser geradezu körperlich, wie präzise Händler jedes Wort zu setzen weiß. Atemlos, ohne einschreiten zu können, muss der Leser mitansehen, wie Voigtländer den Boden unter den Füßen verliert. Voigtländer hat einmal ein Gespräch mit Hans Magnus Enzensberger, der bedauert, dass es in der deutschen Literatur ›keine sachkundigen Erzählungen oder Romane über die Innenwelt des Business‹ gebe. Doch hier, bei Händler, haben wir eine signifikante Ausnahme, hier haben wir genau diesen gnadenlosen und brutalen Blick ›von oben‹, den Enzensberger so schmerzlich vermisst hat. Und so ist dieses Buch zweifellos eine Bereicherung: Es tritt anspruchsvoll an uns heran, fordert uns einiges ab – aber es entschädigt für alle Mühen."[728]

„Letztlich sind es die ästhetischen Qualitäten, die überzeugen müssen." Das postmoderne Spiel mit Verweisen, mit Intertextualität ist zweifellos reizvoll, erhöht das intellektuelle Vergnügen des kundigen Lesers (= delectare), vermittelt als solches nicht aber schon Qualität. Ich komme in Differenz zu Lutz Hagestedt zu einem anderen Urteil, ich notierte am 12.02.2012: „Ich habe jetzt Händlers *Fall* mit hohen Erwartungen gelesen – und bin relativ enttäuscht.

- Der Lesereiz resultiert vor allem aus dem postmodernen Verfahren – ohne Kenntnis der Bezüge zu den Vorlagen bleibt manches wohl unklar oder fragwürdig in seinem Warum (Stringenz, Schlüssigkeit, Plausibilität, Funktion).
- Zunächst reizvoll, zunehmend aber verwirrend in der Kapitelfolge die unterschiedlichen (vier) Handlungs- und (noch einmal zwei) Dialogstränge; langwierig ermüdend die poetologischen Reflexionen des Schriftstellers und des Ich-Erzählers über Kunst und Wirklichkeit, Kunst und Philosophie, Lüge und Wahrheit (da ist Th. Bernhard selbst in seinem Wiederholungs- und Übertreibungszwang spannender).
- Nach über 250 Seiten Lektüre der Eindruck, dass sich die beiden Welten – die der Ökonomie (Voigtländer OHG und G. Verlag) und die des

postmodernen Spiels mit literarischen Vorlagen wohl doch nicht vermitteln oder gar in einen Roman integrieren ließen: schlüssig der Plot und seine Entwicklung in der ökonomischen Welt, gelegentlich reichlich willkürlich und funktional nicht einsichtig die dargestellten Fakten und Situationen aus der Literaturwelt[729]".

Das Fazit: ein sehr gemischtes Bild mit Licht und Schatten; gerade das intertextuelle Spiel, die Verweise und Bezugnahmen auf die Vorbilder sind in meiner Sicht ein Grund der Kritik.

- Mein zweites Beispiel ist David Mitchells *Wolkenatlas* (2004): Der Roman ist kunstvoll aufgebaut, strukturell identisch mit einem Sextett, das einer der Figuren des Romans schreibt; zwischen den sechs Geschichten gibt es eine Fülle unterschiedlicher Bezüge und Verweise; es gibt Bezüge auf Verweise auf andere Bücher des Autors – und es gibt eine Fülle von literarischen Anspielungen auf andere Autoren und Romane, aus der vielfältigen Kritik habe ich die Namen zusammengestellt: Thomas Pynchon: *V*, Nietzsche: *Zarathustra*, Thornton Wilder: *Die Brücke von San Luis Rey*, Ray Bradbury: *Fahrenheit 451*, William Gibson, Philip K. Dick, Thomas Mann, Michael Crichton, Bodo Kirchhoff, Martin Walser, George Orwell, Aldous Huxley, Don DeLillo, Italo Calvino, William Gaddis. Eine Fülle – aber im Unterschied zu Händler nicht störend, subtiler angelegt, von ausgewiesenen Literaturkennern nur zu entdecken, und dies in einem Roman, der sich auf der einfachen Ebene von Spannung und Lesevergnügen eines Schmökers genießen lässt. Keine Weltliteratur, aber ein Buch, quod delectat.
- Das dritte Beispiel, durchaus in irritierender Absicht hier genannt, ist J.R.R. Tolkiens *Herr der Ringe*. Daniel Kehlmann interpretiert ihn, ich zitiere sein Fazit: „*Der Herr der Ringe* ist ein Sprachkunstwerk von ähnlicher Komplexität wie *Ulysses* oder *Der Mann ohne Eigenschaften*, aber weil darin nun einmal Zwerge mit Äxten vorkommen, weil gezaubert und gekämpft wird und weil Orks sich nachts durch die Wälder schleichen, ist es leicht, das zu übersehen."[730]

Die Bedeutung des Lesers

Damit komme ich zurück auf das erste Kriterium „interessantes Thema". Einleiten möchte ich mit einem Zitat von Alberto Manguel aus seiner *Geschichte des Lesens* (1996) zum Verhältnis von Schreiber und Leser in den Anfängen der Schriftkultur: „Die ursprüngliche Beziehung zwischen Schreiber und Leser enthält ein wunderbares Paradox: Indem der Schreiber die Rolle des Lesers erschafft, verfügt er seinen eigenen Tod, denn um seinen Text abzuschließen, muss der Schreiber sich von ihm entfernen, aufhören zu existieren. Solange der Schreiber da ist, bleibt der Text unvollendet. Erst wenn er ihn freigibt, tritt der Text seine eigene, stumme Existenz an, stumm, bis ein Leser kommt und ihn liest. Im Auge des Lesekundigen dann entfaltet der eingeritzte Text sein aktives Leben."[731] In der Tat, es gilt auch heute: „Das literarische Werk als solches (...) ist nur der Potenz nach vorhanden, solange es nicht gelesen wird. Erst das Lesen aktualisiert diese Potenz. Das Werk existiert also nicht auf den bedruckten Seiten des Buches, sondern es geschieht im Leser. (...) Das Werk, sofern es Bestand hat, führt daher einen langen Dialog mit den Lesern der historischen Epochen."[732]

Peter Stamm beschreibt den Sachverhalt sehr klar: „Jedes Buch wird mindestens zweimal übersetzt, einmal vom Autor, einmal vom Leser. Der Autor schreibt ja nicht einfach, er beschreibt, verwandelt Bilder, Gedanken, lebendige oder fiktive Personen in Worte. Und der Leser kann kein Wort verstehen, ohne aus den Worten wieder Bilder, Gedanken, Personen entstehen zu lassen. Im Gegensatz zur Malerei oder zur Musik arbeitet die Literatur immer mit einem Code. Dieser Code ist höchst ungenau. Das Wort ›Haus‹ kann so gut ein Chalet im Berner Oberland meinen wie einen Wolkenkratzer in New York. Jede Leserin, jeder Leser sieht das Haus, das er oder sie sehen will. Die Bilder, die beim Lesen in unseren Köpfen entstehen, sind nicht die Bilder des Autors, es sind unsere eigenen Bilder. In einer seltsamen Zusammenarbeit zwischen Autor und Leser wird jede Geschichte, die wir lesen, auch zu unserer eigenen Geschichte. Nur so kann Literatur funktionieren."[733]

Eine gründliche Phänomenologie des Lesens als Interaktion verdanken wir Wolfgang Iser[734]: Der epische Text einerseits bietet uns klare Anweisungen und Signale (z. B. Andeutungen, Antizipationen), dann aber auch Unbestimmtheitsstellen, die uns zur Verbildlichung und Konkretion auffordern[735], Leerstellen, die der Sinnfüllung bedürfen, unterschiedliche Akzentuierungen zu den Charakteren, zur Fabel, zum Erzähler selbst; in der Formulierung Paul Ricoeurs: „Der Text gleicht einer Partitur, die auf verschiedene Weise ausgeführt werden kann."[736] Unabgeschlossen ist der Text darüber hinaus, „als die Welt, die er darstellen will, sich definieren lässt als ein Bestand von intentionalen Satzkorrelaten, die erst noch in ihrer Ganzheit erfasst werden müssen, damit diese Welt in den Blick kommt." Jeder Satz zielt über sich selbst hinaus, produziert eine Erwartung des Kommenden. „Im Unterschied zum Wahrnehmungsobjekt indes gewährt das literarische Objekt keine anschauliche ›Erfüllung‹ dieser Erwartungen; es kann sie nur modifizieren."[737] Auf der anderen Seite stehen wir mit unseren Lebensgeschichten und -erfahrungen, die unsere Assoziationen und Konkretionen leiten, unsere Interessen, unsere Aufmerksamkeit. Wolfgang Iser prägte die Metapher des ›wandernden Blickpunkts‹: Wir können den Text als ganzen „nie in einem einzigen Augenblick" erfassen; wenn wir uns durch den Text bewegen, befinden wir uns „als wandernder Blickpunkt innerhalb dessen (...), was es zu erfassen gilt"[738]. Noch einmal anders formuliert: Lesen heißt, „am Text entlang zu wandern, die eingetretenen Modifikationen (...) in die Erinnerung ›sinken‹ zu lassen und sich neuen Erwartungen zu öffnen, die wiederum ihrer Modifikation entgegensehen. Einzig dieser Prozess macht den Text zu einem Werk."[739]

Ricoeur konstatiert drei dialektische Prozesse zwischen Text und Leser: Der Mangel an Bestimmtheit und die Leerstellen erfordern durch den Leser Konkretion und Sinnsetzung; „die Lektüre wird, nach dem Wort von Northrop Frye, zu einem Picknick, zu dem der Autor die Worte und der Leser die Bedeutung mitbringt." Mangel an Bestimmtheit ist das eine, „Überschuss an Sinn" das andere: Insofern jeder Leser aus seiner Lebenserfahrung heraus liest, „erweist sich" der fiktionale Text „für die Lektüre als unerschöpflich"; darauf komme ich noch zurück. In der Suche des Lesers nach Kohärenz ist eine dritte Dialektik gegeben, die von Vertrautheit als Resultat einer Lektüre, die verstanden hat oder verstanden zu haben meint, und Unvertrautheit, Erfahrung von Unzugänglichkeit. „Diese drei Dialektiken machen zusammen genommen aus der Lektüre eine lebendige Erfahrung. (...) Der Autor, der seinen Leser am meisten achtet, ist nicht der, der es ihm am einfachsten macht, sondern der, der ihm am meisten Platz lässt für das kontrastreiche Spiel, das soeben beschrieben wurde." Es geht idealtypisch um das „Gleichgewicht zwischen den Signalen, die der Text bereithält, und der synthetischen Aktivität des Lesens" als Wirkung eines Prozesses, „durch den sich (...) die Konfiguration des Textes auf Strukturebene in seine Refiguration durch den Leser auf Erfahrungsebene übersetzt."[740]

Prägnant zusammenfassend formuliert die Bedeutung des Lesers Jean Paul Sartre: „Die vereinte Anstrengung des Autors und des Lesers lässt das konkrete und imaginäre Objekt erstehen. (...) Lesen scheint tatsächlich eine Synthese von Wahrnehmung und Schaffen zu sein."[741] Oder auch Urs Widmer: „Auch der Leser ist ein Schöpfer, er gestaltet lesend die Geschichte mit und in Teilen neu und macht sie so zu seiner Geschichte. Erst eine Geschichte, die so allgemein ist, dass die Leser sie als ihre Geschichte lesen können, betritt jenen öffentlichen Raum, den wir Literatur nennen."[742]

Das bedeutet aber auch: „Die von einem Roman angesprochene Leserschaft, das darin behandelte Thema, die relative Bedeutung der einzelnen Teile – das alles ändert sich im Lauf der Zeit. So wie eben auch das Zentrum des Romans. (...) Letztlich liegt die Kraft eines Romanzentrums nicht in sich selbst begründet, sondern in des Lesers Suche danach. (...) Sowohl Zentrum als auch Bedeutung eines Romans können von Leser zu Leser ganz unterschiedlich sein."[743] Erfrischend formuliert Reinhard Baumgart: „Wir wissen vom Leser das Einfachste nicht. Wir vermuten nur, dass ein beliebiger Leser aus den sprachlichen Informationen und Vorschlägen Dostojewskis sich einen Raskolnikow einbildet, der dem eines anderen Lesers womöglich nur wie ein zweieiiger Zwilling ähnelt, wenn überhaupt. Vermutlich gibt es ebenso viele Raskolnikows wie Leser von *Schuld und Sühne* und nie erreicht die Figur die Identität, auf die sie doch Anspruch erhebt. Dem einen wird dieses, dem anderen jenes Merkmal so unvergesslich, dass es andere verdeckt. Noch unvorhersehbarer ist die Wirkung größerer Erzählkomplexe. Wer früher ein glückliches Schulkind war, der mag Charles Bovarys oder Hanno Buddenbrooks Miseren im Klassenzimmer schlechthin für Krankenberichte halten. Ganze Bereiche des Gedruckten fallen während der Lektüre aus, andere erhellen sich übermäßig. Auch Misslungenes kann sich durch lesende Phantasie veredeln, so sehr womöglich, dass ein Leser mehr zu erfahren glaubt, als der Autor mitzuteilen meinte. Tausendfach gelesen, kommt ein Werk womöglich seiner Idee nahe, die aber die Idee seines Verfassers durchaus nicht sein muss. Wäre diese luftige Vermutung ein Trost? In jedem Lesenden wird eine Erzählung jeweils uraufgeführt, er allein inszeniert das Mitgeteilte. Schon der Rhythmus des Buchstabierens von Seiten verändert diese, ein schneller und ein zäher Leser machen verschiedene Erfahrungen."[744]

Dieses Faktum berührt die Frage der möglichen Lesarten, der möglichen Verstehensweisen und Interpretationen eines literarischen Textes, sie hat eine lange Tradition. In der Scholastik war der erste Schritt in der Erschließung eines Textes – eines Kirchenvaters oder eines antiken Textes – „die lectio, eine grammatische Analyse, in der jeder einzelne Satz in seine Bestandteile zerlegt wurde; das führte zur littera oder zum Wortlaut des Textes. Der littera folgte der sensus, die Deutung des Textes gemäß den verschiedenen kanonisierten Interpretationen.

Der Vorgang endete mit der einer Exegese, der sententia, in der die Meinungen der maßgeblichen Kommentatoren erörtert wurden. Ein solches Lesen sollte nicht zu einem individuellen Verständnis führen, sondern zur Fähigkeit, die Kommentare der Autoritäten wiederzugeben und zu vergleichen und auf diese Weise ›ein besserer Mensch‹ zu werden."[745] Wenn wir noch weiter zurückgreifen[746], stoßen wir auf die Talmudisten: Der Pentateuch, die fünf Bücher Moses, war früh schon ergänzt durch den Talmud, eine Sammlung von Gesetzen und ihrer Auslegung, „geschaffen, um die verschiedenen Schichten von Deutungen über viele Jahrhunderte zu bewahren, ausgehend vom 5. und 6. Jahrhundert (...) bis in die moderne Zeit (...) Weil es das Ziel der aschkenasischen Talmudgelehrten" – in Frankreich, Deutschland, Polen – „war, den Text auf jeder denkbaren Bedeutungsebene zu erschließen und auch alle Kommentare bis zurück zum Ursprungstext in die Auslegung einzubeziehen, wurde aus der Talmudliteratur eine sich selbst regenerierende Textsammlung, die sich unter der fortschreitenden Auslegung ständig weiterentwickelte, aber dabei die alten Deutungen nicht verdrängte, sondern in sich aufnahm."[747] Gewöhnlich bewegte man sich auf vier Bedeutungsebenen: der wörtlichen, der eingegrenzten, der rationalen und der mystischen Bedeutung. Die Evangelisten wiederum erkannten die Bedeutung der Bibel für die neue Lehre, im Lukasevangelium nimmt der auferstandene Christus ausdrücklich Bezug auf den Pentateuch, die Propheten und die Psalmen. „Es gibt 275 wörtliche Zitate aus dem Alten Testament im Neuen, dazu kommen 235 Erwähnungen. (...) Das Neue Testament, so schrieb Augustinus (...) ›ist verborgen im Alten Testament, während das Alte im Neuen offenbar wird‹."[748] Das theologische Resultat dieser Tradition veranschaulicht Alberto Manguel an Dante: „Um das Jahr 1316 schrieb Dante in einem berühmten Brief an den kaiserlichen Statthalter Cangrande della Scala, dass ein Text mindestens zwei Lesarten zulässt, ›denn wir erhalten eine Bedeutung aus den Buchstaben und eine andere aus dem, was die Buchstaben bezeichnen; die erste wird wörtlich genannt, aber die zweite allegorisch oder mystisch‹. Dante fährt fort, dass die allegorische Bedeutung drei weitere Lesarten umfasse. Als Beispiel nannte er den Bibelvers ›Als Israel aus Ägypten auszog, das Haus Jakob aus dem fremden Volk, da wurde Juda sein Heiligtum, Israel sein Reich‹ und erklärte: ›Denn wenn wir allein den Wortlaut betrachten, so haben wir vor uns den Auszug der Kinder Israels aus Ägypten zur Zeit Moses; betrachten wir die Allegorie, haben wir unsere Erlösung durch Christus; im analogischen Sinn wird uns die Rettung der Seele aus der Verdammnis und die Gnade vorgeführt; beim anagogischen[749] wird uns der Aufbruch der heiligen Seele aus den Fesseln der Verderbtheit in die

Freiheit der ewigen Herrlichkeit gezeigt. Obwohl diese mystischen Bedeutungen verschiedene Namen haben, können sie alle allegorisch genannt werden, da sie sich vom wörtlichen und vom historischen Sinn unterscheiden.‹ (…) Es scheint, dass ein Leser, um einen Text auch nur ansatzweise zu verstehen, orientiert sein muss über dessen Entstehung, den historischen Hintergrund, die besondere Wortwahl und sogar über jenes rätselhafte Etwas, das Thomas von Aquin als quem auctor intendit bezeichnete: die Absicht des Autors."[750]

Damit befinden wir uns jenseits der theologischen Traditionen in einem säkularen Feld, der Tradition der Philologie, der Hermeneutik, der Interpretation. Alberto Manguel zitiert in diesem Zusammenhang Kafka, in Erinnerung an seine Schulzeit schrieb dieser in einer Postkarte an Felice Bauer: „Ich denke dabei an einen Professor, der während der Lesung der *Ilias* oft sagte: ›Sehr schade, dass man das mit Euch lesen muss. Ihr könnt es ja nicht verstehn, selbst wenn Ihr glaubt, dass Ihr es versteht, versteht Ihr es gar nicht. Man muss viel erfahren haben, ehe man auch nur einen Zipfel davon versteht.‹"[751] Kafka selbst ist wörtlich, biografisch, religiös, philosophisch, politisch, psychologisch und … interpretiert worden. An seiner Rezeption lässt sich die Freiheit des Lesers entdecken[752]. In seiner historischen Darstellung des Bibliothekswesens macht Manguel deutlich, dass schon allein die Einordnung eines Buches in das Ordnungssystem einer Bibliothek eine Interpretation, eine Verstehensweise impliziert: „Ordnet man *Gullivers Reisen* von Swift der Schöngeistigen Literatur zu, wird daraus ein humoristischer Abenteuerroman; reiht man ihn in die Soziologie ein, ist er eine Satire auf das England des 18. Jahrhunderts; als Kinderbuch enthält er lustige Geschichten über Zwerge und Riesen und sprechende Pferde; unter der Rubrik Phantastik wird er zum Vorläufer des Science-Fiction-Romans; unter Reisen zur Beschreibung einer imaginären Reise; unter Klassik zu einem Spitzenwerk der europäischen Literatur. (…) Für welche Zuordnung man sich auch entscheidet: Jede Bibliothek tut dem Akt des Lesens Gewalt an und zwingt den Leser – den neugierigen, den aufmerksamen Leser –, das Buch aus den Kategorien, in die es eingesperrt wurde, zu befreien."[753] Die Freiheit des Lesers wiederum ist allerdings nicht unbegrenzt: „Die Grenzen der Interpretation fallen zusammen mit den Rechten des Textes."[754]

Exkurs: Text und Textverstehen

Das Eco-Zitat bedarf der Erläuterung, es lädt ein zu einem Exkurs[755]: Umberto Eco hatte in den ersten 20 Jahren seiner Reflexionen über das Verhältnis von Text und Leser die aktive, sinnstiftende, kreative Rolle des Lesers betont, exemplarisch eine berühmte Formulierung aus der *Nachschrift zum ›Namen der Rose‹*: „Ein Roman ist eine Maschine zur Erzeugung von Interpretationen." Und: „Nichts ist erfreulicher für den Autor eines Romans, als Lesarten zu entdecken, an die er selbst nicht gedacht hatte und die ihm von Lesern nahegelegt werden."[756] In den 90er Jahren zeigte er sich eher besorgt über die Tendenzen einer zu weiten Öffnung unterschiedlicher Lesarten und Interpretationen – Stichwort Dekonstruktion[757] – und suchte nach Ansätzen, zwischen zulässigen und unzulässigen Interpretationen zu unterscheiden, die „Überinterpretation" auszuschließen. Begrifflich geht es darum, die Intention des Textes, die intentio operis, als Grenze möglicher Leser-Intentionen, der intentio lectoris, festzuschreiben. Die Vermittlung leistet das Konstrukt des „exemplarischen Lesers", den der Text selbst schon impliziert, eine dialektische Struktur liegt vor: Die intentio operis „liegt nicht offen zutage", von ihr „kann man daher nur infolge einer Unterstellung seitens des Lesers sprechen. Die Initiative des Lesers liegt demnach vor allem darin, über die Textintention zu mutmaßen. (...) Daher ist der Text nicht bloß ein Parameter für die Bewertung der Interpretation; vielmehr konstituiert ihn erst die Interpretation selbst als ein Objekt und nimmt dieses als ihr Resultat, an dem sie sich in einem zirkulären Prozess messen kann." Einerseits. Andererseits wird „ein Text (...) ersonnen, um den exemplarischen Leser zu erzeugen"[758], den Leser, der der Textintention möglichst nahekommt. Diese „Dialektik zwischen Leserintention und Textintention"[759] ist das, was in der Tradition der hermeneutische Zirkel genannt wurde. Eco gibt ein einfaches Beispiel: In dem Gedicht *I wander'd lonely as a cloud* von William Wordsworth gibt es den Vers „A poet could not be gay". Eco: „Ein kluger, verantwortlicher Leser muss (...) nicht rätseln, was in Wordsworth vorging, als er diesen Vers schrieb, er muss aber gewiss die Verfassung des lexikalischen Systems zu Wordsworth' Zeiten berücksichtigen. Damals hatte ›gay‹ keine sexuellen Konnotationen, und das zu erkennen bedeutet, mit einem kulturellen und sozialen Schatz zu leben."[760] Es ist dies die – ideale – Sprachkompetenz des exemplarischen Lesers: „Unter ›sozialem Schatz‹ verstehe ich nicht nur eine gegebene Sprache und deren Grammatik, sondern auch die gesamte in ihren Ausdrucksformen aktivierte Enzyklopädie: ihre kulturellen Konventionen und die ganze Geschichte gegebener Interpretationen zahlreicher Texte, einschließlich des gerade rezipierten."[761] Das Resultat ist nicht etwa nur eine ›richtige‹ Lesart – dann wäre jede Offenheit aufgegeben zugunsten einer dogmatischen Gültigkeit der Interpretation. Ein zentrales Kriterium, um eine Vermutung oder Hypothese über die intentio operis zu überprüfen ist der Text als kohärentes Ganzes; schon Augustinus habe das formuliert: „Eine partielle Textinterpretation gilt als haltbar, wenn andere Textpartien sie bestätigen, und sie ist fallenzulassen, wenn der übrige Text ihr widerspricht."[762] In der Interpretation oder dem Verstehen von Romanen ziehen wir dieses Kriterium heran, wenn es um das Verstehen und die Beurteilung der Personen geht: Warum hat sich der Protagonist in dieser oder jener Situation so und nicht anders verhalten?

An anderer Stelle setzt Eco noch einmal anders an: Jedes Textverstehen, jede Textinterpretation schließe „drei Pole ein: (1) die lineare Textentwicklung; (2) den Leser mit seinem spezifischen Erwartungshorizont [= den empirischen Leser]; (3) die kulturelle Enzyklopädie der jeweiligen Sprache mit den früheren Interpretationen desselben Textes. Dieser dritte Aspekt (...) ist ganz im Sinne des verantwortlichen und konsensfähigen Urteils einer Lesergemeinschaft – oder Kultur – aufzufassen."[763]

Ausgeblendet ist hier die Orientierung an der Intention des empirischen Autors, die intentio auctoris: In ihr sieht Eco einen Ansatz möglicher Fehlinterpretation; denn einerseits könne man darüber nur spekulieren und andererseits ist eine mögliche Äußerung des Autors auch irrelevant, sofern sie sich am Text nicht nachweisen lasse. Ein zweiter Grund möglicher Fehlinterpretation liegt in der Verabsolutierung der Assoziationen und Konnotationen des empirischen Lesers, interpretatorischer Willkür und Beliebigkeit. Es sind dies die beiden Extrempositionen, die die Dialektik zwischen Leser und Text entweder zu gering oder zu hoch einschätzen. „Bei der einen nimmt man an, dass das Interpretieren eines Textes bedeutet, die vom Autor gemeinte Bedeutung herauszuarbeiten oder jedenfalls seine objektive Beschaffenheit, sein Wesen, das als solches von der Interpretation unabhängig ist. Bei der anderen wird angenommen, dass die Texte bis ins Unendliche interpretiert werden können", zwei Beispiele eines „epistemologischen Fanatismus"[764]. Dagegen steht der Text selbst als Maßstab und Überprüfungsinstanz: „Zwischen der mysteriösen Entstehungsgeschichte eines Textes [Autorintention] und dem unkontrollierbaren Driften künftiger Lesarten [Leserintention] hat die bloße Präsenz des Textes etwas tröstlich Verlässliches als ein Anhaltspunkt, auf den wir stets zurückgreifen können."[765]

Es ist jedoch noch einmal anzusetzen: Ein Text wird „ersonnen, um den exemplarischen Leser zu erzeugen"[766] – von wem? Er ist – vielleicht mehr oder weniger – strategisch vom Autor geplant[767]. Die Ausblendung oder Ausschaltung der intentio auctoris gilt, sie meint aber vermutlich lediglich, dass wir Äußerungen des Autors zu seinem Werk, seiner Entstehungsgeschichte, seiner Interpretation und der Intention, nicht brauchen[768]; es geht um die intentio operis. Im Kontext möglicher Leseweisen von *Finnegans Wake* schreibt Eco, an einen Leser gerichtet, der das Buch sehr frei und subjektiv assoziierend, hier und da blätternd benutzt hat: „Niemand wird dir das vorwerfen. Vielleicht hast du die Absichten des Autors sogar besser erfasst als andere. Vergiss aber nicht, dass der Autor, der soviel Mühe aufwandte, um diese gewaltige Maschine zum Hervorbringen von Interpretationen zu bauen, auch versucht hat, dir bestimmte Interpretationswege vorzugeben. Er hat sich nicht darauf beschränkt, das Telefonbuch abzuschreiben, von dem ausgehend sich jeder aus der Unzahl von Personen ganz nach Wunsch eine Menschliche Komödie zusammenstellen kann, sondern hat mit Bedacht jeden pun, jedes Sichüberschneiden von Anspielungen vorbereitet, und sein Text, möchte sich auch in dieser Hinsicht gewürdigt sehen. Dieser Text möchte, dass du, nachdem du ihn deinen eigenen Wünschen gemäß benutzt hast, auch sagen sollst, wann du ihn ›benutzt‹ und wann du ihn ›interpretiert‹ hast."[769] Das Zitat ist bemerkenswert in verschiedener Hinsicht: (a) Es zeigt, dass die intentio operis das Resultat einer intentio auctoris ist – sofern sie sich in der Tat im Text realisiert; (b) ich verallgemeinere: Ein Werk, ein Roman ist eine „Maschine zum Hervorbringen von Interpretationen", der Text als Überprüfungsinstrument möglicher Interpretationen oder Leseweisen lässt unterschiedliche, einander ergänzende Interpretationen zu, erfordert sie geradezu;[770] (c) es gibt aber auch „Deutungen von *Finnegans Wake*, die der Text nicht rechtfertigt."[771] Eco formuliert kein methodisches Konzept legitimer Interpretationen[772], er setzt vielmehr nur auf die Falsifikation: Das Kohärenz-Kriterium erlaubt es, Fehlinterpretationen auszuscheiden – Eco spricht von Überinterpretation und Abdrift und hat vor allem die Dekonstruktivisten im Blick.[773]

Strukturalisten, Dekonstruktivisten, Postmoderne – die Diskussion dieser Jahre hatte einen derart massiven Angriff auf die klassische Theorie der Interpretation zur Folge, dass ich neben Umberto Eco noch zwei weitere Autoren präsentieren möchte, die angesichts und nach diesem Angriff die Hermeneutik wieder reaktivierten: Paul Ricoeur, seinerseits zurückgreifend wieder auf Hans Robert Jauß. Der Exkurs geht also weiter.

In seinem Opus Magnum, *Zeit und Erzählung* (1983–85), beginnt Ricoeur anspruchsvoll. Er beginnt anspruchsvoll: Die literarische Hermeneutik soll sich messen lassen an der theologischen und juristischen Hermeneutik, jeweils gekennzeichnet durch drei Aufgaben, nämlich „Verstehen (subtilitas intelligendi), Auslegen (subtilitas interpretandi) und Anwenden (subtilitas applicandi)." Kennzeichnend für die literarische Hermeneutik ist der Primat des Verstehens, weil ihr „Gegenstand (...) ein ästhetischer ist, und in der ästhetischen Erfahrung ist das Erkennen bezogen auf den Genuss"[774]. (...) Entgegen der weit verbreiteten Ansicht, dass das Genießen stumm und dumm sei", ist „genießendes Verstehen (...) eine wahrnehmende Rezeption, die dem folgt, was der Text als Partitur vorschreibt, und zugleich eine eröffnende Rezeption"; denn das Verstehen weckt „seinerseits noch unerfüllte Bedeutungserwartungen", die zu einer „zweiten, distanzierten Lektüre"[775] führen. Sie geht von bestimmten Fragen aus, die der erste Durchgang stellte, und die es zu beantworten gilt: Es ist dies die Interpretation, besser, eine Interpretation, da von bestimmten Fragen geleitet. Um zu verhindern, dass der Text – sofern ein Text einer anderen historischen Epoche – „den Vorurteilen und Sinnerwartungen der Gegenwart naiv angeglichen wird," um sich des ästhetischen Abstands bewusst zu halten, ist eine dritte historisch rekonstruierende Lektüre hilfreich, geleitet von der Frage: „Was waren (...) die Fragen, auf die das Werk eine Antwort war?"[776] Derart wird der Text „auch im Horizont seiner Alterität und Differenz zu unserer Erfahrung ansichtig"[777]. Man versteht „die tiefsinnige Parodie des *Don Quijote* nur dann, wenn es gelingt, die Vertrautheit des ersten Publikums mit den Ritterromanen zu rekonstruieren, die einem den Schock verständlich macht, der von einem Werk ausging, das die Erwartungen des Publikums nur deshalb einzulösen versprach, um es desto stärker zu frappieren."[778]

Zurück zum Ausgangspunkt: Verstehen – Interpretation – Applikation oder Anwendung. Wo bleibt die Anwendung? Die Besonderheit der literarischen Hermeneutik liegt darin, dass das ästhetische Verstehen, die ästhetische Erfahrung durch ihre Differenz zur alltäglichen Erfahrung schon Applikation ist: in der konkreten Bandbreite zwischen den Polen der Lust und der Lehre, des delectare und des docere, seinerseits wiederum Horizonterweiterung bis hin zur moralischen Reflexion. Anders angesetzt: Die Applikation steht am Ende auch einer anderen Triade, der Aristotelischen: Poiesis, Aisthesis und Kátharsis. Hans Robert Jauß, auf den Ricoeur sich hier bezieht, formulierte, ich erinnere: „Dann benennt Poiesis, verstanden als ›poietisches Können‹, die ästhetische Grunderfahrung, dass der Mensch sein allgemeines Bedürfnis, ›in der Welt heimisch und zu Hause zu sein‹, durch das Hervorbringen von Kunst befriedigen kann, indem er ›der Außenwelt ihre spröde Fremdheit‹ benimmt[779], sie zu seinem eigenen Werk macht und in dieser Tätigkeit ein Wissen erlangt, das sich sowohl von der begrifflichen Erkenntnis der Wissenschaft als auch von der zweckgebundenen Praxis des sich reproduzierenden Handwerks unterscheidet. Dann benennt Aisthesis die ästhetische Grunderfahrung, dass ein Kunstwerk die durch Gewohnheit abgestumpfte Wahrnehmung der Dinge erneuern kann, woraus folgt, dass sich die anschauende Erkenntnis vermöge der Aisthesis gegen den traditionellen Vorrang des Erkennens durch Begriffe wieder ins Recht setzen lässt.[780] Dann benennt Katharsis die ästhetische Grunderfahrung, dass der Betrachter in der Aufnahme von Kunst aus seiner Befangenheit in Interessen des praktischen Lebensvollzugs heraus und über das ästhetische Vergnügen für kommunikative oder handlungsorientierte Identifikation freigesetzt werden kann.“[781]

Stichwort Handlungsorientierung: Ich teile durchaus den Optimismus, den Jauß hier formuliert; man hat ihm indes daraus den Vorwurf einer letztlich dem Idealismus verhafteten Ideologie gemacht. Ich greife den Vorwurf auf und zitiere Lukas Bärfuss, in seinem Essay *Stil und Moral* formuliert er drastisch, der Leser müsse endlich doch einsehen, „welche moralische Sauerei seine Lektüre darstellt“, denn „wer einen Roman zu Ende gelesen hat, fragt sich nicht, wie er die Welt verändern kann, sondern welches Buch er als nächstes lesen soll.“[782] Oliver Jungen fährt in seiner Rezension des Buches an der Stelle fort: „In den Flüchtlingslagern der Welt wird derweil weiter gestorben.“[783]

Die Bestimmung der Katharsis ist daher erläuterungsbedürftig: Es geht grundsätzlich wieder um Literatur und Moral, an dieser Stelle darum, was Hans Robert Jauß unter der kommunikativen oder gesellschaftlichen Funktion der ästhetischen Erfahrung versteht. Jauß formuliert, ich erinnere an das Zitat im Exkurs zum ästhetischen Genuss: „Ästhetische Erfahrung wird gerade um ihre primäre gesellschaftliche Funktion verkürzt, wenn das Verhalten zum Kunstwerk im reflexiven Zirkel von Werkerfahrung und Selbsterfahrung beschlossen bleibt und sich nicht auf jene Fremderfahrung öffnet, die sich in der ästhetischen Praxis seit eh und je auf der Ebene primärer Identifikationen wie: Bewunderung, Erschütterung, Rührung, Mitweinen, Mitlachen vollzieht (...). Die emotionelle Identifikation des Betrachters mit dem ›Helden‹ kann als kommunikativer Vollzugsrahmen demnach Verhaltensmuster tradieren, neu bilden oder auch eingespielte Verhaltensnormen im Dienste neuer Handlungsorientierungen durchbrechen.“[784] Ricoeur fasst zusammen: Die Katharsis bezeichnet zunächst „die mehr moralische (...) Wirkung des Werks: Das Werk schafft neue Werte und Normen, die der herrschenden Moral entgegenstehen oder sie erschüttern. Diese erste Wirkung erklärt sich vornehmlich aus der Neigung des Lesers, sich mit dem Helden zu identifizieren und sich vom Erzähler (...) lenken zu lassen. Doch die

Katharsis erzielt diese moralische Wirkung nur deshalb, weil in ihr die klärende, prüfende und belehrende Macht zutage tritt, die das Werk dadurch ausübt, dass es uns eine distanzierte Betrachtung unserer eigenen Affekte[785] erlaubt." Es kommt neben dem affektiven zu einem kognitiven Transpositionsprozess, einer Allegorese[786] vergleichbar im Versuch, „den Sinn des Textes in einen fremden Kontext zu übersetzen, d.h. ihm eine Bedeutung zu geben, die den Sinnhorizont und damit die Intentionalität des Textes übersteigt"[787]. Die letzte Frage lautet: „Was sagt mir der Text und was sage ich zum Text?"[788]

Hier könnte ein subjektivistisch orientiertes Missverständnis entstehen, deshalb möchte ich an dieser Stelle möchte ich noch einmal zurückgreifen auf Jauß: Gibt es in einer dialogischen oder kommunikativen Hermeneutik nicht Kriterien für angemessene oder weniger angemessene Rezeptionen? Klar ist einerseits, dass ein „Kunstwerk nicht abgelöst von seiner Wirkung verstanden werden kann" dass vielmehr seine Wirkungsgeschichte „überhaupt erst die Chance" eröffnet, „es in seiner für die Zeitgenossen noch nicht absehbaren Bedeutungsvielfalt zu verstehen."[789] Andererseits muss die geforderte „Vermittlung zwischen den Horizonten des Textes und des Interpreten reflektiert vollzogen werden", transparent nach beiden Seiten. Die „Identität der Wahrheit des Textes" ist „nur noch zu retten", wenn sie im Kontext veränderter historischer Erfahrung „als fortschreitende, immer nur partiale Konkretisation von Sinn begriffen wird."[790] Jauß spricht von der Dialektik des Verstehens, orientiert an Heideggers Maxime: „Eine rechte Erläuterung versteht (...) den Text nie besser als dessen Verfasser ihn verstand, wohl aber anders. Allein dieses Andere muss so sein, dass es dasselbe trifft, dem der erläuterte Text nachdenkt."[791] Letzteres setzt vom jeweiligen Interpreten voraus, „soll das Verstehen von literarischen Texten nicht in einer freischwebenden Produktion von Differenzen verkommen", dass er sein Verständnis „in einem Vorverständnis am schon Gesagten, Mitverstandenen und bisher Geltenden verankert"[792]. Ausdrücklich noch einmal „an die Adresse derer gerichtet, die der Auffassung" sind, „eine Analyse der Lesererfahrung ende unweigerlich im Subjektivismus individueller Reaktionen (›so viele Leser, so viele Interpretationen‹) oder im Kollektivismus einer Soziologie des Geschmacks"[793], das „Recht der eigenen Auslegung" hat sich „sowohl daran zu erweisen, ob sie den Text wieder neu und anders zu verstehen erlaubt, als auch daran, ob sie der Arbeit der Vorgänger ihr Recht widerfahren lässt. Erst mit dieser letzten Forderung kann die literarische Hermeneutik ihre eigentümliche Bestimmung erfüllen", die darin liegt, „dass sich auch verschiedene Deutungen nicht notwendig widersprechen müssen, weil literarische Kommunikation einen Dialog eröffnet, in dem sich wahr und falsch einzig daran bemisst, ob die andere Deutung dazu beiträgt, den unausschöpfbaren Sinn des Kunstwerks weiter zu entfalten."[794]

Eine zweite Anmerkung: Die kommunikative Funktion ästhetischer Erfahrung umfasst ein ganzes Spektrum „gesellschaftlicher Leistungen der Kunst (…), die mit den formalistischen Kategorien von Innovation und Reproduktion so wenig zu erfassen sind wie unter dem ideologiekritischen Titel der Affirmation bestehender Herrschaftsinteressen. (…) Zwischen den Extremen der normbrechenden und der normerfüllenden Funktion, zwischen progressivem Horizontwandel und Anpassung an eine herrschende Ideologie, liegt eine ganze Reihe von Möglichkeiten gesellschaftlicher Wirkung der Kunst, (…) zwischen den Polen der Negativität und der Affirmation" liegt „eine Skala von Funktionen (…), die sich von der normbrechenden über normbildende (…) bis zu den normerfüllenden Mustern der Identifikation erstreckt."[795]

Gadamer, Eco, Jauß, Ricoeur: Textverstehen, Interpretation ist ohne die Rezeptionsgeschichte nicht mehr denkbar; der je aktuelle Leser ist doppelt gefordert. Die Bedeutung des Lesers zeigt sich aber auch – und vielleicht vor allem – in der unterschiedlichen Beurteilung der Texte, hier der Romane. Ohne jetzt den Horizont der Subjektivität soweit aufreißen zu wollen, dass der vorliegende Versuch einer Auflistung relevanter Kriterien sich selbst ad absurdum führt, möchte ich das Gewicht des subjektiven Faktors Leser daher noch einmal aufgreifen und in spezifischer Hinsicht noch ein Stück weit erhöhen: um den subjektiven Faktor im Leser selbst.[796] Konkret: Wir kennen möglicherweise die gelegentlich in Feuilletons auftauchende Rubrik „Wiedergelesen", in der ein Redakteur ein vor vielen Jahren begeistert gelesenes Buch noch einmal rezensiert – und möglicherweise zu einem anderen Urteil kommt; wie kennen diese Erfahrung vielleicht auch aus der eigenen Rezeption. Dabei muss der zeitliche Abstand nicht einmal sehr groß sein, um einen differenten Eindruck zu erzeugen:

Ich las Wilhelm Genazinos *Wenn wir Tiere wären* und legte es nach guten 50 Seiten enttäuscht zur Seite: Ich fand es inhaltlich völlig implausibel, überzogen, konstruiert und manieriert. Einige Wochen später nur las ich es ein zweites Mal – mit Vergnügen, es gefielen mir der Entwurf des skurrilen Protagonisten und Genazinos liebevolle Ironie. Was heißt das? Unsere Rezeption ändert sich u.U. nicht nur im Lauf von 30, 50 Jahren, sie ist offenbar abhängig auch von situativen Faktoren, von Stimmungen, von unserer Befindlichkeit insgesamt. Wichtig dabei sind natürlich auch unsere Erwartungen an ein Buch: Im vorliegenden Fall war die Erwartung beim zweiten Lesen natürlich eine andere, voraus gingen auch Gespräche über diesen Roman etc. Gleichviel, auch höchst situativ gegebene und damit veränderliche Faktoren wirken sich aus auf unsere Wahrnehmung und Beurteilung von Romanen. Jeder Leser ist ein anderer Leser und in seinem Lesen nicht (immer) identisch mit sich selbst.[797] Nun will ich angesichts dieser Tatsache nicht resignieren; vielmehr möchte ich aus der Haltung und Perspektive des Lesers ein weiteres Kriterium ableiten, subjektiv nur formulierbar, aber nicht unbedeutend: Ein Buch, ein Roman ist dann ein guter Roman, wenn ich ihn noch einmal lesen möchte, unmittelbar, bald oder später – der **Wunsch** also **einer zweiten, wiederholenden Lektüre**. Das hängt zusammen wohl auch der Komplexität oder der Schwierigkeit des Textes: „Ein schwieriger Text muss reizvolle Verlockungen bieten, die (…) es lohnend erscheinen lassen, größere langfristige Anstrengungen in die Lektüre zu investieren und sie vielleicht sogar mehrfach zu wiederholen. Die Lust bei der Wiederholungslektüre kann im Entdecken und Bewältigen immer neuer Schwierigkeiten bestehen"[798]

Ich setze noch einmal an: Schon August Wilhelm Schlegel stellte fest: „Jeder Mensch, der nicht mit seinem Geiste auf demselben Punkte stehen bleibt, wird sich erinnern, wie sich oft seine Urteile bei vermehrten Einsichten und erhöhter Bildung ganz anders gewandt haben"; hier haben wir immerhin wohl noch die Vorstellung einer klaren Linie, der Linie zunehmender Erfahrung und Kennerschaft. Schlegel fährt indes fort: „Daher dürfen ihn auch die Abweichungen anderer nicht befremden, die sich gerade bei den Ansichten der geistvollsten Menschen von den vortrefflichsten Werken am auffallendsten offenbaren, wenn sie mit einiger Tiefe in sie hineingehen. Wegen der (…) erwähnten Subjektivität auch der gründlichsten Urteile berechtigt dies gar nicht zu einem allgemeinen Skeptizismus in Sachen der Kunst. Es können verschiedene Menschen wirklich denselben Mittelpunkt vor Augen haben, aber weil jeder von einem verschiedenen Punkte des Umkreises ausgeht, so beschreiben sie auch dahin verschiedene Radien."[799] Das Bild erscheint mir nicht ganz überzeugend, weil in ihm alle unterschiedlichen und unterschiedlich weiten Wege letzlich zum selben Mittelpunkt führen, gleichviel. Eine ähnlich positive, anti-skeptische Sicht formuliert René Wellek: Er geht aus einmal von der möglichen Fokussierung unterschiedlicher Werte in einem literarischen Werk – ästhetische, moralische, politische etc – durch Kritiker, erweitert dann zum Faktum „der historischen Wandlungen in Geschmack und Stil", weigert sich aber, den Relativismus „als notwendige Folge dieser Wandlungen" zu akzeptieren; vielmehr führt er ein den Begriff des „Perspektivismus": Er stehe „hier etwa analog zu dem, wie wir ein Haus aus verschiedenen Winkeln sehr unterschiedlich sehen, während wir dennoch zugeben müssen, dass da ein Haus mit ganz bestimmten Maßen, bestimmtem Grundriss, aus Material, Farben und so weiter steht, das genau und objektiv beschrieben werden kann."[800]

Die Sicht von Autoren

Perspektive des Lesers: Wie stellt sich dieser Sachverhalt für den Autor dar, der doch auch immer zugleich sein eigener Leser ist? Offenbar ganz unterschiedlich, abhängig von der eigenen Intentionalität und – grundsätzlicher noch – der Arbeitsweise; Sie erinnern sich an das unterschiedliche Verhältnis des Autors zu den Figuren des Romans, an die Differenz etwa zwischen Köhlmeier und Nabokov in dieser Frage? Interessant sind hier die Aussagen Juli Zehs, sie bietet uns einen überraschenden Einblick in ihre Werkstatt; ich möchte sie ausführlich zu Wort kommen lassen: „Nach jeder neuen Veröffentlichung erlebe ich ein seltsames Phänomen: die Metamorphose vom Autor zum Exegeten der eigenen Texte. Wenn ich auf Lesungen erklären soll, was ich in einem Text gemacht habe und warum, stammele ich wie ein Schulkind, das die Handlung eines Buchs zusammenfassen muss, welches es nicht gelesen hat. (...) In den folgenden Wochen merke ich dann von Interview zu Interview und von Lesung zu Lesung, wie ich besser werde. Immer neue Fragen bringen immer neue Interpretationsansätze. Nach und nach decke ich Bedeutungszusammenhänge auf, erkenne den politischen und gesellschaftsrelevanten Gehalt, verfolge Motivketten und lerne sogar, meine schrägen Metaphern mit Sinn zu füllen. Ein paar Monate später bin ich zur Fachfrau in Sachen Selbstinterpretation geworden. Ich kann den jeweiligen Text als vollendetes Ganzes beschreiben, und es klingt, als würde ich über etwas Planvolles, Durchdachtes sprechen. Ein Wortgebäude, dem eine komplexe, in unendlichen Schleifen mit sich selbst verwobene architektonische Struktur zugrunde liegt. Das Verblüffende daran ist, dass ich zu diesem Zeitpunkt selbst zu glauben beginne, jenes zwischen den Buchdeckeln Vorgefundene sei von mir aus nachvollziehbaren Gründen in genau dieser Weise erst gewollt und dann gemacht worden. (...) Und trotzdem ist diese Annahme falsch. Beim Schreiben habe ich wenig gewollt und noch weniger gemacht."[801] Und Zeh verallgemeinert zum Autor: „Nach Fertigstellung, sprich: Veröffentlichung eines Textes spricht er über Literatur, nicht mehr über das Schreiben. Und schafft auf diese Weise einen falschen Eindruck von dem, was Schreiben bedeutet. Auf typische Journalistenfragen wie ›Woher nehmen Sie Ihre Ideen?‹, ›Wie viel Autobiographie steckt in Ihren Texten?‹, ›Für wen schreiben Sie?‹ dürfte es eigentlich immer nur eine Antwort geben: Weiß ich nicht." Es „ist in Wahrheit kein Autor Herr über das Wie seines Schreibens, fehlt ihm doch zumeist schon die Verfügungsgewalt über das Ob."[802] Den Unterschied zwischen Schreiben und Literatur, ich transferiere oder modifiziere, zwischen Autor und Leser, greift Juli Zeh später noch einmal auf: „Es gibt einen Unterschied zwischen Schreiben und Literatur. Der Literatur wohnt im besten Fall eine Größe inne, die man übermenschlich nennen darf, weil sie den Autor transzendiert. Das Schreiben hingegen ist nur eine Tätigkeit, die man besser oder schlechter beherrscht. Permanent bedroht von den üblichen Schwächen wie Faulheit, Feigheit, Eitelkeit. Oft verschüttet unter Alltagssorgen (...). Am Ende des Schreibens steht die Literatur, und in dieser drückt sich etwas anderes aus. Sie vermag Ähnliches wie die Musik: das Unsagbare, Unaussprechliche, nicht zu Beschreibende wahrnehmbar machen. Es aus der Welt nehmen und in die Welt setzen. Literatur enthält Dinge, die der Autor nicht absichtlich hineingetan hat. Wie oft wurden in meinen Büchern Zitate von Autoren gefunden, die ich gar nicht kannte! Gedankengänge eines Philosophen, den ich nicht gelesen hatte! Themen, an die ich nicht gedacht hatte, Motive, die mir nicht bewusst waren, Interpretationen, die mir niemals in den Sinn gekommen wären. Nur weil das so ist, weil Literatur größer ist als das Schreiben, lesen Menschen Bücher. Das Schreiben bringt nicht einen, sondern unzählige Texte hervor, nämlich mindestens einen pro Leser. (...) Schreiben ist die Literatur des Autors, während das Ergebnis die Literatur des Lesers ist."[803] Darin liegt nach Zeh auch eine Differenz zwischen guter und Trivialliteratur: „Autoren, die behaupten, für den Leser zu schreiben, die also wehrlose Rezipienten bereichern, belehren, aufrütteln, unterhalten, bezaubern oder in fremde Welten entführen wollen, sind entweder famose Lügner oder Verfasser von Groschenromanen. Längst haben deine Germanistenkollegen herausgefunden, dass eine klare Kongruenz zwischen Autorenintention und Lesernutzen nur in der Pornographie existiert. Einen Geschlechtsakt oder eine Tötungsszene kann ich dir auf eine Art schildern, die zu berechenbaren Reaktionen führt. Schreibe ich hingegen einen Satz wie ›Rosa ist das Grau des Optimisten‹, habe ich keine Ahnung, was du beim Lesen daraus machst. Es ist gerade die Definition von ernsthafter Literatur, dass der Autor vorne nicht weiß, was beim Leser hinten rauskommt. Gute Literatur ist Kunst, und Kunst ist kein karitativer, sondern ein narzisstischer Akt."[804]

Identisch in der Einsicht in das Verhältnis von Werk und Leser, ziehen andere Autoren andere Konsequenzen: Da sich das Werk erst im Bewusstsein des Lesers, in seiner Rezeption realisiert, „ist jedes literarische Werk ein Appell. Schreiben heißt: einen Appell an den Leser richten, er möge der Enthüllung, die ich durch das Mittel der Sprache vorgenommen habe, zu objektiver [!] Existenz verhelfen."[805] Jedes Kunstwerk, auch jeder Roman existiere zunächst nur als Appell, „als reiner Anspruch auf Existenz"[806], gerichtet an die Freiheit des Lesers. Das gilt sicher grundsätzlich. Bei dem Existenzphilosophen Sartre indes gewinnt dieser Appell in der Spannung und Dialektik von Freiheit und Verantwortung das Gewicht und den Wert eines Imperativs: „Man ist vollkommen frei, dieses Buch auf dem Tische liegen zu lassen. Wenn man es aber aufschlägt, übernimmt man die Verantwortung dafür. Denn die Freiheit erweist sich (...) in einem schöpferischen Akt, den ein Imperativ fordert. Diesen absoluten Zweck (...), den man eben in aller Freiheit auf sich nimmt, nennt man einen Wert. Das Kunstwerk stellt einen Wert dar, weil es ein Appell ist."[807] Appell, berühmt ist Kafkas Aussage aus einem Brief an seinen Freund Oscar Pollak: „Ich glaube, man sollte überhaupt nur solche Bücher lesen, die einen beißen und stechen. Wenn das Buch, das wir lesen, uns nicht mit einem Faustschlag auf den Schädel weckt, wozu lesen wir dann das Buch? Damit es uns glücklich macht, wie Du schreibst? Mein Gott, glücklich wären wir eben auch, wenn wir keine Bücher hätten, und solche Bücher, die uns glücklich machen, könnten wir zur Not selber schreiben. Wir brauchen aber die Bücher, die auf uns wirken wie ein Unglück, das uns sehr schmerzt, wie der Tod eines, den wir lieber hatten als uns, wie wenn wir in Wälder verstoßen würden, von allen Menschen weg, wie ein Selbstmord, ein Buch muss die Axt sein für das gefrorene Meer in uns. Das glaube ich."[808]

Einen Schritt weiter noch geht Wayne Booth: „Der Autor schafft seine Leser (...). Wenn er (...) sie schauen lässt, was sie nie zuvor geschaut haben, ihnen völlig neue Wege des Empfindens und Erfahrens weist (...), findet er seine Belohnung in den Ebenbürtigen, die er geschaffen hat"[809]. Umberto Eco bestätigt dies aus der Sicht des Praktikers und verallgemeinert: „Während der Arbeit laufen zwei Dialoge: einer zwischen dem entstehenden Text und allen zuvor geschriebenen Texten (jedes Buch wird aus anderen und über andere Bücher gemacht) und einer zwischen dem Autor und seinem gedachten Wunsch-, Modell oder Musterleser. (...) Es kann sein, dass der Autor beim Schreiben an ein empirisch vorhandenes Publikum denkt, wie es die Begründer des neuzeitlichen Realismus taten, Richardson, Fielding oder Defoe, die für Kaufleute und deren Gattinnen schrieben, doch für ein Publikum schrieb auch Joyce, der sich einen Idealleser mit einer idealen Schlaflosigkeit vorstellte. In beiden Fällen heißt schreiben (...) sich mit Hilfe des eigenen Textes den gewünschten Lesertyp schaffen." Der anspruchsvolle Autor „will seinen Lesern aufdecken, was sie verlangen müssten, auch wenn sie es selbst noch nicht wissen. Er will seinen Lesern aufdecken, was sie sind."[810]

Ein klassisches Beispiel dafür ist Rabelais' *Gargantua & Pantagruel*: In seinem Vorwort bestimmt Rabelais erstens ironisch die Gruppe seiner Leser als „preiswerteste Zecher und ihr meine allerkostbarsten Lustseuchtlinge – denn euch und niemand sonst ist dieses Buch gewidmet."[811] Zweitens betont er mehrfach und in witzigen, hintergründigen Metaphern und Analogien, des Nachlesens wert – Ricoeur spricht von einer ›metaphorischen Rhapsodie‹, „in der man sowohl eine Übernahme der mittelalterlichen Theorie vom mehrfachen Schriftsinn als auch Anleihen bei der platonischen Bilderwelt, den Erasmischen Parabeln oder Gleichnissen und der patristischen Metaphorik entdeckt hat"[812] – Rabelais betont, dass sein Buch einen doppelten Boden hat, dass es ein Irrtum sei anzunehmen, es enthalte nichts als „Spötterei, Narrheit und muntere Lügen." Er schreibt zweitens das Leseverhalten vor: Ihr müsst „das Buch aufschlagen und nachdenklich erwägen, was darin abgehandelt ist. (...) Und gesetzt, ihr stießet, wenn ihr alles wörtlich nähmet, auf gar drollige Dinge, (...) so dürft ihr euch davon doch nicht festhalten lassen wie von Sirenengesang, sondern ihr müsst, was nur zufällig in lustiger Weise geredet ist, in höherem Sinne deuten." Den derart geduldigen und aufmerksamen Lesern wird drittens in nahezu verwirrender Ironie versprochen: „Ihr werdet durch besagte Lektüre klug und tüchtig werden, ja einen ganz besonderen Geschmack herausfinden, eine Geheimlehre, die euch über grundtiefe Geheimnisse und schauerliche Mysterien, die unsere Religion, unsern Staat und unser wirtschaftliches Leben betreffen, wichtige Aufschlüsse geben wird." Das Vorwort schließt mit dem Appell: „Habt Ehrfurcht vor dem käseförmigen Gehirn, das euch all diese schönen Narrheiten ausheckt, und haltet mich, sosehr ihr könnt, immer bei guter Laune."[813]

Noch einmal: Literatur und Moral

Ironisch glitzernder Appell bei Rabelais, existentieller Appell bei Kafka, ein wohl eher ästhetischer Imperativ bei Sartre: Er wird von Sartre – ich komme jetzt auf das Thema **Literatur** und **Moral** zurück und zitiere im folgenden zustimmend – dann aber verknüpft mit dem moralischen Imperativ: Literatur sei eine Sache und Moral eine ganz andere, gleichwohl „erkennen wir hinter dem ästhetischen Imperativ den moralischen Imperativ. Da nämlich der Schreibende (...) die Freiheit seiner Leser anerkennt, und da der Leser allein dadurch, dass er ein Buch aufschlägt, die Freiheit des Schriftstellers anerkennt, ist das Kunstwerk (...) ein Akt des Vertrauens zur Freiheit des Menschen. Und da Leser wie Autor diese Freiheit nur anerkennen, um zu verlangen, dass sie sich offenbare, kann das Kunstwerk in dem Maße als imaginäre Darstellung der Welt definiert werden, in dem es Anspruch auf die menschliche Freiheit erhebt." Und Sartre konkretisiert: „So düster die Farben auch sein mögen, in denen man die Welt malt, man malt sie nur, damit in ihr freie Menschen ihre Freiheit erleben. (...) Der einzige Aspekt, unter dem der Künstler die Welt diesen Freiheiten, deren Einklang er verwirklichen will, darbieten kann, ist der Aspekt einer Welt, die immer mehr mit Freiheit durchtränkt werden muss. Es wäre unverständlich, (...) sollte der Leser sich seiner Freiheit erfreuen, indem er ein Werk liest, das die Unterdrückung des Menschen durch den Menschen anerkennt, billigt oder nicht verurteilt. (...) Der Schriftsteller, der freie Mensch, wendet sich an freie Menschen und hat nur ein einziges Sujet: die Freiheit."[814]

Weniger existenzphilosophisch emphatisch formuliert, in der Sache aber ähnlich, lässt sich diese Einschätzung vielfach bestätigen. Vor allem Richard Rorty hat sich mit dem Zusammenhang von Moral und Roman beschäftigt. In systematischer Hinsicht zum Einen und unter dem Aspekt historischer Entwicklung zum Anderen zieht er den Roman der theoretisch diskursiven Textform vor, wenn es um das Spektrum moralischer Entscheidungen und die Vermittlung moralischer Einsichten und Haltungen geht.[815] In dieser Hinsicht hat „die Blüte des Romans im 19. Und 20. Jahrhunderts (...) die Landkarte der westlichen Geisteswelt verändert" (...); denn im Unterschied zum philosophischen Text sind „Romane in der Lage, uns zu zeigen, wie Menschen sich sehen, die ganz anders sind als wir". Über die Frage hinaus, „wie wir unser Leben leben sollten," bestünde eine „reifere moralische Weltsicht (...) in der Fähigkeit, die Bedürfnisse anderer besser zu erkennen und deren Selbstbeschreibung besser zu verstehen." Das genau leisteten vor allem Romane. „Der Roman ist (...)

die Gattung, die uns am meisten dazu verhilft, die Vielfalt des menschlichen Lebens und die Kontingenz unseres eigenen moralischen Begriffsrepertoires zu begreifen."[816] Es schließt dies unter Umständen auch die Praxis ein: „Philosophische Reflexionen über Fragen der Moral haben zur Abschaffung der Sklaverei nicht viel beigetragen – anders dagegen manche Geschichten über das Leben der Sklaven."[817] Der Weg zur Praxis liegt in der Entwicklung von Empathie[818] und Toleranz als Voraussetzungen von Solidarität: „Sie wird dadurch geschaffen, dass wir unsere Sensibilität für die besonderen Einzelheiten des Schmerzes und der Demütigung anderer, uns nicht vertrauter Arten von Menschen steigern." Und dies hänge ab „von der Genauigkeit, mit der beschrieben wird, wie fremde Menschen sind, und neubeschrieben, wie wir sind. (...) Romane von Choderlos de Laclos, Henry James oder Nabokov zum Beispiel zeigen uns im Detail die Art von Grausamkeit, deren wir selbst fähig sind, und bringen uns auf diese Weise dazu, uns selbst neu zu beschreiben."[819] Neben James und Proust nennt Rorty vor allem die Romane von Dickens: „Obwohl Dickens kein höheres Ziel hatte als Behaglichkeit im menschlichen Miteinander, hat er enorm viel für Gleichheit und Freiheit getan."[820] Dickens gilt ihm geradezu als „Paradigma des Abendländischen", und das meint Pluralität und Toleranz.[821] Für unseren Reflexionskontext bedeutet das: Moral in der Aussage, vor allem in der Wirkung als Kriterium für Qualität.[822]

Ein letzter Beleg aus gegebenem Anlass am 18.09.2013: Claudius Seidl schreibt in seinem Nachruf zum Tode Marcel Reich-Ranickis: Reich-Ranicki „fragte nach dem Leben in der Literatur; er wollte wissen, ob da zwischen zwei Buchdeckeln die Schönheit sei, die Wahrheit, die Kritik des schlechten Lebens und, am wichtigsten, der Vorschein eines besseren. Darunter machte er es nicht – und in den Kritiken von Marcel Reich-Ranicki kann man lesen, dass man nicht nur als Autor, sondern auch als Kritiker groß sein muss, um solchen Fragen gewachsen zu sein."[823]

Vorerst schließen möchte ich, provokativ und radikal, mit einer Volte; ich greife zurück auf Lukas Bärfuss und zitiere noch einmal aus seinem Essay *Stil und Moral*, längere Passagen diesmal: „Wie nicht wenige unter Ihnen war auch ich bisher der unausgesprochenen Ansicht, die Lektüre eines kulturkritischen Essays sei dem Weltfrieden zumindest nicht abträglich, aber ich habe eben die Seite gewechselt. In der Zeit, die Sie jetzt gerade mit Lesen vergeuden, nimmt das Elend in der Welt zu, während Sie nicht das Geringste dagegen tun und sich an der Gespreiztheit der Sätze delektieren. Manche werden nun vielleicht argumentieren: Alles zu seiner Zeit. Es war niemals meine Absicht, gerade jetzt die Weltlage zu verbessern. Jetzt lese ich (…)." Es folgt eine durchaus auch moralisch orientierte Begründung des Lesens im Sinn meiner Ausführungen oben. „Das ist klug argumentiert, aber leider ignoriert dieser Gedankengang die Zeit. Das Elend ist in erster Linie eine zeitliche Erscheinung, das heißt, es misst sich in Stunden, Tagen, Wochen, Jahren. Je länger ein Mensch im Elend lebt, umso kürzer fällt sein Glück aus. (…) Jede Minute, die Sie mit der Lektüre von feinsinnigen (…) Essays verbringen, tun Sie nicht nur nichts gegen das Elend, in Wahrheit lassen Sie es sich vergrößern, einem Menschen in Not wertvolle Lebenszeit zu rauben." Bärfuss zitiert die Brockhaus-Definition von ›Apathie‹ und fährt fort: „In Ihre Lektüre vertieft, bemerken Sie nicht, was links und rechts vor sich geht. Man kann sagen: Je größer der Kunstgenuss, je tiefer die Apathie, desto größer die Absonderung von den Bedürfnissen Ihrer Umwelt." Es folgt noch der Einwand, es sei aber doch „unbestritten, dass gewisse Werke unser Bewusstsein verändert haben." Genau dies aber bestreitet Bärfuss: „Flauberts *Madame Bovary* etwa hat das Bewusstsein für die menschenverachtende Trostlosigkeit der Provinz geschaffen, und es ist ein großer Unterschied, ob man ein Bewusstsein schafft oder es verändert. (…) Zuallererst schaffen Kunstwerke ein Bewusstsein für die Möglichkeit von Kunst. Kunst ruft zur Kunst auf, und wer einen Roman zu Ende gelesen hat, fragt sich nicht, wie er die Welt verändern kann, sondern welches Buch er als nächstes lesen soll." Es folgt das Wort der Lektüre als „moralische Sauerei"[824]. – Ich nehme zunächst Bärfuss' Ohrfeige entgegen als Reminiszenz an Diskussionen, die 1968 ernsthaft geführt wurden.

Verweisen möchte ich auf die Überlegungen im Exkurs „Text und Textverstehen", insbesondere auf die Überlegungen zur Katharsis – und mit einer poetischen Antithese zu Lukas Bärfuss schließen: „Gewiss, vielerlei in der irdischen Schönheit, ein Lied, die dämmernde See, ein Leierton, eine Knabenstimme, ein Vers, ein Bildwerk, eine Säule, ein Garten, eine einzige Blume, dies alles besitzt die göttliche Gabe, den Menschen zu den innersten und äußersten Grenzen seines Daseins hinlauschen zu lassen, und kaum verwunderlich ist es daher, dass der orphischen Kunst und Erhabenheit die Macht zugemessen wurde, die Ströme zur Änderung ihres Laufes zu nötigen, das wilde Getier des Waldes sanftgebannt heranzulocken, das weidende Vieh auf den Triften zu leisem Innehalten zu bewegen, traumhaft und verzaubert erfüllt der Traumeswunsch alles Künstlertums: die zum Lauschen unterworfene Welt, empfangsbereit für den Gesang und die ihm entströmende Hilfe. Indes selbst wenn dem so war, nicht länger als der Gesang währet die Hilfe, währet das lauschende Innehalten, und es darf das Lied beileibe nicht zu lang erklingen, sollen die Ströme nicht schon vorher zu ihrem alten Bett sich heimstehlen, soll nicht schon vorher das wilde Getier des Waldes würgend wieder das unschuldige Weidevieh anfallen, soll nicht schon vorher der Mensch in seine altgewohnte Grausamkeit zurückstürzen, denn nicht nur, dass kein Rausch, also auch nicht der von der Schönheit erzeugte lange vorhält, es ist überdies auch die Milde, der Mensch und Tier sich da gefangen gegeben haben, bloß die eine Hälfte des Schönheitsrausches, während die andere, nicht minder starke und zumeist sogar weitaus stärkere die der ärgsten Grausamkeitsübersteigerung ist – gerade der Grausamste liebt es, sich an einer Blume zu entzücken –, so dass die Schönheit und gar die von der Kunst getragene Schönheit sehr bald ihre Wirkung verliert, wenn sie, des waaghaltenden Wechselspiels ihrer beiden Hälften nicht achtend, sich bloß mit einer von ihnen an den Menschen wenden will. Wo immer, wie immer Kunst geübt wird, sie folgt dieser Regel (...). Es geht allüberall in der Kunst um das waaghaltende Gleichgewicht, um das große Grenzgleichgewicht entrücktester Ferne, es geht um ihr unsäglich schwebendes, unsäglich flüchtiges Sinnbild, und dieses nimmt überhaupt keine einzelnen Inhalte, sondern immer nur deren Zusammenhänge in sich auf, weil nur von hier aus die Absicht zu erreichen ist, weil nur in ihren Zusammenhängen die Gegensätzlichkeiten des Seins sich zum Gleichgewicht fügen, vereinigt die Gegensätze aller menschlichen Triebe – wie anders könnte Kunst sonst vom Menschen geschaffen und begriffen werden! – Milde und Grausamkeit vereinigt im Gleichgewicht der Schönheitssprache, im Sinnbild des Gleichgewichtes zwischen dem Ich und dem All, in der rauschhaften Verzauberung einer Einheit, die so lange währt wie der Gesang, doch nicht länger."[825]

Exkurs: Literaturkritik und Moral

2011 erschien eine umfangreiche Arbeit zu diesem Problem[826]. Unabhängig von meiner eigenen, relativ strengen Position, was nicht nur die Legitimität, sondern die Unumgänglichkeit moralischer Wertung, besser noch, moralisch begründeter Schranken angeht, unabhängig davon erscheint es interessant, einen Blick auf die „zeitgenössische Wertungspraxis" zu werfen, auch schon unter dem Aspekt zentraler, nichtmoralischer Kriterien der Literaturkritik. Ich gebe im Folgenden also einen selektiven Einblick in die Ergebnisse dieser Arbeit.

In der Antike gilt die Trias des Wahren, Guten und Schönen. Erst seit dem 18. Jahrhundert löst sich der enge Zusammenhang des moralisch Guten und ästhetisch Schönen, trennen sich die moralische und die ästhetische Wertung, setzt sich eine moralfreie, autonom ästhetische Wertung von Kunst und Literatur durch. Die Dominanz der Autonomie-Ästhetik gilt bis heute. Im Zentrum dieses durchaus nicht einheitlichen Konzepts steht der Gedanke, allen seinen Ausformungen gemeinsam ist die normative Forderung, „sich in der Bewertung von Kunst ausschließlich oder im Wesentlichen an formal-ästhetischen Kriterien zu orientieren"[827]. Die Entstehungsgründe dieses Konzepts sind komplex: In der philosophischen Reflexion entwickelt und verselbstständigt sich die Theorie der Ästhetik, die These und Forderung der Autonomie der Künste löst die Künstler aus ihrer Abhängigkeit von höfischen und religiösen Auftraggebern, schützt gegen die Zensur, ist eine Reaktion auf die zunehmende Instrumentalisierung und Kommerzialisierung, die Zweckrationalität der gesellschaftlichen Entwicklung, wendet sich dezidiert gegen eine Funktionalisierung der Kunst. Und dies schließt ein die Ablehnung und Abwertung moralischer Wertungen.

In Deutschland setzte sich in der Literaturkritik der 1950er Jahre analog der werkimmanenten Methode in der Literaturwissenschaft zunächst diese Tradition fort und durch. Im Kontext der 68er- Bewegung veränderte sich das Paradigma, ein exemplarisches Zitat: „Ich bin Anhänger einer engagierten Literatur. (...) Daher suche ich in der Literatur, zumal in der erzählenden Prosa, vor allem die Auseinandersetzung mit den großen moralischen Fragen der Gegenwart."[828] In den 1990er Jahren lässt sich in der englischsprachigen Literaturkritik des Literary Criticism ein „Ethical Turn" feststellen, der sich in zwei Richtungen entfaltet: In der ethischen Diskussion rücken literarische, zumal narrative Texte in das Gegenstandsfeld, getragen von der Idee, „dass narrative Texte moralische Loboratorien seien, anhand derer moralische Entscheidungssituationen virtuell durchdacht werden können."[829] Literatur liefert anschaulich Handlungen, Hintergründe, Motive, Charaktere, Wertorientierungen; sie nötigt den Leser zur Auseinandersetzung, emotional wie rational, sie schult die moralischen Kompetenzen. Sabine Buck zitiert programmatisch: „Without storytelling there can be no theory of ethics."[830] Neben dem schon genannten Richard Rorty hat sich hier auch die im deutschen Sprachraum bekannte Martha C. Nussbaum exponiert. In der literaturwissenschaftlichen Untersuchung geht es um die Klärung moralisch relevanter Textmerkmale und – in der Literaturkritik – darum zu klären, wann moralische Kriterien herangezogen werden können oder müssen. Die starke Position sagt, dass zumal im narrativen Feld die inhaltliche, und das meint unaufhebbar auch die moralische Dimension, dem Kunstwerk genuin eigne, dass davon nicht zu abstrahieren sei, dass sie also auch in der Kritik und Wertung thematisiert werden müsse; ein rein ästhetisches Verständnis ist daher unangemessen. Die Empathie und Auseinandersetzung mit den Figuren, die Handlungen und Aussagen des Textes, die Erzählperspektive z.B. sind immer auch moralisch relevant. In Umkehr des Zitats von J. Hillis Miller ließe sich also sagen: Ohne Ethik gibt es keine angemessene Lektüre. Allgemein formuliert Theodor W. Adorno über Kunst überhaupt: „Wird sie strikt ästhetisch wahrgenommen, so wird sie ästhetisch nicht recht wahrgenommen. (...) Sie ist für sich und ist es nicht, verfehlt ihre Autonomie ohne das ihr Heterogene."[831]

Das Resultat: Beide Positionen, die sich im Prinzip ausschließen, lassen sich in der Literaturkritik gegenwärtig beobachten, die Autonomie-Ästhetik und die von Sabine Buck so bezeichnete Position des Ethical Criticism. Zur Konkretion präsentiere ich Bucks Ergebnisse von drei Untersuchungen: den programmatischen Kritikeraussagen in 13 Experten-Interviews, der Analyse der alltäglichen Rezensionspraxis und einem exemplarischen Fall, der Mediendebatte um Jonathan Littells Roman *Die Wohlgesinnten* (2006):

- „Die befragten Kritiker bringen (...) eindeutig zum Ausdruck, dass autonomie-ästhetische Sinnmuster ihr Selbstverständnis in ihrer Tätigkeit als Literaturkritiker elementar prägen."[832] In den z.T. gegebenen starken Formulierungen „werden erstens abstrakte autonomie-ästhetische Thesen vertreten, zweitens eine Freiheit der Literatur in der Themenwahl und drittens eine Freiheit von moralischer Begrenzung postuliert."[833] Überwiegend vorausgesetzt wird eine Dichotomie von Moral und Literatur.
- Durchaus anders stellt sich die konkrete Rezensionspraxis dar: Untersucht wurden 185 Rezensionen deutschsprachiger narrativer und hochliterarisch eingeschätzter Literatur in der Zeit von 1990 bis 1998, zugrunde lag

die Anthologiereihe *Deutsche Literatur. Jahresüberblick*, 1998 eingestellt; um den Zeitraum bis 2008 zu fassen, wurden zusätzlich drei Fallbeispiele ausgewertet: John von Düffels *Houwelandt* (2004), Katharina Hahns *Die Habenichtse* (2006) und Littells *Die Wohlgesinnten*. Die Ergebnisse: 94 von den 185 Rezensionen enthalten – häufig indirekt – eine moralische Wertung, in 34 Rezensionen ist die Moral offensichtlich der zentrale Wertmaßstab, „nur in 67 Fällen sind moralische Aspekte in keiner Weise relevant."[834] Moralisch bewertet wird das Werk, der Autor oder die Wirkung auf den Leser. Kennzeichnend ist, dass moralische Begriffe nicht erst im Kontext der Wertung, sondern auch schon der Inhaltswiedergabe, der Interpretation der Handlungen oder Figuren auftauchen. Und häufig sind inhaltsorientierte und darstellungsbezogene Wertungen verknüpft: „Beispielsweise wird von Kritikern wiederholt die These vertreten, aufgrund bestimmter Erzählhaltungen distanziere sich ein Text nicht von den Aussagen des nationalsozialistischen Figurenrepertoires und enthalte deshalb selbst nationalsozialistisches Gedankengut. (...) Andere Rezensionen heben im Zusammenhang mit der Darstellung moralischer Themen konkret die Metaphorik eines Textes oder bestimmte erzähltechnische Elemente positiv hervor", so z.B. Herta Müllers dunkle Metaphern in ihrer Regimekritik in ihrem Roman *Herztier* (1994)[835]. Anders als in programmatischen Äußerungen wird in der Alltagspraxis des Rezensierens „nicht wiederholt ein Gegensatz zwischen formal-ästhetischen und moralischen Wertungen von Literatur behauptet. Moralische und formal-ästhetische Aspekte werden in den Kritikerwertungen umgekehrt gerade argumentativ verknüpft."[836]

- Sabine Buck untersuchte auch die von ihr so bezeichneten „skandalmodulierten Mediendebatten" im Bereich der Literaturkritik: Sie geben Verweise auf offensichtlich moralisch sensible Themen, dazu gehören Krieg, Nationalsozialismus, Holocaust, Antisemitismus, die Darstellung der DDR (diskutiert nach der Wende), die Verarbeitung authentischer Haltungen und Verhaltensweisen von Privatpersonen, Stichwort Persönlichkeitsschutz. Ich greife heraus die Rezeption von Jonathan Littells Roman *Die Wohlgesinnten*, hier wurden 28 Rezensionen ausgewertet: In allen Rezensionen wurde moralisch gewertet, der Protagonist und Ich-Erzähler steht im Zentrum. Einerseits wird scharf kritisiert: Irisch Radisch z.B. „sieht in *Die Wohlgesinnten* eine unangemessen positive, verharmlosende Beschreibung des Nationalsozialismus, eine Verhöhnung christlicher

Moral sowie eine Entkräftung der Frage nach der Schuld am Holocaust." Sie begründet ihre „Kritik mangelnder literarischer Distanz" unter anderem mit „der Erzählweise des Romans aus der Perspektive eines national-sozialistischen Täters, der Charakterisierung der Figur des Max Aue als intellektuellem Edel-Nazi"[837]. Britta Bode wertet: ein „›widerwärtiges, grauenhaftes, ekelerregendes und verstörendes Buch‹, um gleich im nächsten Satz anzuschließen: ›Streckenweise ist es auch ein intelligenter, provozierender, aufklärender Roman‹." Andererseits also finden sich hoch positive Wertungen: Wilfried Wiegand „ordnet den Roman (...) in die ›Tradition des großen französischen Moralismus‹ und die Gattung des ›hohen moralistisch reflektierenden Roman[s]‹ ein. (...) Rainer Schmitz" spricht vom „›beeindruckendste[n] Antikriegsroman der vergangenen Jahrzehnte‹"[838]. Ihre Auswertung zusammenfassend teilt Sabine Buck die Rezensionen in vier Gruppen ein: Rückgriffe auf die Autonomie-Ästhetik[839] – moralische Relativierungen der Autonomie-Ästhetik – Reflexionen über das moralische Potential oder die moralischen Funktionen von Literatur – Besonderheiten im Umgang mit der Holocaust-Literatur.

Sabine Buck kommt in ihrem Fazit zu folgenden Ergebnissen:

- In der Literaturkritik des untersuchten Zeitraums von 1990 bis 2008 lässt sich einerseits beobachten die seit dem 18. Jahrhundert gegebene Polarisierung von moralischer und ästhetischer Wertung, andererseits aber auch eine Verschränkung beider Ansätze. Dazu gehört „das sog. ›Distanzierungsgebot‹. Diesem Argumentationsmuster entsprechend werten Kritiker solche Texte negativ, die moralisch verwerfliche Aussagen (wie z.B. antisemitische Äußerungen) enthalten, ohne dass sich durch literarische Mittel (wie z.B. die Erzählperspektive, die Figurenkonstellation etc.) von diesen Aussagen zu distanzieren."[848] Dazu gehört weiterhin das sog. „›Belehrungsverbot‹": Positiv gewertet wird die indirekte Darstellung moralischer Themen, eine „zu direkte Darstellung" wird hingegen „negativ bewertet"[841].
- „Ein deutlich höheres Maß moralischer Wert- und Sinnmuster (...) lässt sich (...) in sog. moralisch sensiblen Sonderbereichen der Literaturrezeption" feststellen, „in denen sich spezifische moralische Regeln der Wertung etabliert haben." Dazu gehört z.B. die entschiedene „Abwertung einer Verbindung der Themen Sexualität und Holocaust."[842]

Zweiter (experimentell orientierter) Ansatz

In Abweichungen vom ersten Ansatz lassen sich in Orientierung an zweifellos guten Romanen, die in das Raster des ersten Ansatzes nicht recht passen wollen, nahezu konträr andere Kriterien auflisten; exemplarisch nenne ich jeweils die Autoren, die mich zu den Kriterien veranlasst haben. Offen bleibt zunächst, ob es sich um gelungene Experimente als Ausnahmen von der Regel oder einen gleichberechtigten Parallelansatz handelt.

Handlungsarmut: Dialoge oder Zustandsbeschreibungen, keinerlei Handlungsspannung (z.B. Peter Handke, Gerhard Meier oder Walter Kappacher); der klassische Phänotyp ist Adalbert Stifters *Nachsommer* (1857), der ›schönste Roman deutscher Sprache‹? Ich zitiere aus der eindringlichen Rezension Andreas Bernhards in der FAZ: „Im schönsten Roman deutscher Sprache passiert so gut wie nichts. (...) Gerade die Handlungsarmut und Versenkung im Einzelnen hat dem *Nachsommer* von Anfang an höhnische Ablehnung eingebracht. Friedrich Hebbels Rezension, sein Verdikt ›ein Inventar ist ebenso interessant‹ ist berühmt. Später kamen Leser wie Arno Schmidt oder Georg Lukács zu einem ähnlich schroffen Urteil, und der Plot-Versessenheit heutiger Literaturkritik, die Romane gerne auf eine Inhaltsangabe reduziert, muss dieses Buch vollends verdächtig sein. Und doch löst Stifters *Nachsommer* das Versprechen der Literatur, in eine andere Welt einzutauchen, stärker ein als vielleicht jedes andere Buch. Das Besänftigende der Sprache, die Geschlossenheit des erzählten Kosmos hat viele Leser in einer Weise ergriffen, die es nicht hinnehmen wollten, dass das Dargestellte nur in einer literarischen Fiktion existiere. Regelmäßig hat es daher Versuche gegeben, die Welt des Romans in die Realität zu überführen: Nachsommer-Leser (...) berichten von ihren Erkundungen in jener Region Oberösterreichs, in der die Geschichte (...) spielen könnte."[843]

Perspektivische oder sprachliche **Experimente**, experimentelles Textgefüge (z.B. Josef Winkler, Antonio Lobo Antunes, Reinhard Jirgl)

Überschreitungen üblicher Realitätserfahrung: der Bereich des Grotesken, Skurrilen, Surrealen, Phantastischen:
„Unsere Anforderung an die Wahrscheinlichkeit, an die überzeugende Plausibilität aller Ereignisse in der Literatur, ist (...) abhängig von der literarischen Gattung. Wir akzeptieren im Märchen vergnügt, was uns einen Roman missver-

gnügt in die Ecke schmeißen ließe.“[844] E.M. Forster (1927, vor der Entstehung der lateinamerikanischen phantastischen Epik) widmet in seinen Vorlesungen der Phantasie ein Kapitel: „Wir gelangen am leichtesten zur Definition eines jeden Aspekts, wenn wir zusehen, was er vom Leser verlangt. Neugier für die Geschichte, menschliches Fühlen und Wertmaßstab für die Charaktere, Intellekt und Gedächtnis für die Fabel. Was müssen wir für die Phantasie mitbringen? (...) Die gewöhnlichen Romanschriftsteller sagen: ›Dies hier könnte euch im Leben begegnen‹, der phantasievolle Romanschriftsteller sagt: ›Dies hier gibt es eigentlich nicht. Ich muss von euch fordern, dass ihr einmal mein Buch als Ganzes gelten lasst und zum anderen einige Besonderheiten darin.‹“[845] Laurence Sternes *Tristam Shandy* ist ihm das Beispiel: „Eine verzauberte Unbewegtheit liegt über dem Ganzen – je mehr die Personen tun, desto weniger geschieht; je weniger sie zu sagen haben, desto mehr schwatzen sie; je strenger sie denken, desto nachgiebiger sind sie; Tatsachen haben eine ruchlose Neigung, das Vergangene aufzurollen und ihm ein Bein zu stellen, anstatt (...) das Künftige zu erzeugen, und schließlich ist die Widerspenstigkeit toter Gegenstände, wie Mr. Slops Reisetasche, höchst verdächtig. Man sieht: In *Tristam Shandy* ist ein Gott verborgen; er heißt Muddle (...); das ist die hinter seinem [Sternes] Meisterwerk lauernde Gottheit – der unsägliche Wirrwar, das Weltall in einer heißen Kastanie. (...) Das muss uns als Definition für Phantasie dienen. Sie umfasst das Übernatürliche, braucht es aber nicht auszudrücken.“[846]

Und noch ein älteres Beispiel: Rabelais beschreibt die in der Tat „wunderbare Geburt“ Gargantuas: „Infolge dieses fatalen Umstands“ – einer nahezu gewaltsamen Verstopfung der Gedärme – „öffneten sich die Kotyledonen der Gebärmutter nach oben, das Kind schlüpfte hindurch, gelangte in die Hohlader, drang durch das Zwerchfell bis oberhalb der Achseln, wo besagte Ader sich teilt, nahm dann seinen Weg links und kam zum linken Ohr heraus. Sobald es geboren war, schrie es nicht wie andere Kinder bäh, bäh, bäh, sondern rief mit lauter Stimme: ›Trinken, trinken, trinken!‹, als ob es alle Welt zum Trinken einlüde, so dass es weithin über das ganze Land in Süfflingen und Frankreich zu hören war.“ Suggeriert die genaue medizinische oder physiologische Beschreibung schon Plausibilität, wird dieser Aspekt hier zu Beginn des Romans zusätzlich explizit thematisiert: „Ich fürchte nur, ihr werdet an diese wunderbare Geburt nicht glauben. Nun, wenn ihr nicht wollt, so schert mich das wenig; aber ein anständiger und vernünftiger Mensch glaubt, was man ihm sagt und was geschrieben steht. Oder ist es etwa gegen unsere Lehre, unser Bekenntnis, gegen unsere Vernunft oder die Heilige Schrift? Ich für mein Teil finde in der Heiligen Schrift nichts, was dagegenspräche. (...) Ich sage euch, bei Gott ist kein Ding unmöglich. Wenn er wollte, so würden die Frauen künftig alle ihre Kinder durchs Ohr kriegen." Nun folgen zur zusätzlichen Beglaubigung mythologische, literarische und historische Beispiele: „Wurde Bacchus nicht etwa aus Jupiters Lende geboren? Rocquetaillade nicht etwa aus seiner Mutter Ferse und Crocquemouche aus seiner Amme Pantoffel? Adonis nicht aus der Rinde (...)"[847] Der Milchbedarf Gargantuas wurde gedeckt durch 17913 Kühe, „obgleich einige Scotisten haben behaupten wollen, seine Mutter hätte ihn gestillt und jedesmal 1402 Maß, neun Nösel Milch aus ihren Zitzen hergegeben, was aber ganz unwahrscheinlich [!] ist. Und ist daher solche Behauptung für unzitzlich, will sagen unsittlich, fromme Ohren beleidigend und für Ketzerei erklärt worden."[848]

Kafkas *Verwandlung* (1915) beginnt absolut phantastisch, surreal: „Als Gregor Samsa eines Morgens aus unruhigen Träumen erwachte, fand er sich in seinem Bett zu einem ungeheueren Ungeziefer verwandelt." Entweder wir lassen uns auf das ein, was Umberto Eco „Fiktionsvertrag" nennt, das Einverständnis mit dem Autor, die geschilderte Welt zu akzeptieren, oder wir legen das Buch gleich zur Seite; wir tun das jetzt nicht und lesen weiter: „Er lag auf seinem panzerartig harten Rücken und sah, wenn er den Kopf ein wenig hob, seinen gewölbten, braunen, von bogenförmigen Versteifungen geteilten Bauch, auf dessen Höhe sich die Bettdecke, zum gänzlichen Niedergleiten bereit, kaum noch erhalten konnte. Seine vielen, im Vergleich zu seinem sonstigen Umfang kläglich dünnen Beine flimmerten ihm hilflos vor den Augen."[849] Stichwort Plausibilität: Die Beschreibung Gregors scheint die Surrealität oder Unglaubwürdigkeit des Vorfalls zu steigern, indes – Umberto Eco macht darauf aufmerksam – die Beschreibung „verringert sie sie zu akzeptablen Dimensionen. Es ist höchst ungewöhnlich, dass jemand morgens als Ungeziefer erwacht, aber wenn es nun einmal so sein soll, muss dieses Ungeziefer die gewöhnlichen Eigenschaften der uns bekannten Insekten haben. Schon diese wenigen Zeilen von Kafka sind ein Beispiel für Realismus, nicht für Surrealismus. Wir müssen lediglich im Gedächtnis behalten, dass dieses ganz gewöhnliche Insekt ein ›ungeheueres‹ ist"[850]. Wir lesen weiter: „›Was ist mit mir geschehen?‹ dachte er. Es war kein Traum. Sein Zimmer, ein richtiges, nur etwas zu kleines Menschenzimmer, lag ruhig zwischen den vier wohlbekannten Wänden."[851] Kafkas absurde Welten – es gilt für das *Schloss*, den *Prozess*, für ... – werden konstruiert vor der Folie und auf dem Boden der realen Welt. Die Fantasie „vernetzt Material aus dem unerschöpflichen Material des Erfahrenen."[852]

Sehr grundsätzlich formulierte schon Ortega y Gasset in seinen *Meditationen über ›Don Quijote‹*: „Der Roman ist der Kontrapunkt der Epik. Ist das Thema des Epos die Vergangenheit, so ist das Thema des Romans die Gegenwart als Gegenwart. Während die epischen Gestalten Kinder der Phantasie und einmalige unvergleichliche Naturen sind, deren poetische Gültigkeit in ihnen selber liegt, sind die Gestalten des Romans typisch und sozusagen extrapoetisch. Sie werden nicht aus dem Mythos geholt, der schon als solcher ein ästhetisches und schöpferisches Element darstellt, sondern von der Straße, aus der physischen Welt, der realen Umwelt, wie sie Autor und Leser selber erleben." Aber: „Die Sucht nach Realismus, die ein Kennzeichen unserer Zeit ist, darf nicht zur Norm erhoben werden. Wir Menschen der Gegenwart wünschen die Illusion der Wirklichkeitsnähe, andere Zeiten hatten andere Vorlieben."[853] Ortega y Gasset schrieb das 1957: vermutlich vor der Entwicklung oder zumindest dem Erfolg der phantastischen Literatur in Lateinamerika, sicherlich vor der Etablierung des Genres der Fantasy-Literatur mit ihren riesigen Band-Folgen und Auflagen:

„Die größte literarische Revolution der zweiten Hälfte des zwanzigsten Jahrhunderts, das waren die Erzähler Südamerikas, die an Kafka anknüpften und die Grenzen zwischen Tages- und Nachtwirklichkeit, zwischen Wachen und Traum durchlässig machten. So entstanden die funkelnden Meisterwerke dieses Kontinents: *Hundert Jahre Einsamkeit, Fiktionen, Das Reich von dieser Welt, Pedro Páramo.*"[854] Wenn wir die Beziehung zwischen dem Realen und dem Phantastischen „bei den wichtigsten Schriftstellern phantastischer Literatur untersuchen wollten – hier eine rasche Aufzählung: Borges, [Michail Bulgakow,] Cortázar, Calvino, Rulfo, Pierre de Mandiargues, Kafka, García Márquez, Carpentier –, würden wir merken, dass diese Beziehung zwischen den unterschiedlichen Universen des Realen und des Phantastischen unendlich viele Nuancen und Varianten enthält."[855] Interessant sind die Wechsel der Realitätsebenen:

- Ich greife noch einmal zurück auf Augusto Monterrosos Kürzestgeschichte *Der Dinosaurier*: „Als er aufwachte, war der Dinosaurier noch da." In Differenz zum Erzählten befindet sich der Erzähler auf einer realistischen Ebene, „im Gegensatz und Widerspruch zu dem, was er erzählt." Belegt „durch einen kurzen, aber klaren Hinweis, den uns der wortkarge Erzähler gibt: das Adverb ›noch‹. Dieses Wort umfasst nicht nur einen objektiven zeitlichen Umstand, der uns das Wunder erklärt, den Schritt des Dinosauriers aus der geträumten Irrealität zur objektiven Realität. Es ist auch ein Ruf nach Aufmerksamkeit, ein Ausdruck der Überraschung und des Erstaunens angesichts des außergewöhnlichen Ereignisses."[856]

- In Kafkas *Schloss* bewegen wir uns, so scheint es, in einer realistisch alltäglichen Welt; allmählich erst gewinnen wir den Eindruck, dass die Realitätsebene eine andere ist: allegorisch oder symbolisch? Jedenfalls imaginär und phantastisch – und dies wohl von Anfang an. Das Gleiche gilt für den *Prozess*: realistisch zunächst, Resultat einer übersteigerten Bürokratisierung der Justiz vermutlich; allmählich, "ohne dass man den genauen Zeitpunkt der Metamorphose bestimmen könnte", Resultat der „Anhäufung und Intensivierung absurder Episoden" erschließt sich „unter der administrativen Konfusion" ein „System, das den freien Willen und das Reaktionsvermögen der Bürger auslöscht"[857], sie vernichtet.

- Comala ist das Dorf, der Handlungsort, in Rulfos *Pedro Páramo* (1955): Erst ziemlich weit im Text wird klar, dass alle Figuren der Geschichte tot sind. Es ist dies „einer der wirkungsvollsten Wechsel in der zeitgenössischen lateinamerikanischen Literatur, und zwar des radikal verwandelnden Typs, also ein qualitativer Sprung. Er ist so meisterlich, dass Sie vor einem Dilemma stehen, wenn Sie seinen Zeitpunkt bestimmen wollen."[858]

- Die Entfernung von der Realität, oder besser, den Bedingungen dieser Wirklichkeit kann sehr weit gehen, gleichwohl ist sie nicht beliebig: „Man kann sich (...) eine ganz irreale Welt errichten, in der die Esel fliegen und die Prinzessinnen durch einen Kuss geweckt werden, aber auch diese rein phantastische und ›bloß mögliche‹ Welt muss nach Regeln existieren, die vorher festgelegt worden sind (zum Beispiel muss man wissen, ob es eine Welt ist, in der Prinzessinnen nur durch den Kuss von Prinzen geweckt werden können oder auch durch den Kuss einer Hexe, und ob der Kuss einer Prinzessin nur Kröten in Prinzen zurückverwandelt oder auch, sagen wir, Gürteltiere."[859] Alain Robbe-Grillets Roman *Die blaue Villa in Hongkong* (1965) geht an die Grenze – und darüber hinaus; er stellt eine unmögliche, logisch unmögliche Welt dar: Dasselbe Ereignis wird in einander widersprechenden Sichtweisen dargestellt; Hongkong ist Ort und zugleich nicht Ort der Handlung; die zeitliche Abfolge, nicht Darstellung des Geschehens widerspricht sich; dasselbe Wesen wird dargestellt in verschiedenen Existenzweisen etc[860]. Das bedeutet: Die Grenze des Fiktionsvertrags liegt minimal in den Gesetzen der Logik, nicht der Naturwissenschaften.

Der Blick auf die Realitätsebenen, die des Erzählers und die des Erzählten, „erlaubt es uns – wollten wir denn klassifizieren und katalogisieren – von realistischen oder phantastischen, mythischen oder religiösen, psychologischen oder poetischen, Aktions- oder analytischen, philosophischen oder historischen, surrealistischen oder experimentellen Romanen zu sprechen."[861] Noch grundsätzlicher, textlinguistisch formuliert Moritz Baßler: „Als realistisch werden, gut strukturalistisch, solche literarischen Texte bezeichnet, die dominant metonymisch[862] verfahren, d.h. ihre Darstellungsebene mit Hilfe von Frames und Skripten[863] konstruieren, die im kulturellen Archiv bereits fest verankert sind. Dies lässt den Rezipienten vergessen, dass das Dargestellte durch Zeichenkonstellationen auf der Textebene konstituiert wird – die Zeichen als solche kommen gar nicht in den Blick. (…) Man befindet sich unmittelbar auf der Darstellungsebene, in der erzählten Welt des Romans (Diegese), deren Dinge, Personen, Räume etc. ihrer sprachlichen Darstellung als Wirklichkeit vorauszugehen scheinen." Daraus folgt: „Gerade fantastische Texte wie Science-Fiction, Fantasy oder Horrorliteratur müssen realistisch erzählen, um ihre diegetischen Phänomene als intradiegetisch reale zu beglaubigen. Wir verfügen über den Frame ›Vampir‹ oder das Skript ›Begegnung mit Außerirdischen‹ durchaus in derselben Weise wie über den Frame ›Auschwitz‹ oder das Skript ›Entführung‹."[864]

Was ich in Form der beiden Ansätze unterscheide, wurde in einer Dissertation über die Literaturkritik zwischen 1955 und Mitte der 1970er Jahre untersucht und festgemacht zum Einen als „traditionell werkimmanente Kritik" – sie entspricht meinem ersten Ansatz – und zum Anderen als „ideologiekritische avantgardistische Kritik". Letztere entspricht, wenn man den politisch ideologiekritischen Aspekt und das Genre phantastischer Literatur einmal ausklammert, meinem zweiten Ansatz, durch folgende Kriterien noch zu ergänzen[865], hier jetzt zunächst nur einmal genannt:

- **Innovation** auf inhaltlicher, sprachlicher und formaler Ebene
- **Provokation** und Distanz (statt Unterhaltung und Belehrung)
- **Offenheit** und Unbestimmtheit des Textes

Das 20. Jahrhundert ist durchzogen und bestimmt von der Klage über die Krise des Romans; diese Klage ist unmittelbar verknüpft mit der Entwicklung neuer theoretischer Entwürfe, um Stichworte zu liefern: Angeregt durch Sigmund Freud entstanden psychologische Feinstudien (Arthur Schnitzler), scharf attackiert im Berliner Programm Alfred Döblins (steinerner Stil, Kinostil, Montage) wie durch Bertolt Brecht (filmische Optik von außen), ich springe über Peter Weiss' gegen den verengten sozialistischen Realismus gerichtete *Ästhetik des Widerstandes* (1975) zum Nouveau Roman mit seiner Auflösung der Romanfigur und der Sinnhaftigkeit des Romans, in weitem Sinn ähnlich Helmut Heißenbüttels Zurückführung des Erzählens auf Sprachkombinatorik, im Ansatz von Arno Schmidt ein Stück weit aufgegriffen, zu nennen wäre Dieter Wellershoffs wieder fiktionale Welt entwerfendes Konzept der Simulation und des Durchspielens von Situationen bis hin schließlich zum Spiel mit überlieferten Formen und Textbezügen in der Intertextualität postmoderner Literatur.[866] Volker Klotz formuliert für das 20. Jahrhundert dieselbe These, er konkretisiert und belegt sie etwas anders: Exemplarisch nennt er Derek Walcotts *Omeros*, Virginia Woolfs *Wellen*, William Faulkners *Als ich im Sterben lag*, Alfred Döblins *Berge, Meere und Giganten* und Carlos Fuentes' *Verbranntes Wasser* und an Neuerungen: „kubistisches Überkreuz verschiedener Blickbahnen; futuristische Suggestion von Gleichzeitigkeit; Montage ungleichartiger Erzählpartien und Redeweisen; splitternde Syntax, exzentrische Sprachbilder, Wortkaskaden; dissonante Vielstimmigkeit"[867]. Im nächsten Abschnitt greife ich diese Kriterien noch einmal auf, Stichwort Innovationen.

Dritter Ansatz: Innovationen

Die große Literatur weist häufig die Dimension des zweiten Ansatzes auf: Proust, Joyce, Musil, Broch, Kafka … . Milan Kunderas Konstruktion der Geschichte des europäischen Romans in zwei Phasen oder „Halbzeiten", wie er es nennt, erlaubt eine Erklärung, die über das Stichwort Innovation hinausgeht: „Die größten Romanciers der Periode nach Proust (...) waren äußerst empfänglich für die so gut wie vergessene Ästhetik des Romans vor dem 19. Jahrhundert: Sie haben die essayistische Reflexion in die Kunst des Romans miteinbezogen; sie haben die Komposition freier gemacht; das Recht zur Digression zurückerobert; dem Roman den Geist des Unernsten und des Spiels eingehaucht; auf die Dogmen des psychologischen Realismus verzichtet (...) und vor allem: Sie haben sich der Verpflichtung widersetzt, dem Leser die Illusion des Realen vorzuspiegeln: eine Verpflichtung, die die ganze zweite Halbzeit des Romans unangefochten beherrschte. Der Sinn ist", „den Begriff des Romans neu zu definieren und zu erweitern; sich der Reduktion zu widersetzen, welche die Romanästhetik des 19. Jahrhunderts bewirkt hatte; ihm die ganze historische Erfahrung des Romans als Grundlage zu geben."[868] Eine hoch interessante Betrachtungsweise, die ein Schlaglicht auf vierhundert Jahre europäischer Romankultur wirft, eine Brücke schlägt vom 20. bis zum 17. Jahrhundert, eine starke These, die einer genauen und breit angelegten empirischen Überprüfung wohl bedarf und wert ist.[869]

Ich gehe indes gleichsam eine Treppenstufe herunter, zurück zum Stichwort Innovation: Als ein Kriterium großer Literatur gilt das **innovative Element**.[870] Im Folgenden werde ich unterschiedliche Positionen sichten, referieren, vor allem Fragen stellen zum Stichwort Innovation und seiner historischen wie gegenwärtigen Relevanz; das Thema wird uns lange beschäftigen: Ich halte es für zentral in der Einschätzung guter Literatur – und für ein schwieriges Problem.

Ebenso allgemein wie einfach formuliert Albrecht Fabri: Literatur „ist eine bevorzugte Form des Zu-sich-Kommens; und dieses Zu-sich-Kommen fällt so weithin mit der Geschichte des Menschen zusammen, dass es beinahe diese selbst ist."[871] Fabri legt den Akzent dabei auf formale Veränderungen, ein Akzent, der zumal in Frankreich dominiere: „Man diskutiert in Frankreich nicht, wie bei uns, in erster Linie Weltanschauungs-, sondern Formprobleme." Exemplarisch: „Welche Tragweite man solchen Formproblemen beimisst, erhellt aus einem Essay Marcel Prousts über den Stil Flauberts. ›Der ganz und gar neue Gebrauch, den Flaubert vom *passé défini,* vom *passé indéfini,* vom Präsenspartizip sowie von einigen Pronomina und Präpositionen machte, hat unsere Vision der Welt nicht weniger revolutioniert als seinerzeit Kant‹, heißt es darin an einer Stelle." Innovation also als Form- und Sprachphänomen. Und Fabri entwickelt aus diesem Beispiel eine innere Dialektik von Innovation und Tradition: „Denn was bedeutet das: ein neuer Gebrauch des Perfekts? Doch wohl nur, dass man einer gegebenen grammatikalischen Form eine Anwendung findet, die seit Anbeginn in ihr vorgebildet war. (...) Genau genommen kann man nur erfinden, was man vorfindet: Das Neue zeigt immer ein Doppelgesicht. (...) Das Neue ist das Alte in der Form seiner Aktualität. Nur wo es Überlieferung gibt, kann es Neues geben. (...) Die Unauflöslichkeit dieses Verhältnisses beweist sich unter anderem darin, dass das Neue das Alte nicht etwa verdrängt, sondern überhaupt erst wieder in Blick bringt: So war es der Expressionismus, der der Dichtung des Barock nach nahezu zweihundert Jahren Verschüttetsein wieder zu Ansehen verhalf." Literatur als Gespräch: „Das neue Werk verändert das alte. Wir lesen einen anderen *Don Quijote* als Cervantes' Zeitgenossen. Der *Don Quijote*, den *wir* lesen, enthält einen guten Schuss Kafka. – Das Gespräch ist universal: Die geringste Verschiebung auf dem einen Platz führt zur Revision aller Plätze; (...) der Text des *Don Quijote*, den *wir* lesen, ist ein um den Geist von zwölf Generationen vermehrter. Cervantes meinte, eine Satire auf die Ritterromane zu schreiben; was daraus wurde, ist nicht weniger als die Geschichte des modernen Ich: die Geschichte des Auseinanderfallens von Traum und Wirklichkeit nämlich ... (...). Wie an jedem Text eines Autors alle Schriftsteller vor ihm mitschrieben, schreibt die Nachwelt daran fort; mit der Veröffentlichung von Kafkas *Schloss* und *Prozess* bekommt der *Don Quijote* ein neues Gesicht."[872]

Literarhistorisch vielfältiger setzt Volker Klotz unter dem Aspekt narrativer Neuerungen an und belegt exemplarisch mit Cervantes' *Don Quijote*[873], Goethes *Werther* und – was neuere Literatur angeht – im Blick auf das erzähltechnisch in der Tat ungewöhnliche Erzählen aus der Sicht eines Jenseits, aus der Sicht Toter mit Machado de Assis' *Postumen Memoiren des Brás Cubas* (1881), Faulkners *Als ich im Sterben lag* (1930), Juan Rulfos *Pedro Paramo* (1955) und José Saramagos *Hoffnung in Alentejo* (1979). Der gleiche Anspruch auf Innovation gilt in Klotz' Sicht, dann aber inhaltlich orientiert, auch für die Klassiker Stendhal, Balzac, Flaubert, Dickens ...[874]. Innovation mithin ein Kriterium für klassische Literatur, für Weltliteratur?[875]

Dieter Wellershoff strukturiert die Geschichte des Romans oder der Literatur überhaupt anders: Er sieht die aristotelische Traditionslinie, dass Literatur Mimesis der Praxis sei, bis ins 19. Jahrhundert und anspruchsvoll vertreten: Sie diene hier „vor allem der Strukturbewahrung, der Systemintegration (...), etwa indem sie abweichendes Verhalten unter dem Aspekt der geltenden Normen als böse, lächerlich, hässlich, bestrafungswürdig und erfolglos klassifiziert und nicht auf den typisch modernen Gedanken kommt, dass der scheiternde Normbrecher die Norm verklagt."[876] Im Unterschied dazu habe „die moderne, die gegenwärtige Literatur die Veränderung zu ihrem Prinzip gemacht (...). Die alte Funktion im Sinne geltender Normen hat sie an die Trivialliteratur abgeschoben.[876] (...) Die authentische Literatur richtet sich gegen sich die etablierten Schemata und ständig fortschreitend auch immer gegen sich selbst. Sie ist dauernd zur Veränderung gezwungen, weil alles Formulierte, jedes einmal gefundene Gestaltungsmuster einen heimlichen Authentizitätsverlust erleidet, der in der Nachahmung sofort kenntlich wird."[878] Wellershoff spricht von einer „experimentellen Einstellung"[879] als Kennzeichen des modernen Romans: Verabsolutierung der Subjektivität, verfremdete Erfahrung, gestörtes Verhalten, das „verstümmelte und scheiternde Leben" als dominant, „negative Anthropologie"[880]: Faulkner, Robbe-Grillet, Nathalie Sarraute, Claude Simon. Das gelte nicht nur inhaltlich, sondern auch sprachlich: „Sie wissen nicht, was es heißt, den ganzen Tag zu sitzen, den Kopf in beide Hände gepresst, und sein unglückliches Hirn zu zermartern, um ein Wort zu finden"[881]. Dies schreibt Flaubert an George Sand. Flaubert kämpfte „um den Preis der Neurose um das richtige Wort", um Authentizität auch in der Sprache, ein Merkmal großer Literatur, getragen von der „Anstrengung dauernder künstlerischer Innovation und Veränderung"[882].

Ähnlich – und interessant in der provozierend klaren Linie – die Sicht Milan Kunderas, er entwirft folgende Entwicklungsgeschichte des Romans: „Alle Romane aller Zeiten sind mit dem Rätsel des Ich beschäftigt." (!) In einer ersten Phase – exemplarisch Boccaccio und Dante - würden Handlungen und Abenteuer dargestellt: „Als Handelnder tritt der Mensch aus der gleichförmigen Welt des Alltags heraus, wo jeder jedem ähnlich ist, als Handelnder unterscheidet er sich von den anderen und wird Individuum. (...) Zunächst wird Handlung (...) als Selbstporträt des Handelnden verstanden."[883] Das stelle sich 400 Jahre später anders dar mit Diderots *Jacques le Fataliste* (1796): In der Meinung, ein Liebesabenteuer einzugehen, schuf er [Jacques] in Wirklichkeit die Voraussetzung für seine Invalidität. (...) Zwischen seiner Tat und ihm selbst klafft ein Riss." Allgemein und eingeleitet wird damit die zweite Phase: „Das Paradoxe der Handlung ist eine der großen Entdeckungen des Romans. Doch wenn das Ich durch sein Handeln nicht fassbar ist, wo und wie kann man es dann erfassen? Es trat somit der Augenblick ein, wo der Roman auf seiner Suche nach dem Ich sich von der sichtbaren Welt der Handlung abwenden und sich mit dem Unsichtbaren des Innenlebens beschäftigen musste. Um die Mitte des 18. Jahrhunderts entdeckt Richardson die Form des Briefromans, in dem die Figuren über ihr Denken und Fühlen Rechenschaft ablegen. (...) Richardson hat dem Roman den Weg zur Erforschung des menschlichen Innenlebens gewiesen." Diese Linie – des psychologischen Romans – werde weitergeführt von „Goethe des *Werther*, Laclos, Benjamin Constant, dann Stendhal und" den Schriftstellern „seines Jahrhunderts. Höhepunkt dieser Entwicklung sind (...) Proust und Joyce." Joyces Thema sei der gegenwärtige Augenblick: „In einer einzigen Sekunde nehmen unser Gesichtssinn, unser Gehör- und Geruchssinn (bewusst oder unbewusst) eine ganze Menge von Ereignissen wahr, und durch unseren Kopf zieht ein Schwarm von Empfindungen und Ideen. Jeder Augenblick stellt ein kleines Universum dar, das im nächsten Augenblick unwiderruflich vergessen ist. Joyces großes Mikroskop vermag indessen diesen flüchtigen Augenblick festzuhalten." Das Resultat sei indes wieder ein Paradox: „Je größer die das Ich beobachtende Optik des Mikroslops ist, desto mehr kommen uns das Ich und seine Einmaligkeit abhanden."[884] Die systematisch letzte und zugleich neue Ausrichtung dieser Linie des psychologischen Romans sei Kafka: „Wodurch wird K. zu einem einzigartigen Wesen? Weder durch seine äußere Erscheinung (darüber wird gar nichts gesagt), noch durch seine Biografie (die man nicht kennt), noch durch seinen Namen (er hat keinen), noch durch seine Erinnerungen, Neigungen und Komplexe. Durch sein Verhalten? Der Freiraum für seine Handlungen ist kläglich eingeschränkt. Durch die Art und Weise seines Denkens? Ja, Kafka geht K.s Reflexionen ständig nach, doch die sind ausschließlich auf seine eigene Situation bezogen (...). K.s gesamtes Innenleben wird von der Situation absorbiert, in der er wie in einer Falle gefangen ist, und was über diese Situation hinausgehen könnte (K.s Erinnerungen, seine metaphysischen Überlegungen, seine Meinung über die anderen), wird uns nicht mitgeteilt." Kafka frage nicht mehr „nach den inneren Beweggründen, die das Verhalten des Menschen bestimmen. Er stellt eine radikal andere Frage: Welche Möglichkeiten bleiben einem Menschen noch in einer Welt, in der die äußere Determiniertheit so mächtig geworden ist, dass innere Antriebe nicht mehr ins Gewicht fallen?"[885] Vor dem Hintergrund dieser Entwicklung ist für den Romanautor Milan Kundera die historische Phase des psychologischen Romans[886] einschließlich des inneren Monologs vorbei.[887] Ein Ich erfassen besage „das Wesen seiner existentiellen Problematik erfassen. Seinen existentiellen Code"[888]; und der bestehe bei jeder Figur „aus einigen Schlüsselwörtern", für Teresa in seinem Roman *Die unerträgliche Leichtigkeit des Seins* (1984) z.B. seien es „der Körper, die Seele, der Schwindel, die Schwäche, die Idylle, das Paradies."[889] Entscheidend sei: „Eine Figur wirkt dann ›lebendig‹, wenn der Autor ihrer existentiellen Problematik auf den Grund geht. Und das heißt, dass man einigen Situationen, einigen Motiven oder einigen Wörtern, von denen sie geprägt ist, auf den Grund geht. Das ist alles."[890] Dazu bedürfe es nicht aller möglichen Informationen über die Figur, vielmehr erreiche der Romancier die ›Lebendigkeit‹ seiner Personen durch andere Techniken oder Prinzipien als die in der Tradition festgeschriebenen.[891] Zugestanden, aber das Stichwort ›lebendig‹ ist entscheidend: Es impliziert für den Leser die gleiche Neugierde und das gleiche Interesse an einer Figur, die gleiche Plausibilität (und auch Irritation: Stichwort Überraschung), die gleiche Nähe, die gleiche Empathie, die die von Kundera abgelehnten Techniken oder Regeln erreichten.

Das „Kritikmodell" Karl Heinz Bohrers, entwickelt aus dem Versuch, den spontanen Akt der Antizipation im Prozess des fortschreitenden Lesens normativ einzubinden, fordert ebenfalls entschieden die Innovation ein: „Das zeitreflexive Bewusstseinsniveau des Textes wahrnehmen im Verhältnis zur eigenen Gegenwartsbestimmung, das ist (...) das Erkenntnisinteresse des hier entwickelten Kritikmodells. Die allgemeinen Daten einer solchen Wahrnehmung" sind komplex, durch einen „doppelten Gradmesser" gekennzeichnet: „Einmal hätte sich das Bewusstseinsniveau des zu bewertenden Textes selbst auszuweisen vor der Bewusstseinshöhe der in der Avantgarde versammelten Bewusstseinsgeschichte. Zum anderen prüfte sich das Gegenwartsbewusstsein des wertenden Subjekts, d.h. es vollzöge die notwendige Verzeitlichung seines Urteils. (...) Die Daten müssen müssen der Bewusstseinsgeschichte der Moderne entstammen, die in der Avantgarde zu sich selbst gekommen ist. Texte, die auf die Bewusstseinsherausforderungen der Avantgarde-Grenze nicht antworten, sind ästhetisch-historisch irrelevant. (...) Die Innovation als sichtbarstes Kriterium der Avantgarde hat sozusagen naturwüchsig das Prestige des geschichtlichen Progressus angenommen."[892]

Was den in weitem Sinn gegenwärtigen Literaturbetrieb angeht, klagt Karl Heinz Bohrer daher bedauernd ein, dass die „Avantgarde als Bewusstseinsform" als „literaturkritische Kategorie überhaupt nicht existiert. Deshalb kann es geschehen, dass nicht nur die journalistische Tageskritik, sondern auch die literaturwissenschaftliche Kritik zeitgenössischer Literatur einem letztlich konditionslosen Subjektivismus gehorchen. (...) Während die Erfindungen der Maler und Bildhauer sich schon seit langem gefallen lassen müssen, dem vom Bewusstsein der Avantgarde einmal Gesetzten ausgesetzt zu sein, konnte sich die Literatur diesem Anspruch entziehen."[893]

Im Hintergrund dieser Einordnungen und Forderungen steht zumindest bei Wellershoff und Bohrer die wirkungsmächtige geschichtsphilosophische und ästhetische Konzeption Theodor W. Adornos, mit Anspruch entwickelt in der *Negativen Dialektik* (1966) und der *Ästhetischen Theorie* (1970). Für die Literatur, genauer, die Romanliteratur konkretisiert hat Adorno seine Position in dem schon 1954 erschienenen Aufsatz *Standort des Erzählers im zeitgenössischen Roman*: Der historische Prozess der Entfremdung und seiner ideologischen Verschleierung gleichermaßen habe für den Roman als „spezifische literarische Form des bürgerlichen Zeitalters", gebunden an den Realismus auch im phantastischen Roman, Konsequenzen: „Zerfallen ist die Identität der Erfahrung, das in sich kontinuierliche und artikulierte Leben, das die Haltung des Erzählers einzig gestattet. (...) Etwas erzählen heißt ja: etwas Besonderes zu sagen haben, und gerade das wird von der verwalteten Welt, von Standardisierung und Immergleichheit verhindert. Vor jeder inhaltlich ideologischen Aussage ist ideologisch schon der Anspruch des Erzählers"[894]. Denn „je dichter und lückenloser die Oberfläche des gesellschaftlichen Lebensprozesses sich fügt, um so hermetischer" verhülle „diese als Schleier das Wesen" der Realität. „Will der Roman seinem realistischen Erbe treu bleiben und sagen, wie es wirklich ist, so muss er auf einen Realismus verzichten, der, indem er die Fassade reproduziert, nur dieser bei ihrem Täuschungsmanöver hilft."[895] Den Beleg liefern die großen Romane: „Es ist den großen Romanciers der Epoche gemeinsam, dass die alte Romanforderung des ›So ist es‹, bis zu Ende gedacht, eine Flucht geschichtlicher Urbilder auslöst, in Prousts unwillkürlicher Erinnerung wie in den Parabeln Kafkas und in den epischen Kryptogrammen von Joyce."[896] Ein Erzählen nach dem Ende des Erzählens führt zur Reflexion der Bedingungen seiner Möglichkeit, zur durchgehenden Selbst-Reflexion; sie ist „Parteinahme gegen die Lüge der Darstellung, eigentlich gegen den Erzähler selbst, der als überwachter Kommentator der Vorgänge einen unvermeidlichen Ansatz zu berichtigen trachtet. Die Verletzung der Form liegt in deren eigenem Sinn."[897] Das Fazit: „Die Einziehung der ästhetischen Distanz im Roman heute, und damit dessen Kapitulation vor der übermächtigen und nur noch real zu verändernden, nicht im Bilde zu verklärenden Wirklichkeit, wird erheischt von dem, wohin die Form von sich aus möchte."[898]

In seiner Auseinandersetzung mit Adorno stellt Christoph Bode Adornos These, dass ein aus individueller Erfahrung schöpfendes Erzählen angesichts der hinter der Oberfläche undurchschaubar sich verbergender gesellschaftlicher Realität nicht mehr möglich sei, nicht in Frage, hält zunächst aber doch gegen: Da „Bedeutung nicht Ausgangspunkt, sondern Ergebnis von Erzählungen" ist, lassen sich „Sinnstiftungsstrategien erproben (...). Erzählen braucht nicht die Voraussetzung, dass die Welt sinnvoll ist, sondern nur den Impetus, etwas (nicht gleich die ganze Welt) sinnvoll zu machen."[899] Das bedeute für die Gegenwart als angemessene Form dann aber doch „eine Sinnorientierung, die sich aus der Thematisierung der Möglichkeiten von narrativer Sinnstiftung ergibt". Das bedeute konkret, „dass nach dem Erzählen nun die erzählerische Erkundung der Möglichkeiten des Erzählens, also das foregrounding der Kontingenz der Sinnstiftungsversuche ansteht."[900] Akzentuiert wird derart eine Form des Romans, die es seit *Don Quijote* und *Tristam Shandy* schon gegeben hat, jetzt aber wird sie als zeitgemäß gefordert. Bode sieht darin realisiert Friedrich Schlegels hochreflexives und selbstreferentielles Konzept der ›progressiven Universalpoesie‹; derart bilde der Roman exakt das ab, „was ihn hervorbrachte und seitdem gewiss nicht geringer geworden ist: Veränderung, Wandel, Werden, Prozess"[901].

Ein ähnliches Konzept als Norm des zeitgenössischen Romans vertritt Italo Calvino: „der zeitgenössische Roman als Enzyklopädie, als Erkenntnismethode und vor allem als Netz von Verbindungen zwischen den Geschehnissen, den Personen und den Angelegenheiten der Welt."[902] Er demonstriert seine Vorstellungen exemplarisch an den Romanen Carlo Emilio Gaddas, Robert Musils und Marcel Prousts – in einer z.T. ungewöhnlichen, innovativen, jedenfalls anregenden Sicht: In Gaddas Romanen „erscheint noch der geringste Gegenstand als Zentrum eines Beziehungsgeflechts, dem nachzugehen der Autor sich nicht enthalten kann, wodurch er die Details derart vervielfacht, dass seine Beschreibungen und Abschweifungen ins Unendliche ausufern."[903] Auch für Musil gilt „die Unfähigkeit, ein Ende zu finden." Sein Ausgangspunkt ist „das Bewusstsein der Unvereinbarkeit zweier entgegengesetzter Pole; den einen davon nennt er bald Exaktheit, bald Mathematik, bald reinen Geist, bald auch militärische Denkungsart, den anderen bald Seele, bald Irrationalität, bald Menschlichkeit und bald Chaos. Alles, was er weiß oder denkt, legt er in einem enzyklopädischen Buch nieder, das er in der Form des Romans zu halten versucht, das aber ständig seine Struktur verändert und ihm zwischen den Händen zerfällt, so dass er nicht nur nicht imstande ist, den Roman zu beenden, sondern nicht einmal seine Grundzüge festzulegen, um die enorme Materialmenge in präzise Grenzen zu fassen."[904] Der dritte Autor ist Proust: „Das alles mit allem verbindende Geflecht ist auch Prousts Thema, aber bei ihm besteht dieses Geflecht aus raumzeitlichen Punkten, die nacheinander von jedem Wesen besetzt werden, was eine unendliche Vervielfachung der Dimensionen des Raumes und der Zeit mit sich bringt. Die Welt erstreckt sich so weit, bis sie unerreichbar wird, und Erkenntnis erfolgt für Proust durch das Leiden an dieser Unerreichbarkeit."[905] Das Resultat für den zeitgenössischen Roman: „Erkenntnisstreben als Streben nach Vielschichtigkeit", getragen „von einem Sinn für das Spiel und die Wette im hartnäckigen Bemühen um die Herstellung von Beziehungen zwischen Diskursen, Methoden und Bedeutungsebenen." Es geht um „die Idee einer offenen Enzyklopädie", offen: „Heute ist keine Totalität mehr denkbar, die nicht potentiell, konjektural und multipel wäre."[906] Die offene Enzyklopädie nennt Calvino auch einen „Hyperroman", in zwei Büchern hat er selbst dies zu realisieren versucht als „Prinzip, gewissermaßen eine Musterkollektion der potentiellen Vielschichtigkeit des Erzählbaren aufzublättern," mit *Das Schloss, darin sich die Schicksale kreuzen* (1973) und mit *Wenn ein Reisender in einer Winternacht* (1979)[907]. Als „das bislang letzte wirkliche Ereignis in der Geschichte des Romans [!]" nennt Italo Calvino in diesem Zusammenhang einen Roman von Georges Perec: *Das Leben. Gebrauchsanweisung* (1978); er begründet dies detailliert[908]: Innovation in Konzeption und Aufbau, souveräner Rückgriff auf die Tradition, enzyklopädisches Wissen, Ironie und Poesie. Italo Calvino, Theoretiker und Praktiker gleichermaßen der Postmoderne: Es erscheint mir sinnvoll, diesem Begriff, der immer wieder schon auftauchte, jetzt nachzugehen.

Exkurs: Postmoderne im Roman. Ein Rückblick

In seiner Anthologie *Roman oder Leben. Postmoderne in der deutschen Literatur* formuliert Uwe Wittstock den Ausgangspunkt: Es gehe „darum, wie vor dem Hintergrund einer als übermächtig empfundenen ästhetischen Moderne und im Angesicht einer immer komplexer, undurchschaubarer und auch ungreifbarer werdenden Wirklichkeit die Möglichkeiten des Erzählens, der Romanintrige, des emotionalen und nicht nur intellektuellen Reizes der Literatur wiederentdeckt beziehungsweise gerettet werden können."[909] In Reaktion auf den Ästhetizismus der Avantgarde der 1920er Jahre, in Reaktion auf die ›klassische Moderne‹ entwickelte sich in den 1960er Jahren zunächst in den USA eine Gegenbewegung, die den Roman in unterschiedliche Richtungen öffnete, in der Sicht Hanns-Josef Ortheils: „historischer Roman, Science-fiction, Western, Pornographie, existentielle Analyse – all diese Formen werden (manchmal zugleich) eingesetzt, um Faktisches und Fiktionales zu verwirren."[910] Ortheil nennt – aus heutiger Sicht vielleicht irritierend – Saul Bellow, Kurt Vonnegut, Norman Mailer, John Updike und vornehmlich John Barth. Hinzu kam die weitere Öffnung des Romans durch die lateinamerikanische Literatur; hier verweist Ortheil „als zentrales Exempel" auf *„Rayuela – Himmel und Hölle* (1963) von Julio Cortázar. An kaum einem anderen Werk der Postmoderne sind so genau die Komponenten des neuen literarischen Zeitalters zu entdecken: Auf Grund eines komplizierten Systems von Anweisungen erhält der Leser nicht nur eine, sondern mehrere Möglichkeiten (letztlich unendlich viele), den Roman zu lesen."

Italo Calvino und Umberto Eco setzen – programmatisch ebenso wie in ihren Romanen – exemplarisch den nächsten Akzent: „Die postmoderne Antwort auf die Moderne besteht in der Einsicht und Anerkennung, dass die Vergangenheit, nachdem sie nun einmal nicht zerstört werden kann, da ihre Zerstörung zum Schweigen führt, auf neue Weise ins Auge gefasst werden muss: mit Ironie, ohne Unschuld."[911] Spiel mit der Tradition, Zitat, Ironie, Maskerade. In seinen *Überlegungen zum Roman der Postmoderne* hält auch Klaus Modick fest „Ironie, Parodie, Satire, metasprachliches und intertextuelles Spiel" und die Ambivalenz dieses Spiels: „Natürlich ist es möglich, das Spiel eindimensional zu verstehen und die Sache ernst zu nehmen; niemand würde ja leugnen wollen, dass in diesen Maskeraden der Sprache wiederum ein Krisenbewusstsein zum Ausdruck kommt – das Bewusstsein nämlich, sich der Welt gegenüber nicht mehr unmittelbar verhalten zu können, zumindest sprachlich nicht mehr. Aber noch auf eine zweite Weise lässt sich das Spiel missverstehen: als reiner Spaß, als augenzwinkerndes Ratespiel für Bewohner des Elfenbeinturms.“[912] Die Doppelkodierung einerseits des Zitats oder der Anspielung auf die Tradition, andererseits aber des Anspruchs auch auf Gegenwärtigkeit hat „unter den postmodernen Autoren eine Neigung zu einem licht-linearen Erzählen voller Zwischenschritte, Abschweifungen, Rückblicke oder Vorgriffe gefördert. Sie beschreiben eine labyrinthische, unerlöste Welt – und also muten sie ihren Lesern vertrackte Plots zu, in denen die Konflikte nicht entschieden, sondern in der Schwebe gehalten werden.“ Ihre Geschichten bleiben „uneindeutig, schillernd, ambivalent.“[913]

Klaus Hoffer untersucht in seiner Grazer Poetik-Vorlesung von 1985 die Methoden der Verwirrung in erzählerischen Texten, in denen die Autoren „den Menschen (d.h. ihre Figuren und Leser) in einer Welt erwachen lassen, die er (...) nicht verstanden hat, sie lassen diese Welt mit Bedeutung ausgestattet scheinen, die er erraten muss, und sie haben ihre Figuren mit einem Ich ausgestattet, das noch nicht oder wenigstens anders definiert ist, als es das landläufige Selbstverständnis will.“[914] Nach der Verabschiedung des souveränen Subjekts auch in der Rolle des Opfers herrschender Verhältnisse ist postmodern die klare Differenz zwischen Täter und Opfer, Schuld und Unschuld offen und ambivalent. Für Hoffer steht exemplarisch Kafka für dieses Verständnis: Kafkas Figuren sind entweder ihrer Welt und ihrer selbst sicher – oder eben nicht. Gregor Samsa und Josef K. sehen buchstäblich „den gewohnten Zugang zur Welt nach ihrem Erwachen versperrt. Das bislang Selbstverständliche erweist sich jählings als Labyrinth“[915] ohne Ausweg. So gesehen gab es eine postmoderne Haltung, wie auch Eco betont, nicht erst seit der Postmoderne: „Alle Bücher sprechen immer von anderen Büchern, und jede Geschichte erzählt eine längst schon erzählte Geschichte. Das wusste Homer, das wusste Ariost, zu schweigen von Rabelais und Cervantes ... .“ Und an anderer Stelle: „Ich glaube (...), dass ›postmodern‹ keine zeitlich begrenzte Strömung ist, sondern eine Geisteshaltung oder, genauer gesagt, eine Vorgehensweise, ein Kunstwollen.“[916]

Doppelkodierung: In unserem Kontext – Innovation – ist folgende Aussage interessant: „Im Zeitalter der Postmoderne dürfe sich ein Kunstwerk nicht auf *eine* Sprachebene, auf *einen* Diskurs beschränken. Es müsse vielmehr die Kenner sowohl wie die große Öffentlichkeit ansprechen, müsse elitäre Bedürfnisse ebenso befriedigen wie populäre und müsse moderne Elemente genauso aufnehmen wie traditionelle.“ Und ganz explizit: Damit „verletzt die Postmoderne das Innovationsgebot der modernen Ästhetik.“ Ihm liege „eine falsche Gleichsetzung von Wissenschaft und Kunst zugrunde“; und weiter noch: Es „relativiert sich auch der Anspruch der modernen Literatur auf Originalität, also die emphatische Frage nach dem eigenen Ton eines Autors, nach seiner höchst individuellen Schreibweise. Der Schriftsteller der Postmoderne sieht sich mit der schier endlosen Klaviatur von Sprachebenen in unserer Gegenwart konfrontiert. Statt einen zusätzlichen, mit seinem persönlichen Signum versehenen Ton zu etablieren, reizt es ihn, auf der gesamten vorhandenen Klaviatur zu spielen". Die Leser „kennen" – möglicherweise, muss ich einschränkend doch einfügen, – „jene Klaviatur wie er selbst, und er weiß, dass sich bei ihnen, sobald er eine Taste anschlägt, bestimmte Erwartungen, Assoziationen oder Erinnerungen einstellen. (...) Kurz: Postmoderne Autoren definieren sich nicht vorrangig durch Sprachformen der Ausgrenzung, sondern der spielerischen Kommunikation."[917] Etwas vorsichtiger, nicht verkündet als Programm in Orientierung an den US-amerikanischen Diskurs, schreibt auch Eco, es sei möglich, dass postmoderne „Spiel nicht zu verstehen (...). Das ist ja das Schöne (und die Gefahr) an der Ironie"; exemplarisch nennt er „die Collagen, die Max Ernst aus alten Stichen montierte (...): Man konnte und kann sie auch wie phantastische Traum- oder Abenteuergeschichten lesen, ohne zu merken, dass sie einen Diskurs über alte Stiche darstellen und vielleicht auch einen über das Collagieren selbst."[918]

Ich verenge den Focus auf die Rezeption in Deutschland: Ortheils Aufsatz löste eine lebendige Debatte aus. Unter anderen antwortete Reinhard Baumgart einigermaßen scharf: „Phänomene, die seit Jahrzehnten, Jahrhunderten, ja Jahrtausenden bekannt sind, wenn auch unter pompös altmodischen Namen (Epigonalität, Synkretismus, Eklektizismus, Manierismus, Historismus etc.) geraten in immer kompliziertere Theoriemaschinen, die sie zur Unkenntlichkeit verpackt und beschildert verlassen." So stellt Baumgart in seiner „Spurensuche"[919] fest, dass vermeintlich postmoderne Eigenarten schon früher die deutsche Literatur prägten; exemplarisch erinnere ich an Thomas Manns *Bekenntnisse des Hochstaplers Felix Krull* (1954): Abgesehen von dem auch spontan möglichen Lesevergnügen bietet der Roman eine Fülle von Bezügen, Anspielungen und Parodien auf die Tradition des Entwicklungsromans, des Künstlerromans, des Schelmen- und Pikaro-Romans, auf mythologische Motive, zumal Narziss und Hermes, nicht zuletzt intertextuell auf vielfältige Figuren und Motive in Thomas Manns Gesamtwerk. Walter Jens formulierte 1961 zusammenfassend für die Gegenwartsliteratur: „Rekapitulation aller Stile in einer überschaubaren Welt; ironisch-kenntnisreiche Beschwörung des Erbes, Zitat des Pandämoniums von Babel bis Canaveral: Das ist das Fazit."[920] Andererseits betonte Baumgart für die 1970er Jahre einen ganz anderen denn postmodernen Trend, für den ich in der Gegenwart der 2010er Jahre Parallelen sehe: „In den siebziger Jahren (...) herrschte in der Literatur ein kaum bewusster Eskapismus in Fragen der Ästhetik. Ob politisch oder apolitisch motiviert, ob im Faktenroman oder autobiographischen Erguss: Eine neue Unschuld und Unmittelbarkeit begann draufloszuschreiben, als hätte es das kritische Produktionsbewusstsein der Moderne nie gegeben."[921] Dann wiederum ist dezidiert postmoderne Literatur auch im deutschsprachigen Raum gegeben: Hanns-Josef Ortheil nennt (1987) „drei Meisterwerke postmoderner Haltung": Wolfgang Hildesheimers Roman *Marbot* (1981)[922], Klaus Hoffers *Bei den Bieresch* (2007)[923] und Gerold Späths *Commedia* (1980)[924]. Uwe Wittstock ergänzt: Ulrich Woelk, Christoph Ransmayrs *Letzte Welt* (1996), vor allem, „eine elegant getarnte Reise durch die Literaturgeschichte"[925], Patrick Süßkinds *Parfum* (1985) und in das Motiv transferierender Nachfolge Robert Schneiders *Schlafes Bruder* (1992).

Dezidiert postmoderne Literatur: Hans Robert Jauß hat exemplarisch unter diesem Aspekt Italo Calvinos *Wenn ein Reisender in einer Winternacht* analysiert – es schwindelt dem Leser nahezu. Ich gebe Auszüge wieder, die auch ohne Kenntnis des Romans verstanden werden können: „Im Unterschied zu den Klassikern des modernen Romans, die den Leser selbst mit ins Spiel gebracht hatten (*Don Quijote, Tristam Shandy, Jacques le Fataliste*) ist in Calvinos *Viaggiatore* nicht allein die Erwartung des Lesers in den Text eingeschrieben und diese zum Dialogpartner erhoben, mit dem der Autor über die Eventualitäten der Handlung und ihre moralische Kasuistik diskutiert. Hier ist der Leser von Anbeginn in jedem Akt des Schreibens mit gegenwärtig und fortschreitend in die Rolle des Subjekts einer geschriebenen Welt einbezogen. Hier wird ihm nun auch – zum ersten Mal, wie mir scheint – angesonnen, als lesendes Du selbst die Stelle und das Risiko des anonymen erzählenden Ich zu übernehmen, dem es in jeder der zehn abgebrochenen Geschichten beschieden ist, den Tod des Subjekts zu erleiden, um in der nächsten Geschichte in anderer Gestalt wiederzuerstehen. Der geneigte Leser, dem es als realem Leser freisteht, ein Buch zu wählen und über seine Lektüre zu verfügen, kann seine Distanz zum Gelesenen in dem Maße nicht mehr aufrecht erhalten, wie er als lesender Leser zum gelesenen Leser wird, das heißt als fiktiver Leser in die inszenierten Rollen des anonymen Ich eintritt."[926] Der Romaneingang: „Du schickst dich an, den neuen Roman *Wenn ein Reisender in einer Winternacht* von Italo Calvino zu lesen. Entspanne dich. Sammle dich." Es folgt nach dem damit eingeleiteten Vorspann des ersten Kapitels die erste Geschichte oder das erste von zwölf Kapiteln, in der das Du der Leser-Anrede ebenso wie das Buch selbst thematisiert sind: „Der Roman beginnt auf einem Bahnhof, eine Lokomotive faucht, Kohlendampf zischt über den Anfang des Kapitels, Rauch verhüllt einen Teil des ersten Absatzes. (...) Ich bin der Mann, der da zwischen Café und Telefonzelle hin und her läuft. Oder besser gesagt, dieser Mann heißt hier ›ich‹, und sonst weißt du nichts von ihm". Der Roman schließt: „Leser und Leserin, nun seid ihr Mann und Frau. Ein großes Ehebett empfängt eure parallelen Lektüren. Ludmilla klappt ihr Buch zu (...). Und du: ›Einen Moment noch. Ich beende grad *Wenn ein Reisender in einer Winternacht* von Italo Calvino.‹"[927] Zurück zu Hans Robert Jauß: Der Leser „wird von der Du-Anrede über das namen- und eigenschaftslose, vertauschbare, weil nur grammatische Ich unmerklich in eine spannende, immer neu bedrohliche Handlung verstrickt und nolens volens zum betroffenen Subjekt eines undurchschaubaren Geschehens". Es gelingt derart eine „Interaktion von Autor, lesendem und gelesenem Leser (...). Da sich die zehn Vorspänne zu einer eigenen Rahmenhandlung, der Geschichte von Leser und Leserin, zusammenfügen, während der erwartete Roman zehnmal neu ansetzt und wieder abbricht, thematisiert die Komposition insgesamt den Kontrast von geschlossener und offener Form, in einer Bewegung und Gegenbewegung, die der zur Einheit strebenden Fabel ständig die Öffnung des Einen zur Vielheit entgegensetzt. Das fiktive Du löst das Programm, aus einer Rede in einer zweiten Person den Roman selbst hervorgehen zu lassen, in der Weise ein, dass dieses lesende Du ineins ständig das Lesen des Lesens repräsentiert: Der *Viaggiatore* ist als postmoderner ›Roman des Romans‹ ineins ein Spiegel der Lektüre in der Lektüre, dabei aber auch eine Summa aller im Schwang befindlichen Theorien des Lesens, die Calvino als poeta doctus auf das Vergnüglichste zu überbieten weiß."[928]

Geschuldet möglicherweise meiner nur selektiven Kenntnis und Recherche: Wenn ich recht sehe, ist ein zentraler Aspekt postmoderner Erzählliteratur nicht thematisiert, die Auflösung der Erzählperspektive. Michael Bachtin sprach bei Dostojewski schon von polyphonem Erzählen, wir erinnern uns, diese Tendenz ist in der zweiten Hälfte des 20. Jahrhunderts weiter entwickelt und verschärft worden in eine radikale Multiperspektivität. Exemplarisch dafür steht António Lobo Antunes. Erinnert hat mich eine Rezension seines neuesten Romans: „Herkömmliches Erzählen beruht auf einer Übersetzungsleistung. Sie gibt uns die Gedanken- und Empfindungswelt der Figuren nicht nur gefiltert, sondern sprachlich ge- und also auch immer ein Stück weit verformt durch die Instanz des Erzählers. Was und wie die Figuren wahrnehmen und fühlen: Wir erfahren es in seinen Worten. (…) Antunes' psychologischer Realismus dagegen lässt fast durchweg die Figuren selbst sprechen – und zumeist in der Gegenwart des Empfindens selbst (…). Lesend tauchen wir ein in einen Bewusstseinsstrom, der, in verschiedene Arme sich verzweigend, im Erzählfluss zu einem vielstimmigen Chor anschwillt. Nicht selten wechselt die Perspektive abrupt und ansatzlos, mitunter mitten im Satz. Die Stimmen überlagern und durchdringen sich, sie fallen sich buchstäblich ins Wort: Die rhetorische Figur der Ellipse oder auch Aposiopese – des grammatikalisch unvollständigen oder abgebrochenen Satzes – sind von Lobo Antunes mit Vorliebe verwendete Stil- und Ausdrucksmittel."[929] In Antunes' Roman *Das Handbuch der Inquisition* (1996) dämmern in einem Altenheim zwei ehemals gefürchtete Helfershelfer Salazars dem Tod entgegen, der Blick in die Vergangenheit weitet sich aus zu einem Panorama, 18 Personen kommen zu Wort. In *Fado Alexandrino* wird der Leser mit den Gedanken von fünf Kriegsveteranen konfrontiert, in *Anweisungen an die Krokodile* mit den Erinnerungen und dem Erleben von vier Frauen, die in einem dichten Beziehungsgeflecht miteinander verwoben werden. Ich gebe ein Beispiel, kennzeichnend auch für Antunes' Bildkraft: Celina erinnert eine Situation aus ihrer Kindheit, ihr Vater und ihr Onkel angeln am Tejo. Sie bückt sich

„zur Dose mit den Ködern, ein Wurm hatte den Rand erreicht und rutschte heraus / Würmchen Würmchen / nannte mich der Geschäftspartner meines Mannes / – Komm her mein Würmchen Mimi ist taub sie hört nichts / mein Vater, indem er mit dem Fuß aufstampfte / – Halt still / Ein Fischkutter hechelte seine Dieselspur heraus, erregte damit die Möwen, die aufhörten mich anzustarren / – So viele Falten Celina so viele Falten / und kreischend vom Strand aufflogen, in den schwarzen, mit dem Schaum vermischten Streifen pickten, hin und wieder bog sich die Angelrute, sie drehten an der Rolle und holten kleine Seebarsche heraus, sie holten Bleigewichte, Grünalgen, den leeren Angelhaken heraus, das Wasser bildete Klammern und Kommata, die sich um die Leine herum vergrößerten wie um meine Augenlider / – Machen Sie sich keine Sorgen Dona Celina das sind Mimikfalten / und der Spiegel zu mir, während er keineswegs zerstreut, sondern ganz aufmerksam meine Gesichtszüge musterte / – Du wirst sterben / ich hörte ihm schreckensstarr zu, warum ich, während ich vor der Frisierkommode meine Ringe abstreifte, am Abend bevor sie die Scheiben des Autos meines Mannes zerschlugen, ihn zwangen anzuhalten, die ehemaligen Polizisten die Maschinenpistolen auf ihn richteten, der Körper zuckend vom Sitz auf den Boden rutschte, begann ich vor dem Spiegel zu weinen, und mein Mann, der nichts ahnte und gerade seinen Krawattenknoten löste und die Manschettenknöpfe in die Schale legte / – Fühlst du dich nicht hast du etwas Celina? / – Es muss morgen sein

Würmchen sag bloß nicht dass du es so nicht besser findest sag bloß nicht dass du es besser finden würdest dass er uns alle verrät / Mimi / da bin ich mir sicher, und wenn sie auch noch so taub ist, wusste von uns und schwieg wie meine Großmutter schwieg / – Ihre Großmutter ist besser als deine Celina sie hat da in Galizien die Coca-Cola erfunden / die Schwerhörige, die schlafend aufstand."[930]

So weit der Exkurs.

Konkretisiert und vereinfacht schlägt die Sicht einer linearen Entwicklung vom 19. zum 21. Jahrhundert immer wieder einmal durch, z.B.: „So wie im 19. Jahrhundert der allwissende Erzähler bestimmend war, im 20. Jahrhundert seine personale Unterhöhlung, so gehört zum beginnenden 21. ein Erzählstil der Zersplitterung, der es dem Leser überlässt, sich aus kaleidoskopischem Funkeln eine Geschichte zusammenzusetzen. Interessant daran ist die Weise, wie sich ein anfangs origineller und ungewöhnlicher Gestaltungsimpuls zu einem dominanten, generellen Verfahren verfestigt hat. Heutige Romane gleichen Erzählbänden, deren übergreifendes Geschehen nur mehr als Schnittmenge von Figuren, Orten und Handlungsfolgen fassbar wird."[931] Innovative Ansätze dieser Art werden zu Mustern, zu normativen Vorgaben zeitgemäßen Schreibens? Die ›innovative Norm‹ – ein Widerspruch in sich – ist Intertextualität, der ironische, vielleicht auch parodierende Umgang mit der Tradition in Form des Zitats?

Ohne ein dezidiertes geschichtsphilosophisches Konzept wie Adorno, im Ansatz aber ähnlich in der Unterscheidung von großer innovativer, ihrer Zeit angemessener Romankunst und anderen Romanen, die diesem Anspruch nicht genügen, ähnlich auch in der konkreten Zuschreibung Marcel Reich-Ranicki, er sagt z.B. über Döblin: „An einem Text zu arbeiten war seine Sache nicht, gleichwohl gehört er zu den wenigen Genies der modernen deutschen Literatur" und leitet über zu Joseph Roth, den er sehr schätzt, den er liebt: „Er hat zur Entwicklung der Romankunst so gut wie nichts beigetragen, er war überhaupt nicht daran interessiert, neue Wege zu beschreiten. Nie würde ich auf die Idee kommen, ihn auf eine Stufe mit Joyce, Kafka oder Proust zu stellen. (...) Er schrieb amüsante Bücher, (...) hochintelligente, gesellschaftskritische Romane in wunderbarem Deutsch."

Innovation war ein zentraler Begriff auch für die russischen Formalisten der 1920er Jahre, dies in doppelter Hinsicht: Innovativ sei Literatur erstens immer schon und als solche durch den Gegensatz von Fiktion und Wirklichkeit, von poetischer und praktischer Sprache; Kunst verfremde die alltägliche Wahrnehmung durch ihre Form. Anders formuliert: Literatur sei die Anwendung eines Konstruktionsfaktors, das meint die Summe aller in einem Werk angewandten Kunstmittel, auf das Material Sprache. Innovation entstehe zweitens durch neue Konstruktions-Prinzipien: Um bei der prägnanten Definition Viktor Sklovkijs anzusetzen, „das Kunstwerk wird gegen den Hintergrund anderer Kunstwerke und durch Assoziation mit ihnen wahrgenommen. Die Form des Kunstwerks bestimmt sich durch ihre Beziehung zu anderen vor ihm existierenden Formen (...). Die neue Form tritt auf, nicht um einen neuen Inhalt auszudrücken, sondern um die alte Form abzulösen, die schon nicht mehr künstlerisch ist."[932] Auf dieser Grundlage konnte dann Jurij Tynjanov formulieren: „Der Kern der ›neuen Form‹ ist ein neues Konstruktions-Prinzip, eine neue Anwendung des Verhältnisses des Konstruktions-Faktors und der ihm untergeordneten Faktoren des Materials."[933] Die diachronische Sicht der Literatur, der Blick auf ihre Geschichte zeige die dialektische Selbsterzeugung neuer Formen: die literarische Evolution. „Bei der Analyse der literarischen Evolution stoßen wir auf die folgenden Etappen: 1. Als Kontrast zum automatisierten Konstruktions-Prinzip bildet sich dialektisch ein entgegengesetztes Konstruktions-Prinzip aus; 2. das neue Prinzip findet Anwendung; 3. es breitet sich aus, wird zur Massenerscheinung; 4. es automatisiert sich und provoziert entgegengesetzte Konstruktions-Prinzipien."[934]

Implikation dieses Konzepts ist die Überzeugung, dass eine solche Evolution sowohl innerhalb einer jeweiligen Gattung wie für die Veränderung der Gattungen selbst gilt. Eine Folge: Es lassen sich in der Literatur immer verschiedene Ebenen beobachten von der Spitze der Avantgarde über die epigonale bis hin zur Trivialliteratur, die innovative Literatur steht im Rang wie in ihrem Anspruch auf Aktualität, auf Zeitgenossenschaft vorne. Es ist dies eine weit verbreitete Sichtweise. Trifft sie zu, trifft sie immer zu?

Hans Robert Jauß setzt in seiner rezeptionsästhetischen Vermittlung von marxistischen und formalistischen Konzepten von Literaturgeschichte, besser noch von Literatur und Geschichte bei den russischen Formalisten an und versucht empirisch, genauer, rezeptionsästhetisch zu konkretisieren: „Bezeichnet man den Abstand zwischen dem [durch die Leser] vorgegebenen Erwartungshorizont und der Erscheinung eines neuen Werkes, dessen Aufnahme durch Negierung vertrauter oder Bewusstmachung erstmalig ausgesprochener Erfahrungen einen ›Horizontwandel‹ zur Folge haben kann, als ästhetische Distanz, so lässt sich diese am Spektrum der Reaktionen des Publikums und des Urteils der Kritik (spontaner Erfolg, Ablehnung oder Schockierung; vereinzelte Zustimmung, allmähliches oder verspätetes Verständnis) historisch vergegenwärtigen. Die Art und Weise, in der ein literarisches Werk im historischen Augenblick seines Erscheinens die Erwartungen seines ersten Publikums einlöst, übertrifft, enttäuscht oder widerlegt, gibt offensichtlich ein Kriterium für die Bestimmung seines ästhetischen Wertes her. Die Distanz zwischen Erwartungshorizont und Werk (...) bestimmt rezeptionsästhetisch den Kunstcharakter eines literarischen Werks: In dem Maße, wie sich diese Distanz verringert, dem rezipierenden Bewusstsein keine Umwendung auf den Horizont noch unbekannter Erfahrung abverlangt wird, nähert sich das Werk dem Bereich der ›kulinarischen‹ oder Unterhaltungskunst." Diese erfüllt die Erwartungen, das meint z.B. Reproduktion des Gewohnten, Bestätigung vertrauter Empfindungen, von Wunschvorstellungen, dosierte Präsentation nicht alltäglicher Erfahrungen als Sensationen, die Lösung der Probleme am Schluss. Auch Jauß hält den Horizontwandel (späterer) Leser für möglich: Das irritierend Innovative geht „als nunmehr vertraute Erwartung" ein „in den Horizont künftiger ästhetischer Erfahrung"[935]. Und weiter, dem Evolutionsmodell der Formalisten folgend: Hat sich der neue Erwartungshorizont durchgesetzt, kann es sein, dass das Publikum bisherige Erfolgswerke als veraltet empfindet und ihnen seine Gunst entzieht."[936] Ein Beispiel ist Flauberts *Madame Bovary* im Vergleich mit dem im selben Jahr (1857) erschienenen Roman *Fanny* von Ernest Feydeau. Thematisch kamen beide Romane den Erwartungen eines neuen, nicht mehr auf Romantik eingestellten Publikums entgegen: „Sie brachten das abgegriffene Thema der Eifersucht in eine neue Beleuchtung, indem sie das zu erwartende Verhältnis der drei klassischen Rollen umkehrten"[937]; von konservativen Kritikern wurde beiden vorgeworfen, die Ideale und Ideen des zweiten Kaiserreichs zu verleugnen. Nun, *Fanny* brachte es in einem Jahr auf 13 Auflagen, *Madame Bovary* blieb trotz des Prozesses wegen Verletzung der öffentlichen Ordnung, daran gemessen, erfolglos. Der Grund liegt in der unterschiedlichen Erzähltechnik: eingängiger Bekenntnisroman bei Feydeau, das neue Prinzip des unbeteiligten Erzählens in Verbindung mit der erlebten Rede bei Flaubert. „Als dann aber die erste, nur von einem kleinen Kreis von Kennern verstandene und als Wendepunkt in der Geschichte des Romans gewürdigte *Madame Bovary* zum Welterfolg wurde, sanktionierte das an ihr gebildete Publikum von Romanlesern den neuen Kanon von Erwartungen, der die Schwächen Feydeaus: seinen blumigen Stil, seine modischen Effekte, seine lyrisch-bekenntnishaften Klischees unerträglich werden und *Fanny* zum Bestseller von gestern vergilben ließ."[938]

Einen ähnlichen und zugleich ganz anderen Ansatz als die Formalisten hat Franco Moretti: Ihm geht es nicht um die qualitative Differenz und Innovation als das Merkmal großer Literatur. Er sieht die literarische Produktion und die Literaturgeschichte insgesamt in Analogie zur Evolutionstheorie als Kampf um das Überleben auf dem Literaturmarkt: „Dort herrscht rücksichtsloser Wettbewerb, ein Wettbewerb der Formen. Die Leser entdecken, dass sie eine bestimmte Technik mögen, Geschichten, die nicht auf diese Technik zurückgreifen, werden von nun an einfach nicht mehr gelesen und verschwinden daher" unter dem „Druck der kulturellen Selektion"[939]. Exemplarisch untersuchte Moretti die „frühen Stadien des britischen Detektivgenres" in einer spezifischen Hinsicht. In welcher Weise ändern sich die „Anhaltspunkte zur Lösung des Falls"? Die Autoren, die den Lesern diese Anhaltspunkte nicht bieten, unterliegen sehr bald der Selektion; die nächste Verzweigung des von Moretti erstellten Stammbaums schließt die Geschichten/ Romane und Autoren aus, bei denen die dem Leser präsentierten Anhaltspunkte „keine wirkliche Funktion für die Geschichte" haben; die dritte Abzweigung schließt die Texte aus, die dem Leser die Anhaltspunkte nicht im Fortgang der Handlung, sondern erst im Rückblick am Schluss vermitteln; eine letzte Abzweigung selektiert positiv die Geschichten, in denen die Anhaltspunkte „vom Leser selbstständig entschlüsselt werden können."[940] Das Resultat: Über den Erfolg der Innovationen entscheidet der Leser, die Innovationen selbst sind „zufällig (...) genau in dem Sinn, in dem der Begriff innerhalb der Innovationstheorie verwendet wird: Sie sind frei von jedem Vorwissen darüber, welches eingesetzte Mittel funktional für das literarische Überleben sein könnte. Der Markt bringt die Autoren dazu, Zweige in jede Richtung des Genre-Stammbaums austreiben zu lassen, und schickt sie damit auch in alle möglichen Sackgassen."[941]

Moretti zeigt uns exemplarisch, dass Innovation, auch formale Innovation nicht nur ein Kennzeichen ist großer Literatur; das könnte aber signalisieren: Innovation allein reicht wohl nicht; sie ist ein notwendiges, nicht aber hinreichendes Kriterium großer Literatur. Für diese wiederum gilt: Die Innovation erschöpft sich jeweils innerhalb einer Schriftstellergeneration, die je nachfolgende Generation läuft Gefahr, als epigonal zu gelten, oder muss wiederum neuen Boden betreten.[942] Und der steht nicht beliebig zur Verfügung: Roland Barthes schreibt im Kontext seines Konzepts von Wollust, ich zitiere ergänzend noch einmal: Die Wollust „hat bei mir nur beim absolut Neuen eine Chance, denn nur das Neue erschüttert (entkräftet) das Bewusstsein (ganz leicht? Keineswegs: In neun von zehn Fällen ist das Neue lediglich das Stereotyp der Neuheit)."[943] Und was genau ist mit Neuheit, mit Innovation gemeint?

Das Problem stellt sich in jedem Bereich, auf jedem Feld von Kunst, wie wir wissen. Exemplarisch und eindringlich fasst es Franz Werfel als zentrales Problem des Künstlers selbst in *Verdi. Roman der Oper* (1924): Wagner gegen Verdi, Innovation gegen Tradition, Originalität gegen Epigonalität. „Im Gegensatz zu allen Künstlern, die aus städtischem Bildungskreis herkommen, war Originalität etwas, was sich Verdi abrang, nicht, weil er keine originellen Einfälle hatte, sondern weil er mit Hinblick auf die Realität seiner Aufgabe sich sie nicht vollkommen gestatten durfte. Originalität, ist sie denn oft etwas anderes als die Verzweiflung der Bodenlosen? Je unverwurzelter eine Kunst ist, umso mehr strebt sie nach den Ränken des Noch-nicht-Dagewesenen. Verdi kannte dieses Fieber nicht. Mit seinem antiken Gerechtigkeitssinn, abhold jeder Ich-Übertreibung, erkannte er die tiefe Berechtigung, den edlen Wert der Konvention. Er konnte sie nicht aus dem bloßen Paria-Hass gegen alles Herrschende verletzen. Ehe er es tat, wog er genau ab, ob's möglich und nötig war. Bisher wenigstens hatte er es so gehalten."[944] Einerseits. Andererseits: „Der Plan war fertig, die Absichten geprüft, die Skizzen lagen vor ihm. Aber wie der Maestro auf das Gewirre der Noten starrte, auf all die halben Sätzchen, Themen, Rezitative, Begleitungsformen, erfasste ihn wieder dieser Ekel, diese Lähmung, die seit einem Jahrzehnt sein Leben verbitterte. Dies also war das Material, das zur neuen Tat genügen sollte? Aber all diese Dinge hatten er und andere ja schon hundertmal gesagt. War ihm wirklich nicht mehr eingefallen als dieses Akkordgestampf, das Schrecken bedeutete, diese Getragenheit der Notenfolge, mit der er schon zwanzig andere Väterrollen bedacht hatte, dieses großmäulige Sostenuto religioso, das schon Donizetti und Rossini zu verwenden liebten, wenn sie Gott in ihr leichtfertiges Spiel zogen? War das nicht schon alles bis zur Schamlosigkeit abgebraucht? (...) War er wert, auch nur Epigone Richard Wagners genannt zu werden, da er ja nie etwas Neues geschaffen hatte und höchstwahrscheinlich zu Unrecht sich über die Mercadante, Pacini, Ricci, Petrella, Mabellini erhob, die ja nur weniger glücklich gewesen waren als er?"[945] Werfel lässt Verdi – nach Wagners Tod und harmonisch aufgelöst letztlich auch von seiten Wagners – eine Lösung finden, in *Otello* und *Falstaff*.

Grundsätzlich noch einmal angesetzt bei den russischen Formalisten, da sie die Forderung der Innovation als Kriterium so absolut setzten: Die formale Gegensätzlichkeit oder auch nur die Variation, „das Modell der fortgesetzten Durchbrechung von Erwartungshorizonten"[946] reicht nicht aus, verkürzt, „die Innovation für sich allein" macht den Rang nicht aus: „Die Beziehung zwischen literarischer Evolution und gesellschaftlicher Veränderung"[947] lässt sich nicht ausklammern. „Das Neue ist nicht nur eine ästhetische Theorie. Es geht nicht in den Faktoren der Innovation, Überraschung, Verfremdung auf (...). Das Neue wird auch zur historischen Theorie, wenn die (...) Analyse der Literatur zu der Frage weiter getrieben wird, welche historischen Momente es eigentlich sind, die das Neue zum Neuen machen"[948]. Es ist das Neue nicht Selbstzweck: Vielmehr geht es auch darum, dass „die literarische Erfahrung des Lesers in den Erwartungshorizont seiner Lebenspraxis eintritt, sein Weltverständnis präformiert und damit auch auf sein gesellschaftliches Verhältnis zurückwirkt."[949] Die strikte Opposition zwischen Fiktion und Wirklichkeit, poetischer und praktischer Sprache gilt nicht; das „kreative Vermögen der Literatur beruht nicht allein auf ihrem Kunstcharakter", resultiert nicht allein aus ihrer Form und jeweils neuen Form, sondern – und zumal in der Prosa und im Roman – auch inhaltlich: „Die Erfahrung der Lektüre vermag" den Leser „aus Adaptionen, Vorurteilen und Zwangslagen seiner Lebenspraxis freizusetzen, indem sie ihn zu neuer Wahrnehmung der Dinge nötigt." Literatur vermag unverwirklichte Möglichkeiten zu antizipieren, „Wege zukünftiger Erfahrung"[950] zu eröffnen. Dies schließt auch ein den Bereich der normativen und moralischen Reflexion.[951] Denn „das neue literarische Werk wird sowohl gegen den Hintergrund anderer Kunstformen als auch vor dem Hintergrund der alltäglichen Lebenserfahrung aufgenommen und beurteilt."[952]

Exemplarisch: Jean Paul und Arno Schmidt waren beide in ihrer Sprachgewalt und Bildkraft, in ihren formalen Konzepten gleichermaßen innovativ, schritten ihren auch theoretisch reflektierten Ansatz aus, Jean Paul nach seinen satirischen Anfängen in einem Durchgang, Arno Schmidt in mehreren, unterschiedlichen Phasen, manieristisch und exzentrisch beide, beide zugleich bestimmten Traditionen verbunden, die sie aufnahmen und modifizierten, barock orientiert der ältere, expressionistisch orientiert der jüngere; beide lösen das Konzept einer durchgängigen Fabel auf in Digressionen, „den Ornamenten, Abschweifungen, den kleinen und großen Ver-rücktheiten, welche die eingezogenen Fabelgerüste schillernd überziehen"; Jean Paul setzt an die Stelle der Fabel ein unendliches fiktives Gespräch mit sich und dem Leser, Arno Schmidt die „Gedankenspiele eines Solipsisten"[953]. Bei beiden drängt sich unter dem Aspekt der Innovation vor allem auf die formale Seite: Exzentrik und Manierismus, ein Eingesponnensein in einer eigenen Welt[954]. Ich wiederhole daher meine Frage: Was macht innovative Literatur zur Weltliteratur? Gehören beide – Jean Paul wie Arno Schmidt – dazu?

Noch ein Beispiel: Stichwort Nouveau Roman, Claude Simon. In seinem dritten Roman, *Die Straße in Flandern* (1959), löst er die traditionelle Romanform auf, es gibt keine Handlung, keine Chronologie, keine psychologische oder kausale Schlüssigkeit, sprachlich gibt es noch gelegentlich Dialoge, dominant aber sind endlose Satzkaskaden, Bilder und Assoziationsketten in einem Gemenge von Realität, Erinnerung und Phantasie. 2012 wurde aus dem Nachlass des Autors sein romantheoretisches Konzept veröffentlicht: *Quatre Conférences*, zugleich auch ein klar formulierter historischer Blick auf die Entwicklung des europäischen Romans. Die *Vier Vorträge*, ich zitiere aus dem Kommentar und der deutschen Übersetzung von Andreas Isenschmid, „enthalten eine Abkanzelung der französischen Romankunst von Diderot bis Camus", der Vorwurf, in diesen Romanen fänden sich nur „›eindeutige Personen (...), soziale Typen mit einem bis zur Karikatur vereinfachten Seelenleben‹" sie seien „alle ›mit Blick auf die Entwicklung einer Moral‹ geschrieben, ›sei sie sozialer, psychologischer oder religiöser Art‹. (...) Die echte und lebendige Romanliteratur beginne erst mit Dostojewski, Proust, Joyce, Kafka und Faulkner." Kennzeichnend sei für den „Anfang des 20. Jahrhunderts (...) ›auf spektakuläre Weise eine totale Subversion‹ (...). Text und Stil zählten nun für sich selbst und seien nicht mehr bloße Vehikel einer Handlung. Statt des Kausalitätsprinzips der Handlungsverknüpfung regiere nun das Qualitätsprinzip sprachlich aufblühender Beschreibung." Das bedeutet für den Romanautor Simon: „Statt der ›Erzählung eines Abenteuers‹ gibt es nur noch das ›Abenteuer der Erzählung‹ in der ›Gegenwart des Schreibens‹. (...) ›Wenn ich vor meinem leeren Blatt sitze, bin ich mit zweierlei konfrontiert: einerseits dem trüben Magma von Gefühlen, Erinnerungen und Bildern in mir, andererseits der Sprache, der Wörter, die ich suche, der Syntax, die sie ordnen wird (...).‹ Dabei zwinge ihn die Sprache zwar in ihre Ordnung, schlage ihm aber auch ›bei jedem Wort eine Vielzahl von Perspektiven, von möglichen Wegen, Bildern, Harmonien, von unvorhergesehenen Akkorden‹ vor."[955] Interessant ist nun die Beurteilung Simons 2013, zu seinem hundertsten Geburtstag: Einerseits schreibt z.B. Isenschmid über *Die Straße in Flandern*, Simon „zwingt seine Leser (...) in einen suggestiven Mahlstrom sich drehender und wiederholender Bilder, der in eine Lebenstiefe führt, wie es sie in der europäischen Literatur vor Simon nicht gegeben hat." Und später heißt es über Simons Werke insgesamt seit *Der Straße in Flandern*: „Jede Seite von Simon ist erregend (und des Öfteren qualvoll komplex) in ihrer Sinnlichkeit und ihrer kühnen Intimität, und alle zusammen bilden ein Großgemälde der europäischen Geschichte."[956] Andererseits gab es 1985 in Frankreich, als Simon den Nobelpreis erhielt, massive Kritik, wie Jürg Altwegg erinnert: „Die großen Schlachten um den Nouveau Roman waren längst geschlagen. In Deutschland war zum Zeitpunkt seiner Ehrung in Stockholm kein Werk von Claude Simon greifbar, die letzten Romane waren schon gar nicht mehr übersetzt worden." Und er schließt: „Seine Werke stehen für eine Epoche, die endgültig der Vergangenheit angehört. Doch aus der Weltliteratur sind sie nicht mehr wegzudenken."[957]

Ich recherchiere weiter: Innovation, was ist damit gemeint? Was wird damit ausgesagt über das Verhältnis und das Gewicht von Form und Inhalt? In welchem Maß ist der Begriff eingebunden in eine gesamthistorische Perspektive, Innovation verstanden als jeweils angemessener Ausdruck ihrer Zeit?

Karl Heinz Bohrer lehnt wie Hans Robert Jauß eine „bloß formalistische Konzeption" von Innovation ab, er fordert eine „engagierte Erkenntnis" im Hier und

Jetzt mit noch offenen konkreten Kriterien[958]. Im Kontext der Entstehungsbedingungen der Dichotomie von hoher und niederer (Roman-)Literatur, die die Autoren der Aufsatzsammlung[959] kritisch untersuchen, stellt Christa Bürger – in Differenz zu dem historisch übergreifenden Ansatz von Volker Klotz – fest: „Konsens besteht hinsichtlich der Entwicklung der Kunst der Moderne, welche seit Baudelaire eine zunehmende Neigung aufweist, sich hermetisch abzuschließen und die Form-Inhalts-Dialektik nach der Seite der Form hin aufzulösen. Diese Entwicklung, die als Entsprechung zu dem allgemeinen Erfahrungsverlust der Individuen verstanden werden kann," sei „jedoch selbst eine historische Konstruktion, die einseitig eine bestimmte Tradition privilegiert (...). Der innerhalb dieser Konstruktion der Geschichte der modernen Kunst ablaufende Kanonisierungsprozess erfasst eine Traditionslinie, die von Stendhal und Flaubert über Proust zum Nouveau Roman führt bzw. über Musil und Joyce zu Beckett; ausgegrenzt bleiben dabei Autoren wie Zola, dessen programmatische Schriften als Versuch einer oppositionellen Institutionalisierung der Literatur aufgefasst werden können. Aber auch die Romanproduktion Fontanes, die nicht ohne weiteres am Kriterium der Materialentwicklung, der formalen Erneuerung gemessen werden kann, dürfte in" dieser „Traditionslinie kaum einen Platz finden."[960] Dieser Tendenz hält Christa Bürger entgegen die inhaltlich orientierte Funktionsbestimmung des Romans durch Hans Sanders: „Der Roman interpretiert die Gesamtheit überhaupt in einer historischen Epoche erfahrbarer gesellschaftlicher und natürlicher Realität in der Perspektive ihrer Bedeutsamkeit für konkrete Subjekte. Als bedeutsam für konkrete Subjekte fasst der klassische Roman solche Erfahrungssegmente auf, die kohärente Identität konstituieren oder bedrohen."[961]

Offen beginnt Uwe Timm seine Überlegungen: Er bezieht sich explizit auf Adorno und möchte ihm zustimmen und „zugleich widersprechen. Erzählen kann in sich die Komplexität aufnehmen, auch die Zerfallenheit mit allen Brüchen, Leerstellen, es hat die Möglichkeit, mit den unterschiedlichsten sprachlichen Mitteln zu arbeiten: Zitaten, Dokumenten, theoretischen Reflexionen, Essayistik. Ein ›Einzig‹, wie es Adorno dogmatisch formuliert, gibt es in der Ästhetik nicht. Sie ist als ›Wahrnehmung‹ per se vielfältig. Und der Roman ist die nicht festgelegte literarische Form, in der man gerade darum über die komplexe Wirklichkeit nachdenken kann, er ist ein Nimmersatt, (...) er kann alles verdauen." Das ist von Adorno schon weit entfernt, dann aber fordert Uwe Timm doch als zeitgemäß: „Erzählliteratur (...) darf nicht nur über ihren Gegenstand handeln, sondern muss auch über die Sprache und die problematische Relation zwischen Bewusstsein, Sprache und Realität reflektieren und auch über die Sprache des

Autors."[962] Das ist sehr allgemein formuliert, und Uwe Timm öffnet noch einmal mehr: „Der Roman darf und kann alles, er kümmert sich nicht um Vorschriften und ästhetische Verbote, er ist die zeitgemäße vitale literarische Form, um über uns und das Verhältnis von Sprache und Wirklichkeit nachzudenken, und das auf lustvolle Weise."[963] Insgesamt eine merkwürdige Dialektik bei Uwe Timm.

Noch weiter schließlich öffnet in seiner Reflexion Hermann Lenz: „Was (...) ist ein ›zeitadäquates Bewusstsein‹? Und wer bringt es dem Leser nahe? (...) Man redet von ›Zeitgenossenschaft‹ und sagt, die oder der sei eine Zeitgenossin oder ein Zeitgenosse, während diese und jener keine Zeitgenossen seien, obwohl sie alle in der Gegenwart leben. Kurioser Sachverhalt."[964] Damit stellt sich die faktische Ungleichzeitigkeit des Gleichzeitigen, bei Hans Robert Jauß steht sie unter dem Anspruch, „die gleichzeitig erscheinende Literatur diachronisch in Relationen der Ungleichzeitigkeit, das Werk als aktuell oder unaktuell, als modisch, gestrig oder perennierend, als verfrüht oder verspätet"[965] zu fassen und zu werten. Hermann Lenz würde diesen Anspruch sicher bestreiten, er öffnet am Ende exemplarisch nahezu – analog dem Begriff der philosophia perennis – den Horizont einer literatura perennis: „Ich meine, (...) es lohne sich, einmal nur Mörikes Briefe zu lesen, in denen das Persönliche und das Private ebenso lebendig wird wie das Allgemeine. Und es kommt mir – Sie werden lächeln – wenig verschieden von allem Heutigen vor. Immerhin, wenn Sie das Technische weglassen, die Errungenschaften der Industrie vergessen zugunsten eines Wintermorgens vor Sonnenaufgang und wie der auf Sie wirkt, dann kommen Sie zu sich selbst. Dies nur als Beispiel. Wobei ich mir anzumerken erlaube, dass die Empfindungen und Gefühle immer noch aktuell sind wie das Gras und das Bachwasser, das uns, des sauren Regens zum Trotz, hoffentlich überleben wird."[966]

Der in meiner Sicht letzte großrahmig ansetzende Versuch, das Verhältnis von Literatur und Geschichte grundsätzlich zu reflektieren, die Literatur unter dem Aspekt historischer Aktualität oder Angemessenheit zu bestimmen und zu bewerten, liegt vor in Paul Ricoeurs dreibändigem opus magnum: *Zeit und Erzählung* (1985); es ist dies allerdings ein zu weites Feld, um es jetzt zu betreten.[967]

Zurück zum Ausgangspunkt: Die These war, dass ein Merkmal großer Literatur das innovative Element sei. Der Literaturkritiker Michael Braun stellt das nicht in Frage, er stellt allerdings in Frage, und damit stellt sich ein ganz anderes Problem, dass in der professionellen Literaturkritik unter professionellen Bedingungen, und das meint hier einen massiven Zeitdruck, ein solches Element positiv registriert werden könne: „Für das ästhetisch Revolutionäre eines Textes haben wir im Ernstfall kaum noch ein Sensorium. Wenn nämlich ein literarisches Werk eine fundamentale ästhetische Neuerung realisiert, dann setzt es jene kritischen Standards und die Instinkte [!] des schnellen Geschmacksurteils außer Kraft, all jene Reflexe von Kategorisierung und Vergleich, die im Rezensionswesen zu den Üblichkeiten gehören."[968] Gestützt auf ähnliche Äußerungen und Erfahrungen verallgemeinert Dominic Berlemann und sieht die Gefahr, „dass sich die Literaturkritik tendenziell neuartigen, überraschenden Variationen gegenüber verschließt", die Gefahr einer „Privilegierung des Orthodoxen" und der „Automatisierung bereits anerkannter und etablierter Wahrnehmungsweisen"[969]. Ebenso zeitkritisch orientiert, setzt Ijoma Mangold einen anderen Akzent: „Es gab mal eine Zeit, und sie ging spätestens Ende der neunziger Jahre des vergangenen Jahrhunderts zu Ende, da standen Literaturkritiker in dem Ruf, Masochisten zu sein. Sie erhoben ihre Stimme gerne zugunsten von Büchern, die zu lesen kein Vergnügen war. Sie verstanden sich als Anwälte des Schwierigen und Unzugänglichen. Kultur war eine Anstrengung und eine Bewährungsprobe: Der Leser hatte sich nach der Decke zu strecken. Doch dann brach die Spaßkultur auch über den Literaturbetrieb ein, und seither werden Romane für ihre Süffigkeit gerühmt, während Rätselhaftigkeit und Hermeneutik nicht mehr als Ausweis höherer künstlerischer Weihen gelten. Seither ist man mit langweiligen und spannenden Büchern konfrontiert, mit besser und schlechter gemachten, aber gar nicht mehr mit Büchern, vor denen man steht wie der Ochs vorm Berg. Doch vielleicht schwingt das Pendel jetzt zurück. Die Lyrikerin Ann Cotten, Jahrgang 1982, hat jedenfalls einen Erzählungsband, *Der schaudernde Fächer*, vorgelegt, der alle Eigenschaften eines Avantgardekunstwerks aufweist wie in alten Zeiten: schwierig, unzugänglich, hochfahrend, krass, prätentiös und Welten entfernt vom Alltagsvokabular des erzählerischen Realismus."[970] Kleine Ergänzung: Dieser Strang am anderen Pol gegenwärtigen Erzählens war nie verschwunden: vom späten Joyce zu Beckett über Antunes bis zu Elfriede Jelinek und Reinhard Jirgl ...

Ich setze noch einmal neu an: Was ist mit Innovation gemeint? Sind formale Neuerungen immer auch eine notwendige Bedingung? Offenbar nicht oder nicht mehr. Ich greife noch einmal zurück auf das Zitat Milan Kunderas und führe es fort: „Die einzige Existenzberechtigung eines Romans besteht darin, dass er einen unbekannten Aspekt des Lebens entdeckt. Und nicht nur das allein, sondern einen Aspekt, den überhaupt nur der Roman entdecken kann. Ein Roman, der nicht einen bislang unbekannten Bereich der Existenz entdeckt, ist unmoralisch. Erkenntnis ist die einzige Moral des Romans."[971] Hier wird entschieden der Akzent inhaltlich gesetzt, scharf gesetzt, um dann doch wieder relativiert zu werden: „Die Perioden der Geschichte des Romans dauern recht lange (sie haben nichts zu tun mit den hektischen Wechseln der Moden) und lassen sich durch diesen oder jenen Aspekt des Seins, den der Roman besonders herausstellen will, charakterisieren. So wurden die Möglichkeiten der Flaubertschen Entdeckung der Alltäglichkeit erst siebzig Jahre später in James Joyces gigantischem Werk voll ausgeschöpft. Die vor fünfzig Jahren von der Plejade[972] mitteleuropäischer Romanciers eingeleitete Periode (die Periode der endzeitlichen Paradoxa) scheint mir noch lange nicht abgeschlossen."[973]

Ketzerisch jetzt gefragt: Ist denn Innovation überhaupt notwendig? Kritisch fragt auch Karl Heinz Bohrer, ausgehend von der „Innovation der Avantgarde (...), ist ihr ästhetischer Stellenwert mehr als nur einer unter konkurrierenden Textsorten, leistet sie überhaupt noch die emphatische Verzeitlichung zu diesem historischen Augenblick, d.h. leistet sie etwas für die Bestimmung von ›Gegenwart‹, die als Erkenntnisinteresse von literarischer Wertung angenommen"[974] wurde? Ich denke an den großen Thomas Mann. Ein Innovator zu seiner Zeit? Was unterscheidet die großen von den guten Autoren? Noch einmal Reich-Ranicki: „Ich liebe Max Frisch, ich schätze manches von Grass, ich bewundere die Prosa von Thomas Bernhard und die von Wolfgang Koeppen. Aber ich bin ziemlich sicher, dass es nicht zulässig wäre, einen dieser Schriftsteller auf der Ebene von Thomas Mann oder Kafka sehen zu wollen."[975] Ist das so eindeutig? Dann wäre meine Suche nach dem vielleicht besten Roman aller Zeiten – wenn es ihn denn überhaupt geben könnte, unsere jeweilige Zeitgenossenschaft macht uns vermutlich da einen Strich durch das Konzept, und dies nach beiden Seiten: Ältere Texte sind uns einerseits zunehmend fern und fremd, andererseits erleiden sie, wie Wellershoff betont, durch Nachahmung „einen heimlichen Authentizitätsverlust"[976] und laufen Gefahr, ihrerseits als Schablonen wahrgenommen zu werden. Zeitgenössische Autoren wiederum haben, abgesehen von unserer mit ihnen gemeinsamen Erfahrungs- und Lebenswelt, häufig auch den Vorzug, wenn sie denn ihr Handwerk gelernt haben, der Zwerge auf den Schultern der Riesen.[977] Um den Faden wieder aufzunehmen, dann wäre meine Suche nach dem Roman aller Zeiten vielleicht erfolgreich in der konzentrierten Lektüre der Großen: Proust, Joyce, Musil, Broch[978], Kafka, Thomas Mann. Habe ich einen Autor vergessen? Nehme ich einen Vorschlag von Italo Calvino auf, Georges Perecs *Das Leben. Gebrauchsanweisung*? Wer ist gegenwärtig von gleichem Rang zu nennen und aus welchem Grund? Christoph Ransmayr vielleicht?

Meine spontane Antwort aus der Erinnerung der letzten 40 Jahre Roman-lektüre: Thomas Manns *Joseph*-Tetralogie. Kann mir jemand beipflichten oder stoße ich auf lauten Widerspruch? Reicht er an Proust heran?[979] In der Literatur stoße ich auf Widerspruch, z.B. bei Reinhard Baumgart: In Thomas Manns späten Romanen werde „nur nach- und wiedererzählt. Die Erfindungen liegen einzig in der neuen Interpretation der Muster."[980] (Wie Günter Grass) beherrsche er „das Instrumentarium des Erzählens, den Aufbau fiktiver Welten, vollkommen wie wenige in diesem Jahrhundert. Doch vollkommen verfüg-bar, der Virtuosität ausgeliefert ist nur, was als Konvention schon feststeht. Willkürlich wird das leichte Kommando über die Erzählformen da, wo es weder von den Formen noch von den Objekten her Widerstände annimmt. (...) Zukunft hat solche ›kunsthumoristische Verwirklichungstechnik‹ kaum oder wenig, kann sie doch immer nur sich selbst und in sich die alten Muster wiederholen."[981] Und noch schärfer: „Im Gestus (...) der, wie Thomas Mann sagt, ›raunenden Beschwörung des Imperfekts‹, das ferne Merkwürdigkeiten zugleich nah machte und ordnete, lässt sich heute vertrauenswürdig kaum noch erzählen."[982] Ähnlich auch der Vorwurf Urs Widmers: „Und gewiss strauchelte Thomas Mann (...) über seine unausrottbaren Reste von Besserwissenwollen. Sie machen ihn, bei aller Virtuosität, so hoffnungslos altmodisch. Der moderne Autor ›weiß‹ nicht. Ja, das Einzige, was ihn von seinem ebenso ahnungslosen Leser unterscheidet, ist, dass er aus dem diffusen Chaos, Wirklichkeit geheißen, ein strukturiertes Buch machen kann."[983] Das klingt doch sehr apodiktisch und dogmatisch eng. Ausgerechnet aber Adorno, der ein klares Bild von einer ihrer Zeit angemessenen Kunst allgemein und Romanliteratur einschließlich entwickelt und eingefordert hat, ihrem innovativem Anspruch, tritt hier auf als Verteidiger: „Heute erst lässt Thomas Manns Medium, die enigmatische, auf keinen inhaltlichen Spott reduzierbare Ironie, sich ganz verstehen aus ihrer formbildenden Funktion: Der Autor schüttelt mit dem ironischen Gestus, der den eigenen Vortrag zurücknimmt, den Anspruch ab, Wirkliches zu schaffen, dem doch keines selbst seiner Worte entrinnen kann; am sinnfälligsten vielleicht in der Spätphase [mit Christoph Bode möchte ich hier nachdrücklich schon die Josephs-Tetralogie nennen[984]], wo der Dichter, spielend mit einem romantischen Motiv, durch den Habitus der Sprache den Guckkastencharakter der Erzählung, die Unwirklichkeit der Illusion einbekennt, und eben damit, nach seinem Wort, dem Kunstwerk jenen Charakter des höheren Jux zurückgibt, den es besaß, ehe es mit der Naivetät der Unnaivetät den Schein allzu ungebrochen als Wahres präsentierte."[985]

Wie dem auch sei: Das Postulat der ständigen Innovation, von Wellershoff und Baumgart in den späten 1960er Jahren mit absolutem Anspruch formuliert, scheint heute seinerseits historisch nachpostmodern überrollt. Ganz und gar skeptisch in Blick auf den Innovationsanspruch äußert sich Gustav Seibt: „Gibt es, jenseits der äußerlichen Textanalyse, die bestenfalls Komplexitätsgrade unterscheiden kann, ein Kriterium für die Rangdifferenz? Das ist die Pilatusfrage der Kritik, und wer behauptet, sie beantworten zu können, verdient in der Regel kein Vertrauen. Wer sagt, gut und groß sei das jeweils Neue, die Eroberung unbekannter Kontinente der Sprache und der Seele, der mag recht haben, er muss dann nur zeigen können, wo das Neue ist und wo es früher gewesen ist. Neu kann auch die Wiederkehr des Alten sein"[986]. In gleicher Weise verabschiedet vom Anspruch formaler Innovation hat sich Martin Lüdke: „Die Koppelung zwischen neuen Kunstmitteln und Verfahrensweisen auf der einen Seite und neuen Sichtweisen auf der anderen Seite lässt sich nicht länger aufrecht erhalten." Auch Lüdke sucht eine inhaltliche, historisch oder geschichtsphilosophisch noch bestimmbare Alternative: „Literaturkritik bestimmt sich an der Unterscheidung zwischen dem Erfahrungsgehalt der Literatur und der Bewusstseinsherausforderung der Gegenwart"[987]. Komplex wurde dies verstanden bei Adorno, Ricoeur, Bohrer; Lüdke bricht es herunter[988]: Es geht um Inhalte von exemplarischer und zeitgemäßer Relevanz, diskutiert unter den Begriffen „Welthaltigkeit" und „Plausibilität". Formal öffnet in der gleichen Publikation der Herausgeber Sascha Michel; er formuliert geradezu emphatisch: „Da es kein geschichtsphilosophisch beglaubigtes Endziel mehr gibt, das irgendwo in der Zukunft liegt, sondern anscheinend nur noch die Gleichzeitigkeit unendlicher Bezüge und Gestaltungsangebote, ist literarisch buchstäblich alles möglich – und nichts a priori zu verdammen."[989] Es gilt ein Mehrsprachencode, anything goes, meint hier: Der Raum unterschiedlicher Erzähltechniken ist ausgemessen, durchschritten, vermeintliche, formale Innovationen sind immer schon Wiederholungen. Das eröffnet allen Erzähltechniken wieder Räume; Widmers strikte Verurteilung der auktorialen Perspektive will mir daher heute, 2015, nicht mehr einleuchten.[990] Und vor allem, das ist mein Argument, der Aspekt des delectare, das ästhetische Vergnügen, hat sich der „experimentellen Einstellung"[991] gegenüber behauptet – und das finde ich in hohem Maß bei Thomas Mann, und zumal in der *Joseph*-Tetralogie.[992]

Exemplarisch möchte ich die gegenwärtig anspruchsvoll gegebene Bandbreite konkretisieren; anspruchsvoll gegeben: Diese Bandbreite resultiert nicht nur aus der Gleichzeitigkeit des Ungleichzeitigen, aus der Tatsache also, dass ältere

Formen weiterhin ihr Publikum im Bereich der Trivialliteratur finden; vielmehr scheinen mir unterschiedliche Romanformen gegenwärtig durchaus zeitgemäß, die formale Innovation nicht mehr eine Bedingung für den guten Roman – vielleicht aber doch für den großen Roman, meint Weltliteratur von höchstem Rang? Angesichts der Hektik des Literaturbetriebs, der jedes Jahr den Roman des Jahres und in immer kürzeren Abständen auch den neuen Jahrhundertroman propagiert, mahnte ein weiser Buchhändler einmal: Darüber, was Weltliteratur sei, werde jeweils erst ein halbes Jahrhundert später entschieden. Gegenwärtig bleibt die Frage der formalen Innovation kontrovers:

- „So wie im 19. Jahrhundert der allwissende Erzähler bestimmend war, im 20. Jahrhundert seine personale Unterhöhlung, so gehört zum beginnenden 21. ein Erzählstil der Zersplitterung, der es dem Leser überlässt, sich aus kaleidoskopischem Funkeln eine Geschichte zusammenzusetzen. (...) Heutige Romane gleichen Erzählbänden, deren übergreifendes Geschehen nur mehr als Schnittmenge von Figuren, Orten und Handlungsfolgen fassbar wird."[993]
- Anlässlich des jüngsten Romans von Ian McEwan interviewte Ijoma Mangold den Autor, ich zitiere: „Ich glaube, was den Roman betrifft, leben wir in einer pluralistischen Welt. Mit Henry James aber bin ich der Meinung: Die Hauptaufgabe des Romanciers ist es, interessant zu sein. Wer nur am literarischen Experiment interessiert ist, der verliert seine Leser. Andererseits können wir auch nicht einfach zurückgehen hinter die Heroen der Moderne: Proust und Joyce. Wir leben immer noch im Schatten dieser enormen ästhetischen Revolution des frühen 20. Jahrhunderts." Zugleich aber gelte: „Wenn du denkst, im Roman gehe es nur um formale Innovation, dann bist du tot. Es geht auch darum, die gesellschaftlichen Verhältnisse zum Ausdruck zu bringen! Man kann sich mit dem Experiment herumschlagen, einen Roman ohne den Vokal e zu schreiben. Und während man noch daran herumtüftelt, hat man gar nicht mitbekommen, dass sich die Welt um einen herum komplett gewandelt hat. Durch die Globalisierung. Durch das Wiedererstarken der Religionen. Übrigens auch dadurch, dass sich die menschlichen Verhältnisse verbessert haben. (...) In meinen frühen Werken habe ich psychopathische Albträume beschrieben, Inzest, Mord, Gewalt, und die Kritiker liebten mich. Als ich es wagte, eine glückliche Familie zu beschreiben, war es, als hätte ich ein fünfjähriges Kind abgeschlachtet. Es gab einen Aufschrei. (...) Ich versuchte mich

zu verteidigen, indem ich zu bedenken gab, dass nicht alle Jugendlichen drogenabhängig sind. Es half nichts."[994] Einerseits.

- Ich erinnere an die Ausführungen Ijoma Mangolds anlässlich des Erzähl-bandes *Der schaudernde Fächer* von Ann Cotten, für Mangold das Muster „eines Avantgardekunstwerks (…): schwierig, unzugänglich, hochfahrend, krass, prätentiös und Welten entfernt vom Alltagsvokabular des erzähle-rischen Realismus. (…) Die Erzählungen sind eine Zumutung. Man liest alle Absätze mindestens zweimal und hat auch dann keinen festen Boden unter den Füßen. Dafür springen einen Wortprägungen, Metaphern, Ver-gleiche und eigensinnige Sentenzen an, die das Dunkel blitzartig erhellen, doch hält die Erleuchtung nie lange genug an, um sich wirklich orientie-ren zu können."[995] Andererseits.

Es lässt sich diese Bandbreite auch theoretisch fassen und begründen: Chris-toph Bode nennt sein Abschlusskapitel, in dem es um „die Zukunft dieser not-wendigen Illusion" Roman geht: „Allegorien des Erzählens"[996] und fasst den modernen Roman jetzt sehr weit, nicht als „Bereitstellung von Sinn, Sicht und Orientierung selbst, sondern" als Versuch, „durch Inszenierung von vorgestellten Situationen Möglichkeiten der Sinnstiftung und -konstruktion anzubieten und vorzuführen." Er fasst ihn damit sehr weit, öffnet den Horizont unter Voraus-setzung eines klugen, romanerfahrenen Lesers: „Noch ein im anspruchslosesten Realismus verharrender Roman kann verstanden werden [!] als eine Allegorie des Erzählens, wenn man sich nur vorstellt, er führe konkret vor, was eigentlich abstrakt gedacht ist: eine Weise, erzählerisch Sinn zu machen. Die Allegorien des Erzählens sind selbst schon da, wo sie noch auf das Paradigma des Realis-mus, erst recht, wo sie auf das umfassendere der Mimesis verpflichtet sind, von einer solchen Breite, Tiefe und Vielgestaltigkeit, dass der Eindruck entstehen kann, dieses Genre arbeite wie ein gigantischer, dezentraler Rechnerverbund an der Vermittlung, Erkundung und Erweiterung des Feldes unserer Weisen, etwas sprachlich sinnvoll zu strukturieren."[997] Dann allerdings präferiert Bode eine spezifische Variante: „Die Ansicht des Romans als Allegorie des Erzählens schlechthin, als Selbstthematisierung der Sinnstiftungsprozeduren und -mög-lichkeiten, erlaubt nun, den Ort des Romans heute genau zu bestimmen: Der ästhetisch ›freigeschaltete‹ Roman (d.h. der Roman, der gerade keine kohärente Illusion mehr bieten muss und keiner Programm-Ästhetik gehorcht, weil er auf alle vorgängigen Ästhetiken freien, spielerischen, damit aber auch: ästhetisch-distanzierenden Zugriff hat, und gerade zur Kreuzung und Durchkreuzung aller denkbaren Kodes berufen ist [...],) ist die literarische Form, die heute am radikalsten und stringesten" umkreist, „wie Sinn in die Welt gebracht wird, also letztlich die paradoxe Spannung zwischen Kontingenz und ›Halt‹ immer wieder aufzubauen, die Haltlosigkeit des Sehnens nach einer narrativ vermittelten Illusion von existentieller Geborgenheit zu erweisen, im selben Zuge wie er durch seine Bearbeitung dieses Ansinnen als völlig legitim anerkennt."[998]

Es könnte dies gleichsam ein Schlusspunkt meiner Überlegungen zum Thema Innovation sein, aber Bodes Präferenz lässt mich noch einmal auszuholen …

Exkurs: Zum Verhältnis von Mimesis und Avantgarde

Unter dem bezeichnenden Titel *Die vielen Abschiede von der Mimesis*[999] hat Karl-Heinz Ott die literaturhistorische und literaturtheoretische Auseinandersetzung um die epochal jeweils angemessenen Formen des Erzählens thematisiert mit einem interessanten Resultat; ich referiere: Ausgangspunkt ist der paradigmatische Begriff der Mimesis bei Aristoteles; wenn Aristoteles auch die Musik „größtenteils"[1000]als mimetische Kunst einordnet und davon spricht, dass „Rhythmen und Töne den wirklichen Naturen des Zorns, der Milde, der Tapferkeit und Zucht und ihrer Gegensätze (...) außerordentlich verwandt"[1001] sind, dann wird deutlich, „wie wenig das, was wir Mimesis nennen, sich auf Nachahmung und Abbildung reduzieren lässt, sondern aus einer Kraft sui generis besteht, die Wirklichkeit erst entstehen lässt."[1002] Fakt aber ist, dass im Namen der Avantgarde immer wieder und zumal im Kontext epischer und der Romanliteratur das Ende der mimetischen Tradition behauptet wird. Im Hintergrund steht häufig Walter Benjamins These, angesichts einer zunehmend komplexen und unüberschaubaren Welt sei es mit dem Erzählen vorbei.[1003] Ott weist sie entschieden zurück[1004] und damit die erzähltechnisch oder perspektivisch geforderten Konsequenzen wie den Verzicht auf eine auktoriale Erzählhaltung, zu ersetzen vielmehr durch die perspektivische Subjektivierung, die Konzentration auf den inneren Monolog, die „écriture automatique" des Nouveau Roman. Ott argumentiert, dass sowohl André Breton wie Nathalie Sarraute gerade im Versuch, auch das Unbewusste zur Sprache zu bringen, im Kontext der Mimesis bleiben, für Alain Robbe-Grillet gilt das in seiner detaillierten Beschreibung sichtbarer Wirklichkeit ohnehin. Gleichviel, der antimimetische Affekt wird dominant: Im Hintergrund stehen der Expressionismusstreit, die Auseinandersetzung mit dem traditionell orientierten Konzept des sozialistischen Realismus, Wittgensteins *Philosophische Untersuchungen* in ihrer Wendung gegen das Verständnis von Sprache als Abbild von Welt und in der Folge das Konzept der Dekonstruktion (Jacques Derrida, Paul de Man), wonach Texte nur auf andere Texte verweisen. Karl-Heinz Ott bezweifelt, ob es damit gerechtfertigt ist, „die Literatur nur als autopoietisches System zu begreifen und sie von der außerliterarischen Wirklichkeit abzukoppeln, und das gelte zumal vom Roman.[1005] Was die nach wie vor behauptete These einer undurchschaubar gewordenen und mithin nicht mehr darstellbaren Wirklichkeit angeht, so sei auch damit ein Bild von Wirklichkeit verknüpft; häufig gehe es auch eher um die Umwertung traditioneller Normen und Formen, um die Behauptung also in Orientierung an Gilles

Deleuze, „dass die wirkliche Wahrheit sich im Nomadischen, Wirren, Flüchtigen, Halluzinatorischen und Hysterischen findet, während alles Geordnete, Zusammenhängende, Harmonische als etwas Illusionäres und Zwanghaftes zu gelten hat."[1006] Im Rückblick noch einmal auf Platon und Aristoteles formuliert Ott als Resultat: „Nachdem sich weder für Platon noch für Aristoteles Mimesis in der Wiedergabe einer planen Wirklichkeit erschöpft, sondern alle Arten von Verrücktheiten und Wahn umfasst, muss eine avantgardistische Kritik am antiken Mimesis-Konzept in Nichts zerfallen. (...) Dass das Imaginäre einen beträchtlichen Teil der Wirklichkeit ausmacht, ahnen wir nicht erst seit Lacan und Freud. Künstlerische Mimesis ist aber immer schon im flirrenden Zwischenreich aus Greifbarem und Ungreifbarem angesiedelt."[1007]

Grundsätzlich formuliert Hans-Dieter Gelfert: „Die Fiktion der Epik (...) kann sich zur realen Wirklichkeit auf vier verschiedene Weisen verhalten. Sie kann so tun, als zeige sie die Welt, wie sie ist, wie sie nicht ist, wie sie sein soll oder wie sie nicht sein soll. Daraus ergeben sich vier Typen von Mimesis, die sich in der Literatur auf jeweils unterschiedliche Weise ausgeprägt haben. Der erste Typ ist der realistische. Er bietet ein zwar fingiertes, aber im Kern doch wahrheitsgetreues Abbild der Wirklichkeit. Der zweite Typ ist der fantastische, der eine Wirklichkeit erfindet, die mit der realen nichts zu tun hat. Der dritte ist der idealistisch-utopische, der eine erhoffte oder erträumte Wirklichkeit entwirft (...). Der vierte Typ ist der satirische, der der realen Wirklichkeit einen Zerrspiegel vorhält, der zeigt, wie die Welt nicht sein soll. Für alle vier Fiktionstypen gibt es in der abendländischen Erzählliteratur eine reiche Tradition."[1008] Konzeptuell komplexer ist der Ansatz von Wolfgang Iser zum Verhältnis von Wirklichkeit und Fiktion: Literatur versucht eine Antwort zu geben auf die Schwächen im Wirklichkeits- oder Weltverständnis der jeweiligen Epoche, exemplarisch von Iser konkretisiert am höfischen Roman des Hochmittelalters, Fieldings *Tom Jones*, Sternes *Tristam Shandy* und Joyces *Ulysses*[1009]. Interessiert an einem historischen Längsschnitts greife ich zurück auf ein anderes Werk:

Erich Auerbach hat den Begriff der Mimesis titelgebend gewählt zu seinem exemplarischen Aufriss der europäischen Literatur[1010], ein nach wie vor grundlegendes Buch (entstanden zwischen 1942 und 1945 im Istanbuler Exil) auch zum Verhältnis von Avantgarde und Realismus oder von Weltliteratur und Realismus. Was die Entwicklung der Romanliteratur angeht, fasse ich zusammen und zitiere: Frankreich nach der Französischen Revolution, Stendhals *Rot und Schwarz* (1830) nenne ich als erstes Beispiel. „Die Wirklichkeit (...), die er antraf, war so beschaffen, dass man sie ohne dauernde Bezugnahme auf die gewaltigen Veränderungen der unmittelbaren Vergangenheit und ohne vorfühlendes Tasten nach den bevorstehenden Veränderungen der Zukunft nicht darstellen konnte; alle menschlichen Gestalten und alle menschlichen Vorgänge zeigen sich in seinem Werk auf einem politisch und gesellschaftlich bewegten Grunde. (...) Insofern die moderne ernste Realistik den Menschen nicht anders darstellen kann als eingebettet in eine konkrete, ständig sich entwickelnde politisch-gesellschaftlich-ökonomische Gesamtwirklichkeit – wie es jetzt in jedem beliebigen Roman oder Film geschieht [!] –, ist Stendhal ihr Begründer."[1011] Neben ihn tritt Balzac: „Er hat nicht nur, wie Stendhal, die Menschen (...) in ihren genau bestimmten zeitgeschichtlichen und gesellschaftlichen Rahmen gestellt, sondern er hat diesen Zusammenhang als einen notwendigen aufgefasst: Jeder Lebensraum wird ihm zu einer sittlich-sinnlichen Atmosphäre, welche Landschaft, Wohnung, Möbel, Gerät, Kleidung, Körper, Charakter, Umgang, Gesinnung, Tätigkeit und Geschick der Menschen durchtränkt, wobei die allgemeine zeitgeschichtliche Lage wiederum als alle ihre einzelnen Lebensräume umfassende Gesamtatmosphäre erscheint."[1012] Gesamtatmosphäre: Hans Blumenberg geht aus vom „Begriff der Wirklichkeit als Kontext", das bedeute für den Roman „die Form der linearen Konsistenz in einem Raum-Zeit-System"; dieser Wirklichkeitsbegriff erfüllt sich erst in einem entfalteten ›perspektivischen Modell‹, entwickelt von Balzac, „wo die Illusion der Wirklichkeit einer ganzen Menschengesellschaft strukturell durch die von Roman zu Roman des Gesamtzyklus perspektivisch jeweils verschobene Wiederkehr identischer Personen erzielt wird." Es erlaubt dieses System „die Übersetzung der linearen Episodenfolge in die Gleichzeitigkeit" eines Kosmos, der *Comédie Humaine*. Der Leser tritt durch wechselnde Perspektiven in eine in höherem Grad stabile Romanwelt; es entsteht ein anderes Raum-Zeit-Bewusstsein, „eine subtilere Welthaftigkeit des Romans."[1013] In Balzacs um 1834 verfassten Briefen sind drei Motive erkennbar: „Erstens das Allumfassend-Lebensenzyklopädische der Absicht; kein Teil des Lebens soll fehlen." Zweitens „das Beliebig-Wirkliche derselben: ce qui se passe partout"[1014], das, was sich überall ereignet. Und „diesem mannigfaltigen, von Geschichte durchtränkten, rücksichtslos mit allem Alltäglichen, Praktischen und Hässlichen und Gemeinen dargestellten Leben" gegenüber hat Balzac eine spezifische Einstellung: Er nimmt es „ernst, und sogar tragisch." Er ist bereit, „jede Verstrickung, mag sie auch noch so alltäglich und trivial sein (...), mit großen Worten als tragisch, jede Sucht als große Leidenschaft"[1015] zu nehmen. Das dritte Motiv in diesen Briefen ist das Wort „histoire": Es bedeutet erstens, „dass er seine erfindende, künstlerisch formende Tätigkeit als eine geschichtsinterpretierende (...)

auffasst (...), zweitens, dass er die Gegenwart als Geschichte auffasst; es ist das Gegenwärtige als ein aus der Geschichte Geschehendes."[1016]

Exemplarisch für die nächste Position in dieser Entwicklung steht Flaubert. Bei Stendhal und Balzac begegnet uns in Kommentar, Bewertung und Innensicht der Personen eine entfaltete auktoriale Perspektive. Der Erzähler bei Flaubert „äußert keine Meinung und kommentiert nicht. Seine Rolle beschränkt sich darauf, die Vorgänge auszuwählen und sie in Sprache umzusetzen; und zwar geschieht dies in der Überzeugung, dass ein jeder Vorgang, wenn es gelingt, ihn rein und vollständig auszudrücken, sich selbst und die an ihm beteiligten Menschen vollkommen interpretiere. (...) Auf dieser Überzeugung, also auf einem tiefen Vertrauen in die Wahrheit der verantwortungsvoll, redlich und sorgfältig verwendeten Sprache, beruht Flauberts Kunstübung."[1017] Viele Äußerungen in seiner Korrespondenz laufen auf eine Theorie hinaus, die „Theorie der sich selbst vergessenden Versenkung in die Gegenstände der Wirklichkeit, welche dieselben umformt und zur Sprachreife" bringt. Ziel ist „der vollendete, den jeweiligen Gegenstand zugleich vollkommen ergreifende und unparteiisch [!] richtende Sprachausdruck"[1018]. Flauberts Stichwort ist Perfektion; fünf Jahre hat er an *Madame Bovary* gearbeitet, orientiert an Perfektion „in der Sprache, ihrem Klang, ihrem Rhythmus, der Präzision ihrer Wortwahl; in der gedanklichen Vorbereitung und Durchdringung dessen, was er an Handlung und Anekdotischem erzählen wird; im realistischen, materiellen Detail von Schauplätzen, Figuren, von historischem und regionalem Hintergrund."[1019] Auerbach formuliert ein Zwischenresultat: „Die ernsthafte Behandlung der alltäglichen Wirklichkeit, das Aufsteigen breiterer und sozial tiefer stehender Menschengruppen zu Gegenständen problematisch-existentieller Darstellung einerseits – die Einbettung der beliebig alltäglichen Personen und Ereignisse in den Gesamtverlauf der zeitgenössischen Geschichte, der geschichtlich bewegte Hintergrund andererseits – dies sind (...) die Grundlagen des modernen Realismus, und es ist natürlich, dass die breite und elastische Form des Prosaromans sich für eine so viele Elemente zusammenfassende Wiedergabe immer mehr durchsetzte."[1020]

Das Programm dieses Konzepts wurde formuliert von den Brüdern Goncourt, im Vorwort ihres Romans *Germinie Lacerteux* von 1864 schreiben sie: „Im neunzehnten Jahrhundert lebend, in einer Zeit des allgemeinen Wahlrechts, der Demokratie, des Liberalismus, haben wir uns gefragt, ob die, die man ›die unteren Klassen‹ nennt, nicht ein Anrecht auf Darstellung im Roman haben (...). Wir haben uns gefragt, ob es, für den Schriftsteller wie für den Leser, in dieser Zeit der Gleichheit, in der wir leben, überhaupt noch der Behandlung unwürdige Klassen, unglückliche Schicksale, die zu niedrig wären, zu untragische Geschehnisse, zu unedle Katastrophen geben könne. (...) Heute, da der Roman in die Breite und Höhe wächst, da er anfängt, die große, ernste, leidenschaftserfüllte, lebendige Form der literarischen Studie und soziologischen Untersuchung zu werden, da er durch psychologische Analyse und Forschung zur zeitgenössischen Sittengeschichte wird; heute, da der Roman die Arbeitsweise und die Pflichten der Wissenschaft übernommen hat, kann er auch deren Freiheit und Freimütigkeit für sich in Anspruch nehmen. Und ob er Kunst und Wahrheit in sich zu vereinen sucht; ob er das Elend so schildert, dass es die Glücklichen nicht vergessen (...) – ihm genügt das Bewusstsein: Sein Recht liegt zutage."[1021] Auerbach kommentiert. „Noch bei Flaubert erscheinen die tieferen Schichten des Volkes, ja das eigentliche Volk überhaupt, noch kaum; und wo es erscheint, da wird es (...) von oben her gesehen (...). Aber der Einbruch der realistischen Stilmischung (...) musste der politischen und gesellschaftlichen Entwicklung folgen; der Realismus musste die ganze Wirklichkeit der zeitgenössischen Kultur umfassen."[1022] Dies erfolgt bei Zola: „Er hat, ebenso wie Balzac, jedoch weit methodischer und genauer, das gesamte Leben der Zeit (des zweiten Kaiserreichs) umfassen wollen: das Pariser Volk, die Bauern, die Theater, die Warenhäuser, die Börse und vieles andere noch. Überall ist er Fachmann geworden, überall hat er sich in die soziale Struktur und die Technik hineingebohrt" – „der Letzte der großen französischen Realisten"[1023].

In Blumenbergs Sicht schließt daran an Robert Musil. Er zitiert Musil selbst. „›Dieses Buch hat eine Leidenschaft, die im Gebiete der schönen Literatur heute einigermaßen deplaciert ist, die nach Richtigkeit und Genauigkeit. Die Geschichte dieses Romans kommt darauf hinaus, dass die Geschichte, die in ihm erzählt werden soll, nicht erzählt wird.‹ Das meint: „Die Steigerung der Genauigkeit des Erzählens führt dazu, dass die Unmöglichkeit des Erzählens selbst ihre Darstellung findet." Und „diese Unmöglichkeit wird ihrerseits als Index eines unüberwindlichen Widerstandes der imaginären Wirklichkeit gegen ihre Deskription empfunden, und insofern führt das dem Wirklichkeitsbegriff der immanenten Konsistenz zugehörende ästhetische Prinzip an einem bestimmten Punkt des Umschlages in einen anderen Wirklichkeitsbegriff hinein."[1024] In der Sicht oder Konstruktion Blumenbergs wird derart „Ironie zur authentischen Reflexionsweise des ästhetischen Anspruchs im modernen Roman (...), und zwar so, dass dieser gerade in seinem Realitätsbezug ironisch wird, den er weder aufgeben noch einlösen kann."[1025] Exemplarisch dafür steht Thomas Mann. Der Roman könne seinen Realitätsbezug – und dies habe nichts „mit dem Ideal der Nachahmung zu tun" – nicht aufgeben; Blumenberg spricht von der dem Roman wesentlichen „ästhetischen Illusion" und fährt fort: „Welthaftigkeit als formale Totalstruktur macht den Roman aus."[1026]

Zurück zu Erich Auerbach: Proust, Joyce, Virginia Woolf markieren die nächsten Phasen mit Wirkung auf – exemplarisch – Thomas Mann, André Gide, Knut Hamsun, das meint: „vielpersonige Bewusstseinsdarstellung, Zeitenschichtung, Auflockerung des Zusammenhangs im äußeren Geschehen, Wechsel des Standortes, von dem aus berichtet wird (...). Viele Schriftsteller geben die kleinen und als äußere Schicksalswendung unbedeutenden Vorgänge (...) als Anlass zur Entwicklung von Motiven, von perspektivischer Versenkung in ein Milieu oder in ein Bewusstsein oder in den Zeitenhintergrund (...). Den großen äußeren Wendepunkten und Schicksalsschlägen wird weniger Bedeutung zugemessen (...) Hingegen besteht das Vertrauen, dass in dem beliebig Herausgegriffenen des Lebensverlaufs, jederzeit, der Gesamtbestand des Geschicks enthalten sei und darstellbar gemacht werden könne"[1027]. Es entstehen erzähltechnisch Verfahrensweisen, welche „die Wirklichkeit in vielfältige und vieldeutige Bewusstseinsspiegelungen"[1028] auflösen. Avantgarde und Mimesis gleichermaßen. Das hat Konsequenzen auch für die Rezeption, mit Blumenberg: „Aus der im Roman selbst systematisch vorbereiteten und angelegten Perspektivität kann eine erst jenseits des Werkes ansetzende, von ihm ebenso provozierte wie offen gelassene perspektivische Potentialität hervorgehen; wir erfahren sie an der wesentlichen Kommentierbarkeit des modernen Kunstwerkes, an der seit der Romantik wesentlich zum Kunstwerk gehörenden vieldeutigen Interpretierbarkeit."[1029]

Als einen Praktiker möchte ich Thomas Hettche zitieren aus seiner Rede zur Verleihung des Raabe-Preises 2014, sein Verständnis von Realismus und erzählender Literatur überhaupt: „Es ist Realismus weder ein Epochenbegriff noch ein Verfahren, das sich selbst überlebt haben könnte, sondern eine literarische Haltung, die darin besteht, all das gegenüber dem Menschen in sein Recht zu setzen, was ohne ihn da ist. Gewiss, es stimmt schon: Wir konstruieren uns unsere Welt in Sprache und aus Sprache. Dass es aber diese Welt gleichwohl auch ohne uns gibt, ja, dass es auch uns selbst ohne uns geben kann, sinnvergessen, gequält, dumpf, objekthaft, ist das Ethos des Realismus. Er weiß: Die Welt ohne uns ist das Versprechen der Möglichkeit eines Lebens innerhalb der Welt, das ein gelingendes wäre. (...) Realismus (...) hat nichts mit einer Abschilderung des Realen zu tun, sondern sucht jenen utopischen Ort in der Welt, wie sie in uns sich spiegelt (...), nämlich in Geschichten. Geschichten setzen unsere Gedanken in Bewegung, bewegen uns im Wortsinn, in ihrem Fortgang. Alles, was der

Leser beim Lesen denkt, gestaltet die Welt der Geschichte mit, jedes Mitleiden mit den Figuren bestimmt unsere Gedanken beim Lesen und die Schlüsse, die wir ziehen, und so heften sich an jeden Gedanken Gefühle, und jede Tat der Figuren, von denen wir lesen, erscheint nicht unvermittelt wie ein Kinobild, sondern eingebunden in Überlegungen, die wir anstellen. Reflexion und Erzählung sind eins. Was dabei in uns entsteht, könnte man Erkenntnis nennen, eine nicht begrifflich fixierbare, aber ganzheitlichere als die der Diskurse."[1030]

Noch einmal textlinguistisch angesetzt: Wenn als realistisch solche Texte bezeichnet werden können, „die dominant metonymisch verfahren" im Rückgriff auf in der Tradition oder im kulturellen Archiv verankerte Frames und Skripte[1031], dann ist „das Gegenteil des realistischen Textes (...) der emphatisch moderne Grenztext, der mit unseren kulturellen Frames und Skripten bricht, sie verunsichert – ein tendenziell metaphorisches Verfahren, das seine eigene Künstlichkeit jederzeit ausstellt und im Extremfall zu Prosatexturen an der Grenze zur Unverständlichkeit führt."[1032] Kennzeichnend ist hier die „Umkehrung des Verhältnisses von Zeichen und Welt", es geht „die textuelle Konstitution der Welt voraus"[1033].

Exemplarisch verweist Moritz Baßler auf Carl Einsteins *Bebuquin oder die Dilettanten des Wunders* (1909/12), ich zitiere Erich Kleinschmidt aus dem Nachwort: „Die Abwendung vom konventionellen. Wirklichkeitsverhafteten Erzählprinzip bedeutet konkret vor allem den Verzicht auf eine konsistente Handlung und Personendarstellung und schließt damit eine Entpsychologisierung und Entkausalisierung des Berichts ein. Die Darstellung wird rein artifiziell konstruiert und stützt sich dadurch auf ›objektive Kunstmittel‹, die sowohl einen narrativen als auch rezeptiven Subjektivismus verhindern sollen. (...) Die Fiktion wird aus ihrer Objektsphäre herausgelöst, wird autonom und entzieht sich auf diesem Weg einer gängigen, aussagelogischen Verfügbarkeit. (...) Objektivistische Darstellungsweise bedeutet somit, unkonventionell zu schildern, was konkret außer stilistischer Innovation nur die Auflösung der erzählerischen Handlungs- und Motivlogik mit sich bringen kann. So entwirft denn Einstein auch seinen *Bebuquin* als einen Text, der den Widerspruch, die Unlogik zum leitenden Prinzip erhebt."[1034] Im Nachkriegsdeutschland – ich folge Baßlers historischer Skizze – kommt es Mitte der 1950er Jahre zu einer deutsch-französischen Debatte: Auf der einen Seite stehen – modernistisch – etwa Roland Barthes, Alain Robbe-Grillet, Walter Höllerer und Günter Eich, dagegen wenden sich seit 1960 „immer wieder Wellen realistischer Poetik", von Dieter Wellershoff bis zu Daniel Kehlmann. „Sie alle" fordern „eine Hinwendung zu Inhaltlichkeit, Welthaltigkeit und Lesbarkeit (Geschichte erkennen, Personen mögen, moralisch Position beziehen)"[1035]. Mit Pop und Postmoderne kommen in den 1960er Jahren zwei Positionen hinzu, der parodierende oder zitierende Rekurs auf Werbung, Medien und Tradition. Damit liege vor „ein drittes Zeichenverhältnis (…): Wie die literarische Moderne behauptet die Postmoderne die Vorgängigkeit des Zeichens vor der Welt, aber anders als die Avantgarden glaubt sie nicht mehr, erste Worte sprechen und radikal neue Definitionen finden zu können. Die Welt, gerade wenn man sich entscheidet, sie als Sprache zu sehen, ist Funktion des Immer-schon-Geschriebenen."[1036] Ausgehend von den Möglichkeiten der Zeichenverhältnisse stehen uns heute, immer noch in der literarischen Moderne, „die in ihr realisierten drei basalen Optionen literarischer Figuration (…) in Form eines synchronen Tableaus (…) zur Verfügung"[1037]: die avantgardistische, die realistische und die postmoderne Option.

Ähnlich unterscheidet Carsten Rohde. „Realismus – Popkultur – Metafiktion: Mit diesen drei Begriffen sind drei Tendenzen des neueren deutschsprachigen Romanerzählens benannt; sie stehen repräsentativ für eine ebenso spannungsreiche wie fruchtbare Gleichzeitigkeit des Ungleichzeitigen im neueren deutschen Erzählen."[1038] Die Liaison mit der Popkultur steht „für ein definites Ende der schroffen Distinktion von E und U"[1039], was meint Metafiktion? Es bezeichnet „die Thematisierung von Literatur in literarischen Texten", Genette sprach von Metalepse, andere von Selbstreferenz. „Thematisierung von Fiktion innerhalb einer Fiktion", das meint einerseits „zwei Ebenen von Fiktionen, andererseits (…) die durch Verweis auf die Fiktionalität angestoßene Reflexion über das Verhältnis von Fiktion und Realität." Das Spektrum der Möglichkeiten ist breit, seit Cervantes auch praktiziert. Eine grundlegende Funktion der Metafiktion ist die Sensibilisierung der Leser für die Erfahrung, „dass auch die Realität das Ergebnis eines Konstruktionsprozesses ist", allgemein gesagt: Ermöglicht wird derart „die Beobachtung des Beobachtens," gefragt wird: „Wie wird etwas gezeigt, wie ist es gemacht?"[1040] Rohde resümiert: Der „Roman der Gegenwart" bewegt sich „mittlerweile in einem derartig breiten Feld von erzählerischen Anlagen und Ausführungen, dass das dichotomische Dogma ›modernistisch‹ vs. ›realistisch‹ als überwunden betrachtet werden kann", und weiter: „Mehr als vielleicht in jeder anderen literarhistorischen Epoche ist das Feld der Romanliteratur um die zweite Jahrtausendwende gekennzeichnet durch ein breites, (teils extrem) heterogenes Spektrum von erzählerischen Formen und Inhalten. Die Simultaneität der verschiedensten Erzählformen und Erzählinhalte (…) steht in der Kontinuität der Postmoderne; sie impliziert das Neben- und Ineinander von Innovation und

Tradition: Neues emergiert, greift teils zurück auf Altes, restauriert dieses jedoch nicht einfach, sondern transformiert und adaptiert es auf neuartige Weise." Alles das ist Ausdruck einer hochtourig akzelerierten Gleichzeitigkeitsmaschine namens Kultur, eines großräumig-weitläufigen Arsenals an gleichzeitig verfügbaren und auch angewendeten Schreibverfahren und Erzählweisen, Sprachen und Stilen, Erzählinhalten, Themen, Stoffen, Motiven ..." Diese „Unendlichkeit des Erzählens" entspringe „einer hochausdifferenzierten, globalisierten Gesellschaft und Kultur, sie ist das erzählerische Pendant zu einer Fülle von synchron gegebenen lebensweltlichen und ästhetischen Codes, sie durchläuft eine Reihe von medialen Filtern und generiert somit quantitativ wie qualitativ Komplexität en masse."[1041] Es spiegelt sich diese Situation „schließlich auch wider in einem literarästhetischen Diskurs, der sich von normativen Vorgaben weitgehend verabschiedet hat. Noch der Ruf nach einer Rückbesinnung auf gewisse ästhetische Kriterien der emphatischen Moderne" ist „Teil einer grundsätzlich pluralen Konstellation, die jegliche Form von allgemeinverbindlicher Normbildung von vornherein unmöglich macht (...), ein thetischer und somit letzten Endes kontingenter Akt in einer postnormativen Gesamtsituation"[1042].

Zu einer anderen Einschätzung der Romanliteratur heute gelangt Moritz Baßler, ihm erscheint faktisch eindeutig: „Die Avantgarden haben sich überlebt, das realistische Schreiben aber geht ungebrochen weiter; genauer betrachtet eigentlich sogar: ununterbrochen. Der kulturellen, kritischen und literaturwissenschaftlichen Valorisierung anti-realistischer Verfahren Mitte des 20. Jahrhunderts stand in der literarischen Praxis durchweg ein dominantes Leseverhalten entgegen, das die Verständlichkeit und Bewohnbarkeit realistischer Erzähltexte bevorzugt."[1043] Baßler wertet allerdings – bei aller Anerkennung des breiten Spektrums realistischen Erzählens – anders: Er hält das postmoderne Erzählen für „die intelligentere Alternative (...). Auch hier werden lesbare Texte produziert, aber eben im Bewusstsein der unhintergehbaren eigenen Zitathaftigkeit, was ja nur bedeutet: im Bewusstsein der eigenen Textualität, verstanden als ›Gewebe von Zitaten‹." Er betont das inzwischen breite Spektrum von Schreibweisen in der Entwicklung von der *Dekonstruktion* „hin zu einer kulturpoetischen *Dekonstruktion*, zum kreativen Modus des kulturellen Spiels" und hält fest: „Nur weil sie kein authentisches Sinnzentrum behauptet, ist diese Literatur nicht weniger welthaltig als die realistische."[1044]

Terézia Mora schreibt in ihren *Frankfurter Poetik-Vorlesungen* als (utopisches?) Ziel eines solchen postmodernen, die Tradition der Avantgarde weiterführendes Konzept: „Nicht [auf einen Erzähler. H.F.] festlegen. Sondern etwas kreieren, einen Satz, der in der Lage ist, das, was unsere Wahrnehmung heute dominiert, nämlich die Multiperspektivität, abzubilden. Der wie der innere Dialog eines Menschen ist und wie die literarischen Texte, die ich mag, die nicht einfach im allwissenden Erzählpräteritum vor sich hin trotten, sondern in denen die Erzählung quasi einen Dialog mit sich selbst führt, in jeder möglichen Form: der Erzähler mit den Figuren, der Erzähler mit sich selbst, die Figuren untereinander, und zwar nicht nur dann, wenn sie aufeinandertreffen. Ihre Bewusstseinsströme können sich berühren, das, was sie aussprechen (in einer anderen Situation ausgesprochen haben), und auch das, was sie nicht aussprechen, unabhängig davon, ob sie gerade zusammen sind oder nicht: der eine evoziert den anderen, und schon steht er im Dialog mit ihm, während gleichzeitig etwas in der Außenwelt und im Erzählen passiert, und auch das fließt mit ein. Ich brauche einen Satz, der so flexibel ist, dass er nicht nur um Körper und Ereignisse, sondern selbst um Gedanken herumgehen kann, als stünden diese wie Gegenstände, wie Statuen im Raum.“[1045] Um das reflexive Spiel noch zu vervollständigen, Dialoge mit Motiven und Figuren aus dem Corpus der Romantradition, aus eigenen wie fremden Werken, könnte/sollte jener Satz eröffnen. „Kreativer Modus des kulturellen Spiels“ war die Formulierung Moritz Baßlers: Dies schließt aus, meint er, eine moralische Positionierung: „Moralische Valeurs sind ihnen genauso Funktionen des Diskurses wie andere Positionen auch.“[1046]

Dagegen steht – und damit schließe ich den Exkurs – eine Gruppe anderer junger Autoren, die ein Manifest zum ›Relevanten Realismus‹ formuliert hat: „An den vorlauten Zeitgeistverlautbarungen und den Berührungsängsten der Sprachartisten vorbei ist unser Ziel eine relevante Narration, denn wir glauben, dass dem Roman heute eine gesellschaftliche Aufgabe zukommt: Er muss die vergessenen oder tabuisierten Fragen der Gegenwart zu seiner Sache machen, er muss die Problemfelder, ob in lokalem oder globalem Kontext, in eine verbindliche Darstellung bringen. Die Forderung nach mehr Relevanz leiten wir nicht nur aus unserem Alter ab, sondern auch aus dem Zustand einer ›unheimlich‹ gewordenen Welt. Ihre Bewohnbarkeit beizubehalten und weiter zu erschließen ist die Aufgabe des Romans. Dies setzt voraus, dass der Schreibende eine erkennbare Position bezieht, die moralische Valeurs mit ästhetischen Mitteln beglaubigt. (…) Erzählen ist die verkappte Äußerungsform des Moralisten, ausgeübt mit dem Pathos dessen, der darin nicht etwa nur der Lust zu fabulieren frönt, sondern sich der Pflicht entledigt, Zeitgenossenschaft aus der Mitte seiner Generation heraus zu betreiben, von einem ästhetischen Standpunkt aus, der immer auch ein moralischer ist. Wer als Kritiker die existenzielle Dimension der

Literatur nicht einklagt und stattdessen weiterhin das Lob der Bastelware singt, macht sich mitschuldig an der grassierenden Irrelevanz, die unser kulturelles Leben lähmt. (...) Ein aus dem Druck zeitgenössischer Erfahrung resultierendes Erzählen könnte versuchsweise als ›Relevanter Realismus‹ bezeichnet werden. Ebenso weit entfernt von Pseudoavantgarde wie von Zeitgeisterei, arrangiert der Relevante Realist seinen Stoff so kunstvoll zur Fiktion, dass sie beim oberflächlichen Lesen mit einem Abbild der Realität verwechselt werden könnte: inszenierter Realismus. Darunter freilich wirkt das, was wir als Standpunkt von jedem wesentlichen Buch fordern, wirkt die ästhetisch-moralische Verantwortung eines Schriftstellers, der alles Stoffliche arrangiert, um damit ein erzählerisches Ziel zu erreichen."[1047]

Aus diesen langen Überlegungen zum Stichwort Innovation resultiert, scheint mir, eine Konsequenz: Um meine ursprüngliche Intention noch einmal aufzunehmen, die Frage der Qualität bleibt grundlegend; sie löst sich nicht auf in ein kontingentes Angebot postmoderner Beliebigkeit. Die Frage, was erhebt einen Roman in den Rang von Weltliteratur, bleibt. Sie ist allerdings wohl nicht ahistorisch absolut zu beantworten, vielmehr und wohl nur historisch: Sie stellt sich konkret epochal. Cervantes hat wohl in der Tat für das 17. Jahrhundert den Maßstab gesetzt wie möglicherweise Flaubert für seine Epoche[1048]. Und gegenwärtig? Ich wiederhole mich: Welche Autoren und Werke fallen uns ein? Wie eng oder wie weit fassen wir den Begriff „Gegenwart", wie differenziert sehen wir das 20. Jahrhundert nach Musil, Joyce und Kafka?[1049]

Ich möchte noch einmal zurückkommen auf die Rolle des Lesers, ich zitiere eine Äußerung eines guten Freundes von mir, Klaus Goergen: „Ist der Leser als realer oder als omnipotenter Idealleser zu sehen[1050]? Was ich meine, ist Folgendes: In Robert Bolaños *Die wilden Detektive* – ein Roman, der sicher zur ganz großen Literatur zählt – macht sich ein Held zu Beginn über bestimmte lyrische formale Manierismen bei fiktiven zeitgenössischen Dichtern lustig. Ein Nicht-Germanist als Leser wird das kaum goutieren und das Buch, weil für ihn unverständlich, beiseite legen; mich hat es belehrt, aber mehr auch nicht – aber meine Schwägerin [eine ausgewiesene und professionelle Kennerin lateinamerikanischer Literatur und Lyrik] hat mich darauf hingewiesen, dass sie das anders lesen kann; sie weiß, auf welche realen südamerikanischen Dichter hier spöttisch verwiesen wird. Entsprechendes gilt vielfältig – vermutlich endlos die Romanliteratur, bei der ein theoretisch allwissender Leser zu einem anderen Urteil gelangt als ein realer." In der Tat: Der von mir immer wieder festgehaltene Aspekt des delectare ist schichtenspezifisch different gegeben; dabei geht es zum Einen um die schon immer gegebene Differenz zwischen den Lesergruppen, die man traditionell dem Bildungsbürgertum zugeordnet hat, zum Anderen – sehr viel enger noch – um spezifische Fachkompetenzen, professionell gegeben wie bei dem obigen Beispiel der *Wilden Detektive*. Anders formuliert: Es geht um die Zugänglichkeit großer Literatur, zugänglich für welche Lesergruppen? Wie elitär darf große Literatur sein? Noch schärfer formuliert, Stichwort „elitär": In welchem Maß darf große Literatur interessierte Leser ausschließen? Eine Grauzone, gewiss. Fakt aber ist: Es gibt Leser und eine Romanliteratur, die hier nicht zur Diskussion steht, es gibt die Differenz zwischen anspruchsloser und anspruchsvoller, zwischen Trivial- und ›gehobener‹ Literatur. Hans-Dieter Gelfert macht darauf aufmerksam, dass man im „angelsächsischen Sprachraum (...) drei kulturelle Anspruchsniveaus" unterscheidet, „die als highbrow, middlebrow und low-brow bezeichnet werden. (...) Zur middlebrow-Literatur zählen Engländer hoch angesehene Autoren wie Graham Greene" und „Somerset Maugham (...). Ihnen allen gemeinsam ist leichte Lesbarkeit bei hohem Unterhaltungswert" – delectare – „und dennoch beachtlichem Niveau."[1051]

Um die Spirale noch einmal weiter zu drehen – innerhalb der hier thematisierten anspruchsvollen Literatur stellt sich die Frage noch einmal: Wie anspruchsvoll, ich kann auch formulieren, wie hermetisch darf Literatur von Rang sein? Gibt es nach oben keine Grenze? Gelfert wagt es, konkret zu werden: Ausgehend davon, dass sich die Komplexität eines Romans „nahezu unbegrenzt erhöhen" lässt, fragt er: „Wo aber liegt die Grenze zwischen notwendiger und unnötiger Schwierigkeit?" Das „letzte Urteil" spreche hier „die Zeit. Joyces *Finnegans Wake*" habe „dem Urteil standgehalten." Das gelte indes nicht für die – inzwischen wohl auch nicht mehr, zumindest mir nicht mehr vertraute – österreichische Autorin Marianne Fritz, mit Literaturpreisen ausgezeichnet, mit ihren Mammutwerken *Dessen Sprache du nicht verstehst* (1986) und *Naturgemäß I* (1992), es gelte wohl auch schwerlich für „Helmut Heißenbüttels *D'Alemberts Ende. Projekt Nr. I* (1970), Botho Strauß' *Der junge Mann* (1984) oder Herta Müllers *Der Fuchs war damals schon ein Jäger* (1992)" Diese Romane „dürften selbst von sehr willigen Lesern nicht mehr als Romane empfunden werden. Auch die Kritiker tun sich mit solchen Werken schwer. Nur wenige wagen einen Verriss, weil das so aussehen könnte, als seien sie den Schwierigkeiten nicht gewachsen. Deshalb erhalten oft gerade ungenießbare Werke besonders hohes Lob."[1052] Konkret weiter hilft vielleicht ein Blick in den Diskurs um die Frage eines Literaturkanons.

Exkurs: Ein Kanon der Weltliteratur?

Ich benutze den Terminus ›Weltliteratur‹ nicht empirisch, soll heißen orientiert am faktischen Erfolg von Romanen, was ihre Übersetzungen, Auflagenhöhe und gegenwärtige Leserschaft angeht. ›Weltliteratur‹ meint hier vielmehr die tatsächliche Qualitätsspitze der Romanliteratur. Warum stellt sich die Kanonfrage überhaupt, warum bedarf es eines solchen Kanons? „Wer nur zum Vergnügen liest, braucht auf nichts anderes zu achten als auf das Barometer seines Geschmacks. Sobald wir aber Urteile über Literatur austauschen, brauchen wir eine Messlatte. Das gebräuchliche Bezugssystem ist eine Anzahl anerkannter Werke, die stillschweigend als allgemein bekannt vorausgesetzt werden.“[1053]

Zunächst geht es um das klassische Repertoire: „Homer, Aischylos, Sophokles, Euripides, Aristophanes, Vergil, Horaz, Ovid, Dante, Petrarca und Boccaccio“ sind „durch spätere Autoren nicht nur nicht ersetzt, sondern in zahllosen Anverwandlungen weitergereicht worden.“[1054] An anderer Stelle nennt Hans-Dieter Gelfert exemplarisch und begründend: Shakespeare, Scott, Dickens, Stendhal, Balzac, Flaubert, Turgenjew, Tolstoi, Dostojewski, Proust, Joyce, Kafka.[1055]

Rainer Grübel beschreibt – immerhin in einem anerkannten Handbuch – die Kanones in modernen Kulturen: Sie verfügen über 1. Einen festen Kern, zu dem im abendländischen Horizont des 20. Jahrhunderts etwa die Bibel, Homer, Dante, Shakespeare, Racine, Rousseau, Goethe, Schiller, Puschkin, Poe, Heine, Andersen, Balzac, Dostjewski, Tolstoi, Zola, Proust, Joyce, Döblin, Musil, Achmatova zählen, 2. Eine verhältnismäßig beständige Zwischenschicht, die in der deutschen Literatur u.a. aus Opitz, Lessing, Bürger, Keller, Raabe, Storm, Fontane, Brecht, Frisch, Dürrenmatt gebildet wird sowie 3. Eine bewegliche Peripherie, an der in ihrer Bewertung stark schwankende Autoren wie etwa Kuhlmann, Gottsched, Hölderlin, Kleist, Stifter, Wedekind, Jünger, Benn, Fried oder Brinkmann angesiedelt sind.“[1056]

So weit so gut? Offenbar nicht, wir ahnen schon die Schwierigkeit: Monika Schrader formuliert 1987: „Die Jahrhunderte während Vorstellung von kanonischer Literatur als zeitüberdauerndem Bestand ästhetischer Werte ist aufgegeben, der Bildungswert des literarischen Erbes ist nicht mehr selbstverständlich oder wird gänzlich abgelehnt.“[1057] Die Herausgeber einer kommentierten *Leseliste* sprechen 1994 von „dem einzigen Ergebnis des Dauerstreits um Recht und Möglichkeit eines literarischen ›Kanons‹ (...): dass das Kriterium des künstlerischen Rangs nicht brauchbar ist. Jeder Versuch nämlich, einen Katalog des ästhetisch Vollkommenen zu präsentieren, wäre von vornherein zum Scheitern verurteilt, weil es der Selektion an konsensfähigen Normen fehlen müsste – in allzu vielen Fällen ließen sich die Entscheidungen mit stichhaltigen Gründen diskreditieren."[1058] Und in dem eben genannten Handbuch von 1999 wird bündig formuliert: „Kanonbildung als Durchsetzung zeitloser literarischer Qualität nach eigenen Gesetzen – dieser Auffassung wird heute ein differenzierteres Modell entgegengestellt. Unter einem ›Kanon literarischer Texte‹ wird das Resultat von Deutungs- und Selektionsprozessen verstanden, in denen literaturinterne und soziale Komponenten auf komplexe Weise zusammenspielen. Die Kriterien, nach denen Texte ausgewählt und interpretiert werden, sind historisch und kulturell variabel; ihre Geltung hängt auch von der jeweiligen Träger- oder Interessengruppe ab, die die Kanonisierung vollzieht."[1059] Letzteres wird damit erklärt, „dass sich die moderne Wissensgesellschaft auch in ihrem Umgang mit Literatur von der ihr vorausgehenden bildungsbürgerlich geprägten Gesellschaft unterscheidet. (...) Das hochspezialisierte Wissen der ›nachbürgerlichen‹ Wissensgesellschaft kann aufgrund seiner Komplexität nicht mehr angemessen kommuniziert werden (...). [D]ie entstandenen Expertenkulturen stabilisieren nicht die Selbstwertungen der Gesellschaft. Mit der Offenheit der Wissensgesellschaft geht vielmehr eine grundsätzliche Unbestimmtheit einher, die überkommene kulturelle Identifikationsmuster – wie eben beispielsweise den literarischen Kanon – in Frage stellt."[1060] Die Herausgeber konkretisieren, ich nenne Stichworte: Erlebnisgesellschaft, Eventkultur, starke mediale Konkurrenz, hedonistisch orientiertes Leseverhalten jüngerer Generationen (Selbstverwirklichung, intensives Lebensgefühl, Distanz zu bildungsbürgerlich geprägten Wertungsvorgaben). Untersucht wurden in den letzten Jahren vor allem die unterschiedlichen sozialen Einflussfaktoren auf die Bildung gruppenspezifisch unterschiedlicher Kanones: unterscheidbar „nach ihrem Gegenstandsbereich, dem Grad ihrer Normativität und der Kanonpflege, ihrer sozialen und temporalen Reichweite und dem Grad ihrer Durchsetzung."[1061] Beteiligt sind sämtliche Instanzen des ›Sozialsystems Literatur‹. Rainer Grübel nennt exemplarisch „Autoren, Kritiker und Literaturwissenschaftler (...) sowie Medien, Preisverleihungen, Lehrbuchkommissionen und die Kultusbürokratie, doch manifestiert sich in der Kangültigkeit wohl überwiegend die Wirkung der ›unsichtbaren Hand‹."[1062]

Andererseits lässt sich erstens anhaltend ein allgemeines Kanon-Bedürfnis als Suche nach Orientierungshilfe feststellen; so thematisiert Benjamin Specht unter dem leitenden Kriterium der ›Polyvalenz‹ „den Kanon in deutscher Sprache verfasster literarischer Texte (...), wie er sich zwar erst nach der Goethezeit, aber auf deren Basis, in der Literaturgeschichtsschreibung des 19. Jahrhunderts formiert und auch noch heute kulturelle Verbindlichkeit nicht nur für einzelne Gruppen, sondern für die Breite der bildungsbürgerlichen Schichten beansprucht."[1063] Zweitens ist auch nicht zu leugnen, dass es auch Textmerkmale sind, die über die Kanonisierung entscheiden – z.B. Polyvalenz. Renate von Heydebrand sieht in der Genese von Kanones „intraästhetische Qualitäten der Werke (…), deren Kriterien (…) eine gewisse Autonomie gewinnen" und sich „gleichsam von selbst durchsetzen und durchhalten"; sie seien indes „in der Kanonforschung immer noch nicht überzeugend ausgearbeitet worden."[1064] Auch Leonhard Herrmann beklagt als das Desiderat bisheriger Kanon-Forschung, Texteigenschaften zu wenig berücksichtigt zu haben und fragt nach den Gründen: Empirisch lasse sich das Sozialsystem Literatur leichter untersuchen als die „schier endlose Materialmenge" eines spezifischen Kanons, wobei man „zwischen essentialistisch konzipierter ›Eigenschaft‹ eines Textes und konstruktivistisch konzipiertem Kommunikat, das in der Begegnung zwischen Text und Leser immer wieder neu entsteht"[1065] kaum entscheiden könne. Simone Winko fragt gleichwohl, „ob es nicht doch bestimmte Eigenschaften eines Textes gibt, die eher für oder gegen seine Kanonisierung sprechen." Sie kommt, „pauschal betrachtet", zu einem – was Kriterien angeht – schmalen Resultat: „Zum einen" muss der Text „komplex genug sein, um mehrmals gelesen werden zu können, zum anderen muss er für verschieden komplexe Lesarten und unterschiedliche Wertvorstellungen anschlussfähig sein."[1066] Unter der eingeschränkten Perspektive des Handbuchs für Studierende der Literaturwissenschaft nennt Winko ein weiteres Kriterium: „Relevant für das Studium sind nach wie vor die literarischen Texte und Autoren, auf die sich andere Autoren bezogen haben und die auf die Entwicklung der Literatur – in formaler wie inhaltlicher Hinsicht – maßgeblich eingewirkt haben"[1067]. Ergänzen ließe sich noch mit Dominic Berlemann: Er nennt die Kriterien „Dauerhaftigkeit", das meint die Dauer im Kanon, „Rezeptionsintensität", das meint die Häufigkeit tatsächlicher Lektüren, ablesbar etwa an der Anzahl von Besprechungen, und „Resonanzfähigkeit", d.i. „der kommunikative Widerhall, den ein Werk in den sozialsystemischen Umwelten der Literatur gegebenenfalls auslöst."[1068]

Hermann Korte sichtete die zwischen 1997 und 2002 entstandenen Kanonvorschläge, insgesamt neun, im Umfang ganz unterschiedlich: zwischen 44 und 622. Interessant die Frage, wann derartige Vorschläge entstehen: „Weil literarische Kanones offene, dynamische Aufbauten besitzen, wiederholen sich Kanonisierungsakte in periodischen Abständen. Es gibt also einen noch wenig erforschten Rhythmus, in dem kommentierte Lektüreempfehlungen und Leselisten auf den Markt kommen. Die von mir eingesehenen Ratgeber jedenfalls waren in verblüffender Weise eng an bestimmte Zeitkonstellationen gebunden. Kanonratgeber entstanden häufig in Phasen, die von Zeitgenossen als Traditionswandel und Neuorientierung erlebt wurden."[1069]

In einer kritischen Sichtung der Funktionen eines Kanons hält Manfred Engel heute für realistisch und sinnvoll ein Konzept der memoria-Forschung mit ihrer Unterscheidung von „individuellem, kommunikativem und kulturellem Gedächtnis": Der Kanon selektiert aus dem nahezu unbegrenzten Speicher des kulturellen Gedächtnisses „eine Textmenge, die der Arbeitsspeichergröße des individuellen, mindestens aber des kommunikativen Gedächtnisses angemessen ist. Er ist also ein Selektionsmechanismus, ein ›Speicherverwaltungsprogramm‹, zum Hochladen eines operablen Teils des in externe Speicher ausgelagerten kulturellen Gedächtnisses in das kommunikative – genauer gesagt: Es ist eine mehr oder weniger autoritative Sollvorschrift dafür."[1070] Ein Kanon impliziert Autorität und Macht: schon als Begriff, durch Inklusion und Exklusion, „als eine ›Brille‹, die vorab die Wahrnehmung und Wertung von Texten leitet".[1071] Die Autorität bedarf der Legitimation, einer überzeugenden Legitimation. Leonhard Herrmann hat ein Kanon-Modell entwickelt, das „Kanonisierungsprozesse als Ergebnisse eines dreifachen Bedingungsgefüges darstellbar" macht: „erstens einer bestimmten sozialen Bedürfnisstruktur, die in einer spezifischen historischen Situation ein spezifisches Bedürfnis nach Identitätsfindung und Stabilisierung artikuliert; zweitens der Fähigkeit eines bestimmten Textes, im Rahmen seines spezifischen Sinn- oder Rezeptionspotentials auf dieses Bedürfnis zu antworten, und drittens der Anschlussfähigkeit dieses Textes an die internen Strukturen des vorhandenen Kanons."[1072] Ein zweifellos ausgewogenes Beschreibungsmodell zur Analyse gegebener Kanones und ihrer Veränderung; mir geht es um Legitimation und Konkretion in einer bestimmten Hinsicht:

Ich komme zurück auf die Frage nach der ästhetischen Qualität kanonisierter Texte; die Frage spielt eine zentrale Rolle bei der Selektion von Texten durch die am Prozess der Kanonbildung beteiligten Individuen, sie wird, positiv beantwortet, dem Resultat unterstellt, nahezu schon ein Implikat des Begriffs ›Kanon‹: „Was durch Kanonisierungsprozesse entsteht, kann kein willkürlich zusammengesetztes Korpus sein, sondern muss nicht nur sinnvoll, sondern auch wertvoll sein. Der Kanon erhält präskriptiven Charakter. (...) Die Forderung, dass ein Kanon nicht beliebig sein könne, zieht unter der textbezogenen Perspektive zwingend das Postulat nach sich, dass es bestimmte Eigenschaften geben müsse, die die Kanon-Texte aufzuweisen haben."[1073] In der Tat, die Tatsache, dass an Stelle vieler vorgeschlagener Romane auch andere empfohlen werden können, spricht nicht gegen die zugrundliegenden Auswahlkriterien; selbstverständlich kann ein Kanon nur exemplarisch sein, aber das immerhin könnte er sein: eine exemplarische, gut begründete Auswahl nicht unbedingt von kanonischen Werken, aber von Romanautoren, die man – ganz traditionell jetzt formuliert – kennen sollte.

Damit stehen wir wieder am Ausgangspunkt unserer Überlegungen. Warum aber wird dieser Aspekt in den gängigen Kanon-Modellen kaum reflektiert? Simone Winkos Erklärung führt uns zurück zum ersten Exkurs, der „Kriterienfrage im literaturwissenschaftlichen Diskurs": Die „Bewegung weg von den Eigenschaften eines Textes" ist „im Zusammenhang mit einer allgemeineren Tendenz in der literaturwissenschaftlichen Theoriebildung zu sehen", der Wendung zu konstruktivistischen Annahmen: „Ein literarischer Text ›enthält‹ demnach keine Eigenschaften, sondern sie werden ihm von wahrnehmenden und deutenden Subjekten zugeschrieben", Resultate ihrer historischen oder sozialen Situation, ihrer Ziel- und literaturtheoretischen Vorgaben. „Auf diese Weise jedoch entsteht ein blinder Fleck in den meisten Kanon-Modellen." Daraus folgt die Forderung, „ästhetische Kriterien und ihren Gegenstandsbezug auf einem Niveau zu reflektieren, das über intuitive Qualitätszuschreibungen auf subjektiver Basis hinausgeht."[1074] Dies zu versuchen, war mein Ziel.

Ich habe unterschiedliche Kriterien thematisiert – zu viele zweifellos, um sie in einer kritischen Würdigung oder Rezension allesamt zu berücksichtigen. Und: Nicht alle Kriterien sind für alle Romane von Relevanz. Auch die Frage der Rangfolge ist ungeklärt: Gibt es hier eine Hierarchie, gibt es eine Hierarchie, die für jedes Buch von Bedeutung ist und greift? Oder stellt sich auch die Frage der Rangordnung individuell, von Roman zu Roman neu? Um noch einmal Klaus Goergen zu zitieren: „Joyce zählt zu den ganz Großen sicher nicht wegen seines Unterhaltungswertes, nicht wegen der Stringenz eines plots, der Originalität der Fabel, auch nicht der Plastizität der Charakterzeichnung etc. Wenn er trotzdem als Großmeister gilt, müssen einzelne Kriterien – hier z.B. die sprachliche und kompositorische Innovation – verabsolutiert werden. Mit welchem Recht? Und wie objektiv ist das?"

Fakt ist, dass sich auch professionelle Kritiker nicht (immer) einig sind in der Bewertung von Romanen. Reich-Ranicki geht vom Dissens als Normalfall aus: Über Bücher „zumal arrivierter Autoren" erscheinen „zahlreiche Rezensionen, und jedes Buch eines wenigstens etwas bekannten Schriftstellers findet auch solche Kritiken, die es loben. Eine einhellige Reaktion auf ein Buch gibt es beinahe nie – und eine extrem negative Kritik aus bekannter oder prominenter Feder hat immer auch Widerspruch zur Folge."[1075] Mein Eindruck ist eher anders akzentuiert: Der Konsens überwiegt, aber, gleichviel: Wenn ein Dissens vorliegt, stellt sich die Frage nach seinen Ursachen. Und auch bei dominantem Konsens stellt sich die Frage nach den Ursachen. Bezogen auf die Liste der Kriterien: Welche Kriterien lassen sich in den Romankritiken erkennen? Welche Kriterien überwiegen, welche kommen nicht zur Anwendung? Lassen sich konsensuale oder auch dissonante Ergebnisse mit Hilfe der zugrunde liegenden Kriterien erklären? Welches Bild bietet die Literaturkritik? Ich möchte diese Fragen exemplarisch verfolgen, zunächst aber ein Überblick.

Exkurs: Zur Geschichte und Theorie der Literaturkritik. Friedrich Schlegel

Literaturkritik – wie andere Formen der Kritik – ist ein Produkt der Aufklärung und bürgerlichen Gesellschaft, des 18. Jahrhunderts mithin. Dominic Berlemann grenzt ab, scheinbar selbstverständlich: „Literaturkritik ist (...) weder wissenschaftliche Disziplin noch Werbung. Sie ist aber ebenfalls nicht per se zum Erziehungssystem zu rechnen"[1076]. Stefan Seibt bestimmt sie in der „Trias ›autonome Literatur‹, ›vernünftige Öffentlichkeit‹, ›frei wählendes Publikum‹" und unterscheidet Grundformen in der konkreten Verortung oder Akzentuierung innerhalb dieses Dreiecks:

- „Eine Kritik, die sich auf den Standpunkt der vernünftigen diskursiven Öffentlichkeit stellt, begreift ästhetische Regeln und Kriterien als Unter- oder Anwendungsfall der universalen gesetzgebenden Vernunft" – schon im 18. Jahrhundert eher deduktiv (Gottsched) oder induktiv (Lessing) orientiert.
- „Eine zweite Grundform der Kritik nimmt den Standpunkt der autonomen Kunst ein, die sich unvorhersehbar und doch verstehbar nach ihren eigenen schöpferischen Gesetzen entwickelt"[1077] – Genieästhetik des Sturm und Drang, philosophische Ästhetik der Klassik „und die romantische Selbstreflexion der Kunst. (...) Kunst ist in dieser Sicht die beste Kritikerin von Kunst, und die Verfahrensweisen der Literaturkritik sind selbst produktiv und literarisch."[1078] Diesem Ansatz ist zugleich eingeschrieben ein geschichtsphilosophisches Konzept: Herder, Schiller, die Frühromantik, Schelling und Hegel. Wenn man zusammenfassend vom Projekt der Moderne sprechen will, lässt sich – und Seibt tut es – die Linie weiter verfolgen über Rudolf Borchardt zu Walter Benjamin und Theodor W. Adorno bis hin zum ungebrochen elitären Avantgarde-Konzept Ende des 20. Jahrhunderts. Sie alle „beharren gemeinsam auf der ungeselligen Inkommensurabilität einer von Marktzwängen losgelösten, nur ihrer eigenen Dynamik gehorchenden Kunstübung mit ihren unwillkürlichen Emanationen."[1079] In diese Tradition stellt sich auch Leslie A. Fiedler in seinem provokanten Vortrag über die Postmoderne vom Juni 1968 an der Universität Freiburg, er fordert: Kritik ist „gleich Literatur oder gleich Null. Weder Amateurphilosophie noch objektive Analyse – sie unterscheidet sich von anderen Formen literarischer Kunst insofern, als sie bei der Welt der Kunst selber ansetzt, nicht bei der Welt im allgemei-

nen; sie benutzt ein Kunstwerk als Gelegenheit, ein anderes zu schaffen. (...) Die neueste Kritik muss ästhetisch und poetisch in Form und Inhalt sein, gleichzeitig aber auch komisch, respektlos und vulgär."[1080]

- „Die dritte Grundform der Kritik nimmt entschlossen den Standpunkt des Publikums ein": Historisch zieht sich hier eine Linie von den höfischen Auftraggebern über die englische Geschmacksdebatte des 18. Jahrhunderts. Seibt schreibt ironisch kritisch: „Diese Kritik ist Geschmacksurteil des Vorkosters, angemessen vor allem für die Dutzendware der Saison, geeignet, die Bücherfluten rasch zu kanalisieren."[1081] Hauptkriterien sind Unterhaltung und moralische Aspekte.

Selbstverständlich sind das eher heuristisch typologische Unterscheidungen, in Reinform selten ausgebildet und miteinander verknüpft. Deutlich auch, dass für unterschiedliche Formen oder Ausprägungen des Romans sich je spezifische Ansätze der Kritik eignen. Wenn Thomas Anz grundsätzlich folgende Funktionen der Literaturkritik unterscheidet: Information und Orientierung, Selektion, didaktische Vermittlung an das Publikum, Sanktionierung in Blick auf die Literaturproduktion (Autoren, Verlage), Förderung des öffentlichen Räsonnements, der Kommunikation über Literatur und – last not least – Unterhaltung[1082], dann ist auch deutlich, dass sich die „Grundformen" auch in dieser Hinsicht unterscheiden.

Einleitend habe ich, belegt durch exemplarische Zitate, nahezu als Konsens, zumindest mehrheitlich vertretener Linie gegenwärtiger Literaturkritik festgestellt die deutliche Akzentuierung des subjektiven Standpunkts, die Vermeidung einer Kriteriendiskussion, die Weigerung, sich auf Kriterien überhaupt einzulassen. Ein letzter Beleg: Stefan Neuhaus, der sich seit Jahren in unterschiedlichen Beiträgen mit den Tendenzen gegenwärtiger Literarturkritik befasst, wiederholt in seiner jüngsten Veröffentlichung seinen Befund aus dem Jahr 2010: „Die ›empathische‹, also auf identifikatorscher Lektüre beruhende und positiv wertende Literaturkritik hat zugenommen und versteht sich als programmatisch literaturbejahend."[1083]

Diese Position wurde entschieden vertreten im Sturm und Drang, verknüpft mit dem absolut gesetzten Originalitätsanspruch des künstlerischen Genies; komplex reflektiert werden die Grundlagen von Literaturkritik in der Romantik von den Brüdern Schlegel.[1084]. Die Brüder Schlegel – programmatisch vor allem formuliert von Friedrich – durchliefen in der Entwicklung ihrer Konzeption von Literaturkritik in der Planung und Realisierung des *Athenäum*-Projekts unterschiedliche Phasen oder Positionen, allesamt und zumal im Endresultat relevant für das Selbstverständnis gegenwärtiger Kritiker, Stichwort Subjektivismus. Ich möchte die Schlegels nun nicht zu den Vätern oder Großvätern gegenwärtiger Literaturkritik erklären, sie aber doch in zwei Schritten näher rücken: Zunächst will ich ihre theoretisch formulierte Positionen und sie dann in ihrer literaturkritischen Praxis darstellen; ich gehe aus von der Hypothese, dass sich sehr wohl die Beurteilungskriterien der Schlegels ermitteln und benennen lassen, verallgemeinerungsfähige und grundsätzlich relevante Kriterien; wir werden sehen.

Im Folgenden will ich die unterschiedlichen, z.T. auch widersprüchlichen literaturkritischen Positionen der Brüder Schlegel belegen[1085]:

- Literaturkritik hat „über den Wert der literarischen Produkte und den Vorzug eines vor den anderen" zu urteilen, es ist „auch die Kunst, echte und unechte Schriften zu unterscheiden."[1086] Mögliche Folgen für die Autoren waren durchaus bewusst: Was den Titel des geplanten Journals angeht, „Schleyermacher meynte *Parzen*, weil doch wohl mancher litterarische Lebensfaden darin würde abgeschnitten werden. Ich dächte, dieser Einfall verdiente Eure ernsthafte Überlegung."[1087] Dominic Berlemann zieht noch weitere, ähnlich drastische Äußerungen Schlegels heran und kommentiert: „Zeitschriften wie das *Athenäum* werden (...) eindeutig auf die Distribution spezifisch literarischen symbolischen Kapitals verantwortlich gemacht und sie entscheiden auch darüber mit, welches personale System die Chance erhält, im Rahmen der Autorenrolle ins funktionale Teilsystem der Literatur inkludiert zu werden."[1088]

- „Dieses (...) ist es eigentlich, was eine literarische Zeitung vorzüglich leisten sollte, damit der Leser, welcher mit Auswahl zu seiner eigenen Bildung lesen will, von allem, was ihm interessant sein muss, früh genug Nachricht erhielte. Nicht bloß eine Nachricht, dass so etwas da sei, sondern eine Auseinandersetzung, was es eigentlich sei; alles mit steter Rücksicht auf ihn, auf seine Bildung und auf die Missverständnisse, deren Möglichkeit man bei ihm voraussetzen darf, in einer allgemein verständlichen Sprache klar und kurz."[1089]

- Schlegel unterscheidet zwischen „Charakteristik" und „Rezension", dabei wird der Charakteristik der Rang des Kunstwerks zugesprochen, „ein kritisches Kunstwerk"[1090]. Zugespitzt finden wir diesen Anspruch in dem vielzitierten 117. Lyceumsfragment: „Poesie kann nur durch Poesie kritisiert werden. Ein Kunsturteil, welches selbst nicht ein Kunstwerk ist, entweder im Stoff, als Darstellung des notwendigen Eindrucks in seinem Werden, oder durch eine schöne Form, und einen im Geist der alten römischen Satire liberalen Ton, hat gar kein Bürgerrecht im Reiche der Kunst."[1091]

- „Der Zweck der Kritik, sagt man, sei, Leser zu bilden! – Wer gebildet sein will, mag sich doch selbst bilden. Dies ist unhöflich: Es steht aber nicht zu ändern."[1092] Didaktische Ansprüche werden strikt abgelehnt.

- Intensiv beschäftigte sich Schlegel unter dem Aspekt Wahrheitsanspruch mit dem Verhältnis von Literatur, Literaturkritik und Wissenschaft: „Die ganze Geschichte der modernen Poesie ist ein fortlaufender Kommentar zu dem kurzen Text der Philosophie. Alle Kunst soll Wissenschaft, und alle Wissenschaft soll Kunst werden; Poesie und Philosophie sollen vereinigt sein."[1093] Oder: „Der vollkommene Poet muss auch ein Philologe sein."[1094] Es ist dies zum Einen die klare Ablehnung genieästhetischer Linien und zum Anderen der Gedanke einer normativen Regelpoetik, wissenschaftlich fundiert: „Die Kritik (...) enthielte die Theorie der Beurtheilung des Schönen: suchte eine sichre objektive Methode oder Regel und Norm der Anwendung der objektiven Gesetze der Aesthetik auf einzelne Fälle, oder der Beurtheilung."[1095] Eine doch erstaunliche Position, von Berlemann entsprechend kommentiert: Schlegel „glaubte (...) zwei Jahre vor dem Erscheinen des ersten *Athenäum*-Heftes noch kommunikativ manifest an die universelle Gültigkeit bestimmter Gesetze zur kritischen Bewertung literarischer Kunstwerke und damit an die Möglichkeit einer im literaturfremden Wahrheitsmedium verankerten Literaturkritik."[1096] Vorbild war die Mathematik: In der 646. Notiz der *Fragmente zur Litteratur und Poesie* wird gefordert: Die Kritik als die Mutter der Poetik müsse sich ebenso objektivieren lassen wie die Postulate der Mathematik, zuvor schon formuliert Schlegel ausführlich und nach Berlemanns Einschätzung ohne Ironie: „Der gute Kritiker und Charakteristiker muss treu, gewissenhaft vielseitig beobachten wie der Physiker, scharf messen wie der Mathematiker, sorgfältig rubriciren wie der Botaniker, zergliedern wie d. Anatom, scheiden wie der Chemiker, empfinden wie der Musiker, nachahmen wie ein Schauspieler, praktisch umfassen wie ein Liebender, überschauen wie ein [Philosoph], cyclisch studiren wie ein Bildner, strenge wie ein Richter, religiös wie ein Antiquar, den Moment verstehn wie ein Politiker."[1097]

- Es wachsen allerdings die Zweifel an diesem – objektiv orientierten – Ansatz; das alternative Paradigma betont die Subjektivität des Kritikers – und sie wird positiv gesehen: „Wir teilen viele Meinungen mit einander;

aber wir gehen nicht darauf aus, jeder die Meinungen des andern zu den seinigen zu machen. Jeder steht daher für seine eignen Behauptungen. Noch weniger soll das geringste von der Unabhängigkeit des Geistes, wodurch allein das Geschäft des denkenden Schriftstellers gedeihen kann, einer flachen Einstimmigkeit aufgeopfert werden; und es können folglich sehr oft abweichende Urtheile in dem Fortgange dieser Zeitschriften vorkommen."[1098] August Wilhelm Schlegel begründet den subjektiven Ansatz: Er sieht die Basis in der „beseelten Freiheit, welche das gemeinschaftliche Element der bildenden Kraft und der Empfänglichkeit für ihre Schöpfungen ist"; diese richtet sich gegen den „Anspruch auf allgemeine Gültigkeit, den nur die wissenschaftliche Anwendung wissenschaftlicher Wahrheiten zu machen hat, der aber keineswegs auf Gegenstände ausgedehnt werden kann, die erst in der Seele des Betrachters durch ein wunderbares Spiel der inneren Kräfte ihre Bestimmung erreichen. (...) Mit einem Worte, da die Wahrnehmung hier immer von subjektiven Bedingungen abhängig bleibt, so lasse man ihren Ausdruck so individuell, das heißt so frei und lebendig wie möglich. Die folgenden Beiträge wollen sich nicht zum Range von Rezensionen erheben: Ihr Verfasser erklärt sie für nichts weiter als Privatansichten eines in und mit der Literatur lebenden."[1099]

- Friedrich Nicolai hatte mit seiner *Allgemeinen Deutschen Bibliothek* lange den Anspruch auf Vollständigkeit in der Erfassung neuer Werke vertreten und festgehalten: Bei jährlich etwa 5000 neuen Büchern beschäftigte er 1806 150 Mitarbeiter – und musste seinen universalen Anspruch aufgeben, also auch selektieren. Ähnlich und sehr früh schon entscheiden die Gebrüder Schlegel: „Daß man schlechte Werke gar nicht beurtheilen sollte, ist sehr gewiß."[1100]. „[N]ur das Classische oder Progressive verdient kritisiert zu werden."[1101]

- Andererseits entstand ein Selektionsdruck anderer Art: „Zwischen 1766 und 1790 entstanden insgesamt mehr als 2000 neue, teils kurzlebige Zeitschriften, von denen sich ein Großteil im engeren Sinne literaturkritisch betätigte", die Zahl der Rezensenten schätzt 1795 ein „zeitgenössischer Beobachter immerhin auf stolze 15 000"[1102]. Eine neue Zeitschrift muss auffallen, die Konsequenz: zum einen Meinungsvielfalt, die Möglichkeit kontroverser Diskussion mithin, und zum anderen die Selektion; so schreibt August Wilhelm Schlegel über seine „Beiträge zur Kritik der neuesten Literatur": „Ich werde nur das zu charakterisieren suchen, was eine Art von Leben hat, entweder durch seine ausgearbeitete Popularität oder durch seinen inneren Wert. Selbst über die bedeutendsten Werke behalte ich mir vor schweigen zu dürfen, wenn ihr Eindruck mich nicht auf den Pfad eigentümlicher Betrachtungen geleitet hat. Auch mache ich mich zu keiner Vollständigkeit der Beurteilungen (...) anheischig; meine Absicht ist nicht, den Leser mit den erwähnten Schriften erst bekannt zu machen; dies setze ich schon voraus und suche nur durch die Mitteilung über sie die Entwicklung entgegengesetzter oder übereinstimmender Gedanken zu veranlassen."[1103]

- Dieser Ansatz führte zu einem Programm unbedingter Offenheit bei der literaturkritischen Wertung: „Sollte es nicht der Anfang aller Erkenntnis sein, das Gute und das Böse zu unterscheiden? So ist wenigstens mein Glaube; und wenn ich sehe, dass ein Mann in seiner eigentümlichen Sphäre sich nur mit einer leichten und oberflächlichen Toleranz begnügt, und nicht das Herz hat, irgend etwas Ausgezeichnetes [!] unbedingt zu verwerfen und als böses Prinzip zu setzen, so muss ich meiner Denkart gemäß denken, er sei noch eben nicht im klaren"[1104]. Deutlicher noch, durchaus aggressiv wird Friedrich Schlegel in der *Eisenfeile*: „Die Kritik ist die Kunst, die Scheinlebendigen in der Literatur zu töten."[1105] Ein letzter Aspekt:

- August Wilhelm Schlegel verwahrt sich entschieden gegen eine „beständige Beimischung der Moralität in das litterarische Gebiet" und wirft einem Kritiker vor, er habe das *Athenäum* „nicht von der kritischen, sondern von der Moralischen Seite angreifen"[1106] wollen. Literatur ist autonom, das Gleiche gilt für die Literaturkritik, moralische Kriterien sind unzulässig.

Deutlich geworden ist der große Einfluss der Brüder Schlegel auf die gegenwärtige Literaturkritik; vor allem zwei Momente oder Überzeugungen oder Dogmen im Selbstverständnis gegenwärtiger Literaturkritik möchte ich herausgreifen:

- Literaturkritik ist selbst Literatur, ist ein genuin literarisches Genre. Ein exemplarisches Zitat nur: „Literaturkritik, wie ich sie verstehe, ist also keine Instanz außer- oder oberhalb der Literatur, sondern selber ein Stück von ihr."[1107]
- Literaturkritik ist – in Differenz zur Literaturwissenschaft – genuin subjektiv: Als Maßstab gilt „vor allem eines (...): die eigene, unverstellte Subjektivität. Deshalb ist es müßig, über objektive Kriterien diskutieren zu wollen."[1108]

Im nächsten Schritt möchte ich Friedrich Schlegels Ablehnung einer kriterien-orientierten Literaturkritik zugunsten kreativer Subjektivität an seiner berühmten *Wilhelm Meister*-Kritik überprüfen. Genau besehen, stellen sich zwei Texte, bekannt ist vor allem der erste: *Über Goethes Meister* (1798); eine zweite Kritik findet sich unter den Rezensionen: *Goethes Werke nach der Cottaschen Ausgabe von 1806* (1808).

Ich beginne mit der ersten, *Über Goethes Meister*. Orientiert an der Sukzession im Text – von Handlungsablauf als Schlegels Orientierungsmuster lässt sich nicht sprechen, Schlegel reflektiert zwar Buch um Buch, setzt aber in seiner Kritik schon die Kenntnis der Handlung von *Wilhelm Meisters Lehrjahren* voraus – liste ich die Schlegels Ausführungen klar zugrunde liegenden, nie benannten Kriterien auf:

- Plausibilität und realistische Genauigkeit,
- sinnvolle Komposition der Nebenfiguren um den Protagonisten,
- klare Zeichnung der Figuren,
- Identifikationsangebote für den Leser,
- der sympathische Protagonist,
- Aufbau: Kontraste und Spannung, in sich geschlossene Kapitel und Teil-kapitel von zugleich sinnvoller Funktion für das Ganze: Einführung in die Lebenskunst mit Akzentuierung der Kunst
- Welthaltigkeit auf dem Weg des Protagonisten im zweiten Buch,
- Harmonie und Dissonanzen gleichermaßen im zweiten Buch,
- ein inhaltliches Zentrum: Alles dreht sich um Schauspiel, Darstellung, Kunst, Poesie ...; eine „Naturgeschichte des Schönen"[1109],
- realisiert als „reine, hohe Poesie"[1110] (dieses zentrale Kriterium [!] wird zum Anlass, sich „gegen eine schulgerechte Kunstbeurteilung"[1111] zu wenden bis hin zu der Formulierung, es sei der Roman „eins von den Büchern, welche sich selbst beurteilen und den Kunstrichter sonach aller Mühe überheben."[1112]),
- Aufbau: Variationen des Gleichen im Fortgang und Kontraste im Detail sichern gleichermaßen die Einheit der Kapitel für sich und ihre Funktio-nalität für das Romanganze: Spiegelungen und Entwicklung,
- wechselnde Tonlagen, ernste und komödiantische Teile, harmonisch ver-mittelt durch Ironie,
- Kontrast und Komplement der Figuren im dritten Buch: sinnvolle Kom-position der Figuren um den Protagonisten,

- Entwicklung des Kunstthemas und –verständnisses durch den Protagonisten auf ein höheres Niveau, gewonnen am höchstmöglichen Beispiel
(Shakespeares *Hamlet*), Entfaltung der Kunsttheorie als ihrerseits „hohe
Poesie"[1113],
- dialektisch durchdachter Handlungsgang und Aufbau mit klarem Ziel-
punkt: Aufhebung der Poesie in das große „Schauspiel der Menschheit
selbst und die Kunst aller Künste, die Kunst zu leben"[1114],
- deutlich wird darin zugleich auch die exemplarische Relevanz des Protagonisten: Bildung und Moral als Telos, sinnvoll ergänzt durch (weibliche) Nebenfiguren: „sittliche Geselligkeit und häusliche Tätigkeit"[1125],
rückblickend der gedankliche Aufbau insgesamt: klare Linearität und
Finalität.

Goethes Werke nach der Cottaschen Ausgabe: Ich verfahre genauso:

- Sprachliche Innovation: Bereicherung der Sprache „nach einer ganz neuen
Seite hin"[1116], später als poetisch konkretisiert,
- Welthaltigkeit: „Reichtum der Erfindung"[1117],
- Personen- und Fabelgestaltung: „Sorgfalt der Ausführung"[1118],
- Aufbau und Komposition: „Fülle der innern Durchbildung"[1119],
- Romanbeginn: in seiner „Gelindigkeit (...) eine Schönheit"[1120],
- Romanende: „mit allem Reichtum (...) ausgestattet", kunstvoll reali-
siert[1121],
- Aufbau: gelegentlich Schwächen in den Kapitelübergängen,
- inhaltliches Zentrum: „Bildung ist der Hauptbegriff, wohin alles in dem
Werke zielt und wie in einen Mittelpunkt zusammengeht"[1122],
- Typik, exemplarische Relevanz, der dargestellten Realität: Man könne kaum „eine reichere und wahrhaftere Darstellung dieser Zeit erwarten", etwa der „sechziger, siebziger und achtziger Jahre" des 18. Jahrhunderts[1123], im Blick „die Bildung der gemischten höheren Gesellschaft"[1124],
- inhaltliche Innovation: modern „in seiner Verbindung und Vermischung
von darstellender Kunst und Künstleransicht und Bildung", modern „der
bestimmende Einfluss" von „Kritik und Theorie" im Roman[1125].

Kriterien der Literaturkritik. Ein exemplarisches Resümee

Ich greife jetzt zurück auf meine Liste geeigneter Kriterien zur Beurteilung von Romanen und stelle sie noch einmal kompakt zusammen; es sind z.T. gleichsam neutral gehaltene Begriffe als Aspekte, auf die eine Kritik achten sollte, z. T. schon normativ ausgefüllte Begriffe:

- Welthaltigkeit des Stoffs ohne Überfrachtung
- Plausibilität
- Unterhaltung: Spannung und Leselust
- Figuren: runde und flache Charaktere
- Gesprächsführung/Dialoge
- Gut konstruierte Fabel
- Romanbeginn und Romanende
- Identifikationsmöglichkeiten für den Leser: Angebot eines moralischen Paktes
- Verzicht auf Gewaltdarstellungen
- Verzicht auf die Darstellung sexueller Praktiken
- Klare Struktur (Aufbauformen, Details, Ellipsen, Übergänge)
- Die richtige Länge
- Stimmige Erzählperspektive
- Angemessene Sprache
- Allgemeine Aussagen: Sinnlinie
- Form (Konstruktion, Motive, Symbole)
- Vielschichtigkeit
- Der Wunsch einer wiederholenden Lektüre
- Innovationen

Ich hatte, was die literaturkritische Praxis angeht, Fragen formuliert: Welche Kriterien lassen sich in den Romankritiken erkennen? Welche Kriterien überwiegen, welche kommen nicht zur Anwendung? Lassen sich konsensuale oder auch dissonante Ergebnisse mit Hilfe der zugrunde liegenden Kriterien erklären? Welches Bild bietet die Literaturkritik konkret?

Literaturkritik: In seiner berühmten, polemisch scharfsichtigen Kritik des Literaturbetriebs, in der NZZ 1986 schon erschienen, hatte Hans Magnus Enzensberger als Ergebnis formuliert, „dass die Form der Rezension offenbar als solche nicht mehr zu retten ist. (...) Lapidarere Textsorten ersetzen die Rezension: der Klappentext, der Buch-Tipp, die Bestseller-Liste, der Werbespot. An die Stelle des Rezensenten (...) treten andere Zirkulationsagenten (...), als da sind: Medienkontakter, Showmaster, Videodesigner – Leute, die instinktiv erkannt haben, was das Störende, das eigentlich Lästige am Literaturgeschäft ist, nämlich der Text, das Buch, die Literatur."[1126] In der Tat, neben die klassische Form der Rezension ist eine ganze Reihe von Texttypen getreten: das Autorenporträt, der Essay, die Glosse, das Interview, der Essay, der fingierte Dialog, das Kritikergespräch, das Feature, die Kurzkritik, die Sammelkritik ... . Ich konzentriere mich gleichwohl auf die Form der Rezension, sie stellt in der Romankritik immer noch die zentrale journalistische oder feuilletonistische Textsorte dar mit dem Anspruch fundierter Information und Beurteilung; die Laienrezensionen im Internet thematisiere ich nicht. Thomas Anz hat die klassische Rezension in ihren Merkmalen und funktional zu bestimmen versucht: „Sie enthält in der Regel (1) biografische Informationen über den Autor (wenn diese nicht als allgemein bekannt vorausgesetzt sind), (2) Informationen über vorangegangene Werke des Autors und Vergleiche mit ihnen, (3) Informationen über bisherige Einschätzungen des Autors, deren Bestätigung oder Modifikation, (4) Vergleiche des Werkes mit Werken anderer Autoren, (5) Informationen über Inhalt, Thema, Form, Sprache, Intention oder auch Aufmachung des Buches, (6) Bewertung des Textes oder auch (7) selbstreflexive Aussagen über die eigene Machart und Problematik."[1127] Nun, das ist eine Idealkonzeption, die Realität erfüllt nicht alle Punkte. Mein Fokus ist auch enger: kriterienorientiert.

Und Kriterien lagen Kritiken immer schon zugrunde, ein kleiner Exkurs:

- „Auch Lucan ist mir sehr lieb, und ich nehme in gern zur Hand, nicht sowohl wegen seines *Stils* als wegen seines *inneren Wertes* und wegen der *Wahrheit seiner Meinungen und Urteile.* Was den *ehrlichen* Terenz betrifft, so finde ich die *Fülle und Anmut seines Lateins* vortrefflich, die Bewegungen der *Seele* und die Beschaffenheit der *Sitten nach dem Leben* zu malen und darzustellen, alle Augenblicke führen mich *unsere Handlungen* zu ihm zurück. Sooft ich ihn lese, finde ich *neue Schönheiten, neue Anmut, neue Reize.*"[1128]

- „B.: (...) mit dem *Odysseus* ist also die Literatur mitnichten ›endgültig abgeschlossen‹ - wie mir neulich ein ganz Wilder beteuern wollte – er hat seine *technischen Fehler;* weist *Lücken* auf & *dünne Stellen;* und ist überhaupt kein *Vollgemälde der Welt?*
  A.: Die Ausführung könnte sogar *unbillig-kanalisiert* gescholten werden.

Bedenken Sie: gleich zwei intellektuelle *Helden*; und Beide imgrunde nur ›*halbe Portionen*‹; hat doch Joyce selbst sich lebenslänglich – schon sein Bruder bescheinigt's ihm – in fast allen Fällen notorisch mit *oberflächlichen Informationen* zufrieden gegeben; Hauptsache, sie regten ihn poetisch an.

B. (sachlich): Was bei einem Schriftsteller aber auch genügt. Also der Kreis seiner *Helden* ist *nicht* sonderlich *umfangreich*; Punkt. – Weiter; zweitens?

A.: Zweitens ist der ›*Ort*‹ *eine kleinere Großstadt*. Und hier wiederum ausgesiebt *1 Dutzend Lokalitäten*, die Joyce vorzüglich bekannt waren.

(...)

A.: (...) Also nein: Die *Schauplätze* sind bedenklich *stereotyp* (...)

(...)

A.: (...) Komm' ich gleich zum ›drittens‹, ja? Die ›*Einheit der Zeit*‹ ist eben nur 1 längster Sommertag (...)."[1129]

Ich möchte die oben noch einmal formulierten Fragen exemplarisch verfolgen:

Als Erstes greife ich zurück auf eine Umfrage, die die Süddeutsche Zeitung unmittelbar vor der Bekanntgabe des Literaturnobelpreises 2014 durchgeführt hat, ausgewertet in Form eines Rankings[1130]:

- Der informative Vorlauf: Quantifizierende Ranglisten entstehen in der Kunst- und Literaturkritik des 18. Jahrhunderts, die erste Liste wurde 1708 veröffentlicht, bezogen auf 57 Maler von Weltrang. 1746 erscheint von Mark Akenside, Dichter und Hofarzt, eine *Balance of Poets*; die bepunkteten Kriterien sind – orientiert an den Kriterien für die Malerei – „innere Struktur", „Gefühl", „dramatischer Ausdruck", „Darstellung des Hintergrunds", „Geschmack", „Farbe", „Versbau" und „Moral", 20 „Klassiker" und 20 neuere Autoren werden bewertet mit maximal 20 Punkten: Vorne liegen Homer und Shakespeare, gefolgt von Milton und Vergil. 1792 veröffentlicht Christian Friedrich Daniel Schubart seine *Kritische Skala der vorzüglichsten deutschen Dichter;* seine Kriterien sind „Genie und Herz", „Urteilsschärfe", „Literatur" (gemeint ist die adäquate Umsetzung von Wissen), „Tonfülle und Versbau", „Sprachstärke", „Popularität", „Laune" (gemeint ist Originalität), „Witz" (gemeint ist Geist) und „Gedächtnis"(gemeint ist Schlüssigkeit und Genauigkeit). Zentral für Schubart ist das Genie: Klopstock, Wieland, Goethe und Schiller liegen in der Konsequenz weit vor den „ältern deutschen Dichtern" Bodmer, Hagedorn, Gellert und Rabener. Carlos Spoerhase resümiert: „Schubarts Ranking dient also nicht nur einer Evaluation der zeitgenössischen Poeten; es artikuliert vor allem auch das Bewusstsein eines literarischen Generationenwechsels", schärfer noch, es ist „wohl kaum mehr als die numerische Darstellung" der „eigenen, bereits vorab feststehenden Wert-Intuitionen".

- Die zentrale Frage im Blick auf den Literaturnobelpreis: „Gibt es eigentlich ein Bewertungsverfahren, womöglich sogar eine etablierte Methode, mit denen sich das beste literarische Gesamtwerk der Welt bestimmen lässt? (…) Unabschließbar wirkt die Liste der Kriterien, die für eine Bewertung relevant sein könnten: ist das Werk formal stimmig? Bedient es sich einer anspruchsvollen Sprache? Ist es innovativ oder originell? Schließt es an große literarische Traditionen an oder bricht es mit ihnen? Entwickelt es eine ethisch-moralische Perspektive auf das politische Weltgeschehen? Ist das Lesen der Bücher eines Autors ein lustvolles Erlebnis?" Und weiter: „Wie sollten diese Einzelnoten dann wiederum zu einem Gesamtwert verrechnet werden? Entschädigt der brillante Stil eines Oeuvres für eine fragwürdige Moral? Können ingeniöse Personencharakterisierungen langweilige Handlungsstränge aufwiegen? Lässt sich mangelnde Originalität durch tief aus der Brust gepresste Authentizitätsgesten ausgleichen?"

- Die Süddeutsche Zeitung hat 13 bekannten Literaturkritikern eine Kriterientafel vorgelegt und sie gebeten, „eine numerische Bewertung der 20 Schriftsteller, die laut dem Londoner Buchmacher Ladbrokes die besten Chancen" hatten, in diesem Jahr gekürt zu werden: Der Nobelpreissieger Patrick Mondiano war nicht dabei. Bis zu 20 Punkten konnten bei jedem Kriterium vergeben werden, die Kriterien waren:
  - „Sprachliche Ausdrucksfähigkeit und formale Versiertheit"
  - „Kulturelle Bildung und Gelehrtheit"
  - „Politisches Engagement und Gesellschaftskritik"
  - „Erfindergabe und Fabulierkunst"
  - „Unterhaltsamkeit und Spannung"

- Was war das Ergebnis?
  - Péter Nádas, Adonis, Thomas Pynchon und Philip Roth erzielten „in allen Kategorien hohe Werte". Andere erreichten umgekehrt „nur in einer Einzelkategorie Spitzenwerte: Umberto Eco ist lediglich bei der Gelehrsamkeit ganz vorne dabei; Haruki Murakami und Milan Kundera erhalten nur im Bereich der Unterhaltsamkeit die vordersten Plätze; und Swetlana Alexijewitsch glänzt allein beim politischen Engagement."

- ○ Interessant vor allem ist die Frage nach dem Konsens: „Autoren wie Nádas oder Adonis erfreuen sich breiter Anerkennung (…) Bei Bob Dylan, Peter Handke und Murakami besteht dagegen ein scharfer Dissens." Bei Murakami erhalten „sowohl die formale Versiertheit als auch die kulturelle Bildung (…) manchmal die höchsten und manchmal die niedrigsten Noten."
- ○ „Viele Kritiker (…) halten sich gern in den oberen Geschossen der Punkteskala. Einige (…) steigen dagegen häufig bis in den tiefsten Keller des Notenspektrums hinab."
- ○ Verblüffend dann doch das Resultat „einer relativ starken Übereinstimmung bei den bestbewerteten Autoren": Philip Roth, Nádas, Pynchon und – Lyriker – Adonis.
- Dann scheint am Ende ja alles in Ordnung? Spoerhase wertet anders aus: Die Rankings – dieses wie auch das des 18. Jahrhunderts – lassen „die Unsicherheiten, die den ästhetischen Urteilsakt begleiten, grell hervortreten."

Ich greife zweitens zurück auf Kritiken von Judith Schalanskis *Der Hals der Giraffe* und versuche zu analysieren, welche Kriterien diesen Kritiken zugrunde liegen.

Vorab knappe Informationen zu dem Roman:

- Der Roman im Umfang von 222 Seiten erschien 2011, wurde von einigen Kritikern als bester Roman des Jahres gefeiert; Einband und Typografie (genaue biologische Zeichnungen) wurden von der Autorin selbst kreiert.
- Im Zentrum der Geschichte steht Inge Lohmark, Gymnasiallehrerin in Vorpommern mit den Fächern Biologie und Deutsch. Sie übernimmt als Klassenlehrerin eine neunte Klasse, die als letzte Klasse des Gymnasiums mit nur zwölf Schülern noch gebildet werden konnte: Das Gymnasium wird in vier Jahren infolge zurückgehender Schülerzahlen geschlossen.
- Weitestgehend aus Lohmarks Perspektive in erlebter Rede erzählt, werden wir in drei Kapiteln, in denen wir unsere Biologie-Kenntnisse auffrischen oder erweitern können (Naturhaushalte – Vererbungsvorgänge – Entwicklungslehre) mit drei Tagen aus dem Leben Lohmarks konfrontiert: Unterricht in der neunten Klasse (die anderen Klassen sind ausgeblendet), Gespräche im Kollegium, Erinnerungen und Gedanken der Protagonistin.

- Erlebte Rede: Nahezu ausschließlich begegnen uns Parataxen und Ellipsen; Lakonik und Prägnanz sind die Wirkung.
- Der Titel *Der Hals der Giraffe* ist Symbol: Inge Lohmark (Lamarck steht im Hintergrund) ist nicht nur Biologielehrerin, sondern ganz und gar überzeugt von einer biologistischen Ideologie, in der sie die Differenzen zwischen Lamarck und Darwin kurzerhand getilgt hat, überzeugt auch, dass die Evolutionstheorie unmittelbar auch auf die menschlich gesellschaftliche Realität – vermeintlich sozialistisch vor der Wende, neoliberal nach der Wende – zutrifft: Leben heißt Konkurrenzkampf und Auslese der Besten. Gepaart mit einem traditionell strengen, geradezu militärisch geführten, schülerverachtenden autoritären Unterrichtsstil („Kreidelastiger Unterricht. Mangelhafte Sozialkompetenz. Verknöcherte Persönlichkeit"[1131] werden ihr vorgeworfen) tritt uns ein Muster des unsympathischen Protagonisten entgegen.
- Thematisch primär ein Schul- und Wenderoman im Kontext von Problemen des wiedervereinigten Deutschlands: Schülerschwund, Überalterung, Landflucht, Klimawandel.

Ich habe insgesamt zwölf ausführliche Rezensionen durchgesehen (darunter die FAZ, die SZ, SpiegelOnline, den Deutschlandfunk, Welt kompakt, NDR, Deutschlandradio, Neues Deutschland) und noch einige Blitzlichter. Was sind die Resultate?

- Die Kritiken sind konsensual positiv, lediglich Jörg Magenau setzt in der SZ einen negativen Akzent.
- In den Kritiken überwiegt durchgehend der informative Anspruch gegenüber der Beurteilung. Die Beurteilung erfolgt z.T. äußerst knapp.
- Die Beschreibungskriterien sind oftmals nicht ausformuliert oder genutzt auch zur Beurteilung und Wertung, die Aussage bleibt deskriptiv.
- Es dominiert die Darstellung des Inhalts, der Geschichte.
- Die Wertungskriterien differieren quantitativ: von zwei bis zu vier erkennbaren Kriterien.
- Insgesamt kamen folgende Wertungskriterien ins Spiel:
  - Welthaltigkeit des Stoffs
  - Die Figur der Protagonistin
  - Aufbau
  - Erzählperspektive und Wirkung auf den Leser

- ○ Sprache
- ○ Aussage: die exemplarische Relevanz des Themas
- ○ Innovation, konzeptionell wie inhaltlich begründet
- ○ Die grafische Gestaltung

Was fehlt, was kommt zu kurz?

- Ich setze noch einmal an bei dem einzigen kritischen Akzent in den Rezensionen, bei Jörg Magenau: „Es wird bald auch ein wenig langweilig. Denn auch wenn es um ›Entwicklungslehre‹ geht – es entwickelt sich nichts mehr. Wenn man erst einmal begriffen hat, wie Inge Lohmark denkt und wahrnimmt, dann ist der Rest nur noch Durchführung und Variation. Statt Entwicklung ergibt sich Stagnation. Aber vielleicht entspricht das ja der geschilderten Lage, in der Veränderung nur noch als Verschwinden und Abwicklung vorkommt. ›Fortschritt‹, sagt Inge Lohmark, ›war ein Denkfehler.‹ Auch darin ist ihr nicht so leicht zu widersprechen."[1132] Ich möchte die Kritik unterstreichen: Das Thema ist bald ausgeschöpft, wird durch die Zuspitzung der Fabel – Lohmark wird wegen pädagogischen Versagens scharf gerügt, der Schluss bleibt offen – nicht welthaltiger und verliert dadurch auch an Unterhaltungswert, Langeweile entsteht: Docere und delectare greifen defizitär zusammen.
Der Grund ist komplex: Die Konzentration auf Inge Lohmark lässt am Ende doch Welthaltigkeit vermissen, konzeptionell durch die Wahl der erlebten Rede bedingt. Hinzu kommt die mangelnde Entwicklung dieser Figur: Sie ertappt sich gleichsam bei der Entwicklung eines Interesses an Erika, einer ihrer Schülerinnen, und lässt eine enge Umarmung durch eine ihr unsympathische Kollegin zu; Schalansky erklärt und motiviert beides durch die Anwandlung einer bisher verdrängten lesbischen Neigung[1133]. Diese Entwicklung wird indes nicht weiter verfolgt; die Signale, die dieser emotionslosen Zynikerin vermitteln, dass auch sie bedürftig ist, bleiben zu schwach[1134]: Die Figur ist letztlich eindimensional angelegt. Sie scheitert objektiv an ihrem Desinteresse an ihren Schülern, insofern sie die Mobbing-Attacken auf eine Schülerin in ihrer vulgärdarwinistischen Ideologie ebenso ungerührt zur Kenntnis nimmt wie den scharfen Verweis durch den Schulleiter; sie ändert sich nicht mehr. Hinzu kommt die thematische Verengung: Der permanent vorgetragene darwinistische, tief zynische Monolog Inge Lohmarks wird oder ist ihr Tick – ermüdend.

- Wichtiger: Ein zentrales Kriterium wird in keiner Rezension berücksichtigt – die Plausibilität des Geschehens wie des Charakters der Protagonistin. Ein solcher militärisch geführter Unterricht war weder in der DDR noch nach der Wiedervereinigung Ende der 1990er Jahre und später noch realistisch; eine solche, offen gezeigte Menschenverachtung im Beruf einer Gymnasiallehrerin ist allenfalls vorstellbar, aber ohne jede exemplarische Relevanz[1135]; eine solche Kälte der eigenen Tochter gegenüber ist ebenfalls ohne jede exemplarische Relevanz[1136].

- Die zitierten Stellen verdeutlichen: Inge Lohmark hat monströse, bösartige Züge, sie ist alles andere als harmlos. Was sagen die Rezensionen über diesen Charakter? „(...) eine sperrige Frau, die man aber nicht wirklich unsympathisch finden kann und deren Überlebensstrategien zusehends nicht mehr greifen"[1137], „eine emotional retardierte Frau, die sich in den Freiheiten eines postkommunistischen Ostdeutschlands, das sich nicht mehr über starre, feste Grenzen definiert, nicht zurechtfindet"[1138], „eine wunderbar-grausame und mindestens ebenso bemitleidenswerte und anrührende Figur"[1139], „das Porträt einer Frau, die das Leben hart gemacht hat. Dabei hat sie letztlich alle verloren, die ihr einmal etwas bedeutet haben"[1140], „eine Persönlichkeit, ein schräger Vogel, eine großartige Romanfigur"[1141]. Ich halte diese Einschätzungen für ungenau, zu freundlich, unkritisch.[1142] Inge Lohmark ist eher eine Karikatur – und dies führt als Stichwort weiter: Der Untertitel „Bildungsroman" deutet in die gleiche Richtung, er ist nicht nur ironisch gemeint, zumindest nicht liebevoll. Auf das ganze Kollegium, soweit es uns in der Wahrnehmung Inge Lohmarks und im Gespräch dargestellt wird, trifft das Etikett „Karikaturen" zu: der Wessi-Schulleiter Kattner mit seinen monatlichen Ansprachen, es sind Karikaturen von Führer-Reden; der verknöcherte Alt-Ossi Thiele, der selbst die naivsten, rein ideologisch begründeten biologischen Experimente des russischen Botanikers Iwan W. Mitschurin noch ernsthaft verteidigt; die antipodische Kollegin Schwanneke, die alle ihre Schüler liebt, vor Mitgefühl überfließt und sich von ihren Elftklässlern duzen lässt. Karikaturhaft auch das Bild des Ehemannes, Wolfgang, in seiner Mutation vom Bullen-Entsamer zum Strauß-Züchter, ohne dessen Gegenwart die Hennen vom Hahn sich nicht betreten lassen. Es stellt sich allerdings die Frage, was wird karikiert? Der Beruf des Pädagogen? Die Schule? Das Gymnasium? Die (schulische) Situation in der vorpommerschen Provinz? Die Provinz nach der Wende? Die menschliche Zivilisation insgesamt? In

Teilen unterhaltsam zu lesen, aber worauf zielt der Angriff, was rechtfertigt ihn? Was ist der Wahrheitsanspruch?

- Abgesehen vom Romanbeginn dominiert erzähltechnisch die erlebte Rede. Sie gilt in der Erzähltheorie als klassisches Beispiel für die Zweistimmigkeit, die Rede war von Bitextualität, von Textinterferenz zwischen Figurentext und Erzählertext. Wenn ich recht sehe, ist in Schalanskys Roman diese Möglichkeit nicht genutzt, die erlebte Rede ist hier eindeutig figural geprägt. Die Entlarvung der unsympathischen Protagonistin muss der Leser selbst leisten, der Erzähler verschwindet ganz und gar empathisch hinter seiner Figur. Dies erklärt möglicherweise die eher noch freundliche, auf mögliche Identifikationsangebote orientierte Sicht der Rezensenten. Andererseits ist es so schwierig nicht, sich von Inge Lohmark zu distanzieren: Knapp und prägnant, dadurch gelegentlich in der Tat witzig, präsentiert sie sich sprachlich, inhaltlich aber in ihrer Menschen- und Schülerverachtung extrem. Eine kritische Sicht wird uns darüber hinaus angeboten, wenn wir sehen, wie gewaltsam geradezu Inge Lohmark selbstkritische Einsichten blockiert, sofort wieder verwirft[1143].

- Ein letzter Aspekt: Innovation. „Judith Schalansky hat einen originellen, eigensinnigen und hellwachen Roman geschrieben, mit dem sie sich an die Spitze der literarischen Evolution setzt."[1144] Worin liegt die Innovation? Im Thema? In der Aussage? In der Wahl der Protagonistin? In der Erzählhaltung?

- Das Fazit: Es fehlt eine genauer differenzierende, Stärken und eben auch Schwächen des Romans thematisierende Sicht; sie fehlt, weil wichtige Beurteilungskriterien nicht berücksichtigt sind und weil auch einfach ungenau gelesen wurde.

Unterstellt, dass mein Fazit trifft und zugleich auch exemplarische Relevanz beanspruchen kann, was sind mögliche Ursachen? Ich bin angewiesen auf Insider: „Alle Bücher sind Doppelwesen, halb Handelsware, halb geistiges Gebilde. So notwendig es ist, diese beiden Aspekte zu entmischen, so illusionär muss der Glaube bleiben, ein ästhetisches Urteil sei nicht immer auch ein Eingriff in ein Wirtschaftsgeschehen.[1145] Nicht wenige Kritiker hoffen, sich diesem Dilemma zu entziehen, indem sie nur noch paraphrasierende Besprechungen schreiben, Texte, die nicht klar Stellung beziehen und allenfalls mit peripheren Einwänden einen Rest an Selbstachtung verteidigen. (...) Erschwerend kommt hinzu, dass man sich im Leben bekanntlich immer zweimal trifft, im Literaturbetrieb aber mindestens zweimal pro Monat. Da ist es nicht ganz einfach, einen Autor zu verreißen, dem man vielleicht bald schon einen Preis überreichen muss, oder ein Buch in die Tonne zu treten, für dessen Lesung man ganz gerne als Moderator angefragt werden möchte. Die probate Lösung ist dann oft, dass sich der Kritiker von vornherein auf die eigene, empfindsame Subjektivität zurückzieht (...). Zu großen Teilen ist Kritik inzwischen zu einer bloßen Gehilfin der Einfühlung geworden, einer nur sensibleren Form von Verkaufsprosa. Und das, obwohl es bei uns immer noch eine unabhängige Literaturkritik gibt. In Ländern wie Spanien oder Italien ist sie längst abgeschafft. (...) Aber auch hierzulande lassen die Umbrüche, die Buch- und Zeitungsverlage gleichermaßen betreffen, die Sphären von Produktion und Rezeption näher zusammenrücken, nicht ausschließlich zum Vorteil beider."[1146]

Andererseits, es gibt positive Beispiele: „Wer, ermüdet von all den nostalgisch polierten Erinnerungsromanen der deutschen Gegenwartsliteratur, Carsten Kluths Debüt aufschlägt, den springt dessen Aktualität förmlich an: endlich ein heutiger Stoff, ein raffinierter Plot, eine Figur, die uns angeht. Die Politik selbst ist hier das Thema, und zwar Politik in ihrer schmierigsten Form." Es folgt eine Darstellung der Geschichte, im Zentrum steht die „Klimatechnologie-Branche, die in der Wettermanipulation (...) ein Milliardengeschäft wittert. Das ist ein Treffer! Wie sehr hat diese letztlich stets Wirtschaftsinteressen verfolgende, oft geradezu neokolonialistische Branche eine solche Satire verdient. (...) Überzeugend ist auch der Aufbau des Buches. Sein Haupterzählstrang ist auf exakt vierundzwanzig Stunden beschränkt. (...) Eingelassen in diese Kernerzählung sind Rückblicke, die uns portionsweise die Vorgeschichte nachreichen. Manche der satirischen Einfälle wirken etwas zu grell, mehrere Zufälle allzu unglaubwürdig. Gegen Ende nimmt überdies eine eher öde Nebenhandlung viel Raum ein. Und doch hat Kluth inhaltlich einen Nerv getroffen. Als Politik- und Wirtschaftsberater unter anderem der Europäischen Kommission weiß er, wovon er schreibt. Aus diesem Stoff hätte ein großer Roman werden können. Jedoch scheitert *Wenn das Land still ist* in der allerwichtigsten Hinsicht: Literarisch ist das Buch im besten Falle unbedeutend. Es handelt sich um eine kunstlose Gebrauchsprosa ohne jede aufs Allgemeine zielende Hintergründigkeit und vor allem ohne jedes sprachlich-stilistische Talent. Immerhin wählt der Autor die einfachste, nämlich stark dialogische Erzählweise. Ärgerlich unbeholfen aber wirkt es, wenn die Inquit-Formeln immer wieder erweitert werden, um noch ein wenig Innenleben abzubilden: ›sagte Kronauer und lachte, unsicher‹; ›sagte er und versuchte, seine Stimme fest klingen zu lassen‹ (...). Das ist Schreiben nach Volkshochschulmaßstäben. Auch sonst herrscht oft ein Floskelton. Schade."[1147] Ich verzichte auf einen detaillierten Kommentar, die Kritik steht strukturell für sich selbst: klare Kriterien und Aussagen, das Was und das Wie betreffend.

Ein weiteres Beispiel, selektiv nur zitiert in einer einzigen Hinsicht; Gegenstand ist Deniz Utlus Berlin-Roman *Die Ungehaltenen*: „Was Utlus Roman aber eben am meisten vermissen lässt, ist die Arbeit mit und an der Sprache. Denn was sonst zeichnet Literatur aus, wenn nicht die sprachliche Reflexion des Erzählten. Zumal in einem Buch, das sich mit dem postmigrantischen Milieu beschäftigt, würde man erwarten, eine durch die Erzählsprache vermittelte Reflexion über die Lage einer Bevölkerungsgruppe, die ja selbst inzwischen zwei Sprachen lebt, zu finden. Davon aber ist keine Spur zu finden. Utlu mag in drei Sprachen twittern, seine Kreuzberger Deutsch-Türken jeder Generation aber reden alle, platt gesagt, wie Abiturienten aus Hannover."[1148]

Christopher Schmidt spricht vom „Kuschelkartell" in der Annäherung der Bereiche Produktion und Rezeption; in der Tat, die Konsenslinie der Rezensionen ist dominant, es gibt kaum massive Differenzen in der Einschätzung von Romanen und es gibt kaum schlechte Kritiken, gar Verrisse. Umso interessanter, wenn sie sich denn einmal beobachten lassen[1149]:

- Klaus Modicks *Konzert ohne Dichter* wurde überwiegend positiv aufgenommen bis auf eine Ausnahme. Ich möchte zunächst die wertenden Passagen Julia Schröders zitieren, weitgehend vollständig, um ihren Zusammenhang zu erhalten, kommentiere im Anschluss sehr knapp und frage nach zugrunde liegenden Kriterien. Die Beurteilung des Romans findet sich im letzten Drittel der Rezension: „Die satirische Grundströmung des Romans ist in Teilen treffend, man überlässt sich ein Weilchen gern dem Amüsement auf Kosten nicht nur des adelsverknallten Säuseltyrannen, sondern auch des freilich schon von Thomas Mann final erledigten Gerhart Hauptmann sowie des Bremischen Pfeffersackmilieus insgesamt. Auf die Dauer jedoch wird die Frage unabweisbar, was Heinrich Vogeler (…) am schnorrenden Windei Rilke, wie Modick ihn vorführt, derart gefesselt haben soll. Wo eigentlich alles dem Klischee gehorcht und zur Karikatur drängt, wird wenigstens Vogeler in seinem Hader vom Autor ernst genommen. Was auf Vogelers Sinn- und Lebenskrise folgte, (…) findet in der Erzählung lediglich als abschließender Auf- und Ausbruch ›heraus aus dem goldenen Käfig‹ statt. Was folgte, (…) bleibt ausgespart. *Konzert ohne Dichter* soll, wie Vogelers Gemälde, die vielsagende Momentaufnahme einer Lebenswende sein. Dafür treibt der Autor einigen Aufwand in der wortreichen Beschreibung schwüler Nächte und flirrender Tage, plattdeutschen Mooridylls, Boudoirdekadenz, niedersächsischer Boheme und – o là là – florentinischem Bordell. Leider ist all das nicht frei von sprachlicher Schlamperei, von Bezugsfehlern und Anachronismen; ›zum Weinen schön‹, ›zum Niederknien‹ und ›Hinterfragen‹ ist nicht Jahrhundertwende, sondern Jargon der alten Bundesrepublik. Was schlimmer ist: Diese Flucht von ausgepinselten Szenen und recht trockenen Zusammenfassungen sagt nicht so viel, wie sie soll. Sie wirkt unlebendig wie das Kunstwerk, in dem der Künstler Vogeler nur mehr ein Bild eigenen Scheiterns erkennen mag. Vielleicht ist das die Crux des ambitionierten Romans: dass der künstlerische Selbstzweifel zwar ausführlichst beschrieben wird, ihm aber nicht eingeschrieben ist."[1150] Was liegt vor? Eine schreibperspektivische Einordnung in Richtung Satire und Karikatur, eine Kritik am Sujet: Modicks Konzentration auf die Krisensituation Vogelers Anfang Juni 1905 und die Rückblenden hinein in die Begegnung mit dem jungen Rilke, der Rezensentin nicht recht nachvollziehbar; es folgen eher polemische Attacken („o là là"), die Szenenauswahl Modicks betreffend, eine Sprachkritik, begründet mit vermeintlicher exemplarischer Relevanz, und ein abschließendes, subjektives Gesamturteil.

- Orientiert an den gleichen Aspekten, wie sie sich bei Julia Schröder beobachten lassen, zitiere ich im Folgenden andere Rezensenten, in ihren Aussagen z.T. nicht minder subjektiv.[1151] Satire? Annemarie Stoltenberg notiert. „Wie Modick das süßliche Image von Worpswede demontiert, ist herrlich zu lesen." Sie nimmt Vogeler da nicht aus: „Auch Malerstar Vogeler wird von Modick mit viel Ironie beschenkt." Markus Schwering hält in gewisser Weise dagegen. Abgesehen vom Bild des jungen Rilke „hält sich zwar nicht Vogeler, aber Modick auf gewinnende Weise zurück. Vieles wird angesprochen, verhärtet sich aber nicht zur ›Aussage‹, sondern bleibt in der Schwebe des Angedeuteten, bildet ein Mobile: das Verhältnis von Kunst und Leben, die soziale Verantwortung des Künstlers, das Problem von Kunst als Ware, die Aporien einer gelebten Utopie." Auch im „Focus" wird eher der realistische Blick Modicks wahrgenommen: „Und so wie er die Geschichte erzählt, klingt sie durchaus glaubhaft." Ein „ironischer Blick aufs Ganze" ist Modicks Selbstaussage im Gespräch mit Antje Weber für sein literarisches Schaffen insgesamt. Das literarische Zitat Gerhart Hauptmann wird daher in der Sicht Markus Schwerings auch anders als durch Julia Schröder beurteilt: „Auftritt Gerhart Hauptmann: Er ist hier die exakte Fortschreibung des Mynheer Peeperkorn aus Thomas Manns *Zauberberg*. Der seinerseits als Hauptmann-Parodie Furore gemacht hatte. So kann der Leser etliche Bildungsfrüchte pflücken, die ihm der Autor wie reife Beeren vor den Schnabel hält. Das Vergnügen an der Lektüre wird dadurch keineswegs beeinträchtigt." Zum Sujet: Auffallend ist hier zunächst die Vielfalt in der Einschätzung des Themas, in der Äußerung Schwerings soeben schon angeklungen: „Die Frage, was die Aufgabe der Kunst sei, ist das eigentliche Thema, das Modick geschickt anhand des Antagonismus Rilke/Vogeler entfaltet." (Badische Zeitung) Markus Schwering schreibt: „ein Stück weit ›Kunst über Kunst‹. Ein Prinzip, das man abgedient finden mag, das aber, wenn es wie hier mit Verve, Humor und Stilvermögen angepackt wird, ein hintergründiges Spiel der Spiegelungen und Selbstbezüglichkeiten freizusetzen vermag." Und weiter: „Nicht nur im Bild geht es um Musik und Dichtung; die Beziehung der Künste zueinander ist auch ein thematisches Zentrum des Romans – und sei es dergestalt, dass er selbst als Dichtung in diesem Dreieck sozusagen den abwesenden Dichter vertritt." Annemarie Stoltenberg weitet in die Gegenwart des Lesers aus: Der Roman handelt „auch von uns heute, verkleidet in Kostüme des ausgehenden Jugendstils und seiner Dekadenz. Möglicherweise ist ja manche Erkenntnis dieses klugen Buches so leichter anzunehmen." Was nun die Konzentration auf das Jahr 1905 angeht, meint der Rezensent der „Badischen Zeitung": „Geschickt wählt Modick das Jahr 1905 als Kristallisationspunkt aller Konflikte. (…) Es spricht für die Romananlage, dass er Ausblicke unterlässt und sich auf die Erzählzeit vom 7. bis 9. Juni 1905 konzentriert." Zur Konstellation Rilke – Vogeler: „›Selbst ernanntes Genie gegen Handwerker‹, so beschreibt Modick selbst die Konstellation", zitiert Antje Weber aus ihrem Gespräch mit Klaus Modick. Steffen Richter erlebt den Blick auf Rilke als „wohltuende Frechheit". Die „Badische Zeitung" betont, dass dieser Blick auf Rilke „keine böse Parodie des offensichtlich wenig rilkebegeisterten Modick" darstellt, zugrunde liegen zum einen „Zitate, die der 1951 geborene Oldenburger Autor Rilkes Gedichten, Tagebüchern und Briefen entnommen hat." Auch in Vogelers Aufzeichnungen fanden sich Quellen, Modick betont im Gespräch mit Weber: „Das ist keine Verzerrung." Was nun die Szenenauswahl angeht, lesen wir bei Sandra Kegel: „Beglaubigt wird die Situation des Jahres 1905 durch die in so ausgedehnten wie gut rhythmisierten Erinnerungs-Rückblenden beschworene Geschichte der Worpsweder Kolonie." Es sind „farbenreiche Milieuschilderungen". Lob und leichten Tadel erntet Modick in der sprachlichen Beurteilung seines Romans: Einerseits – und ich lese dies positiv, habe es auch wohltuend in der Lektüre des Romans empfunden – finden wir im „Focus": „ Modick stellt dabei gleichzeitig noch eines seiner Talente unter Beweis: Auch über große Fragen nicht langatmig zu schreiben, sondern unterhaltsam und mit leichter Hand." Steffen Richter: „Modick erzählt (…) mit der ihm eigenen Versiertheit". Und noch ein Lob zur Bildlichkeit der Sprache, aus der Rezension des „Focus": „Überhaupt hat auch Modicks eigener Stil etwas Worpswedisches. Der Autor wandelt seine Worte gern dem an, was er beschreibt. Er zieht mit dem Leser malerisch durchs Moor, fährt malerisch über den See, verweilt malerisch bei Blumen und Wetter und arrangiert auch die Gesprächs- und Alltagssituationen samt gefälligen Plattdeutsch-Partikeln stets bildhaft." Andererseits aber bemerkt Arno Orzessek: „Alles erscheint unter einer einschmeichelnden Firniss. Dabei unterlaufen Modick in Einzelfällen ähnlich gestelzte Formulierungen wie dem desavouierten Sprachstutzer Rilke. Auffällig allemal der rege Gebrauch des Suggestiv-Substantivs ›Leben‹ mit der innewohnenden Tendenz zum Großen, Grundsätzlichen, auch Raunenden." Es bleibt das Gesamturteil: Steffen Richter spricht von Modicks „kleinem, feinen Künstlerroman", Annemarie Stoltenberg nennt es ein ›kluges‹ und ein „wunderbar entzauberndes Buch". Und Arno Orzessek resümiert: „Atmosphärisch dichter Roman, der auf unkomplizierte Weise Kunstgeschichte, Künstlerbiografien und Landschaftsmalerei amalgamiert." Modick „durchdringt das Kunstmilieu Worpswede nach innen, um psychisch-biografische Details freizulegen. Natur und Schönheit, Kunst und Leben, Freundschaft und Intrige, dazu ein Quantum samtener Erotik: Der Behaglichkeitsfaktor ist hoch – wie bei einem erlesenen Ornament."

- Umgekehrt gehe ich vor bei meinem zweiten Beispiel: Judith Hermann wurde übereinstimmend gelobt bei ihren Erzählungen, dies gilt weitestgehend auch für ihren Roman *Aller Liebe Anfang*. Eine Kritik erregte Aufsehen, der Verriss von Edo Reents. Was missfiel ihm und – vor allem – was waren seine Kriterien? Ein Paukenschlag zu Beginn: „Judith Hermann hat zwei Probleme: Sie kann nicht schreiben, und sie hat nichts zu sagen."[1152] In seiner Begründung stützt sich Reents im Wesentlichen auf die Kriterien Plausibilität des Plots, Personengestaltung und Sprache: Der Plot lasse sich schwerlich nachvollziehen, werde dem Thema Stalking in seiner Komplexität und seinem Schrecken nicht gerecht. Die Protagonistin bleibe völlig unscharf in ihrem Profil, ihr Verhalten unverständlich. Die Sprache sei maximal reduziert und redundant zugleich, häufig tautologisch oder schief; auffallend die unendliche Aufzählung von Dingen und Verrichtungen, unmotiviert und ohne erkennbare Funktion. Der Angelpunkt differenter Einschätzungen scheint mir die Beurteilung Stellas, der Protagonistin, aus deren Sicht auch erzählt wird: sprachlich wie gedanklich von großer Schlichtheit, ihrer selbst nicht klar und bewusst. Nahezu alle Kritikpunkte Reents' lassen sich auf die Eigenart Stellas, ihre Konzeption als Protagonistin, zurückführen. Die zentrale kritische Frage lautet daher in der Tat: Ist eine solche Figur geeignet, das Thema Stalking exemplarisch darzustellen? In welcher Hinsicht ist Stella überhaupt exemplarisch? Was könnte den Leser an dieser Figur überhaupt interessieren?

• Kontroversen sind selten, selten auch scharfe Kritik; umso erfrischender, wenn sie sich denn einmal beobachten lässt: Ingo Meyer hat unter dem Titel *Niedergang des Romans?* einen Rundumschlag verfasst, im Hintergrund klingt laut das Lied vom Verfall der Romankunst. Interessant ist sein Einstieg, „die seit gut zweihundert Jahren gültige Minimalbestimmung, dass der Roman Totalität, eine ›ganze Welt‹ zu entfalten habe (…) Das ist nicht verhandelbar; mit notwendig begrenzten Mitteln ein Ganzes sinnfällig werden zu lassen, ist und bleibt das Paradox besonders des modernen Romans, der sich zum Komplexitätsdruck der Realität, der Tradition, letztlich des Sprachsystems selbst zu verhalten hat." Dies Paradox habe „auf Seiten der Kritik idealtypisch" den Unterschied „zwischen einer Greiner- und einer Drews-Variante" zur Folge. „Erstere optiert im Grunde für den wirklichkeitsgesättigten Roman und interessiert sich für den ›Versuch, auf existentielle Fragen (…) zu antworten‹, reagiert daher unwillig, wenn sie ›Bücher lesen soll, die sich allzu deutlich auf andere beziehen‹. Letztere dagegen ist fasziniert vom Avantgardismus einer Literatur, die den ›mittleren psychologischen Roman des Erzählens‹ hinter sich gelassen hat, dafür aber das Sprachspiel und die Problematik der fiktionalen Referenz favorisiert."[1153]
In der Linie der „Drews-Variante" nun eröffnet Meyer seine kritische Sicht der Gegenwartsliteratur: „Erschlaffung der Altvorderen"[1154] – Mittlere Güte der mittleren Generation"[1155] – „Konjunktur des Ideenromans"[1156] – „Negation sämtlicher Standards als Erfolgsmodell"[1157] –

„Schnöselroman"[1158] – „Wende-Roman nach Rezept"[1159] – „Apotheose der Gewalt"[1160] – „Exit Berlin"[1161] – „Schon erloschen?"[1162]. Unter diesen Stichworten teilt er z.T. kräftig aus; was sind die Kriterien? Meyer resümiert den „generellen Befund einer erstaunlichen Ratlosigkeit und Unsicherheit betreffs Sujetwahl, Konstruktion und sprachlicher Formung"[1163], bedauert, dass „immer gezielter (…) Leseinteressen bedient"[1164] werden. Im Detail stellt er fest – und ich übergehe die Namen der jeweils gemeinten Autoren und die Titel ihrer Bücher – mangelnde ästhetische Relevanz, eine hybride, verkünstelte Sprache, Anhäufung verunglückter sprachlicher Bildlichkeit und Manierismen, Leerlauf und viel Repetition, „Primat der Rhetorik" und „angehäufte Redundanz"[1165], aufdringliches und planes Belehrenwollen, mangelnde Problemrelevanz und mangelnder Gehalt, fehlendes Profil der zentralen Charaktere, abstrakte Lokalitäten (Berlin, Leipzig): Kriterien durchaus. Als Provokation, als Herausforderung für Autoren wie ihre Kritiker, eine Aufforderung zu anspruchsvoller, sorgfältig konzipierter Produktion wie kritisch genauer Rezension gleichermaßen lese ich das Gesamturteil Ingo Meyers: „Das Gros des Angebots (…) stammt nach wie vor von Berufsautoren, die über ein existentielles Ethos oder den Wunsch nach kompromissloser Ästhetizität wohl nur noch milde lächeln, dafür Produkte zu liefern haben. Das Paradigma Artistik, Kunst des Romans, es ist ein Auslaufmodell, der Sinn für die Exemplarik dieser Großform zunehmend im Schwinden."[1166]

Ich schließe. Gibt es ein Fazit meines Gangs durch die Romanliteratur und ihre Reflexion und Beurteilung? Ein einfacher Appell an uns als Leser und Kritiker:

- Genau lesen!
- Sich der Kriterien bewusst werden, die unserem Urteil zugrunde liegen (denn wir urteilen immer)!

Anmerkungen

1   Durchaus nicht in Widerspruch dazu steht die Tatsache, dass zumindest mein Gedächtnis häufig nicht sehr viel dauerhaft speichert von der Lektüre; darüber getröstet hat mich eine Passage bei Urs Widmer, ich zitiere: „Wie viele Bücher habe ich gelesen! Hunderte, zwei-, dreitausend gewiss. Mehr wohl. Es läppert sich, im Lauf der Jahre. Und an wie viele erinnere ich mich? Ganze Bibliotheken haben nicht mehr als ein weißes Flimmern im bewussten Teil meines Hirns hinterlassen." (Urs Widmer: Vom Leben, vom Tod und vom Übrigen auch dies und das. Frankfurter Poetikvorlesungen. Zürich 2007. S. 113) Widmer konkretisiert dies exemplarisch durch seine Erinnerung an Prousts *Recherche*, er spricht von einem „Coming-out (...) in der wohl vergeblichen Hoffnung, eine Solidargemeinschaft zu finden, Frauen und Männer, die mutig, wie bei den Anonymen Alkoholikern, vor die Gemeinde treten und bekennen, ja, auch ich, auch ich habe einst die *Wahlverwandtschaften* gelesen und weiß kaum noch ein Wort von ihnen. Ich habe den *Don Quixote* verschlungen und weiß gerade noch von der Rosinante, Sancho Pansa und den Windmühlen, weil die Volksgut sind. (...) dabei, wie viele großartige Bücher habe ich nie gelesen! (...) Es ist in der Tat erschütternd. Ist es umgekehrt nicht großartig, dass es mehr Meisterwerke gibt, als wir jemals lesen können?" (Ebd. S. 114f)

2   „Lesen von Romanen": In der Tat lese ich belletristisch vor allem Romane, gelegentlich auch Erzählungen, selten Lyrik, Dramen so gut wie nicht. Eine individuelle Neigung? Martin Seel eröffnet eine anthropologische Dimension: Er belegt und reflektiert „die narrative Affinität so vieler Künste" bis hin zur Musik und Architektur und erklärt, sie „kommt nicht von ungefähr. Sie hat ihren Ursprung in der narrativen Disposition des Menschen. Handelnde sind von Natur aus Erzählende. Sie sind auf Kulturen des Erzählens angewiesen. In fast allen Lebensbereichen bedürfen sie einer Verständigung durch eigene und fremde Erzählungen (…). Das Erzählen ist eine anthropologisch fundierte universelle Praxis (…). Durch Erzählungen machen Menschen sich selbst und anderen verständlich, was in Geschichte und näherer Gegenwart geschehen ist oder in Zukunft geschehen könnte. Sie stellen Beziehungen zwischen Zuständen und Ereignissen her, die verdeutlichen, wie und warum es zu Vorkommnissen und Veränderungen einer bestimmten Art kam – oder hätte kommen können. (…) Sie bringen faktische oder fiktive Verläufe auf unterschiedlich komplexe Weise in einen mehr oder weniger durchsichtig gegliederten Zusammenhang (…); rekonstruiert oder imaginiert wird, welche Zustände und Vorkommnisse für welche anderen Begebenheiten ursächlich waren. Zu diesen Faktoren gehören wesentlich auch die affektiven und rationalen Einstellungen derer, die von den jeweiligen Ereignissen betroffen waren oder sind." Ich breche ab: Seel entwickelt eine komplexe Beschreibung des Erzählens und seiner Relevanz bis hin zur Strukturierung erzählender Texte (Martin Seel: Die Künste des Kinos. Frankfurt/M 2013. S. 121–123).

3   Rainer Schmitz: Was geschah mit Schillers Schädel? Alles, was Sie über Literatur nicht wissen. München 2008. Sp. 3f. – Robert Schneider hat bisher mit *Schlafes Bruder* (1992) einen erfolgreichen Roman geschrieben, seine späteren Bücher wurden von der Kritik eher abgelehnt; *Schlafes Bruder* hat eine geschätzte Auflage von über anderthalb Millionen Exemplare, das Manuskript ist seinerzeit „von dreiundzwanzig deutschen Verlagen abgelehnt worden" (Schmitz. Sp. 67).

4   Rainer Schmitz: Was geschah mit Schillers Schädel? Sp. 3f.

5   Um diese irritierende Erfahrung – vorgreifend – auf eine andere Ebene zu bringen: Kant bestimmt unter den Arten des Wohlgefallens das ästhetische Wohlgefallen, die ästhetische

Lust als „einzig und allein ein uninteressiertes und freies Wohlgefallen" (Immanuel Kant: Kritik der Urteilskraft. § 5. A 15) und erläutert: „Das Geschmacksurteil selber postuliert nicht jedermanns Einstimung (...), es sinnet nur jedermann diese Einstimung an, als einen Fall der Regel, in Ansehung dessen er die Bestätigung nicht von Begriffen, sondern von anderer Beitritt erwartet." (§ 8. A 25f) Und noch einmal deutlich: Wer ein Geschmacksurteil fällt, tut etwas, „wozu er sich die Beistimmung von jedermann verspricht" (A 26). Kant bezeichnet das Geschmacksurteil daher nicht als individuell different, dies nennt er „egoistisch", sondern als „pluralistisch (...), wenn man es als ein solches würdigt, welches zugleich verlangen darf, dass jedermann ihm beipflichten soll" (§ 29. A 128f). Die Kommunikation darüber hält Kant für wichtig: Zur Zivilisation gehöre es „ein feiner Mensch zu sein (...): denn als einen solchen beurteilt man denjenigen, welcher seine Lust andern mitzuteilen geneigt und geschickt ist, und den ein Objekt nicht befriedigt, wenn er das Wohlgefallen an demselben nicht in Gemeinschaft mit andern fühlen kann. Auch erwartet und fordert ein jeder die Rücksicht auf allgemeine Mitteilung von jedermann, gleichsam als aus einem ursprünglichen Vertrage, der durch die Menschheit selbst diktiert ist" (§ 41. A 162). Ein letztes Kant-Zitat: „Unter allen Vermögen und Talenten ist der Geschmack gerade dasjenige, welches, weil sein Urteil nicht durch Begriffe und Vorschriften bestimmbar ist, am meisten der Beispiele dessen, was sich im Fortgange der Kultur am längsten in Beifall erhalten hat, bedürftig ist, um nicht bald wieder ungeschlacht zu werden, und in die Rohigkeit der ersten Versuche zurückzufallen." (§ 32. A 137f) Ich komme noch einmal auf Kants Bestimmung der ästhetischen Lust zurück.

6 „In der antiken Theorie hieß der hohe, erhabene Sprachstil sermo gravis oder sublimis; der niedere sermo remissus oder humilis; beide mussten streng getrennt bleiben. Im Christlichen dagegen ist von vornhinein beides verschmolzen, insbesondere in der Inkarnation und Passion Christi, in denen sowohl sublimitas wie humilitas, und beide im Übermaße, verwirklicht und vereinigt sind." (Erich Auerbach: Mimesis. Dargestellte Wirklichkeit in der abendländischen Literatur. Tübingen/Basel 2001 [10. Aufl]. S. 147) Auerbach belegt diese These an unterschiedlichen Beispielen. Es geht dabei um inhaltliche Fragen der sozialen Schichtung, der Herkunft der Protagonisten, wie auch um sprachliche Aspekte: Fakt ist, „dass das Neue Testament im Großen und Ganzen ein Denkmal der spätgriechischen Umgangssprache ist, in seinen weit überwiegenden Bestandteilen das Denkmal einer mehr oder weniger volkstümlichen Umgangssprache. Am volksmäßigsten sind die synoptischen Evangelien, besonders in ihrer Wiedergabe der Aussprüche Jesu, deren schlichte Anmut auch durch den da und dort nach korrekterem Ausdruck strebenden Lukas nicht beseitigt worden ist." (Adolf Deissmann: Licht vom Osten. Das Neue Testament und die neuentdeckten Texte der hellenistisch-römischen Welt. Tübingen 1923. S. 53f) „Schon in der späten Kaiserzeit, als die antike Bildung mit dem Christentum feindlich zusammenstieß, haben die heidnischen Polemiker höhnend auf die Schiffersprache des Neuen Testamens hingewiesen (...). Erst lateinische Apologeten haben den aussichtslosen Versuch gemacht, die äußere Form der Bibel im Ganzen so des Neuen Testamens im Besonderen als künstlerisch vollendet zu erweisen. (...) Dass die heilige Schrift allermindestens in das klassische Sprachgewand eines Demosthenes und Plato gekleidet sein müsse, das erschien vielen als selbstverständlich, und gegenteilige Behauptungen empfand man als ein Attentat auf den heiligen Geist." (Ebd. S. 55)

7 Martin Mosebach: Wer einen Roman schreibt – sollte der wissen, was ein Roman ist? In: M.M.: Als das Reisen noch geholfen hat. Von Bücher und Orten. München 2011. S. 310f.

8 Milan Kundera: Verratene Vermächtnisse. Essay. Frankfurt/M 2001. S. 33. - Es geht ihm nicht um einen bornierten Eurozentrismus: „Natürlich gibt es andere Romane: den chinesischen, den japanischen Roman, den Roman der griechischen Antike, doch diese Romane sind durch keine Kontinuität der Entwicklung mit dem historischen Unternehmen verbun-

den, das mit Rabelais und Cervantes seinen Anfang nahm." (S. 33)

9   Ebd. S. 33f.

10 Ebd. S. 34.

11 Franco Moretti: Kurven, Karten, Stammbäume. Abstrakte Modelle für die Literaturgeschichte. Frankfurt/M 2009. S. 13f.

12 Ebd. S. 14–16.

13 Ebd. S. 25.

14 Ebd. S. 27.

15 Ebd. S. 40. – Konsequenz dieser Sachlage ist die bekannte Minimaldefinition, ich zitiere sie in der Wiedergabe und Kommentierung Heimito von Doderers: „Ein französischer Kritiker, Abel Chevalley, definiert den Roman als ›eine Prosaerzählung von einer gewissen Länge‹ (mit mindestens 50 000 Worten). Das ist einfach, fast lapidar. Sozusagen eine Definition mit dem Knüppel." (Heimito von Doderer: Grundlagen und Funktion des Romans. In: Karl Wagner [Hrsg]: Moderne Erzähltheorie. Grundlagentexte von Henry James bis zur Gegenwart. Wien 2002. S. 186)

16 Sie sind gleichsam non debita, soll heißen, es gibt keine Verpflichtung oder einen zwingenden Grund, sie zu lesen, was die gedankliche Entwicklung insgesamt angeht.

17 Michel de Montaigne: Essais. Hrsg. Ralph-Rainer Wuthenow. Frankfurt 1976. S. 113 (Das Zitat stammt aus dem Essai *Über Bücher*).

18 Marcel Reich-Ranicki: Der doppelte Boden. Ein Gespräch mit Peter von Matt. Zürich 1992. S. 62.

19 Ebd. S. 65f.

20 Ebd. S. 66f.

21 Henry James: Die Kunst des Romans. Essays zur Literatur. Leipzig 1984. S. 22.

22 „Einigen gefällt es aus triftigen Gründen nicht, über Zimmerleute zu lesen, anderen gefällt es aus noch besseren Gründen nicht, über Kurtisanen zu lesen. Viele haben etwas gegen Amerikaner. Andere (ich glaube, es sind meistens die Herausgeber und Verleger) wollen von Italienern nichts wissen. Einige Leser lieben keine stillen, andere keine turbulenten Sujets. Einige erfreuen sich an reinen Gebilden der Phantasie, andere an dem Wissen um große Konzessionen. Sie wählen ihre Romane entsprechend, und wenn deine Idee sie nicht interessiert, werden sie sich auch a forteriori für deine Ausführung interessieren." (James: Kunst des Romans. S. 23) Das zentrale Kriterium, was der Realist Henry James dann als erstes aufführt, ist „das Leben": „Ich kann mir überhaupt nichts vorstellen (wenigstens in Sachen Prosadichtung), was den Menschen gefallen oder nicht gefallen ›sollte‹. Die Selektion wird ganz gewiss für sich selbst sorgen, denn sie hat ein beständiges Motiv hinter sich. Dieses Motiv ist einfach Erfahrung. Wie die Menschen das Leben empfinden, so werden sie eine Kunst empfinden, die damit in engster Beziehung steht. (...) Genau den Ton und das Eigentümliche einzufangen, den seltsamen unregelmäßigen Rhythmus des Lebens, das ist das Wagnis, dessen kühner Elan die Prosadichtung lebendig erhält." (S. 24)

23 Gustav Seibt: Sehr erprobte Formen. Über Literaturkritik. In: G.S.: Das Komma in der Erdnussbutter. Essays zur Literatur und literarischen Kritik. Frankfurt/M 1997. S. 9.

24 Jörg Magenau: Literatur- und Ideologiekritik. In: Norbert Miller/Dieter Stolz (Hrsg): Positionen der Literaturkritik. Köln 2002. S. 184.

25 Fritz J. Raddatz. In: F.J.R. (Hrsg): ZEIT-Bibliothek der 100 Bücher. Frankfurt/M 1980. S. 12f.

26 Reinhard Baumgart: Die Kunst des Lesens – Positionen der Literaturkritik. Podiumsdiskussion. In: Miller/Stolz: Positionen. S. 163.

27 Hermann Lenz: Leben und Schreiben. Frankfurter Vorlesungen. Frankfurt/M 1986. S. 52.

28 Wolfgang Albrecht: Literaturkritik. Stuttgart 2001. S. 74.

29 Reich-Ranicki: Doppelter Boden.S. 169f.

30 Gelegentlich lesen wir mit Abstand, nach Jahren denselben Roman noch einmal: „Wie eine große Musik, die man endlos hören kann, sind auch die großen Romane für wiederholte Lektüre geschaffen". (Milan Kundera: Verratene Vermächtnisse. S. 28)

31 Karl Heinz Bohrer: Plötzlichkeit. Zum Augenblick des ästhetischen Scheins. Frankfurt/M 1981. S. 31.

32 Ebd. S. 34.

33 Ebd. S. 33.

34 Bohrer selbst transzendiert die mit der Antizipation vermutlich empirisch gegebene subjektive Beliebigkeit und Vielfalt durch die Forderung an den Leser, verstanden als intellektuelles Subjekt auf der Höhe des historischen Bewusstseins seiner Zeit, sich zu orientieren an der „Bewusstseinsgeschichte der Moderne", an der „Avantgarde als tertium comparationis"; diese „Bewusstseinsgeschichte liefert die Daten, die schon im Akt der Antizipation virulent werden können und dem vorliegenden Text entweder entsprechen, ihn überfordern oder unterbieten." (S. 35)

35 Reich-Ranicki. S. 63.

36 Harold Bloom: Die Kunst der Lektüre. Wie und warum wir lesen sollten. München 2000. S. 152.

37 Nahezu eine internationale Besonderheit ist in Deutschland die Trennung von Literaturkritik als Aufgabe oder Einrichtung des Literaturbetriebs und der Diskussion literarischer Wertung als Aufgabe der akademischen Literaturwissenschaft: eine eigentümliche und nicht recht einsichtige Trennung. Der Exkurs hebt sie nicht auf, erscheint von der Sache her aber geboten.

38 Georg Pilz/Erich Kaiser (Hrsg): Literarische Wertung und Wertungsdidaktik. Kronberg 1976. S. 14f.

39 Rainer Grübel: Wert, Kanon und Zensur. In: Heinz Ludwig Arnold/Heinrich Detering (Hrsg): Grundzüge der Literaturwissenschaft. München 1999. S.609. – Über das Urteil über Grass' Roman übrigens lässt sich zumindest diskutieren.

40 Ebd. S. 614–166.

41 Ebd. S. 610.

42 Monika Schrader: Theorie und Praxis literarischer Wertung. Literaturwissenschaftliche und -didaktische Theorien und Verfahren. Berlin 1987. S. 304.

43 Simone Winko: Wertungen und Werte in Texten. Axiologische Grundlagen und literaturwissenschaftliches Rekonstruktionsverfahren. Braunschweig 1991. S. 47.

44 Ebd. S. 51.

45 Renate von Heydebrand/Simone Winko: Einführung in die Wertung von Literatur. Systematik – Geschichte – Legitimation. Paderborn 1996. S. 114–131.

46 Norbert Mecklenburg: Wertung und Kritik als praktische Aufgaben der Literaturwissenschaft. In: Peter Gebhardt (Hrsg): Literaturkritik und literarische Wertung. Darmstadt 1980. S. 403f.

47 Heydebrand/Winko: Einführung. S. 255–321. Die folgenden Zitate entstammen diesem Kapitel.

48 Ebd. S. 257f.

49 Ebd. S. 288.

50 Ebd. S. 291f.

51 Ebd. S. 297.

52 Peter Gebhardt: Friedrich Schlegel und Ansätze. Aspekte zur Literaturkritik und literarischen Wertung. In: P.G. (Hrsg): Literaturkritik und literarische Wertung. Darmstadt 1980. S. 455.

53 Monika Schrader: Theorie und Praxis literarischer Wertung. Literaturwissenschaftliche und -didaktische Theorien und Verfahren. Berlin 1987. S. 36.

54 Die Prinzipien markieren Möglichkeiten literarischer Gestaltung, gerade der Historiker Dilthey behauptet nicht, dass sie als Universalien jederzeit zur Verfügung standen und genutzt wurden. Als Anekdote nur mehr rezipieren wir Gottscheds Überzeugung der menschlichen Natur, wie sie etwa Lothar Pikulik in seinen Überlegungen zur Kategorie des Zeitgemäßen erwähnt: Gottsched hat in seiner *Critischen Dichtkunst* (1730) „Miltons *Paradise Lost* als vergehen gegen das prinzip der wahrscheinlichkeit und Shakespeares dramen als verstoss gegen die drei einheiten abgeurteilt, regeln, von denen er im vertrauen auf die ›unveränderliche Natur des Menschen‹ glaubt, dass sie schon von Aristoteles und damals ein für allemal begründet worden seien." (Lothar Pikulik: Das zeitgemäße als kategorie der literarischen wertung. In: Pilz/Kaiser [Hrsg]: Literarische Wertung und Wertungsdidaktik. S. 193)

55 Heydebrand/Winko: Einführung. S. 312.

56 Ebd. S. 321.

57 Maximilian Nutz: Zur gesellschaftlichen Dimension literarischer Normen und Urteile: Anmerkungen zur Forschungslage und Problemstellung. In: Peter Gebhardt (Hrsg): Literaturkritik. S. 366.

58 Norbert Mecklenburg: Kritisches Interpretieren. Untersuchungen zur Theorie der Literaturkritik. München 1972. S. 75. – Klassische Ästhetik: Mecklenburg umreißt ihren historischen Ansatz, und im Hintergrund stehen die ästhetischen Schriften zumal Schillers und, bei aller Differenz, der Romantiker: „Das klassische Harmonieideal umfasst indessen weit mehr als das moderne Stimmigkeitskriterium. Es muss aus dem Zusammenhang mit dem idealistischen Welt- und Menschenbild und dessen geschichtlich-gesellschaftlichem Hintergrund verstanden werden. Das Ideal der Poesie trat in Antithese zu einer prosaisch gewordenen Wirklichkeit. Wie der fortschreitenden Rationalisierung und Mechanisierung des Lebens das Dichtwerk als organisch gewachsenes Ganzes entgegengestellt wurde, dessen irrationale Magie nicht vom zergliedernden Verstand, sondern nur vom ganzen Gemüt zu erfassen sei, so sollte der infolge von gesellschaftlicher Arbeitsteilung nur als Bruchstück ausgebildete, zerstückelte und entstellte Mensch durch die Kunst seine Harmonie wiedergewinnen. Die Notwendigkeit der künstlerischen Harmonie wurde aus den Dissonanzen der Wirklichkeit abgeleitet. Darin liegt Kritik und Rechtfertigung, Entlarvung und Illusion, Utopie und Ideologie zugleich." In dem Maße, in dem „ihr gesellschaftlicher Zusammenhang aus dem Bewusstsein schwand, entleerte sich Harmonie zu rein formaler Stimmigkeit. Entsprechendes geschah in einer Literaturwissenschaft, die (…) eigener ästhetischer Reflexion entsagte. (…) Was sie als übergeschichtliche Norm ausgibt, ist die ungeschichtliche Verabsolutierung einer geschichtlichen Ästhetik." (Ebd. S. 75f) Ähnlich konkretisiert Jochen Schulte-Sasse den historischen Kontext der klassischen Ästhetik und ihre spätere ideologische Instrumentalisierung knapp und prägnant: Schulte-Sasse: Literarische Wertung. S. 86–107.

59 Schulte-Sasse. S. 56.

60 Nutz. S. 366f.

61 Die hier relevanten Texte sind nicht alle übersetzt; ich stütze mich im Folgenden auf die Darstellung durch Monika Schrader: Theorie und Praxis literarischer Wertung. Berlin 1987. S. 178ff.

62 Schrader. S. 183–187.

63 Vodicka spricht – präziser oder unmissverständlicher – von „literarischer Norm": „Nicht alle Konkretisationen, die im Blick auf die individuelle Leserabsicht möglich sind", werden einbezogen, „sondern nur diejenigen, die zeigen, wie Werkstruktur und Struktur zeitgebundener Literaturnormen einander begegnen." (Felix V. Vodicka: Die Konkretisation des lite-

rarischen Werks. Zur Problematik der Rezeption von Nerudas Werk. In: Rainer Warning [Hrsg]: Rezeptionsästhetik. München 1975. S. 99) Warning kommentiert: Vodicka gehe aus von „einer limitierten Pluralität relevanter Konkretisationen. Relevanzkriterium ist ihm die literarische Norm, von der her die Werkstruktur konkretisiert wird" (S. 15). Konkret im Blick sind hier die Kritiker, „die die Funktion von Entwicklungsträgern der literarischen Norm übernehmen" (Felix V. Vodicka: Die Rezeptionsgeschichte literarischer Werke. In: Warning. S. 73).

64 Ebd. S. 193f.

65 Benjamin Specht: Polyvalenz – Autonomieästhetik – Kanon. Überlegungen zum Zusammenhang von Textstruktur und historischer Ästhetik bei der Herausbildung des deutschsprachigen Literaturkanons. In: Matthias Beilein/Claudia Stockinger/Simone Winko (Hrsg): Kanon, Wertung und Vermittlung. Literatur in der Wissensgesellschaft. Berlin 2012. S. 23–25.

66 Ebd. S. 26–28.

67 Ebd. S. 33.

68 Ebd. S. 37–39.

69 Ebd. S. 38.

70 „Die Kriterien der Werkzentriertheit beziehen sich auf das literarische Werk als solches und betrachten es als unabhängiges, ontologisch definiertes Gebilde. Die Kriterien der Kommunikationszentriertheit bewegen sich um den Akt der Verständigung zwischen Autor und Leser über das Medium des Werkes, wobei dieses nicht als ein abgeschlossenes Ganzes, sondern als ein im Prozess befindlicher Vorgang der Sinnkonstitution (individuell und historisch) gesehen wird." (Renate Löffler: Literaturästhetisches Modell und Wertung. Ein Versuch mit Textbeispielen. Bern/Frankfurt/M 1975. S. 28).

71 Wolfgang Kayser: Literarische Wertung und Interpretation (1952). In: Peter Gebhardt (Hrsg): Literaturkritik und literarische Wertung. Darmstadt 1980. S. 151.

72 Schrader. S. 271.

73 Ebd. S. 275.

74 Ebd. S. 278.

75 Der damit eröffnete Traditionshorizont verweist auf historisch differente Konzepte: „auf den platonischen Begriff der Kunst als Darstellung von Ideen; auf die in der spekulativen Ästhetik der idealistischen Philosophie und der klassisch-romantischen Kunsttheorie entwickelte Auffassung der Kunst als Darstellung des Guten, Wahren, Schönen (Goethe, Schiller) bzw. als Form des Unendlichen, Absoluten (Schlegel, Schelling, Novalis); auf die von Dilthey formulierte und von Heidegger übernommene Anschauung der Kunst als ›Organon des Weltverständnisses‹ sowie auf unterschiedliche mythologische, anthropologische und soziologische Strömungen, in denen allgemeine Grundsituationen menschlichen Lebens als Maßstab für Wesens- und Wertbestimmungen der Kunst gesetzt sind." (Schrader. S. 280) Die Zuordnungen erscheinen mir en detail nicht ganz stimmig, aber das ist jetzt nicht wichtig.

76 Hans-Egon Hass: Das Problem der literarischen Wertung. Darmstadt 1970.

77 Schrader. S. 283f.

78 Wilhelm Emrich: Zum Problem der literarischen Wertung. Wiesbaden 1961.

79 Walter Müller-Seidel: Probleme der literarischen Wertung. Über die Wissenschaftlichkeit eines unwissenschaftlichen Themas. Stuttgart 1969.

80 Schrader. S. 294–300.

81 Ich integriere hier beide Konzepte: Fakt ist, dass die Ideologiekritik ihre Wurzeln in der Tradition dezidiert marxistischer Literaturgeschichte und -kritik hat; Fakt ist allerdings auch, dass sich einerseits unter dem Stichwort ›Ideologiekritik‹ unterschiedliche Ansätze verknüpfen lassen (so hat Renate von Heydebrand z.B. vier Varianten ideologiekritischer Wertungstheorie

unterschieden. In: Reallexikon der deutschen Literaturgeschichte. Bd. 4. Hrsg. von K.Kanzog und A.Masser. 1984. S. 858ff) und andererseits die Tradition marxistischer Literaturkritik seit den frühen Schriften von Marx und Engels bis in die 1990er Jahre in Europa außerordentlich differenziert sich entwickelt hat.

82 Christa Bürger: Textanalyse als Ideologiekritik. Zur Rezeption zeitgenössischer Unterhaltungsliteratur. Frankfurt/M 1973. S. 17.

83 Schrader. S. 179–183.

84 Schrader. S. 194f. – Vodicka: „Sobald ein Werk bei der Wahrnehmung in neue Zusammenhänge eingeschaltet wird (veränderter Sprachzustand, neue literarische Postulate, veränderte Gesellschaftsstrukturen, ein neues System geistiger und praktischer Werte usw.), können im Werk gerade jene Eigenschaften als ästhetisch wirksam empfunden werden, die vorher nicht so empfunden worden waren, so dass eine positive Wertung auf gänzlich konträre Gründe gestützt sein kann" (F. Vodicka: Die Struktur der literarischen Entwicklung. München 1976. S. 70. Zit. nach Schrader. S. 195).

85 Schrader. S. 197, 199.

86 Miroslav Cervenka: Der Bedeutungsaufbau des literarischen Werks. Hrsg. von F. Boldt und W.-D. Stempel. München 1978. S. 7. Zit. nach Schrader. S. 198.

87 Hans Robert Jauß: Literaturgeschichte als Provokation. Frankfurt/M 1970. S. 169f.

88 Ebd. S. 176f.

89 Schrader. S. 227.

90 Schrader. S. 228–231.

91 Peter Gebhardt: Friedrich Schlegel und Ansätze. Aspekte zur Literaturkritik und literarischen Wertung. In: P.G. (Hrsg): Literaturkritik und literarische Wertung. Darmstadt 1980. S. 464f.

92 „›Literarizität‹ ist ein Textprädikat, bezeichnet also jenes Merkmal beziehungsweise Merkmalbündel, das einem Text zugeschrieben und aufgrund dessen er für literarisch gehalten wird. ›Literatur‹ bezeichnet die Gesamtmenge jener Texte, die für literarisch gehalten werden." (Friederike Worthmann: Literarische Wertungen. Vorschläge für ein deskriptives Modell. Wiesbaden 2004. S. 53) Worthmann entwickelt auf dieser Basis, empirisch breit orientiert, ein deskriptives, wieder leserorientiertes Modell: Welche Wertungen lassen sich bei welchen Lesergruppen feststellen? Wesentlich kommen in Blick hier auch Ideale, Wünsche, Normen, Konventionen als Voraussetzungen von Wertungen, intrinsische und extrinsische Maßstäbe, nicht zuletzt auch Gefühle.

93 Hans-Dieter Gelfert: Was ist gute Literatur? Wie man gute Bücher von schlechten unterscheidet. München 2010. S. 54. – Aktualität scheint in der Tat allgemein eher verpönt, warum eigentlich? Vordergründig, zu kurz greifend? Ausgehend von einem ›Medienereignis‹, zwei Mädchen verließen Deutschland, um sich im IS zu Kämpferinnen ausbilden zu lassen, rief Thomas von Steinaecker mit einem programmatischen Text auf zu dem Schreibexperiment „Schreiben zum Dschihad des IS", in seinem Text hieß es herausfordernd: „Warum eigentlich diese Angst vor der gesellschaftspolitischen Macht von Kunst? Weil Aktualität schnell peinlich und anbiedernd wird? Weil das Schöne an Kunst gerade seine Gegenweltlichkeit ist? Weil The Circle ein so schlechtes Buch ist? Weil wir Günter Grass mittlerweile also so peinlich empfinden?" (Jan Wiele: Dschihad als Challenge. In: FAZ. 09.03.2015)

94 Gelferts Beispiel ist *D'Alemberts Ende* (1970) von Helmut Heißenbüttel.

95 Gelfert. S. 57.

96 Gelfert. S. 73.

97 Gelfert. S. 62.

98 Gelfert. S. 64.

99 Gelfert. S. 66.

100 Gelfert. S. 67.

101 Gelfert. S. 74.

102 Gelfert. S. 119–122.

103 René Wellek: Kritik als Wertung. In: Peter Gebhardt (Hrsg): Literaturkritik und literarische Wertung. Darmstadt 1980. S. 335. Wellek zitiert hier Eliseo Vivas: The Esthetic Judgement. In: Journal of Philosophy. Bd. 33. 1936. S. 58.

104 Mir ist durchaus klar, dass Thema und Stoff nicht identisch sind.

105 Mario Vargas Llosa: Wie man Romane schreibt. Frankfurt/M 2004. S. 27. – Anders sieht das Hans-Dieter Gelfert in seinen Überlegungen zu guter Literatur: „In den Romanen haben nur wenige Menschen einen Acht-Stunden-Arbeitstag. Die Alltagsprobleme der Berufswahl, des Gelderwerbs, der Wohnungssuche, der Gesundheitsvorsorge und der Sorge um pflegebedürftige Angehörige verschwinden weitgehend hinter den Beziehungsproblemen zwischen Mann und Frau." Ich bin nicht sicher, ob Gelfert damit in der Sache Recht hat, seine Argumentation erscheint mir seit den medialen Gesprächsrunden mit Marcel Reich-Ranicki vertraut: „Was Leser interessiert, ist nicht der träge dahinfließende Strom des Alltagslebens, sondern die Stromschnellen, die Stauungen und Überschwemmungen: die Krisen der Liebe, des Todes, des gesellschaftlichen und künstlerischen Scheiterns. (...) In der Realität sind die meisten Menschen besonnen genug, der Berufswahl und dem Eigenheim [!] die erste Priorität einzuräumen. Umso mehr sind sie dann aber bereit, die irrationalen Glückserwartungen der Liebe mit der Lektüre eines Romans auszuleben." (Gelfert: Was ist gute Literatur? S. 51f).

106 Jean-Paul Sartre: Was ist Literatur? Ein Essay. Hamburg o.J. S. 63.

107 Gelfert: Gute Literatur. S. 42: „Die humanisierende Wirkung der Kunst besteht gerade darin, dass sie den Menschen mit seinen äußersten Möglichkeiten bekannt macht, ohne dass diese real ausgelebt werden." (Gelfert. S. 43)

108 Virginia Woolf: Wie sollte man ein Buch lesen? In: V.W.: Der gewöhnliche Leser. Essays. Bd. 2. Frankfurt/M 1990. S. 308.

109 Vargas Llosa: Romane. S. 28.

110 Thomas Leuchtenmüller: Auch die Niederlage verlangt Augenmaß. In: FAZ. 30.11.2013. S. 35.

111 Dieter Wellershoff: Literatur und Veränderung. Köln 1969. S. 21f.

112 Ebd. S. 23.

113 Reinhard Baumgart: Aussichten des Romans oder Hat Literatur Zukunft. Frankfurter Vorlesungen. Neuwied 1968. S. 32.

114 Bernhard Schlink: Gedanken über das Schreiben. Heidelberger Poetikvorlesungen. Zürich 2011. S. 18f.

115 Ebd. S. 24.

116 Anspruchsvoller und entschiedener formulierte Brecht: „Historisch bedeutsam (typisch) sind Menschen und Geschehnisse, die nicht die durchschnittlich häufigsten oder am meisten in die Augen fallenden sein mögen, die aber für die Entwicklungsprozesse der Gesellschaft entscheidend sind. Die Auswahl des Typischen muss nach dem für uns Positiven (Wünschbaren) wie nach dem Negativen (Unerwünschten) hin erfolgen." Geschichtlich bedeutsam: „Dieser Begriff gestattet, auch scheinbar winzige, seltene, übersehene Vorkommnisse sowie unscheinbare, oft oder selten vorkommende Menschen ans Licht der Dichtung zu ziehen, weil sie geschichtlich bedeutsam, das heißt für den Fortschritt der Menschheit, das heißt für den Sozialismus wichtig sind." (Bertolt Brecht: Gesammelte Werke. Bd. 19: Schriften zur Literatur und Kunst II. Frankfurt/M 1967. S. 531).

117 Milan Kundera: Die Kunst des Romans. Frankfurt/M 1996. S. 12f.

118 Hans Sanders: Institution Literatur und Roman. Zur Rekonstruktion der Literatursoziologie.

Frankfurt/M 1981. S. 113.

119 Kundera: Die Kunst des Romans. S. 13.

120 Urs Widmer: Die sechste Puppe im Bauch der fünften Puppe im Bauch der vierten und andere Überlegungen zur Literatur. Grazer Poetikvorlesungen. Graz/Wien 1991. S. 28.

121 Jurek Becker: Warnung vor dem Schriftsteller. Drei Vorlesungen in Frankfurt. Frankfurt/M 1990. S. 54f.

122 Dieter Wellershoff: Literatur und Veränderung. S. 103, 108.

123 Susanne Mayer: Kindertotenwache. In: DIE ZEIT. 01.08.2011.

124 Peter Bichsel: Der Leser. Das Erzählen. Frankfurter Poetik-Vorlesungen. Neuwied 1982. S. 15. – Ähnlich in der Aussage, und ich zitiere vor allem der Anekdote wegen, Daniel Kehlmann; er äußert in einem Gespräch über seinen Roman *Die Vermessung der Welt*: „Nebenbei gesagt, es gab da in der Historie einige Ereignisse, die so unwahrscheinlich waren, dass ich sie nicht im Roman verwenden konnte. Dass Humboldt im Reisebericht von einem besonders hässlichen Affen schreibt, den er entdeckt habe, um ihn dann sogleich den Humboldtaffen zu nennen, das ist natürlich unglaublich komisch. Aber nur, wenn es wirklich geschehen ist. Im Roman konnte ich das nicht gebrauchen, denn dort wäre es per se zur Fiktion geworden, und als solche ist es ein ziemlich schwacher Scherz. Nur die Wirklichkeit kann es sich leisten, sehr unwahrscheinlich zu sein. Die Fiktion ist gezwungen, glaubhaft zu bleiben, dagegen kann man nichts machen." (Daniel Kehlmann: Diese sehr ernsten Scherze. Poetikvorlesungen. Göttingen 2007. S. 35)

125 Der Anspruch beginnt nicht erst im Roman: Unter Ludwig Uhlands Frühlingsgedichten z.B. findet sich *Die Blumenwelt*, da heißt es zu Beginn der zweiten, abschließenden Strophe: „Wie hier das Feld in hoher Pracht / Von Nelken, Tulpen, Rosen lacht!" (Mit deutschen Gedichten durchs Jahr [2013]. München 2012: 05.05.2013) Tulpen, Nelken und Rosen – das geht nicht zusammen; ähnlich (aus gleicher Quelle) ein Eduard Eggert in *Herzenswinter*: „Wohl seh ich wieder Lerchen steigen,/ Am sonn'gen Rain die Veilchen blühn / Und aus des Dornstrauchs dürren Zweigen / Verschämt die heiße Rose glühn" (07.05.): Veilchen und Rosen kann das lyrische Ich nicht gleichzeitig blühen gesehen haben.

126 Daniel Kehlmann: / Lob / Über Literatur /. Reinbek 2011. S. 132f.

127 Henry James: Die Kunst des Romans. Essays zur Literatur. Leipzig 1984. S. 17.

128 Ursula Merz: Spiel des Zufalls. In: ZEIT. LITERATUR. Nr 12. März 2014. S. 26f.

129 Rainer Schmitz: Was geschah mit Schillers Schädel? Sp. 36.

130 Levin L. Schücking: Soziologie der literarischen Geschmacksbildung. Bern 1961. S. 13f.

131 Lothar Pikulik: Das zeitgemäße als kategorie der literarischen wertung. S. 203.

132 Peter von Matt: Die Intrige. München 2008. S. 60.

133 Genau in dieser Hinsicht hat mich z.B. *Nemesis* von Philip Roth nicht überzeugt – Anlass wiederum für Diskussionen im Freundeskreis, die zu keinem Konsens führten.

134 Ebd. S. 156f.

135 Aristoteles: Poetik. Übersetzt und herausgegeben von Manfred Fuhrmann. Stuttgart 1982. 9. Kap. S. 29–31.

136 Milan Kundera: Die Kunst des Romans. Essay. Frankfurt/M 1996. S. 51. Wie weit die Darstellung von Möglichkeiten greift, macht Kundera an Kafka klar: „Die kafkaeske Welt ähnelt keiner vorhandenen Wirklichkeit, sie ist eine extreme, nicht realisierte Möglichkeit der Menschenwelt. Allerdings wird diese Möglichkeit hinter unserer realen Welt sichtbar und nimmt gleichsam unsere Zukunft vorweg. (...) Doch selbst wenn seine Romane nichts Prophetisches hätten, verlören sie nichts von ihrem Wert, denn sie erfassen eine Seinsmöglichkeit (eine Möglichkeit des Menschen und seiner Welt) und zeigen uns dadurch, was wir sind und wessen wir fähig sind." (S. 51)

341

137 In einer Schenke treffen sich in *Don Quijote* rein zufällig nahezu alle Personen des Romans.

138 Ernst Robert Curtius zitiert Flaubert und übersetzt: „geschriebene Wirklichkeit herstellen", er zitiert Proust und übersetzt: „das vom Leben wiederherstellen, was von uns gefühlt worden ist." Er erläutert Prousts Intention im Vergleich: „Prousts Kunst will die Ganzheit unserer Erfahrung, die Gesamtheit des Wirklichen darstellen. Sein Werk räumt dem intellektuellen Leben eine Stelle ein, die ihm der naturalistische Roman versagt. Er beleuchtet daneben die Biologie der Gefühle, der Triebe, der Automatismen und die Dynamik der Bewusstseinsverschiebungen mit einer Schärfe, die der psychologische Roman nie erreicht hat. Er spiegelt aber auch (...) die Sphäre der sinnlichen Anschauung in ihrer ganzen Dichtigkeit und Vielfalt wider. (...) Prousts Roman ist eine einheitliche Rekonstruktion unseres Erlebens, eine ›Summa‹ – in der nur ein Faktor fehlt: der Wille. Dieses Element unseres Seins, das Balzacs in so vieler Beziehung analoges Werk wie ein allgegenwärtiges Fluidum durchströmt – es scheint bei Proust völlig abwesend." (Ernst Robert Curtius: Marcel Proust. Bern/Frankfurt a.M. 1952. S. 145, 69)

139 Kundera. S. 105.

140 Jean Paul: Werke in zwölf Bänden. München 1975. Bd. 1. S. 377f.

141 Navid Kermani: Über den Zufall. Jean Paul, Hölderlin und der Roman, den ich schreibe. Frankfurter Poetikvorlesungen. München 2012. S. 16. Und er fährt fort: „In dem Roman, den ich schreibe, behauptet der Romanschreiber, der an einigen Stellen Navid Kermani genannt wird, dass der Roman kein Roman sei und Jean Paul wirklich."

142 Kermani. S.25f, 31f. – Einer grundsätzlichen Kritik unterzieht Roland Barthes das Kriterium der Wahrscheinlichkeit. Er unterstellt, dass damit „der Wahrscheinlichkeitskritiker" in der Regel den Maßstab des Banalen, der ›gängigen‹ Psychologie und des Gewohnten verbinde (Roland Barthes: Kritik und Wahrheit. Frankfurt/M 1967. S. 24ff). Ich sehe die Gefahr, teile aber nicht die Konsequenz, das Plausibilitätskriterium fallen zu lassen, zumal nicht in der Romankritik.

143 Ralph-Rainer Wuthenow: „Das schreibende Ich". In: Jean Paul: Des Luftschiffers Giannozzo Seebuch und Über die natürliche Magie der Einbildungskraft. Mit Aufsätzen zu Jean Pauls Werk von Ralph-Rainer Wuthenow. Frankfurt/M 1975. S. 144.

144 Ebd. S. 148.

145 Ebd. S. 149f.

146 Beatrix Langner: Jean Paul. Meister der zweiten Welt. Eine Biographie. München 2013. S. 482.

147 Jean Paul: Lebenserschreibung. S. 113. Merkblatt 1818. Zit. nach Langner. S. 485, 482.

148 Jean Paul: Vorschule der Ästhetik. I. Programm. § 2. In: Jean Paul. Werke in zwölf Bänden. Hrsg. Norbert Miller. Bd. 9. München 1975. S. 32. – Jean Paul geht es intentional um die „poetische Nachahmung" in Differenz zu dem „Nihilisten" einerseits, dem „Materialisten" andererseits: „Dem Nihilisten mangelt der Stoff und daher die belebte Form; dem Materialisten mangelt belebter Stoff und daher wieder die Form; kurz, beide durchschneiden sich ihn Unpoesie. Der Materialist hat die Erdscholle, kann ihr aber keine lebendige Seele einblasen, weil sie nur Scholle, nicht Körper ist; der Nihilist will beseelend blasen, hat aber nicht einmal Scholle." Wenn in der „poetischen Nachahmung" das „Abbild mehr als das Urbild enthält, ja sogar das Widerspiel gewährt – z.B. ein gedichtetes Leiden Lust - : so entsteht dies, weil eine doppelte Natur zugleich nachgeahmt wird, die äußere und die innere, beide ihre Wechselspiegel. (...) Der rechte Dichter wird in seiner Vermählung der Kunst und der Natur sogar dem Parkgärtner (...) nachahmen, aber mit einem höhern Widerspiele, und er wird begrenzte Natur mit der Unendlichkeit der Idee umgeben und jene wie auf einer Himmelfahrt in diese verschwinden lassen." (Jean Paul: Vorschule der Ästhetik. I. Programm. § 4. S. 43) Dies sind

nicht nur Aussagen einer Ästhetik des frühen 19. Jahrhunderts, im Kontext von Begriffen wie „Erzählform", „innere Form", „Schönheit", ästhetische Freude" klingen sie wieder an. Ich komme darauf zurück. Was Jean Paul angeht: „Spiegel und Spiegelbild, das Sehen und das Gesehene, Kunst und Leben führen im Künstler einen beständigen Dialog. (...) Folgerichtig muss Jean Paul, wie in den Romanen auch, in der *Vorschule der Ästhetik* nicht nur als numerische Identität des Schriftstellers Friedrich Richter, sondern simultan als poetischer Charakter auftreten", als „Albano aus dem Titan, (...) mit dem sich der Vorleser in ein Gespräch (...) verwickelt." (Beatrix Langner. S. 350f)

149 Ursula März: Spiel des Zufalls. John Banvilles neuer Roman gleicht einem Uhrwerk. In: ZEIT.LITERATUR.Nr. 12. März 2014. S. 26f

150 Hans Blumenberg: Sechste Sitzung. Wirklichkeitsbegriff und Möglichkeit des Romans. Kunst und Natur in der idealistischen Ästhetik. In: Hans Robert Jauß (Hrsg): Nachahmung und Illusion. Kolloquium Gießen 1963. München 1964. S. 219. - Blumenberg fährt allerdings fort: „Insofern steht die Turmgesellschaft der Konzeption des Ganzen entgegen. Als Überzufall des Zufälligen ist sie nur kontingente Providenz und damit nur das Pendant zum Vaterhaus. Das teleologische Vertrauen in die begegnende Realität ist mit ihr verleugnet." (S. 219)

151 Javier Marias: Beginnen wir mit dem Anfang. In: FAZ. 14.09.2015.

152 Erich Auerbach: Mimesis. Dargestellte Wirklichkeit in der abendländischen Literatur (1942–1945). Tübingen 2001. S. 364–367.

153 Sten Nadolny: Das Erzählen und die guten Ideen. Die Göttinger und Münchener Poetik-Vorlesungen. München 2001. S. 59.

154 Ulrich Greiner: Viel Arbeit und wenig Fisch. In: Die Zeit. 06.06.2013. S. 49.

155 Ebd.

156 Sandra Kegel: Die andalusische Katze. Erinnern und erfinden. In: FAZ. 08.06.2013. S. 33.

157 Eine letzte Anmerkung zu diesem Themenkomplex: In William T. Vollmanns Roman *Europe Central* entdeckt der russische Fotograf, später Kameramann und Regisseur, Roman Karmen Käthe Kollwitz' Druck *Hunger*, „das künftige Blatt Nr. 2 in den meisten Varianten ihrer großen Serie *Proletariat* von 1925", und „das Gefühl, das ihn nun überkam", war „Zorn – Zorn auf eine Ordnung, die Menschen so leiden ließ. Und wie seltsam seine Rührung doch war! Denn er hatte selbst erfahren, was Hunger war; und sein Vater hatte in den Händen der Weißen Garde gelitten. In diesem Augenblick wurde ihm klar, dass die Wiedergabe der Wirklichkeit wirklicher sein kann als die Wirklichkeit selbst." (William T. Vollmann: Europe Central. Berlin 2014. S. 289)

158 Christoph Bode: Der Roman. Tübingen 2005. S. 261ff.

159 Ebd. S. 261.

160 Ebd. S. 267. – Bode zitiert insgesamt 14 Beispiele einer Zusammenstellung Ansgar Nünnings (Unreliable Narration. Studien zur Theorie und Praxis unglaubwürdigen Erzählens in der englischsprachigen Erzählliteratur. Trier 1998).

161 Ebd. S. 269f.

162 Jochen Schmidt: Heinrich von Kleist. Die Dramen und Erzählungen in ihrer Epoche. Darmstadt 2003. S. 214f. – Das vom Erzähler eher verdeckte Netzwerk korrupter Vetternwirtschaft in Sachsen und über die Grenzen des Landes hinaus hat genau analysiert Paul Michael Lützeler: Heinrich von Kleist: Michael Kohlhaas. In: Interpretationen. Erzählungen und Novellen des 19. Jahrhunderts. Bd. 1. Stuttgart 1988. S. 133–180.

163 Jochen Schmidt. S. 215.

164 Franz Kafka: Das Schloss. Frankfurt/M 1983. S. 25.

165 Klaus Hoffer: Methoden der Verwirrung. Betrachtungen zum Phantastischen bei Franz

Kafka. Wien 1986. S. 146.

166 Kafka: Das Schloss. S. 10.

167 Leo Perutz: Der Meister des Jüngsten Tages. Phantastischer Roman. München 1983. S. 148.

168 Bode. S. 275.

169 Ebd. S. 272f.

170 Ebd. S. 273f.

171 Ebd. S. 276f.

172 Reich-Ranicki: Der doppelte Boden. S. 38f.

173 Ebd. S. 42.

174 Ebd. S. 47.

175 Ebd. S. 63 – „Wir lesen Romane, weil es uns gefällt, uns bewegt, weil es schön ist usw. – weil es lebendig ist, wie wir auch. Es ist amüsant zu beobachten, in welchen Gedankenzirkeln sich die Evolutionsbiologie verfängt, wenn sie die Frage zu beantworten versucht, ›warum die menschliche Spezies so viel Zeit mit dem Lesen von Romanen verbringt, obwohl damit keine eindeutigen evolutionären Vorteile zu erzielen sind‹. Die Antworten tendieren entweder zum Utilitarismus – wir lesen, um etwas über unsere Mitmenschen in Erfahrung zu bringen, und das ist im darwinistischen Sinn von Nutzen – oder zur Zirkularität: Wir lesen, weil Romane bestimmte ›Lustareale‹ aktivieren." (James Wood: Die Kunst des Erzählens. Reinbek 2013. S. 222. Anm. 2) Prodesse et delectare auch in dieser, etwas bemühten Sichtweise.

176 Thomas Anz: Literatur und Lust. Glück und Unglück beim Lesen. München 1998. – Das Buch von Anz war mir eine Fundgrube bei den Überlegungen zum literarischen Genuss.

177 Sigmund Freud: Das Unbehagen in der Kultur. In: S.F.: Studienausgabe Bd. IX. Frankfurt/M 1974. S. 212.

178 Kurt Tucholsky: Moment beim Lesen. In: K.T.: Gesammelte Werke. Bd. 10.1932. Reinbek 1960. S. 64.

179 Italo Calvino: Wenn ein Reisender in einer Winternacht. München 2004. S. 7, 13.

180 Horaz: Ars Poetica/Die Dichtkunst. Ditzingen 2001. S. 25.

181 Quintus Horatius Flaccus: De Arte Poetica Liber/Die Dichtkunst. Zürich 1961. S. 37.

182 Horaz: Ars Poetica/Die Dichtkunst. S. 27. Zitiert wurde aus den Versen 333–344.

183 René Wellek/Austin Warren: Theorie der Literatur. Königstein 1985. S. 28.

184 Es geht um die ästhetische Erfahrung, erlebt als Lust und Genuss: traditionell von Kant formuliert als Bereich des Schönen.

185 Immanuel Kant: Kritik der Urteilskraft. B 3f.

186 Kant: Urteilskraft. B 10.

187 Hans Robert Jauß: Kleine Apologie der ästhetischen Erfahrung. Konstanz 1972. S. 13.

188 Kant: Urteilskraft. § 7. B 18–20.

189 § 41. B 163.- Vergl. Hans Robert Jauß: Negativität und Identifikation. Versuch zur Theorie der ästhetischen Erfahrung. In: Harald Weinrich (Hrsg): Positionen der Negativität (Poetik und Hermeneutik VI). München 1975. S. 337.

190 Manfred Engel: Kanon – pragmatisch. Mit einem Exkurs zur Literaturwissenschaft als moralischer Anstalt. In: Nicholas Saul/Ricarda Schmidt (Hrsg): Literarische Wertung und Kanonbildung. Würzburg 2007. S. 31.

191 Theodor W. Adorno: Gesammelte Schriften 7. Ästhetische Theorie. Frankfurt 1970. S. 23.

192 Adorno. S. 22.

193 Adorno. S. 25.

194 Adorno. S. 26.

195 Adorno. S. 27.

196 Adorno. S. 264.

197 Hans Robert Jauß: Negativität und Identifikation. Versuch zur Theorie der ästhetischen Erfahrung. In: Harald Weinrich (Hrsg): Positionen der Negativität. München 1975 (= Poetik und Hermeneutik IV). S. 266f.

198 Jauß: Negativität und Identifikation. S. 268.

199 Jochen Schulte-Sasse: Gebrauchswerte der Literatur. Eine Kritik der ästhetischen Kategorien ›Identifikation‹ und ›Reflexivität‹, vor allem in Hinblick auf Adorno. In: Christa Bürger/Peter Bürger/Jochen Schulte-Sasse (Hrsg): Zur Dichotomisierung von hoher und niederer Literatur. Frankfurt/M 1982. S. 62-107. Schulte-Sasse greift hier zurück auf Norman Norwood Hollands Buch: The Dynamics of Literary Response. New York 1975.

200 Schulte-Sasse. S. 101.

201 Ebd. S. 101.

202 Bode: Der Roman. S. 296.

203 Dieter Wellershoff: Ein unbestimmtes Etwas im Dunkeln. In: D.W.: Das geordnete Chaos. Essays zur Literatur. Köln 1992. S. 94.

204 Eduard Mörike an Luise Rau, 10.12.1831. In: Eduard Mörike: Briefe. Stuttgart 1959. S. 289.

205 Bertolt Brecht: Bemerkungen zur bildenden Kunst. 1935 bis 1939. In: B.B.: Gesammelte Werke 18. Schriften zur Literatur und Kunst I. Frankfurt/M 1967. S. 273. Und weiter: „Wer Kunst bewundert, bewundert eine Arbeit, eine sehr geschickte und gelungene Arbeit. Und es ist nötig, etwas von dieser Arbeit zu wissen, damit man sie bewundern und ihr Ergebnis, das Kunstwerk, genießen kann." (S. 273)

206 Friederike Worthmann: Literarische Wertungen. Vorschläge für ein deskriptives Modell. Wiesbaden 2004. S. 201f. – „Nach dieser Auffassung entsteht ästhetische Lust am Text nicht aufgrund der bei Kant als ursächlich angesehenen Harmonie zwischen den beiden Erkenntnisvermögen Einbildungskraft und Verstand, sondern aufgrund der Harmonie zwischen den Herausforderungen der Lesetätigkeit und den Fähigkeiten des Lesers. Ästhetische Lust ist mithin nicht Lust an der Harmonie der Erkenntnisvermögen, sondern Lust an der Harmonie von Anforderungen und Vermögen." (S. 202) Die kognitionspsychologische Sicht ergänzt Worthmann inhaltlich um umfangreiche Überlegungen zu Gefühlen, die während des Lesens entstehen können (S. 182–212).

207 Umberto Eco: Nachschrift zum ›Namen der Rose‹. München 1986. S. 69.

208 Jauß: Negativität und Identifikation. S. 303.

209 Ebd. S. 302.

210 Ebd. S. 272.

211 Ebd. S. 275.

212 Jauß. S. 277f.

213 Kunst als Verfahren. In: J. Striedter (Hrsg): Texte der russischen Formalisten. München 1969. S. 15. Zit. nach Jauß. S. 294.

214 Jauß. S. 294.

215 Ernst Robert Curtius: Marcel Proust (1925). Frankfurt/M o.J. S. 65.

216 Jauß. S. 295. – Jauß sieht darin eine „spezifische Form von Negativität": Die Welt wird nur mehr im Prozess des Erinnerns dargestellt und kommentiert von einem seine Identität suchenden Ich; aufgefangen werde diese Negativität erst „in einer verborgenen, (…) am Ende hervortretenden Figur der Komposition", nicht aber als erreichte Krönung erfüllter Identität, sondern als Aufgabe: Erzähler oder Schreiber wie mit ihm der Leser erkennnen erst „post festum (…), dass der kontingente, nie übersehbare Weg des erinnerten Ich mit seinen immer vergeblich gebliebenen Anläufen, ›ab morgen zu schreiben‹, in Wahrheit schon die ihm verborgene Geschichte seiner vocatio war und damit die Suche selbst nichts anderes als das ›jetzt‹ nur noch zu schreibende Kunstwerk! (…) Die dem Schreibenden aufgegebene und ihm allein

erreichbare Identifikation ist die kompositorische Schlussfigur des Werks (…). Der Leser andererseits (…) kann hinter der kontingenten Erscheinung der verlorenen Zeit das unmerklich aus ihr erwachsene Ganze einer wiedergefundenen Welt wahrnehmen." (Jauß. S. 298–300)

217 Ebd. S. 304.

218 Roland Barthes in einem Interview von 1970 mit der Zeitschrift „L'Express". Zit. nach: Roland Barthes: Die Lust am Text. Kommentar von Ottmar Ette. Berlin 2010. S. 453.

219 Urs Widmer: Vom Leben, vom Tod und vom Übrigen auch dies und das. Frankfurter Poetikvorlesungen. Zürich 2007. S. 44f.

220 Barthes: Die Lust am Text. S. 66.

221 Ebd. S. 23.

222 Ebd. S. 19f.

223 Ebd. S. 21.

224 Ebd. S. 22.

225 Ebd. S. 23.

226 Ebd. S. 66f.

227 Ebd. S. 53.

228 Ebd. S. 23f.

229 Dabei wird Barthes zugleich zumindest vereinfacht, verkürzt, vermutlich – ich gehe dem nicht näher nach – modifiziert oder gar verfälscht: In unserem Zusammenhang interessiert das Phänomen der Lese-Lust, und dazu trägt die Autorin bei, ergänzt das Spektrum.

230 Elise Clement: „Qu'est-ce que la critique?". In: Norbert Miller/Dieter Stolz (Hrsg): Positionen der Literaturkritik. Sonderheft der Zeitschrift Sprache im technischen Zeitalter. Köln 2002. S. 64.

231 Anz: Literatur und Lust. S. 229.

232 Anz: Literatur und Lust. S. 232f.

233 Jauß: Negativität und Identifikation. S. 334.

234 Hans Robert Jauß: Hermeneutische Moral: der moralische Anspruch des Ästhetischen. In: H.R.J.: Wege des Verstehens. München 1994. S. 31.

235 Ebd. S. 32–34.

236 Ebd. S. 34.

237 Ebd. S. 36.

238 Immanuel Kant: Kritik der Urteilskraft. B 258.

239 Zwei grundlegende Beiträge nur möchte ich nennen: Martin Seel: Ethisch-ästhetische Studien. Frankfurt/M 1996; Josef Früchtl: Ästhetische Erfahrung und moralisches Urteil. Eine Rehabilitierung. Frankfurt/M 1996.

240 Dieter Wellershoff: Ein unbestimmtes Etwas im Dunkel. Wie Spannung entsteht und was sie bedeutet. In: D.W.: Das geordnete Chaos. Essays zur Literatur. Köln 1992. S. 91.

241 Anz: Literatur und Lust. S. 168.

242 Thomas Mann: Kleist und seine Erzählungen. In: Th.M.: Dichter und Herrscher. Europäischer Geist in fünf Jahrhunderten. Essays. Darmstadt o.J. S. 188.

243 Silke Lahn/Jan Christoph Meister (Hrsg): Einführung in die Erzähltextanalyse. Stuttgart 2013. S. 161. – „Als grundsätzliche Motivation kann die Neugier des Lesers vorausgesetzt werden. Diese Neugier bleibt paradoxerweise sogar erhalten, wenn die Erzählung bereits bekannt ist, beispielsweise wenn ein Leser einen Roman zum zweiten Mal liest. Offensichtlich ist die Neugier des Lesers nicht allein Ausdruck eines Nicht-Wissens; denn Leser zeigen ein genuines Interesse an Emotionen, die den Akt des Lesens hervorruft [!] – auch bei mehrmaliger Lektüre eines Textes." (Ebd. S. 161)

244 Silke Lahn/Jan Christoph Meister. S. 162.

245 Vergl. die Differenz von Geschehnis und Ereignis: S. 213.

246 Lahn/Meister. S. 162. – „Die Überraschung lässt sich zudem aus kognitionswissenschaftlicher Sicht als Abweichung von einem mentalen Schema deuten. Während der Leser ein traditionelles Ablaufschema im Kopf hat, weicht die Erzählung unvorhersehbar von diesem Plan ab. Die Überraschung fordert den Leser auf, im Geiste auf das bereits Erzählte zurückzublicken und nach versteckten Hinweisen zu suchen. Sie wirkt aber auch in die Zukunft, denn mit ihr muss der Leser jetzt ad hoc neue Hypothesen für das Folgende entwickeln." (Ebd. S. 162f)

247 Anz: Literatur und Lust. S. 159.

248 Wellershoff: Ein unbestimmtes Etwas. S. 92f.

249 Franz Kafka: Auf der Galerie. In: F.K: Erzählungen. Frankfurt/M 1983. S. 117.

250 Anz: Literatur und Lust. S. 167. – Detailliert geht Dieter Wellershoff auf die Strategien zur Erzeugung von „Spannung durch Destabilisierung" ein: „Zum Beispiel entsteht ein Problemzustand, wenn der Autor seinen Stoff auf mehrere, einander widersprechende Personenperspektiven verteilt. Oder wenn er ein nur lückenhaft bekanntes, vergangenes Geschehen durch bruchstückhafte Zeugenaussagen und wechselnde Hypothesen zu rekonstruieren versucht. Oder wenn es nur eine Erzählerstimme gibt, die aber unzuständig, unzuverlässig, borniert oder voreingenommen wirkt, so dass man nur dann, durch sie hindurch, auf die Wahrheit schließen kann, wenn man ihre besondere Art, die Dinge zu verzerren, erkannt hat. Äußerst verwirrend und destabilisierend ist es, wenn die Unterschiede von Innen- und Außenwelt verwischt werden, wir also zunächst für Wirklichkeit halten, was ein Traum ist, oder wenn ein Traum, aus dem wir erwachen möchten, sich zur unentrinnbaren Wirklichkeit verfestigt. Einen Sturz ins Bodenlose erleben wir, wenn sich herausstellt, dass ein Erzähler und seine Geschichte nur Erfindungen eines zweiten Erzählers sind, und nach einer Weile auch dieser, den wir inzwischen mitsamt seiner Geschichte als authentisch akzeptiert haben, als die bloße Fiktion eines dritten Erzählers erscheint. Eine andere Möglichkeit, Spannungen und Gefälle zu erzeugen, bietet die Montage verschiedener Textsorten mit unterschiedlichem Wahrheitsanspruch, wenn dokumentarische Texte, Zitate aus Zeitungen, Werbung, öffentlichen Reden, Fachjargon, neben hoch subjektiven, poetischen und imaginären Texten stehen. Eine verflüssigte Form des harten Nebeneinanders der Montage ist das assoziative Gleiten des Inneren Monologes oder das nicht an das Bewusstsein einer agierenden Person gebundene Erzählen mit wanderndem Blickpunkt und verwirrender universeller Beweg-lichkeit. Auch Wiederholungen, Vor- und Rückgriffe in der Zeit, die sich aus dem Zwang der Chronologie lösen, können verblüffende perspektivische Überlagerungen bewirken. Wir begegnen dann plötzlich einem Toten wieder als Lebendigem und sehen ihn erneut ahnungslos auf seinen Tod zugehen."(Wellershoff: Ein unbestimmtes Etwas. S. 96f)

251 Anz: Literatur und Lust. S. 168f.

252 Hans-Dieter Gelfert: Was ist gute Literatur? Wie man gute Bücher von schlechten unterscheidet. S. 14.

253 Gelfert. S. 38.

254 Thomas Mann: Kleist. S. 188f.

255 Bertolt Brecht: Anmerkungen zur Oper Aufstieg und Fall der Stadt Mahagonny. In: B.B.: Aufstieg und Fall der Stadt Mahagonny. Berlin 1963. S. 89.

256 Anz: Literatur und Lust. S. 157.

257 Gelfert: Was ist gute Literatur? S. 37.

258 Anz: Literatur und Lust. S. 169f. Das Stichwort „idealistische Philosophie" lässt die Bedeutung der Triade als Ablaufmuster noch weiter fassen: Muster vieler geschichtsphilosophischer Konzepte in Säkularisierung biblischer oder theologischer Heilsgeschichte.

259 Anz: Literatur und Lust. S. 171.

260 Pierre Michon: Leben der kleinen Toten. Frankfurt/M 2013. S. 59f.

261 Paul Ingendaay: Galerie der Gestörten. In: FAZ. 08.08.2015. – Ingendaays Interesse gilt hier der Formulierung, ich folge: In seiner Rezension der Erzählungen *Der letzte Schrei* von A.L.Kennedy zitiert er einen britischen Rezensenten mit dem Satz: „›Dieses Buch feiert die Liebe wie ein hungriger Hund den Kadaver eines Kaninchens.‹" Und dieser Satz treffe zu, sofern „die Autorin vor allem an den Verdrehungen, Verwirrungen und Paradoxien der Liebe interessiert ist, an brutalen seelischen Wahrheitsmomenten jenseits des romantischen Versprechens."

262 George Steiner: Die Logokraten. München 2009. S. 66.

263 Julia Voss: Siri Hustvedts neuer Roman. Wer bin ich – und wenn ja, wie viele? In: FAZ. 01.05.2015. – Wer also ist Harriet Burden? Die Protagonistin in Hustvedts Roman *Die gleißende Welt*.

264 Sibylle Lewitscharoff: Vom Guten, Wahren und Schönen. Frankfurter und Zürcher Poetikvorlesungen. Berlin 2012. S. 34.

265 Jean Paul: Vorschule der Ästhetik. X. Programm. § 60. S. 224.

266 Jean Paul. S. 225f.

267 E.M. Forster: Ansichten des Romans. London 1927/ Frankfurt 1962. S. 70f.

268 Ebd. S. 71. Umberto Eco konkretisiert prägnant: Julien Sorel, den Protagonisten in Stendhals *Rot und Schwarz* kennen wir besser als unseren eigenen Vater, von Sorel wissen wir „alles, was man wissen muss." (Umberto Eco: Im Wald der Fiktionen. Sechs Streifzüge durch die Literatur. München 1999. S. 115) Was heißt das? Es „wird mir alles gesagt, was ich wissen muss, um seine Geschichte und die seiner Generation zu verstehen, und jedes Mal, wenn ich Stendhal wiederlese, lerne ich über Julien noch etwas hinzu. Was mir nicht mitgeteilt wird (…), ist nicht von Belang." (Ebd. S. 115f) - Hier besteht indes nicht Konsens, Harold Bloom etwa formuliert: „Sancho Pansa und Don Quijote, Swann und Albertine gewinnen als enge Vertraute Präsenz und bleiben doch letztlich so rätselhaft wie unsere lieben Freunde." (Bloom: Die Kunst der Lektüre. S. 210). Der Widerspruch löst sich einmal auf, wenn wir Forster in seiner Differenzierung der Figuren folgen, zum Zweiten wirft die Entwicklung des Romans noch einmal ein Licht auf die Personengestaltung. Ich komme darauf zurück: Stichworte ›Innovation‹, ›Entwicklung des Romans‹, ›Kafka‹.

269 George Steiner: Grammatik der Schöpfung. München 2004. S. 48.

270 Christoph Bode widerspricht begrifflich: Die Leerstellen bei der Darstellung von Charakteren sind unvermeidlich, „weil literarische Figuren immer aus einer endlichen Zahl von Elementen komponiert sind und eine solche Komposition immer irgendetwas nicht sagt – nicht etwa ›auslässt‹, denn die fiktionale Figur gibt es ja nur in der Fiktion und was über sie nicht gesagt wird, ›gibt‹ es auch nicht. (…) Diese Leerstellen sind (…) Wirkungsbedingung des literarischen Textes. Nur weil da nicht alles ist, kann leserseits imaginativ ›ergänzt‹ werden." (Bode: Der Roman. S. 124) – Im 38. Kapitel des sechsten Buches von *Tristam Shandy* möchte der Erzähler die Attraktivität der Witwe Wadman verdeutlichen, er fordert den Leser auf: „Lassen Sie sich Tinte und Feder geben; das Papier liegt schon bereit. – Und nun, lieber Herr, setzen Sie sich und malen Sie sie so, wie Sie sich dieselbe denken, - Ihrer eigenen Geliebten möglichst ähnlich, - Ihrer Frau so wenig ähnlich, als Ihr Gewissen es gestattet, - mir ist es ganz gleich, - nur Ihre eigene Phantasie soll einen Gefallen an dem Bilde finden. [Es folgt im Original eine ganze – leere – Seite] – Gab es je ein süßeres – auserleseneres Ding in der ganzen Natur! – Sie werden nun einsehen, mein lieber Herr, dass mein Onkel Toby nicht widerstehen konnte." (Laurence Sterne: Tristam Shandy. Frankfurt/M 1982. S. 505f)

271 Forster: Ansichten. S. 74.

272 Ebd. S. 75–78.

273 Ebd. S. 78f.
274 Baumgart: Aussichten des Romans. S. 74.
275 Bode: Der Roman. S. 128.
276 Bichsel: Der Leser. Das Erzählen. S. 43.
277 Forster. S. 80.
278 Ebd. S. 81f.
279 Ebd. S. 84.
280 Ebd. S. 84.
281 Alice Munro: Erbstücke. In: A.M.: Himmel und Hölle. Neun Erzählungen. Frankfurt/M 2013. S. 179.
282 Hans-Dieter Gelfert: Was ist gute Literatur? S. 60f. – „In neuerer (…) Zeit haben sich auch Joyces Ulysses, Wedekinds Lulu, Döblins Franz Biberkopf, Brechts Mutter Courage, Thomas Manns Felix Krull und Günter Grass' Oskar Matzerath so verselbstständigt, dass man sich auf sie wie auf quasi mythische Figuren beziehen kann." (S. 61)
283 „Wenn wir mit ›flach‹ Charaktere meinen, die oft (nicht immer) eine Nebenfigur und oft (nicht immer) komisch sind und dazu dienen, wesentliche menschliche Wahrheiten oder Charakteristika zu erhellen, dann sind viele besonders interessante Figuren flach." (James Wood: Die Kunst des Erzählens. Reinbek 2013. S. 118)
284 Martin Walser: Erfahrungen und Leseerfahrungen. Frankfurt/M 1965. S. 127f, 131.
285 Wood: Die Kunst des Erzählens. S. 144.
286 Marcel Proust. Frankfurter Ausgabe. Auf der Suche nach der verlorenen Zeit. Bd. 1. Frankfurt/M 2004. S. 183.
287 Wellershoff: Literatur und Veränderung. S. 90f.
288 Wolfgang Matz: 1857. Flaubert, Baudelaire, Stifter. Frankfurt/M 2007. S. 108.
289 Bode: Der Roman. S. 130f.
290 George Steiner: Grammatik der Schöpfung. S. 47.
291 Michael Köhlmeier im Interview. Die Geschichte hat ihren eigenen Kopf. In: FAZ. 05.10.2007.
292 Uwe Timm: Von Anfang und Ende. Über die Lesbarkeit der Welt. Frankfurter Poetikvorlesung. Köln 2009. S. 130. – Ähnlich und berührend auch – bei aller Ironie – Hermann Lenz: „Die Hauptfiguren meiner Bücher stehen mir am nächsten. Der Diener Anton Wasik [aus *Die Augen eines Dieners*] könnte ein Freund des Kutschers Kandel sein [aus *Der Kutscher und der Wappenmaler*], und wer weiß, ob sich die in Wien, so um 1900, nicht mal auf der Straße angeschaut haben oder zusammen in einem Beisel gesessen sind, ohne sich zu kennen. Ich meine, ereignet haben könnte es sich schon. Vielleicht wär's auch möglich, dass Wilhelm aus Die Begegnung, als er Schulmeister in Liechtental war und dort im selben Haus wie Schuberts Vater Unterricht gab, mit Otto Nestle aus Erinnerung an Eduard zusammentraf, der auszog seine verlorene Valerie in Wien wiederzufinden?" (Hermann Lenz: Leben und Schreiben. Frankfurter Vorlesungen. Frankfurt/M 1986. S. 37f)
293 „Das Selbstmitleid ist weg". Der Schriftsteller Clemens J. Setz ist erst 32 und blickt schon zurück: auf seine ersten Schreibversuche. Interview mit Tobias Haberl. In: Süddeutsche Zeitung Magazin. 38. 18.09.2015. S. 79.
294 Andrea Bajani: Erkennst du mich. München 2014. S. 67.
295 Peter Stamm: Die Vertreibung aus dem Paradies. Bamberger Vorlesungen und verstreute Texte. Frankfurt/M 2014. S. 34.
296 Vladimir Nabokov: Eigensinnige Ansichten. Reinbek 2004. S. 74.
297 Milan Kundera: Die Kunst des Romans. Frankfurt/M 1996. S. 31ff.
298 Es geht in der Tat nicht allein um Kundera, Stichworte Dekonstruktion, Nouveau Roman –

ich komme darauf zurück.

299 Michel de Montaigne: Über die Kunst des Gesprächs. In: M.M.: Die Essais. Stuttgart 1969. S. 318. – Montaigne fährt fort: „Wenn ich im Wortgefecht bin mit einem kräftigen Geist und einem geübten Kämpfer, so findet er meine Blößen sofort heraus und trifft mich von rechts und links; seine Gedanken beflügeln die meinen: Durch den Kampfeseifer – denn ich gönne ihm keinen Vorteil und will gewinnen – werde ich gleichsam emporgetrieben und wachse über mich selbst hinaus; der Einklang ist bei der Diskussion etwas ganz Unerwünschtes." (Ebd.)

300 John Williams deutet die durch den totalen Mangel an Kommunikation bedingte Deformation und Einsamkeit seines Protagonisten Stoner [!] in einer exemplarischen Situation an: „Es war ein einsamer Hof, auf dem er das einzige Kind blieb, doch die Not der täglichen Plackerei hielt den Haushalt zusammen. Abends saßen die drei beim Licht der Petroleumlampe und starrten in die gelbe Flamme; der einzige Laut, den man in der knappen Stunde zwischen Abendbrot und Bett hören konnte, war meist nur das Räkeln eines müden Körpers auf einem harten Stuhl oder das leise Knarren eines Pfostens, der sacht unter dem Alter des Mauerwerks nachgab." (John Williams: Stoner. München 2013. S. 8f)

301 Michail Bachtin: Probleme der Poetik Dostoevskijs. München 1971. S. 82. – Eine knappe Darstellung der Überlegungen Bachtins, mir hilfreich, findet sich in der Magisterarbeit von Tanja Runow: Von der Welt erzählen in vielen Stimmen. FU Berlin 2007. PDF-Datei. S. 4–18.

302 Bachtin. S. 83. Bachtin unterscheidet begrifflich noch nicht eindeutig zwischen Autor und Erzähler.

303 Bachtin. S. 302.

304 Bachtin. S. 267.

305 Bachtin. S. 122f.

306 Bachtin. S. 34.

307 Tanja Runow: Von der Welt erzählen in vielen Stimmen. S. 14.

308 Runow. S. 15.

309 Umberto Eco: Nachschrift zum ›Namen der Rose‹. München 1986. S. 38f.

310 Johann Wolfgang von Goethe: Werke. Hamburger Ausgabe. Bd. 6. München 1981. S. 249.

311 Alberto Manguel: Im Spiegelreich. Berlin 1999. S. 293.

312 Stefan Kister in seiner Rezension von Haruki Murakamis *Die Pilgerjahre des farblosen Herrn Tazaki*: Der sechste Finger einer Hand. In: StZ. 24.01.2014.

313 Ein 14jähriges [!] Mädchen fällt ihrem Geschichtslehrer durch ihre entschiedene Positionierung auf. Nach einigen Stunden tritt er an ihren Tisch, nimmt ihren Kugelschreiber „und richtete ihn wie ein Messer auf ihre Nasenspitze. Er schätze Meinungsstärke, verkündete Höfi, aber es gebe auf alles im Leben mindestens zwei mögliche Perspektiven, von der keine absolute Geltung beanspruchen könne. Das solle sie sich mit diesem Stift hinter die Ohren schreiben und den Mund erst wieder aufmachen, wenn sie es begriffen habe. Ende der Durchsage." Das Mädchen, Ada, nimmt ihm den Kuli aus der Hand, legt ihn wieder zurück: „›Sind Sie verheiratet?‹ ›Gewiss‹, sagte Höfi, während die Stille im Raum ein totalitäres Ausmaß erreichte. ›Lieben Sie Ihre Gemahlin?‹ ›Gewiss. Sogar sehr.‹ ›Haben Sie jemals darüber nachgedacht, dass Sie diese Frau ebenso gut hassen könnten?‹ ›Nein.‹ (...) ›Wenn das so ist‹, sagte sie leise, ›hören Sie auf mit dem Quatsch von zwei möglichen Sichtweisen auf alle Dinge.‹ Höfi öffnete den Mund und schloss ihn wieder. Er nickte (...)". (Juli Zeh: Spieltrieb. München 2006. S. 14f) – Der Sportlehrer, zugleich Klassenlehrer (?), trifft Ada auf dem Sportplatz und erzählt ihr von seiner Auseinandersetzung mit dem Schulleiter, eine Leichtathletik-AG und einen neuen Sportplatz betreffend; sie berät ihn (S. 91ff) – Ein neuer

Schüler, 18 Jahre alt, in ungewöhnlichem Maß international, aber nicht polnisch geprägt, fällt dadurch auf, dass er seinem polnisch stämmigen Klassenlehrer polnisch antwortet. „›Sie beherrschen die polnische Sprache?‹ ›Ich habe mich als Kind entschlossen, das Diktum Babels nicht zu akzeptieren‹, sagte Alev. ›Wie Sie wissen, sind die meisten Dinge im Leben eine Frage des Willens. Des Willens zur Macht.‹" (S. 122)

314 Oliver Jungen: Wer sich mit Zeus einlässt. In: FAZ. 24.01.2014. Inquit-Formeln: Arno Schmidt tilgt sie nahezu ganz: „›Kää-te !‹ : - : Sie sah herüber : ?" Er kommentiert: „Im ›alten Stil‹ hätte dafür etwa stehen können: ›Er rief laut ihren Namen: ›Käthe!‹ Schon nach ein paar Augenblicken hatte sie ihn entdeckt, sah herüber und fragte zurück : ›Was gie-hiebts ? !‹ ‹ Für den ganzen letzten Teil dieses Gelalles schreibe man einfach ›: ?‹; es besagt genau dasselbe! Bei einiger Übung im Lesen sieht man gültig das neugierig geöffnete Gesicht der Gefragten; mehr noch: Man hört keine notdürftig gewortete Frageformel, sondern ›die Frage‹ schlechthin." (Arno Schmidt: Der Platz, an dem ich schreibe. 17 Erklärungen zum Handwerk des Schriftstellers. Zürich 1993. S. 13)

315 Wolfgang Matz: 1857. Flaubert, Baudelaire, Stifter. Frankfurt/M 2007. S. 105–107.

316 Ländliches Amerika, 1914, Jahre, Besuch entfernterer Verwandter, bei denen der Sohn während seines Studiums wohnte; er hat zunächst mit dem Bachelor abgeschlossen: „Sie saßen im Wohnzimmer. Jim und Serena Foote blieben noch eine Weile mit ihnen auf. Dann und wann nannte Jim oder Stoners Mutter den Namen eines Verwandten, doch versanken sie gleich darauf wieder in Schweigen. Sein Vater saß auf einem der geradlinigen Stühle, die Füße gespreizt, ein wenig vorgebeugt, die Hände umfassten die Knie. Irgendwann sahen sich die Footes an, gähnten und verkündeten, es sei schon spät. Sie gingen in ihr Schlafzimmer, und die drei bleiben allein zurück." (John Williams: Stoner. München 2013. S. 32) William Stoner, junger Englisch-Dozent, macht seinen ersten Besuch bei seiner späteren Braut Edith, die sich bei ihrer Tante Mrs Darley aufhält: „›Edith hat mir erzählt, dass Sie an der Universität lehren, Mr Stoner‹, sagte Mrs Darley. ›Ja, Ma'am‹, erwiderte er und räusperte sich. ›Es ist wirklich nett, mal wieder mit einem jungen Professor plaudern zu können‹, erklärte Mrs Darley freudestrahlend. ›Mein verstorbener Gatte, Mr Darley, saß einige Jahre im Kuratorium der Universität – aber ich vermute, das wissen Sie längst.‹ ›Nein, Ma'am‹, sagte Stoner. ›Oh‹, sagte Mrs Darley. ›Nun, früher kamen nachmittags oft junge Professoren zum Tee, das war vor dem Krieg und ist jetzt einige Jahre her. Waren Sie im Krieg, Professor Stoner?‹ ›Nein, Ma'am‹, sagte er. ›Ich war an der Universität.‹ ›Natürlich‹, erwiderte Mrs Darley und nickte vergnügt. ›Und Sie unterrichten ... ?‹ ›Englisch‹, antwortete Stoner. ›Allerdings bin ich kein Professor. Nur Dozent.‹ Er wusste, wie rau seine Stimme klang, konnte aber nichts dagegen tun. Er versuchte zu lächeln. ›Ach ja‹, seufzte sie. ›Shakespeare ... Browning ... ‹ Sie verstummten; Stoner wrang seine Hände und blickte zu Boden. ›Ich werde einmal nachsehen, wo Edith bleibt‹, sagte Mrs Darley. ›Wenn Sie mich bitte entschuldigen wollen ...‹" (S. 66f)

317 „Das *Was* des Kunstwerks interessiert die Menschen mehr als das *Wie*; jenes können sie einzeln ergreifen, dieses im Ganzen nicht fassen." (Johann Wolfgang von Goethe: Maximen und Reflexionen: Kunst und Künstler. In: Goethe: Werke. Hamburger Ausgabe. Bd. 12. München 1998. S. 471).

318 Christoph Bode: Der Roman. Eine Einführung. Tübingen 2005. S. 81. – Der Appell ist gleichermaßen gegenwärtig wie schon für einen längeren Zeitraum belegt: Winfried Menninghaus vom Max-Planck-Institut Frankfurt bedauert aktuell „den dominanten ›Inhaltismus‹ in der Literaturwissenschaft der letzten Dekaden" (Michael Stallknecht: Gesetz der Schönheit. In SZ. 13.08.2015) In ihrem legendären Essay *Gegen Interpretation* von 1964 wirft Susan Sonntag der Literaturkritik vor, im „Inhaltismus" erstarrt zu sein. In: S.S.: Kunst und Antikunst. Frankfurt/M 1991. Wenn ich recht sehe, prägte Bertolt Brecht den Begriff „Inhaltis-

mus" in der großen Expressionismus- oder Brecht-Lukács-Debatte Ende der 1930er Jahre.

319 Karlheinz Deschner: Kitsch, Konvention und Kunst. Eine literarische Streitschrift. Ergänzte und überarbeitete Neuausgabe. Frankfurt/M 1980. S. 15. – In seinen Beispielen für ein gelungenes oder auch misslungenes „Wie" konzentriert sich Deschner allein auf die sprachliche Darstellung.

320 Forster. S. 92f.

321 Bode. S. 82f.

322 Ebd. S. 93.

323 Ebd. S. 35.

324 Ebd. S. 93.

325 Bode. S. 86.

326 Ebd. S. 89f.

327 Ebd. S. 94.

328 Ursula Krechel. In: Cord Beintmann: Gute Literatur braucht Lücken. Lesung Ursula Krechel. StZ 16.11.2012.

329 George Steiner: Grammatik der Schöpfung. München 2004. S. 47f.

330 Wood: Kunst des Erzählens. S. 90. Wood zeigt das exemplarisch an einigen Stellen; der Leser werde derart „gleichsam Mitschöpfer der Figur" oder des Geschehens.

331 Andrea Bajani: Liebe und andere Versprechen. München 2012. S. 172.

332 Walter Benjamin: Der Erzähler. Betrachtungen zum Werk Nikolai Lesskows. In: W.B.: Gesammelte Schriften. Bd. II.2. Frankfurt/M 1977. S. 445.

333 Hermann Hesse: Magie des Buches. Betrachtungen und Gedichte. Höhere Fachschule für das Graphische Gewerbe Stuttgart. Jahresgabe 1956. Dem Dichter Hermann Hesse zugeeignet. S. 39.

334 Peter Handke: Die Geschichte des Bleistifts. Salzburg 1982. S. 65. – Auf Benjamin, Hesse und Handke aufmerksam wurde ich durch Volker Hage: Kritik für Leser. Vom Schreiben über Literatur. Frankfurt/M 2009. S. 31f.

335 Selbstverständlich gibt es dazu Abweichungen, berühmte Abweichungen: Edgar Allan Poe lässt seinen *Umständlichen Bericht des Arthur Gordon Pym von Nantucket* folgendermaßen enden: „Und nun rauschten wir in die Umarmungen des Kataraktes, wo just eine Klamm sich auftat, uns zu empfangen. Da aber erhob sich in unserm Pfade eine verhüllte menschliche Gestalt, sehr viel größer an Gliedmaßen als sonst ein unter Menschen je Hausendes. Und die Tönung der Haut der Gestalt war von der völligen Weißnis des Schnees." (Edgar Allan Poe: Das gesamte Werk in zehn Bänden. Hrsg. Kuno Schumann/Hans Dieter Müller. Bd. 3: Phantastische Fahrten I. S. 396) Umberto Eco kommentiert: „Hier, wo die Stimme des Erzählers abbricht, will der Autor, dass wir den Rest unseres Lebens damit verbringen, uns zu fragen, wie es weitergegangen sein mag, und ihn der Sorge, dass wir noch nicht genügend verzehrt werden von der Begierde, zu wissen, was wir nie erfahren werden, fügt der Autor (...) eine Nachbemerkung an" (Umberto Eco: Im Wald der Fiktionen. Sechs Streifzüge durch die Literatur. München 1999. S. 16), spannungssteigernd noch einmal: „Es ist zu befürchten, dass die wenigen noch ausstehenden Kapitel, die seinen Bericht [Pyms] abgeschlossen hätten und die von ihm, während das Vorstehende sich im Druck befand, zu Korrekturzwecken noch zurückbehalten wurden, infolge des gleichen Unfalls, dem er selber zum Opfer fiel, unwiederbringlich verloren sind." Soweit also ist die Chance auf Aufklärung vorbei, aber weiter heißt es: „Immerhin braucht dies nicht unbedingt der Fall zu sein; und wenn sie sich letztlich doch noch finden sollten, werden seine Papiere der Öffentlichkeit vorgelegt werden." (Poe. S. 396)

336 Peter von Matt: Die Intrige. S. 122.

337 Ebd. S. 136f.
338 Von den „fünf Grundtatsachen im menschlichen Leben: Geburt, Nahrung, Schlaf, Liebe, Tod" (Forster. S. 55) würden im Roman wesentlich nur zwei Aspekte thematisiert: Liebe und Tod: Im Unterschied zum homo sapiens wird der homo fictus „im Allgemeinen unvermittelt in die Welt gesetzt, er ist imstande wegzusterben, er braucht wenig Nahrung oder Schlaf, er ist unermüdlich mit menschlichen Beziehungen beschäftigt. Und – das Wichtigste – wir erfahren über ihn mehr, als wir je über unseresgleichen erfahren" (Forster. S. 63).
339 Forster. S. 92.
340 Daniel Kehlmann: Kommt, Geister. Frankfurter Vorlesungen. Hamburg 2015. S. 150f.
341 Umberto Eco: Im Wald der Fiktionen. Sechs Streifzüge durch die Literatur. München 1999. S. 87.
342 Navid Kermani: Über den Zufall. S. 18f.
343 Kermani. S. 32.
344 Stefan Zweig: Die Welt von gestern. Erinnerungen eines Europäers. Frankfurt/M 2012. S. 363.
345 Forster. S. 94f.
346 Jean Paul: Vorschule. XII Programm. § 74. S. 262.
347 Ebd. S. 95.
348 Forster. S. 97.
349 Forster. S. 101.
350 Jean Paul: Vorschule der Ästhetik. X. Programm. § 61. S. 227.
351 Ebd. S. 229.
352 Forster. S. 99.
353 Ebd. S. 100f.
354 Bode: Der Roman. S. 125.
355 Henry James: Die Kunst des Romans. Essays zur Literatur. Leipzig 1984. S. 19f.
356 Forster. S. 101.
357 Ebd. S. 102.
358 Forster. S. 103. Als Beispiel untersucht er – überzeugend – André Gides *Falschmünzer*.
359 Jean Paul: Vorschule. XI. Programm. § 63. S. 231f.
360 Wolf Schmid: Elemente der Narratologie. Berlin 2014. S. 223.
361 Silke Lahn/Jan Christoph Meister (Hrsg): Einführung in die Erzähltextanalyse. Stuttgart 2013. S. 213.
362 Schmid. S. 224.
363 Schmid. S. 227.
364 Schmid. S. 236.
365 Schmid. S. 237.
366 Der Titelheld trinkt sich zu Tode „aus Kummer über den vermuteten Untergang der Tochter, die, wie er (...) glaubt oder glauben möchte, von einem jungen Husaren von der Station nach Petersburg entführt wurde. Nach dem Tode des Vaters erscheint die Tochter mit allen Zeichen des Wohlstands auf der Station. (...) Das offensichtliche Glück der Tochter widerspricht dem traurigen Ende all der armen Lizas, Marfas und Masas, der bäuerlichen Heldinnen des Sentimentalismus, die, von einem reichen Adligen entführt, ihr Leben im Dorfteich beenden. Und das Verhalten des Vaters widerspricht der Großzügigkeit des Vaters im Gleichnis vom verlorenen Sohn, dessen vier Illustrationen" – scheinbar ein deutliches und deutlich markiertes intertextuelles Signal – „die Stationsstube schmücken. Anstatt geduldig auf die Rückkehr der vermeintlich verlorenen Tochter zu warten, wünscht ihr der Vater angesichts der Schande das Grab und trinkt sich zu Tode." (Schmid. S. 22) „Die Geschichte des Stationsaufsehers

konstituiert sich in der Negation der im Bewusstsein des Vaters und auch des Erzählers auf-
scheinenden literarischen Muster. Die nicht gewählten Momente, die Motiven konventioneller Sujets entsprechen und sich für die Ausfüllung der Leerstellen anbieten, sind abzuweisen."
Erforderlich „für die sinnhafte Erschließung der Geschichte" ist „grundsätzlich durchaus die
Aktivierung von Nicht-Gewähltem, nur eben nicht die Aktivierung solcher Momente, die
durch trügerische Anspielungen auf konventionelle Handlungsmuster nahegelegt werden."
(Schmid. S. 237)

367 Schmid. S. 237f.

368 Vargas Llosa: Romane. S. 97ff.

369 Schmid. S. 224.

370 Vargas Llosa zeigt exemplarisch, dass diese Technik immer schon in der Romantradition bekannt war und gezielt eingesetzt werden konnte, er zeigt es an dem *Roman vom Weißen Ritter
Tirant lo Blanc* von Joanot Martorell.

371 Vargas Llosa. S. 100f.

372 Lahn/Meister. S. 213.

373 Schmid. S. 224.

374 Bode: Der Roman. S. 95f.

375 Reinhard Baumgart: Aussichten des Romans oder Hat Literatur Zukunft? Frankfurter Vorlesungen. Neuwied 1968. S. 19.

376 Wellershoff: Literatur und Veränderung. S. 101.

377 Urs Widmer nimmt diese bekannte Metapher auf: „Der erste Satz ist, anders als alle, die ihm
folgen, das Samenkorn der ganzen Geschichte, die der Schreibende, ihn notierend, eher spürt
als kennt. Der erste Satz bestimmt oder enthält die Länge des ganzen Buchs, sein Tempo,
seine Affektlage. (...) Er muss dem Leser – sei er kurz oder lang, einfach oder komplex – klar
machen, dass hier der Chef kocht." (Widmer: Grazer Poetikvorlesungen. S. 150f) Juli Zeh
greift diese Metapher ebenfalls auf – ironisch auflösend: „Der Autor sitzt vor der leeren Seite, starrt darauf, hebt die Hände über die Tastatur seiner Schreibmaschine, lässt die Hände
wieder sinken. Steht auf, geht in die Küche, macht sich einen Kaffee. Kehrt an die Schreibmaschine zurück. Trinkt an der Tasse. Verbrennt sich die Lippen. Flucht. Hebt die Hände
über die Tastatur – und diesmal schreibt er etwas. Klapper-klapper. Wir sehen nicht was, aber
wir wissen: Es ist der erste Satz. Der Autor bricht ab, liest, was er geschrieben hat, flucht.
Reißt die Seite aus der Schreibmaschine, knüllt sie zusammen, wirft sie auf den Boden. (...)
Die In-nuce-Theorie: Der erste Satz soll den ganzen folgenden Roman in sich enthalten wie
eine Nuss den künftigen Baum. – Wenn's weiter nichts ist! Hat sich jemals ein Deutschleh-
rer gefragt, ob Nüsse tatsächlich Miniaturvisionen künftiger Bäume enthalten? Oder ob der
Zusammenhang nicht doch ein wenig komplexer ist? (...) Das Besondere am ersten Satz ist,
dass er am Anfang steht. Diese herausgehobene Position lädt ihn ganz von selbst mit Bedeutung auf. (...) Der Roman beginnt, im Hintergrund setzt sich die Interpretationsmaschine
brummend in Gang." (Juli Zeh: Treideln. Frankfurter Poetikvorlesungen. Frankfurt/M 2013.
S. 135–137) In der Folge setzt Zeh die „Interpretationsmaschine" wirklich „in Gang" und
interpretiert jenen fiktiven ersten Satz eines möglichen Romans, der Protagonist ist Treidel,
brillant in Blick auf eine Charakteristik desselben und den „Zeitgeist des frühen 21. Jahrhunderts", ein ironisches Meisterstück (S. 137–141). – Ich erinnere in diesem Zusammenhang an
Albert Camus' *Die Pest*: Von Rambert, einem bescheidenen und liebenswürdigen Charakter,
erfährt der Leser, dass er in seiner Freizeit an einem Werk arbeitet, das seinem Autor allgemeine Anerkennung, mehr noch, Bewunderung einbringen werde; nachdem er zu Rieux, dem
Protagonisten, Vertrauen gefasst hat, liest er ihm den ersten Satz vor: „An einem schönen
Morgen des Monats Mai durchritt eine elegante Amazone auf einer wunderbaren Fuchsstute

die blühenden Alleen des Bois de Boulogne." Rambert kommentiert selbst: „Das ist nur eine Andeutung. Wenn ich es fertig gebracht habe, das Bild, das mir vorschwebt, vollkommen wiederzugeben, wenn mein Satz an sich die Gangart dieses Spazierrittes ausdrückt, eins zwei drei, eins zwei drei, dann wird alles übrige leichter, und vor allem wird der Eindruck von Anfang an so sein, dass man sagen kann: ›Hut ab‹." (Albert Camus: Die Pest. O.O. 1960. S. 63) Es wird dies im Fortgang des Romans zu einem persönlichen Motiv Ramberts oder gar zu einem allgemeinen Symbol menschlicher Existenz: Es stellt sich heraus, dass die etwa 50 Manuskriptseiten nur ständig korrigierte und in ihrer Qualität gelegentlich explizit diskutierte Varianten desselben Eingangssatzes sind.

378   André Breton: Erstes Manifest des Surrealismus (1924). In: André Breton: Die Manifeste des Surrealismus. Reinbek 1986. S. 9–43. Hier: S. 13.

379   Ebd. – Moritz Baßler kommentiert: „Das ist genau jene Art realistisch-stereotypen Romananfangs, den die emphatische Moderne emphatisch verachtete. Warum? Weil sich diese Art von Realismus auf eine immer schon vorcodierte Wirklichkeit bezieht, anstatt die Aufmerksamkeit auf die Natur der Zeichen selbst zu richten und Kunst dazu zu nutzen, Wirklichkeit radikal neu zu kodieren." Im Kontext des Stichwortes „Innovation" als eines Kriteriums komme ich auf die Realismus-Debatte zurück, hier aber schon so viel, der Darstellung Baßlers folgend: Realismus könne im modernen oder postmodernen Kontext nur „als Stilzitat in postmodernen Anführungszeichen" gelesen werden; so gehe z.B. die in Thomas Pynchons *Die Versteigerung von No. 49* „angelegte Struktur eines hermeneutischen Codes nicht auf, sondern führt in ein unendliches Netz von Verweisen – und ist damit letztlich eben doch wieder auf die Natur der Zeichen selbst gerichtet." (Moritz Baßler: Moderne und Postmoderne. Über die Verdrängung der Kulturindustrie und die Rückkehr des Realismus als Phantastik. In: Sabina Becker/ Helmuth Kiesel [Hrsg]: Literarische Moderne: Begriff und Phänomen. Berlin 2007. S. 442)

380   Claude Mauriac hat einen Roman veröffentlicht mit dem Titel *Die Marquise ging um elf Uhr aus*, in dem er Valéry genussvoll parodiert hat mit den Sätzen „Die Marquise nahm den Neun-Uhr-Zug" und „Die Marquise ging nicht um fünf Uhr aus" (Der Spiegel 9/1963). Hans-Otto Dill ermittelt in seinem Buch *Die lateinamerikanische Literatur in Deutschland. Bausteine zur Geschichte ihrer Rezeption* (Frankfurt/M 2009. S. 124ff), dass José Donoso in *Das Landhaus* und Fritz Rudolf Fries in *Alexanders neue Welten* sich ebenfalls zitierend auf Valéry bzw. Proust beziehen. Dieter Kühn schließlich hat ein Hörspiel verfasst, *Die Fünf-Uhr-Marquise*, ausgehend von der Frage, was die Marquise um fünf Uhr denn immer mache (gesendet am 16.07.1969 im WDR und am 27.01.1971 im ORF). Horst Bienek beginnt seine Erzählung *Königswald oder Die letzte Geschichte* wie folgt: „Die Marquise ging um fünf Uhr aus. Eigentlich war sie keine richtige Marquise. Es war auch schon viel später. Und sie ging auch nicht aus, sie wurde ausgefahren. Nicht in einer Equipage und nicht in einer Kutsche. Nicht einmal in einem Landauer. Sondern in einem Rollstuhl. Es war die Gräfin Hohenlohe-Langwitz, schlesische Linie, die seit dem Tode ihres Mannes an beiden Beinen gelähmt war und jetzt etwas lustlos, aber pflichtbewusst durch den Schlosspark von Königswald geschoben wurde." (Horst Bienek: Königswald oder Die letzte Geschichte. Eine Erzählung. München 1984. S. 7)

381   „Überprüfen wir. ›Die Marquise‹ lässt sich im Grunde viel weniger variieren, als man denkt. ›Die Herzogin‹ ließe die große Balzacsche Adelsartillerie donnern und würde sogleich ein anderes soziales Register einführen: allerhöchste Salonintrigen, in denen Klerus und Politik mitmischen. ›Die Gräfin‹ ist ein Titel, der bereits zu farblos ist, um ohne Namensnennung nicht mit besonderer, beispielsweise karikierender Absicht verwendet zu werden. ›Marquise‹ bleibt überdies streng konnotiert durch das Adjektiv exquise, das musikalisch immer diskret

anklingt: Feinheit, Liebreiz und die Aussicht auf eine galante Intrige, die nicht zum Drama ausartet, werden von ihm herbeigerufen. Viel zu viele Dinge – im Grunde bereits eine ganze tonale Weichenstellung der Erzählung - sind durch diese Entscheidung (im ersten Satz eines Buches!) bedingt, als dass der Romancier sich hier dem Zufall überließe. ›Um fünf Uhr‹ bringt neben einer gewissen Beschaffenheit von Luft und Licht, die ihre Bedeutung haben kann, die Muße ein und kündigt an, dass eine wichtige Begegnung vor dem Diner wahrscheinlich und vermutlich geplant ist. ›Sechs Uhr‹ wäre ein zu später Einschnitt in den Nachmittag und würde nur auf das mechanische Gebot des Terminkalenders eines Zahnarztes oder des Fahrplans eines Bahnhofs vorausweisen. Fünf Uhr – eine werktätige Zeit – ist die luxuriöse Zeit der dem Roman zuträglichen Muße, ganz so wie die zweite Etage die vornehme Etage eines Wohnhauses ist: eine weitere Konnotation, die sich sofort in das vorgreifende Bewusstsein des Lesers einschreibt. Etc., etc. Ein hinreichend ausgeprägtes Feingefühl für den Sinn und die Präzision der Vermutungen, die jeder seiner Sätze im Geist wecken wird, gehört zur Ausstattung des Romanschriftstellers: (...) Die Hälfte seines Talentes ist ein projizierendes: Kaum ist die erste Seite und sogar der erste Satz hingeschrieben, überblickt er ein ganzes Bündel sich überschneidender Flugbahnen von bald kurzer, bald langer, bald sehr langer Reichweite. Nachbilder, die sich überlagern können, auftauchende Komplementärfarben, Bilder mit Aura – " (Julien Gracq: Lesend schreiben. Wien 1997. S. 115f).

382   Ebd. S. 112.
383   Jane Austen: Emma. Aus dem Englischen von Angelika Beck. Frankfurt/M 1997. S. 9. – „Emma Woodhouse, schön, gescheit und reich, mit einem behaglichen Zuhause und heiteren Gemüt, schien in sich einige der besten Glücksgüter des Daseins zu vereinigen und hatte nahezu einundzwanzig Jahre auf der Welt zugebracht, ohne viel Anlass zu Kummer oder Ärger zu finden." (Jane Austen: Emma. Aus dem Englischen übersetzt von Ilse Leisi. München 1996. S. 7) – Leisi übersetzt die erzählerisch zentrale Stelle „schien in sich (...) zu vereinigen" enger am Text; gleichviel: Es ist deutlich, welche Übersetzung sprachlich besser gelungen ist.
384   Bode: Der Roman. S. 127.
385   Terry Eagleton: How to read literature. New Haven 2013. S. 2.
386   Ebd. S. 10.
387   Ebd. S. 8.
388   Ebd. S. 11.
389   Ebd. S. 8.
390   Ebd. S. 11.
391   Ebd. S. 13.
392   Ebd. S. 14.
393   Mario Vargas Llosa: Wie man Romane schreibt. S. 46f.
394   Drei Worte nur – „Der kürzeste Anfangssatz der deutschen Literatur" lautet „So." So beginnt Eckhard Henscheid seinen Roman *Geht in Ordnung – sowieso – genau.* (Rainer Schmitz: Was geschah mit Schillers Schädel? Alles, was Sie über Literatur nicht wissen. Sp. 40)
395   Frank Schirrmacher: Neunzehn Worte Kafka. In: FAZ. 03.07.2008.
396   Peter Handke: Die Angst des Tormanns beim Elfmeter. München 2004. S. 7.
397   Barbara Falk in: Harenbergs Literaturkalender 2015. Unterhaching 2014. 23.09.2015.
398   David Vann: Die Unermesslichkeit. Berlin 2013. S. 7. – Ich möchte folgend den längsten Romananfang präsentieren, den ich kenne: „Als sie anrückten von Osten aus dem westlichen Berlin mit drei Omnibussen und rot und weiß und blau lackierten Autos, aus denen Musik hämmerte, lauter als die starken Motoren, und mit den breitachsigen, herrischen Fahrzeugen das Dorf besetzten, wie es seit den russischen Panzern, dem Luftwaffengebell und den Ribbeck'schen Jagdfesten nicht mehr besetzt war, fünfzig oder sechzig glänzende, frisch

gewaschene Autos auf den drei Straßen, und ausstiegen wie Millionäre mit Hallo und Fotoapparaten und Sonnenschirmen und zuerst die Kinder, dann uns nach und nach aus Stuben und Gärten lockten und Bier und Fassbrause, Birnenschnaps, Würstchen und Luftballons, Kugelschreiber und Erbsensuppe verschenkten und einen Tanz machten um einen jungen Birnbaum, den sie mitgebracht hatten und nach einer kurzen Rede, die der Bürgermeister wie gewohnt mit schafsäugigem Nicken begleitete, in den Vorgarten des Altenpflegeheims, das früher das Schloss war, einpflanzten und dabei mehr auf die Videokameras als auf den Baum schielten und sich selber Beifall klatschten und uns auf die Schultern hieben, als hätten sie ein großes Spiel gewonnen oder ihre Fahne in erobertes Gebiet gesteckt, und lauter wurden, Bierbecher herumreichten und uns Birnengeist probieren ließen und schnell ihr sagten und du, haben wir auf die Frage gewartet, was wir zu dem neuen Birnbaum zu sagen hätten, denn immerhin war das Dorf einmal berühmt wegen der Birnen, und ob der Platz seitlich vom Altersheim der richtige wäre, denn wenn schon Tradition, wie sie Fontane der Dichter aufgeschrieben hat, dann richtig, ein Birnbaum in seinem Garten stand, wer das Gedicht nicht flüssig hersagen konnte, bekam in der Schule, wo jetzt der Konsum ist, vom Lehrer für jedes Stocken und jedes falsche Wort mit dem Rohrstock eins auf die flache Hand, also auf der Gartenseite oder, längst wölbt sich ein Birnbaum über dem Grab, auf den schattigen Wiesen vor der Kirche, wo die Gräber seit langem geschleift sind" (Friedrich Christian Delius: Die Birnen von Ribbeck. Reinbek 2013. S. 9f) Wenn ich mich nicht verzählt habe, sind es über 300 Wörter. Rainer Schmitz hat recherchiert: „Der längste Anfangssatz eines deutschsprachigen Romans ist wahrscheinlich in Alban Nikolai Herbsts *Die blutige Trauer des Buchhalters Dolfinger* (1986) zu finden. Der 230 Seiten lange Roman hat keine 100 Sätze, der Anfangssatz zählt 1180 Wörter." Thomas Bernhard beginnt seinen Roman *Korrektur* (1975) mit einem Satz von 163 Wörtern, Grimmelshausen folgt mit dem *Abenteuerlichen Simplicissimus Teutsch* (1669) mit 159 Wörtern, Hermann Brochs *Der Tod des Vergil* (1945) beginnt mit einem – wundervollen – Satz von 149 Wörtern (Rainer Schmitz: Was geschah mit Schillers Schädel?. Sp. 40f).

399 Peter Stamm: Agnes. Hamburg 2000. S. 9.
400 Volker Klotz: Erzählen. Von Homer zu Boccaccio, von Cervantes zu Faulkner. München 2006. S. 454, 456.
401 Klotz. S. 457.
402 Klotz. S. 460. „Nicht einmal Marcel Prousts poetische Volte im Finale der siebenbändigen *Suche nach der verlorenen Zeit* macht da eine Ausnahme. Man denke an den hintersinnigen Schluss, der keiner ist: Wenn der Erzähler verkündet, es fände dieser Roman nun endlich die Voraussetzung zu seinem eigentlichen Anfang; jetzt erst heiße es, damit zu beginnen." (Klotz. S. 461)
403 Häufig und naheliegend enden Romane mit dem Tod der Protagonisten – „und natürlich notwendigerweise, denn ein Kunstwerk muss mit Toten enden, weil es eine Metapher für das Leben ist, von dem wir nie vergessen, dass es auf den Tod zugeht." (Urs Widmer: Grazer Poetikvorlesungen. S.132f)
404 Klotz. S. 459, 457f.
405 Rolf Vollmann: Das Tolle neben dem Schönen. Jean Paul. Ein biografischer Essay. Tübingen 1975. S. 153.
406 Timm: Vom Anfang und Ende. S. 127.
407 Peter von Matt: Diese magische Anziehungskraft. In: FAZ. 29.08.2014. – Interessant in diesem Zusammenhang die Reflexion einer Figur in A.F.Th. van der Heijdens Roman *Der Gerichtshof der Barmherzigkeit*, Zwanet Vrauwdeunt, über Georges Simenon: „In einem alten Interview mit dem Autor hatte sie einmal etwas über ein Komma im letzten Satz eines sol-

chen roman dure gelesen, wie Simenon dieses psychologische Genre selbst bezeichnete. Es handelte sich um *Les anneaux de Bicetre*, einen ziemlich schonungslosen Bericht über die Genesung und völlige Wiederherstellung eines Mannes, der einen Schlaganfall erlitten hat. Er zieht Bilanz, stellt sich unter anderem die Frage, was von seiner zweiten Ehe, mit Lina, noch übrig ist. In dieser alten *Combat*-Ausgabe zitierte Simenon den letzten Satz seines Romans: ›Un jour, il ira voit son père à Fécamp, avec Lina.‹ Der Autor erklärt, welches Kopfzerbrechen im vor allem dieses letzte Komma bereitet hat. ›Wenn ich das Komma stehen lasse, bleibt Maugras (die Hauptfigur in *Les anneaux de Bicetre*) allein, und der Roman geht schlecht aus.‹ (Daraus schloss Zwanet, dass das Einfügen dieses Kommas der Tatsache, dass Lina ihren Mann zu dessen altem Vater begleitet, etwas Obligates, Förmliches gab, nichts, was aus Liebe unternommen wurde.) ›Wenn ich es wegstreiche, kehrt Lina zu ihm zurück, es gibt einen Neuanfang, und der Roman endet gut.‹ ›Und wofür haben Sie sich entschieden?‹ ›Ich habe es gestrichen. Lediglich ein kleiner Ausrutscher des Bleistifts, und man hat einen völlig anderen Roman ...‹ (...) Beeindruckt von so viel subtilem Können hatte Zwanet die niederländische Ausgabe auf der letzten Seite aufgeschlagen. (...) Das Komma stand da, doch das konnte ein Fehlgriff des Übersetzers sein. Sie bestellte die französische Ausgabe in der Universitätsbibliothek. ›à Fécamp, avec Lina.‹ Konnte es sein, dass Simenon in dem Wahn befangen war, einen Roman mit Happy-End geschrieben zu haben, während er sich durch lediglich einen Ausrutscher seines Bleistifts den Weg dazu versperrt hatte? Oder war es einem Menschen mit einer derart tragischen Betrachtungsweise, ob der Wille nun da war oder nicht, ganz und gar unmöglich, eine Geschichte zu schreiben, die ein gutes Ende hatte?" (A.F.Th. van der Heijden: Der Gerichtshof der Barmherzigkeit. Frankfurt/M 2003. S. 522f) „Beeindruckt von so viel subtilen Können" – ist es wichtig, dies als Reflexion einer Romanfigur zu lesen? „Die Entdeckung hatte Zwanet verwirrt und leicht verärgert, und es lag an diesem einen Komma, dass sie sich nie so recht mit den romans durs hatte anfreunden können. Und jetzt war zudem mit *Inspekteur Nurks* Schluss mit den Maigrets, die sie so gemocht hatte." (Ebd. S. 523) Van der Heijdens Roman endet übrigens völlig unvermittelt und lässt Fragen offen, sein letzter Satz: „›Wir fahren‹, sagte Tante Nel. ›Ich kann keine zwei Meter weit sehen, aber meine fünfundzwanzig Gulden, die habe ich noch." (S. 673) Dieser Satz immerhin ist kontextual klar.

408 Schulte-Sasse: Gebrauchswerte der Literatur. S. 83–103.

409 Ebd. S. 86.

410 Sigmund Freud: Der Dichter und das Phantasieren(1908) In: S.F.: Studienausgabe. Bd. X. Frankfurt/M 1969. S. 179. – „In der Technik der Überwindung jener Abstoßung, die gewiss mit den Schranken zu tun hat, welche sich zwischen jedem einzelnen Ich und den anderen erheben, liegt die eigentliche *Ars poetica*." (Ebd.)

411 Schulte-Sasse. S. 89.

412 Sigmund Freud: Massenpsychologie und Ich-Analyse. Die Zukunft einer Illusion. Frankfurt/M 1981. S. 49 (Anm. 2)

413 Schulte-Sasse: Gebrauchswerte der Literatur. S. 90f.

414 Vergl. Martha C. Nussbaum: Poetic Justice. The literary imagination and public life. Boston 1995.

415 Zitiert nach Thomas Anz: Literatur und Lust. S. 134.

416 Thomas Anz: Literatur und Lust. S. 133.

417 Lahn/Meister: Einführung in die Erzähltextanalyse. S. 164.

418 Peter von Matt: Verkommene Söhne, missratene Töchter. Familiendesaster in der Literatur. München 2001. S. 36f.

419 Angelika Klüssendorf: Das Mädchen. Frankfurt/M 2013. S. 29.

420 Jean-Paul Sartre: Was ist Literatur? Ein Essay. Hamburg o.J. S. 40.

421 Ebd. S. 45.

422 Baumgart: Aussichten des Romans. S. 79. Baumgart sieht hier nur die Distinktion von Empathie und Distanz.

423 Schulte-Sasse. S. 91.

424 Schulte-Sasse. S. 99.

425 Intensiv können wir ein solches Ritual erleben in Strawinskys Ballett *Le Sacre du Printemps*.

426 Dieter Wellershoff: Double, Alter Ego und Schatten-Ich. Schreiben und Lesen als mimetische Kur. In: D.W.: Das geordnete Chaos. Essays zur Literatur. S. 55f.

427 Die sympathetische Identifikation kann sich ideologisch unterschiedlich entwickeln, Jauß stellt Flauberts *Madame Bovary* und *Die Kameliendame* von Alexandre Dumas exemplarisch einander gegenüber: Zunächst hat die Neigung Armands zu der Kurtisane Marguerite in der Kameliendame den Reiz des Verbotenem, sie provoziert; indes darf sich „der bürgerliche Ordnungswille (...) am Ende vollauf bestätigt fühlen: Die Wandlung der „›ehrbaren Dirne mit bürgerlichen Neigungen.‹" zur „›heiligen Dirne, die sich für das Bürgertum opfert‹" bekräftigt die bürgerliche Moral. Anders bei Flaubert: Emma Bovary bleibt eine Provokation, dem Leser wird „die Möglichkeit sympathetischer Identifikation erschwert (denn er kann die provozierend triviale ›Heldin‹ kaum als seinesgleichen empfinden)", ihm wird „auch das gewohnte Idealmaß kontrastiver Normen entzogen", denn er kann sich „mit keiner Person dieses Romans identifizieren", und genau das mache den Roman unmoralisch, so der Staatsanwalt im Prozess gegen Flaubert (Hans Robert Jauß: Negativität und Identifikation. Versuch zur Theorie der ästhetischen Erfahrung. In: Harald Weinrich [Hrsg]: Positionen der Negativität [= Poetik und Hermeneutik IV]. München 1975. S. 327f.) Es liegt damit vor die irritierende Verweigerung einer erwartbaren Identifikation: die ironische Identifikation.

428 Sie ist normbrechend „par excellence (...). Die ironische Identifikation ist als Gegeninstanz zur periodisch wiederkehrenden, affirmativen Klassizität in allen Epochen und vielen Gattungen der europäischen Literatur greifbar" von Don Quijote zu Brechts epischem Theater oder Becketts Antiromanen (Jauß: Negativität und Identifikation. S. 332). – In anderer Weise differenziert Friederike Worthmann, ich greife hier nur eine ihrer Unterscheidungen auf: „Sympathiegefühle erlebt der Leser bei der Lektüre eines literarischen Textes, wenn diese eine Reaktion auf jene Gefühle darstellen, die er an einer literarischen Figur wahrnimmt, nicht jedoch mit ihnen identisch sind. Empathiegefühle erlebt er, wenn er die Gefühle einer literarischen Figur teilt. Bei Sympathiegefühlen befindet sich der Leser in der Position eines imaginären Zeugen, bei Empathiegefühlen dagegen in der eines imaginären Beteiligten am Geschehen." Wie auch immer Gefühle welcher Art „beim Lesen entstanden sind, immer sind es wunschorientierte Wertungsprozesse, die zu ihrer Genese geführt haben." (Worthmann: Literarische Wertungen. Vorschläge für ein deskriptives Modell. Wiesbaden 2004. S. 190, 194)

429 Dieter Wellershoff: Identifikation und Distanz. In: Weinrich: Positionen der Negativität. S. 550f.

430 Peter v. Matt: Verkommene Söhne. S. 37.

431 P. v. Matt. S. 38.

432 Mit James Wood ließe sich allenfalls ein Stück weit gegenhalten, allgemein formuliert, dass Erweiterungen „unseres Blickwinkels in Bereiche jenseits unserer alltäglichen Erfahrung eine moralische und empathische Schulung eigener Art sein" können, und mit gewissem Recht beklagt er die vielen Leserrezensionen bei Amazon „mit ihren Klagen über ›unangenehme Charaktere‹" als Symptom für „die grassierende Seuche moralisierenden Nettseins" (Wood: Die Kunst des Erzählens. S. 99). Es stellt dies indes nicht die Berechtigung des moralischen Pakts in Frage, was Wood beklagt, liegt eher auf der Ebene der Happy-End-Erwartung vieler

Leser oder auch Kinozuschauer, der quasikindlichen Sehnsucht nach einer heilen Welt.

433 Kundera: Verratene Vermächtnisse. S. 12f.

434 Ebd. S. 61.

435 Ebd. S. 62.

436 Alberto Manguel: Im Spiegelreich. Berlin 1999. S. 258.

437 Ebd. S. 260f.

438 Manguel: Im Spiegelreich. S. 262.

439 Reich-Ranicki: Der doppelte Boden. S. 67f.

440 Alberto Manguel: Im Spiegelreich. Berlin 1999. S. 156.

441 Manguel. S. 161.

442 George Steiner: Im Raum der Stille. Lektüren. Berlin 2011. S. 140.

443 Steiner. S. 149–151.

444 Sartre: Was ist Literatur? S. 56. – Ähnlich klar und ausweitend über Kunst äußert sich an anderer Stelle auch George Steiner: „Können wir uns ernstzunehmende Kunst vorstellen, die unsere Einbildungskraft zu Folter oder sexuellem Missbrauch von Kindern überredet (...)? Gerade weil die in der Ästhetik angelegten Überredungen zum Handeln (...) so mächtig sind, gerade weil die Faszinationen und Entwurzelungen, die Bilder auf unsere bewussten und unbewussten Motivationen und Triebfedern des Verhaltens ausüben, so weitreichend sind, ist die Frage von Einschränkung, von Zensur seit Platons *Republik* bis in unsere Gegenwart eine weitaus problematischere, als es liberales Dafürhalten wahrhaben möchte." (George Steiner: Von realer Gegenwart. Hat unser Sprechen Inhalt? München 1990. S. 192)

445 Dieser Aspekt ist in aller Klarheit in der Tradition marxistischer Literaturtheorie akzentuiert und formuliert worden. Jochen Schulte-Sasse fasst zusammen: „Dichtung hat sich nach materialistisch-marxistischem Verständnis (...) einem Sachverhalt anzugleichen und ein Urteil über diesen Sachverhalt zu fällen. Der Grad, in dem ihr dies gelingt, ist ein Maßstab ihres ästhetischen Wertes. Sie kann sich prinzipiell in dreifacher Weise auf Wirklichkeit beziehen; denn sie vermag erstens die vorgegebene Wirklichkeit kritisch zu durchleuchten, sie kann zweitens einer negativen Wirklichkeit ein positives Gegenbild entgegenhalten, und sie kann drittens hinter die positiven Möglichkeiten einer Zeit zurückfallen." (Jochen Schulte-Sasse: Literarische Wertung. Stuttgart 1976. S. 130. Ausgeführt S. 130–140, 194)

446 Manguel: Im Spiegelreich. S. 152.

447 Steiner: Im Raum der Stille. S. 150.

448 Henry James: Die Kunst des Romans. S. 25.

449 Rabelais: Gargantua & Pantagruel. Leipzig 1972. S. 139f.

450 Neil MacGregor: Shakespeares ruhelose Welt. München 2013. S. 273f. – Allgemeiner setzt Daniel Kehlmann an, er formuliert exemplarisch prägnant: „Shakespeare, Rabelais und Grimmelshausen wirken oft wie unsere Zeitgenossen, aber sie lebten in einer Zeit, in der es keine Elektrizität gab und keine vom Menschen hergestellten Substanzen außer Glas. Wer sich langweilte, besuchte Hinrichtungen. Auf Volksfesten wurden zum Vergnügen der Menge Katzen angezündet. Wenn man im Theater war und Harndrang verspürte, erledigte man das genau dort, wo man gerade stand. Jedermann trug scharfe Schwerter bei sich. Man badete nie, aus Angst vor der Pest. Mit dreißig hatte man kaum noch Zähne. Dass es in der Welt Sklaven gab, fand kaum einer empörend. Goethe berichtete, dass er noch die Köpfe Hingerichteter sah, aufgespießt über den Stadtmauern von Frankfurt." (Daniel Kehlmann: Kommt, Geister. Frankfurter Vorlesungen. Hamburg 2015. S. 81)

451 Kurt Flasch: Einladung Dante zu lesen. Frankfurt 2015. S. 76.

452 Flasch. S. 152.

453 Flasch. S. 156f.

454 Bret Easton Ellis: American Psycho. Köln 2003. S. 341–343.
455 Alberto Manguel: Im Spiegelreich. S. 139.
456 Ebd. S. 140.
457 Ebd. S. 142f.
458 Norbert Elias: Über den Prozess der Zivilisation. 2 Bde. Frankfurt/M 1977.
459 Karl Rosenkranz: Ästhetik des Hässlichen. Leipzig 1996. S. 203. Der Bezug auf die Schriften de Sades scheint deutlich.
460 George Steiner: Die Logokraten. München 2009. S. 63f.
461 Till Raether: Der Quälcode. In: SZ-Magazin 30. 25.07.2024. S. 22f.
462 George Steiner: Nach Babel. Aspekte der Sprache und des Übersetzens. Frankfurt/M 2004. S. 35–37.
463 George Steiner: Die Logokraten. München 2009. S. 180f.
464 Sibylle Lewitscharoff: Vom Guten, Wahren und Schönen. S. 42f.
465 Ebd. S. 108.
466 Ebd. S. 109.
467 Ebd. S. 112.
468 F. Scott Fitzgerald: Der große Gatsby. München 2010. S. 226.
469 George Steiner: Grammatik der Schöpfung. München 2004. S. 48.
470 Ebd. S. 48.
471 Sie impliziert hier freilich nicht etwa den Ruf nach einer Zensur: Ich erinnere an Flauberts Prozess um *Madame Bovary* und – noch in der Mitte des 20. Jahrhunderts – an den 20. Oktober 1960, Old Bailey, London: „Zu klären war die Frage: Ist das Buch *Lady Chatterleys Liebhaber* von D.H. Lawrence unmoralisch, obszön oder keins von beiden? Auf der Anklagebank saß niemand. Der Autor war nämlich seit dreißig Jahren tot. Doch der Londoner Verlag Penguin Books hatte gerade eine Volksausgabe des bis dahin verbotenen Buches herausgebracht." 1950 war in England eine „von allem ›Schmutz‹"gereinigte Fassung erschienen, selbst sie kam vor Gericht. „Ein Richter entschied damals: ›Absoluter Schund, aber nicht so obszön, dass es deswegen verboten werden müsste.‹" Jetzt ging es um die unbereinigte Fassung: „Der Staatsanwalt hielt eine Rede, in der er nahezu alles an angeblich unanständigen Passagen und Wörtern vorführte: Dreißig Mal käme das Wort ›fuck‹ oder ›fucking‹ vor, vierzehn Mal sogar das Wort ›cunt‹, dreizehn Mal ›Hoden‹. ›Scheiße‹ und ›Arsch‹ je sechs Mal, vier Mal ›Schwanz‹, drei Mal ›Pissen‹. Corpus delicti waren vor allem jene dreizehn ›Nummern‹, die der Staatsanwalt mit ›bouts‹ (dt. in etwa: Anfälle) bezeichnete." Nach dem Prozess – drei Stunden berieten die Geschworenen, um zum Urteil „nicht schuldig" zu kommen – erschien noch im selben Jahr „die erste deutsche Ausgabe der dritten, ungekürzten und endgültigen Fassung" (Rainer Schmitz: Was geschah mit Schillers Schädel? Sp. 220-222). Wir lächeln darüber heute: Gar nicht witzig indes stellt sich die Situation in anderen Regionen dar: „Schreiben ist eine gefährliche Sache", Zensur im Iran. „Die Zensoren(…) haben" offensichtlich „die klassische persische Literatur nicht gelesen und sind mit ihrem Geist überhaupt nicht vertraut. In dieser Literatur ist überall von Wein und männlichen Geliebten die Rede. (…) Wenn aber ein iranischer Schriftsteller solche Szenen in der heutigen Situation in einem Roman beschreibt oder ein Mann eine Frau berührt, wird er der Unsittlichkeit angeklagt und die betreffende Stelle aus dem Text entfernt. Gerade die wichtigsten und bedeutendsten literarischen Werke werden umso härter von der Zensur getroffen, je näher sie ihrer Lebenswirklichkeit sind." „Die Zensur hat die iranischen Romanautoren dazu erzogen, nur von dem geschlossenen Innenraum einer Wohnung zu erzählen. In dieser Wohnung geht niemand ans Fenster, um auf die Straße zu schauen, ganz so, als gäbe es weder eine Straße noch eine Stadt oder Lärm, nicht einmal Nachbarn. Es geht darum, die Erzählung des Romans auf Küche

und Wohnzimmer zu beschränken. In der Romanwohnung, so heißt es, ist kein Bedarf für Toilette, Bad und Schlafzimmer, und der Roman darf von dem, was in jenen Teilen der Wohnung geschieht, nicht berichten. (...) Ein unabhängiger Schriftsteller in Iran ist den Behörden hilflos ausgeliefert. Das Urheberrecht hat keine Bedeutung. Deshalb macht man nicht nur mit den Werken von mir, einem Autor, der die Behörden verärgert hat, sondern auch mit denen von ausländischen Autoren, was man will. Erotik wird völlig aus den Werken getilgt. Dabei hängt es vom Einvernehmen zwischen den Staatsbeamten und dem Übersetzer des Werkes ab, wie tief die Schere der Zensur dringt. Ein ausländischer Autor bekommt von alldem ohnehin nichts mit." Was nun das Ausmaß an staatlicher Gewalttätigkeit angeht, exemplarische Fakten: „Ein Dichter wurde während seiner eigenen Hochzeit abgeholt und dem Hinrichtungskommando übergeben. Ein angesehener Übersetzer wurde mit Injektionsspuren am Unterarm am Straßenrand gefunden. Ein Bus mit einundzwanzig Schriftstellern an Bord, die auf dem Weg zu einer kulturellen Veranstaltung im Nachbarland waren, sollte in einem Komplott, das allerdings fehlschlug, in den Abgrund gesteuert werden. Ein Dichter wurde auf dem Weg zum Einkaufen entführt, seine Leiche eine Stunde später in der Vorstadt abgeladen. Die Liste ließe sich verlängern. Schreiben ist eine gefährliche Angelegenheit, das wissen alle, die in meinem Land schriftstellerisch tätig sind." (Amir Hassan Cheheltan: Zensur im Iran. Schreiben ist eine gefährliche Sache. In: FAZ. 07.04.2015)

472 Hans-Dieter Gelfert: Was ist gute Literatur? S. 178.
473 Heinrich von Kleist: Sämtliche Werke und Briefe. Zweiter Band. München 1964. S. 105f.
474 Reich-Ranicki. S. 126f.
475 Jean Paul: Vorschule der Ästhetik. In: J.P.: Werke in zwölf Bänden. Hrsg. Von Norbert Miller. Bd. 9. München 1975. S. 426f.
476 Volker Hage: Im Wunderland der Obszönität. Versuch über literarische Pornographie. In: V.H.: Propheten im eigenen Land. Auf der Suche nach der deutschen Literatur. München 1999. S. 33.
477 Reich-Ranicki. S. 127.
478 Hage: Im Wunderland der Obszönität. S. 35.
479 Schlink: Gedanken über das Schreiben. S. 37f.
480 Gelfert. S. 180f. – Differenzierter zunächst sieht Dieter Wellershoff das Feld der Pornografie: „Während" in den trivialen Liebesromanen „immer ein (...) scheinbar freies energetisches Potential gesellschaftlich integriert wird, spielt die pornographische Phantasie die vollständige Freisetzung aller institutionell und moralisch gebundenen Triebkräfte durch. (...) Die pornographische Phantasie träumt diesen Wunsch nach ungehemmtem angstfreien Lustgewinn mit allen regressiven Konsequenzen zu Ende. Sie imaginiert eine Gesellschaft der totalen Promiskuität, in der jeder mit jedem" und auf jede denkbare Weise „sexuellen Kontakt sucht und niemand einem Reiz widerstehen kann. Gerade die Momente, in denen mit den Widerständen die gesellschaftlichen Strukturen wegschmelzen, vergegenwärtigt sie sich mit besonderem subversivem Interesse. Immer wieder will sie deutlich machen, dass unter der dünnen Schicht der Konventionen das polymorph-perverse Universum der Lust bereitliegt." (Dieter Wellershoff: Fesselung und Entfesselung. Über Liebesromane und Pornographie. In: D.W.: Literatur und Lustprinzip. Essays. Köln 1973. S. 19, 21) Da klingt eine subversive provokante Befreiungsintention gegen soziale Fesseln an, ähnlich der oben getroffenen Kennzeichnung von obszöner Literatur, indes erscheint sie Wellershoff nicht tragfähig oder nicht ernst gemeint: „Je größer die Kluft zwischen Phantasie und Praxis wird, desto suchtartiger wird das Bedürfnis nach ihrer illusionären Überbrückung. Das ist ein Zirkel, in dem sich das Wünschen durch Überdrehung leerspielt und formalisiert. (...) Im pornographischen Roman ist überhaupt keine glaubhafte Person" mehr gegeben, im Unterschied etwa zu den

362

Romanen Henry Millers oder John Updikes *Ehepaare*, „die eine Erfahrung machen könnte, sondern hier rollt zwischen beliebigen Figuranten im Schema des Action-Romans eine Sequenz von sexuellen Handlungen ab, die durch quantitative Steigerung und ausgeklügelte Variation ihren inneren Stillstand zu verschleiern sucht. Wiederholungszwang beherrscht das Genre und darin ist es das genaue Abbild der Psychologie seiner Konsumenten. (…) Der Wiederholungszwang (…) bewirkt wie beim Urbild des Genres, den Schriften des Marquis de Sade, dass der pornographischen Phantasie das Fleisch von den Knochen fällt und im vermeintlichen Arkadien sich das dürre Gespenst der Sublimierung zeigt, die Geometrie." (Ebd. S. 24–26)

481   Gelfert. S. 181. – Ein in der Tat weites Feld: In seinem Plädoyer für Sexfilme zitiert Claudius Seidl die Definition von Pornographie durch den Bundesgerichtshof: "Als pornographisch ist eine Darstellung anzusehen, wenn sie unter Ausklammerung aller sonstigen menschlichen Bezüge sexuelle Vorgänge in grob aufdringlicher, anreißerischer Weise in den Vordergrund rückt und ihre Gesamttendenz ausschließlich oder überwiegend auf das lüsterne Interesse des Betrachters an sexuellen Dingen abzielt." (BGH St 23,44; 37,55. Quelle: www.bka.de/nn196106/DE/ThemenABisZ/HaeufigGestellteFragenFAQ/Kinderpornographie/kinderpornographieFrage01.html. (19.07.2015) Seidl kommentiert: Der BGH habe sich damit „in den Fallstricken der Ästhetik hoffnungslos verheddert", warum? „Viele Pornofilme nehmen die ›sonstigen menschlichen Bezüge‹ durchaus zur Kenntnis, viele einwandfrei als Kunst kenntliche Aktgemälde tun das nicht. Und welche Bilder oder Szenen meine Lüsternheit erregen: Das möchte ich lieber mit mir selbst als mit dem Bundesgerichtshof klären." (Claudius Seidl: Nichts als nackte Wahrheit. In: FAS. 19.07.2015) Ein weites Feld, juristisch wohl ein Minenfeld; gleichwohl halte ich die BGH-Definition für einen brauchbaren Ansatz der Differenzierung.

482   Michael Köhlmeier: Abendland. München 2008. S. 482f.

483   Franz Kafka: Das Schloss. Frankfurt/M 1983. S. 43f.

484   Milan Kundera: Verratene Vermächtnisse. S. 53. – Kunderas Sicht bleibt indes nicht unwidersprochen: ergreifende, angstvolle Sehnsucht? Klaus Hoffer liest dieselbe Stelle ganz anders: „Das Intimste, der Geschlechtsverkehr, dieses letzte Refugium menschlichen Glücks, stellt sich für K. als das schlechthin Fremde und Befremdende dar." (Klaus Hoffer: Methoden der Verwirrung. Betrachtungen zum Phantastischen bei Franz Kafka. Wien 1986. S. 121)

485   Péter Nádas: Parallelgeschichten. Hamburg 2012. S. 117–119.

486   Arno Schmidt: Seelandschaft mit Pocahontas. Die Umsiedler. Frankfurt/M 2012. S. 43f.

487   Volker Hage: Wo bist du, Adam? Die Leidenschaften in der deutschen Literatur. In: V.H.: Propheten im eigenen Land. S. 76.

488   „Die Franzosen hingegen sind ein wenig besser dran. ›Baiser‹ in der Wortbedeutung von ›Kuss‹ steht für den Geschlechtsakt, ›verge‹ für den Penis, ein Wort, das unter anderem ›Birke‹ bedeutet und sich über die Bedeutung ›Baum‹ mit ›verger‹ - ›Obstgarten‹ - assoziieren lässt. ›Petite mort‹, der ›kleine Tod‹, bezeichnet den ekstatischen Moment des Orgasmus, wobei das zärtliche Diminutiv dem Sterbeerlebnis die Endgültigkeit nimmt, aber einen glücklichen Abschied von der Welt suggeriert. Diese Bezeichnungen haben nur noch wenig mit dem zotigen Beiklang von ›Ficken‹, ›Schwanz‹ und ›Kommen‹ gemein." (Alberto Manguel: Im Spiegelreich. S. 126) Allerdings gelte dies nicht durchgehend für das Feld Sexualität insgesamt: „›Wir haben das Geschlechtliche ins Reich des Schweigens verbannt‹, sagte der weise Montaigne." (Ebd.)

489   „Die Ächtung (…) des Fleisches", kanonisch festgeschrieben seit Augustinus, „machte es den meisten patriarchalischen Gesellschaften möglich, die Frau als Versucherin zu brandmarken, als eine Eva, die Adams Sündenfall täglich neu verschuldet. Daraus leitet der Mann das Recht

ab, über sie zu herrschen, und jede Verletzung dieses Rechts (...) wird als Sünde und Verrat geahndet. Daraus folgend werden Misogynie und Homophobie gerechtfertigt und geschürt, und ein gewaltiger Zensurmechanismus wird in Gang gesetzt, um die von Männern diktierten heterosexuellen Klischees zu verteidigen und sowohl den Frauen als auch den Homosexuellen mindere und verachtete Rollen zuzuweisen." (Manguel. S. 127f)

490 Manguel. S. 128f.

491 Manguel. S. 129. Bei Nabokov heißt es weiter: „Der Roman muss aus einem Wechsel sexueller Szenen bestehen. Die Passagen dazwischen dürfen nicht mehr sein als Verbindungsnähte für das Verständnis, logische Brücken einfachster Bauart, kurze Einführungen und Erklärungen, die der Leser vermutlich überspringt, auf deren Vorhandensein er aber Wert legt, um sich nicht übers Ohr gehauen zu fühlen (...). Überdies müssen die sexuellen Szenen im Buch einer ansteigenden Linie folgen, neue Varianten bringen, neue Kombinationen, neue Geschlechter und ein stetiges Anwachsen der Beteiligtenzahl (in einem Stück de Sades rufen sie den Gärtner hinzu), so dass das Buch gegen Ende reicher an Unzucht ist als die ersten Kapitel." (Vladimir Nabokov: Lolita. Reinbek 1989. S. 513f)

492 Leslie A. Fiedler: Überquert die Grenze, schließt den Graben. Über die Postmoderne. In: Uwe Wittstock (Hrsg): Roman oder Leben. Postmoderne in der deutschen Literatur. Leipzig 1994. S. 29f.

493 Manguel. S. 129.

494 Zentrale Literatur ist z.B.: Hiltrud Gnüg: Der erotische Roman. Von der Renaissance bis zur Gegenwart. Stuttgart 2002. - Werner Fuld: Eine Geschichte des sinnlichen Schreibens. Berlin 2014. – Rainer Moritz: Wer hat den schlechtesten Sex? Eine literarische Stellensuche. München 2015.

495 Malcolm Lowry: Unter dem Vulkan. Reinbek 2003. S. 3.

496 Gèrard Genette: Die Erzählung. München 1994.

497 Umberto Eco: Im Wald der Fiktionen. Sechs Streifzüge durch die Literatur. München 1999. S. 58f.

498 Eberhard Lämmert hat die beiden Möglichkeiten der Prolepse und der Analepse weit ausdifferenziert: Die Analepsen unterscheidet er z.B. in aufbauende, eingeschobene und auflösende, die Prolepsen in zukunftsgewisse und -ungewisse, die ersten dann wieder in feste Formen und eingeschobene Vorausdeutungen etc. – Vergl Eberhard Lämmert: Bauformen des Erzählens. Stuttgart 1967. Genette wiederum orientiert sich in seiner Differenzierung der Anachronien am Umfang und am zeitlichen Abstand, an der Distanz.

499 Ebd. S. 38.

500 Ebd. S. 37.

501 Ebd. S. 39.

502 „Die digressive Schreibweise der Jean Paulschen Romane machte schon manchem zeitgenössischen Leser zu schaffen. Wie hätte man in die Geschichten ›eintauchen‹ können, wenn sich nur ›der Autor nicht eingemischt (...) hätte‹, wie ein Rezensent des *Hesperus* kritisch bemerkt. (...) Übrigens überließ es Jean Paul seinen Lesern, wie sie seine Romane lesen wollten: mit digressiven Passagen oder ohne. Da beispielsweise dem weiblichen Lesepublikum zu Jean Pauls Zeit nur Interesse an Geschichten, nicht aber an Reflexionen zugetraut wurde, erwog Jean Paul eine *Hesperus*-Ausgabe für Damen – gänzlich ohne Abschweifungen." (Birgit Sick: „Bücher-Vampyr" und „Schreibmensch". Jean Paul zum 175. Todestag. Jean-Paul-Gesellschaft 2002. Druck: Eichstätt 2002. S. 22)

503 Kundera: Die Kunst des Romans. S. 81.

504 Kundera. S. 84.

505 Kundera greift als Beispiel auf Dostojewskis *Dämonen* zurück; der Roman umfasse drei

Stränge: „1. den ironischen Liebesroman zwischen der alten Stawrogina und Stepan Werchowenskij; 2. den romantischen Roman Stawrogins und seiner Liebesbeziehungen; 3. den politischen Roman einer revolutionären Gruppe. Weil alle Figuren sich kennen, waren durch eine scharfsinnige Technik der Handlungsführung diese drei Stränge ohne weiteres zu einem unteilbaren Ganzen zu vereinen." (S. 84f)

506 Der Roman ist aus fünf Strängen komponiert: „1. aus der Romanhandlung, die auf den Hauptfiguren der Trilogie beruht: Pasenow, Esch, Huguenau; 2. aus der intimistischen Novelle über Hanna Wendling; 3. aus der Reportage über ein Militärkrankenhaus; 4. aus der poetischen Erzählung (teilweise in Versen) über ein junges Heilsarmeemädchen; 5. aus dem (in wissenschaftlicher Sprache abgefassten) philosophischen Essay über den Zerfall der Werte." (S. 83)

507 Kundera präzisiert: Gefordert sei die „Kunst des spezifisch romanesken Essays (das heißt eines Essays, der nicht den Anspruch erhebt, eine apodiktische Botschaft zu verkünden, sondern hypothetisch, spielerisch oder ironisch bleibt)." (S. 81)

508 Kundera. S. 85. – Die Assoziation ›Frühromantik‹, Friedrich Schlegels Konzept der „Universalpoesie" drängt sich auf; da Kundera sich innerhalb der Entwicklung des Romans auf die Neuerung des 20. in Differenz zum 19. Jahrhundert konzentriert, kann er diesen Aspekt außer Acht lassen.

509 Kundera. S. 92f.

510 Kundera: Verratene Vermächtnisse. S. 26.

511 Paul Nizon: Am Schreiben gehen. Frankfurter Vorlesungen. Frankfurt/M 1985. S. 104–116.

512 Vargas Llosa: Romane. S. 109.

513 Gustave Flaubert: Madame Bovary. Frankfurt/M 1996. S. 159 (= Kap. VIII im ersten Teil).

514 Vargas Llosa. S. 107f. – Als weitere Beispiele hebt Llosa hervor Faulkners *Wilde Palmen und der Strom* und Julio Cortázars *Rayuela. Himmel und Hölle*.

515 Lämmert. S. 40.

516 Jean Paul: Vorschule. XII. Programm. § 74. S. 265f.

517 Wood: Die Kunst des Erzählens. S. 81.

518 Ebd. S. 78.

519 Ebd. S. 81.

520 Ebd. S. 86.

521 Ebd. S. 79. Wood sieht diese Gefahr exemplarisch bei Nabokov und Updike gegeben.

522 Zugleich geht es Greiner auch um den Aspekt der Ökonomie: „Warum ist das Buch so dick? Wie eine übergroße Altbauwohnung, deren Bewohner es nicht übers Herz bringen, die in Jahren angehäuften Preziosen und Erinnerungsstücke wegzuwerfen, so ist auch dieser Roman vollgestellt mit ausgesuchten sprachlichen Möbeln, mit schmückenden Adjektiven und anekdotischem Nippes. Über alles wird der Leser sorgfältig unterrichtet, über die edlen Weine, die man trinkt, die Speisen, die man kennerisch zubereitet, die Automarken, die man sich leistet (Jaguar, BMW 6er-Cabrio), und über den Motor des Bootes am See (Achtzylinder-Mercury)." (Ulrich Greiner: Dunkles Herz. In: Die Zeit. 06.09.2012)

523 Zweig: Die Welt von gestern. S. 364f.

524 Kundera: Die Kunst des Romans. S. 81f. Die „Konventionen, die anstelle des Autors arbeiten (...): die Entwicklung einer Figur, die Beschreibung eines Milieus, die Einführung von Handlung in einer historischen Situation, die Aufbereitung der Lebenszeit der Figuren mit unnützen Episoden; jeder Wechsel des Schauplatzes erfordert neue Expositionen, Beschreibungen, Erklärungen. Mein Imperativ ist (...) Der Roman muss vom Automatismus der Romantechnik, vom romanesken Verbalismus befreit, er muss dicht werden." (S 83)

525 F. Scott Fitzgerald: Der große Gatsby. München 2010. S. 225.

526 Alice Munro: Trost. In: A.M.: Himmel und Hölle. Neun Erzählungen. Frankfurt/M 2013. S. 205f.

527 Goethe: Werke. Hamburger Ausgabe. Bd. 7: Romane und Novellen II. München 1981. S. 40.

528 Ebd. S. 712.

529 Für mich überraschend, dass Arno Schmidt als Praktiker das Beispiel aus Goethes *Wilhelm Meister* hart attackiert; er holt grundsätzlich aus: „Die Übergänge zwischen den Kapiteln sind oft derart primitiv, dass ein Primaner, der Etwas auf sich hält, sich ihrer schämen würde" und kommentiert den zitierten Übergang: „Eine noch nacktere und geistlosere Wendung kann man kaum machen!" (In: An Uffz. Werner Murawsli. Fp. Nr. 23567D. In: A.S.: „Na. Sie hätten mal in Weimar leben sollen!" Über Wieland – Goethe – Herder. Hrsg. Jan Philipp Reemtsma. Stuttgart 2013. S. 118) Goethe macht hier Gebrauch von der traditionellen Technik des auktorialen Souveräns, strukturell identisch mit der noch unvermittelteren Wendung, wie sie sich z.B. in Rabelais' *Gargantua*, im frühen 16. Jahrhundert also findet: „Hier will die Geschichte, dass wir erzählen, was sechs Pilgersleuten widerfuhr, die von Saint-Sébastien bei Nantes gekommen waren (...)." (Rabelais: Gargantua & Pantagruel. Bd. 1. Leipzig 1972. S. 121)

530 Reich-Ranicki. S. 61.

531 Ebd. S. 62.

532 Nadolny: Das Erzählen und die guten Ideen. S. 104.

533 Italo Calvino: Sechs Vorschläge für das nächste Jahrtausend. Harvard-Vorlesungen. München 1991. S. 75.

534 Forster. S. 85.

535 „Vom Standpunkt der Logik ist *Bleak House* zusammengestückelt, aber Dickens führt uns an der Nase herum, sodass uns der Wechsel des Standorts nichts ausmacht." (S. 86)

536 Forster. S. 87.

537 „*Don Quijote* präsentiert sich als verwirrender Schachtelroman. Schon nach drei Kapiteln gesteht Cervantes, das er nicht weiß, wie die Abenteuer seines fahrenden Ritters weitergehen. Zufällig wird ihm ein altes Manuskript zum Kauf angeboten, und als passionierter Leser (...) schlägt er es auf und sieht, dass es auf arabisch geschrieben ist. In seiner Neugier wendet er sich an einen Übersetzer (...) und stellt fest, dass es sich bei den Papieren um nichts weniger als die Chronik der Abenteuer des Don Quijote handelt, verfasst vom arabischen Historiker Cide Hamete Benegali, der, wie sich herausstellt, unter den Büchern in der ritterlichen Bibliothek auch die des Cervantes aufzählt. Von da an wird die Frage nach der Verfasserschaft des Buches schwindelerregend: Der Roman, den wir lesen, erweist sich als Übersetzung aus dem Arabischen und Cervantes ist nicht sein ›Vater‹, sondern nur sein ›Pate‹. Später, im zweiten Teil, haben die Gestalten den ersten Teil gelesen und berichtigen seine Irrtümer, obwohl, so erzählt uns Cervantes, der maurische Autor geschworen hat, dass alle Geschehnisse wahr sind" (...). Das Buch im Buche: Als der Pfarrer und der Barbier Don Quijotes Bibliothek plündern, (...) stoßen sie auf *Die Galatea* eines gewissen Miguel de Cervantes,. ›Viele Jahre ist es her, dass dieser Cervantes mit mir sehr befreundet ist, und ich weiß, dass er erfahrener ist im Leid als im Lied. Sein Buch hat einiges von guter Erfindung, legt einiges an und führt nichts durch‹, sagte der Pfarrer." Letzteres bedeutet, „dass Cervantes den zweiten Teil nie geschrieben hat." (Alberto Manguel: Tagebuch eines Lesers. Frankfurt/M 2005. S. 156–158)

538 Von der Keule des Riesen Werwolf heißt es, sie trug am Ende „dreizehn diamantene Stacheln (...), von denen der kleinste so groß war wie die größte Glocke von Notre-Dame in Paris – na ja, vielleicht um eines Nagels oder höchstens eines Messers Breite, von der Sorte, mit der man den Halunken die Ohren abschneidet, kleiner, denn lügen möcht' ich nicht, aber größer war der Unterschied auf keinen Fall." – Panurg erweckt Epistemon, dem in der Schlacht

der Kopf abgeschlagen wurde, wieder zum Leben: Er wusch „Kopf und Hals sehr sorgfältig mit Weißwein, den er vorher mit pulverisiertem Menschenkot, wovon er immer etwas in einem seiner Täschchen bei sich trug, versetzt hatte, bestrich beide mit einer Salbe, die ich nicht kenne, und fügte sie dann so aneinander, dass ganz genau Ader an Ader, Nerv an Nerv, Wirbel an Wirbel kam, damit er nicht etwa querköpfig würde, denn solche Leute hasste er auf den Tod." (Rabelais: Gargantua & Pantagruel. Bd. 1. Leipzig o.J. [Sammlung Dieterich Bd. 306]. S. 307, 312) Und noch weiter: Der Erzähler bringt sich als Figur der Geschichte ins Spiel: Pantagruel schützt sein Heer vor einem Regenschauer durch seine als Dach ausgestreckte Zunge, jetzt der Erzähler: „Ich aber, der ich euch diese wahrhaftige Geschichte erzähle, hatte mich unter ein Kleeblatt geflüchtet, das so groß war wie der Brückenbogen von Mantrible." Er wollte dann auch unter die Zunge, findet aber keinen Platz mehr. „Da kletterte ich, so gut ich konnte, nach oben und lief zwei Meilen auf der Zunge entlang, bis ich endlich in den Mund gelangte. Himmlische Götter und Göttinnen, was ich da sah! Möge mich Jupiter mit seinem dreistrahligen Blitz zerschmettern, wenn ich eine einzige Silbe lüge. Ich ging da umher (...) und sah große Felsen wie die dänischen Klippen – es waren wohl seine Zähne – und große Wiesen und Wälder und feste Städte, die gewiss nicht kleiner waren als Lyon oder Poitiers". (S. 322) In dieser Welt bleibt der Erzähler einige Monate, schreibt ein Buch über einen Teil der an der Gurgel Pantagruels lebenden „Völkerschaften" und geht wieder zurück auf die Außenwelt; als Pantagruel ihn wieder sieht, „fragte er mich: ›Wo kommst du her, Alcofribas?‹ - ›Aus Eurem Maul, Herr!‹ antwortete ich." Der auktoriale Erzähler also als Figur in der eigenen Erzählung, als ein Ich mit Namen. Auktorial: „jetzt, liebe Herren, habt Ihr den Anfang der wunderbaren Geschichte meines Herrn und Meisters Pantagruel vernommen. Hier schließe ich das erste Buch. (...) Den Rest der Geschichte soll euch die nächste Frankfurter Messe bescheren, da werdet ihr erfahren" ... (S. 328) Noch gut 200 Jahre später, Henry Fielding in *Tom Jones*, wechselt der auktoriale Erzähler in seinen Reflexionen und Ansprachen des Lesers zwischen „ich" und dem später üblichen „Wir", so z.B. Goethe im Erzählbeginn der *Wahlverwandtschaften*: „Eduard – so nennen wir einen reichen Baron im besten Mannesalter – Eduard hatte in seiner Baumschule".

539 Birgit Sick: „Bücher-Vampyr" und „Schreibmensch". Jean Paul zum 175. Todestag. Jahresgabe 2002 an die Mitglieder der Jean-Paul-Gesellschaft. S. 22. – „Erzählzeit und erzählte Zeit nähern sich dabei einander an; immer wieder tritt der Erzähler zu den erzählten Figuren in Kontakt. Am Ende des *Hesperus* beispielsweise entpuppt sich der Ich-Erzähler, der bisher die Geschichte der Romanfiguren aus der Distanz (...) beschrieben hat, als verlorener Sohn des Fürsten, einer der Romanfiguren." Er führt Gespräche mit einem „›Korrespondenten‹, in dessen Auftrag er die Geschichte der Romanfiguren niedergeschrieben hat." Dieser wiederum ist „Knef alias Fenk, eine Figur aus Jean Pauls früherem Roman *Die unsichtbare Loge*. (...) Da nun der Erzähler, der sich bislang als ›Biograph‹ der Romanfiguren verstanden hat, selbst zu einer Figur innerhalb seiner Erzählung wird, bemerkt er listig: ›der Biograph (...) sollte überhaupt sein eigner seyn.‹" (S. 22f)

540 William M. Thackeray: Jahrmarkt der Eitelkeiten. Ein Roman ohne Helden. Düsseldorf 2007. S. 32.

541 Mario Vargas Llosa: Romane. S. 47.

542 Miguel de Cervantes Saavedra: Der sinnreiche Junker Don Quijote von der Mancha. München 1998. S. 21.

543 Lahn/Meister: Erzähltextanalyse. S. 179.

544 Christoph Bode: Der Roman. Tübingen 2005. S. 166, 168.

545 Mario Vargas LLosa: Wie man Romane schreibt. Frankfurt/M 2004. S. 51. – „Geschieht nicht genau das in diesem großen Roman des 19. Jahrhunderts, *Die Elenden*? Es handelt sich

dabei um eine der ehrgeizigsten erzählerischen Schöpfungen jenes großen, an Romanen so reichen Jahrhunderts, um eine Geschichte, in die alle sozialen, kulturellen und politischen Erfahrungen der Zeit einfließen und die Einsichten Victor Hugos während der dreißig Jahre, die er, unterbrochen von langen Pausen, an dem Werk schrieb. Ohne Übertreibung kann man behaupten, dass *Die Elenden* ein großartiges Schauspiel von Exhibitionismus und Selbstverherrlichung des Erzählers bietet. Dieser allwissende Erzähler ist emporgehoben in einen anderen Raum, der nichts zu tun hat mit der erzählten Welt, in der sich das Leben von Jean Valjean, Bischof Bienvenu (Myriel), Gavroche, Marius, Cosette, kurz der ganzen herrlichen menschlichen Fauna des Romans entwickelt und gemeinsame oder eigene Wege geht. Tatsächlich ist dieser Erzähler gegenwärtiger, als es die Romanfiguren sind. Diese maßlos überhebliche Persönlichkeit kann in ihrem Größenwahn gar nicht anders, als sich ständig, während sie uns die Geschichte erzählt, auch selbst zu zeigen: Oft unterbricht sie die Handlung, springt aus der dritten in die erste Person, um über das Geschehen ihr Urteil abzugeben, um über Philosophie, Geschichte, Moral, Religion zu dozieren, um Figuren zu richten und sie mit unanfechtbarem Urteil zu vernichten oder sie ihrer bürgerlichen und geistigen Qualitäten wegen in den Himmel zu heben. Dieser Erzähler-Gott (niemals passt dieser Begriff besser als in diesem Fall) beweist uns nicht nur ständig seine Existenz und die sklavische Abhängigkeit der erzählten Welt von ihm; er breitet vor den Augen der Leser auch hemmungslos seine Überzeugungen und Theorien, seine Phobien und Sympathien aus, weil er überzeugt ist von seiner Wahrhaftigkeit und meint, recht zu haben in allem, was er glaubt, sagt und tut. (...) Es ist die Geschichte des Erzählers, dessen Pirouetten, Einwürfe, Gedanken, Urteile, Launen und Moralpredigten einen intellektuellen Kontext bilden, einen ideologisch-philosophisch-moralischen Hintergrund des Erzählten." (Ebd. S. 51f)

546   Bode. S. 171f.
547   Bode. S. 174.
548   Franz K. Stanzel: Theorie des Erzählens. Göttingen 2001. S. 261f.
549   Bode. S. 174–176.
550   Ebd. S. 179, Anm. 18.
551   Stratis Myrivilis: Die Madonna mit dem Fischleib. Zürich 2001. S. 33–38.
552   Ebd. S. 48f.
553   Bode. S. 180f.
554   Interessant in dieser Hinsicht ist Helmut Köhlmeiers perspektivische Entscheidung in seinem Roman *Abendland*: Ein Ich-Erzähler, Sebastian Lukasser, Schriftsteller, wird von dem Protagonisten, Carl Jacob Candoris, seinem väterlichen Freund, beauftragt, seine Biografie zu schreiben: Das Resultat ist der vorliegende Roman, in dem Lukasser als Schriftsteller sich alle Freiheiten perspektivischer Verengung und Ausweitung nehmen kann.
555   Bode. S. 154.
556   Bode. S. 154f.
557   Luzius Keller: Proust 1913. Momentaufnahmen mit Rückblenden und Vorausblenden. Hamburg 2013. S. 83f. Das Proust-Zitat findet sich in: Marcel Proust: Unterwegs zu Swann. Auf der Suche nach der verlorenen Zeit 1. Frankfurt/M 2004. S. 21. Deutlich wird auch, wie mühsam es ist, die grammatischen Feinheiten im Deutschen festzuhalten.
558   „Alle relevanten Themen (...), all die Probleme der Zeit, Fragen nach Menschlichkeit, nach Identität und sozialen Rollen werden durch Mordechai de Paauw umschifft. Was übrigbleibt, ist ein bisschen viriles Papperlapapp." (Lea Beiermann: Schürzenjagd mit Bildstörung. In Saskia Goldschmidts neuem Roman fällt interessanter Erzählstoff der falschen Perspektive zum Opfer. In: FAZ. 10.09.2014. S. 10)
559   Ebd. S. 182.

560 Franz K. Stanzel: Theorie des Erzählens. Göttingen 2001. S. 194.

561 Selbstverständlich selektiert immer der Autor.

562 Bode. S. 187.

563 Bode. S. 186, 188; das Zitat stammt aus: Stanzel. Theorie. S. 206.

564 Ich verweise hier nur auf die überzeugende Darstellung Christoph Bodes, a.a.O., S. 190–194.

565 Exemplarisch: „Er fragte sich: ›Soll das jetzt ein Flirtversuch sein?‹" = Direkte Rede; „Er fragte sich, ob das jetzt ein Flirtversuch sein sollte." = Indirekte Rede; „Ob das jetzt ein Flirtversuch sein sollte? Er wusste es nicht." = Erlebte Rede; „ist das jetzt ein Flirtversuch? Ich bin mir nicht sicher." = Innerer Monolog. Vergl. dazu: Bode. S. 200ff.

566 Bode. S. 199f.

567 Hier ist primär zu nennen: Gérard Genette: Die Erzählung. München 1994.

568 Ich lege zugrunde Wolf Schmid: Elemente der Narratologie. Berlin 2014.

569 Theodor Storm: Der Schimmelreiter. Stuttgart 1980. S. 3.

570 Silke Lahn/Jan Christoph Meister (Hrsg): Einführung in die Erzähltextanalyse. Stuttgart 2013. S. 85f.

571 Ebd. S. 87.

572 Bode. S. 214f. – Bode hält an der Terminologie Genettes noch fest, ich habe in meinem Zitat Wolf Schmids Vereinfachung übernommen.

573 Bode. S. 224.

574 Zit. nach: Lahn/Meister: Einführung in die Textanalyse. S. 103. – Ich zitiere nach Lahn/ Meister, weil in meiner Ausgabe (Anton Tschechow: Der Mensch im Futteral. Erzählungen. Übersetzung von Kay Borowsky. Stuttgart 1978) die Übersetzung um eine geringe Differenz an entscheidender Stelle abweicht: „durch den Schlamm watend"; die deutlich negative Wertung wird derart nicht so deutlich. Stichwort und Problem ›Übersetzung‹! Nicht erst seit Joyce ist das Problem gestellt. Ein neueres Beispiel: Bernd-Jürgen Fischers Neuübersetzung von Prousts Recherche, im zweiten Band sagt Albertine über Bloch bei Eva Rechel-Martens: „Das habe ich mir doch gedacht, dass das ein Judenjüngling ist. Die öden einen immer so an." Bei Fischer heißt es: „Ich hätte wetten mögen, dass das ein Itzig war. Typisch deren Tour, hängen sich dran an einen wie die Zecken." Wie nun? Derselbe Text? Proust spricht von „youpin" und „faire la punaise". (Wolfgang Schneider: Die Lufthoheit über Proust ist gefährdet! In: FAZ. 24.09.2014)

575 A.F.Th. van der Heijden: Das Gefahrendreieck. Frankfurt/M 2000. S. 196f.

576 Henry James: Die Gesandten. Köln 1956. S. 444f.

577 Bode. S. 229.

578 Henry James: Maisie. Köln 1955. S. 7.

579 Ebd. S. 288f.

580 Ebd. S. 290.

581 Ebd. S. 281.

582 Bode. S. 232f.

583 Ebd. S. 233. – „Die Wahl der Erzählsituation ist nichts Nebensächliches." (S. 242) Bode belegt dies noch einmal in einer genauen Analyse von Ian McEwans Roman *Abbitte* (S. 242–248), Stanzel wie Genette liefern hierfür ein brauchbares Instrument und Bode schließt: „Theorien können uns helfen, unsere Eindrücke auf den Punkt zu bringen, in Worte zu fassen. Sie machen uns auch (...) zu aufmerksameren Lesern." (S. 248)

584 Schmid: Narratologie. S. 127.

585 Schmid. S. 136f.

586 Die Aposiopese ist eine Sonderform der Ellipse: Ein Satz wird abgebrochen, der fehlende Teil wird durch eine Pause ersetzt.

587 Schmid. S. 138f.

588 Wood: Die Kunst des Erzählens. S. 44f.

589 Wood. S. 23ff. – Exemplarisch: „H fragte: ›Muss ich wirklich gehen?‹" (direkte Rede) – „H fragte sich, ob er wirklich gehen müsse." (indirekte Rede) – „Musste er wirklich gehen?" (erlebte Rede) – „Muss ich wirklich gehen?" (innerer Monolog).

590 Joyce' Erzählung *Die Toten* beginnt: „Lily, die Tochter des Verwalters, musste sich buchstäblich die Beine ablaufen." (James Joyce: Dubliner. Frankfurt/M 1987. S. 179) Wood: „Niemand läuft sich ›buchstäblich‹ die Beine ab. Was wir hören, ist Lily, wie sie zu sich selbst oder zu einer Freundin sagt (mit starker Betonung auf dem allerunpassendsten Wort und mit einem starken Akzent): ›Ich musste mir buch-stäb-lich die Beine ablaufen!‹" (Wood. S. 32)

591 „Wer kann glauben, dass es Leopold Bloom ist, der mitten in seinem Bewusstseinsstrom ein ›mattes Portergeplätscher‹ im Abflussrohr bemerkt oder das ›summende Gezink‹ einer Restaurantgabel goutiert – nämlich in diesen erlesenen Worten? Solche feinen Wahrnehmungen und klangvoll-präzisen Wendungen gehören zu Joyce, und wir Leser haben unsere Einwilligung dazu gegeben, dass Bloom manchmal wie Bloom und manchmal mehr wie Joyce klingen wird." (Wood. S. 40f)

592 Bode. S. 200f.

593 Direkte Rede: „Sie fragte sich: ›Ach! Warum muss ich heute zu dieser blöden Weihnachtsfeier antanzen? Weihnachten ist doch erst morgen!‹" Indirekte Rede: „Sie fragte sich, warum sie heute zu dieser blöden Weihnachtsfeier antanzen müsse, Weihnachten sei doch erst morgen." Erlebte Rede: „Ach! Warum musste sie heute zu dieser blöden Weihnachtsfeier antanzen? Weihnachten war doch erst morgen!" (Schmid: Elemente der Narratologie. S. 174f)

594 Schmid. S. 186.

595 Angelika Klüssendorf: Das Mädchen. Frankfurt/M 2013. S. 29.

596 Schmid. S. 199.

597 Schmid. S. 200.

598 F.M. Dostojewski: Sämtliche Erzählungen. München 1964. S. 329.

599 Schmid. S. 204.

600 Bode. S. 203.

601 Ebd. S. 204.

602 Schmid. S. 176f.

603 Fjodor M. Dostojewski: Der Doppelgänger. Frühe Romane und Erzählungen. München 1990. S. 254.

604 Arno Schmidt: Wieland oder die Prosaformen. In: S.S.: „Na, Sie hätten mal in Weimar leben sollen!" Über Wieland – Goethe – Herder. Hrsg. Jan Philipp Reemtsma. Stuttgart 2013. S. 82.

605 Paul Nizon: Am Schreiben gehen. Frankfurter Vorlesungen. Frankfurt/M 1985. S. 127.

606 Rainer Schmitz: Was geschah mit Schillers Schädel? Sp. 37. – An anderer Stelle, Stichwort Arbeitszeit: „James Joyce hat einmal geschätzt, dass er an seinem *Ulysses* 20.000 Stunden gearbeitet habe." (Schmitz. Sp. 50)

607 Italo Calvino: Sechs Vorschläge für das nächste Jahrtausend. Harvard-Vorlesungen. München 1991. S. 71f.

608 Vargas Llosa: Wie man Romane schreibt. S. 34.

609 Vargas Llosa. S. 36f.

610 Auf den Terminus des Sprachregisters komme ich noch zurück.

611 Gelfert: Was ist gute Literatur? S. 79.

612 Lewitscharoff: Vom Guten, Wahren und Schönen. S. 185f.

613 Sten Nadolny: Roman oder Leben – ? Diesseits und Jenseits des Schreibens. In: Roman oder

Leben. Postmoderne in der deutschen Literatur. Hrsg. Uwe Wittstock. Leipzig 1994. S. 231.

614 Paul Nizon: Am Schreiben gehen. S. 115.

615 Ulrich Peltzer: Angefangen wird mittendrin. Frankfurter Poetikvorlesungen. Frankfurt/M 2011. S. 31.

616 Julien Gracq: Gespräche. Wien 2007. S. 47.

617 Gustave Flaubert an Louise Colet, 13. September 1852. Zit. nach: Wolfgang Matz: 1857. Flaubert, Baudelaire, Stifter. Frankfurt/M 2007. S. 102.

618 Ebd. S. 137.

619 Am 19. September 1852 schreibt er an Louise Colet während der Arbeit am zweiten Kapitel des zweiten Teils der *Madame Bovary*: „Was habe ich meine *Bovary* satt! Dabei fange ich an, mich ein wenig damit zurechtzufinden. Nie im Leben habe ich etwas Schwierigeres geschrieben als das, was ich jetzt mache, einen trivialen Dialog! Diese Szene im Gasthof wird mich vielleicht drei Monate kosten, ich weiß es nicht. (...) Ich muss in ein und derselben Unterhaltung fünf oder sechs Personen darstellen (die sprechen), mehrere andere (über die gesprochen wird), den Ort, an dem sie sich befinden, die ganze Gegend, indem ich Leute und Dinge physisch beschreibe, und muss inmitten von allem einen Herrn und eine Dame zeigen, die anfangen (durch Übereinstimmung ihrer Geschmacksrichtungen), sich ineinander zu verlieben. Wenn ich bloß noch Platz hätte! Aber alles muss ziemlich rasch gehen ohne trocken zu sein, entwickelt werden, ohne platt zu sein, und dabei muss ich mir für die Folge Details aufsparen, die hier eindringlicher wären. (...) Der Satz für sich selber macht mir große Mühe. Ich muss in geschriebenem Stil Leute von äußerster Gewöhnlichkeit sprechen lassen, und der Schliff der Sprache nimmt dem Ausdruck viel Malerisches weg!" Wolfgang Matz kommentiert: Diese Sätze sind beispielhaft für Flauberts Art, die Briefe an Louise Colet als Protokolle und Selbstverständigungen bis ins technische Detail der Niederschrift zu nutzen. „Sie lassen die ungeheure Bewusstheit erkennen, mit der jede Kleinigkeit szenisch, sprachlich und formal durchdacht wird." (Zit. nach: Wolfgang Matz. S. 104)

620 Wood: Die Kunst des Erzählens. S. 170.

621 Hermann Broch: Der Tod des Vergil. Frankfurt/M 1995. S. 11.

622 Gelfert. S. 81.

623 Gelferts Zuordnung dieser Stilart trifft zweifellos zu, in der Beurteilung differieren wir: Bei Identität in der Sache weichen wir diametral ab, was die Wertschätzung angeht. Was die Wertschätzung angeht, teile ich die Sicht Durs Grünbeins: „Es war der große Wurf des fast sechzigjährigen Hermann Broch, Resultat einer mehr als zehnjährigen Arbeit, ein Buch, geradezu manisch-pathetisch, ausdrucksverstiegen, eine letzte Zumutung von Seiten der literarischen Moderne, ein Monument der Unlesbarkeit. Es fiel schwer zu entscheiden, ob es sich hierbei um ein Meisterwerk oder um einen grandiosen Fehlschlag handelte. (...) Nur besonders exzentrische Leser konnten sich mit dem Werk anfreunden, und dabei scheint es bis heute geblieben zu sein. Selten hat ein formell so herausfordern angelegtes Werk einen so geringen Widerhall gefunden. (...) Ja, es war diese schwerzüngig traumgebundene, majestätisch mäandernde Sprache mit ihrer Dramaturgie der Verzögerungen und Ritardandos, über viele Seiten absatzlos, die das Ganze als eine einzige Prosa-Monstrosität erscheinen ließ." Nach einer Würdigung der gedanklichen und inhaltlichen Leistung kommt Grünbein wieder zurück auf die Sprache in diesem Roman: „Kein andere Roman der Moderne hat sich der lyrischen Dichtung, in seiner eigenen Kompositionsweise und als Idee so sehr angenähert wie dieser. Dreht sich in diesem Riesenwerk streng genommen nicht alles nur um das eine: die Frage nach der Funktion von Dichtung und ihrer geschichtlichen Dimension? (...) Der elegische Vers wird zum Vorbild einer neuen Romanprosa; der Bewusstseinsstrom des Helden nähert sich lyrischer Form. Daher die Anklänge an Rilke, unüberhörbar, an Hölderlin. (...) Der letz-

te Ausbruchsversuch des modernen bürgerlichen Romans sollte in die Gefilde der Hymnik führen, so war es gedacht. Broch selbst sah in seiner Komposition ein absolutes Novum der Gattung Roman. Er meinte, eine Art lyrisches Großgedicht in Form überlanger Satzperioden geschaffen zu haben (...). Im bewussten Bruch mit der nüchternen Romanprosa vertraute er die Darstellung des Widersprüchlichen im Menschen lieber dem Lyrischen an. (...) Nie werde ich die Woge überströmender Begeisterung beim Lesen der Eröffnungsszene vergessen. Sie bestand aus einem einzigen, in Wellenrhythmen sich aufbauenden Satz, der die Einfahrt des Augustus in den Hafen von Brundisium beschrieb. Mit nichts als Sprache war hier eine Wirkung erzielt, die etwas Musikalisches und gleichzeitig Kinematographisches hatte. Von ›meinen Schlangensätzen‹ sprach Broch selbst einmal geringschätzig in seinem Briefwechsel mit dem Freud-Schüler Paul Federn. Es waren diese Schlangensätze, mit denen mir damals die Entdeckung der Langsamkeit des Erzählens widerfuhr." (Durs Grünbein: Traue nicht der Heiterkeit, das Wahre ist ernst. In: FAZ. 04.04.2009)

624   Heinrich Böll: Wo warst du, Adam? Berlin o.J. S. 7.

625   Gelfert. S. 82.

626   Friedrich Hölderlin: Werke und Briefe in einem Band. Gütersloh o.J. S. 223. In der Schreibweise von mir aktualisiert.

627   Thomas Mann: Bekenntnisse des Hochstaplers Felix Krull. Frankfurt/M 2000. S. 7.

628   Wood: Die Kunst des Erzählens. S. 160f.

629   Akt V, Szene III in der Übersetzung von Schlegel/Tieck. Shakespeare: „Raze out the written troubles oft the brain"; Barbara Rojahn-Deyk übersetzt: „die eingeschriebenen Leiden des Gehirns ausradieren"(William Shakespeare: Macbeth. Stuttgart 1983. S. 149). Die Übersetzung ist enger am Text orientiert, sie erlaubt nicht so überzeugend die Analyse der Metaphorik, wie sie James Wood vornimmt. Wood sieht in diesem Bild zusammen gebracht: „die Vorstellung von unserer Qual als einem Gerichtsurteil, ›geschrieben‹ von den Göttern; dann die geläufige Vorstellung von unserem Geist als Buch unserer Gedanken; und schließlich die Vorstellung von Linien auf einer sorgenvollen Stirn, vom Kummer geschriebene Zeilen." (Wood. S. 176)

630   Wood. S. 174f.

631   William T. Vollmann: Europe Central. Berlin 2014. S. 105 und S. 950, Anm. 2.

632   Pierre Michon: Die Elf. Berlin 2013. S. 22f.

633   Tobias Schwartz: Das berühmteste Gemälde der Welt. In: Die Welt. 16.02.2013.

634   Andrea Bajani: Liebe und andere Versprechen. München 2012. S. 5f.

635   Siri Hustvedt: Die gleißende Welt. Hamburg 2015. S. 104.

636   Jean Paul: Vorschule. XIV. Programm. § 77. S. 278. – „Daher muss man musikalische Metaphern, um mit ihnen etwas auszurichten, vorher in optische verkörpern, wie denn schon die eigentlichen Ausdrücke *hoher, tiefer* Ton das Auge ansprechen. Sagt man z.B.: die Erinnerung im Greise ist ein *leises* Tönen und Verklingen aus den vorigen Jahren: so stellet sich dies bei weitem nicht so freiwillig dem Einbilden dar, als wenn man sagt: diese Erinnerung ist ein *entfernter* Ton, der aus *dunkeln tiefliegenden* Tälern heraufzieht. Kurz, wir hören besser einen fernen als einen leisen Ton, einen nahen als einen starken, das Auge ist das Hörrohr der akustischen Phantasie." (Ebd. S. 279) Der Sinnlichkeit der Darstellung widmet Jean Paul, konkretisiert bis in einzelne Attributionsformen und Wortarten, mehrere Paragrafen (77–82) seiner *Vorschule der Ästhetik*: Sinnlichkeit des Stils – Unbildliche Sinnlichkeit – Darstellung der menschlichen Gestalt – Poetische Landschaftsmalerei – Bildliche Sinnlichkeit – Über Katachresen.

637   Vergl. Anm. 126.

638   Kehlmann: Lob über Literatur. S. 133.

639 Robert Musil: Der Mann ohne Eigenschaften. Bd. I. Hamburg 1987. Kap. 79: Soliman liebt. S. 337.

640 Als Anmerkung nur ein Beispiel für eine völlig missglückte Bildsprache, gerne auch von der Kritik als exemplarischer Beleg zitiert: „Der Mond steckte im Himmel fest wie ein Stück Falschgeld im Zigarettenautomaten, oxidierte in Minutenschnelle und war plötzlich verschwunden, heruntergebröselt oder doch noch vom Nachthimmel geschluckt." (Juli Zeh: Spieltrieb. München 2006. S. 119) Eine mögliche Erklärung wäre das Bemühen, gerade in der Mondmetaphorik neue Wege zu gehen. Neue Wege, grundsätzlich bedacht: Für die Avantgarde oder emphatische Moderne des 20. Jahrhunderts zentral war die Umkehr der Relation von Welt und Zeichen, vorgängig nämlich das Zeichen in der Kreation einer eigenen poetischen Welt; ich gebe ein Beispiel: „Die Scherben eines gläsernen, gelben Lampions klirrten auf die Stimme eines Frauenzimmers: wollen Sie den Geist Ihrer Mutter sehen? Das haltlose Licht tropfte auf die zartmarkierte Glatze eines jungen Mannes, der ängstlich abbog, um allen Überlegungen über die Zusammensetzung seiner Person vorzubeugen." So beginnt Carl Einsteins Roman *Bebuquin oder die Dilettanten des Wunders* von 1912 (Carl Einstein: Bebuquin. Hrsg. Von Erich Kleinschmidt. Stuttgart 1985. S. 3).

641 Günter Grass: Die Blechtrommel. Göttingen 1999. Die Ameisenstraße. S. 518.

642 Lahn/Meister: Erzähltextanalyse. S. 195f.

643 Patrick Süßkind: Das Parfüm. Die Geschichte eines Mörders. Zürich 1994. S. 5f.

644 Hermann Broch: Der Tod des Vergil. Frankfurt/M 1995. S. 35.

645 Karlheinz Deschner: Kitsch, Konvention und Kunst. S. 88f. – Einige Belege: „Er hatte nicht gern mit Kindern zu schaffen, hierin waren sie ihm den Tieren ähnlich" – „die Katze hatte sie ihn mit hinauszunehmen geheißen" – „Aber freilich, das Jungsein allein tut es nicht, die Jugend eines Menschen verführt uns, ihn zu überschätzen, gleichwie er selbst es tut, indem wir den aufsteigenden Rauch seiner Hoffnungen als eine Gewähr für die Stetigkeit seiner Lebensflamme nehmen" (Deschner. S. 90).

646 Deschner. S. 89.

647 Jeremias Gotthelf: Die schwarze Spinne. Stuttgart 1959. S. 70f.

648 Daniel Kehlmann: Kommt, Geister. Frankfurter Vorlesungen. Hamburg 2015. S. 46.

649 Thomas Wolfe: Von Zeit und Strom. Eine Legende vom Hunger des Menschen in der Jugend. Reinbek 1989. S. 432f. – Der Monolog des Protagonisten zieht sich durch ein ganzes Kapitel: sieben Seiten. Karlheinz Deschner – der von ihm zitierte erste Satz zeigt es – lag offenbar eine andere Übersetzung vor.

650 Thomas Hardy: Am grünen Rand der Welt. München 2015. S. 294. – Enthusiastisch kommentiert und assoziiert Andreas Kilb: „Die Wörter fluten durch die Phantasie. Man sieht die Räder und den Kasten des Fuhrwerks, gemalt von Liebermann oder Courbet, den matten Himmel, das Braun, das Grau, das abgenutzte Weiß. Und man hört Musik, ›Bydlo‹ von Mussorgski, aus ›Bilder einer Ausstellung‹, den klagenden Gang des Ochsenkarrens, auch wenn es ein Pferd ist, das hier den Wagen zieht, der einen Sarg transportiert. Darin liegen eine junge Frau und ein Neugeborenes. (…) ›The air was an eye suddenly struck blind.‹ Einen solchen Satz kann man nicht erfinden. Von einem solchen Satz wird man gefunden." (Sekundenkritik. In: FAS. 10.05.2015)

651 John Cowper Powys: Wolf Solent (1929). München 2006. S. 22, 36f, 38. – Auffallend sind hier die intensiven und genauen Farbbegriffe: Auf diesem Feld sind viele Sprachen außerordentlich reichhaltig besetzt, „in einer Fülle, die uns kein Lexikograf zum überschaubaren Strauß zu bündeln vermag. Kornblumenblau, mohnrot, weizengelb leuchtet's daraus hervor – und wie erst in der großen erzählenden Literatur, etwa bei Thomas Mann! Man denke an Tony Buddenbrooks mattgelbliche Gesichtsfarbe, die bläulichen Schatten um die Augen des kleinen Hanno, die arme, aschgraue Klothilde und Bendix Grünlichs erbsenfarbenes

Beinkleid; oder an Adrian Leverkühn, in dessen Augen sich das Pechschwarz der mütterlichen und der Azur der väterlichen Iris vermischt hatte zu einem schattigen Blau-Grün-Grün; an Tadzios eigentümlich dämmergraue Augen und Gustav Aschenbachs bräunlich-lederne Haut, und wie Aschenbach Platz nahm auf dem sargschwarz lackierten, mattschwarz gepolsterten Armstuhl der Barke, ein Todessüchtiger, der einst noch hingeträumt hatte über die Bläue des Südmeers …" (Ruprecht Skasa-Weiß. Wo bleibt nur die Gilbe? Farbenlehre. In: StZ. 13.09.2014).

652 Agota Kristof: Das große Heft. Frankfurt/M 1999 (Lizenzausgabe der Büchergilde Gutenberg) S. 15.

653 Anthony Burgess: Joysprick: An Introduction to he Language of James Joyce. London 1973. S. 15f. Zit. nach Christoph Bode: Der Roman. S. 94.

654 Im Roman soll Lordkanzler Horion die fünf ›natürlichen‹ Söhne des Fürsten Jenner/Januar von Flachsenfingen suchen und an den Hof holen.

655 Langner: Jean Paul. S. 172f. – Einer der fünf Söhne ist Viktor Horion, Mediziner, er soll seinem vermeintlichen Vater Horion, der erblindet ist, den Star stechen: „Durch diesen symbolischen Akt wird Viktor als Angehöriger des Illuminatenordens kenntlich, dessen Ordenszeichen ›P.M.C.V.‹ (›per me caeci vident‹, ›durch mich werden die Blinden sehend‹) hier nach der *Unsichtbaren Loge* zum zweiten Mal als Erzählmotiv verwendet wird (…). Auch Viktors zweiter Name Sebastian ist als politische Chiffre zu lesen. Der Sebastianismus bezeichnete einen legitimistischen Mythos portugiesischer Patrioten, die sich gegen die spanisch-habsburgische Fremdherrschaft im 16. Jahrhundert auflehnten." (Langner. S. 174f) Wie Beatrix Langner weiter ausführt und begründet, gehört das Spiel mit diesem Namen zum Subtext des Romans, das meint „eine glänzende politische Analyse der Legitimationskrise, in die der Feudalabsolutismus nach dem Sturz Ludwig XVI von Frankreich geraten war." (S. 175) Und das Spiel geht weiter: Es werden drei englische Prinzen eingeführt, sie werden „abwechselnd mit den Namen der Heiligen Drei Könige, des satirischen Dreigestirns Addison, Swift und Pope und dem magischen Quadrat der hebräischen Kabbala (Ator, Sator und Perotoras) bezeichnet. Es ist indes zu ahnen, dass sie die drei verschollenen flachsenfingischen Fürstensöhne sind, benannt nach den realen Thronfolgern von England, Portugal und Spanien: der ›Walliser‹, der ›Brasilier‹ und der ›Asturier‹. Der vierte, verlorene Sohn heißt der ›Infant‹, der fünfte nach dem Bruder des hingerichteten Königs von Frankreich ›Monsieur‹. Zu guter Letzt taucht schließlich noch dieser auf, es ist – Jean Paul alias Friedrich Richter, der Erzähler" (S. 176).

656 Umberto Eco: Nachschrift zum ›Namen der Rose‹. München 1986. S. 9f. – Und etwas später: „Vielleicht sollte man ehrlich unehrlich sein, wie Dumas Père, der kein Hehl daraus macht, dass sein Roman *Die drei Musketiere* in Wahrheit die Geschichte des vierten erzählt." (S. 10).

657 Ebd. S. 11.

658 Lahn/Meister: Erzähltextanalyse. S. 243.

659 Dieter Wellershoff: Frauenfeind und Dr. Krebs. Probleme der Namengebung in literarischen Texten. In: D.W.: Das geordnete Chaos. Essays zur Literatur. Köln 1992. S. 117f.

660 Patrick Modiano: Rue des Boutiques obscures. Paris. Editions Gallimard 1978. S. 174.

661 P.M.: Die Gasse der dunklen Läden. Berlin 2014. S. 161.

662 George Steiner: Nach Babel. Aspekte der Sprache und des Übersetzens. Frankfurt/M 2004. S. 298.

663 Ebd. S. 299.

664 Ebd. S. 308.

665 Ebd. S. 320.

666 Ebd. S. 348.

667 Ebd. S. 316f.
668 Ebd. S. 380: „Kierkegaard, Ibsen, Strindberg, Kazantzakis haben Weltgeltung erst durch Übersetzungen erhalten. Übersetzung kann ein ganzes Opus gleichsam ausleuchten, ihm eine Helligkeit abringen, die es im Original zu scheuen scheint. (…) Amerika hat Faulkner erst eigentlich zur Kenntnis genommen, nachdem er ins Französische übersetzt, von der Literaturkritik in Frankreich gewürdigt worden ist. In diesen und anderen Fällen hat Ausgleich stattgefunden, und das Echo hat Nutzen gebracht." (S. 381)
669 Ebd. S. 323f.
670 Ebd. S. 340.
671 Steiner: Nach Babel. S. 358–360.
672 Steiner spricht von „idiosynkratisch" und „unbewusst".
673 Katrin Lange: Einzug in die Arena. In: Helga Pfetsch (Hrsg): Souveräne Brückenbauer. 60 Jahre Verband der Literaturübersetzer (= Sprache im technischen Zeitalter. Sonderheft März 2014). S. 308 und 311.
674 Dante Alighieri: Die göttliche Komödie. Zürich 1963. S. 100.
675 Kurt Flasch: Einladung Dante zu lesen. Frankfurt/M 2015. S. 17.
676 Katja Petrowskaja: Die aufflatternde Dankbarkeit der Wörter. In: FAS. 28.09.2014. S. 35.
677 Andreas Platthaus: Gefundenes Fressen. *Das Krokodil* und andere Erzählungen Dostojewskis. In: FAZ. 05.05.2015.
678 Peter Stamm: Die Vertreibung aus dem Paradies. Bamberger Vorlesungen und verstreute Texte. Frankfurt/M 2014. S.237f.
679 Katrin Lange: Einzug in die Arena. S. 168.
680 Die Passage stammt aus George Saunders: *Civil War Land in Bad Decline*. 1996. S. 5.
681 Katrin Lange. S. 308f.
682 Burkhard Müller: Grausen am Fuße des Ätna. In: SZ. 13.02.2015.
683 Luzius Keller: Proust 1913. Hamburg 2013. S. 81f.
684 Einen aufschlussreichen Vergleich zwischen dem Französischen und dem Deutschen entwickelt Georges-Arthur Goldschmidt: Als Freud das Meer sah. Freud und die deutsche Sprache. Frankfurt/M 2010.
685 James Joyce. Finnegans Wehg. Zweitausendeins. Darmstadt 1993.
686 Moshe Kahn. In: Stefano D'Arrigo: Horcynus Orca. Frankfurt/M 2015. S. 1469.
687 Peter Stamm: Die Vertreibung aus dem Paradies. Bamberger Vorlesungen und verstreute Texte. Frankfurt/M 2014. S. 19.
688 Stamm. S. 34.
689 Reich-Ranicki: Der doppelte Boden. S. 31.
690 Ebd. S. 32.
691 Ebd. S. 33.
692 Orhan Pamuk: Der naive und der sentimentalische Romancier. München 2012. S. 27.
693 Pamuk. S. 129.
694 Pamuk. S. 131.
695 Pamuk. S. 132f.
696 Kundera: Die Kunst des Romans. S. 93.
697 Kundera. S. 93f.
698 Pamuk. S. 134.
699 Pamuk. S. 135.
700 Pamuk. S. 148.
701 Malcolm Lowry: Unter dem Vulkan. S. 2.
702 Daniel Kehlmann: Kommt, Geister. Frankfurter Vorlesungen. Hamburg 2015. S. 47, 50,

47f. – An anderer Stelle, einige Jahre früher, schreibt Kehlmann: „Ich hatte gemeint, gute Literatur müsse bloß formal perfekt sein. Sie müsse bloß aus möglichst brillanten, tänzelnd überraschenden Sätzen bestehen. Aber natürlich reicht das nicht. Es muss immer ... nun ja, ein Element existentieller Wahrheit geben, eine Berührung mit den Grundtatsachen unseres Daseins. Sie muss etwas über uns als Menschen sagen und über mich als Menschen, als den Schreibenden." (Daniel Kehlmann: Diese sehr ernsten Scherze. Poetikvorlesungen. Göttingen 2007. S. 12)

703 Pamuk. S. 144.

704 Sartre. Was ist Literatur? S. 52.

705 Grundsätzlich formuliert Albrecht Fabri in Blick auf Kunst überhaupt: „Man verlangt alles von der Kunst, nur nicht, was sie nicht allein geben, sondern auch als einzige geben kann: den spezifisch ästhetischen Effekt nämlich." (Albrecht Fabri: Der schmutzige Daumen. Gesammelte Schriften. Frankfurt/M 2000. S. 472) Fabri spitzt zu und lehnt den soeben noch einmal als wesentlich herausgestellten Aspekt des ›docere‹ ab: „Ein Kunstwerk ist (...) weder ein Hammer noch eine Pervitintablette. Racine gab vor, in seiner *Phädra* die nachteiligen Folgen des Inzests demonstrieren zu wollen; ich denke, ebensogut, wenn nicht besser, lässt sich dieser Zweck auf andere Weise erreichen. (...) Ich möchte damit andeuten, dass die Frage nach dem Sinn der Kunst eine typische Blindenfrage ist. Kunst hat keinen Sinn (...). Übrigens laufen die Antworten samt und sonders auf den Hammer und die Pervitintablette hinaus. Kann man aber schon ein Hölderlingedicht philosophisch interpretieren, sollte man nicht meinen, dass diese Interpretation etwas mit dem Gedicht zu tun habe: Soweit ein Gedicht Philosophie ist, ist es eben nicht ein Gedicht; soweit ein Buch etwas lehrt, fällt es unter die Kategorie Kochbuch." (Ebd. S. 473) Es ist dies die Position des Ästhetizismus, gegenüber einer allein an der inhaltlichen Aussage interessierten Interpretation hat sie ihr Recht, einseitig beide.

706 Renate von Heydebrand/Simone Winko: Einführung in die Wertung von Literatur. Systematik – Geschichte – Legitimation. Paderborn 1996. S. 257f.

707 Forster. S. 155.

708 Forster. S. 164.

709 Forster. S. 166f.

710 Forster. S. 171.

711 Forster. S. 169.

712 Ebd. S. 170f.

713 Martin Mosebach: Als das Reisen noch geholfen hat. Von Büchern und Orten. München 2011. S. 323. „Falken steigen in die Luft, Hohlwege erweisen sich als Sackgassen, Leitmotive stiften ein wohlig bedrohliches Wiedererkennen. Aber ist es nicht bemerkenswert, dass dem Leser durch solche Mittel das Gefühl eines eindringlichen Realismus verschafft wird? Das durch vorausweisende und im nachhinein bestätigte Zeichen bestätigte Leben wird als Wirklichkeit empfunden." (S. 323)

714 Mosebach. S. 324f.

715 Wilhelm Genazino: Die Belebung der toten Winkel. Frankfurter Poetikvorlesungen. München 2006. S. 76f. Genazino fährt fort: „In dem Roman *Die Liebesblödigkeit* gibt es einen Panik-Berater, der dem Protagonisten zu einem sogenannten Koffer-Experiment rät. Der Panik-Berater trägt ihm auf, er möge ältere Kleidungsstücke in einem älteren Koffer verstauen, diesen dann in der Stadt abstellen und dabei zuschauen, wie der Koffer von einem Fremden (für immer) weggetragen wird: als Einübung in die Sterblichkeit. Koffer sind mäandernd bedeutsam und potentiell unausschöpflich. Sie sind ein Symbol für Zugehörigkeit und gleichzeitig für Unzugehörigkeit. (...) Koffer sind in hohem Maße reale Traumzeichen." (Ebd. S. 77)

716 Genazino. S. 85.
717 Ebd.
718 Calvino: Sechs Vorschläge für das nächste Jahrtausend. S. 102.
719 Albert Camus: Die Pest. Hamburg 1950. S. 5.
720 Lahne/Meister: Erzähltextanalyse. S. 249.
721 Allegorie: Ein abstrakter Begriff wird anschaulich dargestellt: Justitia als Frauengestalt mit Augenbinde, Waage und Schwert; Metapher: Ein Wort wird durch ein anderes anschaulich ersetzt: mein geliebtes Reh; Metonymie: Ein Wort wird durch ein anderes anschaulich ersetzt, das aber in einer realen Beziehung zu ihm steht: Ich lese gerade Goethe. In diesem Kontext ist ein Symbol ein bildhaft Konkretes, das für ein komplexes Allgemeines steht: das Kreuz für die christliche Religion oder den christlichen Kulturkreis, das Licht (der Sonne) für die Aufklärung. Goethe verstand alle Kunst einschließlich der Dichtung/Literatur als symbolische Verwandlung der Welt. In der Romantheorie wird dieser Ansatz wieder aufgegriffen.
722 Christoph Bode: Der Roman. S. 288.
723 Italo Calvino: Sechs Vorschläge für das nächste Jahrtausend: Harvard-Vorlesungen. München 1991. S. 53.
724 Bode. S. 290, 294, 296.
725 Ebd. S. 297.
726 Umberto Eco: Nachschrift zum Namen der Rose. München 1986. S. 9f.
727 Malcolm Lowry: Unter dem Vulkan. S. 3–5, 6–9.
728 Lutz Hagestedt. In: http://www.hagestedt.de/rezensionen/b17Haendler.html (11.08.2015)
729 Elaine im Zug, S. 171ff – die Briefe des fiktiven Erzählers an Muraus Mutter, S. 215ff, 279ff (des fiktiven Erzählers, der eindeutig ab S. 233 mit dem Ich-Erzähler Georg V. identisch gesetzt wird, Verknüpfung beider Welten; höchst spannend wiederum die Überleitung zum Todesversteckspiel aus dem *Falschen Buch* von Paul Wühr, der Einstieg dann S. 289ff: logisch höchst komplex, spannend) – der Krankenhausaufenthalt Elaines, S. 240ff – der Tod Gambettis, S. 256 – ein philosophisch wie kommunikationstheoretisch interessanter Wahrheitsdiskurs, S. 333ff – ein mir dann doch unverständliches (zu flüchtig gelesen?) Todesversteckspiel und Schlusskapitel.
730 Daniel Kehlmann: Kommt, Geister. Frankfurter Vorlesungen. Hamburg 2015. S. 62.
731 Alberto Manguel: Eine Geschichte des Lesens. Frankfurt/M 2012. S. 249f.
732 Harald Weinrich: Literatur für Leser. München 1986. S. 27. – Genau betrachtet, resümiert Weinrich hier die Thesen eines Buches von Artur Nisin. Der Sachverhalt – Lesen als eine schöpferische Tätigkeit, als produktives Verstehen – ist in den 1960er Jahren mit der Entwicklung der Rezeptionsästhetik thematisiert und bewusst gemacht, nach wie vor zentral sind hier die Publikationen von Hans Robert Jauß und Wolfgang Iser.
733 Peter Stamm: Die Vertreibung aus dem Paradies. S. 241. – Peter Stamm berichtet von einem erschütternden Beispiel der Differenz zwischen Textaussage und Verständnis oder Konstruktion durch eine Leserin: „In Italien war eine junge Frau verhaftet worden, unter dem Verdacht, ihren dreijährigen Knaben getötet zu haben. Als letztes Buch vor der mutmaßlichen Tat hatte sie *Agnes* gelesen. Und hatte darin Sätze unterstrichen: ›Wie uns das Kind auseinandergebracht hatte, führte sein Verlust uns wieder zusammen. Der Schmerz verband uns enger, als das Glück uns verbunden hatte.‹ (…) Im Buch waren diese Sätze eine Lüge, eine Fiktion in der Fiktion. Der Erzähler gab oben weiter im Text zu, dass zwischen ihm und Agnes längst ›ein Gefühl der Fremdheit‹ herrschte. Im Buch zerbrach diese Beziehung am Verlust des Kindes." Für die junge Frau in Italien haben „die unterstrichenen Sätze (…) eine Bedeutung gehabt, die nur sie kennt." (S. 241f)
734 Z.B. Wolfgang Iser: Der Akt des Lesens: Theorie ästhetischer Wirkung. München 1976. –

„Wirkung" meint hier ein Doppeltes: Effekt und Reaktion. Um in der Recherche präzise zu sein: Die Einsicht in die grundsätzliche Unabgeschlossenheit epischer Texte formulierte als erster Roman Ingarden, auf den Iser sich stützt.

735 Vergl. Anmerkung 270: *Tristam Shandy*, die Charakterisierung von Witwe Wadman.

736 Paul Ricoeur: Zeit und Erzählung. Bd. III: Die erzählte Zeit. München 1991. S. 272.

737 Ebd. S. 272.

738 Ebd. S. 273.

739 Ebd. S. 272.

740 Ricoeur. S. 274–276.

741 Sartre: Was ist Literatur? S. 38. – Die Konsequenz: Schon sehr früh und zumal in der Tradition des englischen Romans versuchte man, das Urteil des Lesers zu beeinflussen, ein Bild gleichsam des idealen Lesers zu entwerfen, ironisch kritisch abweisend z.B. William M. Thackeray gleich zu Beginn seines Romans *Jahrmarkt der Eitelkeit* im Kontext der gefühlvollen Abschiedsszene Amelia Sedleys aus dem Mädcheninternat: „Herr Schulze [im Original: Jones], der dies Buch in seinem Klub liest, wird zweifellos all diese Einzelheiten äußerst töricht, abgeschmackt, weitschweifig und sentimental finden. Ja, ich sehe Schulze in diesem Augenblick vor mir (rot und heiß von seinem Schoppen und der Hammelkeule): Er nimmt seinen Bleistift heraus, unterstreicht die Wörter ›töricht‹, ›weitschweifig‹ und so weiter und schreibt an den Rand: Sehr richtig! Ja, ja, Schulze ist ein bedeutender Geist und bewundert das Große und Heldische im Leben und in Romanen. Ich rate ihm gut: Er mag sich lieber an andere halten!" (William M. Thackeray: Jahrmarkt der Eitelkeit. Düsseldorf 2007. S. 14f) Zentral greift Giwi Margwelaschwili die Bedeutung des Lesers in seiner *Fluchtästhetischen Novelle* gleich zu Beginn auf, gleichfalls ironisch: Der Protagonist soll 1947 als Gefangener von Berlin in die Sowjetunion geflogen werden; auf der Gangway „warf er kurz einen besorgten Blick zurück, um zu sehen, ob es einen Leser gab, der mit ihm kam. (...) Dass ein Leser mitkam, war für ihn sehr wichtig, es war lese-lebenswichtig. Denn unser Nachkriegsgefangener war eine Buchperson und sein Abflug aus Deutschland (...) die letzte Szene in seinem fünfzig Jahre später, also in postsowjetischer Zeit, in Deutschland publizierten autobiographischen Roman *Kapitän Wakusch*. Damit diese Szene überhaupt in Bewegung kam, buchweltliche Wirklichkeit wurde, war also ein Leser nötig. (...) Buchpersonen leben ja nur, wenn sie gelesen werden." (Giwi Margwelaschwili: Fluchtästhetische Novelle. Berlin 2012. S. 5) Das Verhältnis von „Buchperson" und Leser, von „Buchwirklichkeit" und realer Wirklichkeit, ihrerseits aber wieder in der Novelle thematisiert und dargestellt, bestimmt die Erzählung insgesamt, skurril wie die Einfälle und Spiele Jean Pauls: „Die Douglas stand wie angewurzelt auf dem Rollfeld. Weil keine Leser kamen, konnte sie nicht losfliegen, die Geschichte war gestoppt, die handelnden Personen hatten bis auf weiteres im Warteraum des Flughafens zu warten. Das war für den Nachkriegsgefangenen nicht unvorteilhaft, weil es seine Nachkriegsgefangenschaft nicht weiter wachsen ließ: Seine Verschleppung in die Räterepublik wurde dadurch verzögert. Aber für ihn als Buchperson war es auch nachteilig, da es ihm bewies, dass in seinem jungen Dasein viel zu wenig Lese-Lebenskraft steckte und ihm und seiner zweibändigen Geschichte in der Buchwelt kein langes Leben mehr bevorstehen konnte." (S. 13) Das Verhältnis zwischen Leser und Buchperson betrifft auch das unter dem Aspekt Charaktere genannte Überraschungsmoment: „Am besten und lebendigsten fühlt sich die Buchperson (...), wenn aus dem Leser, der ihr folgt, ein unermüdlicher Verfolger wird (...). Das ist vor allem dann der Fall, wenn an der Buchperson etwas ist, das der Leser nicht ganz versteht, ein Geheimnis, das er um jeden Preis erfahren möchte, ihm dies aber über weite Strecken des in dem Buch beschriebenen Lese-Lebens nicht gelingt, was das Interesse, das er für den Lesestoff entwickelt, immer größer werden lässt. Für die Buchperson ist, da sie in solchen Fällen am

intensivsten gelesen werdend lebt, jede derartige Verfolgung durch den Leser das schönste Erlebnis. (...) Allgemein kann man sagen, dass jede Buchperson – wenn sie in ihrer Geschichte die Hauptperson ist – eine Lesegeheimnis darstellt, das die Leser anstacheln soll, sie auf ihrem Lese-Lebensweg unausgesetzt zu verfolgen und so lange zu begleiten, bis sich das Rätsel löst, das Ende des Buches erreicht ist." (S. 11f) Konsequent weitet Margwelaschwili das Spiel in der Folge dann aus zum Spiel mit den Zeiten und Zeitformen: des epischen Präteritums als der Gegenwart der Buchfiguren und der Gegenwart des Lesers als der Zukunft der Buchfiguren; ein Leser nimmt „realen" Kontakt zum Protagonisten auf und ermuntert ihn, Konjekturen zu entwickeln, seine Buch-Lebenszukunft betreffend ein virtuoses Spiel mit erzählerischen Ebenen und Kategorien.

742 Urs Widmer: Grazer Poetikvorlesungen. S. 29.

743 Pamuk. Der naive und der sentimentalische Romancier. S. 149f.

744 Baumgart: Aussichten des Romans. S. 70. – Konnte Reinhard Baumgart noch sagen: „Wir wissen vom Leser das Einfachste nicht", so hat sich das partiell zumindest geändert mit der Einführung des E-Books: Verlage und Autoren erhalten jetzt „Einblick ins Leseverhalten der Käufer. Der Leser wird gläsern. Alles was er mit dem digitalen Buch macht, wird gespeichert – und Eigentum von großen E-Book-Verlagen wie Amazon, Google oder Apple. In den Nutzungsbedingungen muss man dem zustimmen, bevor man ein Buch runterladen kann. Auch in Deutschland. So wissen die Verlage etwa, um wie viel Uhr der Leser seinen E-Book-Reader in die Hand nimmt und zu lesen beginnt. Wie lange er im Durchschnitt liest. An welchen Stellen er verweilt. Wo er aus dem Buch aussteigt. Und auch: Welche Sätze oder Passagen ihm besonders viel bedeuten, also was er in welchem Buch markiert oder gar kommentiert." (Lara Fritzsche: Dein Buch liest Dich. In: SZ Magazin, 04.08.2013. – Ähnlich auch: Gina Thomas: Ende einer Illusion. Amazon weiß, welche Bücher ganz gelesen werden. In: FAZ. 12.07.2014)

745 Alberto Manguel: Eine Geschichte des Lesens. Frankfurt/M 2012. S. 117.

746 Der Franziskaner Nikolaus von Lyra (ca 1270-1349) gilt als Kenner der jüdisch exegetischen Tradition, ihm werden die folgenden Verse zugeschrieben (*Postilla*, im Brief an die Galater, 1330): "littera gesta docet, quid credas allegoria / moralis quid agas, quo tendas anagogia": „Die Literatur belehrt über Ereignisse, was du glauben sollst, (lehrt uns) die Allegorie, die Moral, was du tun sollst, worauf du abzielen sollst, die Anagogie." (Umberto Eco: Streit der Interpretationen. Hamburg 2005. S. 30. – Zugrunde liegt meinem Zitat Henri de Lubacs Fassung aus seinem opus magnum *Medieval Exegesis: The Four Senses of Scrizure*. Vol. 1. Michigan 1998. P. 271)

747 Ebd. S. 133.

748 Ebd. S. 147.

749 Durch Bibeldeutung gewonnen.

750 Manguel. S. 129f.

751 Franz Kafka: Die Briefe. Darmstadt 2012. S. 916. Postkarte vom 09. Oktober 1916.

752 Alberto Manguel listet auf: „Meine Tochter Rachel las Kafkas Verwandlung mit dreizehn Jahren und fand die Erzählung lustig; Gustav Janouch las sie als eine religiöse und ethische Parabel; Bertolt Brecht sah in ihr das Werk ›des einzig wahren bolschewistischen Schriftstellers‹ [zit. bei Gershom Scholem: Walter Benjamin. Die Geschichte einer Freundschaft. Frankfurt/M 1975]; der ungarische Literaturwissenschaftler Georg Lukács nannte sie das typische Produkt eines dekadenten Bourgeois; Borges verstand sie als eine Fortsetzung der Paradoxien des Zenon; die französische Literaturwissenschaftlerin Marthe Robert pries an ihr die Klarheit der deutschen Sprache; Vladimir Nabokov erschien sie (teilweise) als eine Allegorie pubertärer Angst." (Manguel. S. 138)

753 Manguel. S. 275.

754 Umberto Eco: Die Grenzen der Interpretation. München 1992. S. 22.

755 Ich beschränke mich im Folgenden auf wenige Schriften Ecos, in denen er sein Verständnis von Textinterpretation einem breiteren Publikum erläutert hat. Sein Gesamtansatz ist umfassend dargestellt in der Dissertation von Helge Schalk: Umberto Eco und das Problem der Interpretation: Ästhetik, Semiotik, Textpragmatik. Würzburg 2000.

756 Umberto Eco: Nachschrift zum *Namen der Rose*. München 1986. S. 9 und 11.

757 Eco sieht in den im Kontext der Postmoderne propagierten dekonstruktivistischen Verfahren Verfallserscheinungen rationalen Denkens, einen neuen Irrationalismus und Mystizismus, einzuordnen in die Tradition des europäischen Irrationalismus, dessen Ursprünge er in der Entstehung des hermetischen, kabbalistischen und gnostischen Denkens festmacht, einer Tradition, die die Entwicklung des Rationalismus in ihren Etappen gleichsam als alter Ego begleitet hat. „Ich bin der Ansicht, dass heute viele ›reader-oriented‹ Theorien und Praktiken in irgendeiner Weise der hermetischen Tradition verpflichtet sind." (Umberto Eco: Die Grenzen der Interpretation. S. 73) Wiedererkennen lasse sich etwa der „Gedanke eines ständig entgleitenden Sinnes" (ebd. S. 67) Eco greift vor allem an die ›dekonstruktivistische Abdrift‹ in ihrer Missachtung aller Textmerkmale, der es darum gehe, jede vom Text her begründete Bedeutung anzuzweifeln (ebd. S. 74f).

758 Umberto Eco: Zwischen Autor und Text. München 1994. S. 71f.

759 Ebd. S. 73.

760 Ebd. S. 76.

761 Ebd. S. 75.

762 Ebd. S. 73.

763 Ebd. S. 154.

764 Umberto Eco: Die Grenzen der Interpretation. München 1992. S. 425.

765 Eco: Zwischen Autor und Text. S. 97.

766 Ebd. S. 71f.

767 „Wenn Agatha Christie in *The murder of Roger Ackroyd* einen Erzähler sprechen lässt, der sich zuletzt als der Mörder herausstellt, so verleitet sie den naiven Leser dazu, zunächst andere zu verdächtigen. Wenn aber der Erzähler am Schluss dazu auffordert, seinen Text nochmals durchzulesen, um zu enthüllen, dass er sein Verbrechen eigentlich nicht verborgen, sondern dass der naive Leser nur nicht auf seine Worte geachtet hatte: In diesem Fall fordert die Autorin den kritischen Leser dazu auf, die Geschicklichkeit zu bewundern, mit der der Text den naiven Leser in die Irre führte". (Eco: Die Grenzen der Interpretation. S. 43f)

768 Sehr direkt und scharf formuliert das Alberto Manguel: „Wie jeder Leser weiß, ist die Literatur ein Akt geteilter Verantwortung. Doch anzunehmen, dass dieser gegenseitige Akt uns das Ziel enthüllt, das sich der Autor mit seinem Text gesetzt hat, ein Ziel, das er in den meisten Fällen selbst nicht genau kennt, zeugt entweder von Einfalt oder von hoffnungsloser Arroganz. Um einen anderen Autor zu paraphrasieren: Im Buch steht nur drin, was drinsteht. Ob eine Autorin ihr Ziel erreichte oder auch nur wusste, was sie wollte, oder ob sie alles andere anstrebte als das, was zwischen den Buchdeckeln steht, ist eine Frage, die niemand, auch die Autorin selbst nicht, wahrheitsgemäß beantworten kann. (...) ›Ich behaupte nicht, dass es nicht in meinem Buch drin ist‹, sagte der italienische Romancier Cesare Pavese in Erwiderung auf einen Kritiker, der in seinem Roman ein metaphysisches Thema ausgemacht hatte. ›Ich sage nur, ich habe es nicht hineingetan.‹" (Alberto Manguel: Im Spiegelreich. S. 180f)

769 Die Grenzen der Interpretation. S. 143f.

770 Eco spricht nicht von unterschiedlichen Ansätzen als unterschiedlichen Methoden; zur Methodenfrage oder -vielfalt äußert er sich nicht. Seit dem von Klaus-Michael Bogdal 1993

herausgegebenem Band *Neue Literaturtheorien in der Praxis. Textanalysen von Kafkas „Vor dem Gesetz"* (Opladen) sind mehrfach Sammelbände dieser Art als positive Beispiele einander ergänzender Interpretationen für Studenten/Schüler oder interessierte Leser erschienen, wohl nicht zufällig ist Kafka der Ausgangspunkt, z.B. Oliver Jahraus/Stefan Neuhaus (Hrsg): Kafkas ›Urteil‹ und die Literaturtheorie. Zehn Modellanalysen. Stuttgart 2003; jüngst kam aber auch Balzac in Blick: E. Richter/K. Struve/N. Ueckmann (Hrsg): Balzacs ›Sarrasine‹ und die Literaturtheorie. Zwölf Modellanalysen. Stuttgart 2013.

771 Eco: Grenzen. S. 144.

772 Ecos *Grenzen der Interpretation* erschien 1990, 1976 noch konnte René Wellek klar formulieren: „Die Vorstellung von der Angemessenheit der Interpretation führt zwangsläufig zur Vorstellung von der Richtigkeit des Urteils. Wertung erwächst aus Verständnis; richtige Wertung aus richtigem Verständnis. (…) Logik, Ethik und, wie ich meine, selbst die Ästhetik schreien laut auf gegen einen totalen Relativismus. Er würde zu einer Entmenschlichung der Kunst und zur Lähmung der Kritik führen." (In: Kritik als Wertung. In: Peter Gebhardt [Hrsg]: Literaturkritik und literarische Wertung. Darmstadt 1980. S. 337)

773 Sie griffen nach Eco zu Unrecht auf das Konzept der „unbegrenzten Semiose" von Charles Sanders Peirce zurück, einem teleologischen, final orientierten Prozess eines ständigen Erkenntniszuwachses. „Die hermeneutische Abdrift hingegen könnte man definieren als einen Fall konnotativen Neoplasmas", er spricht von „einem krebsartig wuchernden Konnotations-Wachstum" ohne Erkenntnisgewinn, „bei dem an einem bestimmten Punkt eine bloße phonetische Assoziation (...) eine neue pseudokonnotative Kette in Gang setzt, in der der Inhalt des neuen Zeichens nicht mehr vom Inhalt des ersten abhängt. (...) Die Konnotationen vermehren sich krebsartig in der Weise, dass bei jeder weiteren Stufe die vorhergehende vergessen, ausgelöscht wird, weil die Lust am Gleiten von einem Zeichen zum nächsten liegt und es kein Ziel gibt außerhalb der labyrinthischen Reise durch die Zeichen oder die Dinge." (Eco: Grenzen. S. 428f) Was Eco hier zur textrezipierenden Fehlinterpretation kritisch formuliert, ließe sich – gleichsam spiegelbildlich – ähnlich zur Textproduktion sagen, wie sie im Spätwerk von Arno Schmidt vorliegt, der Orientierung an „Etyms"; dem wäre nachzugehen: Dekonstruktion und Etym-ologie.

774 Ricoeur bezieht sich in seiner Rehabilitierung des Genusses auf die schon genannte Schrift von Hans Robert Jauß: Kleine Apologie der ästhetischen Erfahrung. Konstanz 1972.

775 Paul Ricoeur: Zeit und Erzählung. Bd. III: Die erzählte Zeit. München 1991. S. 284f.

776 Ebd. S. 286. Es ist dies der Ansatz von Hans Georg Gadamer, Ricoeur formuliert fast wörtlich (Gadamer: Wahrheit und Methode. Tübingen 1960. S. 352).

777 Ebd.

778 Ebd. S. 279.

779 Es sind dies Zitate aus Hegels *Ästhetik*: G.W.F. Hegel: Ästhetik. Hrsg. Friedrich Bassenge. Bd. I. Frankfurt/M o.J. S. 248, 41.

780 „Gerade Kant, der das Ästhetische zur Instanz der Vermittlung zwischen Natur und Freiheit, Sinnlichkeit und Vernunft erhob, hat die rein auf die Subjektivität gegründeten ästhetischen Urteilskraft indes (...) jegliche Erkenntnisfunktion abgesprochen." Die geistesgeschichtliche Konsequenz ist ein „Gegensatz, den die Theorie und Geschichte der Kunst des 19. Jahrhunderts zur Kluft zwischen ästhetischer Autonomie und ethisch ernster, wählender Existenz vertiefen und bis zum völligen Praxisverlust der interesselosen Kunst des L'art pour l'art steigern sollte." (Hans Robert Jauß: Kleine Apologie der ästhetischen Erfahrung. Konstanz 1972. S. 19f)

781 Jauß: Kleine Apologie. S. 14f.

782 Lukas Bärfuss: Stil und Moral. Essays. Göttingen 2015. S. 228.

783 Oliver Jungen: Lesen ist unmoralisch. In: FAZ. 03.05.2015.

784 Ebd. S. 38, 40. – Ich erinnere an das System möglicher Identifikationen, das von Jauß entwickelt wurde, Stichwort ›Identifikationsmöglichkeit für den Leser‹.

785 Katharsis wird übersetzt als ›Klärung‹, ›Reinigung‹, ›Läuterung‹.

786 Eine Allegorie ist z.B. die Darstellung der Gerechtigkeit als Frau mit verbundenen Augen; das Pendant dazu auf Seiten des Rezipienten ist die Allegorese: Sie nimmt an und sucht neben dem Wortsinn (sensus litteralis) eine oder mehrere Bedeutungsebenen (sensus spiritualis).

787 Ricoeur. S. 288.

788 Ebd. S. 286.

789 Hans Robert Jauß: Ästhetische Erfahrung und literarische Hermeneutik. Frankfurt/M 1991. S. 657.

790 Ebd. S. 662. – Rainer Warning sieht hier eine „unausdrückliche Teleologie" und Jauß derart verhaftet in idealistischer Tradition (Rainer Warning: Nachwort zu: Hans Robert Jauß: Probleme des Verstehens. Ausgewählte Aufsätze. Stuttgart 1999. S. 215).

791 Martin Heidegger: Holzwege. Frankfurt/M 1950. S. 197.

792 Jauß: Probleme des Verstehens. S. 684.

793 Ebd. S. 695f.

794 Ebd. S. 703.

795 Jauß: Negativität und Identifikation. S. 314f. – Eine explizite, erhellende Auseinandersetzung mit verengten, vermeintlich konsequent marxistischen und ideologiekritischen Ansätzen findet sich schon in dem von Heinz Schlaffer herausgegebenen Band *Literaturwissenschaft und Sozialwissenschaften 4: Erweiterung der materialistischen Literaturtheorie durch Bestimmung ihrer Grenzen.* Stuttgart 1974, vor allem hilfreich ist hier: Gisbert Ter-Nedden: Gibt es eine Ideologiekritik ästhetischer Sinngebilde? (S. 251–264); weiter verweise ich auf Hans Robert Jauß' Beitrag: Zur Fortsetzung des Dialogs zwischen ›bürgerlicher‹ und ›materialistischer‹ Rezeptionsästhetik. In: Rainer Warning (Hrsg): Rezeptionsästhetik. Theorie und Praxis. München 1975. S. 343–352.

796 Allgemein und als starke These formuliert dies George Steiner: Er nimmt an, dass „dasselbe Buch, (...) dieselbe Buchseite auf den Leser absolut unterschiedliche Wirkungen ausüben kann. (...) Zu verschiedenen Zeitpunkten des Lebens des Lesers ruft ein Buch völlig unterschiedliche Reflexe hervor. In der menschlichen Erfahrung gibt es keine komplexere Phänomenologie als die der Begegnungen zwischen Text und Wahrnehmung". (George Steiner: Die Logokraten. München 2009. S. 63)

797 Noch einmal George Steiner: „Der Kanon des Wesentlichen variiert von einem Individuum zum anderen, (...) aber auch von einer Phase des Lebens zur anderen. Es gibt in der Jugend Meisterwerke, die später unlesbar sind. (...) Die Chemie des Geschmacks, der Besessenheit, der Abstoßung ist fast ebenso seltsam und ungreifbar wie die der ästhetischen Schöpfung. Menschen, die einem von ihrer Herkunft, ihrer Sensibilität und ihrer Ideologie her sehr nahe stehen, können für ein Buch schwärmen, das man verabscheut, können das als Kitsch einstufen, was man für ein Meisterwerk hält." (Steiner: Die Logokraten. S. 68f)

798 Thomas Anz: Literatur und Lust. S. 110. – So schreibt z.B. Paul Ingendaay in seiner Rezension der Erzählungen *Der letzte Schrei* von A.L. Kennedy: „Im Allgemeinen gewinnen die Storys beim zweiten Lesen. Hin und wieder ist das mühsam, aber öfter von großer Originalität. Dieses Erzählen schafft es, in wenige Sätze Düsternis, Schwäche und Zärtlichkeit zugleich zu packen, und nimmt man gleich nach der Kennedy-Lektüre wieder den handelsüblichen Realismus zur Hand, wie ihn die abendländischen Gesellschaften seit zweihundert Jahren pflegen, ist man geneigt, ihn etwas simpel zu finden." (Paul Ingendaay: Galerie der Gestörten. In: FAZ. 08.08.2015)

799 August Wilhelm Schlegel: Die Kunstlehre. Aus: A:W. Schlegels *Berliner Vorlesungen über Schöne Literatur und Kunst*. Erster Teil 1801–1802. Einleitung. Zit. Nach: Peter Gebhardt (Hrsg): Literaturkritik und literarische Wertung. Darmstadt 1980. S. 65f.

800 René Wellek: Kritik als Wertung. In: Peter Gebhardt (Hrsg): Literaturkritik und literarische Wertung. Darmstadt 1980. S. 336.

801 Juli Zeh: Treideln. Frankfurter Poetikvorlesungen. Frankfurt/M 2013. S. 18f.

802 Zeh. S. 20.

803 Zeh. S. 172f.

804 Ebd. S. 31f.

805 Sartre: Was ist Literatur? S. 41. – Hier klingt zumindest an – bei aller Dialektik zwischen Subjekt und Objekt – die Gefahr der Ontologisierung eines im Kunstwerk verborgenen Sinnes, der im Werk selbst verborgen und wieder zu entdecken sei.

806 Ebd. S. 43.

807 Sartre: Was ist Literatur? S. 43.

808 Brief vom 27.01.1904. In: Franz Kafka: Die Briefe. Darmstadt 2012. S. 25. – Zurück noch einmal zu Sartres Begriff der Verantwortung des Lesers: George Steiner geht aus von traditionellen Lesegewohnheiten und formuliert normativ: „Gut zu lesen bedeutet, dem Text zu antworten, sich ihm gegenüber verantwortlich zu fühlen. (...) Gut zu lesen heißt, von dem, was wir lesen, gelesen zu werden, ihm gegenüber ›responsabel‹ zu sein. Mit dem veralteten Ausdruck ›respondieren‹, der einen Prozess von Überprüfen und anschließendem Antworten impliziert, lassen sich die unterschiedlichen und komplexen Stadien aktiven Lesens (...) gedrängt zusammenfassen." (George Steiner: Der Garten des Archimedes. München 1997. S. 16) Diese Stadien oder besser Möglichkeiten sind Korrekturen, Marginalien, Anmerkungen, Verweise, Exzerpte ... . Am Ende steht die Literaturkritik: „Jeder Schriftsteller braucht einen Gegenstand, an dem er produktiv wird. Für mich ist dieser Gegenstand die Literatur. Meine Sache ist es, auf Werke der Literatur zu reagieren, sie auf meine Art zu erfahren und die Erfahrungen zu formulieren." (Günter Blöcker: Erfahrungen formulieren. In: magnum. Jahresheft 1964 (55): Deutschlands Schriftsteller. S. 43)

809 Wayne C. Booth: Die Rhetorik der Erzählkunst. 2 Bde. Heidelberg 1974. Bd. II. S. 131.

810 Umberto Eco: Nachschrift zum *Namen der Rose*. S. 55–57.

811 Rabelais: Gargantua & Pantagruel. Vollständige Ausgabe in zwei Bänden. Leipzig o.J. (Sammlung Dieterich) Bd. I. S. 4.

812 Paul Ricoeur: Zeit und Erzählung. Bd. III: Die erzählte Zeit. München 1991. S. 267.

813 Rabelais. S. 5-8. Die Konsequenz dessen, was Rabelais im Vorwort ankündigt, für uns als heutige Leser: Wir sind angesichts der historischen Differenz angewiesen auf eine sorgfältig kommentierte Ausgabe, sonst verstehen wir wohl kaum die angekündigte zweite Ebene von Zitaten, Anspielungen, manifesten Bildungsinhalten und -aussagen, Stichworte Hermeneutik und Interpretation, bleiben vielmehr auf der Ebene der Narreteien hängen – vergnüglich durchaus auch dies.

814 Sartre: Was ist Literatur? S. 56f. – Zurück zu Reich-Ranickis Mühe angesichts der Möglichkeit eines „grandios geschriebenen" Romans mit antisemitischen Tendenzen: „Niemand aber sollte auch nur einen Moment glauben, man könnte einen guten Roman zum Lobe des Antisemitismus schreiben. Denn sobald ich gewahr werde, dass meine Freiheit unlösbar mit der aller anderen Menschen verbunden ist, kann man von mir nicht verlangen, dass ich sie dazu gebrauche, die Unterdrückung der einen Menschen durch die anderen zu billigen." (Sartre. Ebd. S. 57) Ausdrücklich auf Sartre bezieht sich Siegfried Lenz, wenn er die Aufgaben der Literatur – in Differenz zu denen der Wissenschaft – bestimmt als „von erklärter Parteilichkeit. Die Herkunft einer allgemeinen Trauer zu bestimmen, das Scheitern unserer Entwürfe

zu begründen, die Furcht verständlich zu machen und der Hoffnung Namen zu geben (...). Und (...) die Schrecken zu neutralisieren und die Not als veränderbar zu beschreiben, die Chancen der Sprache zu belegen und zu zeigen, dass es richtiges und falsches Handeln gibt." (Siegfried Lenz: Wettlauf der Ungleichen. Literatur im wissenschaftlichen Zeitalter. In: Markus Krause/Stephan Speicher [Hrsg]: Absichten und Einsichten. Texte zum Selbstverständnis zeitgenössischer Autoren. Stuttgart 1990. S. 140)

815 Nicht weiter entwickelt findet sich dieser Ansatz schon bei Friedrich Schlegel: „Die Romane sind die sokratischen Dialoge unserer Zeit. In diese liberale Form hat sich die Lebensweisheit vor der Schulweisheit geflüchtet." (26. Lyceums-Fragment. In: Ernst Eichner [Hrsg]: Kritische Friedrich-Schlegel-Ausgabe. Zweiter Band. München 1967. S. 149)

816 Richard Rorty: Der Roman als Mittel zur Erlösung aus der Selbstbezogenheit. In: Joachim Küpper/Christoph Menke (Hrsg): Dimensionen ästhetischer Erfahrung. Frankfurt/M 2003. S. 56f.

817 Überreden ist gut. Ein Gespräch mit Richard Rorty. In: Richard Rorty: Philosophie & die Zukunft. Essays. Frankfurt/M 2001. S. 164.

818 Rortys Sicht auf die Differenz von philosophisch diskursiven und fiktional epischen Texten und die Bedeutung des Romans im Kontext moralischer Erziehung oder moralischer Effizienz ist interessant ohnehin, wohl auch nachvollziehbar in der Tradition der kontinentalen, vor allem der deutschen Philosophiegeschichte und hier vor allem der Fokussierung auf Kant— und das macht Rorty. Ein etwas anderes Bild ergibt sich, wenn wir die englische Tradition der Moralphilosophie von Hutcheson über Hume bis A. Smith in Blick nehmen: „Es ist kein Zufall, dass der Aufstieg des Romans in der Mitte des achtzehnten Jahrhunderts zeitlich zusammenfiel mit der aufkommenden philosophischen Diskussion über das sympathetische Gefühl, besonders bei Denkern wie Adam Smith und Shaftesbury." (Wood: Die Kunst des Erzählens. S. 150) Die Tradition der schottischen Moralphilosophie rückt – wie ein gutes Jahrhundert später in Deutschland Arthur Schopenhauer – in das Zentrum die Entstehung des Mitgefühls als der Quelle aller Moral durch die emotionale Identifikation mit dem Leidenden; es ist genau dies, was auch der Roman im Leser erreichen kann.

819 Richard Rorty: Kontingenz, Ironie und Solidarität. Frankfurt/M 1997. S. 16.

820 Richard Rorty: Heidegger, Kundera und Dickens. In: R.R.: Eine Kultur ohne Zentrum. Vier philosophische Essays. Stuttgart 1993. S. 97.

821 Ebd. S. 101f.

822 Historisch differenziert untersuchen vor allem Christa und Peter Bürger im Kontext des Dichotomisierungsprozesses von hoher und niederer, von autonomer und marktorientierter Massenliteratur den moralischen Anspruch des Romans im 18. Und 19. Jahrhundert: Christa Bürger/Peter Bürger/Jochen Schulte-Sasse (Hrsg): Zur Dichotomisierung von hoher und niederer Literatur. Frankfurt/M 1982.

823 Claudius Seidl: Ein Leben. In: FAZ. 20.09.2013. S. 1.

824 Lukas Bärfuss: Stil und Moral. Essays. Göttingen 2015. S. 225–228.

825 Hermann Broch: Der Tod des Vergil. Frankfurt/M 2007. S. 128–130.

826 Sabine Buck: Literatur als moralfreier Raum. Zur zeitgenössischen Wertungspraxis deutschsprachiger Literaturkritik. Paderborn 2011.

827 Buck. S. 92.

828 Marcel Reich-Ranicki, 1963. In: Unser Grass. München 2003. S.20. Zit. nach Buck. S. 18f.

829 Buck. S. 100.

830 Buck. S. 101. Das Zitat stammt von J. Hillis Miller: Is There an Ethics on Reading? In: James Phelan (Hrsg): Reading Narrative. Form, Ethics, Ideology. Columbus 1989. S. 86.

831 Theodor W. Adorno: Ästhetische Theorie. Frankfurt/M 1970. S. 17.

832   Buck. S. 191.
833   Buck. S. 183.
834   Buck. S. 258.
835   Buck. S. 231f.
836   Buck. S. 258.
837   Die Zeit. 14.02.2008. Zit. Buck. S. 334.
838   Britta Bode: Welt am Sonntag. 17.02.2008. – Wilfred Wiegand: FAZ. 29.02.2008. – Rainer Schmitz: NZZ. 17.02.2008. Zit. Buck. S. 336f.
839   „Literatur darf alles": Bernhard Schulze: Der Tagesspiegel. 24.02.2008. Zit. Buck. S. 358.
840   Buck. S. 382.
841   Buck. S. 383.
842   Buck. S. 381f.
843   Andreas Bernhard: Utopie eines späten Glücks. In: FAZ. 30.08.2014.
844   Peter von Matt: Intrige. S. 60.
845   Forster: Ansichten des Romans. S. 112f.
846   Ebd. S. 116.
847   Rabelais. Gargantua & Pantagruel. S. 25.
848   Ebd. S. 26.
849   Franz Kafka: Die Verwandlung. In: F.K.: Erzählungen. Frankfurt/M 1983. S. 57.
850   Umberto Eco: Im Wald der Fiktionen. S. 107.
851   Kafka. S. 57.
852   Urs Widmer: Vom Leben, vom Tod. S. 95.
853   José Ortega y Gasset: Meditationen über *Don Quijote*. Stuttgart 1959. S. 142f.
854   Kehlmann: Lob über Literatur. S. 136f. – Im gleichen Kontext formuliert Kehlmann über sich selbst: „In meinen Romanen ging es mir immer um das Spiel mit der Wirklichkeit, das Brechen von Wirklichkeit. Und, ich sage das jetzt ganz offen, es gehörte zu meinen bedrückendsten Erlebnissen als Schriftsteller, dass so etwas in Deutschland einfach nicht verstanden wird." (S. 139)
855   Vargas Llosa: Wie man Romane schreibt. S. 72.
856   Vargas Llosa. S. 69f.
857   Vargas Llosa. S. 84.
858   Vargas Llosa. S. 85.
859   Eco: Nachschrift. S. 33f.
860   Vergl. Eco: Fiktionen. S. 110f.
861   Vargas Llosa. S. 78.
862   Die Metonymie ersetzt das eigentlich gemeinte Wort durch ein anderes, das zu ihm in enger Beziehung steht: „Er liest Kafka".
863   Der gesamte Wissensbereich lässt sich sprachwissenschaftlich in Rahmenstrukturen (= frames) für Objekte und deren Eigenschaften und in Skriptstrukturen (= skripts) für Handlungseinheiten einteilen; Frame ist eine kognitive Textstruktur für alltägliche Realitätsausschnitte, Skript ist als Ereignisablauf oder Handlungsoption vorgegeben.
864   Moritz Baßler: Die Unendlichkeit realistischen Erzählens. In: Carsten Rohde/Hansgeorg Schmidt-Bergmann (Hrsg): Die Unendlichkeit des Erzählens. Der Roman in der deutschsprachigen Gegenwartsliteratur seit 1989. S. 27f.
865   Zitiert nach: Wolfgang Albrecht: Literaturkritik. Stuttgart 2001. S. 73.
866   Walter Hinck entwirft in exemplarischen Interpretationen ein Bild der Epoche mit ihren Umbrüchen und Innovationen: Romanchronik des 20. Jahrhunderts. Eine bewegte Zeit im Spiegel der Literatur. Köln 2006.

867 Volker Klotz: Erzählen. Von Homer zu Boccaccio, von Cervantes zu Faulkner. München 2006. S. 436.
868 Kundera: Verratene Vermächtnisse. S. 75.

869 Ich greife nur ein Stichwort auf: Digressionen, also Abschweifungen und Reflexionen, etwa bei Laurence Sterne und Jean Paul. Birgit Sick berichtet: „Die digressive Schreibweise der Jean Paulschen Romane machte schon manchem zeitgenössischen Leser zu schaffen. Wie hätte man in die Geschichten ›eintauchen‹ können, wenn sich nur ›der Autor nicht eingemischt hätte‹, wie ein Rezensent des *Hesperus* kritisch bemerkt." Und weiter: „Da beispielsweise dem weiblichen Lesepublikum zu Jean Pauls Zeit nur Interesse an Geschichten, nicht aber an Reflexionen zugetraut wurde, erwog Jean Paul eine *Hesperus*-Ausgabe für Damen – gänzlich ohne Abschweifungen." (Birgit Sick: „Bücher-Vampyr" und „Schreibmensch". Jean Paul zum 175. Todestag. Eichstätt 2002. S. 22) In Italo Calvinos *Harvard-Vorlesungen* habe ich einen ebenso interessanten, ganz anders ansetzenden Hinweis auf die Digression gefunden: „Die große Erfindung von Laurence Sterne war der ganz aus Abschweifungen bestehende Roman (...). Die Abschweifung oder Digression ist eine Strategie zur Hinauszögerung des Schlusses, eine Vervielfachung der Zeit im Innern des Werkes, eine permanente Flucht. Flucht wovor? Vor dem Tod natürlich, erklärt in seiner Einführung zum *Tristam Shandy* (...) Primo Levi"; und Calvino zitiert: „Die Uhr ist Shandys erstes Symbol, unter ihrem Einfluss wird er gezeugt, und schon beginnen seine Missgeschicke, die eins sind mit diesem Zeichen der Zeit. Der Tod ist in den Uhren verborgen (...) und das Unglück des individuellen Lebens (...): der Tod, der die Zeit ist, die Zeit der Individuation, der Separation, die abstrakte Zeit, die auf ihr Ende zurollt. Tristam Shandy will nicht geboren werden, weil er nicht sterben will. Alle Mittel, alle Waffen sind ihm recht, um sich vor dem Tod und der Zeit zu retten. Wenn die gerade Linie die kürzeste Verbindung zwischen zwei schicksalhaften und unvermeidlichen Punkten ist, dann werden die Abschweifungen sie in die Länge ziehen; und wenn diese Abschweifungen dann so komplex, so verwickelt und verschlungen werden und so schnell, dass man ihre Spur aus den Augen verliert –wer weiß, vielleicht kann uns dann der Tod nicht mehr finden, vielleicht verirrt sich die Zeit unterwegs, und wir können verborgen in unseren wechselnden Verstecken bleiben." (Italo Calvino: Sechs Vorschläge für das nächste Jahrtausend. Harvard-Vorlesungen. München 1991. S. 69f)

870 Unter der Überschrift „Die Romanschinder" beklagt Felicitas von Lovenberg die bei vielen Autoren gegenwärtig fehlende Bereitschaft zu innovativen Ansätzen: „Auf immer weniger Leser kommen immer mehr Bücher. Viele Romanautoren schreiben trotzdem wie am Fließband. Wenn das so weitergeht, nimmt die Literatur Schaden. (...) Juli Zeh, Silke Scheuermann, Thomas Glavinic, Thomas von Steinaecker, Alex Capus, Ferdinand von Schirach – viele haben ihren Publikationsrhythmus auf alle ein bis zwei Jahre getrimmt. Und die Verlage machen mit. Man fragt sich, warum. Wo sind die Verleger, die es noch wagen, einem Autor sein Manuskript zurückzugeben mit dem Hinweis, er möge die Sache lieber erst einmal ruhen lassen und dann nochmals überarbeiten? Wo die Lektoren, die ihrem Gegenüber sagen, dass es sich wiederholt? (...) Was Erfolg hatte, wird wiederholt oder nachgeahmt, und weil Experimente ja auch schiefgehen können, wird Bewährtes lediglich variiert. Innovatives, Riskantes und Überraschendes bleibt die Ausnahme." (Felicitas von Lovenberg: Die Romanschinder. In: FAZ. 03.07.2013. S. 25) Das Problem ist offensichtlich schon mit den Anfängen professionellen Romanschreibens gestellt: „Wer hält sich nicht im Stande, einen Roman zu schreiben? Daß nebst vielen und wichtigen Erfodernissen unter andern auch ein bedeutendes Menschenleben dazu nötig ist, läßt man sich nicht im Träume einfallen. Wie könnten sonst die beliebten Romanschriftsteller so fruchtbar und die fruchtbaren so beliebt sein? Nur Einen Roman geschrieben zu haben, wird für nichts gerechnet: man muß beinah mit jeder Messe

wieder erscheinen, um nicht auf der Liste der Beliebten ausgestrichen zu werden. Ich habe sogar von Schriftstellern gehört, welche gestehn, daß sie aus allen Kräften eilen, den Vorrat von Romanen, den sie noch in sich tragen, auszuschütten, ehe die Geläufigkeit ihrer Feder und ihrer Phantasie mit den zunehmenden Jahren erstarrt. Wie verschieden von der Sprödigkeit des zurückhaltenden Genius, der wie die Löwin nur eins gebiert, aber einen Löwen! Jene dürfen sich nicht brüsten, wenn sie für einen Augenblick vor diesem glänzen: ihr Ruhm wird ebenfalls erstarren, sobald sie ihn nicht mehr beständig warmhalten können." (August Wilhelm Schlegel: Beiträge zur Kritik der neuesten Literatur [1798]. In: Athenaeum. Eine Zeitschrift von August Wilhelm Schlegel und Friedrich Schlegel: Ausgewählt und bearbeitet von Curt Grützmacher. Reinbek 1969. S. 82f) Die Klage ist also alt, vermutlich gehörte freilich auch schon sehr früh dazu fairerweise ein Blick auf den ökomischen wie öffentlichen Druck, unter dem Autoren stehen, ein Druck, der heute nicht nur zur regelmäßigen Produktion von Romantexten nötigt: „Jeder Autor weiß, dass das Schreiben von Büchern hierzulande nicht genug ist. Er muss sich seine Leser verdienen, indem er Auskunft gibt. Über sich, über das Schreiben. Aus Urheberrecht folgt Urheberpflicht. Hinter dem Text soll ein Mensch aus Fleisch und Blut sichtbar werden. Weil das eigentlich nicht möglich ist, da literarische Texte auf rätselhafte Weise über die Person hinausgehen, die sie geschrieben hat, wird der Textinszenierung eine Autoreninszenierung hinzugefügt. Eine Fiktion hinter der Fiktion. Das verbirgt sich hinter dem Zauberwörtchen Transparenz, wie wir es heute verstehen: eine Verpflichtung zur Selbstauskunft. Durch das Veranstalten eines verbalen Tags der offenen Tür erhält man die Verlängerung der Lizenz zum Mitspielen. Nicht nur in der Literatur. Überall. Dem Trend zur Privatisierung des Öffentlich korreliert eine Verpflichtung zur Veröffentlichung des Privaten." (Juli Zeh: Treideln. Frankfurter Poetikvorlesungen. Frankfurt/M 2013. S. 15) Carolin Amlinger nennt folgende Stichworte für das Faktum zunehmender Konformität der (Roman-)Literatur: Monopolisierungstendenzen im Verlagswesen und neue Produktionstechniken erhöhen quantitativ die Produktion, verschärfen aber den Konkurrenzdruck; die Verweildauer der Bücher im Verlags- und Händlersortiment nimmt ab, die Aufhebung der Buchpreisbindung als Schutzmechanismus durch ›Mängelexemplare‹ ist die Folge. Am Ende werden die „Bücher produziert, die zumindest eine Aussicht auf Erfolg haben. Zumal dieser Erfolg weiteren Erfolg produziert." Das setzt sich fort in der Verteilung der rund 1000 Literaturpreise: „Wer hat, dem wird gegeben." In der Konsequenz streben viele Jungautoren eine professionelle „Autorenausbildung in Hildesheim oder am Deutschen Literaturinstitut in Leipzig" an: Konformität ist auch hier das Resultat, „da neben dem Schreiben für den Markt gleich die passende (Selbst-)Vermarktung studiert wird." Amlinger titelt ihren Beitrag daher: „Es ist die Marktlogik!" (In: der Freitag. 06.02.2014. S. 17)

871 Fabri: Der schmutzige Daumen. S. 188.

872 Fabri. S. 188–191.

873 Ein prominenter „Literarhistoriker" des frühen 19. Jahrhunderts schon verehrte Cervantes als „den Stifter des modernen Romans": Heinrich Heine. Interessant ist das Kriterium Heines, es ist identisch mit der Sicht Erich Auerbachs, das ich ganz zu Beginn nannte: „Cervantes stiftete den modernen Roman, indem er in den Ritterroman die getreue Schilderung der niederen Klassen einführte, indem er ihm das Volksleben beimischte. (...) Er vermischt nur das Ideale mit dem Gemeinen; das eine dient dem anderen zur Abschattung, und das adeltümliche Element ist darin noch ebenso mächtig wie das volkstümliche." (Heinrich Heine: Geleitwort zu: Miguel de Cervantes Saavedra: Leben und Taten des scharfsinnigen edlen Don Quixote von La Mancha. Hamburg/Gütersloh 1961. S. 13f. Heine schrieb den Text „zu Paris im Karneval 1837"). Als weitere Kriterien für seine hohe Wertschätzung nennt Heine den „epischen Geist", „jene große, epische Seelenruhe, die, wie ein Kristallhimmel, seine bunten Dichtun-

gen überwölbt: nirgends eine Spalte des Zweifels", ferner die „Form des Romans", die Form „der Reisebeschreibung, wie von jeher die natürlichste Form für diese Dichtungsart" und – vor allem – die „Doppelfigur, die dem Roman des Cervantes eine so kunstvolle Natürlichkeit verleiht und aus deren Charakter, wie aus einem einzigen Kern, der ganze Roman mit all seinen wilden Laubwerk, seinen duftigen Blüten, strahlenden Früchten und Affen und Wundervögeln, die sich auf den Zweigen wiegen, gleich einem indischen Riesenbaum sich entfaltet." Gemeint sind Don Quixote und Sancho Pansa, die „sich beständig parodieren und doch so wunderbar ergänzen, dass sie den eigentlichen Helden des Romans bilden", sie „zeugen (...) im gleichen Maße von dem Kunstsinn wie von der Geistestiefe des Dichters." Diese „Doppelfigur" wurde nach Heine zum Vorbild, zum Paradigma, nicht nur im Bereich des Romans, aber als „geistige Signatur", „in ihrem Wechselverhältnis" nie mehr „so genau ausgeführt wie bei Cervantes." Heine führt das en detail aus (S. 15-18). Warum diese lange Anmerkung? Nun, Heine ist offensichtlich der Meinung, *Don Quixote* sei der beste Roman aller Zeiten! Ähnlich vor ihm schon Friedrich Schlegel: „Der Don Quixote findet, wir mögen nun auf den Reichtum der Erfindung, den Adel der Sprache und Behandlung, oder auf die kunstvolle Vollendung sehen, nur weniges in der Literatur aller Zeiten [!] und Nationen, was ihm an die Seite gestellt werden könnte." (Friedrich Schlegel: „Goethes Werke" nach der Cottaschen Ausgabe von 1806 [1808]. In: Wolfdietrich Rasch [Hrsg]: Friedrich Schlegel: Kritische Schriften. München 1964. S. 315) Nicht uninteressant, aus welchen Gründen gegenwärtig dieser Roman „als weltliterarisches Vorbild des Romans" gewertet wird: Volker Klotz rühmt ebenfalls die Doppelfigur, „erst gemeinsam nämlich ergeben hier Herr und Diener ein vollständiges Bild der Hauptfigur. (...) Ein unverwechselbares Paar, komisch komplementär, das zusammenpasst wie Konvex und Konkav." Diese Doppelfigur ermögliche es Cervantes, und das sei paradigmatisch entscheidend, das Alltags- und Innenleben zu erobern. „Von nun an bleibt erzähltes Innenleben die Domäne des Romans – selbstverständlich in stetem Widerspiel mit der Lebenswelt drumherum." (Volker Klotz: Erzählen. Von Homer zu Boccaccio, von Cervantes zu Faulkner. München 2006. S. 351–371)

874 Volker Klotz: Erzählen. Von Homer zu Boccaccio, von Cervantes zu Faulkner. München 2006. S. 351–449.

875 Innovation als Kriterium für Weltliteratur und dies seit jeher: Daniel Kehlmann rückt unter diesem Aspekt Grimmelshausens *Simplicissimus* (1668) in die vorderen Reihen der Wahrnehmung und Wertung als einen modernen Roman: Ablösung der Einheit der Figur durch die Kontinuität des Erzähltons, Identität nicht einer Gestalt, sondern der Stimme im „Changieren zwischen erlebendem und beobachtendem Erzähler"; orientiert an der spanischen Pikareske erreicht Grimmelshausen derart eine „moralfreie Universalität dieser Stimme, die jedem Inhalt gewachsen ist und Dinge in Worte fassen kann, die überhaupt nicht erzählbar waren, bevor es diese Stimme gab." Bezeichnend dafür ist zunächst die Namenlosigkeit des Helden oder die Bedeutungslosigkeit des Namens, als er ihn erfährt. „Als Mann ohne feste Identität schreibt er [Grimmelshausen] über einen Mann, der keine Identität hat. Nur wenige Jahrzehnte ist es her, da wurde in einem anderen Land von einem anderen ehemaligen Soldaten ein Buch über einen Mann geschrieben, der kein solides Ich besitzt und sich für einen Ritter hält zu einer Zeit, in der es keine Ritter mehr gibt. (...) Die Welt hat keinen Boden mehr, und es entsteht der moderne Roman." (Daniel Kehlmann: Teutsche Sorgen oder die Entdeckung der Stimme. In D.K.: Kommt, Geister. Frankfurter Vorlesungen. Hamburg 2015. S. 99–132. Die Zitate: S. 113f, 121).

876 Wellershoff: Literatur und Veränderung. S. 24.

877 Wellershoff verifiziert seine These durch die brillante Analyse eines Trivialromans: S. 72–81.

878 Ebd. S. 25.

879 Ebd. S. 26.
880 Ebd. S. 30.
881 Am 27.11.1866. – Alphonse Jacobs (Hrsg): Gustave Flaubert. George Sand. Eine Freund-
     schaft in Briefen. München 1992. S. 93.
882 Wellershoff. S. 69.
883 Milan Kundera: Die Kunst des Romans. Frankfurt/M 1996. S. 31.
884 Ebd. S. 32f.
885 Kundera. S. 34.
886 In der Entwicklung des Romans wurde unterschieden zwischen dem Entwicklungsroman und
     dem Gesellschaftsroman; Kundera unterscheidet ähnlich: „Es gibt einerseits den Roman, der
     die historische Dimension der menschlichen Existenz erforscht, und andererseits den Roman,
     der Illustration einer historischen Situation ist, (...) in Romanform gefasste Geschichtsschrei-
     bung". (Kundera. S. 44) Die eigentliche Linie des Romans spricht er dem ersten Typus zu:
     „Die einzige Existenzberechtigung eines Romans besteht darin, zu sagen, was nur der Roman
     sagen kann." (S. 44)
887 Die Konsequenz ist zunächst negativ: „Alle Techniken der Beschreibung" gelten als „über-
     holt", das gleiche gilt mehr oder weniger für die Vergangenheit der Figuren; die Regeln oder
     Normen des psychologischen Realismus sind aufgehoben, nämlich „1. Man muss über eine
     Romanfigur möglichst viele Informationen liefern (...); 2. Man muss die Vergangenheit einer
     Figur vor Augen führen (...); 3. Die Figur muss vollkommen unabhängig sein, das heißt, der
     Autor und seine eigenen Meinungen müssen verschwinden" (Kundera. S. 41f). Programma-
     tisch ähnlich Uwe Tellkamp, was das Verstehen von Figuren angeht: „Problematisch: wenn
     ein Autor (oder Leser) meint, etwas lasse sich – grundsätzlich – erklären (...) Ich sage lieber:
     einer Figur näherkommen, indem man ihr (als Autor wie als Leser) aufmerksam folgt durch
     das Buch (dann wären die Wege aller im Text vorkommenden Figuren ebendies: das Buch)
     Näherkommen, und das heißt nicht: Wissen." (Uwe Tellkamp: Die Sandwirtschaft. Anmer-
     kungen zu Schrift und Zeit. Leipziger Poetikvorlesung. Frankfurt/M 2009. S. 134) Um Kun-
     deras Terminologie aufzugreifen: In *Der Turm* hat Tellkamp indes nahezu ein Panorama von
     lebendigen Figuren entworfen und gezeichnet, denen wir als Leser ohne Mühe näherkommen
     können bis hin zu einem empathischen Verstehen.
888 Ebd. S. 37.
889 Ebd. S. 37f.
890 Kundera. S. 43.
891 Milan Kundera nennt in Blick auf „den Roman, der die historische Dimension der mensch-
     lichen Existenz erforscht" und diesen Anspruch stellt er grundsätzlich, da – mit Rückgriff auf
     Heidegger – Existenz bedeute „In-der-Welt-Sein", und diese „Welt unseres Seins" habe „histo-
     rischen Charakter, und das Leben der Figuren verläuft in einem von Daten abgesteckten Zeit-
     raum", Kundera nennt ausdrücklich vier Prinzipien: „Erstens: Ich behandle alle historischen
     Gegebenheiten mit größtmöglicher Ökonomie. (...) Zweites Prinzip: Von den historischen
     Gegebenheiten halte ich nur die fest, die für meine Figuren eine aufschlussreiche existentielle
     Situation schaffen. (...) Drittes Prinzip: Die Geschichtsschreibung ist mit der Geschichte der
     Gesellschaft, nicht mit der Geschichte des Menschen befasst. (...) Das vierte Prinzip geht am
     weitesten: Die historische Gegebenheit soll für eine Romanfigur eine neue existentielle Situa-
     tion schaffen, darüber hinaus soll aber die Geschichte auch an sich, als existentielle Situation,
     verstanden und analysiert werden." (Kundera. S. 44–46)
892 Karl Heinz Bohrer: Plötzlichkeit. Zum Augenblick des ästhetischen Scheins. S. 35–37.
893 Bohrer: Plötzlichkeit. Zum Augenblick des ästhetischen Scheins. S. 37.
894 Theodor W. Adorno: Noten zur Literatur I. Frankfurt/M 1975. S. 61–63.

895 Ebd. S. 64.
896 Ebd. S. 70.
897 Ebd. S. 68.
898 Ebd. S. 72.
899 Bode: Der Roman. S. 312.
900 Ebd. S. 316, 317f.
901 Ebd. S. 318.
902 Calvino: Sechs Vorschläge für das nächste Jahrtausend. S. 144.
903 Ebd. S. 146.
904 Ebd. S. 149.
905 Ebd. S. 150.
906 Ebd. S. 155f. – Als „das Buch, das wir als die kompletteste Einführung in die Kultur unseres Jahrhunderts betrachten können," nennt Calvino Thomas Manns *Zauberberg*: „Man kann in der Tat sagen, dass von der geschlossenen Welt jenes Alpensanatoriums alle Fäden ausgehen, die von den Meisterdenkern des Jahrhunderts weitergesponnen werden sollten; alle Themen, die noch heute diskutiert werden, sind dort angekündigt und aufgeführt worden." Heute: Calvinos Text stammt von 1985.
907 Calvino: Sechs Vorschläge. S. 161.
908 Ebd. S. 161–164.
909 Uwe Wittstock (Hrsg): Roman oder Leben. Postmoderne in der der deutschen Literatur. Leipzig 1994. S. 119
910 Hanns-Josef Ortheil: Was ist postmoderne Literatur? In: Wittstock. S. 128f. – Dieser für den deutschen Diskurs folgenreiche Aufsatz erschien am 17.04. 1987 in der ZEIT.
911 Umberto Eco: Nachschrift zum *Namen der Rose*. München 1986. S. 78.
912 Klaus Modick: Steine und Bau. Überlegungen zum Roman der Postmoderne. In: Wittstock. S. 170.
913 Uwe Wittstock: Nachwort. Schreiben in den Zeiten des Zweifels. In: Wittstock. S. 333f.
914 Klaus Hoffer: Methoden der Verwirrung. Betrachtungen zum Phantastischen bei Franz Kafka. Wien 1986. S. 13.
915 Hoffer. S. 59.
916 Umberto Eco: Nachschrift. S. 28 und 77.
917 Wittstock: Nachwort. Ebd. S. 328–330.
918 Eco: Nachschrift. S. 79f.
919 Reinhard Baumgart: Postmoderne Literatur – auf deutsch? In: Wittstock. S. 135, 137.
920 Walter Jens: Deutsche Literatur der Gegenwart. Themen, Stile, Tendenzen. München 1961. S. 19.
921 Baumgart in: Wittstock. S. 141.
922 „*Marbot* ist ein Planspiel mit der Geschichte. Die fiktive, jedoch durch faktisches Material begaubigte Hauptfigur stiftet hier auf ironische (...) Weise eine Totalintrige an, die dem Leser zumutet, gleichsam Geschichte als universelles Zitat zu lesen." (Ortheil in: Wittstock. S. 133)
923 Dem Roman gingen 1979 und 1983 zwei Erzählungen voraus. „Der Bieresch-Stoff ist die Geschichte der Entdeckung des Mythos in der gegenwärtigen Zivilisation, ein Roman, der auf jeder Seite den Leser" den „›Methoden der Verwirrung‹ aussetzt" (Ortheil in: Wittstock. S. 133).
924 „Der Leser ist hier der Teilnehmer an einem Museumsgang, zu dem Hunderte von Gestalten eingeladen sind. Der Erzähler gibt ihm keinen Faden mehr an die Hand; der Leser ist vielmehr ein Suchender unter vielen, wahrhaftig ein ›Leser‹ von Geschichten, Stoffen, ein Kombinator, dem es gelingen soll, aus diesem Labyrinth am Ende auszubrechen. *Comme-*

dia ist das pure postmoderne Ereignis: Geschichten sind übereinander zu lesen, werden wie Palimpseste konstruiert, das ›Museum‹ ist die Wandelhalle der Versprengten." (Ortheil in: Wittstock. S. 133f)

925 Wittstock. S. 337. – Süßkind habe, schreibt Thomas Anz, „sein eigenes literarisches Verfahren zudem inhaltlich dargestellt. Das Geruchsgenie Grenouille, der aus den Düften von fünfundzwanzig ermordeten Jungfrauen ein vollendetes Kunstwerk komponiert, gleicht dem Autor, der aus den Ingredienzien von mindestens ebenso vielen kanonischen Texten der (vorwiegend deutschen) Literatur seinen Text zusammengefügt hat. Der Roman ist ein Spiel mit den Gattungstraditionen von Kriminal- Schauer- und Bildungsroman sowie mit Topoi der Genieästhetik, ein Nachahmungsspiel und zugleich ein Spiel jener Art, das vorgefundene Bestandteile der Umwelt, hier der literarischen, zu einer neuen Welt zusammensetzt. Und wer das erkennt, bezieht aus der Lektüre einen zusätzlichen Lustgewinn." (Thomas Anz: Literatur und Lust. Glück und Unglück beim Lesen. S. 43)

926 Hans Robert Jauß: Italo Calvino. *Wenn ein Reisender in einer Winternacht*. Plädoyer für eine postmoderne Ästhetik. In: H.R.J.: Studien zum Epochenwandel der ästhetischen Moderne. Frankfurt/M 1989. S. 280f.

927 Italo Calvino: Wenn ein Reisender in einer Winternacht. München 2004. S. 7, 15f und 276.

928 Jauß. S. 281f.

929 Hans-Dieter Fronz: Schach gegen sich selbst. António Lobo Antunes' Roman *Kommission der Tränen* erzählt von postkolonialen Verletzungen. In: StZ. 23.01.2015.

930 António Lobo Antunes: Anweisungen an die Krokodile. Frankfurt 2001. S. 39f.

931 Stefan Kister: Exzentrische Ansichten. Dorfleben. Jens Steiner hat einen packenden Roman ohne Helden geschrieben. In: StZ. 06.12.2013. S. 35.

932 Viktor Sklovskij: Der Zusammenhang der Mittel des Sujetbaus mit den allgemeinen Stilmitteln. In: Poetik. 1919. Zit. nach: Boris Eichenbaum: Die Theorie der formalen Methode. In: B.E.: Aufsätze zur Theorie und Geschichte der Literatur. Frankfurt/M 1965. S. 27.

933 Jurij Tynjanov: Die literarischen Kunstmittel und die Evolution in der Literatur. Frankfurt/M 1967. S. 20.

934 Ebd. S. 21. – Diese Position, die Akzentuierung formaler Innovation, war schon im avantgardistischen Diskurs selbst umstritten, Widerspruch kam vor allem aus dem Kreis um Michail M. Bachtin: „Schon in den frühen zwanziger Jahren wirft Bachtin gegen das Beharren auf dem Primat des Streits künstlerischer Formen ein, die wesentliche Bewegung der Kunst entstehe in der Auseinandersetzung mit der praktischen und gnosischen [= geistigen] Intention. Medvedev hat eindringlich davor gewarnt, mit dem Begriff ›Konventionalität‹ leichtfertig polemisch umzugehen; er hat der Wiederholung sprachlichen Materials und der Verfahren seiner Organisation einen positiven Wert zugeschrieben, solange sie ›im ideologischen Horizont und folglich auch im sozioökonomischen Bedingungsgefüge der betreffenden Epoche aktuell‹, d.h. in der Sinnproduktion aktiv sind." (Rainer Grübel: Methode, Wertbegriff und Wertung in der Kunsttheorie des Leningrader Bachtin-Kreises. In: Bernd Lenz/Bernd Schulte-Middelich [Hrsg]: Beschreiben, Interpretieren, Werten. Das Wertungsproblem in der Literatur aus Sicht unterschiedlicher Methoden. München 1982. S.115) Jochen Schulte-Sasse betont grundsätzlich die Geschichtlichkeit der sprachlichen und formalen Innovationsforderung: Die Genese liegt im Genie- und Originalitätskonzept des Sturm und Drang, Schiller und Goethe sprechen kritisch von sprachlichen ›Dilettanten‹ und ›Plagiarii‹ in einer Reaktion, die „seit der zweiten Hälfte des 19. Jahrhunderts (französische Symbolisten, Flaubert) und dann vor allem in unserem Jahrhundert bei Dichtern und Kunsttheoretikern dominierend wurde: die Furcht vor dem ›Automatismus‹ der Sprache, vor den Gewohnheitsreaktionen der Leser auf die ›profane, herumgeschleppte und entwürdigte‹ Dichtersprache

[so Goethe/Schiller in *Über den Dilettantismus*]. (…) Die gleiche Furcht hat die russischen Formalisten ihre Theorie des ›Neuen Sehens‹ und der ›Verfremdung‹ entwickeln lassen, hat Gottfried Benn fordern lassen, der Dichter müsse jeweils eine Verflüssigung der sprachlichen Erstarrung leisten", und sie wirkt fort bis in die Gegenwart (Jochen Schulte-Sasse: Literarische Wertung. Stuttgart 1976. S. 55).

935   Hans Robert Jauß: Literaturgeschichte als Provokation. Frankfurt/M 1970. S. 177f.

936   Ebd. S. 180.

937   Ebd. S. 181.

938   Ebd. S. 182f.

939   Franco Moretti: Kurven, Karten, Stammbäume. Abstrakte Modelle für die Literaturgeschichte. Frankfurt/M 2009. S. 86.

940   Ebd. S. 86–88.

941   Ebd. S. 93.

942   „So spannend die Änderung literarischer Formen im Laufe der Zeit auch ist, die Innovation kann nicht die Kraft sein, die einen Leser einem Autor über hunderte von Seiten folgen lässt. Die Zerfallszeit der Innovation ist eine Generation. Für die nächste ist das Neue ein alter Hut. Warum wird Flaubert dann auch heute noch gelesen? Wenn dagegen das dominante Kraftfeld eines Buches das Bekannte und nicht das Unbekannte ist, wäre dies zumindest ein Hinweis darauf, warum sich Flaubert auch heute noch in den Buchhandlungen findet. An den Schicksalen, die wir kennen, leiden wir am stärksten mit, unabhängig davon, wann sie sich ereignet haben." (Ulrich Woelk: Literatur und Physik. In: Roman oder Leben. S. 281f) In ähnlicher Intention, ausgehend vom Vorwurf der Konventionalität: „Wer eine bestimmte Art von Realismus seiner Konventionalität wegen ablehnt, muss aus demselben Grund Surrealismus, Science-Fiction, selbstreflexiven Postmodernismus oder Romane mit vier Schlüssen und vieles mehr ablehnen. Konvention herrscht überall und triumphiert wie hohes Alter: Hat man erst eine gewisse Betagtheit erreicht, stirbt man entweder daran oder damit. (...) Die Konvention ist (...) nicht tot, aber sie ist immer am Sterben. Deshalb versucht der Künstler stets, sie zu überlisten. Indem er dies tut, etabliert er jedoch eine andere sterbende Konvention." (Wood: Die Kunst des Erzählens. S. 200, 204)

943   Barthes: Die Lust am Text. S. 53.

944   Franz Werfel: Verdi. Roman der Oper. Berlin/Wien 1930. S. 128f.

945   Ebd. S. 131.

946   Jauß: Ästhetische Erfahrung und literarische Hermeneutik. Frankfurt/M 1991. S. 665.

947   Jauß: Literaturgeschichte als Provokation. S. 191.

948   Jauß. S. 193.

949   Ebd. S. 199.

950   Ebd. S. 202.

951   Hans Robert Jauß greift exemplarisch zurück auf *Madame Bovary*. „Da das neue Kunstmittel eine alte Konvention des Romans: das in der Beschreibung stets eindeutige und verbürgte moralische Urteil über die dargestellten Personen durchbrach, vermochte der Roman Fragen der Lebenspraxis zu radikalisieren oder neu aufzuwerfen" (S. 205), „eine vorentschiedene Frage der öffentlichen Moral wieder zu einem offenen Problem" (S. 206) zu machen.

952   Ebd. S. 203. - Paul Ricoeur hält in seiner Auseinandersetzung mit Jauß noch einmal differenzierend gegen: Er akzentuiert nachdrücklich die „Distanz zwischen der Literatur als ganzer und der Alltagspraxis", zwischen „poetischer und praktischer Funktion der Sprache" – gegen Jauß, der die Verbindung und Vermittlung beider Ebenen oder Bereiche betont; es erinnert Ricoeurs Konzeption – in einem anderen Diskurs – an die Sichtweise, die die unverhüllte Gewaltdarstellung in Comics, Splatter-Filmen und Computerspielen für wenig problematisch

hält, da die Differenz zur Realität den Benutzern eindeutig und scharf bewusst sei: nur Fiktion, ein Spiel, weniger als ›als ob‹. Ricoeur greift auf Jauß' Beispiel der *Madame Bovary* zurück und modifiziert: „Diese erste Distanz macht erklärlich, warum ein Werk wie *Madame Bovary* durch seine formalen Neuerungen, vor allem durch die Einführung eines Erzählers, der seine Heldin ›unparteiisch‹ beobachtet, die herrschende Moral stärker hat treffen können als die offen moralisierenden und denunzierenden Eingriffe, wie sie von engagierten Literaten geschätzt werden. Das Nichtantworten auf die moralischen Probleme einer Epoche ist vielleicht die wirksamste Waffe, über die Literatur verfügt, um die Moral zu beeinflussen und die Praxis zu verändern. (...) Die Literatur beeinflusst die Moral nur indirekt, indem sie gewissermaßen eine Distanz zweiter Stufe schafft, die sekundär ist gegenüber der primären Distanz zwischen Fiktion und Alltagswirklichkeit." (Paul Ricoeur: Zeit und Erzählung. Bd. III. Die erzählte Zeit. München 1991. S. 282f. Anm. 48)

953 Wolfram Schütte: Das offene Geheimnis. Jean Paul & Arno Schmidt. Ein Vorkapitel. In: Text und Kritik. 20/20a: Arno Schmidt. München 1977. S. 61.

954 Mir ist bewusst, dass ich hier überzeichne: Zumindest bei Jean Paul ist nicht zu leugnen immer wieder der Versuch politisch reflektierter Zeitkritik bis hin zu staatsutopischen Entwürfen. Liegt darin möglicherweise die gemeinhin vermutlich zugestandene Qualitätsdifferenz zwischen Jean Paul und Arno Schmidt?

955 Andreas Isenschmid: Die Französische Revolution. In: DIE ZEIT. 02.10.2013. S. 58.

956 Ebd.

957 Jürg Altwegg: Claude Simon. Der große Schweiger. In: FAZ. 07.10.2013. S. 32.

958 Bohrer: Plötzlichkeit. S. 40–42.

959 Bürger/Bürger/Schulte-Sasse (Hrsg): Zur Dichotomisierung von hoher und niederer Literatur. Frankfurt/M 1982.

960 Christa Bürger: Die Dichotomie von hoher und niederer Literatur. Eine Problemskizze. Ebd. S. 15. – In ihrer einleitenden Problemskizze spricht Christa Bürger von dem zunehmenden Prozess der Esoterisierung der hohen Literatur, die „nur mehr Probleme subjektiver Innerlichkeit bearbeitet", von der Tendenz kritischer Schriftsteller, „sich mittels einer nahezu publikumsfeindlichen Re-Intellektualisierung gegenüber einer auf Wirkung ausgerichteten Literatur abzugrenzen", von der Veränderung des Romans „unter dem Einfluss autonomie-ästhetischer Wertvorstellungen (...) vom räsonierenden zum ›poetischen‹ Genuss." (S. 25f)

961 Hans Sanders: Institution Literatur und Roman. S. 108f. Sanders macht zwei Anmerkungen: Erstens gilt es historisch zu differenzieren: Das Faktum „der Entpolitisierung der Öffentlichkeit und der zunehmenden Rollensegmentierung auf Erfahrungsenklaven" im Laufe des 19. Jahrhunderts habe zur Folge die Entwicklung einer engagierten Form des Romans einerseits, einer ästhetizistischen andererseits, für die „die Gesamtheit möglicher Erfahrungen auf private bzw. unmittelbar interpersonelle zusammenschrumpft." Zweitens sind mit dem Begriff „Subjekte" nicht „psychologische Subjekte, sondern Subjekte als narrative Konstrukte gemeint." (S. 122)

962 Uwe Timm: Von Anfang und Ende. Über die Lesbarkeit der Welt. Frankfurter Poetikvorlesung. Köln 2009. S. 113f.

963 Ebd. S. 118.

964 Hermann Lenz: Leben und Schreiben. S. 11.

965 Jauß: Literaturgeschichte als Provokation. S. 197. – Nietzsche, um die Tradition dieser Fragestellung wenigstens anzudeuten, Nietzsche sprach von „unzeitgemäß".

966 Lenz. S. 16f.

967 In seiner Auseinandersetzung mit Jauß gibt Ricoeur einen Einblick in seinen Lösungsansatz: „Das letzte Kapitel wird zeigen, wie diese Wirkung der Literatur, die auf der Ebene

des Erwartungshorizonts eines gebildeten Publikums spielt, einen Platz in der umfassenderen Dialektik von Erwartungshorizont und Erfahrungsraum findet, die uns im Anschluss an die Überlegungen R. Kosellecks dazu dienen soll, das historische Bewusstsein im allgemeinen zu charakterisieren. Das bevorzugte Instrument dieser Subsumtion der literarischen unter die umfassende historische Dialektik wird die Überschneidung von Geschichte und Fiktion sein." (Paul Ricoeur: Zeit und Erzählung. Bd. III: Die erzählte Zeit. München 1991. S. 283. Anm. 49)

968 Michael Braun: Denker ohne festen Wohnsitz in der sekundären Welt. In: Miller/Stolz: Positionen der Literaturkritik. S. 89.

969 Dominic Berlemann: Wertvolle Werke. Reputation im Literatursystem. Bielefeld 2011. S. 378f.

970 Es folgt eine hoch ansetzende Rezension, das Resümee: „Cottens Erzählungen erinnern in ihrer Mischung aus verstiegener Intellektualität, sexueller Libertinage und in ihrem anmaßenden Recht auf Unverständlichkeit an Friedrich Schlegels *Lucinde*. (...) Unverständlichkeit ist im Zeitalter universaler Medientauglichkeit ein Akt ästhetischen Widerstands. Ein Spaß war es nicht, aber eine Erkenntnis." (Ijoma Mangold: Elitärer Punk. In: ZEIT & LITERATUR. Nr 41. Im Dschungel der Bücher. September 2013. S. 12f) – In einem ›polemischen Rückblick auf die Buchpreise des Jahres 2014‹ resümiert andererseits Gerrit Lembke: „Etwas weniger Ernst täte dem Literaturbetrieb sicherlich gut. Oder wie Kathrin Schmidt über den Deutschen Buchpreis in der „Welt" sagte: ›Der Deutsche Buchpreis ist ungefähr so wichtig wie der abgerissene Kunststoffnippel am Stromeingang meines Schlichthandys.‹ Genau! Viel wichtiger ist nämlich ein anderes Thema des vergangenen Buch- und Literaturjahres gewesen. Denn alle Kritiker von Literaturpreisen, die hinter den Verleihungen nur literaturfeindliche Marketingshows, hinter den Auswahlverfahren bloß die sportiven Regeln eines kannibalistischen Wettkampfs und im Preisgeld nur die Verunedelung reiner Literatur wittern, die sollten einmal sehen, dass eine solche streitbare Rituale irgendwann nur noch die Fünf-Sterne-Kundenbewertungen von Internetgroßhändlern mit mittelmäßigen Arbeitsbedingungen bleiben werden. Und in dieser Zukunftsvision wird der Himmel, unter dem wir die Bestseller von morgen lesen, sternlos und schwarz. Am schwärzesten aber wird er für die Schwarzseher sein." (Gerrit Lembke: „Abgerissene Kunststoffnippel". Ein polemischer Rückblick auf die Buchpreise des Jahres 2014. In: Literaturblatt für Baden-Württemberg. März/April 2015. S. 13)

971 Kundera. S. 13.

972 Kundera fasst mit diesem Begriff die Autoren zusammen, die das Thema der „endzeitlichen Paradoxa" aufgreifen: Kafka, Hasek, Musil, Broch.

973 Kundera. S. 20f.

974 Bohrer. S. 39. – Ähnlich Eberhard Lämmert schon 1973: „Die pure Novität als Qualität – das bleibt leicht übrig als Maßstab, wenn alle Verbindlichkeiten abhanden kommen und wenn ein vorgreifendes Urteil über das, was für den Leser von heute und morgen vor anderem wichtig ist, nicht mehr getroffen wird." Lämmert zieht schärfer noch als Bohrer den Bogen zur Literaturindustrie: „Wer der neuen (...) Erzählweise ohne Blick auf Sujet und vermutbaren Wirkungsradius per se den Vorzug gibt, (...) betreibt auch wider mögliche Einsicht das Geschäft einer über den Konkurrenzstatus hinausdrängenden, sich kartellierenden Literaturindustrie, die nicht mehr an einem öffentlichen Raisonnement über die Publikumsbedürfnisse, sondern an progredierendem Gesamtumschlag und entsprechend an immer rascherer Abnutzung des eben noch Neuen zugunsten des Neuesten interessiert ist." (Eberhard Lämmert: Über die zukünftige Rolle der Literaturkritik. In: Peter Gebhardt [Hrsg]: Literaturkritik und literarische Wertung. Darmstadt 1980. S. 321f)

975 Reich-Ranicki: Der doppelte Boden. S. 83.
976 Wellershoff: Literatur und Veränderung. S. 70.
977 Über das Verhältnis moderner Romane zur Tradition hat sich – klug und bescheiden – Virginia Woolf geäußert: „Wenn man versucht, sich einen Überblick, und sei es den freiesten und lockersten, über die moderne Romankunst zu verschaffen, so fällt es schwer, es nicht für selbstverständlich zu halten, dass die moderne Handhabung dieser Kunst irgendwie eine Verbesserung der alten sei. Mit ihren einfachen Werkzeugen und ihren primitiven Stoffen, so könnte man sagen, machte Fielding seine Sache gut und Jane Austen die ihrige noch besser, aber man vergleiche doch einmal ihre Möglichkeiten mit den unseren! Ihre Meisterwerke haben gewiss einen seltsamen Zug von Simplizität. Und doch hält die Analogie zwischen Literatur und der Automobilherstellung, um ein Beispiel zu suchen, über den ersten flüchtigen Blick hinaus kaum stand. Es ist sehr fraglich, ob wir im Laufe der Jahrhunderte, in denen wir viel über die Herstellung von Maschinen gelernt haben, auch etwas über die Herstellung von Literatur gelernt haben. Wir können nicht behaupten, besser zu schreiben; alles, was man sagen kann, ist, dass wir weitermachen, jetzt ein bisschen in dieser Richtung, jetzt ein bisschen in jener, aber mit einer Neigung, uns im Kreise zu bewegen, wenn der ganze Verlauf der Spur von einem hinreichend erhabenen Standpunkt aus betrachtet würde. Es braucht kaum gesagt zu werden, dass wir keinen Anspruch erheben, auch nur für einen Augenblick einen solchen erhabenen Standpunkt einzunehmen. Auf ebener Erde, in der Menge, halb blind vom Staub, blicken wir mit Neid zurück auf jene glücklicheren Kämpfer, deren Schlacht gewonnen ist und deren Leistungen einen so heiteren Zug von Vollendung haben, dass wir uns kaum zurückhalten können zu flüstern, dass für sie der Kampf wohl nicht so hart war wie für uns. Der Literarhistoriker muss hier entscheiden; er muss sagen, ob wir am Anfang oder Ende oder in der Mitte einer großen Epoche der Prosakunst stehen, denn unten in der Ebene ist nur weniges zu sehen." (Virginia Woolf: Moderne Romankunst. In: V.W.: Der gewöhnliche Leser. Essays. Bd. 1. Frankfurt/M 1989. S. 178)
978 Interessant ist in diesem Zusammenhang eine Episode, die Milan Kundera über Hermann Broch berichtet: Broch kümmerte sich sorgfältig um die Klappentexte auf den Buchumschlägen, so protestierte er dagegen, dass *Die Schlafwandler* ebenda mit Hugo von Hofmannsthal und Italo Svevo verglichen werden sollten; er schlug vielmehr vor, das Buch in eine Reihe mit Joyce und Gide zu stellen. Kundera greift diese Episode auf: „Worin besteht (...) der Unterschied zwischen dem Kontext Broch – Svevo – Hofmannsthal und dem Kontext Broch – Joyce – Gide? (...) Der erste ist ein kleiner, d.h. lokaler, mitteleuropäischer Kontext, der zweite ist ein großer, d.h. internationaler, weltumspannender Kontext." Broch betone damit, „dass sein Roman im Kontext des europäischen Romans gesehen werden sollte. Er ist sich bewusst, dass *Die Schlafwandler*, ebenso wie der *Ulysses* und *Die Falschmünzer*, ein Werk ist, das die Romanform revolutioniert, das eine andere Ästhetik des Romans schafft, und dass diese nur vor dem Hintergrund der Geschichte des Romans als solchem verstanden werden kann." Und dies gelte „für jedes bedeutende Werk (...): Der Wert und der Sinn eines Werks können nur im großen internationalen Kontext richtig eingeschätzt werden." (Kundera: Verratene Vermächtnisse. S. 237f)
979 Ich zitiere Walter Benjamin zu Proust: „Die dreizehn Bände von Marcel Prousts *A la recherche du temps perdu* sind das Ergebnis einer unkonstruierbaren Synthese, in der die Versenkung des Mystikers, die Kunst des Prosaisten, die Verve des Satirikers, das Wissen des Gelehrten und die Befangenheit des Monomanen zu einem autobiographischen Werk zusammentreten. Mit Recht hat man gesagt, dass alle großen Werke der Literatur eine Gattung gründen oder sie auflösen, mit einem Worte, Sonderfälle sind. Unter ihnen ist aber dieser einer von den unfasslichsten. Vom Aufbau angefangen, welcher Dichtung, Memoirenwerk, Kommen-

tar in Einem darstellt, bis zu der Syntax uferloser Sätze (dem Nil der Sprache, welcher hier befruchtend in die Breiten der Wahrheit hinübertritt) ist alles außerhalb der Norm. Dass dieser große Einzelfall der Dichtung gleichzeitig ihre größte Leistung in den letzten Jahrzehnten darstellt, das ist die erste, aufschlussreiche Erkenntnis, die an den Betrachter herantritt." (Walter Benjamin: Zum Bilde Prousts (1929). In: W.B.: Illuminationen. Ausgewählte Schriften. Frankfurt/M 1961. S. 355)

980 Reinhard Baumgart: Literatur für Zeitgenossen. Essays. Frankfurt/M 1966. S. 94. – Ähnlich Milan Kundera. Er stellt exemplarisch gegenüber Thomas Manns *Zauberberg* und Musils *Mann ohne Eigenschaften* (Kundera: Verratene Vermächtnisse. S. 155-160); beide Romane spielen in denselben Jahren, der eine liefert „ein wunderbares Abschiedsfest für das unwiederbringlich vergangene 19. Jahrhundert", der andere „erforscht die menschlichen Situationen der nachfolgenden Epoche" (S. 159); dies gelte inhaltlich wie vor allem auch erzähltechnisch, besser noch, romanästhetisch: Thomas Mann und Robert Musil gehörten in ihren ästhetischen Auffassungen „zwei verschiedenen Zeiten der Geschichte des Romans an", einem ›auf der Beschreibung basierenden Roman‹ stehe ein ›auf dem Gedanken basierender Roman‹ gegenüber (S. 157), traditionell konzipiert der erste, innovativ der zweite. – Interessant hier die differenzierende Sicht eines jüngeren Autors: „Thomas Mann (...) kommt einerseits aus der Traditionslinie der Redundanz, des flächig, vermeintlich realistisch erzählten Romans. Zur anderen Hälfte kommt dieser zweite Thomas Mann aber aus der Tradition, die etwas mit Sterne, mit Jean Paul, mit Raabe (...) zu tun hat." (Andreas Maier: Ich. Frankfurter Poetikvorlesungen. Frankfurt/M 2006. S. 108)

981 Ebd. S. 97.

982 Reinhard Baumgart: Aussichten des Romans oder Hat Literatur Zukunft. Frankfurter Vorlesungen. Neuwied 1968. S. 64. – Karl Heinz Bohrer setzt bei Thomas Mann anders an, im Zentrum seiner Kritik steht nicht so sehr der Autor, sondern die „epigonal-akademische Kritik"; für sie ergiebig sei Thomas Manns Umgang mit der Tradition, „in deren selbst ironische Brechung sich die germanistische Interpretation noch immer selbst begegnen kann." (Bohrer. S. 222)

983 Widmer: Grazer Poetikvorlesungen. S. 125.

984 Bode: Der Roman. S. 311.

985 Theodor W. Adorno: Standort des Erzählers im zeitgenössischen Roman. S. 68f. – An Thomas Mann scheiden sich offenbar die Geister: Seine Akte ist „zum kanonischen Haupt- und Scheidestück kultureller Identität und Selbstdarstellung bis in die heutige Zeit geworden. Das gilt gleichermaßen in Zustimmung wie in Ablehnung: Gleichgültig ob für Thomas Mann votiert wird und etwa von einer den western canon adelnden Aufmerksamkeit eines Harold Bloom die Rede ist oder von dem bekennerischen Lesevergnügen eines Michel Foucault oder von der flankierenden Bewunderung durch Frank Schirrmacher (...). Oder aber ob ganz im Sinne einer Konträrfaszination Thomas Mann von der eigensinnigen Abstinenz des ›Romanverführers‹ Rolf Vollmann wiederholt verschmäht wird (...) oder ob der Vorlesepapst der PISA-Ära, Daniel Pennac, ihn gar nicht erst nennt (...). Hier wie dort gilt, dass sich in irgendeiner Weise zu ihm verhalten werden muss, dass ihm nicht entronnen wird, wenn sich an ihm die Geister scheiden. Ob in Missachtung oder Hochschätzung, im andauernden Extremismus seiner Rezeption, zeigen sich allemal Konturen eines Nationalklassikers." (Sigrid Thielking: Vom Kanon als Lebensform zur öffentlichen Didaktik geformten Lebens. Der Fall Thomas Mann. In: Heinz Ludwig Arnold (Hrsg): Literarische Kanonbildung [Text + Kritik. Sonderband] München 2002. S. 194f) Gerade auch die von mir so hoch geschätzte *Joseph*-Tetralogie steht in der Diskussion: 2014 machte die Deutsche Thomas-Mann-Gesellschaft ihn anlässlich des 70. Jahrestags seines Abschlusses zum Thema; die amerikanische Kritik

feierte ihn seinerzeit als „die Göttliche Komödie des zwanzigsten Jahrhunderts", „das ›immer noch ungelesenste Romanprojekt Thomas Manns‹, antwortete die Deutsche Thomas-Mann-Gesellschaft im Programm". Die Beiträge der Tagung versuchten die Modernität dieses Romans herauszustellen: Man verstand jetzt, „weshalb man in Amerika den Thomas Mann der Josephs-Romene in einem Atemzug mit Proust und Joyce nannte." (Dieter Bartetzko: Schillernde Lauge erotischer Psychologie. Hat uns Thomas Manns größter, ungelesenster Roman noch etwas zu sagen? Eine Lübecker Tagung. In: FAZ. 24.09.2014)

986 Gustav Seibt: Das Komma in der Erdnussbutter. Essays zur Literatur und literarischen Kritik. Frankfurt/M 1997. S. 23f.

987 Martin Lüdke: Als Dienstbote scheint das Schmuddelkind eher ungeeignet. In: Sascha Michel (Hrsg): Texte zur Theorie der Literaturkritik. Stuttgart 2008. S. 284f.

988 Eberhard Lämmert hatte formuliert „das, was für den Leser von heute und morgen vor anderem wichtig ist".

989 Texte zur Literaturkritik. Hrsg. Sascha Michel. Stuttgart 2008. S. 265.

990 „Wenn ein Erzähler in der Lage ist, eine Geschichte zu erfinden, Einzelheiten zu erfinden und sie auf eine Reihe zu bringen, ja warum soll er nicht auch einen allwissenden Erzähler hinstellen können? Warum nicht? (...) Ich glaube, (...)dass es hier Doktrinäre gibt, die einer verfehlten Vorstellung von ›authentischem‹ Erzählen anhängen und damit eigentlich die Freiheit des Erzählens beschneiden." (Sten Nadolny: Das Erzählen und die guten Ideen. S. 105)

991 Wellershoff: Literatur und Veränderung. S. 26.

992 Mein Argument finde ich bestätigt gerade auch bei Reinhard Baumgart: „Nach Benjamin wäre gesellschaftliche Bedeutung einer Kunst daran zu erkennen, dass die kritische und die genießende Haltung im Publikum nicht auseinanderfällt." Baumgart erinnert daran, „was Literatur seit jeher will: Erkenntnis und Unterhaltung. Denn dass in letzter Zeit [*Aussichten des Romans* erschien 1968] eines fast immer nur auf Kosten des anderen zu haben war, das Vergnügen leer, der Ernst mühsam blieb, genau das hat den Roman seine gesellschaftliche Bedeutung gekostet." (Baumgart: Aussichten. S. 80) Nun, 2015 hat sich, wenn wir uns die Fülle und die gleichermaßen unterhaltende wie kritisch belehrende Qualität der Romane anschauen, die in jüngster Zeit erschienen sind, die Situation noch einmal gedreht. Postmodern oder auch mit Peter Bichsel grundsätzlich bedacht, die postmoderne Wende übergreifend und ein Stück weit erklärend: „Literatur, davon bin ich überzeugt, ist Wiederholung. Die Geschichten dieser Welt sind geschrieben: in der Bibel, in den Geschichten der Chassiden, bei Homer. Wer Goethe liest und Adalbert Stifter und Fontane, der weiß nicht weniger über die Welt, als wer Heinrich Mann, Günter Grass und Martin Walser liest. Die Geschichten, die trotzdem immer wieder geschrieben werden, müssen nicht geschrieben werden, weil wir neue Geschichten brauchen. Sie müssen geschrieben werden, damit die Tradition des Erzählens, des Geschichtenschreibens nicht ausstirbt. Die alten Geschichten würden genügen, um das Leben zu bestehen, aber wer möchte in einer Welt leben, in der nicht neue Geschichten geboren werden, in einer Welt leben, in der nur noch die Geschichte produziert wird und keine Geschichten mehr? (...) Es geht nicht einfach nur um das Erkennen von Realität, es geht darum, die Realitäten in eine humane Tradition einzubringen, in die Tradition des Erzählens." (Bichsel: Der Leser. Das Erzählen. S. 68, 83) Richtig ist zweifellos: „Literatur (...) erfüllt ihre kommunikative Funktion, indem sie Welt als Geschichten modelliert." (Jochen Schulte-Sasse: Literarische Wertung. S. 201) Aber – gegen Peter Bichsel oder zumindest in Ergänzung – die Geschichten von heute sind nicht dieselben wie die seit jeher: Die Zeitgenossenschaft von Autor und Leser stand früher und steht heute dagegen.

993 Stefan Kister: Exzentrische Aussichten. Dorfleben. Jens Steiner hat einen packenden Roman ohne Helden geschrieben. In: StZ. 06.12.2013. – Das Zitat ist die Einleitung der Rezension

zu Jens Steiner: *Carambole*.

994 Ian McEwan in: „Wie erbärmlich ist diese Logik!". In: DIE ZEIT, 19.09.2013.

995 Ijoma Mangold: Elitärer Punk. S. 12.

996 Bode: Der Roman. S. 319.

997 Ebd. S. 321.

998 Ebd. S. 322f. – Ein noch leidenschaftlicheres Plädoyer für die Innovation und zugleich von literarischer Qualität hat Vladimir Sorokin formuliert, ich muss es leider kürzen, möchte aber doch einen prägnanten Ausschnitt zitieren: „Ein ausgeprägter Stil ist der Versuch, den Strom des literarischen Blutes in die ›richtigen‹ Bahnen zu lenken. Darüber sind Tausende Schriftsteller gestolpert. Sie haben gelernt, mit ihrer Wunde so zurechtzukommen, dass sie rechtzeitig und in die richtige Richtung blutet. Kaufen Sie literarische Wundauflagen der Marke ›Erfolg‹! Garantiert absolut trockener Stil und bequeme Lektüre! Tausende Schriftsteller schreiben in aller Ruhe ihr Leben lang ein und dasselbe Buch. Sie haben sich dafür entschieden. Sie sind berühmt, sie haben Tausende Leser, die auf ihre neuen Bücher warten. Die Leser wissen, was sie von diesen Schriftstellern zu erwarten haben. Die Schriftsteller wissen längst, was sie von sich zu erwarten haben. Der Verleger weiß erst recht, was er von einem solchen Schriftsteller zu erwarten hat. Und wartet, wie niemand sonst! Er gibt ihm den weisen Ratschlag: Lieber Freund, mindestens alle zwei Jahre einen Roman. Dann ist alles gut – für dich, für mich und für den Leser. Sehr weise! Die meisten Profi-Schriftsteller beherzigen die Ratschläge ihrer Verleger. Sie bekommen gute Honorare, sie bekommen Preise, sie werden in Akademien aufgenommen. Sie sind wirkliche Profis. Kein einziger Tropfen literarischen Blutes spritzt ihnen zufällig aus den Wunden. Sie haben zu Hause saubere Fußböden. Die Wundauflagen der Marke ›Erfolg‹ sind bei jedem Wetter absolut zuverlässig. Depression oder Suff haben keinen Einfluss auf ihre Qualität. Die Profis haben sich mit Wundauflagen eingedeckt und bewahren ihren Vorrat an einem trockenen Ort auf. – Ich denke, man sollte diese superzuverlässigen Wundauflagen besser nicht benutzen. Man sollte sie nehmen und in den Mülleimer werfen. Und die Wunde nicht verheilen lassen. Im Gegenteil – man sollte täglich mit den Fingernägeln daran kratzen. Euer literarisches Blut soll in alle Richtungen spritzen. Frau, Kinder und Katze sollen schaudernd zurückweichen. Der Verleger soll schaudernd zurückweichen. Auf den Blutstropfen sollen die Regenbogen der Unvorhersehbarkeit schillern. Das ist der Sieg über den ›ausgeprägten Stil‹. Es wird einen neuen Stil geben. Und einen neuen Verleger. Und überhaupt, ist es nicht besser, den nächsten Roman zu beginnen, als sei er der erste? Dieses Gefühl ist mit nichts zu vergleichen. Zuvor aber muss man reinen Tisch machen mit dem, was man zuvor erreicht hat. Entzündet ein loderndes Feuer im Kamin. Nehmt den Roman, der schon erschienen ist, den Kritiker schon gewürdigt haben, und werft ihn ins Feuer. Zusammen mit den lobenden Rezensionen. Bücher brennen bekanntlich langsam." (Vladimir Sorokin: Wenn du das Schreiben nicht lassen kannst. In: SZ. 31.10.2014. S. 24)

999 Karl-Heinz Ott: Die vielen Abschiede von der Mimesis (= Akademie der Wissenschaften und der Literatur. Abhandlungen der Klasse der Literatur. Jahrgang 2010. Nr. 1) Mainz 2010.

1000 Aristoteles: Poetik. 1. Buch. S. 5.

1001 Aristoteles: Politik. Übersetzt und herausgegeben von Olof Gigon. München 1981. 8. Buch. 1340a. S. 256f.

1002 Karl-Heinz Ott. S. 6. – Die Aussage Otts ist so richtig, sie lässt sich stützen mit den Ausführungen in der „Poetik". Sie lässt sich aber nicht stützen mit dem Zitat aus der „Politik": Erstens übersetzt Ott diese Passage sehr frei in Richtung des Begriffs der Mimesis, der bei Aristoteles nicht fällt; zweitens verortet Ott das Zitat fälschlicherweise in die „Poetik", in der es um die unterschiedlichen Formen der Mimesis in der Tat geht; drittens ist der Kontext in der „Politik" ein anderer: Es geht um die Auswirkung der Musik auf den Charakter, um den Stellenwert der

Musik in der ethischen Erziehung. Die Musik ist also durchaus nicht eine „mimetische Kunst par excellence", wie Ott behauptet (S. 5).

1003 Walter Benjamin: Der Erzähler. Betrachtungen zum Werk Nikolai Lesskows. Abgedruckt z.B. In: W.B.: Illuminationen. Ausgewählte Schriften. Frankfurt/M 1961. S. 409–436.

1004 „Die Behauptung, kohärente Erfahrungen seien in einer solchen Welt nicht mehr möglich, besitzt zwar wie jede kuriose These auf den ersten Blick etwas Bestechendes, nur entbehrt sie jeglicher Plausibilität. Wenn Benjamin meint, wir lebten inzwischen in einer Wirklichkeit, die sich durch radikalen Erfahrungsverlust auszeichnet, formuliert er damit ein Glaubensbekenntnis, das seither litaneiartig nachgebetet wird, dadurch jedoch nicht an Evidenz gewinnt." (Ott. S. 6)

1005 Ott. S. 14.

1006 Ott. S. 15.

1007 Ott. S. 17.

1008 Gelfert: Was ist gute Literatur? S. 48.

1009 Wolfgang Iser: Die Wirklichkeit der Fiktion – Elemente eines funktionsgeschichtlichen Textmodells. In: Rainer Warning (Hrsg): Rezeptionsästhetik. Theorie und Praxis. München 1975. S. 277–324.

1010 Erich Auerbach: Mimesis. Dargestellte Wirklichkeit in der abendländischen Literatur. Tübingen 2001.

1011 Ebd. S. 430f.

1012 Ebd. S. 440f.

1013 Hans Blumenberg: Wirklichkeitsbegriff und Möglichkeit des Romans. In: Hans Robert Jauß (Hrsg): Nachahmung und Illusion. Kolloquium Gießen 1963. München 1964. S. 23f.

1014 Auerbach. S. 447.

1015 Ebd. S. 448f.

1016 Ebd. S. 447.

1017 Ebd. S. 453.

1018 Ebd. S. 453f.

1019 Wolfgang Matz: 1857. Flaubert, Baudelaire, Stifter. Frankfurt/M 2007. S. 82. – Matz zitiert Heinrich Mann: „Von den drei vordersten Namen des Romans aus Bürgerzeiten ist Balzac die Heldengestalt, Stendhal der immer Zeitgemäße. Aber der Heilige des Romans ist Flaubert. Er hat nicht die kühnen und ausschweifenden Eroberungszüge gemacht, wie Balzac, durch alle Gebiete einer kürzlich umgewälzten Welt. Er hat auch nicht erfunden, wie Stendhal, was Frauen und Männer wenigstens hundert Jahre lang ihm und seinen Figuren nachleben, nachfühlen werden. Aber er hat an der geistigen und technischen Förderung des Romans gearbeitet wie keiner und brachte sich und sein Menschenglück ihm dar, als wäre dies eine Verpflichtung gegen das Übersinnliche" (Heinrich Mann: Geist und Tat. Franzosen 1780-1930. Weimar 1946. S. 144f). Rainer Schmitz notiert zum Stichwort ›Arbeitszeit‹: „Flaubert benötigte für einen Roman im Schnitt sieben Jahre, vier davon waren Vorbereitungen." (Rainer Schmitz: Was geschah mit Schillers Schädel? Sp. 50)

1020 Auerbach. S. 458f.

1021 Edmond und Jules de Goncourt: Germinie Lacerteux. Frankfurt/M 1987. S. 9–11.

1022 Auerbach. S. 462.

1023 Ebd. S. 478.

1024 Blumenberg: Wirklichkeitsbegriff und Möglichkeit des Romans. S. 24.

1025 Blumenberg. S. 25.

1026 Blumenberg. S. 27.

1027 Auerbach. S. 507–509. – Das „Vertrauen, dass (…) der Gesamtbestand des Geschicks (…)

darstellbar gemacht werden könne" oder Genauigkeit im Detail: Karl Ove Knausgard veröffentlicht unter dem deutschen Titel *Leben* einen sechsbändigen Autobiografie-Roman, auffallend ist die Fülle und ist die absolute Genauigkeit an Einzelheiten: Gegenständen und Fakten, ein ›Ausstattungsroman‹, wie Hanna Engelmeier formuliert: „Die Leistung des Ausstattungsromans besteht vor allem in der genauen Inventur von Vergangenheiten, jedes Ding am richtigen Ort." Die Wirkung ist merkwürdig ambivalent: „Während es einen beim Lesen manchmal wahnsinnig macht, en détail beschrieben zu bekommen, wie Brokkoliröschen in kochendes Wasser geschnitten werden oder jemand den Raum durchquert, um seine Jacke anzuziehen (auch hier keine Pointe), ist es doch äußerst anziehend, wie viel Nähe durch diesen auf Dauer gestellten Geständnismodus entsteht." Hanna Engelmeier greift in ihrer Analyse zurück auf Ernst Auerbach und zitiert ihn: „Knausgard wählt ein exzessiv mimetisches Verfahren, bei dem ›nichts von dem, was überhaupt erwähnt wird, halb im Dunkel und unausgeformt‹ bleibt und das nur ›Vordergrund, gleichmäßig beleuchtete, gleichmäßig objektive Gegenwart‹ kennt." Knausgard verdichtet nicht, er realisiert die Welthaftigkeit des Romans „als Verlorenheit in den und an die Einzelheiten", die „nichts anderes sagen als ›wir sind das Wirkliche‹". Derart, da ihm alles gleich wichtig wird, legt er „ständig Spuren, (…), die ins Nichts führen"; es gibt nicht die Unterscheidung zwischen mehr oder weniger Bedeutsamkeit. Form heißt hier, „dass er die Form des Romans so lange mit Welt anfüllt, bis sie zu platzen droht." Engelmeier spricht von „Totalismus", Knausgards Angebot an den Leser ist die totale „Teilhabe an einem Leben." (Hanna Engelmeier: Karl Ove Knausgards *Mein Kampf* – bis jetzt. In: Merkur. Zeitschrift für europäisches Denken. 786. 68. Jg. 2014. S. 1017-1022). – Ich möchte in diesem Zusammenhang erinnern an die Diskussion um überschüssige Details und Milan Kunderas Forderung konsequent elliptischer Technik im Abschnitt „Klare Struktur", S. 159.

1028 Auerbach. S. 512.

1029 Blumenberg. S. 25.

1030 Thomas Hettche: „So schönes Wetter – und ich noch dabei". FAZ. 15.11.2014.

1031 Moritz Baßler: Die Unendlichkeit des realistischen Erzählens. S. 27. Vergl. die Erläuterung der Termini in Anmerkung 862 f.

1032 Baßler. Ebd. S. 28.

1033 Baßler. S. 31, 36.

1034 Erich Kleinschmidt. In: Carl Einstein: Bebuquin. Hrsg. E. Kleinschmidt. Stuttgart 1985. S. 71f.

1035 Baßler. S. 37.

1036 Baßler. S. 38.

1037 Baßler. S. 39.

1038 Carsten Rohde: Unendlichkeit des Erzählens? Zum Roman um die Jahrtausendwende. Vorwort. In: Carsten Rohde/Hansgeorg Schmidt-Bergmann (Hrsg): Die Unendlichkeit des Erzählens. Bielefeld 2013. S. 14.

1039 Rohde. S. 13.

1040 Stefan Neuhaus: „Eine Legende, was sonst". Metafiktion in Romanen seit der Jahrhundertwende. In: Rohde/Schmidt-Bergmann (Hrsg): Unendlichkeit. S. 70–72.

1041 Rohde: Unendlichkeit des Erzählens? S. 12, 17f.

1042 Rohde. S. 19.

1043 Baßler. S. 28f.

1044 Baßler. S. 39f.

1045 Terézia Mora: Nicht sterben. Frankfurter Poetik-Vorlesungen. München 2014. S. 58f.

1046 Baßler. S. 43: „ihnen", wer sind sie? Baßler nennt auch Namen: „So unterschiedliche Gegenwartsautoren wie Dietmar Dath, Wolf Haas, Wolfgang Herrndorf, Christian Kracht, Joachim

Lottmann, Thomas Melle, Thomas Meinecke, René Pollesch, Leif Randt, Rocko Schamoni, Frank Schulz, Philipp Tingler und Oliver Uschmann, um mal etwas Farbe zu bekennen, sehe ich in diesem Sinn erfolgreich am Werk." (S. 44)

1047 Martin R. Dean, Thomas Hettche, Matthias Politycki und Michael Schindhelm von Politycki et al.: Was soll der Roman. In: Die Zeit. 23.06.2005.

1048 Es gibt entschiedene Stimmen, die Flauberts Madame Bovary für den wichtigsten Roman überhaupt halten – Mario Vargas Llosa hat ein ganzes Buch geschrieben, um dies zu begründen: Flaubert und *Madame Bovary*. Die ewige Orgie. Frankfurt/M 1996. Der von mir hoch geschätzte George Steiner hält dagegen: G.S.: Tolstoj oder Dostojewskij. Analyse des abendländischen Romans. München 1990.

1049 George Steiner übrigens, in einem Interview direkt befragt: „Einigen wir uns also darauf, dass es Meisterwerke gibt. Einigen wir uns, dass wir auf intelligente Weise darüber sprechen können, wer die größten Schriftsteller sind. Wer sind die besten heute lebenden Schriftsteller?" Steiner antwortet: „In der eigenen Periode irrt man sich oft. Edmund Wilson verstand die Sache fast richtig, als er sich für Proust und Faulkner, für Yeats und Joyce entschied. Er hatte großartige Fühler." Steiner nennt dann zwei Namen: „René Char, der meines Erachtens ein Dichter ist, der die französische Lyrik überragen wird, wenn das Jahrhundert zu Ende geht [!]" und – als Romanautor – Cormac McCarthy, exemplarisch „All die schönen Pferde": „Es gibt in seinem Werk Seiten einer Prosa, die vielleicht das Elektrischste, das Gewalttätigste, das Erfindungsreichste sind, was geschrieben wird." (George Steiner: Die Kunst der Kritik. Interview mit Ronald A. Sharp. In: G.S.: Die Logokraten. München 2009. S. 153f) An anderer Stelle nennt Steiner weitere Romane (ich weiß, dass ich jetzt in die Gefahr exemplarischer Beliebigkeit laufe, gleichwohl): John Cowper Powys, die ersten drei Bände des *Alexandria-Quartetts* von Lawrence Durrell, Georges Simenon. „Nehmen wir an, ich hätte mich geirrt, nehmen wir an, ich sei im Unrecht: hurra! Was mich interessiert, sind Irrtümer der Leidenschaft, Irrtümer, derentwegen man sich aus dem Fenster lehnt. O Gott, der Versuch, recht zu haben! Der Versuch unserer akademischen Zeitgenossen, auf Nummer sicher zu gehen! (...) Der Mensch, welcher fragt, wer die Gewinner sind, wer die Gewinner an der Börse sind, wo sie etwas investieren sollten: nein, nein, nein! Also ja, für mich ist Liebe Kapital." (Ebd. S. 165f)

1050 Ich erinnere an den Begriff des ›Modell-Lesers‹ von Umberto Eco; Eco ging es um die adäquate Lesart oder Interpretation eines Werkes; hier geht es um die Beurteilungskompetenz des Lesers.

1051 Gelfert: Was ist gute Literatur? S. 161. – „Eigenartig ist (...), dass in Deutschland, anders als in Großbritannien und den USA, selbst gute Unterhaltungsliteratur mit deutlich spürbarer Herablassung betrachtet wird. Ernsthafter Kunstanspruch wird bei uns so hoch bewertet, dass seriöse Autoren auffällig bemüht sind, ihre Unterhaltungsabsicht nicht allzu deutlich zu zeigen. (...) Die größere Anstrengung, die deutsche Autoren dem Leser abverlangen, dürfte der Hauptgrund dafür sein, dass bei uns nur 18 Prozent der Bevölkerung täglich lesen, während es in England 49 Prozent sind." (Gelfert. S. 161)

1052 Gelfert. S. 159f. – Und weiter: „Bei uns zieht Literatur, die im Verdacht steht, sich einzuschmeicheln, Missbilligung auf sich, während man an Einschüchterung keinen Anstoß nimmt oder zu nehmen wagt. (...) In den angelsächsischen Ländern ist Kraftmeierei so verpönt, dass die Autoren dort kaum in Versuchung geraten, sich durch Einschüchterung Respekt zu verschaffen, während wir Deutschen wohl noch lange dafür empfänglich sein werden." (Gelfert. S. 160)

1053 Hans-Dieter Gelfert: Was ist gute Literatur? S. 196f.

1054 Gelfert. S. 196.

1055 Die Begründung ist klar: „Die Unkenntnis des klassischen Repertoires" bewirkt, „dass die kulturelle Humusschicht immer dünner wird. Das weitgehende Fehlen einer frühen Begegnung mit Klassikern der Weltliteratur bedeutet für die kulturelle Verwurzelung des heutigen Menschen wahrscheinlich eine größere Verarmung, als wenn er es später versäumt, Balzac, Tolstoi oder Dostojewski zu lesen. Deshalb wäre es zu wünschen, dass wenigstens für Kinder und Jugendliche ein Kanon erstellt würde, der die Voraussetzungen für die spätere Teilhabe an der literarischen Überlieferung schafft." (Gelfert. S. 199) – Nebenher, Stichwort delectare: Den Zeitgenossen wie auch späteren Kritikern war der Rang unserer Klassiker durchaus nicht immer schon klar: So „können wir etwa (...) Schwankungen im Ruhm Dantes" feststellen, „der eine Zeitlang im 18. Jahrhundert, zum Beispiel von Horace Walpole, abgetan wurde als ›überspannt, absurd, abstoßend, kurzum ein Methodistenpfarrer im Irrenhaus‹. Selbst Shakespeares Ruhm war nicht immer gesichert: Trotz des hohen Lobes von Ben Jonson und Dryden konnte Thomas Rymer den *Othello* als ›blutige Farce ohne Würze und Geschmack‹ lächerlich machen; und Voltaire konnte Shakespeare einen ›Dorftölpel‹ nennen, einen ›betrunkenen Wilden‹, obgleich er zugab, er habe ›einige Perlen in seinem riesigen Misthaufen‹ gefunden." (René Wellek: Kritik als Wertung. In: Peter Gebhardt [Hrsg]: Literaturkritik und literarische Wertung. Darmstadt 1980. S. 332f)

1056 Rainer Grübel: Wert, Kanon und Zensur. In: Heinz Ludwig Arnold/Heinrich Detering (Hrsg): Grundzüge der Literaturwissenschaft. München 1999. S. 618f. – „Umfragen nach den ›wichtigsten‹ Autoren und Büchern sind immer schon beliebt gewesen. So wandte sich" – eine Anekdote an dieser Stelle – „eine amerikanische Zeitschrift an George Bernard Shaw mit der Bitte, er möge ihr zwölf lebende Schriftsteller nennen, die nach seiner Meinung die Bedeutendsten seien. (...) Shaw antwortete: 1. George Bernard Shaw, 2. George Bernard Shaw, 3. George Bernard Shaw, 4. George Bernard Shaw, 5. George Bernard Shaw, 6. George Bernard Shaw, 7. George Bernard Shaw, 8. George Bernard Shaw, 9. George Bernard Shaw, 10. George Bernard Shaw, 11. George Bernard Shaw, 12. George Bernard Shaw. Shaw fügte hinzu: ›Über die Reihenfolge dieser zwölf möchte ich mir aus begreiflichen Gründen kein Urteil erlauben.‹" (Rainer Schmitz: Was geschah mit Schillers Schädel? Sp. 96)

1057 Monika Schrader: Theorie und Praxis literarischer Wertung. Berlin 1987. S. 347.

1058 Die Leseliste. Kommentierte Empfehlungen. Zusammengestellt von Sabine Griese, Hubert Kerscher u.a. Stuttgart 1994/2002. S. 7.

1059 Simone Winko: Literarische Wertung und Kanonbildung. In: Grundzüge. S. 596. – An anderer Stelle verschärft Simone Winko den angedeuteten Aspekt sozialer oder kultureller Herrschaft: „Als Kanon (...) ist ein Korpus von Texten aufzufassen, an dessen Überlieferung eine Gesellschaft oder Kultur interessiert ist. Der Kanon ist ›gemacht‹ und hat in mehrfacher Hinsicht etwas mit Macht zu tun." (Simone Winko: Literatur-Kanon als invisible hand-Phänomen. In: Literarische Kanonbildung. Hrsg. Heinz Ludwig Arnold [= Text und Kritik. Sonderband]. München 2002. S. 9) Günter Scholdt weist an einem Beispiel eindrücklich nach, dass die Machtfrage bei der Kanonbildung, hier genauer der Dekanonisierung, eine Rolle gespielt hat: bei den Autoren der ›Inneren Emigration‹. Wer kennt sie noch? „Die Wiechert, Carossa, Andres, Bergengruen, Le Fort, Klepper, Lehmann oder Loerke, Langgässer, Britting, Kasack, Reinhold Schneider oder Ricarda Huch, ganz abgesehen von Außenseitern wie Ilse Molzahn, Johannes Moy oder E.G. Winkler respektive jene Benn'schen Wanderer zwischen politischen Welten wie Martin Raschke, Ernst von Salomon, Egon Vietta oder Hans Grimm? Wichtige, kanonwürdige Texte, die die Lebendigkeit und Variationsbreite jener Literaturepoche illustrieren könnten wie etwa Vegesacks *Die baltische Tragödie*, Kasacks *Die Stadt hinter dem Strom*, Langes *Auf den Hügeln vor Moskau*, Hartlaubs *Im Sperrkreis*, Benns *Weinhaus Wolf*, Jahnns *Das Holzschiff*, Bergengruens *Der Tod von Reval*, Maass' *Das Testament*, Helwigs *Raubfischer in*

Hellas, Gurks *Tresoreinbruch*, Weisenborns *Die Furie*, Kluges *Der Herr Kortüm* der Leips *Das Muschelhorn* sind dem Gedächtnis weitgehend entschwunden, wie die meisten Namen und Titel aus dem ungemein fruchtbaren Genre historischen Erzählens, von Paul Gurk, Peter Stühlen, Emil Belzner und Rudolf Brunngraber über Edzard Schaper, Arnold Ulitz und Olaf Saile bis Norbert Jacques, Fritz Reck-Malleczewen oder Marianne Langewiesche." (Günter Scholdt: Innere Emigartion und literarische Wertung. In: Matthias Beilein/Claudia Stockinger/Simone Winko [Hrsg]: Kanon, Wertung und Vermittlung. Literatur in der Wissensgesellschaft. Berlin 2012. S. 124) Scholdts Resümee: Es findet „sich so leicht kein zweiter Fall, wo ein ganzer Literaturkomplex so augenscheinlich und gezielt in den Orkus des Vergessens geschleudert wurde." (S. 125) Die Gründe sind eine offenbar in der Tat einzigartige Konstellation von Vorurteilen, Unterstellungen, einem Paradigmenwechsel in den Wertungskriterien, zeitgenössisch ebenso wie konkurrenzorientiert zu erklären, einem massiv geführten Generationenkonflikt, oberflächlichen, wenn nicht gar böswilligen Abwertungen in der Literaturkritik bis hinein in die Standardlexika – von Scholdt überzeugend dargelegt. Abschließend begründet und belegt er – nicht minder überzeugend – seine Sicht exemplarisch an Siegfried von Vegesacks Roman *Die baltische Tragödie* (S. 140–143).

1060 Matthias Beilein/Claudia Stockinger/Simone Winko (Hrsg): Kanon, Wertung und Vermittlung. Literatur in der Wissensgesellschaft. Berlin 2012. S. 1f.

1061 Leonhard Herrmann: System? Kanon? Epoche? Perspektiven und Grenzen eines systemtheoretischen Kanonmodells. In: Beilein/Stockinger/Winko. S. 60.

1062 Rainer Grübel: Wert, Kanon und Zensur. In: Grundzüge. S. 618. – Simone Winko erläutert das ihr in diesem Kontext sinnvoll erscheinende Modell der ›unsichtbaren Hand‹: „Invisible hand-Erklärungen werden für soziale und kulturelle Phänomene herangezogen, denen sich kein einzelner Verursacher zuschreiben lässt, die vielmehr in einem Prozess entstanden sind, an dem zahlreiche Menschen mitgewirkt haben, ohne dies als Handlungsziel vor Augen gehabt zu haben." Der Kanon lasse sich entsprechend „als solches Zwei-Ebenen-Phänomen vorstellen, das kontingent, aber nicht willkürlich entstanden ist. Er resultiert aus zahlreichen einzelnen Handlungen (Mikroebene), die jede für sich einen anderen Zweck haben als den, einen Kanon zu bilden, und die unter Ausnutzung allgemeiner Prämissen einen Prozess in Gang gesetzt haben, der ihn (auf der Makroebene) dennoch entstehen lässt." (Winko: Literatur-Kanon als invisible hand-Phänomen. S. 11)

1063 Benjamin Specht: Polyvalenz – Autonomieästhetik – Kanon. In: Beilein/Stockinger/Winko (Hrsg): Kanon, Wertung und Vermittlung. Berlin 2012. S. 21f. – Siehe auch S. 22f, Anm. 63ff.

1064 Renate von Heydebrand: Kanon Macht Kultur – Versuch einer Zusammenfassung. In: Renate von Heydebrand (Hrsg.): Kanon Macht Kultur. Theoretische, historische und soziale Aspekte ästhetischer Kanonbildungen. Stuttgart 1998. S. 617.

1065 Leonhard Herrmann: System? Kanon? Epoche? S. 61f.

1066 Winko. In: Grundzüge. S. 598.

1067 Winko. In: Grundzüge. S. 599.

1068 Dominic Berlemann: Das soziale Gedächtnis und der Nebencode des Literatursystems am Beispiel von Gerd Ledigs Luftkriegsroman *Vergeltung*. In: Beilein/Stockinger/Winko. S. 85.

1069 Hermann Korte: ›Das muss man gelesen haben!‹ Der Kanon der Empfehlungen. In: Heinz Ludwig Arnold (Hrsg): Literarische Kanonbildung. München 2002. S. 320.

1070 Manfrede Engel: Kanon – pragmatisch. Mit einem Exkurs zur Literaturwissenschaft als moralische Anstalt. In: Nicholas Saul/Richarda Schmidt (Hrsg): Literarische Wertung und Kanonbildung. Würzburg 2007. S. 29.

1071 Heydebrand: Kanon Macht Kultur. S. 618.

1072 Leonhard Herrmann: System? Kanon? Epoche? S. 70.

1073 Winko: Literatur-Kanon. S. 19f.

1074 Winko: Literatur-Kanon. S. 21f.

1075 Reich-Ranicki: Der doppelte Boden. S. 78.

1076 Dominic Berlemann: Wertvolle Werke. Reputation im Literatursystem. Bielefeld 2011. S. 387. Scheinbar selbstverständlich: Diese Abgrenzung ist zurückzuführen auf Friedrich Schlegel, der zunächst durchaus am wissenschaftlichen Anspruch der Kritik festhielt; den pädagogischen Anspruch gab er auf und setzte sich damit durch gegen die – aufklärerische – Linie Nicolais, Wielands und Schillers.

1077 Gustav Seibt: Das Komma in der Erdnussbutter. Essays zur Literatur und literarischen Kritik. Frankfurt/M 1997. S. 14f.

1078 Ebd. S. 16.

1079 Ebd. S. 17.

1080 Leslie A. Fiedler: Überquert die Grenze, schließt den Graben! Über die Postmoderne. In: Uwe Wittstock (Hrsg): Roman oder Leben. Postmoderne in der deutschen Literatur. Leipzig 1994. S. 16f.

1081 Ebd. S. 17.

1082 Thomas Anz: Theorien und Analysen zur Literaturkritik und zur Wertung. In: Thomas Anz/ Rainer Baasner (Hrsg): Literaturkritik. Geschichte, Theorie, Praxis. München 2004. S. 195f.

1083 Stefan Neuhaus: „Leeres, auf Intellektualität zielendes Abakadabra". Veränderungen von Literaturkritik und Literaturrezeption im 21. Jahrhundert. In: Heinrich Kaulen/Christina Gansel (Hrsg): Literaturkritik heute. Tendenzen – Traditionen – Vermittlung. Göttingen 2015. S. 46f. – Neuhaus zitiert sich damit aus dem Aufsatz: Von Emphatikern, Gnostikern, Zombies und Rettern: Zur aktuellen Situation der Literaturkritik in den Printmedien. In: Giacomuzzi/ Neuhaus/Zintzen (Hrsg): Digitale Literaturvermittlung. Praxis – Forschung – Archivierung. Innsbruck 2010. S. 36–47. – In dem Beitrag von 2015 heißt es an anderer Stelle, zunächst in Differenz zu meiner Wahrnehmung, im Resultat dann aber identisch: „Das bis zu den politischen und technologischen Veränderungen in den 1990er Jahren immer noch weitgehend gültige Programm literarischer Wertung [?] bildet selbst im Literaturbetrieb keinen Konsens mehr, bei dem literaturinteressierten Publikum sind die tradierten Wertmaßstäbe heute so gut wie unbekannt." (Neuhaus: Abakadabra. S. 54). – Ein letzter Beleg: Michael Hametner formuliert programmatisch, „dass der Kritiker die Maßstäbe für die Beurteilung aus der Sache selbst (Lessing) gewinnen muss, d.h. aus dem zu beurteilenden Buch, Text etc (keine ›absoluten‹, ›objektiven‹, ›ewigen‹ Maßstäbe von außen herantragen)." (M.H.: Nachdenken über Literaturkritik und die Tätigkeit als Literaturkritiker in 20 Jahren. In: Kaulen/Gansel. S. 331)

1084 Unter dem Aspekt „Literaturkritik und Öffentlichkeit" hat Peter Uwe Hohendahl die Entwicklung der Literaturkritik, ihr Selbstverständnis, ihre Problemstellungen und Ziele seit dem 18. Jahrhundert erhellend dargestellt; in: Peter Gebhardt (Hrsg): Literaturkritik und literarische Wertung. Darmstadt 1980. S. 269–311.

1085 Hilfreich dabei war und zugrunde liegt die Arbeit von Dominic Berlemann: Wertvolle Werke. Reputation im Literatursystem. Bielefeld 2011. S. 316-162. Inhaltlich stehen dagegen die Beiträge von Peter Uwe Hohendahl und Peter Gebhardt in Peter Gebhardt (Hrsg): Literaturkritik und literarische Wertung. Ich gehe auf diese Kontroverse noch ein.

1086 Friedrich Schlegel: Geschichte der europäischen Literatur [1803/1804]. In: Ernst Behler (Hrsg): Kritische Friedrich-Schlegel-Ausgabe. Bd XI. München 1958. S.49f.

1087 Friedrich Schlegel: An August Wilhelm und Caroline Schlegel [28.11.1797]. In: Raymond Immerwahr (Hrsg): Kritische Friedrich-Schlegel-Ausgabe. Bd. XXIV. Paderborn 1985. S. 43.

1088 Berlemann. S. 320.

1089 Friedrich Schlegel: Notizen [1799]. In: Hans Eichner (Hrsg): Kritische Friedrich-Schlegel-Ausgabe. Bd. II. München 1967. S. 273.
1090 Friedrich Schlegel: Fragmente zur Litteratur und Poesie [1797]. Ebd. S. 138.
1091 Friedrich Schlegel: Lyceums-Fragmente [1797]. Ebd. S. 162.
1092 Friedrich Schlegel: Lyceums-Fragmente [1797]. Ebd. S. 157.
1093 Friedrich Schlegel: Lyceums-Fragmente [1797]. Ebd. S. 161.
1094 Friedrich Schlegel: Fragmente zur Litteratur und Poesie [1797]. S. 108.
1095 Friedrich Schlegel: Von der Schönheit in der Dichtkunst III [1795]. In: Hans Eichner (Hrsg): Kritische Friedrich-Schlegel-Ausgabe. Bd. XVI. München 1981. S. 5.
1096 Berlemann. S. 330.
1097 Friedrich Schlegel: Fragmente zur Litteratur und Poesie. S. 138. – Ich komme jetzt auf die Kontroverse im Verständnis vor allem Friedrich Schlegels zurück: Peter Uwe Hohendahl geht aus von Friedrich Schlegels Rezension des *Wilhelm Meister*; Schlegel sieht den Roman als ein „Buch, welches man nur aus sich selbst heraus verstehen lernen kann" (Friedrich Schlegel: Über Goethes Meister. In: F. S.: Kritische Schriften. Hrsg. Von Wolfdietrich Rasch. München 1964. S. 459). Es resultiert daraus keine an vorgegebenen Kriterien orientierte Kritik, gleichwohl eine Kritik mit objektivem Anspruch: Aus der kritischen Reflexion, „die als Möglichkeit im Werk selbst angelegt ist und durch das erkennende Subjekt ausgetragen wird, leitet sich dessen Kritik ab. Kritik sielt auf die Enthüllung der dem Werk immanenten Tendenz. (…) Die rationalistische Absicht der Beurteilung und Verurteilung liegt ihr fern. Ihr Ziel ist die Ergänzung und Vollendung des in seiner individuellen Endlichkeit gegenüber der Idee der Kunst notwendig unvollkommenen Kunstwerks." Das Ergebnis: „ein objektives Urteil aufgrund einer sachlichen Untersuchung" (Hohendahl. S. 286). Präziser noch und grundsätzlicher formuliert Peter Gebhardt: „Friedrich Schlegels Theorie und Praxis der Kritik antwortet auf die Notwendigkeit, eine neue Objektivität und Allgemeingültigkeit der Kritik zu begründen." Er „ist auf nichts Geringeres als auf eine transzendentale Begründung der Kritik aus, d.h. er reflektiert die subjektiven Bedingungen der Möglichkeit objektiver Kritik." Es ist dies „nach seinem Verständnis die Einheit der Selbstreflexion des Subjekts und Objekts in der Kritik. (…) Der Akt des Kritisierens soll gleich die Selbstreflexion der Poesie sein. (…) Die poetische Kritik als Metapoesie soll das Kunstwerk zu sich selbst bringen, ins Bewusstsein und Selbstbewusstsein heben, durch Reflexion potenzieren." (Gebhardt: Friedrich Schlegel und Ansätze. Aspekte zur Literaturkritik und literarischen Wertung. In: Peter Gebhardt [Hrsg]: Literaturkritik und literarische Wertung. S. 418-420) Ein großes Konzept!
1098 August Wilhelm Schlegel und Friedrich Schlegel [unterschrieben „W. und F."]: Vorerinnerung [1798]. In: Athenaeum. Eine Zeitschrift von August Wilhelm Schlegel und Friedrich Schlegel I. Ausgewählt und bearbeitet von Curt Grützmacher. Reinbek 1969. S. 7.
1099 August Wilhelm Schlegel: Beiträge zur Kritik der neuesten Literatur [1798]. Ebd. S. 80f. – Peter Gebhardt zitiert diese und ähnliche Stellen, um daraus eine klare Differenz zwischen dem ›Pragmatiker‹ August Wilhelm und Friedrich abzuleiten, der „den Anspruch der Kritik auf Allgemeingültigkeit und Objektivität des Urteils" aufrechterhalten habe (Gebhardt. S. 419). Dagegen spricht erstens, dass das Zitat aus der „Vorerinnerung" des *Athenäum* von beiden Brüdern unterschrieben ist; zweitens ist es schwerlich vorstellbar, dass bei gemeinsamer Planung, Kreation und Herausgeberschaft der Zeitschrift derart grundsätzliche Differenzen hätten bestehen bleiben können; drittens wird übersehen, dass Friedrich Schlegels Konzeption sich entwickelt und verändert hat, es wird offenbar eine Phase seiner Reflexionen festgeschrieben; das Postulat der Objektivität der Kritik wird deutlich und mehrfach formuliert in der frühen Schrift *Über das Studium der griechischen Poesie* (entstanden 1795), 1798 bis 1800 erscheint das *Athenäum*; viertens schließlich – und das ist mein Kontext – konstatiert Gebhardt mehr-

fach und entschieden das völlige Missverständnis von Friedrich Schlegels Konzeption in der Rezeptionsgeschichte: „Dieser Versuch einer auf das Subjekt gegründeten objektiven Kritik ist auf doppelte Weise missverstanden worden: als Subjektivismus wie als Objektivismus (Auslöschung der Subjektivität des Kritikers in der Kritik)." Gebhardt zitiert exemplarisch: „angewandte Subjektivität" einerseits, das „objektivistische Missverständnis findet sich bei Walter Benjamin" (Gebhardt. S. 418 und Anm. 11). Selbst wenn der Schlegelsche Subjektivismus ein Missverständnis wäre, seine Rezeptionsgeschichte führt zum Selbstverständnis gegenwärtiger Literaturkritik.

1100 Friedrich Schlegel: Fragmente zur Litteratur und Poesie. S. 91.

1101 Ebd. S. 95.

1102 Berlemann. S. 346f.

1103 August Wilhelm Schlegel: Beiträge zur Kritik der neuesten Literatur [1798]. In: Athenaeum. A.a.O. S. 81.

1104 Friedrich Schlegel: Abschluß des Lessing-Aufsatzes [1801]. In: Hans Eichner (Hrsg): Kritische Friedrich-Schlegel-Ausgabe. Bd. II. S. 411.

1105 Ebd. S. 404. Die „Eisenfeile" ist ein Kapitel aus dem „Abschluß des Lessing-Aufsatzes", es ist eine Sammlung von Aphorismen, weitgehend eine Auswahl aus den Lyceums- und Athenäumsfragmenten.. – Diese in Anspruch genommene Offenheit wurde unter Umständen als anstößig empfunden, exemplarisch eine Äußerung Schillers an Goethe über eine Stichelei im *Athenäum*, einerseits: „Die Schlegels haben, wie ich heute fand, ihr Athenäum mit einer Zugabe von Stacheln vermehrt und suchen durch dieses Mittel, welches nicht übel gewählt ist, ihr Fahrzeug flott zu halten." Aber andererseits: „Gegen Humboldt ist der Ausfall unartig und undankbar, da dieser immer ein gutes Verhältnis mit den Schlegeln gehabt hat, und man sieht aufs neue daraus, dass sie im Grunde doch nichts taugen." (Schiller an Goethe am 16.08.1799. In: Briefwechsel zwischen Schiller und Goethe. Dritter Band. Stuttgart o.J. Cotta'sche Buchhandlung. S. 244) Schiller geht selbstverständlich davon aus, in der Formulierung Berlemanns, „dass ein bereits bestehendes Sozialkapitalverhältnis zwischen Kritiker und begutachtetem Schriftsteller die offene Äußerung von Negativkritik verbiete" (Berlemann. S. 356). Die „Sozialkapitalbeziehungen" zwischen Autoren und Rezensenten, das weite Feld der ökonomischen und gruppendynamischen Beziehungen und Verflechtungen thematisiere ich nicht, aber von hohem Gewicht war es offenbar auch schon im 18. Jahrhundert.

1106 August Wilhelm Schlegel an Huber [28.12.1799]. In: Preußische Jahrbücher 8 (1861). S. 232.

1107 Günter Blöcker: Erfahrungen formulieren. In: magnum. jahresheft 1964 (55): Deutschlands Schriftsteller. S. 43. - Dominic Berlemann belegt diese Position weiter mit Zitaten von Gody Suter, Volker Hage, Sigrid Löffler, Albrecht Fabri, Franz Schuh, Eva Menasse, Rudolf Walter Leonhardt und Helmut Böttiger (Berlemann. S. 368–372).

1108 Jörg Magenau: Literatur- und Ideologiekritik. In: Norbert Miller/Dieter Stolz (Hrsg): Positionen der Literaturkritik. Köln 2002. S. 184. Vergl. Anm. 24ff. Noch einmal sehr grundsätzlich George Steiner: „Das Relative, das Arbiträre aller ästhetischen Einschätzungen, aller Werturteile ist dem menschlichen Bewusstsein und der menschlichen Sprache inhärent. Alles kann über alles gesagt werden. Die Behauptung, dass Shakespeares *König Lear* ›unwürdig ernsthafter Kritik‹ sei, die Feststellung, dass Mozart nur Triviales komponiert habe, sind ganz und gar unwiderlegbar. Man kann sie weder für in formaler Hinsicht unstimmig, für unlogisch erklären, noch nachweisen, dass sie inhaltlich falsch sind. (...) Keine ästhetische Einschätzung kann entweder ›richtig‹ oder ›falsch‹ genannt werden. Die einzige adäquate Antwort auf sie ist persönliche Zustimmung oder persönliche Ablehnung." (George Steiner: Der Garten des Archimedes. München 1997. S. 44f)

1109 Wolfdietrich Rasch (Hrsg): Friedrich Schlegel: Kritische Schriften. München 1964. S. 458.

1110 Ebd.

1111 Ebd.

1112 Ebd. S. 460.

1113 Ebd. S. 465.

1114 Ebd. S. 469.

1115 Ebd.

1116 Ebd. S. 306.

1117 Ebd.

1118 Ebd.

1119 Ebd.

1120 Ebd. S. 307.

1121 Ebd. S. 308.

1122 Ebd. S. 309.

1123 Ebd. S. 314f.

1124 Ebd. S. 315.

1125 Ebd. S. 316.

1126 Hans Magnus Enzensberger: Rezensenten-Dämmerung. In: H.M.E.: Mittelmaß und Wahn. Gesammelte Zerstreuungen. Frankfurt/M 1988. S. 59.

1127 Thomas Anz: Theorien und Analysen zur Literaturkritik. In: Thomas Anz/Rainer Baasner (Hrsg): Literaturkritik. Geschichte, Theorie, Praxis. München 2004. S. 218.

1128 Michel de Montaigne: Über Bücher. In: M.d.M.: Essais. Frankfurt/M 1976. S. 117f.

1129 Arno Schmidt: Das Buch jedermann. James Joyce zum 25. Todestag. In: A.S.: Nachrichten aus dem Leben eines Lords. 6 Nachtprogramme. Frankfurt/M 1975. S. 268f.

1130 Carlos Spoerhase: Die Listen der Kritik. In: SZ. 09.10.2014. S. 14.

1131 Judith Schalansky: Der Hals der Giraffe. Berlin 2012. S. 207.

1132 Jörg Magenau. In: SZ. 27.09.2011.

1133 „Was denn nun? Ein Schluchzen. Ihre mageren Hände. Sie fiel ihr um den Hals. Eine Umarmung. Ein Klammergriff. Ihre Brüste, weich und warm." (Schalansky: Der Hals der Giraffe. Berlin 2012. S. 163) – Inge Lohmark hat Erika in ihrem Auto zur Schule mitgenommen, die ihr höchst peinliche Entdeckung einer erotischen Neigung, entwickelt bis zur Phantasievorstellung „Sie an einen Baum fesseln", wird wie folgt eingeleitet: „Erika tat so, als ob sie sich am Schienbein kratzte, unbekümmert wie ein Kind, schamlos. Gab es eigentlich weibliche Pädophilie?" (S. 179)

1134 Inge Lohmark denkt an die Zeit nach der Pensionierung: „Umziehen kam jedenfalls nicht in Frage. Nicht mit Wolfgang und seinen Straußen. Jetzt, wo sie endlich brüteten. Lieber sollte Claudia [die Tochter] wieder herkommen. War ja lange genug weg gewesen, Auslandserfahrung sammeln, zwölf Jahre schon, eine halbe Ewigkeit. Die Jüngste war sie auch nicht mehr. Könnte langsam mal anfangen mit dem richtigen Leben. Ein Haus bauen, zum Beispiel. Neben den Stallungen war noch Platz, ein stattliches Grundstück mit Blick auf die Polderwiesen. Sie würde täglich bei ihr vorbeigehen, und dann würden sie zusammen auf der Terrasse Kaffee trinken und auf die Wiese schauen." (Schalansky: Giraffe. S. 37) – „Wie müde sie auf einmal war. Sich hinsetzen. Nur kurz. Den Kopf an die Wand lehnen." (S. 53)

1135 Eine Schülerin, immerhin erst neunte Klasse, vier Jahre vor dem Abitur, meldet sich mit einer unpassenden Analogie zwischen Genotyp und Horoskop. Inge Lohmark reagiert: „Sie drehte sich weg, zum Fenster. Die Krähen waren verschwunden. ›Nicht jeder Gedanke verdient es artikuliert zu werden.‹ Jetzt umdrehen. ›Tabea, sollten Sie auf dem Gymnasium bleiben wollen, prüfen Sie bitte in Zukunft, ob Sie wirklich etwas Substantielles zum Unterricht beizutragen haben.‹ Mitten ins Gesicht. ›Und zwar bevor Sie den Mund aufmachen.‹ Immerhin war die jetzt mundtot. ›Und finden Sie Ihre Blutgruppe heraus. Und die Ihrer Eltern. Samt Rhesusfaktor.‹ Das Pausenklingeln. ›Sie alle, zur nächsten Stunde.‹" (Judith Schalansky: Der Hals der Giraffe. Berlin 2012. S. 135)

1136 Inge Lohmark unterrichtete Jahre zuvor auch ihre eigene Tochter Claudia, die in der Klasse nicht beliebt war, keine Freunde hatte. „Manchmal kam sie verweint nach Hause. Dann hatten sie wieder irgendwas mit ihr angestellt. Einen Bleistift zerbrochen, in den Pullover Löcher gerissen, so groß, dass sie nicht zu stopfen waren, den Kugelschreiber geklaut, den, der in allen Farben schreiben konnte. Aber gewehrt hat sie sich nie. Auch nicht an jenem Freitag, in der vorletzten Stunde. Keiner war mehr bei der Sache. Der Unterricht begann. Claudias Platz war leer. In der dritten Reihe. Weit weg vom Lehrertisch, weit weg von ihr. Irgendwann kam sie. Die Tür nur einen Spalt weit offen und Claudia huschte herein. Sie sah mitgenommen aus. Es musste etwas vorgefallen sein. Die Haare vorm verheulten Gesicht. Sie ignorierte die Blicke und schleppte sich an ihren Platz. Und dann war irgendwas. Sie selbst stand mit dem Rücken zur Klasse, schrieb etwas an die Tafel, als Claudia plötzlich aufschrie. Markerschütternd. Unglaublich laut. Sie drehte sich um. Claudias Tisch war verrückt. Ihr Biobuch lag auf dem Boden. Claudia stand auf. Lief nach vorn. Direkt auf sie zu. Sie hatte die Schultern hochgezogen, den Kopf geduckt. Sie wimmerte: Mama. Ihre ausgebreiteten Arme. Und Sie? Was willst du von mir? Das waren ihre Worte. Ein Stoß. Von sich weg. Was wollte sie von ihr? Claudia fiel. Blieb liegen. Weinte immer noch. Wie sie da auf dem Boden lag. Sich krümmte. Im Gang, zwischen den Bänken und Stühlen. Mitten in der Klasse. Wie ihr Körper zuckte. Sie bekam kaum Luft. Verschluckte sich an ihren Tränen. Die Augen geschlossen, die Lippen aufeinandergepresst. Sie hörte nicht auf zu wimmern. Mama. Immer wieder: Mama. Ein kleines Kind. Claudia schrie nach ihr. Vor der ganzen Klasse. Natürlich war sie ihre Mutter. Aber zuallererst ihre Lehrerin. Sie lag nur da und konnte sich nicht beruhigen. Niemand ging zu ihr. Niemand tröstete sie. Auch sie nicht. Es ging nicht. Vor der ganzen Klasse. Nicht möglich. Sie waren in der Schule. Es war Unterricht. Sie war Frau Lohmark." (Schalansky. S. 218f)

1137 Susanne Garsoffky. In: frau TV (Internet-Zitat).

1138 Gesa Husemann. In: Litlog (Internet-Zitat).

1139 Ulrich Rüdenauer. In: Deutschlandfunk. 15.10.2011.

1140 Sebastian Hammelehle. In: SpiegelOnline. 14.09.2011.

1141 Volker Hage: Nur die Natur ist gerecht. In: Der Spiegel 41.2001.

1142 Ich habe den Eindruck, dass eine diegetische Erzählweise, empathisch, personal oder als Ich-Erzählung realisiert, in Verbindung mit dem Typus des unsympathischen Protagonisten, dazu verführt, den Charakter des Protagonisten positiv aufzuwerten, zu beschönigen. Belegen möchte ich dies mit zwei, historisch differenten Beispielen: Sowohl in der Literatur über Prousts Ich-Erzähler wie über die Protagonistin in Stewart O'Nans *Emily, allein* scheint dieser Aspekt nicht thematisiert: Der Ich-Erzähler Prousts ist u.a. egozentrisch, sadistisch, verlogen, krankhaft eifersüchtig, voller Vorurteile; Emily ist kleinlich, egoistisch, pingelig, rechthaberisch, klassenbewusst.

1143 Sie erinnert ihre Abtreibung im Zusammenhang einer späten Affäre: „Sie hatte beide Kinder verloren. Das ungeborene und das geborene. Blödsinn. Das durfte man nicht mal denken." (Schalansky. S. 166)

1144 Felicitas von Lovenberg. In: FAZ. 09.09.2011.

1145 Ich erinnere an Marcel Reich-Ranickis Verriss von Grass' Roman *Ein weites Feld* (1995): Das Buch blieb in den Buchhandlungen liegen, der Verkauf stagnierte.

1146 Christopher Schmidt: Das Kuschelkartell. In um sich selbst kreisenden Literaturbetrieb führen Jasager und Gute-Laune-Kritiker das Wort – zum Nachteil von Lesern und Autoren. Ein Plädoyer für mehr Kampfgeist aus Anlass der Frankfurter Buchmesse. In: SZ. 05./06.10. 2013.

1147 Oliver Jungen: Wer sich mit Zeus einlässt. Richter und Gelenkter: Carsten Kluths brisanter Debütroman handelt von der Klimamafia und korrupter Politik. In: FAZ. 24.01.2014.

1148 Uwe Schütte: Twittern in drei Sprachen. In: der Freitag. 10.04.2014. – Ich verzichte auf weitere Belege gelungener Romankritik, es gibt sie durchaus und in Menge. Einen einzigen Kritiker allerdings möchte ich hervorheben, weil er den Anspruch, Literaturkritik sei im Grunde selbst Literatur, von hoher literarischer Qualität, einzulösen vermag: Gerhard Stadelmaier. Exemplarisch: Ein Heldenlied aus Untererde. Ein Buch, das bei allem lyrischen Gefunkel auch zu schuften weiß: Uwe Kolbes Roman *Die Lüge* über einen Stasi-Vater und dessen komponierenden Sohn. In: FAZ. 08.03.2014.

1149 Die folgenden Beispiele, knapp gehalten, setzen jeweils die Kenntnis der Romane voraus.

1150 Julia Schröder: Jugendstil-Herkules versus Säuseltyrann. In: StZ. 17.04.2015.

1151 Steffen Richter: Der priesterliche Egoman. In: Tagesspiegel. 23.03.2015. – Annemarie Stoltenberg: NDR Buch des Monats: *Konzert ohne Dichter*. NDR.de, 02.02.2015. – Markus Schwering: Klaus Modick *Konzert ohne Dichter*. Mobile mit Künstlern in Worpswede. In: FR. 10.02.2015. – Arno Orzessek. In: Kulturradio. rbb. 04.03.2015. – Literatur. Klaus Modick demaskiert Rainer Maria Rilke. In: Focus. 17.02.2015. – Barbara Möller: Klaus Modick holt Rilke vom Sockel und ganz nah ran. In: Die Welt. 04.03.2015. - Wann wird Kunst zur Lüge? In: Badische Zeitung. 18.06.2015. – Antje Weber: Wo ist Rilke? In: SZ. 14.04.2015. – Sandra Kegel: Rauchschwaden über Worpswede. In: FAZ. 07.03.2015.

1152 Edo Reents: Stella oder das Märchen vom Stalker. In: FAZ. 29.08.2014.

1153 Ingo Meyer: Niedergang des Romans? In: Merkur. Zeitschrift für europäisches Denken. 786. 68. Jg. Nov. 2014. S. 965f.

1154 Exemplarisch genannt werden Günter Grass, Martin Walser und Paul Nizon (Meyer. S. 966f). Ich nenne hier nur die Namen, versuche später, die zugrunde liegenden Kriterien Meyers insgesamt aufzulisten.

1155 Belegt an Peter Handke, Jochen Schimmang, Bodo Kirchhoff und Brigitte Kronauer (Meyer. S. 967-969).

1156 Im Blick sind hier Juli Zehs Romane (Meyer. S. 969f).

1157 Es geht um Charlotte Roche (Meyer. S. 970f).

1158 Christoph Höhtkers *Die schreckliche Wirklichkeit des Lebens an meiner Seite* (Meyer. S.971f).

1159 Uwe Tellkamps Der Turm (Meyer. S. 972f).

1160 Im Blick ist Clemens Meyers Debüt *Als wir träumten*, noch nicht *Im Stein* (Meyer. S. 973f).

1161 Ulrich Peltzers *Teil der Lösung* (Meyer. S. 974f).

1162 Judith Hermanns *Aller Liebe Anfang* (Meyer. S. 975f).

1163 Meyer. S. 975.

1164 Meyer. S. 976.

1165 Meyer. S. 968.

1166 Meyer. S. 978.

Edition Amici

Edition Amici Essay

Alf Hermann Doch alle Kunst will Ewigkeit
Acht Essays über Bilder

Alf Hermann Noch einmal nachgedacht
Essay über sieben letzte Fragen

Krisztina Jütten Farben der Geschichte. Im Gespräch mit der
Künstlerin Sabine Hoffmann

Edition Amici Drama

Helmut Landwehr Romanzero. Disparates

Edition Amici Prosa

Marion Röttgen Kindheiten – Kurzgeschichten

Marion Röttgen Schlimme Geschichten

Marion Röttgen Tolga hat's nicht leicht
Die Freundschaft zwischen einem deutschen
Mädchen und einem türkischen Jungen

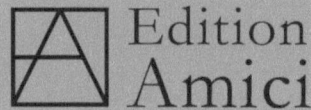
Edition Amici

Edition Amici Studien

Hanns Frericks   Kant und seine Relevanz für ethische Probleme
der Gegenwart

Denny Paulicke   Was ist Gesundheit?

Marion Röttgen / Gero Kerig / Hans-Peter Meier-Dallach (Hrsg.)
Gesundheitsbilder im Stadtquartier

Reinhard Steiner (Hrsg.)
Ornament und Klang
Herwarth Röttgen zum 80. Geburtstag

Marion Hermann-Röttgen / Gero Kerig (Hrsg.)
Besser hören – besser zuhören – besser lernen
Vier Studien zum Thema Akustik und Lern-
verhalten

Hanns Frericks   Was ist ein guter Roman?

Hanns Frericks   Konzepte des Bösen in Philosophie und
Literatur (in Vorbereitung)